モンゴル仏教の研究

嘉木揚凱朝 著

法藏館

『モンゴル仏教の研究』刊行に寄せて

13世紀にユーラシア大陸の東西にわたる広汎な地域を席捲し，一大帝国を築き上げたモンゴルの栄光は，今や昔日の輝きに比すべくもないといえるであろうが，その後裔たる嘉木揚凱朝師は，意気軒昂として東海の地に笈を負うて遊学し，愛知学院大学に籍を置き，七年有余の長きにわたって仏学の研鑽に努められた。そしてこのほどめでたく学位を取得され，学位請求論文を公刊する運びとなった。

顗朝師は，何といっても努力の人である。倦まず撓まず自らが樹てた目標に向かって突き進んでいく，秘められた意志の強さと，内より外に迸り出るエネルギーが大きな推進力となって，苦節十年，遂に480頁に及ぶ浩瀚な大著を完結された。それは師の長年に亘る精進に対する仏天の報奨であるといってよい。改めてその壮挙を讃えると共に喜びを頒かち合いたいと思う。ここに師の求めに応じて一文を草し，敬意をこめて新たなる研究生活への門出を祝し，以て贐けとしたい。

さてモンゴルの仏教に関しては，サガン・セチェンによって著された『蒙古源流』や，ジクナムカの著『蒙古仏教史』の存在が世に知られている。その他，G. Huthの手に成る『蒙古仏教史』の中でその歴史的発展の状が概観されているなどのことはあるが，仏教が伝播した東アジアの諸地域に比して，研究にやや遅れをとったというのは否定し得ない事実である。

欧米諸国では19世紀後半期からモンゴル仏教の研究が始められ，20世紀の半ばに至るまでの間に刊行された著作は，主要なものだけでも15点を数えるが，わが国では，モンゴルというより元の呼称の下に通史の中で，わずかの紙数をこれに割いて概説されてきたに止まり，研究論文もまた寥々たるもので，唐・宋仏教の研究書が汗牛充棟も啻ならず，と評されているのに比すべくもない。

こうした状況の下での研究は，正に不毛の地を開拓するのに似て困難なものである。依るべき指針も，参照すべき資料も見出し難いからである。日本の学界でも，モンゴルの仏教に関し，高度の専門性と学問的な高い水準を保持しながら，この分野の全領域を展望することを可能にし，研究を刺戟促進するような書の出現が久しく待望されてきた。

このたび公刊されることになった師の論文は，その不備欠落を補わんとする，意欲的で真摯な精進努力の結晶というべきものである。内容の評価は審査報告書に譲ることとしてここでは触れないが，一外国人の手に成るものとしては，その文章表現が巧妙にして適確なことには驚異の念を禁じ得ないのであり，しかも分量の広翰な点で決して他に遜色のないものといっても過言ではない。無論，多少の事実誤認や考証に不備あるは人間の業である以上免れ得ないところである。わずかな瑕瑾として許容するに吝かでない。

今後は碩学の批判に虚心に耳を傾け，修正改善の手を加えるのを休むことなく，より良いものに大成されるよう願って止まない。

この書の撰述はモンゴル仏教という広漠たる原野に僅かに一鍬を印するの挙というべきであろうが，これがやがてこの方面の研究の一道標となり，またその行程を照らす炬火として後学を裨益するであろうことを信じて疑わない。

ここに師の長年にわたる刻苦精励を称賛すると共に，併せて江湖の好学の士にこの書を広く推奨せんとする者である。

平成辛巳年桂月既朔

長谷部幽蹊　識

モンゴル仏教の研究＊目次

『モンゴル仏教の研究』刊行に寄せて　長谷部幽蹊

序　論　研究の意図と論文の構成 …… 1

1　論題設定の理由 …… 1
2　研究方法 …… 3
3　本論の構成 …… 4
4　本論文作成の視点 …… 12

第一編　モンゴル仏教の黎明期（元朝初期）——サキャ派の伝来—— …… 15

第一章　モンゴルへのサキャ派の伝来 …… 17

第1節　本章の意図 …… 17
第2節　サキャ派とモンゴル帝国 …… 18
第3節　本章の結語 …… 23

第二章　サキャ・パンディタとモンゴル仏教 …… 28

第1節　本章の意図 …… 28
第2節　サキャ・パンディタのチベットにおける活動 …… 28
第3節　サキャ・パンディタの『薩迦格言』（Sa skya legs bśad） …… 31
第4節　サキャ・パンディタ訪蒙の由来 …… 37
第5節　サキャ・パンディタによるモンゴル文字創出 …… 49
第6節　サキャ・パンディタの「薩迦班智達致蕃人書」 …… 54
第7節　本章の結語 …… 64

第二編　モンゴル仏教の形成期（元朝中後期）——サキャ派の国教化—— …… 81

第一章　フビライ・ハーン時代のモンゴル仏教 …… 83

第1節　本章の意図 …… 83
第2節　パクパの誕生 …… 83
第3節　フビライ・ハーンとパクパ時代のモンゴル仏教 …… 87
1　パクパとモンゴル王室との関係 …… 87
2　フビライ・ハーンの受灌頂 …… 91
第4節　本章の結語 …… 96

第二章　各地におけるパクパの活躍 …… 104

第1節　本章の意図 …… 104
第2節　五台山参拝 …… 105
第3節　道士調伏 …… 110
第4節　高僧の批判退治 …… 114
第5節　パクパ文字創出 …… 116
第6節　サキャ寺，十万人法要勤修 …… 122
第7節　パクパ示寂 …… 124
第8節　フビライ・ハーンの「優礼僧人詔書」 …… 127
第9節　元朝の帝師 …… 130
第10節　本章の結語 …… 134

第三章　チョジオドセルの仏典翻訳 …… 144

第1節　本章の意図 …… 144
第2節　チョジオドセルの身分と経歴の考証 …… 145
1　チョジオドセル，チベット出身の説 …… 145
2　チョジオドセル，モンゴル出身の説 …… 148
第3節　チョジオドセルによるモンゴル文字完成 …… 153
第4節　本章の結語 …… 160

第四章　サキャ派以外のモンゴルの仏教 …… 166

第1節　本章の意図 …… 166
第2節　カルマカギュ派第一代活仏トゥスムチンパ …… 166
第3節　カルマカギュ派第二代活仏カルマ・バクシ …… 167
第4節　カルマカギュ派第三代活仏ランジュンドルジェ …… 171
第5節　那摩国師とモンゴル仏教 …… 173
1　モンゴルへのチベット仏教の移入 …… 174
2　フビライ・ハーンの中国仏教および道教に対する態度 …… 179
第6節　本章の結語 …… 181

第五章　活仏の由来 …… 185

第1節　本章の意図 …… 185
第2節　活仏の転生制度 …… 186
1　「転生活仏」の存在に関する観念 …… 186
2　活仏の意味 …… 190

3　三殊勝と転生活仏制度 …………………………………………… 190
第3節　チベットの二大活仏ダライ・ラマとパンチェン・ラマの由来 … 193
1　ダライ・ラマの転生制度の由来 ………………………………… 193
2　パンチェン・ラマの転生制度の由来 …………………………… 195
第4節　モンゴルの二大活仏ジェブツンダンバ・ホトクトと
ジャンジャ・ホトクトの由来 …………………………… 198
1　ジェブツンダンバ・ホトクトとその世系 ……………………… 198
2　ジャンジャ・ホトクトとその世系 ……………………………… 209
第5節　本章の結語 ………………………………………………… 231

第三編　モンゴル仏教興隆期（明・清朝～現代） ……………… 239
——サキャ派からゲルク派への変遷——

第一章　ゲルク派の台頭と民衆化 ………………………………… 241

第1節　本章の意図 ………………………………………………… 241
第2節　アルタン・ハーンとダライ・ラマ三世ソナムギャムツォ … 241
第3節　グシ・ハーンとダライ・ラマ五世 ………………………… 257
第4節　本章の結語 ………………………………………………… 265

第二章　モンゴル仏教の種々なる存在形態 ……………………… 269

第1節　本章の意図 ………………………………………………… 269
第2節　モンゴル仏教寺院 ………………………………………… 269
第3節　モンゴル語『大蔵経』と満州語『大蔵経』 ……………… 275
第4節　モンゴル仏教の僧侶の生活と教育 ……………………… 278
第5節　モンゴルにおける成仏の思想典拠と実態 ……………… 285
第6節　モンゴル仏教と民衆宗教 ………………………………… 287
1　モンゴル固有の信仰・ボゲインシャシン ……………………… 287
2　モンゴルの臨終問題と葬法の問題 ……………………………… 288
第7節　本章の結語 ………………………………………………… 295

第三章　文化大革命後のモンゴル仏教の様態 …………………… 300
——北京市雍和宮と承徳市普寧寺を中心として——

第1節　本章の意図 ………………………………………………… 300
第2節　雍和宮と普寧寺の由来 …………………………………… 302
第3節　雍和宮と普寧寺の年中法要活動 ………………………… 306

第４節　雍和宮と普寧寺の布薩儀軌 …… 307
第５節　雍和宮と普寧寺の釈尊誕生会 …… 308
第６節　普寧寺マニ法要（瞑想念仏） …… 313
第７節　雍和宮と普寧寺の大願祈禱法会 …… 315
第８節　モンゴル仏教の「献沐浴誦」 …… 316
第９節　モンゴル仏教における金剛駆魔神舞 …… 328
1　金剛駆魔神舞の起源とその意義 …… 328
2　金剛駆魔神舞の語義と種類 …… 335
3　金剛駆魔神舞の構成 …… 337
4　金剛駆魔神舞の起源諸説 …… 342
第10節　本章の結語 …… 346

第四章　モンゴルにおける阿弥陀仏信仰の伝来 …… 352

第１節　本章の意図 …… 352
第２節　『聖普賢菩薩行願王経』に見られる阿弥陀仏信仰 …… 353
第３節　普賢菩薩十大願による阿弥陀仏信仰 …… 363
第４節　日本の阿弥陀仏信仰とモンゴルのナスンノボルハン
——信仰の比較 …… 379
第５節　本章の結語 …… 387

第五章　モンゴル人の歴史意識と宗教意識 …… 391

第１節　本章の意図 …… 391
第２節　モンゴル人の歴史意識 …… 391
1　民族意識の特質と歴史意識の根底 …… 391
2　モンゴル人の心の深層に流れる「天意」 …… 393
3　チンギス・ハーンと耶律楚材 …… 396
4　チンギス・ハーンと長春真人 …… 398
5　歴史叙述と拝天思想 …… 401
6　モンゴル人と漢人の拝天思想 …… 403
第３節　モンゴル人の宗教意識 …… 409
1　モンゴル人の聖俗の意識 …… 409
2　臨終の問題・法による罪悪の消滅 …… 411
3　輪廻観の基底をなす意識「母なる一切衆生」 …… 414
第４節　本章の結語 …… 418

結　論　研究の成果と残された課題 …………………… 427

附　説　サキャ派の歴代の祖師 …………………… 430

1．サキャ派の創始者コン・コンチョクゲルポ …………………… 430
2．サキャ派の第一祖サキャ・クンガーニンポ …………………… 432
3．サキャ派の第二祖ソナムツェモ …………………… 434
4．サキャ派の第三祖タクパゲルツェン …………………… 435
5．結　語 …………………… 437

あとがきに代えて …………………… 443

モンゴル仏教地域概念図 …………………… 448

モンゴル仏教歴史年表 …………………… 450

参考文献 …………………… 457

写真資料 …………………… 473

索　引 …………………… 489

序　論　研究の意図と論文の構成

1　論題設定の理由

本書の原題は，「モンゴル仏教の成立過程とその文化」である。

仏教は，釈尊が出家後，6年間にわたる苦行の後，菩提樹の下に坐って永遠の真理を悟り，その後45年間にわたって教えを説き示された歴史的事実に由来する。

釈尊が衆生に説き示された教えを，チベット語ではサンジェジタンパ（sanṅs rgyas kyai stan pa）という。「釈尊の教え」の意味である。

釈尊の教えは，中国人・カシミール人・チベット人の高僧たちによって，モンゴルの地に伝えられた。モンゴルの地に伝来したこの教えを，モンゴル人は，モンゴル語でボルカンノシャシン（borqan no zasin）と呼んだ。ボルカンノシャシンは，チベット語のサンジェジタンパと同じ「釈尊の教え」の意味である。釈尊の教えがモンゴルの地に伝来した後，モンゴル語で仏典の翻訳が始まり，続けられた。これが後世集大成されて，モンゴル語『大蔵経』となった。今日では，モンゴル語『大蔵経』に加えて，さらには独自のモンゴル語の注釈などを加えた，モンゴル語の論書などが完備されている。

モンゴルの地で信仰されている仏教の最大の特徴は，僧侶の在り様にある。モンゴルでは，僧侶は釈尊の再来とされる。釈尊の再来である僧侶の中に上師があり，上師の中に活仏がある。上師や活仏を含めた僧侶に篤い信仰を寄せるのが，モンゴル仏教徒である。モンゴル仏教徒は，仏教でいう四衆弟子から成る。モンゴル語では，比丘をアヤガ・タヒリク（ayaga takimlig），比丘尼をチバガンチャ（cibaganca），沙弥をゲスル（gesul），沙弥尼をゲスルマ（gesul ma），男居士をウルディ・シトゥゲン（eregtei sitügen），女居士をウームクディ・シトゥゲン（emegtei sitügen）という。こうして，釈尊と，釈尊の教えと，釈尊の再来としての僧侶という仏・法・僧が備わった。モンゴル仏教では，これに上師を加えて「上師・仏・法・僧」としたのが「四宝」である。

仏教は大きく分けると，南伝仏教と北伝仏教とになる。仏教は，世界の各国各地域に伝播すると，便宜上それぞれの国名や民族名を冠して，○○仏教と呼称される。たとえば，仏教が中国に伝来後，中国仏教と呼ばれたように，日本仏教，韓国仏教，タイ仏教，スリランカ仏教，ネパール仏教，チベット仏教，モンゴル仏教，台湾仏教などと呼称されている。

従来の仏教研究者は，インド仏教や中国仏教のように，地域によって「○○国の仏教」と範疇を限定した研究が多かったが，筆者は，「○○国の仏教」という範疇を限定した仏教の研究より，一つの言語を共有している民族を単位にした研究のほうが，現況を映し出しやすいと考えている。言葉を共有するという側面から仏教を研究するのは，この点からである。言語を共有する民族文化は，国家を越えた文化遺産であるといえる。たとえば漢文化は，中国のみならず，台湾，香港，シンガポールなどすべてを含んでおり，朝鮮文化は，北朝鮮，韓国，中国の延辺地方にも存在する。筆者が，本書の題名を『モンゴル仏教の研究』とし，「モンゴル仏教」という用語を用いたのは，モンゴル語を用いている人々のいる地域で行われているモンゴルに特有の文化は，中国内モンゴル自治区，東北三省，モンゴル国，ブリヤート（布里亜特）モンゴル自治共和国に及んでいるからである。このように論題で，モンゴルの地において信仰されている仏教を「モンゴル仏教」と表現したのは，以上の理由からである。

日本では早くから，チベット仏教やチベット文化を研究する研究機関が設立され，研究者も少なくなかったが，モンゴル仏教やモンゴル仏教に根ざした民族習慣などについての体系的な研究は皆無に近い。モンゴル人の文化的基盤の多くは仏教に依るところが大きいが，仏教伝来の年代や由来等についてすらも，詳細にわたる研究がなされてこなかった。したがって，モンゴル仏教に関して学術的かつ総合的な評価がなされてこなかったのも，当然の帰結である。モンゴルに仏教が伝来し，その後栄枯盛衰を繰り返してきたのが，モンゴル仏教の実像である。その栄枯盛衰のすがたを明らかにするのが，本論文の目的である。

上述の研究目的を果たすために，筆者は，モンゴル仏教の歴史の解明が必須であると考えた。従来モンゴル仏教史としてまとまった研究がなされず，定説が立てられるまでに至っていなかったからである。歴史を明らかにしなければ，その他の研究に入り，それを発展させることができない。筆者が本論文で，モンゴルの地における仏教の成立過程とその文化を学術的に考究するとの意を込めて，「モンゴル仏教の成立過程とその文化」と題し学位論文とした理由は，以上の立場によるものである。今回出版に当り，加筆補正すると共に，分り易く『モンゴル仏教の研究』と改題することにした。

モンゴル仏教の歴史を明らかにしようと決意したのは，筆者が愛知学院大学大学院文学研究科に留学したときのことであった。そのとき，前田惠學教授が講義のテキストとしたのが，『原始仏教聖典の成立史研究』と『現代スリランカの上座仏教』であった。この2書に啓発されて，モンゴル人であり，モンゴル仏教の僧侶として来日した筆者は，日本でモンゴル仏教の歴史を研究し，まとめようと考えるに至った。

2　研究方法

本論文では研究資料として，モンゴル語・チベット語・中国語・日本語の多くの文献資料を用いた。モンゴル語では，*MongGol-un niguca tobca'ān*［『蒙古秘史』］とSagang secen, *Erdeni-yin tobci*［薩襄徹辰『蒙古源流』］とを，チベット語では，tShal pa kun rdo rje, *Deb ther dmar po*［蔡巴貢噶多吉『紅史』］を，中国語では，王輔仁・陳慶英編著『蒙蔵民族関係史略』と妙舟『蒙蔵仏教史』とを，日本語では，吉田順一・賀希格陶克陶『アルタン＝ハーン伝』訳注（Altan Qagan u Tuguǰi）と稲葉正就・佐藤長共訳『フゥラン・テプテル』(Ulan debter）などを主な資料とした。これらの中心資料以外に，パーリ語・サンスクリット語・漢文表記の多数の資料を用いて作業を進めた。

現在のモンゴルの文化と習慣については，実地調査を行って研究を進めた。調査地域は，仏教徒が居住する内モンゴル自治区，北京市と承徳市を含む河北省を中心として，遼寧省・青海省などに及んだ。インタヴューによる聞き取りを主な方法として，モンゴル仏教の老若の僧侶をはじめ，学者，一般の信者をインフォーマーとした。これによって，文化大革命で壊滅的な打撃を受けたモンゴル仏教が，文化大革命終結後，徐々に再生されて現在に至っている復興の状況や，現在のモンゴル仏教文化，風俗を，事例研究の形でまとめた。

なお，人名・地名は，オリジンのモンゴル語・チベット語をローマ字に表記すると共に，中国の研究者の間に一般に用いられている漢字に表記し，日本語は片仮名表記とした。

モンゴル仏教歴史年表は，西暦・中国暦で作成した。

参考文献は，モンゴル語・チベット語を中心とするオリジンの文献をローマ字に転写し，現代日本語に翻訳した。

3　本論の構成

この論文は，大別すると，序論・本論・結論より成り，本論は三編十二章から成る。本論三編十二章の構成は次の通りである。

まず第一編では，「モンゴル仏教の黎明期（元朝初期）」と題し，文献的な研究をもとに，モンゴルへの仏教の伝来とその歴史的背景の諸問題を追究した。

「第一章　モンゴルへのサキャ派の伝来」――モンゴルに仏教が伝来した年代を確定すること，および，モンゴル帝国太祖チンギス・ハーン（1162―1227）をはじめとした諸皇帝が，仏教を受容した理由や経緯を明らかにするのが課題である。これまで，チンギス・ハーンとサキャ派の高僧との間の親書の交換は，個人的な関係のレベルにあったと理解してきた。

筆者は，チンギス・ハーンとサキャ派の高僧との間の親書の交換は個人的なレベルのものではなく，モンゴル帝国とチベットのサキャ派との関係から交わされた親書であること，すなわち，チベットでは政教合一であったから，結局は，モンゴル帝国とチベットとの，国と国との関係を基盤に交わされた親書であることを，『蒙古源流』『多桑蒙古史』『蒙古仏教源流』『アルタン＝

ハーン伝』を基本資料として明らかにした。

なお，チンギス・ハーンが，チベット仏教サキャ派の高僧に親書を送り，受け取ったのはサキャ・クンガーニンポとされるが，史実としては，サキャ・クンガーニンポとすると，時代に大きな誤差が出る。時代的に考えると，おそらくサキャ派第三祖のタクパゲルツェンであろうと推定した。

「第二章　サキャ・パンディタとモンゴル仏教」――ゴダン・ハーンとサキャ・パンディタとの間で涼州会談がもたれた。チベットがモンゴル帝国に帰順することになった涼州会談を機に，モンゴル帝国が仏教を正式に受容することになった。このモンゴル仏教伝来の経緯を，サキャ・パンディタの『薩迦班智達致蕃人書』と呼ばれる親書を基本資料として解明した。

従来モンゴル文字は，ウイグル文字であると考えられてきた。ある時，サキャ・パンディタが，夜明けに瞑想から醒めて一人の女性に出会った。仏・菩薩の化身であると考えられている。サキャ・パンディタは，この女性が抱える粗朶や焚き木の形にヒントを得て，モンゴル文字を創出したと言われる。彼は，ウイグル文字を基礎としながら，サンスクリット文字やチベット文字を参考にし，中国語の縦書き文字に倣ってモンゴル文字を創出した。この章では，サキャ・パンディタが男性・中性・女性の三種の別という特徴を備えるモンゴル文字を創出したことを解明した。

なお，サキャ・パンディタが創出したモンゴル文字は，後年チョジオドセルにより完成し，今日のモンゴル語表記となっている。

第二編では，「モンゴル仏教の形成期（元朝中後期）」と題し，主として元朝期のモンゴル仏教の様相と形成の経緯を明らかにした。

「第一章　フビライ・ハーン時代のモンゴル仏教」――モンゴル帝国元世祖フビライ・ハーン（1260―1294）と，チベット仏教の第一人者パクパ（1239―1280）の二人を中心として論究した。モンゴル帝国元世祖フビライ・ハーンが，チベット仏教のサキャ派のパクパに国師号を贈って帝師とした理由と目的についても考察した。フビライ・ハーンは，パクパの仏教に対する勝れた知見・神通力・歴史に関する知識などに接することによって，真実なる信仰心を持つに至ったことや，チベット仏教サキャ派の第一人者であったパクパに，チベット仏教の密教の灌頂を受けたことを『宗教源流史』と『元朝帝師八思巴』などを基本資料として考察した。

「第二章　パクパの各地での活躍」——パクパが五台山に参拝した最初のチベット仏教の僧侶であった。パクパの五台山参拝が，チベット仏教，モンゴル仏教，中国仏教それぞれにもたらした甚大な影響について考察した。

モンゴル政権下で国師になったのは，パクパが初めてではない。すでにモンケン・ハーン（1252—1259年在位）のとき，中国仏教の海雲法師とカシミール国の那摩法師に，国師としての玉印が贈られたことがあった。しかし，チベット仏教僧で国師になったのは，パクパをもって嚆矢とする。サキャ・パンディタも国師にはなっていない。世祖フビライ・ハーンは，パクパ造出のモンゴル文字をモンゴル帝国の「一代制度」とし，元朝公文書に正式使用を命じた。パクパの文字は，モンゴル帝国の国威発揚の基となった。

パクパの示寂後，フビライ・ハーンは，パクパのために舎利塔と金頂の仏殿を造営した。元末順帝（1328年）は，中国の僧侶の徳輝師に勅して『勅修百丈清規』を著した。この中には，中国の仏教寺院では，釈尊の涅槃日と同様に，パクパの示寂日に法要し供養することが定められた。

モンゴル民族元朝五祖の世祖フビライ・ハーンは，チベット暦陽木虎年(1254年)，モンゴルとチベットが接する甘粛省涼州からチベット仏教の僧侶に,パクパの要求を受け止めると共に,チベット仏教の僧侶に対する「優待」と「期待」の意を込めた親書「優礼僧人詔書」を書き送った。「優礼僧人詔書」の内容から，フビライ・ハーンが，自分の上師とするパクパをいかに信用していたか，そしてまた，仏教に何を期待していたかを窺い知ることができる。モンゴル民族元朝の帝師の責任や職務の内容をみると，帝師は地位が高いだけではなく，元朝の中央政府の高級官僚でもあったことがわかる。帝師は，全国の宗教事務の一切を掌握し，皇帝の仏教の指導者であり，皇帝の精神的なよりどころであったことを明らかにした。

「第三章　チョジオドセルの仏典翻訳」——チョジオドセルがサキャ・パンディタの創ったモンゴル文字「a, e, i」三字の上に，「o, u, ü, ö」四字の閉音節の末尾に位置する126の子音字(モンゴル語でsegül tü üsüg=debisger üsüg)をはじめ，外来語を表記するために35の文字を加えて，モンゴル文字を完成した。

元成宗オルジェイトゥ・ハーン（1294—1310）のとき，五か所に訳経院を建立し,チョジオドセルが創ったモンゴル文字で,チベット『大蔵経』の『カンジュール』(bKaḥ ḥgyur 甘珠爾）と『タンジュール』(bsTan ḥgyur 丹珠爾）をモンゴル語に翻訳する作業が続けられた。チョジオドセルは,チベット『大蔵経』をモンゴル語に翻訳した第一人者であったことを明らかにした。

「第四章　サキャ派以外のモンゴルの仏教」——モンゴル帝国がサキャ派以外で関係を結んだのは，チベット仏教諸派の中で，カルマカギュ派ただ一つであった。カルマカギュ派活仏第二代カルマ・バクシは，モンゴル帝国の国師となった。モンゴル帝国第四代モンケ・ハーンは，第二代活仏カルマ・バクシに，金の縁取の黒色僧帽と「バクシ」という聖号を贈った。これを機に，後のチベット仏教の諸派とモンゴル仏教における活仏の制度が生まれ，徐々に確立されていった。もしモンゴル仏教がなかったら，現在に生きているチベット仏教およびモンゴル仏教における活仏という制度は，今日まで存在しなかったと思われる。

カシミール国は，13世紀初期にモンゴル帝国に帰順した。那摩国師は元世祖のフビライ・ハーンのとき，モンゴル帝国の大国師の封号を受け，モンゴル帝国全土の仏教を管理したことを解明した。

モンゴル人の旧来の信仰は，シャーマニズム（shamanism）の一種であるボゲインシャシン（Bogeyin šasin 薩満教）であったが，他の民族や諸外国の人々に，ボゲインシャシン教を強制することはなかった。それぞれの宗教を信仰することを許し，保護した。モンゴル在来のボゲインシャシン，中国仏教，チベット仏教，中国の道教，キリスト教，イスラム教等の各種の宗教が，モンゴル帝国で共存していった動機を解明した。

「第五章　活仏の由来」——チベット仏教とモンゴル仏教では，僧俗に幸福を与える仏教の高僧は，仏・菩薩の化身であると信じられている。モンゴル民族元朝・漢民族の明朝・満洲族の清朝の三時代にわたって，漢民族もチベット語系の仏教の影響を受けてきた。したがって中国の漢民族の僧俗は，チベット仏教とモンゴル仏教の高僧たちを中国語で,「老佛爺」(Lao fo ye),「喇嘛爺」(La ma ye)，「活佛」(Huo fo) と呼んだ。とくに，「活佛」という呼び方は特別の意味をもつ名詞化し，チベット仏教とモンゴル仏教の高僧・転生ラマたちはすべて，「活仏」と呼ばれた。

この章では，元朝以後の明・清の時代に，チベット仏教とモンゴル仏教において，「転生活仏」という制度が確立された経緯を明らかにした。モンゴル仏教の歴史の中で一時期を画するのは，皇帝になった活仏ジェブツンダンバ・ホトクト（rJe btsun dam pa Gutugtu 哲布尊丹巴呼図克図）である。前述したように，僧の一部が上師であり，上師の一部が活仏である。活仏には，チベットにはダライ・ラマと，パンチェン・ラマがおり，モンゴルには，ジェブツンダンバ・ホトクトと，ジャンジャ・ホトクトがいる。この四人が四大活仏である。活仏が一国の皇帝に即位したのは，モンゴル仏教だけであろう。ジェブツンダンバ・ホトクトは，篤くモンゴル人の信仰を集めた。

第三編では，「モンゴル仏教興隆期（明・清朝～現代)」と題し，サキャ派からゲルク派への変遷を具体的に論究し，モンゴル仏教の諸相を解明した。

「第一章　ゲルク派の台頭と民衆化」――モンゴル民族元朝最後の皇帝・元順帝トゴンテムル（1333―1368年在位）は1368年に没し，モンゴル民族元朝は終結した。明洪武元年（1368)，漢民族明朝の明太祖朱元璋は，南京において元朝を倒して明朝を建立し，洪武と元号を改めた。元朝の終結に伴って，隆盛を極めていたチベット仏教のサキャ派の流れを汲むモンゴル仏教は，衰退の一途をたどった。この後，モンゴル仏教の低迷期は約200年以上にわたって続き，サキャ派は衰退の極にあった。

明朝の万暦５年（1577)，南モンゴルのアルタン・ハーン（1507―1582）が現れた。アルタン・ハーンの出現が，モンゴル仏教の一大転期をなした。アルタン・ハーンは，チベット仏教ゲルク派のダライ・ラマ三世ソナムギャムツォ（1543―1588）と会見した。三世の転生活仏であるダライ・ラマ四世ユンテンギャムツォ（1589―1616）が，モンゴル出身でありゲルク派であったことから，衰退したサキャ派に代わって，ゲルク派が台頭することになった。アルタン・ハーン以後のモンゴルにゲルク派が受容されたのは，ダライ・ラマ三世らの尽力によるものではあるが，当時のモンゴル人にとっては，安全で文化的な多神教としてのチベット仏教ゲルク派の諸儀礼が，モンゴル本来の土俗信仰と共通するところが多かったことも見逃すことができない。

「第二章　モンゴル仏教の種々なる存在形態」——モンゴルでは仏教の伝来に伴い，元・明・清三朝の時代に，それぞれ多数の仏教寺院が建てられた事実を具体的に論述した。

モンゴル帝国元朝時代の仏教寺院は，『元史』の1291年の記録によれば全国で約4万を数え，僧侶は約20万人を数えたという。この数字は中国仏教とチベット仏教の寺院も含めている。モンゴル仏教は，清朝の時代に黄金期に達した。康熙・雍正・乾隆・嘉慶年間（1662—1820年）にはモンゴル仏教の寺院と僧侶の数が増大し，史上最大となった。13世紀にチベット仏教がモンゴルの地に伝来して以後，元朝の大徳年間（1297—1307年）から清朝乾隆14年（1749）にかけて約450年にわたって，チベット語『大蔵経』の『カンジュール』と『タンジュール』が，すべてモンゴル語に翻訳された。翻訳と刻印作業は，大規模なものとしては，5回行われており，モンゴル語に翻訳されていった経緯を明らかにした。モンゴル仏教寺院は，モンゴルの諸地域におけるの教育の場でもあった。モンゴル人は，男性の半数以上が僧侶である。モンゴル人は信仰心が強いので，聡明な子を僧侶にすることが多かった。それはモンゴル人にとっては，一族の子が僧侶になることが金塔（Altan suburga）を造ること，つまり，寺院を一つ造るのと等しいことであると信じられているからである。

モンゴルは昔から経済的にも文化的にも遅れていたので，一般のモンゴル人は教育を受けることが不可能であった。モンゴル仏教寺院は，医療センターとしての機能も有した。モンゴルでは，往昔は，寺院以外にはほとんど医師や薬が存在しなかったため，寺院の中にある医学院は，医療業にあたる人材を育成する場であり，病気を治療する中心機関であった。したがって僧侶は，医師として人々に現実的な利益を与える存在でもあった。

僧侶は葬儀に関わる。一般の大乗仏教徒は，死を成仏とか往生と呼んでいる。死者の葬法に関しても，国や民族によって，それぞれ別な発想の下でそれぞれに特異な儀式を行ってきている。この観点から，モンゴル人に固有の葬法（Gegür orosigulga yin yoson ゲーグール・オロシグルガインヨソン）を取り上げて論述した。モンゴル仏教の葬法としては，自然葬・火葬・土葬・水葬・風葬が古くから行われてきたことを，『蒙古風俗』と『蒙古貞風俗』を基本資料として論究した。

モンゴル仏教寺院は，モンゴルの地においては経済活動の中心地でもあった。昔はモンゴル仏教寺院そのものが草原の都城になり，毎年・毎月・季節ごとの寺院での「廟会」，すなわち祭りの場は，交流の場でもあり，貿易の場ともなった。この「廟会」は，遊牧民たちにとっては自分たちの羊の皮や肉を，内地から来た漢民族の布・茶・塩などと交換することができる交易の場となった。

「第三章　文化大革命後モンゴル仏教の様態」――この章では主に，文化大革命のモンゴル仏教の年中法要とその状況を論究した。周知のように中国では，各宗教，各民族，各文化が，「十年動乱」に翻弄されること甚大であった。文化大革命（1966―1976年）によって壊滅的な打撃を受けたのは，モンゴル民族文化，モンゴル仏教だけではなく，漢民族をはじめ56を数える民族にとって，共通の災難であった。これらの災難のすべてや，そこから派生する一国の文化・民族問題・宗教問題の一切をここに網羅することは，ただ一人の力では到底なし難い。筆者はこの章で，わずかにモンゴル仏教の代表的寺院である雍和宮と普寧寺の二寺院を取り上げて論究するにとどまったが，これが中国語で言う「知一解百」である。要するに，二寺院の状況の解明から，モンゴル仏教のさまざまな復興の姿を浮き彫りにしたものである。

金剛駆魔神舞は，チベットとモンゴルの仏教寺院では，年中行事として重要な法要の一つである。起源は，８世紀のチベットの吐蕃王朝時代に遡る，チベット密教における金剛乗の壇城儀式に行われる地舞や，供養舞にある。金剛駆魔神舞の主要な目的は，仏の教えを高揚することと，諸悪魔を消滅し民衆が安楽な生活を送ることができるように，世俗の楽しみのうちに，共に仏教の繁栄を喜び合うためであることを解明した。

「第四章　モンゴルにおける阿弥陀仏の信仰」――モンゴルに阿弥陀仏の信仰が伝来した時期については，今日に至るまで，学会においても十分には明らかにされていない。モンゴル仏教の阿弥陀仏の信仰を解明するには，源流を遡って，チベット語『大蔵経』所蔵のモンゴル仏教の諸経典によることを必要とした。この章においては，『蒙古仏教源流』『聖普賢菩薩行願善説荘厳経』『聖普賢菩薩行願王経』『浄土五経』の一つである『大方仏解華厳経普賢菩薩行願品』の四経典に記載されている，阿弥陀仏に関する記述を取り上げて追究した。そして，阿弥陀仏の三身の典拠と，パンチェン・ラマが阿弥陀仏の化身であるとされる由縁を明らかにした。

文献の面では，チベット仏教サキャ派のサキャ・パンディタの著した『薩班貢噶堅讃全集』の中に「阿弥陀仏修行法」がある。サキャ・パンディタはモンゴルに仏教を伝えると同時に，この阿弥陀仏の修行法も併せて伝えたものと考えられる。またチベット仏教では，サキャ・パンディタは阿弥陀仏の化身であるとされるので，13世紀の中葉，すなわち1251年以後に，モンゴルの地に阿弥陀仏の教えが伝えられたと推定した。

「第五章　モンゴル人の歴史意識と宗教意識」――以上，筆者は，モンゴル仏教の成立過程とその文化における根本的な問題を，三編に分けて考察してきた。本論文では，第一編・第二編・第三編を通じてモンゴル仏教の伝来をはじめ，その歴史的発展の経緯を叙述してきたが，ここではモンゴル人の歴史意識の淵源が一体どこにあるのか，モンゴルの歴史を貫流する民族意識，宗教意識の特色は如何なるものであるかを解明しようと試みた。

一体，モンゴル人は，自分たちの先祖や歴史をどのように考えてきたのだろうか。モンゴル人がなぜ仏教を，とくにチベット語系仏教を受容したのだろうか。こうしたことが終始，筆者の念頭を去らぬ疑問であった。結局，筆者は，モンゴル人の元来「天」を崇拝する宗教意識と符合するところがあったからではないかと考えるに至った。つまりモンゴル人の「天」を崇拝する宗教意識と，漢民族の「天・道」を崇拝する宗教意識と，インド仏教の三界の「天」の思想，さらには天に位置するチベットを仏の国とするモンゴル人の意識など，いろいろな意識が混ざり合ったところに，これらの問いの解答があるのではないかという思いに至った。そこで，モンゴル人と他の民族のそれとの共通点と相違点とを明らかにすることによって，モンゴル人の歴史意識・宗教意識の特質を鮮明ならしめることを以て，本章の主要な課題とした。主な基本資料として，13世紀に著述された『モンゴル秘史』と，17世紀に著述された『アルタン・ハーン伝』を依用し，他に《注》に挙げたような若干の資料を考察の材料とした。

4　本論文作成の視点

モンゴル帝国のチンギス・ハーンの時代，モンゴル人は最初，チベット仏教よりは中国仏教の影響を大きく受けた。理由の一つは，中国仏教の居士耶律楚材が，モンゴル帝国の宰相を勤めたことにある。モンゴル人と仏教との最初の出会いは，中国仏教に始まるのではないかとさえ考えられる。なぜならば，耶律楚材は，チンギス・ハーンの時代から，オゴデイ・ハーン，グユク・ハーンまで，約26年（1218—1244年）にわたってモンゴル帝国のために尽力したからである。それなのに，なぜモンゴル人は最終的に，チベット語系の仏教を受け入れて国教としたのか。理由はおそらく，チベット人もモンゴル人も，同じく遊牧民であり，類似した生活様式をもっていたこと，就中，両民族は元来「天」を崇拝する宗教意識があったところにあると考えられる。チベット人は，「天」をチベット語で「lha」と呼んでいる。チベット人の意識では，「lha」はすなわち，仏教の「仏・菩薩」である。インドやネパールから仏教がチベットに伝えられて以後，チベット密教の仏は「吉祥天母」(dpal ldan *lha* mo）として，チベットとモンゴルの地で広く信仰されている。したがってモンゴル人には，「天」を崇拝しているチベット人の仏教の教えが，最も受け入れやすかったものと考えられる。一般の民衆にとっても，チベット人が信仰している「lha」である天は，モンゴル人が信仰している「tengri」の天と重なり，馴染みやすかったものと思われる。

モンゴルのアルタン・ハーンは，チベット仏教ゲルク派のダライ・ラマをモンゴルの地に招請したが，この史実でも，モンゴル人であるアルタン・ハーンが，天の命を受けて行ったことであるという記述が『アルタン・ハーン伝』に見られる。つまりモンゴル人は，歴史を成立させる根拠は，「天意」にあるとする。最初は「天意」をもって人間世界を維持し，その「天意」の上に母なる一切衆生の恩を知り，その恩に報いなければならないという「報恩」を加えた。「天意」と「報恩」が，モンゴル人の歴史意識の基盤となっている。

モンゴル仏教は，チベット仏教の一部が伝来したという説よりは，中国仏教の耶律楚材禅師と海雲法師による中国からのルート，那摩国師によるカシミールからのルート，そしてチベットからと，この三つのルートを通って入ってきた仏教を受け入れ，モンゴル仏教として統合したものと考えることが，正鵠を射ているものと考えられる。

第一編

モンゴル仏教の黎明期（元朝初期）

——サキャ派の伝来——

第一章　モンゴルへのサキャ派の伝来

第1節　本章の意図

仏教はいつ頃，モンゴル地域に伝えられたのか。

モンゴルでは『三世仏母聖般若波羅蜜多経』(Dus gsum rgyal bai yum ḥphags pa śes rab kyi pha rol du phyin pai mdo las)(1)の記述によって，仏教がまず中インドから南方に伝わって広がり，次いでインド北部からさらに北方に広がったことがわかる。つまり，インドから仏教がチベットやモンゴルに伝播したと考え，『無垢天女請問経』(Lha mo dri ma med bas shus bai mdo las)(2)の中にも，仏涅槃の後2500年して，仏法は「紅面」(gdoṅ dmar) 地域に伝播するとあるのを，従来よりモンゴルへの仏教伝来を予言するものと考えている。

モンゴルに伝えられた最初の仏教は，後に述べるように，実はチベット仏教のサキャ派の教えであった。これを受け入れたのは，ボグダ・チンギス・ハーン (Bogda Cinggis Han 博克達・成吉思汗 1162—1227，以下チンギス・ハーンとする)(3)であった。チンギス・ハーンの受容したサキャ派の仏教とは何であったか。今まで，チンギス・ハーンとサキャ派第一祖サキャ・クンガーニンポとの間の親書の交換は，個人的な関係ものとして理解されてきた。チンギス・ハーンはサキャ・クンガーニンポに，仏教を求めたというのである。しかし両者は，同時代に生きたとは認められない。また，この二人の間に，個人的関係は見出せない。

チンギス・ハーンの親書を受けたのはサキャ派第三祖のタクパゲルツェンであり，サキャ・クンガーニンポではなかった。かつまた，この親書の交換は個人的なレベルのものではなく，モンゴル帝国とチベットのサキャ派との関係から交わされた親書であった。すなわち，チベットは政教合一であり，それゆえに親書は，モンゴル帝国とチベットとの，国と国との関係を基盤に交わされたものであること，そして，『蒙古源流』『多桑蒙古史』『蒙古仏教史』『アルタン=ハーン』を基本資料として，チンギス・ハーンとサキャ派の祖師との関わりを明らかにすることが，本章の意図するところである。

第2節 サキャ派とモンゴル帝国

チンギス･ハーン（1162—1227）はチベット暦第四饒迴火兎年（1207年[(4)]），45歳のとき，チベットに軍隊の派遣を計画した。当時チベットはまだ統一された政権を形成しておらず，各地方の封建領主がそれぞれのやり方で管理していた。重大な事柄が起こる度に，彼らは集まって対策を立て，事に当たった。

モンゴル仏教では，チンギス・ハーンがチベット仏教サキャ派のサキャ・クンガーニンポに送った親書について，今日なお定説を見るには至っておらず，とくに仏教以外の一般の学者と仏教の学者との間には，現在も論争が継続している。この件について，卑見を提示してみたい。

この辺の事情を，サガン=セチェン（薩襄徹辰）の『蒙古源流』（Sagang secin, *Erdeni yin tobci*[(5)]）は，次のように記述している。

> tendece tücin tabun yin bing（ulaqan）baras jile（süng ulus un kai si）yin koyatogar on yuwan ulus un taizu in terigün on, tübed un（külege）külüge dorci qagana morilagsan（morilagsan tur tübed un kagan）tübed un kagan niluku neretü noyan terikülen, qorban jagun kümon yir, olan temegen yi tatalka erkün, oruju ügsügei（ügüsügei）kemen elci yilegegsen du nacin no caidom tegere ecen tur jolgabasu,
>
> ejen jübsiyecü kaqan ba elci koyara ber yeke üglige ügkün karigulkuya, ejen saskiya cag lo-zawa ananda gerbi kemekü lama tur eyin bicig beleg（belge）erkün iluku noyan yi karin gedegü ilegejü,
>
> cimai jalaku bülüge, yirtincü in uile yabudal minu dotagu ki-in tola ese jalabai bi endece cimadur situsu, ci tendece namai saki keme bicig üggün, tei-n mgeri gorban aimag ece du-rgsi, gorban mojin nayan naiman tümen kara tübed ulus yi orugulbai.（モンゴル語）

チンギス・ハーンは45歳火虎年のとき（宋朝開禧２年，元朝１年，1206年）に，チベット国のクルゲドルジェ・ハーン（Külegedorci qagana 古魯格多爾済汗）に遠征した。その際，クルゲドルジェ・ハーンは，ニルグ（Niluku 尼魯呼）という人を大臣とし，一行300人を遣わして，多数のラクダを礼物とし帰順の意図を表したので，チャトム（caitom 柴達木）で会見した。チンギス・ハーンはその帰順を認め，チベットのハーンと使節に多くの礼物を与えた。また,帰るときにサキャ・チャガローザワアナンダゲルビ（Saskiya cag lo-zawa ananda gerbi 薩嘉察克羅雑幹阿難達噶爾貝）というラマに宛てた親書に添えて，儀礼の礼物を贈った。この親書の中でチンギス・ハーンは，「ニルグ大臣を還しました。ラマ尊者をモンゴルの地に招きたいと思っていましたが，ただいま処理すべき世事および国事が多く残っているため，ラマ尊者を招請する機会を逸しておりました。心からの願いでありますが，私は，このモンゴルの地で尊者に帰依します。尊者がチベットで，私，チンギス・ハーンを護佑くださるようお願い申し上げます」と述べている。こうして，阿里の三部（mṅaḥ ris skor gsum）をはじめとしたその他三省，および80万のチベット人が，モンゴルに帰順することになった(6)。

この中に記されているチベット仏教のラマ尊者サキャ・チャガローザワアナンダゲルビ（Saskiya cag lo-zawa ananda gerbi 薩嘉察克羅雑幹阿難達噶爾貝）は実在せず，サキャ派高僧の第三祖タクパゲルツェンであったと考えられる。

チンギス・ハーンは，チベット仏教サキャ派の高僧をモンゴルの地に招きたいとして，サキャ・チャガローザワアナンダゲルビの名を挙げて心をこめた親書を送った。しかしこれは，サキャ派の高僧個人に対してのものではなく，サキャ派の大ラマ尊者に向けた親書であったと考えられる。

モンゴル語の『多桑蒙古史』（bLo bzaṅ tshe ḥphel, *Hor chos hbyun*(7)）とチベット語の『蒙古仏教源流』（ḥJigs med rig paḥi rdo rje, *Hor gyi chos hbyuṅ*(8)），そして中国語訳の『蒙古仏教史』には，ほぼ同一の内容の記述がなされている(9)。次の通りである。

dücin tabun nasun un degere dübed tbos dur ügede bologsan cagda sride jon dga（sde srid jo dgaḥ）kiged. zalba künrdowar（tshal ba kun rdor）teriküten ber ogtucu aqui yeke bayar qorim ki üyileduged mege ris gorban ayimag dbos uzang dürben ayimag. lhowa（lho）kams（khams）sgang（sgaṅ）gorban büküde gi ergübei tendece zang saski dur blama günge sningbowa（sa chen kun dgaḥ sñiṅ po）tana jalig bicig beleg salta ki yilegecu ükülerun. eduge qagan türu yin üiledkü jokustai cirig un uile nigen kedon ese büridǒgsen un tola tekün ki econ dur kürügsen cag ta blama ta kübekün salta ber monggol un orona yilagugsan un sasin ki delgerekülkü keregtai kemen jarlig bolcu bicig yilegegsen un dola mün tekün dur bodatai ese ocarabecu üni ece blama bolqan bariqad dübed un kümün bükün ki albanece gargacu dbos zang un gorban sidügen qowarag nogod dor erkül kündülel ki üiled gsen ece sasin un üglige yin ejen nom un qagen bolbai.（モンゴル語）

チンギス・ハーンは，45歳チベット暦法第四饒迴火兎年（1207年）に，中央チベットに軍隊を派遣した。この情報を，官僚のジョガー（Jo dgaḥ tshal 覚噶）とサルパ・クンガードルジェ（tshal pa kun dgaḥ rdo rje 蔡巴貢噶多爾済）などが入手して，使節団300人を遣わしてチンギス・ハーンを出迎え，盛大な宴会を催して歓迎した。宴会の場で，官僚のジョガーとサルパ・クンガードルジェがチンギス・ハーンに，貴国に帰順すると約束し，納里速三囲（mṅaḥ ris skor gsum）・烏思蔵四如（dbu gtsuṅ ru bshi）・南部三岡（lho khms sgaṅ gsum）から成るチベット全土を，モンゴル帝国に奉献した。チンギス・ハーンはこれを大いに賞讃し，贈り物を贈った。こうしてチンギス・ハーンは，チベット全土を統領することになった。

その後チンギス・ハーンは，サキャ・クンガーニンポ（Sa chen kun dgaḥ sñiṅ po 薩欽・貢噶寧布）に宛てた親書に添えて，儀礼の品物を贈った。この親書の中でチンギス・ハーンは，「ラマ尊者をモンゴルの地に招きたいと思っていました。しかし今まで処理すべき件が多く，国事が完成しませんでした。だから，ラマ尊者を招請する機会を逸しておりました。心からの願いでありますが，私はこのモンゴルの地で尊者に帰依します。尊者がチベットで，私チンギス・ハーンを護佑くださるようお願い申し上げます。私の志が成就した暁には，ラマ尊者ご自身がお弟子一同と共にモンゴルに来られて，仏の教えを伝え広められることを期待申し上げます。今回は，ラマ尊者に直接お目にかかることができませんでした。私チンギス・ハーンは，遥か遠くのモンゴルの地から，チベットの地にあるラマ尊者に礼拝しました。そして，チベットでの仏・法・僧の三宝（仏像は仏の身体，経典は仏の教え，仏塔は仏の智慧）に供養しました。私は僧侶にも供養しました」。

こうしてチンギス・ハーンは，仏教の施主になり教法の王になった。

上掲のモンゴル語『多桑蒙古史』とチベット語『蒙古仏教源流』，そして中国語訳『蒙古仏教史』三書の記述内容は，ほぼ『蒙古源流』と同一である。『蒙古源流』はチベット仏教サキャ派の高僧の名を漢訳する際，「薩嘉察克羅雑幹阿難達噶爾貝」と記述し，『多桑蒙古史』と『蒙古仏教源流』は「貢噶寧布」と表記した。つまり，昔は地方によってさまざまな言い方があった。たとえば仏教のことを，「釈尊の教え」と言い，「釈尊の宗教」とも言う。チベットやモンゴルの仏教徒は，このように呼ぶのが普通である。また，宗派の開祖の名前をそのまま宗派の代名詞としたり，派名にしていることは周知の事実である。たとえばチベット仏教カルマ派の派名は，開祖カルマ尊者の名前に由来する。ゲルク派も，モンゴル仏教・チベット仏教ではツォンカパの宗派と呼ぶのが普通である。

さらに，吉田順一・賀希格陶克陶訳注『アルタン=ハーン』（Altan Qagan u Tuguji）にも，次のように記述されている[(10)]。

deger-e tngri yin ǰayag-a/ bar törügsen..

degedü törü yosun i/ tulguraca bayigulugsan..

delekei yirtincü/ takin i erke dür iyen orugulugsan..

temüǰin suu tu cinggis qagan kemen/ aldarsigsan::

tabun öngge ulus i erke/ türiyen orugulǰu

tangsug a yirtincü/ yin törü yosun i tübsidkejü../
degedü saskiy-a yin küngga sningbo/
blam-a yi jalaju.. terigün burqan u/
šasin i delgeregülügsen ajigu:: (8)（モンゴル語）
上天の命によって生まれ，尊い政道を初めて打ち建て，
全世間を支配下に入れたテムジンは，
天恵をもつチンギス・ハーンとして名を馳せた。
五色のオルスを支配下に入れて，
見事に世間の政道を平らにし，
尊いサキャのクンガーニンポ＝ラマをお招きした，
最初に仏の教えを広めたのである。

以上の歴史書が記していることをもとに，チンギス・ハーンとチベット仏教サキャ派の第一祖サキャ・クンガーニンポとの間に関係があったのかなかったのかという点について，以下，遡って考究してみたい。

第一は，上記の歴史書のどちらにも，チンギス・ハーンが直接サキャ・クンガーニンポと会ったとは記述していない。

第二は，周知のように当時，モンゴルとチベットとの間の情報交換・音信を通ずるには，相当の日数・時間を要したと考えられる。現在でも，チベットに近接した青海省西寧市からラサ市までは，自動車で走っても一週間はかかる。当時，チンギス・ハーンがどこに居住していたかは不明であるが，もしモンゴルの奥地であるとすれば，互いを結ぶ道路もない時代であったから，情報の伝達には，想像を絶する日時・年数がかかったのではないかと考えられる。

サキャ・クンガーニンポの生没年は1092―1158年であり，チンギス・ハーンの生没年は1162―1227年であるから，チンギス・ハーンの誕生４年前に，サキャ・クンガーニンポは死没していたことになる。さらに，チンギス・ハーンが皇帝に即位したのは1206年であるから，サキャ・クンガーニンポの死没とは48年の差がある[(11)]。

このようなことを考え合わせると，サキャ・クンガーニンポの生存の時期，

寂年などについて，モンゴルの地にいたチンギス・ハーンには，直ちに伝わらなかったのではないかと考えられる。したがって，チンギス・ハーンがチベット仏教サキャ派サキャ・クンガーニンポに送った親書を受け取った人物は，サキャ派のサキャ・クンガーニンポ以外の祖師でなければならない。時代的に考えると，おそらくサキャ派第三祖のタクパゲルツェンであろうと推定される。

チンギス・ハーンは施主であり，サキャ派の大ラマは上師である。チンギス・ハーンはチベットの前蔵と後蔵から，モンゴルに仏像・仏典・仏塔を招請した。モンゴル人はこれを機に，仏教に「堅固不壊」の信仰を持ち，仏法を信じ，五戒を受け，仏・法・僧の三宝に帰依し，仏・法・僧に礼拝する人が増加していった。これがモンゴルへの仏教伝来の端緒であったと考えられる。

この在り様がまさに「一双日月」と言われるものである。「日」は政治を意味し，「月」は仏教を意味する。「一双」は一対を意味する。つまり「一双日月」は政治と仏教があい和し，国民は両者の争いのない世界で安穏に生活できることを喜んだ。つまり，国民に利益する喜びはまさに夏の海水が溢れるが如し，と形容される状態である。このような福徳をもたらしたチンギス・ハーンは，モンゴルの国民にとっては，まさに偉大なる恩人であると言わざるを得ない(12)。

第３節　本章の結語

この章では，従来『蒙古仏教源流』などに記述されている，チンギス・ハーンがチベット仏教のサキャ派第一祖，サキャ・クンガーニンポとの間で，施主と上師の契りを結んだという説が，間違ったものであることを明らかにした。そして，モンゴルに仏教が伝来した年代を確定することと，モンゴル帝国太祖チンギス・ハーンをはじめとした諸皇帝が，仏教を受容した理由や経緯を明らかするのが課題であった。

これまで，チンギス・ハーンとサキャ派の高僧との間の親書の交換は，個人的な関係のレベルにあったと理解されてきた。しかし筆者は，チンギス・

ハーンとサキャ派高僧との間の親書の交換は，個人的なレベルのものではなく，モンゴル帝国とチベットのサキャ派との関係から交わされた親書であること，すなわち，チベットでは政教一致であったから，それは，モンゴル帝国とチベットとの，国と国との関係を基盤に交わされた親書であることを，『蒙古源流』『多桑蒙古史』『蒙古仏教源流』『アルタン=ハーン』を基本資料として明らかにした。

なお，チンギス・ハーンがチベット仏教サキャ派の高僧に親書を送り，受け取ったのはサキャ・クンガーニンポとされるが，史実としては，サキャ・クンガーニンポとすると時代に大きな誤差が出る。時代から考えると，おそらくサキャ派第三祖のタクパゲルツェンであろうと推定される。

注

（1） 久明柔白多杰『蒙古仏教源流』（ḥJigs med rig paḥi rdo rje, *Hor gyi chos hbyuṅ*）中国青海民族出版社，チベット語，1993年，82頁参照。

（2） 久明柔白多杰『蒙古仏教源流』（ḥJigs med rig paḥi rdo rje, *Hor gyi chos hbyuṅ*）中国青海民族出版社，チベット語，1993年，83頁参照。

なお，チベット仏教では釈尊の涅槃について多種の説があり，教派によって異なっている。ある教派では3,000年以上となっており，またある教派では約2,300年である。

モンゴルの地域を「紅面」，すなわち赤い大地，福徳あるところということは，モンゴル帝国のほとんどの皇帝が仏教の法王であることを示している。

（3） *MongGol-un niguca tobca'ān*（蒙古族古典文学叢書編委会『蒙古秘史』，中国内蒙古人民出版，1993年）201～243頁参照。

チンギス・ハーンについては，日本では従来しばしばジンギスカンと書かれている。しかし，ジンギスカンは実際の音を反映しない。古くはチンギス・カンと記されたこともある。モンゴル語では正しくはチンギス・カガン（Cinggis qagan）とすべきである。しかし最近の用例によって，チンギス・ハーン（Cinggis Han）とした。

チンギス・ハーンはモンゴル帝国初代皇帝（Han）であった。分裂状態だった北アジア諸部族・諸民族を主として武力によって統一し，1206年の即位以来，広く世界を遠征してイヒ・モンゴル・オロス（yege monggol uluste 大モンゴル帝国）を築いた。諸言語でチンギス・ハーンの事業は伝えられているが，モンゴル語の『モンゴル秘史』には，史実と共に彼にまつわる神話・伝話・エピソードが記されている。後世，チンギス・ハーンは，モンゴル人の英雄にとどまらず，神として崇拝され，種々の祭祀の対象となった。

チンギス・ハーンは幼名をテムジン（Temürcin 鉄木真）という（小林高四郎『ジンギスカン』岩波新書，1960年，24頁参照）。ハーン即位に至るまでテムジンと言われている。テムジンは，テムルチ（鍛冶屋）の意味とされる。「鉄木真」などと漢字音写する。『モンゴル秘史』によれば，テムジンの父イェスゲイが宿敵タタル族の将テムジン・ウゲを捕虜にして帰還したとき，テムジンが生まれた。当時のモンゴルでは，母親が出産後最初に見たものの名前を子供につける習慣があったため，その名がついた。『モンゴル秘史』282節中，123節まではチンギス・ハーンはテムジンの名で登場する。

ハーンというのは皇帝，大王の意味である。カガン→カアン→ハーンと発音が変化した。「可汗」「合罕」などと漢字音写される。4世紀末，モンゴル系の柔然の社崙が用いたものに始まる。チンギス・ハーンは『モンゴル秘史』に見られるように，最初はハーンの短縮した形とされるチンギス・カンと称していた。しかし，後のモンゴル帝国の地方の諸王が，カン，ハンと称するようになったため，古形のハーンが復活して皇帝のみに用いられるようになったとされる。北方民族の大王はハーンとして諸民族・諸部族を統括したので，モンゴル族の元朝や満州族の清の諸君主は，北方民族のハーンであると同時に中華帝国の「皇帝」を兼ねた。

因みに，現代モンゴル語では広く諸国エンペラーをハーンとするので，日本の「天皇」のこともハーンと呼び，皇居のことは「ハーンの宮殿」(Or uda）と言う。

ハーン位推載，これは一つの部族に属する各氏族の長（おさ）たちによる長老会議（クリルタイ）によって，その部族の長に選ばれることを意味する。テムジンがモンゴル部のハーンに推載されたのは1189年のことである。チンギスとは，モンゴル人たちの信奉していた「光の精霊」の意と解される。しかしそのときのハーンは，諸氏族の単なる代表格ほどの意味しかなく，実権は各氏族の長たちが依然保持していた。タタル，ケレイトなど他の部族をすべて征服した彼が，部族長たちのクリルタイで推載されたハーン位（1206年）は，絶対的な全モンゴルの支配者としてのものであった。

（4）張怡蓀主編『蔵漢大辞典』下巻（Kraṅ dbyi sun, *Bod rgya tshig mdsod chen mo*）中国民族出版社，1986年，2664頁。

チベット暦饒迴（ran byuṅ）とは，中国暦の丁卯年とチベット・モンゴル暦の火兎年をいう。西暦1027年から始まる。チベット暦では，60年を一期の饒迴として年を数えている。チベット暦法の発明者は月光師である。饒迴は佳瑞，良縁の意味を有する。

（5）　薩嚢徹辰『蒙古源流』（Sagang secen, *Erdeni yin tobci*）中国内蒙古人民出版社，1980年，190～191頁。

（6）　王輔仁・陳慶英編著『蒙蔵民族関係史略』（中国社会科学出版社，1985年）15頁には次のように記している。

成吉思汗，四十五歳（公元一二〇六年）用兵於土伯特（西蔵）之古魯格多爾済汗。彼時土伯特汗遣尼魯呼諾延為使，率三百人前来進献駝只，輜重無算，会於柴達木疆域。

成吉思汗賞賜其汗及使臣，並送礼物和信件給薩嘉察克羅雑斡阿難達噶爾貝嘛喇，信中説："尼魯呼諾延之還也，即欲聘請喇嘛，但朕辨理世事，未暇聘請，願遥申皈依之誠，仰懇護佑之力。"於是収服阿里三部属八十土伯特人衆。（中国語訳）

（7）　グシガジュパロサンセプル（固始噶居巴洛桑沢培）『多桑蒙古史』（Gu shri dkaḥ bcu pa blo bzaṅ tshe ḥphel, *Hor chos ḥbynuṅ*）

（8）　久明柔白多杰『蒙古仏教源流』（ḥJigs med rig paḥi rdo rje, *Hor gyi chos hbyuṅ*）中国青海民族出版社，チベット語，1993年。19～20頁には次のように記している。

she lṅaḥi steṅ rab byuṅ bshi baḥi me yos lor bod kyi sa cha dbus su byon paṅi tshe sde srid jo dgaḥ daṅ tshal pa kun dgaḥ rdo rje sogs kyis tshor te mi sum brgyḥi bsu ba daṅ dgaḥ ston rgya cher byas nas khyed kyi chab ḥog tu ḥjug go// shes sṅar pho ña btaṅ ste mjal shiṅ mṅaḥ ris skor gsum/ dbus gtsaṅ ru bshi/ lho khams sgaṅ gsum thams cad phul bas de dag la bya dgaḥ rgya chen po gnaṅ shin bod mthaḥ dag dbaṅ du bsdus so//

de nas bla ma sa chen kun dgaḥ sñiṅ po la chab śog skyes bcas bskur nas shu ba ni, dam pa khyed kho bos gdan ṅdren byed dgos rgyu yin/ ḥon kyaṅ da duṅ rgyal srid kyi bya baḥi rigs ḥgaḥ shig ma tshar bas re shig gdan draṅs ma byas kyaṅ kho bos ḥdi nas khyed la bsten no. khyed kyis de nas kho bo la sruṅs śig rjes sor kho boḥi bya ba mthar phyin paḥi tshe khyed sras bcas kyis hor yul du rgyal bstan spel dgos shes bskur bas. der dnod su ma phrad kyaṅ riṅ mo nas bla mar bzuṅ ste dbus gtsaṅ gi rten gsum//

dge ḥdun bcas la bsen bkur mdsad pas bstan paḥi sbyin bdag chos kyi rgyal por gyur to//（チベット語）

（9）　固始噶居巴洛桑沢培著，陳慶英・烏力吉訳著『蒙古仏教史』（中国天津古籍出版社，1990年）9頁には次のように記している。

皇帝四十五歳之蔵歴第四饒迴火兎年（1207年）之時，用兵於吐蕃之烏思地方，第悉覚噶与蔡巴貢噶多爾済等人聞之，遣使三百人来迎，奉献盛宴，説：願帰入你之治下。将納里速三囲，烏思蔵四如，南部三岡等地面全部呈献，皇帝対此大加賞賜，将吐蕃全部収帰治下。

此後，寄送礼品及書信給薩欽・貢噶寧布，書信中説：我要迎請大師您，但是還有数件国事未曽完成，一時未能迎請。我在此地依止於您，請您在彼処護佑於我。今後我之事務完結之時，請您及您的弟子来蒙古地方弘揚仏法。此次雖未親自与上師相見，但已遥拝上師，向烏斯蔵之三所依（仏像為身所依，仏経為語所依，仏塔為意所依）及僧伽献了供養，故皇帝已成為仏法之施主，教法之王。

中国語『蒙古仏教史』の前言によれば，著者であるグシガージュパロサンセプル（Gu shri dkaḥ bcu pa blo bzaṅ tshe ḥphel 固始噶居巴洛桑沢培）は，モンゴル僧であり，チベット暦第十三饒迴鉄鼠年（1780年）7月5日，400名の僧侶と一緒にパンチェン・ラマ六世から比丘戒を受けた。一般的には比丘戒を受ける年は20歳であるから，おそらく1760年前後の生まれであると推定することができる。グシガージュパ・ロサンセプルが，モンゴル仏教の活仏ジクメダナムカ（ḥJig med rnam mkhas 晋美南喀）の命を受けてモンゴル語とチベット語でモンゴル仏教史を著したのは，モンゴル語で言う『多桑蒙古史』（bLo bzaṅ tshe ḥphel, *Hor chos ḥbyuṅ*）であり，1819年に完成した。中国語に翻訳された書名は『蒙古仏教史』と言う。

(10)　吉田順一・賀希格陶克陶訳注『アルタン=ハーン』（*Altan Qagan u Tuguǰi*）風間書房，平成10年，111～112頁。

五色のオルス（ulus 国）という説がある。五色（tabun öngge）は，青いモンゴル（köke monggu）・赤いキタド（ulagan kitad）・白いソロンゴス（cagan solunggus）・黒いチベット（qar-a töbed）・黄色いサルトール（sir-a sartagu）の五民族が基本であり，四夷（dörben qari）は，五色の民族の周辺にいる弱小の民族あるいは部族を指す。17～19世紀の間に著された多くの歴史が，四夷を，犬の頭をした人々の国・女の国・一本足の人々の国・胸に目のある人々の国という。奇怪な人間の国だと解釈されるようになったのは，モンゴル帝国時代からモンゴル人の間に広がっていた，奇怪な人々についての伝説・伝承の影響によるものかもしれない。また，中国の「五色」や「五方（tabunǰüg）」という考え方の影響も指摘し得る。

(11)　賀希格陶克陶『蒙古族古典文学研究』（Za hesigtogtau, *MongGol-un erten nu udga jokiyal-un sodulul*）中国内蒙古文化出版社，1988年，133頁。

(12)　固始噶居巴洛桑沢培著，陳慶英・烏力吉訳著『蒙古仏教史』（中国天津古籍出版社，1990年）36頁。

第二章 サキャ・パンディタとモンゴル仏教

第1節 本章の意図

本章の意図は，モンゴル帝国のゴダン・ハーン（Godan han 闊瑞汗 1206—1251）が，チベット仏教のサキャ派の第四祖サキャ・パンディタ（Sa skya paṇḍita 薩迦班智達 1182—1251）をモンゴルの地に招請するために書き送った「ゴダン・ハーン通達親書」と，サキャ・パンディタが，この招請に応じてモンゴルに着いた後，チベット人がモンゴル帝国に帰順するよう説得するために書き送った手紙「薩迦班智達致蕃人書」（Bu slob rnams la spriṅ ba bshugs[(1)]）を解明することである。この2通の親書が，モンゴル帝国に仏教が伝来する契機となった。チベットがモンゴル帝国に帰順することによって，両民族の間に仏教を通した絆が生まれ，その絆が太くなっていったのは，その後の歴史が証明するところである。

第2節 サキャ・パンディタのチベットにおける活動

サキャ派の第四祖サキャ・パンディタ，実名はサキャ・クンガーゲルツェン（Sa skya kun dgaḥ rgyal mtshan 薩迦・貢嘎堅讃）は，サキャ派の第三祖タクパゲルツェンの実弟のペルチェンオポ（dPal chen ḥod po 貝欽沃布，大吉祥光 1150—1203）の長男であり，二男のサンツァ・ソナムゲルツェン（Zaṅs tsha bsod nams rgyal mtshan 桑査索南堅賛 1184—1239 福幢）は，サキャ派の第五祖であるパクパの父である[(2)]。

サキャ・パンディタは1182年2月26日に生まれた。そのとき，大勢の密教の女性神である「空行母」（mkhaḥ gro ma）が，奇瑞を現して花を雨のように降らせ，1歳のとき，サンスクリットの天城体（saṅ skri ta）と瓦彌都体（pra kri ta[(3)]）の文字を書くことができ，念誦することができたといわれる。生まれながらにサンスクリット語とチベット語に精通していたことが，「天生」

であるという。彼は，タクパゲルツェンから居士戒を受けた。その戒名がクンガーゲルツェン（Kun dgaḥ rgyal mtshan 貢嘎堅讃）であった。サキャ・パンティタは菩提心を起こし，タクパゲルツェンから「喜金剛壇城」（dGyes pa rdo rje yi dkyil ḥkhor）の灌頂を受けた。3部の戒律の根本上師はタクパゲルツェンであり，同時にタクパゲルツェンは，サキャ・パンディタが多世に渡って転生するときの善知識（dge baḥi bśes gñen）と本尊（lhag paḥi lha）になったと考えられている。

サキャ・パンディタがチベットのサキャ地方で説法していたとき，タクパゲルツェンが虚空に現れ，

khyod mi nas mir gyur paḥi skye ba ñi śu rtsa lṅaḥi bar du rig paḥi gnas lṅa la mkhas paḥi paṇḍitar gyur deḥi bar gyi bla ma ṅa yin//[4]

お前（サキャ・パンディタ）は，この世界に25回転生している。それにしてもお前は，五明のすべてに精通した学僧である。この世界にお前が停まっている間，私がお前の上師である。私以外だれもお前を調伏することができない，と言われた。

これに対して，サキャ・パンディタは，

gcig tu bsus pa ḥjam paḥi dbyaṅs/ dge bsñen mchog gi gi skur bstan nas/ bdag gi ḥkhrul baḥi dra ba bcad/ yun riṅ dus nas ḥdi ñid ni, khyod ñid dge baḥi bśes gñen shes, mkhaḥ la de ltaḥi sgra bsgrags pa/ legs ḥdoms khyod la phyag hsthal lo//[5]

諸々の仏智慧を具足した文殊菩薩，すなわち，文殊菩薩の化身であるタクパゲルツェンは，善知識の大徳の姿を現し，私の迷妄を打ち破ってくださいます。そしてこれから長期にわたって，私の上師となってくださいます。このように，言葉が虚空から聞こえてきました。私は誠心を捧げて，上師様に頂礼したてまつります，と申し上げた。

と記述している。

以上の言葉からサキャ・パンディタの世俗の一切と出世の一切に，タクパゲルツェンが関わっていることがよくわかる。

サキャ・パンディタが25歳のとき，チベットのニャムメダゲルゴン（mñam

med rgyal dgon 娘麦堅貢）寺でカチェ・パンチン（Kha che paṇ chen=Śākya śrī bha dra 釈迦室利跋陀羅 1127―1225）より比丘戒を授けられた。

dguṅ lo ñer lṅa lon tshe/ kha che paṇ chen śākya śri bha dras mkhan po daṅ/ spyi bo lhas slob dpon/ shu ḥphraṅ bas gsaṅ ston mdsad de bsñen par rdsogs śiṅ de dag las gsan pa rgya cher mdsad do//(6)

サキャ・パンディタが25歳のとき(7)，カチェ・パンチェンが親教師（mkhan po）を勤め，ジポラパ（sPyi bo lha 吉波勒巴）が軌範師（slob dpon）を勤め，スパランバ（Shu ḥphrraṅ ba 徐侖巴）が密教師（gsaṅ ston）を勤めた。サキャ・パンディタは，この三師から具足戒を受けた。そしてこれらの上師からいろいろな法を伝授された(8)。

比丘戒は別名，具足戒（bsñen par rdsogs。サンスクリットで upasampadā）と言われる。サキャ・パンディタの時代，すなわち13世紀頃になると，３人の師の許で具足戒を受けることとなったと考えられる。実は，サキャ・パンディタがサキャ派の祖師の中で初めて正式に出家した比丘であったとされる(9)。

サキャ・パンディタは，一生涯をかけてチベット全土を巡り，各寺院の高僧を訪ねたり，多数の説法や弁論会などに参加したという。彼の学問が優れていたので，人々は彼を尊称して，精通五明のパンディタ（paṇḍita 班智達）と呼んだ。当時，チベット一の高名な学問僧であった。

サキャ・パンディタがチベットのマンユラジッロン（Maṅ yul skyid groṅ 芒域吉隆，現在チベット自治区シガツェ地方）にいたとき，南インドのポッジェガワ（ḥPhrog byed dga ba 因陀羅）をはじめとする仏教に異を唱える六外道が，わざわざインドからチベットに来て，マンユラジッロンで13日間，サキャ・パンディタと対論をした。結果は，サキャ・パンディタが六外道を反駁し勝ちを収めた。六外道は仏教に帰依してサキャ派の弟子になり，サキャ・パンディタの許で頭を剃って出家した。出家した六外道はサキャ・パンディタを，

rgya mtshoḥi gos can rgya mtshoḥi mthaḥ sa chen ḥdi na lha chen po//(10)

大いなる海の大地で，尊者様は最も殊勝な尊天である。

と言っている。

六外道の頭髪が，今もサキャ寺の鐘楼に保存されている。

第3節　サキャ・パンディタの『薩迦格言』(Sa skya legs bśad)

サキャ・パンディタが著した著作は庞大である。現存している中の主要な書物には，『能仁教理明釈』『経義嘉言論』『楽論』『学者入門経』『入声明論』『祈願如来発大悲心』『語門摂要』『詩律花束』『藻飾詞論蔵』『因明度論』『釈迦牟尼賛』『桑耶寺賛』『仏像量度論』『医論八支摂要』『法理通用学者入門』『詩論学者口飾』『嘉言宝蔵論』『大発心経論』『十法行』『大乗道論概要』などがある。またインドの仏教学者である龍樹などが著したとされる格言や詩集である，『百智論』『修身論智慧宝樹』『益世格言』『頌蔵』『百句頌』(11)などを参考にして，その中から約70句を抽出し，編集し，それにサキャ・パンディタ自身の頌を含めた，300句を超える有名な『薩迦格言』がある。この格言は九章に分けて構成される。簡潔流麗な言葉で，サキャ・パンディタの宗教上の考え方ばかりでなく，政治的な観点をも明らかにしている。彼の合理的な人間関係は，「為人処世」という言葉で表され，世間の人々の考え方と合わせて哲学的な思想を平易に宣伝した。この著作は仏教の教えばかりでなく，チベット人が本来具えている民間伝承，伝統文学も収めている。人々が日常生活の中で熟知している事象も，人口に膾炙している物語と対比しながら述べられているから，仏教の専門家にも一般の民衆にも，理解しやすいものとなっている。

この『薩迦格言』は，サキャ派の勢力を拡大することに重大な役割を果たしたといえる。『薩迦格言』は，現在もチベットとモンゴルの寺院や仏教大学で教科書として利用されているだけでなく，一般の大学での教科書ともなっている。

『薩迦格言』(12)の中でサキャ・パンディタは，国王は仏法によって国家を治めるべきである，と説いている。

以下の文章の（　）内の数字は，チベット語の『薩迦格言』の番号を示す。

rgyal pos chos bshin sa bskyaṅ ste// min na rgyal po ñams pai rtags// ñi mas mun pa mi sel na// de ni gzā yis zin pai rtags//（163）

国王は仏法の教えに従って国を護持し，庶民を安んじなければならない。そうしなければ，国政が衰微することは目に見えている。たとえば太陽が暗闇を照らし出さなければ，日蝕を発生する兆しとなるのと同じである。

rtag tu byams pas skyoṅ ba yi// rje bos bran gyog r ñed par rla// Padmai mtsho la ṅaṅ pa dag// ma bsdus par yaṅ ṅaṅ gis ḥdu//（233）

常に優しく慈悲心から役人を護られる王は，たやすく奴僕や大臣を得ることができる。蓮花の花を満開にしている緑の海には，呼びかけなくても，天鵝が自由自在に集まって来る。

raṅ bshin bzaṅ po rnams la yaṅ// rgyun du gtses na gnod sems skye// tsan dan bsil ba yin mod kyi// gdsub par gyur na ḥdar bar ḥgyur//（198）

天生の人であっても，善良の人であっても，常に苛みいじめられれば，いつかは報復しようとする心を起こすものである。檀香木はきわめて清涼の植物であるが，錐揉みを続ければ，火が点き光を発すものである。

dam pa dpon du nskos gyur na// don grub pa dan bde skyid ḥthob// nor bu rgyal mtshan rtsher mchod na//
yul phyogs dge shes mkhas rnams sgrags//（32）

もし優れた賢い人が大臣になれば，政治をはじめとして万事成功し，人民は平安無事に暮らすことができる。学者が言うには，もし宝石を幢頂として供えれば，地方の人々も福徳安楽に生活することができる。

mkhas pa slob pai dus na sdug// bde bar sdod la mkhas mi srid// bde ba chuṅ la chags pa des// chen poi bde ba thob mi srid//（24）

学者が学問をするときは，たいへん苦労するものである。楽を貪る人は学者になることができない。目の前の小さな幸せばかりを追い求める人は，大きな幸せを獲得することは不可能である。

legs bśad byis pa dag las kyaṅ// mkhas pa rnams ni yoṅs su len// dri shim byuṅ na ri dbags kyi// lte ba las kyaṅ gla rtsi len//（30）

格言は，たとえ子供が言ったものでもあっても，よい格言であれば学者はそれを生かすものである。清らかな香りを出す麝香は，野獣の臍の中にあるが，いろいろ方法を考えて取り出すものだ。

yon tan chun rnams ṅa rgyal che// mkhas par gyur na dul bar gnas// chu phran rtag tu ku jo che// rgya mtsho ca co ga la sgrogs//（104）

学問が少ない人は，偉そうに振る舞う。学者は，人々に対して優しく謙遜して接する。小さな河は，常に大声で騒々しく，大海は，何時も静かで音もない。

ñams stobs chuṅ bai skye bos kyaṅ// chen po gshan la bsten na ḥgrub// chu yi thigs pa ñam chuṅ yaṅ// mtsho daṅ ḥdres na skam mi nus//（311）

力の弱い人でも，立派な人に随順すれば成功を勝ち得る最高の方法となる。一滴の水は，本当にわずかな量ではあるが，それを大海に入れてしまえば決して涸れることはない。

raṅ daṅ gshan gyi don grub na// ḥjam rtsub ji ltar byas kyaṅ ruṅ// thabs la mkhas pai spyod pa la// gyo sgyu thub pas ma gsuṅs so//（385）

他人と自分に対して利益することでありさえすれば，どのような方法で行ってもよい。仏は，巧みな方法を採ることが悪賢いことであるとは，説かれていない。

と記述している。

サキャ・パンディタは，チベット仏教の有名な指導者であるだけでなく優れた学者でもあった。一生涯修行し，厖大な論書を著した。その中でチベット仏教とモンゴル仏教に重大な影響を与えているものに，『三儀律差別論』（sDom pa gsum gyi rab tu dbye baḥi bstan bcos）がある[(13)]。『三儀律差別論』の中でサキャ・パンディタは，当時とそれ以前のインド，およびチベット仏教における各派の得失を系統的に評論し，仏教の理論を構築している。『三儀律差別論』はサキャ派僧侶の必携，必読の経典であり，チベット仏教研究の重要な文献となっている。

サキャ・パンディタが著した『薩迦格言』[(14)]を，『格言大宝蔵』あるいは『善説宝蔵』という。この『薩迦格言』は，チベット仏教あるいはチベット民族の最も最初の哲理を叙述した格言詩歌である。全体は９章で構成され，合わせて457偈があり，１偈は４句から成る。内容が豊富で，深い哲理を秘蔵する偈である。この書は文化的な価値が高いだけでなく，チベット仏教，チベット民族文化，歴史学，哲学，宗教学，心理学などを研究するための重要な資料になると思われる。

サキャ・パンディタの時代は，チベット社会が分裂に向かう時期でもあった。各地方が互いに争い，戦争に明け暮れる中で日々の生活を送っていた民衆には，生活に必要な家や家財や家畜などが情け容赦なく破壊されていく，たいへん困難な時代であった。サキャ・パンディタは分裂に反対し，統一を主張し，戦争を嫌悪し，安定した平和な生活を望んだ。横暴な統治を憎悪し，民衆の苦しみに同情した思想を，格言の形で表出した。悪をなさないこと，善をなすことを強調した道徳観と正義感が，『薩迦格言』の随所に明らかに顕れている。『薩迦格言』を読むと，当時のチベット社会の特色を反映していることがよくわかり，チベット人が望んでいることもよく理解できる。

これと関連して明らかなことは，サキャ・パンディタが当時のチベットを代表して，モンゴル帝国に帰順する政治を選択した姿勢である。いかに世の中を改造するか，美しい理想的な生活ができる環境にするか。サキャ・パンディタは仏教の一人の指導者として，さまざまな面から物事を考えなければならないと思っていた。世の中のあらゆる悪い社会現象はすべて，人々の考え方が黒暗の貪･瞋･癡の煩悩で覆われているからである。そして，この貪･瞋・癡の煩悩を離れ，断つ方法が，仏の教えである，だからこそ仏法を広めなければならないと考えたにちがいない。本章第６節「サキャ・パンディタの薩迦班智達致蕃人書」に述べるように，サキャ・パンディタは晩年はほとんどモンゴルの地で月日を送り，チベット仏教をモンゴル帝国の王室に伝えるとともに，常にモンゴル・ウイグル・チベット・中国の民衆に対して仏の教えを説いた。

『薩迦格言』は，チベット人とモンゴル人の間に流伝して現在に至るまで影響を与えているだけではなく，国内外の学界でも重視されてきた。大勢の人々が翻訳に従事するとともに，研究も行われた。文字翻訳として最も古いものは，モンゴル文字であるパクパが作った「八思巴文字」で訳したものと，モンゴル文字で訳したものがある。この二つが，広くチベットとモンゴルの人々の中に流伝してきた。近年になって，「蔵漢対照本」も出版されている。外国では，英語，インド語，フランス語，日本語，チェコスロバキア語，ハンガリー語などの訳本がある(15)。

サキャ・パンディタが著した『薩迦格言』の影響で，チベットとモンゴルの学者の中に格言詩歌を書く人が増えた。有名なものとして，16世紀のソダナムタクパ（bSod nams grags pa 索南扎巴）が著した『格登格言』(dGe ldan legs bśad) 全125偈がある。これらの作品の思想内容，形式の構成などは，ほとんどサキャ・パンディタの伝統を受け継いでいる。

サキャ・パンディタの『薩迦格言』は，モンゴル人に受容されること多大であった。文字の形式と口承の両形式で今日まで伝えられており，モンゴル語の訳本および写本は多数にのぼる。

13世紀末から『薩迦格言』のモンゴル語への翻訳がなされた。残念ながら，当時のモンゴル語の訳本は現在，断片のみが保存されているにすぎない。ロシア人の研究者の研究によれば，「八思巴文字」の訳本の断片が最も古いモンゴル語訳であるという。

最初モンゴル語に翻訳された『薩迦格言』は，写本の形式で伝えられたものである。この写本は現在，ロシアの国立（レニングラード）大学のゴーリキー（高爾基）図書館の東方部に，その一部の写本が保存されている。チェコスロバキア国立科学院の東方手稿部にも，ウイグル文字でモンゴル語で書いた写本が一部保存されている。国立列寧格勒大学で保存されている写本は，最初の１頁にチベット語とモンゴル語で書名が書かれたもので，チベット語の４行に続いてモンゴル語の１行の訳文がついている。

今日，一番よく伝えられている訳本には，内モンゴル自治区烏拉特旗の活仏であるメルゲン・ゲゲーン三世（Mergen gegen blo bzaṅ bstan paḥi rgyal btshan 莫爾根・格根羅桑丹畢堅賛 1717—1766）の訳本と，チャハルの有名な学者チャハルゲブシ・ロブサンチュルテム（察哈爾格布西桑楚勒特木 1740—1810）の注釈がある(16)。前者は18世紀中頃のものであり，北京で木版で出版された。後者は18世紀末頃に翻訳されたものである。訳本はすべて詩歌の形になったものであり，言葉が美しく，生き生きとした趣きが感じられる。木版は，内モンゴルのチャガーンオール寺院（モンゴル語でCagan ola 査干阿古拉，白山寺院の意味）で幾度も印刷されている。

モンゴル人の有名な学者であるチャハルゲブシ・ロブサンチュルテムは『薩迦格言』のモンゴル語注釈論書として，『開啓宝庫的鑰匙』を著した最初のモンゴル人である。『開啓宝庫的鑰匙』は，1779年，パンチェン・ラマ五世ロザンイェシ（bLo bzaṅ ye śes 洛桑也協 1663—1737）が北京を訪問したとき，パンチェン・ラマ五世の北京訪問を歓迎し記念するために，木版で出版されたものである。また，モンゴル文化の発展促進に大いに貢献したザヤパンディタ・ナムカーギャンツォ（Zaya paṇḍita nam mkhaḥ rgya mtsho 桑雅班第達南凱嘉措 1599—1662）(17)の，モンゴル語の訳本もよく使われている。他に今日のロシアのブリヤート（布里亜特）モンゴル自治共和国にも，三種のモンゴル語の『薩迦格言』の訳本が流伝している。

サキャ・パディタの『薩迦格言』がモンゴル人に大歓迎されていたので，『薩迦格言』を模倣した多くのモンゴル語の作品が続々と生まれてきた。これらがモンゴル文学の中で，いわゆる『薩迦格言』派というグループを形成することになる。サキャ・パンディタは，『薩迦格言』の最後の偈に次のよう述べている(18)。

gaṅ shig ḥjig rten thams cad kyis// raṅ la tshad mar byed ḥdod na// de yis gshuṅ ḥdi legs brtags te// gñen po bskyed la ḥbad de bsgrub//（456）

もし人一人がこの世の中にあり，自分から人間らしい生活を望むならば，この「薩迦格言」という書物を研究すべきである。丁度，病気になったら薬を飲むように，修行に精進するように。

このような思想をもっていたので，サキャ・パンディタは13世紀中頃には，チベットがモンゴル帝国に帰順するために多大な貢献をしたと考えられる。サキャ・パンディタは63歳の高齢で，「長途跋渉数千里」という長途の旅に出た。自分の生死をいとわず，毅然としてモンゴルの地に赴き，有史以来初めて，チベット人はモンゴルの王室と直接に政治的な関係を樹立した。

サキャ・パンディタの努力のおかげで，チベットはモンゴル帝国の戦争の渦中に巻き込まれるのを避けることができた。サキャ・パンディタのこの選択は，モンゴル人とチベット人の利益となっただけでなく，チベット民族の歴史とモンゴル文化に大きな影響力を及ぼした。

第4節　サキャ・パンディタ訪蒙の由来

カチェ・パンチェンは，チベットからインドに帰るときにサキャ・パンディタにこのように，「白梵天神（モンゴル地方の保護神といわれる）は，カチェ・パンチェンをモンゴルに招請したが，カチェ・パンチェンは観世音菩薩の化身であるターラー（Tārā=sgrol ma 度母）[19]菩薩に祈禱した。ターラー菩薩はカチェ・パンチェンに，お前がモンゴルに行っても利益がない。チベットから一名の弟子を派遣したほうが利益が多い」[20]と言われた。

タクパゲルツェン阿闍梨は，示寂する前にサキャ・パンディタに，

> chos rje pas kyaṅ sṅon rje btsun gyi gsaṅ las ma ḥoṅs pa skad ris mi gcig pi mi shva khra ḥdra ba lham phag sna ḥdra ba gyon pi spyan ḥdren ḥoṅ bas de dus soṅ la rdo rje theg pa dar bar gyis shes pi luṅ bstan dan mthun nas byon//[21]
>
> 将来，鷹の頭のような冠をかぶって，豚の鼻のような靴を履いて，遠い地方の人が迎えに来たとき，お前はそこへ行くべきである。そして仏法を高揚し，衆生に利益すべきであると予言した。果たして，その通りであった[22]。

と記している。

西暦1206年，モンゴル人に転輪聖王（転輪大王）と尊崇されるチンギス・ハーン（1162—1227）が，モンゴルの各部族を統一した。そして，チンギス・ハーンの即位式に「チンギス・ハーン」の称号が奉呈された。すなわち，絶対的な全モンゴルの支配者として国王になったのである。やがてチンギス・ハーンは，金朝，西夏などに騎馬軍団を進めた。とりわけ西暦1205年から1209年までの間に，チンギス・ハーンは3回，西夏に軍団を進めた。西夏国王の李安全は，やむなく王妃を人質として捧げて降服を願い出した。

当時，西夏王廷には大勢のチベット仏教の高僧が活躍していた。チベット

仏教のカルマカギュ（Kar ma bkaḥ brgyud 噶瑪噶挙）派[23]の初代活仏，ドゥスムチェンパ（Dus gsum mkhyen pa 都松欽巴 1110—1193）の弟子ゲシサンソバ（dGe bśes tshaṅ mtsho 格西蔵索）が西夏に赴き，やがて西夏王国の上師となったという。サンツルカギュ（Shaṅ tshal bkaḥ brgyud 蔡巴噶挙）派のクンタン・ラマ（Guṅ thaṅ bla ma 貢塘喇嘛）の弟子タクパセンゲ（Grags pa seṅ go 扎巴憎格）も，師の命によって西夏に赴き，西夏国王の上師になったことがある。

サンパヅンクルパ（gTsaṅ pa duṅ khur pa 蔵巴東庫哇）らの７人が先にモンゴルに寄って，そして西夏に来た。西夏では通訳を担当したが，チンギス・ハーンが西夏に進軍したとき，サンパヅンクルパは，チンギス・ハーンに対して次のように説法したという[24]。

mi ñid ḥdi ḥgro bar ḥgyur/ ḥchi bdag rab tu mi bzad ḥoṅ/ khyod kyi tshe ḥdi mi brtan gyis/ rgyal po bag med ma byed cig/ nor ni gtaṅ gi lus ni bsruṅ bar bya/ yan lag gtaṅ gi srog ni bsrub bar bya/ nor daṅ yan lag rnams daṅ de btshin srog/ thams cad gtaṅ gi ḥdir ni chos bsruṅ ḥo// ḥgro baḥi rnam maṅ sdug bsṅal sel mdsad pa/ mñam med khyod la mchod daṅ mthon ba daṅ/ gnas mchog rga śi med pa ḥthob par ḥgyur. rgyal po chen po dge sloṅ gi dge ḥdun de ni chos tshad med pa daṅ ldan pa yin ciṅ/ sbyin gnas chen po daṅ/ lha daṅ mi thams cad kyi mchod par ḥos par ḥgyur ro// dge ḥdun la dge baḥi rtsa ba bskyed pa ni/ bgran ba daṅ dshad gzuṅ bar mi nus te/ ḥkhor ba zad par ḥgyur, yoṅs su gtug par mi ḥgyur shiṅ/ mya ṅan las ḥdas pa mi zad pa yaṅ ḥthob par byed do// ṅa la ma mchod par dge ḥdun la mchod cig/ dge ḥdun la mchod na dkon mchog gsum la mchod pa shes byaḥo//[25]

人生の根本は，行くと来るに定めがないことである。閻魔王が何時迎えに来るかわからない。汝の寿命は永遠ではない。国王陛下，節度をわきまえなければならない。金や物を布施すれば身体は安楽となり，肢体を捨てれば寿命は堅固となる。金と物，および身体から生命まですべて捨て去り，仏法を護らなければならない。衆生のいろいろな苦しみを消除し，類いまれな上師を供養し尊敬しなければならない。このようなことをなせば，必ずや善果を成就する。そして，不老不死の聖地に到達する。国王陛下，比丘と僧伽は限りない教法を具えている。布施する対象であり，神も人も一切が供養しなければならない。僧侶とは，善業を生ずる根本であり，それらを供養する功徳は計り知れない。たとえ輪廻が終わっても，僧侶を供奉した功徳は終わらない。たとえ涅槃に到達しても，僧侶と寺院を供養した功徳が終わるはずがない。だから私に供養する必要はないが，僧侶と寺院に供養しなければならない。僧侶と寺院を供養し奉ることは，そのまま仏・法・僧の三宝を供養し奉ることになる。

と言われた。

サンパヅンクルパの言葉を聞いて，チンギス・ハーンは命令を発した，寺院や僧侶に対する課税，徴兵，賦役，狩猟，運輸などを免じ，教化奉仕に専念する治外法権的特権を与えたのである。そして，チベット仏教の仏像，仏経，仏塔および僧侶を供養した(26)。

チンギス・ハーンがチベットに進軍するという情報は，西夏のチベット人僧侶を通じてチベット各派に伝えられた。それによって，各派は対策を種々案出することができた。その中で，サキャ派の代表者である高僧カチェパンチェン，タクパゲルツェンおよびサキャ・パンディタなどが，将来チベットとモンゴルとが歴史的な関係をもつに至ると予感したと思われる。そして，この機会に仏教をモンゴルに伝えるためには，モンゴルと友好関係をつくることが最善であるとの結論に達したように思われる。

また，サキャ寺で長年にわたって修行していたションヌゲシェー（gShon nu dge bśes 西納格西）は，上都に駐軍していたチンギス・ハーンを訪れた。それ以後チンギス・ハーンは，ションヌゲシェーを自分の手許に留め置いた。

以上のことを考え合わせると，サキャ派はすでにモンゴルに人を派遣して，チンギス・ハーンの情報を探っていたと考えられる。

チンギス・ハーンの政治および仏教の願いをかなえるために，ゴダン・ハーン（1206—1251）は以下のように述べている。

ston pa saṅs rgyas kyi bkaḥ las/ slob ma bzaṅ po bla ma gus ldan de dag gis/ bla ma mkhas pa rnams la rtag tu bsten par bya/ ci phyir she na nkhas paḥi yon tan de la ḥbyun/ de dag śes rab pha rol phyin pa rjes su ston/ saṅs rgyas chos rnams de baḥi bśes la brten to shes/ yon tan kun gyi mchog mṅaḥ rgyal ba de skad gsuṅ/ saṅs rgyas spyan gyis shiṅ gaṅ ṅas mthoṅ ba/ rin chen bkaṅ ste de bshin gśegs byin yaṅ/ hdi lta bu yi chos ḥdi ma thos na/ de ni bsod nams chuṅ shes ṅa smraḥo// gaṅ gis dam paḥi don ldan phra zab pa/ mdo sde bzaṅ bo ḥdi ni thos gyur nas/ kun tu ḥdsin ciṅ bzuṅ nas klog byed pa/ ḥdi ni de bas bsod nams mchog tu ḥphags//[27]

上師を尊敬し奉る善き弟子は，何時までも賢明なる上師に依るべきである。何故ならば，善い功徳は上師より生ずる。上師は菩薩行である六つの般若波羅蜜（phar phyin drug）[28]を伝授する。だから必ず上師によって仏法を修行しなければならない。功徳を具足した仏陀がこのように説かれている。我が仏陀の智慧の目で各方を観察すると，各種の珍しい宝および如来が充満している。だから，もし仏法を聴聞しないと，この地方に暮らしている人々は大きな福徳に出会うことがない。もし誰かが仏法の教義を深く研究したいと求めるならば，必ず顕教と密教のさまざまな経典について聴聞すべきである。このように事が行われれば，大いなる福徳を増益することができる。

と説かれた[29]。

チンギス・ハーンの孫ゴダン・ハーンは，南贍部洲で「怙主」（mgon po）と呼ばれるサキャ・パンディタをモンゴルに招請し，モンゴルの地に仏法を高揚した。ゴダン・ハーンは，モンゴルの地に仏法聴聞による利益と安楽をもたらす師を求める親書を与えて，大臣ダル・ハーン（Daru Han）の息子ドルタノルブ（rDo rta nor bu 多達那波）を使節としてチベットに派遣した。その親書には次のようにある。

長生天気力里，大福蔭護助里，

皇帝聖旨。

暁諭薩迦班智達貢嘎堅賛貝桑布。朕為報答父母及天地之恩，需要一位能指示道路取捨之喇嘛，在選択之時選中了汝薩班；故望汝不辞道路艱難前來。若是汝以年邁為借口（而推辞），那麼往昔釈迦牟尼為利益衆生做出的施舍犧牲又有多少？（対比之下）汝豈不是違反了汝学法時誓願？難道不惧怕吾依辺地法規派遣大軍前来追究会給無数衆生滞来損害瑪？故此，汝若為仏教及衆生着想，請尽快前来，吾将使管領西方的僧衆。

賞賜給你的物品有：白銀五大錠，譲綴有六千二百粒珍珠的珍珠袈裟，硫礦色錦緞長坎肩，靴子（連用襪子）：環紋緞縫制的一双，団錦緞縫制的一双，五色錦緞二十匹。着多爾斯袞和本覚達爾瑪二人齎送。

龍年八月三十日写就[30]。

長生天（Mongke—tengri 永遠の天）である［チンギス・ハーン］の威力によって，先祖代々の福徳の護助するところによる皇帝の聖なる命令である。

サキャ・パンディタ・クンガゲルツンパルザンポに対する知らせである。

私が，父母と天地の恩恵に報いるために，私には，道を指示し，善悪を区別できる上師ラマが必要である。そして選ぶに際して，尊者を選んで決めた。だから，モンゴルへの旅は大変な苦労であると思われるが，労をいとわずこちらに来ることを期待している。もし，尊者が年齢（とし）を取っていることを口実にして来られないとすれば，釈尊が衆生に利益するためには身命を惜しまれることがなかった事実に反する。身命を惜しむならば，尊者が仏法を修行するときの誓願にも反することになるのではないか。わが国の決まりによって大勢の軍隊を派遣すれば，多くの衆生の命を害なうことになると思わないか。だから，尊者よ，尊い教えで衆生に安楽をもたらすことを大事にされることを望む。できる限り速やかに来てほしい。私は尊者に，チベットの僧侶を指導管理する一切の権限を与えるから。

尊者に対する贈り物としては，白銀五大錠と，6,200個の珍珠をはめた譲綴珍珠の袈裟と，硫礦の色の錦緞の長坎肩と，環紋緞で縫った靴（靴下付き）１足，団錦緞で縫いあげた靴１足，五色の錦緞20匹である。ドルタノルボとホンジョウダルマ（Bonjue darma 本覚達爾瑪）二人を使節として派遣する。

と。日付は龍年（1244年）８月30日[31]。

硬軟織り混ぜた親書を読んだサキャ・パンディタは，幼い頃に聞いたタクパゲルツェンの予言を思い出した。それは，お前の後半生には，360種の異民族があり，720種の言語を話す北方のモンゴル地方から，菩薩の化身であるゴダンと呼ばれる王の命を受けて，ダァルダというモンゴル人が鷹の頭のような帽子を被り，豚の鼻のような靴を履いて使節として来蔵し，お前をモンゴルに招請する，というものであった。

または『蒙古仏教源流』の中に，次のように記されている。

ston pa saṅs rgyas kyi bkaḥ las/ phan ḥdogs byed par ḥdod pa gaṅ shig gis/ ḥjig rten gsum na sems can thams cad kyi/ bde ba gaṅ dag yod pa de dag kun, sems can gcig la sbyin pa byas pa bas/ gaṅ gis de la saṅs rgyas lugs kyi ni/ tshig bshiḥi tshigs su bcad pa gcig bsgrags na/ de ni śin tu phan ḥdogs mchog yin te/ des ni stug bsṅal dag las grol bar ḥgyur/ gaṅ gis gaṅgāḥi bye sñed saṅs rgyas rgyas shiṅ/ rin chen bdun gyis yoṅs su bkaṅ byas na/ dgaḥ rab sems kyis rgyal la phul ba daṅ/ gaṅ gis sems can gcig la tshigs bcad sbyin pa sñiṅ rjes bsgrubs de la/ tsar yaṅ mi phod grags suḥaṅ ma yin na, gñis daṅ gsum la bsam du ga la yod//[32]

仏陀が説かれたように，人を利益したいと願うならば，三界（欲界・色界・無色界）の全世界の衆生に利益すべきであり，さらに自分が積んだすべての善業を，いかなる人にも布施すべきである。仏法を奉りたいという人に対しては，ただ一偈だけを念誦すれば殊勝なる功徳を獲得することができる。これによって，いろいろな苦しみを解脱する。ある人は，恒河の砂のような大勢の仏に対して，七種の珍宝をもって供養し，あるいは，大なる喜びの心をもって供養する。ある人が，衆生に偈頌を念誦して布施とすることも，珍宝をもって仏に供養することも同じである。偈頌とはすなわち，慈悲で成就するものであり，その功徳は量り難く言葉で言い尽くすことはできない。数量が多いか少ないかには関係なく，効果は同等である。

このような理由から，仏法の指導者が仏法を世界中に高揚する無量の功徳を悟らなければならないと考える。サキャ・パンディタが仏教をモンゴルに伝え，モンゴルと交流を始めたのは，最も適切なことであったと思われる。

サキャ・パンディタがモンゴルに招請されたのは，1246年，チベット暦の陽火馬年のことであった。サキャ・パンディタが65歳，甥のパクパ（ḥPhags pa blo gros rgyal mtshan 八思巴・洛追堅讃 1235―1280）とチャクナドルジェ（Phyag na rdo rje 茶那道爾吉 1239―1267）の二人を連れての来蒙であった。

皇子ゴダン・ハーンは，元定宗グユグ・ハーン（Güyüg Han 貫由汗 1246―1248年在位）を帝位に即けた会議から帰った。次の年の1247年に，サキャ・パンディタ以下３人がゴダン・ハーンに接見したとき，ゴダン・ハーンは病床にあった。サキャ・パンディタは，ゴダン・ハーンのために『獅子吼法』（Seṅ ge sgraḥi sgo）を供養した(33)。その供養法要によって，ゴダン・ハーンの病気は全治したと伝えられる。

ゴダン・ハーンとサキャ・パンディタが正式に会談したのは，淳祐七年（1247）であった。この会談が，世に言う涼州会談である。

なお，チベット仏教の僧侶は医学に精通する人が多い。チベット仏教の医学では，精神面の治療と肉体面の治療を合わせて同時にするのが一般的である。サキャ・パンディタはチベット仏教の医学に精通していたので，ゴダン・ハーンの病気を治したことが，後のモンゴルに仏教を弘通するために役立ったと思われる。また，サキャ・パンディタは王や大臣たちに『喜金剛大灌頂』（dGyes pa rdo rjeḥi dbaṅ）(34)を授けた。このようにしてサキャ・パンディタが顕わした種々の神通力によって，モンゴル人が仏教を深く信仰するようになったと考えられる(35)。

1247年には，ゴダンハーンは正式にサキャ・パンディタを接見した。サキャ・パンディタは約７年間，モンゴルの地の仏法興隆に努め，一切衆生に利益し多大な功業をなした。

サキャ・パンディタが，なぜ中国の中原地方とモンゴルの地に広く仏法を高揚したかは，まさに彼が自ら述べているように，

bdag kyaṅ sṅon gyi byed pa ḥgaḥ yi rgyus/ bstan paḥi ñi ma śar gyi phyogs su ḥchar//[36]

私は，自分の前世の宿業によって，教法の太陽を東方に将来し高揚する。

と考えたことにあった。

モンゴルの地理的位置がチベットより東方にあるので，中国語ではチベットのことを「西蔵」と呼んでいる。モンゴル人もチベットのことを，バルンテイジョ（baruntei ju）と呼んでいる。これも「西蔵」の意味である。中国の有名な小説『大唐代西遊記』[37]の主人公，唐代僧侶の玄奘（602―664）は，西天に行って仏法を求めている。いずれもチベットとインドの位置が，中国とモンゴルの西方であることを示している。

タクパゲルツェンが，チベットの絳地方の尼隆山窟で修行していたとき，モンゴルの服装を着た騎士たちが，大地を覆うほど湧き出てきた。タクパゲルツェンの弟子は，何が起こったかわからなかった。モンゴルの騎士たちは全部，タクパゲルツェンの修行している山窟に入って，タクパゲルツェンの目前に坐った。その中には，髪の毛が緑色で，歯が白い「螺」の子供が立って，モンゴル語をチベット語に訳しながら，

ṅed hor gyi skad pho lha gnam sde dkar bo bya ba yin pas/ rje btsun ñid hor yul du byon nas lha mi thams cad la phan pa mdsad du gsol zer ba la//[38]

私はモンゴルの戦の神の白梵天神である。尊者をモンゴルの地に招請し，モンゴル人すべてに利益したい。

と，タクパゲルツェンに向かって言ったという。

タクパゲルツェンは，

ṅa daṅ hor las ḥbrel cher med pas/ ma ḥoṅs pa na ṅaḥi dsha bo ḥjam dbyaṅs kyi sprul pa kun dgaḥ rgyal mdshan la gdul bya ḥdi dag yoṅ ba gyis gsuṅ baḥi bkaḥ bsgo mdsad par brten//[39]

私はもう年齢（とし）を取っている。あなた方モンゴル人とは大きな縁はないと思われるが，将来いただくなら，私の甥であるクンガゲルツェン（サキャ・パンディタのことをいう）を招請するほうが，利益するところ多大である[40]。

と言ったという。

タクパゲルツェンの言葉を，前述の子供がモンゴル語で説明した。

この子供について，少し説明を加えたいと思う。

この子供は，チベットのリザイゲルポ（Dri zaḥi rgyal po 乾達婆王）という守護神の化身であったといわれる。リザイゲルポが，ナンチェンテャンラ（gnan chen thaṅ lha 念青唐拉）という真言を念誦し，その結果の化身として現れた子供であり，その子供がモンゴル人の通訳として来たのであったという。

タクパゲルツェンは，内供（naṅ mchod）の青稞（nas）を，オム・ア・フン（om ā huṅ 嗡啊吽）の三字呪で加持し，できた甘露をモンゴル人に注いだ。モンゴルの騎士らは，一晩中この内供青稞の甘露を飲み，モンゴルの歌をうたい，モンゴルの舞踊を踊った。翌朝，太陽が昇ると共に，タクパゲルツェンの修行山窟から離れて行ったといわれる。

ある時，タクパゲルツェンがチベットの恰隆金剛崖で修行に専念していた。すると象鼻天が，珊瑚を梯子としてタクパゲルツェンを空中に招いて，中国とモンゴルの土地を指さしながら，これが全部お前が教化するところである，と言われた。しかしタクパゲルツェンは，

> ṅa daṅ hor las ḥbrel cher med pas/ ma ḥaoṅs pa na nahi tsha bo ḥjam dbyaṅs kyi sprul pa kun dgaḥ rgyal mtshan la gdul bya ḥdi dg yoṅ ba gyis gsuṅ baḥi baḥ bsgo mdsad par brten//(41)
>
> 私はモンゴルと因縁が深くありません。将来，文殊菩薩の化身である私の甥のクンガゲルツェン（サキャ・パンディタのことをいう）が，これらの地域の人々を教化します(42)。

と言った。

このような予言があった因縁から，後世モンゴルの地の人々は，サキャ・パンディタとパクパの教化するところとなった。

チンギス・ハーンが59歳の鉄鼠年（1240年），ゴダン・ハーンは，ドルダノリポを将軍として，チベットにモンゴルの軍隊を派遣した。それについて『智者喜宴』(43)には，次のような記載がある。オジャンリンポチェー（O rgyan rin po che 烏堅仁波且）は，

> mdo stod mdo smad sog chu ra sgreṅ sogs shib par mi ḥchad skyo ba skye baḥi rgyu//
>
> 南チベットの前蔵，北チベットの北蔵，索曲，熱振などの地域では，哀しきことを生ずる根源であり，詳述しない[44]。

と言っている。

ところが，モンゴル軍がシャカリンチェン（Śākya rin chen 釈迦仁欽）らを殺そうとした瞬間，ジャガリンポチェー（sPyan sṅa rin po che 京俄仁波且）がターラーに祈禱した。ターラーが雨のように石を降らして，シャカリンチェらの生命を助けたという[45]。こうしてモンゴル人は，ジャガリンポチェーを信仰するようになった。

モンゴル人はジャガリンポチェーを応供する上師ラマとして招請したが，ジャガリンポチェーは，

> khyed kyi ḥon kyaṅ ola mchod du ḥos pa shig nub phyogs na bshugs shes//[46]
>
> あなたたちの応供するにふさわしい一人の尊者，ラマが西に住んでいる。

と言った。

この応供養されるラマが，サキャ・パンディタを示すのである。

また，ジャガリンポチェーがサキャ・パンディタに，

> rje sa paṇ spyan ḥdren par bskul shiṅ bod spyi yi don du ḥbyon dgos shes bskul ma mdsad de śiṅ ḥrug la rje sa paṇ de gsum pa dbon po ḥphags pa lo bcu pa slob dpon phyan na lo brgyad pa ste dbon gsum ḥbri khuṅ du spyan draṅs ḥbul rjoṅs mdsad nas brdsans//[47]
>
> 全チベット人の利益となるように，サキャ・パンディタ尊者がモンゴルに行かなければならない。そして，サキャ・パンディタはチベット暦の木龍年（1244年），10歳の甥のパクパと6歳の甥のチャクガナの二人を連れて，チベットのビルクン寺（ḥbri khuṅ mgon pa 止貢寺）に招請され，持参する礼品を準備して，モンゴルへ出発した[48]。

と言ったと記述している。

当時のモンゴル人の使節がチベット事情を調査した報告書の中に，

在邊遠的吐蕃地方，僧伽組織以噶当派最大，顱惜顔面以噶挙派的達壟法王最甚，排場華麗以止貢噶挙派的京俄的威勢最大，教法以薩迦班智達最精通，迎請何人請示明諭[49]。

遠い地方にあるチベットでは，（モンゴル人はチベットとチベット人のことをトゥブッダ töbed 吐蕃という[50]）最大の僧団はガダム派である。ダルン法王は情実にほだされやすい人である。ビルクン寺のジャガリンポチェーは盛力が大きい。サキャ派のサキャ・パンディタが教王について最も精通した高僧である。誰に招請するかを明示してください。

との記録がある。

モンゴルの王は，

在此贍部洲，今生的貴富完満要按成吉思汗的法度行事，為了後世的利楽，応迎請能指示解脱和遍知的善道的喇嘛[51]。

この世の贍部洲で今生の幸せな生活を送るには，チンギス・ハーンが定めた制度に従うのが一番である。後世の安楽利益のためには，解脱の道を導くことができる，広く深い智慧をもつ善知識の上師を招請しなければならない。

と言ったのである。

このような事情から使節は，ゴダン・ハーンが命じるサキャ・パンディタを招請する親書を持って，モンゴルからチベットに来たものと考えられる。この王は涼州にいたモンゴルのゴダン・ハーンであり，派遣された使節は大臣のドルダノリポのことを示していると思われる。

以上述べたことを結論的に言えば，モンゴル帝国がチベットと交流関係をもった過程は，おそらく次の通りだと思われる。

チンギス・ハーンの時代には，すでにチベット仏教のサキャ派，ビルグンカギュ派，シャンツァルカギュ派の僧侶たちは，西夏にあるモンゴル帝国の王室の中で活動していた。チベット僧がモンゴル帝国の草原まで来ることも可能であったと考えられる。したがってモンゴル帝国が北方で興起したことも，これらのモンゴルで活躍しているチベット僧を通じてわかったものと思われる。モンゴルの軍隊が西夏を征服した後，現在の中国の甘粛省，青海省のチベット地域で修行していた僧侶が，モンゴル帝国に帰属したものと考えられる。

ゴダン・ハーンは，チンギス・ハーンによって西夏を統一する命令が発せられたあと，使節を派遣してチベット方面の情報をしばしば調査していたと思われる。モンゴル帝国は，統一された西夏を強固にするためと，後に南京へ進撃するときの安全を確保するために，まずチベットを征服し，モンゴル帝国の版図に収めなければならないと考えたと思われる。

1240年，ゴダン・ハーンはドルダノリボに軍隊を授けてチベットに派遣し，「驛站」，つまり駅宿のような連絡事務を設立させた。当時はカーダム派（bKaḥ bdms pa 噶当派）[52]の少数の寺院の僧侶がモンゴル人に抵抗したが失敗に帰し，悲惨な結末に終わっている。こうして，モンゴル人がチベットの主要な地方を征服していった。

ゴダン・ハーンは，チベット仏教の各教派の代表者たちと緊密に連絡を取りながらチベットに足場を固めると共に，チベット仏教の各教派の代表者らも，涼州にいたゴダン・ハーンと友好関係を作って，モンゴル帝国に仏教を伝えたいと考えたと思われる。そしてそれぞれの教派は，自分の教派を支持してもらたいと考えたであろう。ところが，ゴダン・ハーンはチベット仏教の代表者一人によって，仏の教えをモンゴル帝国に伝えさせようとしたと考える。それがサキャ・パンディタとなった。

当時の南チベットの前蔵のビルグンカーギュ派，サンツァルカギュ派，カルマカギュ派などの代表者たちは，畏縮してモンゴルへ行こうとする者がいなかった。モンゴル人に対しては「敬而遠之」，つまり敬遠することであり，尊敬はするけれども近づきたくない状態にあった。こうした中でビルグンカギュ派のジャガリンポチェーは，モンゴル帝国の使節にサキャ派のサキャ・パンディタを推薦した。モンゴル帝国の派遣使節も，チベットの現地諸状況をさまざまに考察した結果，サキャ派は当時北チベットの後蔵の最も重要な教派であり，サキャ・パンディタは当時のチベット仏教の各教派の中で最も優れた大学者であることを伝えたため，ゴダン・ハーンはサキャ・パンディタを招請する親書を送った。親書の中で，受諾しなければ，またもしサキャ・パンディタが受け取らなければ，武力で強制することを暗示している。このような情況の中でサキャ・パンディタは，チベット暦の木龍年（1244年），10歳の甥パクパと6歳の甥チャクガナの2人を連れて，モンゴルへ旅立ったと考えられる。

第5節　サキャ・パンディタによるモンゴル文字創出

モンゴル人がいつからモンゴル文字を用いたかについては，今日まで定説がない。以下，異説の若干を挙げ，これについて考えてみよう。

《モンゴル文字創出の年》

丹森氏の『蒙古文字淵源』(Manggl bicig—un teugen sorbolji)(53)によれば，1243年，サヒヤ・クンガーゲルツェン（サキャ・パンディタ Sa skya Paṇḍita 薩迦班智達をいう，1182—1251）が最初にモンゴル文字を創出したという。この説はタンツンタンパ著『虚空の如意宝珠』(Ogtargui）を根拠とするもので，そこには次のように述べられている(54)。

tere cag dur śayabandida monggol ulus du ali üsüg yir tosalaqu bolqu kemen süni tötem bariju ete managar belgelegui dur nigen ekener kumün morun degere ban geterge modon ki bariju yireged mörkubesu tere ku belge ber monggol ulus un üsüg ki getergen nu dürsu ber ere eme srsü gorban yir cingga kiged kündi ba sagarmag gorban yir jokiyasan bolai//

そのとき，サヒヤ・パンディタ（サキャ・パンディタをいう）は，どのような文字がモンゴル国を利益するのかと考えた。一夜瞑想に入って思索を巡らせた。翌朝，一人の女性がゲーテールゲ・モトゥン（geterge modun 揉皮搔木），粗朶や焚き木を持って来て，サヒヤ・パンディタの前に跪いて礼拝した。サヒヤ・パンディタは，女性が抱える粗朶や焚き木の形にヒントを得てモンゴル文字を創った。それを男性・女性・中性の音声で編成した。

このようにサキャ・パンディタは，モンゴル語の文字を創るために一夜瞑想した。翌日瞑想から醒めて一婦人の礼拝を受けた。その婦人が抱える粗朶や焚き木の皮は，まるでなめし皮のようであった。この，のこぎりの歯のような皮の形にヒントを得たサキャ・パンディタは，その形を模倣して，男性・女性・中性という，母音が3種あるモンゴル語の文字を創ったとされている。

サキャ・パンディタのモンゴルの文字は，次のようである[55]。

男性	女性	中性
a,	e,	i ;
na,	ne,	ni ;
ba,	be,	bi ;
qa,	ke,	ki ;
ga,	ge,	gi ;
ma,	me,	mi ;
la,	le,	li ;
ra,	re,	ri ;
sa,	se,	si ;
ta,	te,	ti ;
da,	de,	di ;
ca,	ce,	ci ;
ya,	ye,	yi ;
ja,	je,	ji ;
wa,	we	

サキャ・パンディタが創り出したとされるモンゴル語の文字は，上掲の44文字である。

『竹路懇桃』[56]には，サキャ・パンディタがモンゴル文字を創った由来を，次のように記述している。

　　　薩斯迦・班第達……到達涼州，……住其地七年。……当時，薩斯迦班第達曾於夜間瞑想，応以何種文字裨益於蒙古。翌晨兆現，有一女子肩揉皮搔木前来跪拝。因依此兆，倣搔木形制作蒙古文字，分男性，女性，中性三類，編成強，虚，弱性三種。

サキャ・パンディタは，［旧モンゴル帝国・現在の中国甘粛省の］涼州に7年住んだことがある。そのとき，サキャ・パンディタは一夜，どのような文字を創ればモンゴル人を利益することができるかと思索を巡らした。翌朝，［モンゴル文字の］兆しが現れた。一人の女性がゲーテールゲ・モトゥン，粗朶や焚き木を持って来て，［サキャ・パンディタの］前に跪いて礼拝した。［サキャ・パンディタは,］この粗朶や焚き木の形からモンゴル文字を創り，それを男性・女性・中性3種類に分け，強・虚・弱の音声で編成したとされる。

『元史論集』の「庫騰汗—蒙蔵関係最初的購通者」に見られる(57)『竹路懇桃』にも,『蒙古文字淵源』とほとんど同じ内容の記述がなされており，さらに『水晶数珠』は，次のように記している。

可汗請班第達創制蒙古字，班第達創為制蒙古字，曾経一夜瞑想。翌晨黎明時分，有一女子持揉革搔木跪地。因此徴兆，即依搔木形制的蒙古字母，陽・陰・中・強・虚・弱性母音三種。

可汗は，サキャ・パンディタにモンゴル文字を創るように依頼した。サキャ・パンディタはモンゴル語の文字を創るために，一夜瞑想した。翌朝瞑想から醒めて外を見ると，一人の婦人が樹枝の皮をなめしている光景を目にした。［サキャ・パンディタは,］この粗朶や焚き木の形からモンゴル文字を創り，それを男性・女性・中性という，強・虚・弱の母音が三種あるモンゴル語の文字を作ったという。

なお，上述した「可汗」(58)はゴダン・ハーンのことを指しているが，ゴダン・ハーンはモンゴル帝国の国王（可汗）に即位したことがないので，「可汗」という表記は誤りだと思われる。当時のモンゴル帝国の国王は，元定宗グユグ・ハーン（Güyüg Han 貫由汗 1246—1248年在位）であった。モンゴル帝国では，元太祖チンギス・ハーン（1162—1227年在位）から，元順帝トゴンテムル（Togon temü Han 妥懽帖睦爾汗 1333年即位，1368年）まで，全部で15人が国王（可汗）に即位している。

『水晶数珠』と『蒙古文字淵源』とを比較すると，ほとんど同じ内容の記述が認められる。丹森氏の『蒙古文字淵源』で一番問題になる点は，モンゴル文字創出の年である。ここではサキャ・パンディタは，1243年にすでにモンゴルの地にいて，モンゴル文字を創ったことになっている。しかしサキャ・パンディタがモンゴルの地にいたのは，1246年から1251年の間であるとされるのが今日の通説である。この通説によれば，1243年にサキャ・パンディタがモンゴル文字を創出したという丹森氏の説は，根拠を失うことになる。

サキャ・パンディタが1243年にゴタン・ハーンの要請を受け，1246年にモンゴルの地の涼州でゴタン・ハーンと会談したのは，歴史上の事実とされている(59)。その同じ年に，サキャ・パンディタが涼州でモンゴル文字を創ったことは考えられない。文字を創ったのではなくて，師はモンゴル人に仏教を伝えるために，モンゴル文字を学習するための基本文法書を書くための思索をしたのではないかと思われる。

《モンゴル文字の起源に関わる三説》

現代のモンゴル学の学者の多く，とくに中国におけるモンゴル学の学者の多くは，モンゴル文字の起源は歴史上すでに明らかになっていると主張している。彼らは，『元史』巻124の「塔塔統阿伝」(tatatungga) を根拠とする。それは「塔塔統阿伝」に1204年，チンギス・ハーンがタタトンガ (tatatungga 塔塔統阿) に，ウイグル（回鶻）文字でモンゴル人の言葉を書くように命じたと記述されているからである(60)。

モンゴル文字の起源を巡る第一の説は，924年に中国の漢字の小文字を模倣してモンゴル旧文字を創ったとするものである(61)。

第二の丹森氏の説では，塔塔統阿の巻からは，モンゴル人が1204年の時点では，まだ文字を使う習慣がなかったとある(62)。他に1204年にモンゴル人が，ナイマン (naiman 愛曼門) 部からウイグル文字を借りて使ったという説もある(63)。塔塔統阿の巻には詳細な記載がないとされており，モンゴル人は，1204年以前あるいは遥かにそれ以前から，ウイグル文字を借りたとの説も立てられている(64)。ウイグル文字で中国の漢字の発音を転写することが難しいため，フビライ・ハーンが，パクパに頼んで新モンゴル文字（蒙古新字）を造ることになったと考えられる。なお，パクパが造ったモンゴル文字については，本論第二編第二章第５節「パクパ文字創出」の項で詳述する。

第三の説は，塔塔統阿の巻に記載されているモンゴルの歴史については長年にわたって研究がなされてきたが，文字については厳密な研究がなされてこなかったというものである[65]。

1246年，サキャ・パンディタはモンゴルの地涼州に着いた後，モンゴル帝国が多民族から成る国家であり，言語も文字も雑多であることを目の当たりにし，知悉していたはずである。したがって，仏教を伝え広めるためには，モンゴル人のために統一された文字を創出する必要性を感じた。そうした複雑な問題を抱える中で，サキャ・パンディタは，ゲーテールゲ・モトゥンののこぎりの形を文字化し，モンゴル文字を創出したと考えられている。

サキャ・パンディタによるモンゴル文字については，いくつかの側面から考え，検討する必要があると思われる。なぜならば，当時モンゴルの地では，多くのウイグル族の仏教僧侶とサキャ・パンディタとの間には，深い相互交流があった。そのような状況の中では，必然的にウイグル文字についても研究されたはずである。もしそうであるとすれば，モンゴル人にとって最も相応しい文字を創るために，サキャ・パンディタが瞑想によって，最終的な決断を下したものと考えるのが自然である。瞑想というのは，修行者が自分の願いを仏・菩薩に祈禱し，仏・菩薩から教示を得る方法でもある。サキャ・パンディタは，仏教の僧侶であるから，通常チベット人やモンゴル人がそうであるように，思索したり重要な決定を下すに際しては，瞑想（閉関）し，または卜占を行ったと考えられる。したがって，サキャ・パンディタが瞑想した翌日の夜明けに現れた女性が，仏・菩薩の化身であったと考えるのは，モンゴル仏教徒にとっては不自然ではないのである。このようにしてサキャ・パンディタは，ウイグル文字を基礎としながら，文法上はサンスクリット文字やチベット文字を模倣し，形は中国語の縦書きを模倣して，男性・中性・女性の３種に区別するという，文法上・形共に特徴のある文字に変革し，モンゴル文字を創出したものと考えられる。

サキャ・パンディタが創出したモンゴル文字は，今日使われているモンゴル文字の七母音「a，e，i，o，u，ö，ü」の中の「a，e，i」だけであった。そのために，経典を完全に翻訳できなかった。その原因を中国語では「時機未至，未獲機縁」と言うが，サキャ・パンディタによるモンゴル文字の創出は，後世パクパがフビライ・ハーンの命を受けて，新しいモンゴル文字「蒙古新字」を創るための基礎作りをするうえに，大きな原動力となった[66]。

14世紀初期，モンゴル帝国の元成宗ウルジィト・ハーン（1311―1320年在位）の時代，元成宗はチベット仏教のサキャ派の高僧チョジオドセルをモンゴルに招請した。チョジオドセルは，かつてのサキャ・パンディタが創出し，造ったモンゴル文字「a，e，i」三字の上に，「o，u，ö，ü」四字の閉音節の末尾に位置する126の子音字（モンゴル語でSegül tü üsüg=debisger üsüg ）をはじめ，外来語を表記するために35の文字を加えてモンゴル文字を完成した[67]。このチョジオドセルが完成したモンゴル文字が，今日に流通しているモンゴル文字である。

なお，チョジオドセルが完成したモンゴル文字の一覧は，本論第二編第三章第2節「チョジオドセルによるモンゴル文字完成」の中で詳述したい。

第6節　サキャ・パンディタの「薩迦班智達致蕃人書」

サキャ・パンディタが，涼州会談の結果を受けてチベット仏教の各教派の領袖と各地の代表者に向けて書き送ったのが，この「薩迦班智達致蕃人書」という親書である。親書の題は，チベット語の原文では，弟子たちに送った親書（Bu slob rnams la spriṅ ba bshugs）となっている[68]。

チベット語テキストは次の通りである。

༄༅། །བུ་སློབ་རྣམས་ལ་སྤྲིང་བ་བཞུགས། །

༄༅། །ཨོཾ་སྭསྟི་ཧྲ། བླ་མ་དང་མགོན་པོ་འཇམ་པའི་དབྱངས་ལ་ཕྱག་འཚལ་ལོ། །དཔལ་
ལྡན་དབུས་གཙང་མངའ་རིས་དང་བཅས་པའི་དགེ་བའི་བཤེས་གཉེན་ཡོན་མཆོད་རྣམས་ལ་སྤྲིང་བ།
སངས་རྒྱས་ཀྱི་བསྟན་པ་དང་། །སེམས་ཅན་སྤྱི་དང་། །སྒོས་བོད་སྐད་སྨྲ་བ་ཐམས་ཅད་ལ་ཕན་པར་
བསམས་ནས་ཧོར་ནང་དུ་འོང་། ངེད་འབོད་མཁན་ལ་ཡོན་བདག་ཆེན་པོ་ཤིན་ཏུ་དགེས། འཕགས་

པ་སྤྱན་འདི་འདྲ་བའི་ཆུང་བ་ནས་ཁྱེད་ནས་འཁོར་དང་བཅས་པ་འོང་བ་དེ་ངེད་ལ་བསམ་པ་ཡིན། ཁྱོད་མགོས་ངོ་བལྟས་པ་ཡིན། གཞན་ཆོ་སྐྲག་ནས་འོང་བ་ཡིན། དེ་ངས་མི་ཤེས་པ་ཨེ་ཡིན། འཕགས་པ་སྤྱན་གྱིས་སྤྱར་ཡང་བོད་ཆོས་སློབས། ཕྱག་ན་རྡོ་རྗེས་དོར་ཡིག་དང་དོར་སྐད་སློབས། ངས་མི་ཆོས་ཀྱིས་བསྐྱངས། ཁྱེད་ཀྱིས་ལྷ་ཆོས་ཀྱིས་བསྐྱངས་ན་ཤཱཀྱ་མུ་ནེའི་བསྟན་པ་ཡང་ཕྱིའི་རྒྱ་མཚོའི་མཐའ་ཚུན་ཆད་ཁྱབ་པར་མི་འགྲོ་བ་ཨེ་ཡིན་གསུངས་སོ། །

རྒྱལ་པོ་བྱང་ཆུབ་སེམས་དཔའ་འདི་སྤྱིར་སངས་རྒྱས་ཀྱི་བསྟན་པ་དང་། སྒོས་དཀོན་མཆོག་གསུམ་ལ་ཤིན་དུ་གུས། ཁྲིམས་ལུགས་བཟང་པོས་འཁོར་ཐམས་ཅད་ལེགས་པར་སྐྱོང་ཞིང་། ཁྱད་པར་དུ་ཡང་ངེད་ལ་གཞན་ལས་ལྷག་པའི་ཐུགས་ལ་འདོགས་པར་བྱུང་། ཁོང་གི་ཞལ་ནས། ཁྱོད་རང་བློ་བདེ་བར་ཆོས་ཤོད། ཁྱེད་ལ་གང་དགོས་ངས་སྟེར་བ་ཡིན། ཁྱོད་བཟང་པོ་གཏོང་བ་ངས་ཤེས། ང་བཟང་པོར་ཨེ་གཏོང་གནས་ཤེས་གསུངས། ཁྱད་པར་འཕགས་པ་སྤྱན་ལ་ཐུགས་འདོགས་ཆེ་བར་འདུག་རང་ཤེས་ཁྲིམས་ལུགས་འགྱུར་ཤེས་ན། རྒྱལ་ཁམས་ཐམས་ཅད་ལ་ཕན་པར་བྱ་སྙམ་པའི་ཐུགས་དགོངས་བཟང་པོ་ཞིག་འདུག སྒོས་ཁྱེད་རང་གི་མི་སྡེ་བོད་རྣམས་ལ་ཁྲིམས་ལུགས་ལེགས་པར་སློབས། སྐྱིད་དུ་འཇུག་པ་ངས་ཤེས་གསུངས་པ་དང་། རྒྱལ་པོ་དང་རྒྱལ་བརྒྱུད་རྣམས་ཚེ་རིང་བའི་སྨོན་ལམ། རིམ་གྲོ་ལ་ཐམས་ཅད་ཀྱིས་འབད་པར་ཞུ། །

སྐབས་དོན་ཧོར་འདིའི་དམག་སྡེ་གྲངས་ལས་འདས། འཛམ་བུའི་གླིང་ཐམས་ཅད་ཁོང་གི་མངའ་རིས་སུ་འདུག་སྙམ་པའི་བསམ་པ་གཅིག་འདུག ཁོང་རང་དང་ཞེ་ཐག་པས་གང་ཟེར་ལ་མ་ཉན་ན། ངོ་བལྟས་པ་ཡིན་ཟེར་བའི་མིང་གི་མི་ཆོག་པ། ཧྲིང་བཀྲག་བྱེད་པ་ཅིག་འདུག ཡུ་གུར་གྱི་རྒྱལ་ཁམས་འདི་ཡང་མ་བཀྲག་པའི་གོང་ཕན་དུ། མི་ནོར་རྣམས་ཁོང་གིས་བླངས་ནས། ཡིག་མཁན། ནོར་གཉེར་བ། བུ་དཀའ་ཐམས་ཅད་ཁོང་གིས་བྱེད། རྒྱ། མི་ཉག་སོག་པོ་ལ་སོགས་པ་མ་བཀྲག་གོང་དུ་ཧོར་འདྲ་བཏང་ཡང་ཅི་ཟེར་མ་ཉན་པས། བཀྲག་པའི་ཧྲེང་ལ་འགྲོ་ས་མ་རྟེད་ནས་ངོ་བལྟ་དགོས་བྱུང་། འོན་ཀྱང་དེ་ཧྲེང་ཅི་ཟེར་ཉན་པས་ད་ལྟ་ཐ་དད་སོ་སོ་ན་བུ་དཀའ། ནོར་དཔེར། དམག་དཔོན། ཡིག་མཁན་ལ་སོགས་པ་ཁོང་རང་གི་མི་ཚན་རེ་བསྐོས་པ་མང་། ངོ་སྐྱོལ་མི་སྡེ་ངན་ལ་ཀྱོང་པས་ཐབས་སྣ་ཚོགས་ཀྱི་སྒོ་ནས་བྲོས་པས་ཐར་དུ་རེ། ཐག་རིང་བས་མི་ཡོང་དུ་རེ། འཐབ་ཐུབ་དུ་རེ་ནས། གཡོ་སྒྱུ་ཟོལ་གསུམ་བྱས་པས་བཀྲག་ཀྱང་བཀྲག་ཐ་དད་སོ་སོ་ནས་ངོ་བལྟས་པའི་ཚེ་མང་། བོད་ངན་ལ་ཀྱོང་པའི་སྟོབས་ཀྱིས་བྲན་དང་གཡོག་གི་བྱེ་བྲག་མ་གཏོགས་པ། དཔོན་པོར་བསྐོས་པ་བརྒྱ་ལ་རེ་འགའ་ཙམ་ལས་མ་མཐོང་། བོད་ངོ་བལྟས་པ་མང་ཡང་འདབ་ནོར་ཉུང་བའི་སྟོབས་ཀྱིས། མི་ཆེན་ཆོ་ཧྲིང་ནས་མ་མགུ་བའི་གནད་ཅིག་གདའ། །

ན་ཞིང་ནི་ལོ་འགའ་ལ་སྟོད་དུ་དམག་སོང་བ་མེད། ངས་བེ་རི་ཁྱེད་ནས་ངོ་བལྟས། འདིར་ཤིན་དུ་ངོ་བལྟ་ལེགས་པས་། སྟོད་མངའ་རིས་དབུས་གཙང་བ་རྣམས་ངོ་བལྟས། བེ་རི་ཐ་དད་ཆོ་ཡང་ངོ

བལྟ་བར་ཡོད་བྱས་པས། ད་བར་ལ་དམག་མ་སོང་བ་དེས་ཕན་པ་ཡིན་དེ།།

སྟོད་ཀྱི་མི་རྣམས་དེ་ཚེ་མི་ཞེས་དེ་མཆིས། དེ་སྐབས་སུ་འདི་ན་མར་ངོ་བལྟས་པ་ཡིན་ཀྱང་། འདབ་ནོར་ལེགས་པོ་མ་བྱས་པ་དང་། བློ་མ་གཏད་པ་ཀུན་ལ་དམག་རྒྱབ་ནས་མི་ནོར་ཐམས་ཅད་གཏོར་བ་དེ་ཁྱེད་རྣམས་ཀྱིས་ཐོས་དེ་མཆིས། དམག་རྒྱབ་པ་དེ་ཚེ་ཡུལ་བཙན། མི་དཔའ། དམག་མང་། གོ་ཆ་སྲ་ཞིང་མདའ་མཁས་པ་རྣམས་ཀྱིས་ཐུབ་དུ་རེ་བྱས་པས་བརླག་འདུག ། མི་རྣམས་ཀྱི་བསམ་པ་ལ། ནོར་ཕོ་རང་འུ་ལག་དང་དམག་ཁྲལ་ཆུང་། གཞན་ཚོ་འུ་ལག་དང་་་་དམག་ཁྲལ་ཆེ་བསམ་སྟེ། གཞན་ཚོ་བས་ནོར་རང་འུ་ལག་དང་དམག་ཁྲལ་ཆེ། དེ་དང་སྦྱར་ན་་་་གཞན་ཚོ་ཆུང་བར་གདའ། ད་དུང་ཡང་ཅི་ཟེར་ཀྱི་ངག་ལ་ཉན་ན། ཁྱེད་རྣམས་ཀྱི་ཡུལ། ས་ཕྱོགས་ཀྱི་མི་སྡེ། སོ་སོའི་དཔོན་གང་ཡོད་པ་དེ་དཔོན་དུ་བསྐོས། ས་སྐྱ་པའི་གསེར་ཡིག་པ་དང་དངུལ་ཡིག་པ་བོས་ལ། ངེད་ཀྱི་ད་ར་ཁ་ཆེ་འདི་བསྐོས་ན་འཐད་པ་ཡིན་ཟེར་བའི་ངོ་སྤྲོད་ཀྱིས་ལ་ཕར་འགྲོ་ཚུར་་་འགྲོའི་བང་ཆེན་པ་གོ་ཆོད་པ་ཆུང་། དེ་ནས་དཔོན་གྱི་མིང་། མི་སྡེའི་གྲངས། འདབ་ནོར་ཀྱི་ཚད་ཡི་གེ་ལེགས་པོ་གསུམ་ཀྱིས་ལ། གཅིག་ངེད་ལ་བསྐུར། གཅིག་ས་སྐྱར་ཞོག གཅིག་རང་རང་གི་དཔོན་་་ཀྱིས་ཟུང་། ཡང་ངོ་བལྟས་པ་འདི་ཡིན། མ་བལྟས་པ་འདི་ཡིན་ཟེར་བའི་ས་རིས་ལེགས་པོ་ཀྱིས། ཤན་མ་ཕྱེད་ན་ངོ་མ་བལྟས་པའི་ཞོར་ལ་བལྟས་པ་ཚོ་ཡང་བརླག་དོགས་ཡོད། ས་སྐྱ་པའི་གསེར་་་ཡིག་པས་ཡུལ་གང་ཡིན་པའི་དཔོན་དང་གྲོས་ཀྱིས་ལ། སེམས་ཅན་ལ་ཡང་ཕན་པར་ཀྱིས་ལ་རང་་་ཚེ་དབང་ཆེ་མ་བྱེད། གྲོས་མ་བྱས་པར་རང་ཚོད་བྱེད་པ་ཁྲིམས་ལ་མེད། ཉེས་པ་ལ་ཐུག་ན་འདི་ན་་་ཞུ་བ་དཀའ། དེར་ཐམས་་ཅད་བློ་མཐུན་པར་ཀྱིས།།

ནོར་གྱི་ཁྲིམས་ལུགས་བྱས་ན་ལེགས་པོ་འོང་། གསེར་ཡིག་པ་བསུ་སྐྱེལ་དང་ཞབས་ཏོག་ལེགས་པོར་ཀྱིས། འདིར་ཡང་གསེར་ཡིག་པ་ཡོད་པ་ཀུན་ལ་གཞན་འདྲི་བའི་སྔོན་ལ་མ་བྲོས་སམ་འཐབ་བམ། གསེར་ཡིག་པ་ཚོ་ཉ་ར་ལེགས་་་པོར་བྱས་སམ། འུ་ལག་བྱུང་ངམ། ངོ་བལྟས་པ་རྣམས་བརྟན་ནམ་བྱས་པ་དེ་ཚོ་སྔོན་ལ་འདྲི་བར་འདུག གསེར་ཡིག་པ་དེ་མ་མགུ་ན་གནོད་ཐུབ་པའི་གཏམ་གཏོང་བར་དེས། མགུ་ན་ཕན་ཐོགས་ནུས་པ་ཅིག་གདའ ། གསེར་ཡིག་པའི་ངག་ལ་མ་ཉན་ན་་བྱས་ཀྱང་དཀའ་བར་མཐོང་། འདིར་མི་གང་དྲག་པ་དང་འདབ་ནོར་ཁྱེར་ནས་འོང་པ་ཚོ་བཟང་པོར་བཏང་བར་གདའ། རང་རེ་ཚོ་ཡང་བཟང་པོ་བྱ་སྙམ་པའི་བསམ་པ་ཡོད་ན། ངེད་རང་གི་དཔོན་པོ་་ཀུན་འདབ་ནོར་བཟང་པོ་བཟུང་ལ་ས་སྐྱ་པའི་མི་དང་འགྲོགས་ལ་བྱོན། འདབ་ནོར་འདི་ཙམ་ཞིག་་་འདབ་ཟེར་བའི་གྲོས་ཀྱིས། འདིར་ངས་ཀྱང་གྲོས་བྱེད། དེ་ནས་རང་ཡུལ་འོངས་ནས་རང་གཞན་ཐམས་ཅད་ལ་ཕན་པར་འོང་།།

སྤྱིར་ངས་ཀྱང་ན་ཤིང་ནས་མི་བཏང་ནས་འདི་ལྟར་བྱས་ན་ལེགས་བྱས་ནས་གྲོས་བསྟན་པ། ཁྱེད་རང་རྣམས་ཀྱིས་ཀྱང་དེ་བཞིན་བྱེད་པའི་རིགས་སུ་མེད་པ་འདུག བརླག་པའི་རྗེས་ལ་ཁྱེད་ཐ

དང་ཚོ་ཅི་ཟེར་ཉན་པ་ཅིག་འདོད་པ་ཡིན་ནམ། ཅི་ཟེར་བ་ཡིན་ཡང་མ་གོ །
ཕྱིས་ས་སྐྱ་པ་ཧོར་གསེབ་ཏུ་སོང་བ་ཡིན་དེ་ངེད་ལ་མ་ཕན་ཟེར་བ་དེ་མི་གསུང་བར་ཞུ། ངས་བདག་པས་གཞན་གཅེས་པའི་བསམ་པ་བྱས་ནས། བོད་སྐད་སྨྲ་བ་ཐམས་ཅད་ལ་ཕན་པའི་ཕྱིར་དུ་ཧོར་··· གསེབ་ཏུ་འོངས་པ་ཡིན་དེ། ང་ཅི་ཟེར་ལ་ཉན་ན་ཕན་པར་འདུག ཁྱེད་རྣམས་ཀྱིས་འདིའི་སྣང་ཚུལ་མ་མཐོང་། ཐོས་པ་རྣམས་ལ་ཡིད་ཆེས་པ་ཤིན་ཏུ་དཀའ། དེའི་སྟོབས་ཀྱིས་ད་དུང་བཏུབ་པར་འོང་སྙམ་སྟེ། བདེ་བའི་འཕྲོ་ལ་གློ་བུར་དུ་འདྲེས་མནན་པ་ལྷ་བུའི་ཐབས་གཏོན་ཅིག་བྱུང་ནས་དབུས··· གཙང་གི་བུ་ཚ་དང་མི་ལ་སོགས་པ་ཧོར་གསེབ་ཏུ་སོང་གི་དོགས། ངེད་ནི་ལེགས་ཉེས་ཅི་བྱུང་ཡང་·· ང་ལ་འགྱོད་པ་མེད། བླ་མ་དཀོན་མཆོག་གི་བྱིན་རླབས་དང་བཀའ་དྲིན་གྱིས་ད་དུང་ལེགས་པོ་འོང་བ་ཡང་སྲིད། ཁྱེད་རང་རྣམས་ཀྱང་དཀོན་མཆོག་ལ་གསོལ་བ་ཐོབ།།
རྒྱལ་པོས་ངེད་ལ་སྲུ་དང་ཡང་མི་འདྲ་བའི་ཐུགས་ལ་བཏགས། དེའི་སྟོབས་ཀྱིས་རྒྱ་བོད། ཡུ་གུར། མི་ཉག་ལ་སོགས་པའི་དགེ་བཤེས་མི་ཆེན། ཡུལ་མི་གཅིག་པ་ཐམས་ཅད་ཀྱིས་ངོ་མཚར་ཆེ་སྙམ་ནས། ཆོས་ཉན་པ་དང་གུས་པ་ཆེ་བར་འདུག ངེད་འདིར་འོངས་པ་རྣམས་ལ་ཧོར་གྱིས་ཅི་འདྲ་བྱེད་·· སྙམ་པའི་དོགས་པ་མི་དགོས། ཐམས་ཅད་ཀྱིས་ཐུགས་ལ་བཏབས་ནས་བཟང་པོར་ཡོད་པས། ངེད་ཀྱི་ཕྱོགས་ནས་ཐམས་ཅད་བློ་བདེ་བར་བཞུགས་པས་ཆོག །
འདབ་རྟེན་ལ་གསེར་དངུལ། གླང་པོ་ཆེའི་མཆེ་བ། མུ་ཏིག་ རྡོག་པོ་ཆེ་བ། མཚལ། བཙོད། རུ་རྟ། གི་ཝང་། སྟག་གཟིག་གུང་དསུམ། སྲམ། བོད་སྣམ། དབུས་ཕྲུགས་བཟང་པོ། འདི་ན་དེ་ཚོ་དགའ་བར་འདུག སྤྱིར་ནོར་ལ་འདིར་ནོར་རྫས་ཆུང་ཡང་། རང་རང་གི་ཡུལ་ན་གང་བཟང་གི་རྫས་འོང་པས་ཆོག་པ་ཡིན།།
གསེར་ཡོད་ན་གང་འདོད་འོང་བར་འདུག་པས་དགོངས་མཛོད། སངས་རྒྱས་ཀྱི་བསྟན་པ་ཕྱོགས·· མཐའ་དག་ཏུ་རྒྱས་པར་གྱུར་ཅིག   མངྒ་ལ།།།།

『サキャ・パンディタがチベット人へ送った親書』

吉祥！上師様。護法文殊菩薩に敬礼し奉る！

吉祥を体現しているサキャ・パンディタが，チベットの衛蔵・北蔵・南蔵の善知識と大徳ある施主に対して行うお知らせである。

私は，仏法を高揚するため，衆生を救済するため，さらにチベット語を使っている人々を慈念し，モンゴルに来た。私を招請した大施主ゴダン・ハーンは，たいへん喜んで優しくこう言われた。「パクパ兄弟がこんなに幼い年齢であるのに，一緒に連れて来てくれて，私は深く感動している。あなたが初めてモンゴルに帰順することによって，残るチベット人も皆，引き続いて帰順するものと思われる。あなたは，私に招請されてモンゴルの地に来た。残るチベット人も皆，きっと驚いてモンゴルの地へやって来るだろう。これは私がよく承知していることである。パクパ兄弟はこれまで，チベットの習慣で教えられてきた。パクパは，引き続いてチベットにいたときと同様に勉強せよ。チャクガナドルジェは，モンゴル語を勉強せよ。私は世法で二人を守護しよう。サキャ・パンディタ，あなたは，聖なる仏教を護る人である。だから，釈尊の教えを間違いないように広く伝えよ」と。

この菩薩の化身であるゴダン・ハーンは，仏・法・僧の三宝を深く崇敬している。王は三宝に深く帰依し，修行をよく積んでいる。大臣に対しても優しく接している。私に対しても，慈愛の心で接してくださっている。「あなたは，落ち着いて一心に法を伝えてください。費用は一切私が準備して差し上げます。あなたが私に，いつも善いことをしてくれていることは，私がよく知っています。私のすべての行為が善いか悪いかは，上の天だけが知るだろう」と言われたことがある。パクパ兄弟に対する態度は，きわめて穏やかで温かい。「サキャ・パンディタ，あなたがモンゴルに来て，自ら法を広め，わが国土に恩恵を垂れ給え」と。こういう純良の心をもつ王であるから，「あなたの故郷チベットの人々がモンゴルの法律を守るように努めれば，ゴダン・ハーンである私は，必ずチベット人に安心した安楽な生活ができることを保証します」と言われたことがある。

このように，王ゴダン・ハーンと王室の皆様の長寿を祈ると共に，仏の教えに従って精進することを勧めている。モンゴル軍の兵数は，数えられないほど多い。贍部洲の国についてだけで言えば，すべてモンゴルの版図となっている。モンゴル帝国の言う通りにすれば，苦楽を共にすることができる。命令に従わず，口先ばかりの帰順で実行がなければ，最終的にはモンゴル軍に制圧されることになる。ウイグルは戦争にならなかったので，以前より盛んになっている。飼っている牛・馬・羊などの家畜はすべて自分たちで管理し，大臣（bicigci ビチェーチ 必闍赤），役人（庫吏），管理人（berugci ベルグチ 別乞）など，すべて責任を任されている。

金，西夏，阻卜の国などは，結局は滅ぼされたが，その前にモンゴルから使節が派遣されており，その命令に従わなかったので最終的に滅ぼされた。優しい言葉に従わなければ，結局は軍隊で制圧され，頭を下げて帰順することになる。金，西夏，阻卜などの国は帰順して，大臣，役人，管理人軍官，官員は，その中の賢者に委任され，賢者でない者は追放された。

私たちのように剽悍な部族の者も，あるいはあらゆる方法手段を講じて逃げようとしている者も，あるいはモンゴルからチベットまでは道が遠いから，攻めてくることはないだろうと思っている者も，あるいは戦争になっても勝つと思っている者も，狡猾で人をだますような者も，必ず攻め亡ぼされることになる。今までに帰順している者も非常に多い。私たちチベット人は凶暴剽悍であるから，奴隷扱いされない限り，大臣や役人に任命されても100人の中で仕事を遂行する者は１人もいない。チベットの部族の多くは帰順しているが，貢ぎ物がきわめて少ない。だからモンゴル王のハーンや大臣は，うれしい顔をしていない。

数年前は，モンゴル軍はチベットに軍事的な圧力をかけなかった。他の部族を従えて白利がモンゴルに帰順したとき，款曲，阿里，衛蔵等の部族は降伏した。だから，今までモンゴル軍をチベットへ派遣したことはなかった。だから，これはチベットにとって大いなる利益になったと思われる。

しかしチベット人の中には，この間の事情を知らない者がいる。自国のチベットに忠誠のあまり，モンゴルに貢ぎ物をたくさん捧げなかったのでモンゴルの疑いを招き，モンゴル軍に攻め込まれて，人間も，獣や馬や家畜などもすべて殺されたことがあった。このようなことは，お前たちは聞いて知っていると思う。たとえモンゴル軍と戦争になっても，チベットの地は峻険であり，国民は英雄であり，兵士も多く，弓矢の扱いも熟達しているから，必ず勝つと望んでいても，結局は攻め亡ぼされてしまう。

あるいは，モンゴル軍の本部の徴税と徴兵は軽く，地方の徴税と徴兵の負担は酷いと考えられているようだ。それは違う。本部と地方を比べると，地方のほうがモンゴルの本部より，徴税も徴兵も軽いのである。

また，「もし命令に従えば，チベット各地の各部族の役人は引き続いて任命される。サキャ派の金字・銀字の使節を招請して，私サキャ・パンチンが，大臣（darugaci ダルガチ，達魯花赤制圧官を意味する）(69)を委命するのが最も妥当であると思う。このことを広く宣伝するのがよい。頭もきれ，腕も冴えた使節を派遣するのだ。そしてまた，各地方の役人の氏名，集落の数および三分割した貢ぎ物を作り，一つは私に届け，一つはサキャ寺に届け，いま一つは各地方の役人が保管する。そして確認したうえで一切を文書にする。確認しなければ，それは罪となる。サキャの金字の使節は，各地方の役人を任命することができる。一切の衆生に利益しなければならないから，自分勝手に威張ったり，懐に入れたりすることは許されない。各地方の役人らが，サキャの金字の使節に無断で，法律を自分勝手に解釈してよいという条文はない。もし法律に従って実行しなければ，モンゴルに連れて来て起訴される。そうすると，大変なことになる。だから，お前たちはよく心を合わせて協力しなければならない」と言われた。

モンゴルの法律を守れば利益がある。金字の使節の送迎や，滞在中は全力で接待しなければならない。金字の使節が地方の役人に会うときは，真っ先に「逃げている人がいるか」「喧嘩している人がいるか」「金字の使節を本心から招待するか」「徴税しているか」「帰順した人に変節はないか」と尋ねる。もし金字の使節の気分がよくないときには厳しい言葉になることがあり，気分がよいときは優しい言葉になると思う。もし金字の使節の言う言葉を聞かないと，たとえ善業のあった人に対しても，しばしば意地悪をする人がある。

各地の役人が貢ぎ物を持って来て奉げるのを見たことがある。私たちチベット人も，もし善い使節に会いたいと思えば，サキャ派の人と一緒に，役人に篤い贈り物を携えて来なければならない。贈り物の多寡は問わない。込める気持ちが大切である。私が計画を立てるので，その後こちらへ来てください。そうすれば，お前たちも私も共に安楽が得られる。

昨年，私は人を派遣してこのように言った。こうすることが一番よい方法だと。しかし，お前たちの中で私が言った通りに実施した者は見たことがない。それではお前たちが攻め亡ぼされた後に，それぞれが頭を垂れ尾を振って，哀れみを求めるのか。そうなったとき，いかなる命令が下されるか，予知することはできない。そのときになって私に頼っても，どうする術もない。

サキャ派の人がもうモンゴル帝国に帰順しているのに，どうして，チベット人全体に利益がないのかと言う人がいる。私は利他の心から，チベット語を使っている人々のためにモンゴル帝国に来ている。私が言う通りにすれば，必ず大きな利益がある。残念なことではあるが，お前たちは，昔と今では事情が違うことがはっきりわかっていない。ただ聞くだけでは，なかなか信じることができないものだ。だから，戦争をしたら勝てると思う者もいる。これは，「安閑としていると鬼が頭を打つ」とことわざに言うことである。戦火になれば，おそらくチベット全土がモンゴル帝国に征服されてしまう。そうなると災難と福徳のどちらになるか，後悔しても後の祭りだ。

上師および仏・法・僧の三宝の加持による恩徳があれば，よいこともある。お前たちは，三宝に祈禱するのがよい。

ゴダン・ハーンは，私に常に関心をもっている。だから，金，チベット，ウイグル，西夏等の善知識・大徳も，各地の人々も皆，ゴダン・ハーンが私に関心をもっていることを奇異なことであると考えて，私の前に来て，仏の教えを聞き，深い信仰をもって，私サキャ・パンディタを尊敬している。そして三宝に帰依している。私をはじめモンゴル帝国に来た人は皆，衣・食・住に何の苦労もしていない。モンゴル帝国は私たちを，どのように扱っているのか。私たちに深い関心をもち，私たちは厚遇されている。私たちの身は安全であるので，心配しなくてよい。

　貢ぎ物としては，金，銀，象牙，大粒の真珠，銀砂，チベットの紅花，木香，牛黄，虎の皮，豹の皮，山猫の皮，水獺の皮，チベット製の羅紗（蕃呢），北チベット製の絨毯（氆氌）等があるが，これらは礼品として大歓迎される。モンゴルでは牛，馬，羊などの家畜がたくさん飼われているので，それらは礼品としては適当ではない。しかし，チベット各地の最高の畜産品は，貢ぎ物としては好適である。

　黄金があれば，あらゆる欲しいものは自然に得られる。だから，よくよくこのことについて深慮せよ。

　仏の教えが諸方に伝播することを願うと(70)。

ゴダン・ハーンとサキャ・パンディタは，涼州で会談した。サキャ・パンディタがチベットを代表して，チベット仏教の各教派の領袖と各地方の代表者に向けて書き送ったのが，この『薩迦班智達致蕃人書』という親書である。これが世に言う涼州会談である。この親書を機にしてチベットはモンゴル帝国に帰属し，チベットとモンゴル帝国とが政治的な関係を樹立することになる。

この親書の主な内容は，サキャ・パンディタがチベット仏教の各教派の領袖と各地方の代表者に，モンゴルに帰順することの必要性を明確に説明したところにある。チベットがモンゴルに帰順することによって，モンゴル軍がインドや東ヨーロッパに進攻する通路を開けることになる。このような交通の要衝としてのチベットを押さえたことが，後に元世祖フビライ・ハーンの元朝の大版図を樹立するうえに，重大な役割を果たすことになる。

サキャ・パンディタが涼州で７年間活躍したことについて，モンゴルの史料を記載している『蒙古源流』(71)には，

　kicagar monggol ungacira sacin ki eng terigün delgeregülüged.

　［サキャ・パンディタは］，辺地であるモンゴルの地のどこにも，仏の教えを定着させた。

とある。

また，『勝教宝灯』(72)の中には，

　　親授王大乗發心経，大悲空智金剛灌頂等法，使蒙古国之人成就供養三宝徳，棄絶不善業道，帰依仏教宝法。

　　サキャ・パンディタ自らがゴダン・ハーンに大乗の発菩提心の「経」と，大悲の空智金剛灌頂などの「法」を授けられた。そしてモンゴル人に，三宝に供養する功徳を成就し，悪業を行う道を棄て，仏の法宝に帰依させた。

と記され，『黄金史』(73)では，

　　万衆歓楽，遵奉了薩迦班智達的法諭，在邊遠的蒙古地方首次弘揚了教法。

　　あらゆる人は大いに喜び，サキャ・パンディタが説く教えを遵奉し，遠い辺地のモンゴルで初めて仏の教えを伝え広げられた。

と記されている。

ゴダン・ハーンは，サキャ・パンディタのために涼州の郊外に幻化寺を建て，多くの説法道場を設けた。ゴダン・ハーンは経費の一切を負担した。サキャ・パンディタが説法するときは，四名の通訳者が傍に控え，モンゴル語，ウイグル語，中国語，チベットのアムド（安多，現在青海省）地方の方言で，同時に通訳したという。説法する道場の広さと聴聞者の多さと隆盛さとは，言葉では表現できないほどであった。このように盛大に説法を行うことは，ゴダン・ハーンの支持と協力なしには絶対できないことであった。

涼州会談以前のチベットは，400年間続いた四分五裂の不統一な状況にあった。涼州会談によるサキャ・パンディタの『薩迦班智達致蕃人書』という親書による提案によって，この四分五裂の政治制度が終わり，チベット全土が統一された。チベットはこの親書による提案を受け入れ，モンゴル軍がチベットで戦争することはなかった。だからチベット人は戦争の惨苦を避け，落ち着いた安楽な生活を送ることができた。かくして，ゴダン・ハーンとサキャ・パンディタは，チベットとモンゴルの文化の連携と発展に，大いなる貢献をしたのである。歴史の流れの中では，ゴダン・ハーンとサキャ・パンディタの「涼州会談」は，歴史の発展潮流に符合し，重要な歴史的な意義をもつものであったと考えられる。

サキャ・パンディタが63歳でモンゴルに赴いて以来，モンゴルの地，涼州（現在の甘粛省武威地方）を離れることはなかった。幻化寺で入滅したのは70歳，1251年11月14日のことであった。チベットとモンゴルとの強い絆は，サキャ派のサキャ・パンディタの来蒙が端緒であった。サキャ・パンディタは示寂後の来世で，空行尊になり，十地をことごとく証得し，その後極楽世界に往生し成仏したと，モンゴルでは深く信じられている(74)。

第7節　本章の結語

以上の要旨は，サキャ・パンディタがチベット人に，モンゴルに帰順することの必要性と大切なことを明確に説明したところにある。この親書を機にチベットはモンゴル帝国に帰属し，チベットとモンゴル帝国とは政治的な関係を樹立することになった。「私は，仏法を高揚するため，衆生を救済するため，さらにチベット語を使っている人々を慈念し，モンゴルに来た。私を招請した大施主ゴダン・ハーンは，たいへん喜んだ。尊者が初めてモンゴルに帰順することによって，残るチベット人も皆引き続いて帰順するものと思われる。サキャ・パンディタ尊者は，聖なる仏教を護る人である。よって釈尊の教えを，間違いのないようにモンゴルの地に広く伝え給う」という一節のあるサキャ・パンディタの親書は，ゴダン・ハーンが菩薩の化身であり，仏・法・僧の三宝に深く帰依した人であることを示していると考えられている。

ゴダン・ハーンがサキャ・パンディタに，「私にいつも善いことをしてくれていることは，私がよく知っている。私のすべての行為が善いか悪いかは，上の天だけが知っている。私ゴダン・ハーンは，必ずチベット人に安心した安楽な生活ができることを保証する」という，チベット人の安全を保証する一節もある。さらに親書は，「ゴダン・ハーンが私に大きな関心を寄せている。だから，金・チベット・ウイグル・西夏等の善知識・大徳も，各地の人々も皆，ゴダン・ハーンが私に関心をもっていることを特異なことであると考えて，三宝に帰依している。私をはじめモンゴル帝国に来た人は皆，衣・食・住に何の苦労もしていない。モンゴル帝国は私たちに深い関心を寄せ，私たちは厚遇されている」とも書き示し，安心してモンゴル帝国に帰順するよう説得の言葉を続けている。

サキャ・パンディタが，もし，モンゴル帝国に協力しなかったなら，またもし，チベットの僧俗を代表してモンゴル帝国と会談をしなかったなら，現在に残るチベット仏教とチベット文化は，戦禍の中で存在し得なかっただろう。チベット社会もどのようになっていたかわからない。モンゴルにとっても，どのような宗教を受け入れるかによって，世界中に影響を及ぼした戦禍がどれほど苛酷なものとなったかは，計り知れないものがある。サキャ・パンディタの偉大さは，自分の身や自分の家族だけに関心をとどめなかったことにある。チベットとモンゴルの人々のために行動したこと，そこに彼の偉大さがある。

「黄金があれば，ほしいものは自然に得られる。だからよくよく，このことについて考えよ」と，サキャ・パンディタの親書の中にある「黄金」とは，モンゴル帝国の力を指している。これによって，サキャ・パンディタは，モンゴル帝国の力に頼れば，チベット文化もチベット仏教も，そのまま残すことができると信じたであろうことを読み取ることができる。

古今東西，宗教は，国家や政治の問題から離れて独立し成功したためしがない。それは仏典の「四摂法」に説く，世間和合の同事が教えるところである。そうしなければ，民衆に受け入れられない。逆にどのような国家も，宗教とうまく協調しなければ国家としての発展性がなく，平和な国家をつくることが難しい。サキャ・パンディタはこのことを教示している。

注

（1）恰貝次旦平措主編『薩班貢噶堅参全集』（Chab spel tshe brtan phun tshogs, *Sa paṇ kun dgaḥ rgyal mtshan gsuṅ ḥbum*）中国西蔵蔵文古藉出版社，チベット語，1992年，494～499頁。

（2）図官洛桑却吉尼瑪『宗教源流史』（Thuḥu bkban blo bzaṅ chos kyi ñi ma, *Thuḥu bkban grub mthaṅ*）中国甘粛民族出版社，チベット語，1984年，175～212頁。また山口瑞鳳『チベット』（東洋叢書４，1988年，下）71～72頁参照。

サキャ派は，カーギュ派など他の多くの教派と同じく氏族集団であるが，成立はやや古く，政治的のみならず教学史のうえでも重要な役割を果たした。派の名は，吐蕃王国時代からの名家コン氏の末裔コンチョクゲルポ（1034—1102）が中央チベットのツァン地方サキャに，1073年にタントラ道場を建てたのに由来している。「サ」は土を，「キャ」は灰白色をいう。代々親子が相続したので，別にいうニンマ派と相続形態は同じになるが，それは本家のみのことで，後述する新サキャ派ではカダム派的な派と師資相継ぐかたちになり，活仏も後には登場した。

サキャ派は元来，古いタントラ仏教の修道をする在家教団であって，マルパにサンスクリット語を教えたドクミ訳経僧（993—1074）とも接触して，彼から新しい傾向のタントラ仏教を取り入れ，開祖の子サキャ・クンガ・ニンポ（1092—1158）のときから後段に説明するような「道果説」を唱え，『呼金剛タントラ』を最も重視した。

また，立川武蔵「—トゥカン『一切宗義』サキャ派の章—」（『西蔵仏教宗義研究』東洋文庫，1974年）59頁は，サキャ・パンディタについて詳細に述べている。

（3）　図官洛桑却吉尼瑪『宗教源流史』（Thuḥu bkban blo bzaṅ chos kyi ñi ma, *Thuḥu bkban grub mthaṅ*）中国甘粛民族出版社，チベット語，1984年，180頁。また『蔵漢大辞典』108頁によれば，古代インドには，(a)サンスクリット語の天城体（Sanskri-t），(b)プラークリット語（Prākrit 瓦彌都体），(c)ピシャーチャ語の顛鬼語（Paiśacī 畢舎遮文），(d)アペプランシャ語の阿婆語（A ba=Apabhraṃśa 商夏文）の四大語があると言われる（水野弘元『パーリ語文法』山喜房佛書林，平成4年，2～11頁参照）。

（4）　久明柔白多杰『蒙古仏教源流』（ḥJigs med rig paḥi rdo rje, *Hor gyi chos hbyuṅ*）中国青海民族出版社，チベット語，1993年，92～93頁。また固始噶居巴洛桑沢培著，陳慶英・烏力吉訳著『蒙古仏教史』39頁によれば，相当箇所は次の通りである。

> 你在世間二十五次転生為人，都是精通五明的班智達，在這期間我都作你的上師，除了我之外，別人都不能調伏你。

（5）　久明柔白多杰『蒙古仏教源流』（ḥJigs med rig paḥi rdo rje, *Hor gyi chos hbyuṅ*）中国青海民族出版社，チベット語，1993年，92～93頁。また固始噶居巴洛桑沢培著，陳慶英・烏力吉訳著『蒙古仏教史』39頁によれば，相当箇所は次の通りである。

> 聚集諸仏智慧的文殊菩薩，示現為善知識大徳，為我撕破錯幻之罔，並説今後長期之中，都要担任我的上師，聴到空中伝来此語，我向上師您虔誠頂礼。

（6）　久明柔白多杰『蒙古仏教源流』（ḥJigs med rig paḥi rdo rje, *Hor gyi chos hbyuṅ*）中国青海民族出版社，チベット語，1993年，95頁。

（7）　なお，図官洛桑却吉尼瑪『宗教源流史』（Thuḥu bkban blo bzaṅ chos

kyi ñi ma, *Thuḥu bkban grub mthaṅ*）中国甘粛民族出版社，チベット語，1984年，180～181頁では，サキャ・パンディタが25歳ではなく27歳のときカチェ・パンチェンより比丘戒を受けられたと記載している。

（8）固始噶居巴洛桑沢培著，陳慶英・烏力吉訳著『蒙古仏教史』39頁によれば，相当箇所は次の通りである。

薩班智達二十五歳時班欽釈迦室利為親教師，以吉波勒巴為軌範師，以徐侖巴為密教師受具足戒，並従這些上師聴受広大教法。

因みに親教師（Sanskrit）upādhyāya（Pāli）upajjhāya）は受戒にあたって親しく指導してくれる師である。新来の比丘に授戒し，教授する人であり，法臘10歳以上の智慧比丘であることを要する。

軌範師（Ācārya 阿闍梨）とは，戒律を授けられた新たな修行僧は，10年間は必ず一人の長老につき従わねばならなかったが，この長老を軌範師という。弟子の軌則・師範である者の意味である。

具足戒をチベット仏教では「近圓」という。「圓」は断証功徳究竟涅槃を意味する。「近」は速やかに諸々の功徳を成就するこという。チベット仏教とモンゴル仏教では比丘（dge sloṅ gai）は253戒を守り，比丘尼（dge sloṅ maḥi）は364戒を守ることになっている。

（9）図官洛桑却吉尼瑪『宗教源流史』（Thuhkusi lu bkban blo bzaṅ chos kyi ñi ma, *Thuḥu bkban grub mthaṅ*）中国甘粛民族出版社，チベット語，1984年，175～212頁参照。

チベットのサキャ派は，11世紀の中頃，コン・コンチョゲルポに始まる。コン・ゴンチョゲルポは，チベットで初めてインド僧から授戒した七名（七覚士）の一人であった。コン・コンチョゲルポが40歳（1073年）のときに，サキャ寺を建立した。サキャ派の創始者ではあるが，サキャ五祖には数えられていない。サキャ派の五祖の中でサキャ・クンガーニンボ，ソナムツェモ，タクパゲルツェンは相継いでサキャ派の主座を勤めたが，彼らは正式な出家者ではなかった。サキャ・クンガーニンポとソナムツェモの二人は，戒を受けたことがなかった。タクパゲルツェンは居士戒を受けたが，正式な仏教の僧侶とはいえないので，「白衣三祖」と称された。

（10）久明柔白多杰『蒙古仏教源流』（ḥJigs med rig paḥi rdo rje, *Hor gyi chos hbyuṅ*）中国青海民族出版社，チベット語，1993年，96頁。

（11）陳慶英『元朝帝師八思巴』（中国蔵学出版社，1992年）19頁。

（12）薩班貢噶堅参『薩迦格言』（Sa skya kun dgaḥ rgyal mtshan, *Sa skya legs bśad*）中国青海民族出版，1981年，漢蔵対象版によれば，相当箇所は次の通りである。

国王応遵照仏法護国安民，不然就是国政衰敗的象徴；
如果太陽不能消除黒暗，那就是発生日蝕的象徴。（163）
経常以仁慈護佑属下之王，就很容易得到奴僕和臣民；

蓮花盛開的碧緑海泊里，不用召喚，天鵝也会飛集。(233)
即使是秉性極為善良的人，総遭欺凌他也会報復心；
檀香木雖然属性極其清涼，若反復鑽磨也会燃焼発光。(198)
如果委任聖賢当官，事情成功幸福平安；
学者説：将宝貝供於幢頂，地方即可吉祥円満。(32)
学者在学習時艱苦備嘗，貪図安適不会成為学者；
留恋微小的逸之輩，不可能得到更大的幸福。(24)
格言即使出自小孩之口，学者也要把它全部吸収；
気味芬芳的麝香，長在獣臍也要設法取出。(30)
学問小的人自大傲慢，学者為人和藹而謙遜；
小渓経常地大声喧囂，大海往々是静默無言。(104)
弱小者如果依靠偉人，乃是獲得成功的訣竅；
一滴水雖然十分微小，若匯入大海就不会乾涸。(311)
只要是対人対己有益的事，無論你怎麼去做都可以；
善於采取巧妙的弁法，仏並未説是奸詐。(385)

(13)　恰貝次旦平措主編『薩班貢噶堅参全集』(Chab spel tshe brtan phun tshogs, *Sa paṇ kun dgaḥ rgyal mtshan gsuṅ ḥbum*) 第三冊，中国西蔵蔵文古藉出版社，チベット語，1992年，1～101頁。また立川武蔵「―トゥカン『一切宗義』サキャ派の章―」(『西蔵仏教宗義研究』東洋文庫，1974年) 59頁。『三律儀細別』と記している。

(14)　恰貝次旦平措主編『薩班貢噶堅参全集』(Chab spel tshe brtan phun tshogs, *Sa paṇ kun dgaḥ rgyal mtshan gsuṅ ḥbum*) 第一冊，中国西蔵蔵文古藉出版社，チベット語，1992年，213～278頁。

(15)　樊保良『蒙蔵関係史研究』(中国青海人民出版社，1992年) 23～25頁参照。

(16)　巴孟和『梅日更葛根羅桑丹畢堅讃研究』(Ba Mŏnghe, *Mergen gegen blo bzangbstan baḥi rgyal mtshan*) 中国内蒙古文化出版社，モンゴル語，1995年，11頁。

(17)　同上658頁。

(18)　薩班貢噶堅参『薩迦格言』(Sa skya kun dgaḥ rgyal mtshan, *Sa skya legs bśad*) 中国青海民族出版社，1981年，漢蔵対照版によれば，相当箇所は次の通りである。

假若世間有一人，自己想到達標準；
就要研究這本書，対症下薬勤修行。(456)

(19)　中村元『仏教語大辞典』(東京書籍，平成6年) 900頁参照。

ターラー菩薩は，蓮華部の部母であって定の徳を司り，女形をしている。観世音の眼から生じ，普眼によって衆生を撮受するという。『大日経疏』五巻㊅三九巻362中に記している。漢訳では瞳子・妙目精と訳している。チベット仏教ではターラー菩薩（救度母）化身としては21尊とされている。

(20)　陳慶英『元朝帝師八思巴』(中国蔵学出版社，1992年) 22頁。また達倉宗巴班覚桑布著，陳慶英訳『漢蔵史集』(中国西蔵人民出版社，1999年) 178頁には，カチェ・パンチェン (1127—1225) 85歳の1206年，弟子たち90人を率いてチベットの綽浦寺に到着し，チベットに10年在住し97歳 (1216年) でインドに戻ったと記載している。または『蔵漢大辞典』2831頁によれば，カチェ・パンチェンは，インドの仏教者で，カシミール (Ka smi ra 迦湿彌羅) の出身であり，23歳で出家し，ナーランダ寺 (Nā len dra 那蘭陀) の最後の主座になったという。1204年には，イスラム教の軍隊がナーランダ寺を壊した後に，主な弟子３人と一緒にチベット仏教のカギュ派のチョブロツァーワ (Khro pu lo tsā ba 綷普訳師) の招請によってチベットに来て，10年ほど滞在したという。

(21)　巴俄祖拉陳瓦著『智者喜宴』(dPaḥ bo gtsug lag phreṅ ba, *Dam paḥi chos kyi ḥkhor lo bsgyur ba rnams kyi byuṅ ba gsal bar byed pa mkhas paḥi dgaḥ ston*) 中国民族出版社，1986，1417頁。

(22)　図官洛桑却吉尼瑪著・劉立千訳注『土観宗派源流』(講述一切宗派源流和教義善説晶鏡史) 中国西蔵民族出版社，1984年，227頁には次のように記している。

日後有戴鷹頭冠，着豬鼻靴的邊遠地方人來迎時，汝應即去彼處，能宏揚佛法，饒益衆生。

(23)　図官洛桑却吉尼瑪『宗教源流史』(Thuḥu bkban blo bzaṅ chos kyi ñi ma, *Thuḥu bkban grub mthaṅ*) 中国甘粛民族出版社，チベット語，1984年，108～161頁。また劉立千『蔵伝仏教各派教義及密宗漫談』(中国民族出版社，1997年) 40～49頁参照。

因みにカギュ派 (bka brgyud pa 噶挙派) は11，12世紀，チベット仏教の後期でいわゆる「新訳密呪派」であり，開祖が前後二人いる。一人は，チュンポケクルバ (Khyun po mkhas grub 穹布克珠 990—1140) であり，一人は，マルバロツァーワ (Mar pa lo tsa ba 瑪爾巴 1012—1197) である。二人は共にインドとネパールで修行したことがある。最大の特徴的修行法が，チャクゲチェンポ (phyag rgya chen po 大手印) である。カギュは，チベット語で「語伝」という口で教授する意味である。チュンポケブッバの系統をシャンパ派 (Śaṅs pa 香巴派) という。マルバロツァーワの系統を，ダクポカギュ派 (bDags po bkah brgyud pa 達布噶挙派) という。

そしてダクポカギュ派から四大系統と八小系統が分かれた。

四大系統とその開祖は以下のようである。

①カルマカギュ派 (Kar ma bkaḥ brgyud pa 噶瑪噶挙派)，開祖カルマ・バクシ (Kar ma pakṣi 噶瑪拔希 1204—1283) であり，②サンツルカギュ派 (Shan tshal bkah brgyud pa 蔡巴噶挙派)，開祖ソンルェタクパ (brtSon hgrus grags pa 尊追扎巴 1123—1194) であり，③バロムカギュ派 (ḥBaḥ rom bkaḥ brgyud pa 鲍絨噶挙派），開祖バルマバダルマワンチュガ（ḥBaḥ rom pa dar ma dbaṅ phyug 鲍絨巴達瑪曜秋12世紀人）であり，④パクチュカギュ派（phag gru bkaḥ brgyud pa 帕竹噶挙派），開祖パクチュパ（Phag gru pa 帕木竹巴 1110―1170）である。

またパクチュカギュ派から８小系統が分かれた。その８小系統と開祖は以下のようである。

①ビルグンカギュ派（ḥBri guṅ bkaḥ brgyud pa 止貢噶挙派），開祖チョバジクトゴンポ（sKyob pa hjig rten mgon po 郊巴義敦貢布 1143―1217）であり，②ダクロンカギュ派（stag luṅ bkaḥ brgyud pa 達隆噶挙派），開祖クロンタンワチェンポ（sTag luṅ thaṅ ba chen po 達隆塘巴欽布 1140―1210）であり，③プルクパカギュ派（ḥBrug pa bkaḥ brgyud pa 主巴噶挙派），開祖リンライパッマドルジェ（gLiṅ ras pa dmaḥ rdo rje 林熱白瑪多吉 1128―1188）とチョジェサンバジャライパ（Chos rje gtsaṅ pa rgya ras pa 法主蔵巴嘉熱 1161―1211）の２人である。④ヤーザンカギュ派（gyaḥ bzaṅ bkaḥ brgyud pa 亜桑噶挙派），開祖カルダンイェシセンゲ（skal ldan ye śes seṅ ge 格丹・耶協僧格 ？―1207）とチョモンラム（chos smon lam 却門朗 1169―1233）の２人である。⑤チョプカギュ派（khro phu bkah brgyud pa 超普噶挙派），開祖リンポチンゲルサ（rin pu chen rgyal tsha 仁布斉杰刹 1118―1195）とグンダンラェパ（kun ldan ras pa 袞丹熱巴派 1148―1217）の２人であり，⑥シュサイカギュ派（修賽噶挙），開祖ジグンソンリスンゲ（吉貢楚赤僧格 1144―1204）であり，⑦イェパカギュ派（叶巴噶挙派），開祖イェシソンパ（耶協孜巴）であり，⑧マサンカギュ派（瑪倉噶挙派），開祖マサンシラッバスンゲ（瑪倉喜饒僧格）である。

その他，ブルッパカギュ派から３系統が分かれた。それは以下の通りである。

(a)トダブルクパカギュ派（sTod ḥbrug pa bkaḥ brgyud pa 上主巴噶挙派），(b)バルカギュ派（Bar ḥbrug pa bkaḥ brgyud pa 中主巴噶挙派），(c)マダカギュ派（sMad stod ḥbrug pa bkaḥ brgyud pa 下主巴噶挙派）である。

(24)　陳慶英『元朝帝師八思巴』（中国蔵学出版社，1992年）23頁。

(25)　久明柔白多杰『蒙古仏教源流』（ḥJigs med rig paḥi rdo rje, *Hor gyi chos hbyuṅ*）中国青海民族出版社，チベット語，1993年，98～99頁。また固始噶居巴洛桑沢培著，陳慶英・烏力吉訳著『蒙古仏教史』42～43頁には次のように記されている。

> 人生本是去来無定，閻羅不知何時降臨，你的寿命並非永固，国王陛下不要放逸。施舎銭財身体安泰，施舎肢体寿命堅固，銭財肢体乃至生命，全部抛棄以護仏法。解除衆生的各種苦難，供養和敬奉無比上師；如此行事就必獲善果，到達不老不死的聖地。国王陛下，比丘僧伽具有無量教法，是布施的対象，受所有神和人的供養。僧衆是

産生善業的根本，供奉它的功德難以計量，即使輪廻結束，供奉僧伽功徳也不会結束，即使涅槃，供奉僧伽功徳也不会結束，因此不必供奉我而供奉僧伽，供奉僧伽也即是供奉三宝。

(26)　巴俄祖拉陳瓦著『智者喜宴』(dPaḥ bo gtsug lag phreṅ ba, *Dam pahi chos kyi ḥkhor lo bsgyur ba rnams kyi byuṅ ba gsal bar byed pa mkhas paḥi dgaḥ ston*) 中国民族出版社，1986年，1414～1415頁。

(27)　久明柔白多杰『蒙古仏教源流』(hJigs med rig pahi rdo rje, *Hor gyi chos hbyuṅ*) 中国青海民族出版社，チベット語，1993年，99～100頁。

(28)　宗喀巴著，法尊法師中国語訳『菩提道次第広論』(台湾佛陀教育基金會出版部，中華民国，80年) 263～331頁には，六般若波羅蜜の修行法について詳細に説いている。

チベット語では六般若波羅蜜 (phar phyin drug) を布施 (sbyin pa)，持戒 (tshul khrims)，忍辱 (bzod pa)，精進 (brtson ḥgrus)，禅定 (bsam gtan)，智慧 (śes rab) という。

(29)　固始噶居巴洛桑沢培著，陳慶英・烏力吉訳著『蒙古仏教史』42頁には次のように記されている。

敬奉上師的善良弟子，時刻要依止賢哲上師；因為賢善功徳由此生，因為上師伝授般若六度，必須依止上師奉行仏法，具足功徳仏陀如是說。我以仏陀慧眼観各方，充満各種珍宝及如来，然而若不聴聞仏法，彼土之人福徳不会大；誰若想要深究仏法義，就応聴聞顕密各経典，如此才能増益大福徳。

(30)　阿旺貢索南著，陳慶英・高禾福・周潤年訳『薩迦世係史』(中国西蔵人民出版社，1989年) 80～81頁。

(31)　久明柔白多杰『蒙古仏教源流』(ḥJigs med rig paḥi rdo rje, *Hor gyi chos hbyuṅ*) 中国青海民族出版社，チベット語，1993年，100～101頁には次のように記されている。

de yaṅ rgyal po ṅed kyi luṅ

sa skya paṇḍita kun dgaḥ rgyal mtshan dpal bzaṅ po la go barbyed paḥi gtam/ ṅed kyi pha ma rnams kyi drin lan bsab pai phyir mchod gnas śig dgos pa/ brtag pa byas pas khyod ṅos su śar bas/ eje btsun khyed dag ni bstqan ḥgroi phan bde spel bar bshed pa yin pas lam gyi dkaḥ tshegs la ma ḥdsems par yoṅ dgos/ gal te khed na so rgas so she na/ sṅon thub pai dbaṅ bos sems can gyi don du lus grans med sbyin par btaṅ ba mi dran nam/ des kyaṅ mi yoṅ na ṅas mthaḥi dmag dpuṅ chen po bskul nas sems can maṅ bo la gnod pa byas na khyod mi skrag pa e yin// shes sogs kyi ḥphrin yig daṅ/ gnaṅ sbyin gyi rten du gos chen lu haṅ gser mdog gi riṅ ḥgag sogs khyad par can gyi dṅos po tshad med pa daṅ bcas pa ḥbyor bas//

(32)　久明柔白多杰『蒙古仏教源流』（ḥJigs med rig paḥi rdo rje, *Hor gyi chos hbyuṅ*）中国青海民族出版社，チベット語，1993年，101頁。また固始噶居巴洛桑沢培著，陳慶英・烏力吉訳著『蒙古仏教史』（中国天津古籍出版社，1991年）42～43頁には次のように記されている。

要想獲得利楽之人，応当利益三界衆生；将自己的全部善業，施舎給任何一個人。対於欲奉仏法之人，即使只念誦一首偈語；也会獲得殊勝的功徳，由此解脱各種苦難。有人対恒沙数仏陀，以七種珍宝供養仏；或以大喜楽心供養，有人対衆生布施偈頌，亦与以珍宝供仏相同。偈頌乃是慈悲所成就，其功徳難量難以尽説；数量多寡其効用相同。

(33)　図官洛桑却吉尼瑪『宗教源流史』（Thuḥu bkban blo bzaṅ chos kyi ñi ma, *Thuḥu bkban grub mthan*）中国甘粛民族出版社，チベット語，1984年，449頁。

(34)　同上449頁。

(35)　固始噶居巴洛桑沢培著，陳慶英・烏力吉訳著『蒙古仏教史』（中国天津古籍出版社，1991年）43頁。

(36)　久明柔白多杰『蒙古仏教源流』（ḥJigs med rig paḥi rdo rje, *Hor gyi chos hbyun*）中国青海民族出版社，チベット語，1993年，103頁。また固始噶居巴洛桑沢培著，陳慶英・烏力吉訳著『蒙古仏教史』（中国天津古籍出版社，1991年）43頁には次のように記されている。

我自己由於以往的一些業縁，将使教法之太陽在東方升起。

(37)　前嶋信次『玄奘三蔵――史実西遊記――』（岩波書店，2000年）18頁参照。

(38)　久明柔白多杰『蒙古仏教源流』（ḥJigs med rig paḥi rdo rje, *Hor gyi chos hbyuṅ*）中国青海民族出版社，チベット語，1993年，104頁。また固始噶居巴洛桑沢培著，陳慶英・烏力吉訳著『蒙古仏教史』（中国天津古籍出版社，1991年）43頁には次のように記されている。

我是蒙古的戦神白梵天神，請尊者你到蒙古地方去，利益所有神人。

(39)　久明柔白多杰『蒙古仏教源流』（ḥJigs med rig paḥi rdo rje, *Hor gyi chos hbyuṅ*）中国青海民族出版社，チベット語，1993年，104頁。(40)

(40)　固始噶居巴洛桑沢培著，陳慶英・烏力吉訳著『蒙古仏教史』（中国天津古籍出版社，1991年）43頁には以下のように記されている。

我已年邁，與你們蒙古没有大的縁份。将来迎請我的侄子貢嘎堅讃，才会有大益処。

(41)　久明柔白多杰『蒙古仏教源流』（ḥJigs med rig paḥi rdo rje, *Hor gyi chos hbyuṅ*）中国青海民族出版社，チベット語，1993年，104～105頁。

(42)　固始噶居巴洛桑沢培著，陳慶英・烏力吉訳著『蒙古仏教史』（中国天津古籍出版社，1991年）44頁には以下のように記されている。

我與蒙古的業縁不大，将来我的侄児，文殊菩薩化身的貢嘎堅讃会去教化這些地方。

(43)　巴俄祖拉陳瓦著『智者喜宴』(dPaḥ do gtsug lag phreṅ ba, *Dam paḥi chos kyi ḥkhor lo bsgyur ba rnams kyi byun ba gsal bar byed pa mkhas paḥi dgaḥ ston*) 中国民族出版社，チベット語，1986年，1416～1417頁。

(44)　陳慶英『元朝帝師八思巴』(中国蔵学出版社，1992年) 32～34頁には次のように記されている。

朶甘思，朶思麻，索曲，熱振等地，都是傷心的根由，不詳細論説。

(45)　同上33頁。

(46)　巴俄祖拉陳瓦著『智者喜宴』(dPaḥ bo gtsug lag phreṅ ba, *Dam paḥi chos kyi ḥkhor lo bsgyur ba rnams kyi byuṅ ba gsal bar byed pa mkhas paḥi dgaḥ ston*) 中国民族出版社，チベット語，1986年，1416～1417頁。また陳慶英『元朝帝師八思巴』(中国蔵学出版社，1992年) 32頁には次のように記されている。

有箇適合你的応供喇嘛的人，住在西面。

(47)　巴俄祖拉陳瓦著『智者喜宴』(dPaḥ bo gtsug lag phreṅ ba, *Dam paḥi chos kyi ḥkhor lo bsgyur ba rnams kyi byuṅ ba gsal bar byed pa mkhas paḥi dgah ston*) 中国民族出版社，チベット語，1896年，1417頁。

(48)　陳慶英『元朝帝師八思巴』(中国蔵学出版社，1992年) 32～34頁には次のように記されている。

為了整個吐蕃的利益，你応前去。這様在木龍年将薩迦班智達，十歳的侄子八思巴和六歳的侄子恰那等伯三人迎請到止貢寺，献上礼品，資送他們往。

(49)　王輔仁・陳慶英編著『蒙蔵民族関係史略』(中国社会科学出版社，1985年) 17頁。

(50)　モンゴル人はチベットとチベット人のことを，モンゴル語でトウブッダ tobed (吐蕃) という。英語と日本語でいうチベットは，おそらくモンゴル語でいう「tobed」が語源になると考えられる。7世紀以来チベット人に関する情報に詳しかった中国人は，モンゴル語でいう「tobed」のBodを，蕃 (古音 B'iwan) という文字で音訳した。

中国の「蕃」が，「野蛮」を意味するのに盛んに用いられたことの反映であろうか。中国人はチベットの使者の言葉を信じて，間もなく「吐蕃」の名を採用した。そのとき「吐蕃」の名が，トルコ・モンゴル族の一種族の名である禿髪と混同された。実際，禿髪の古音は Tuppat のようなものだったに違いない。同じ時期のトルコ語やソグド語の文献は Tübüt なる種族に言及するが，この種族は大雑把に言うと，今日のチベットの東北地方にその位置を比定することができる。イスラム教徒の著述家たちが9世紀以来広めた呼称はこの形である (Tübbet=Tibbetなど)。そして彼らから中世のヨーロッパ人旅行者 (Plan de Carpin, Rubruck, Marco

Polo, Francesco della penna）にこの形が伝わった。

また山口瑞鳳・定方晟訳『チベットの文化』（R.A.スタン著，岩波書店，昭和46年）14～23頁参照。西夏王朝を建てたミニャクの支配者であった一族が，チンギス・ハーンによって王朝を覆えされ，国を支配された（1227年）とき，ツァン地方の北方ガムリンに移住した。この一族は自分の国の俗称チャン（byaṅ 北）と，この国につながる宗教的伝承とを，彼らと共に新住地にもたらした。中央および西部チベットの他の貴族たちも，自分たちの起源を多かれ少なかれ伝説的にではあるが，いずれも東北地方の異種族に遡らせているから，同じようなコースをたどって移住してきたに違いない。種族名はまた混乱を増加させた。ホル（hor）の称はまず，800年頃，甘粛地方に定住したウイグル族を指した。今日の遊牧民族のヌブホル（nub hor 西モンゴルをいう）は，自分たちの名をそれからとったのかもしれない。しかし，ホルの名はモンゴル人を指すようになった。カム地方（カン，ペリ地域）のホルを称する五つの公国は，その末裔であると称している。しかし，ダルカンのような称号に類するいくつかのモンゴル語を別とすれば，モンゴルの言語は金川地方の土着民のそれに近い。これと全く逆なのは，モンゴル起源の遊牧民族で，ココノール地域に集まり，ごく最近までなおモンゴル語を話していたソクポ（Sog po モンゴル人）である。モンゴルの名「ソクポ」は，たしかに後代のチベット年代記ではモンゴルを指すが，もともと古代のソグド人をいう称呼（古代チベット語では Sog dag）からきたものらしい。

（51）　陳慶英『元朝帝師八思巴』（中国蔵学出版社，1992年）33頁。または『西蔵王臣記』90～91頁。

（52）　図官洛桑却吉尼瑪『宗教源流史』（Thuḥu bkban blo bzaṅ chos kyi ñi ma, *Thuḥu bkban grub mthaṅ*）中国甘粛民族出版社，チベット語，1984年，81～89頁。

カーダム派とは「対如来教言，不舎一字，悉了解為教授之義」とジャンガリンポチェが述べ，また「希有仏語即三蔵，三士教授作荘厳；仏語教誡法金鬘，衆生誰持皆受益」とブルムトンパ（ḥBrom ston pa）が述べている。　カーダム派（bKaḥ gdams pa）は，11世紀中頃（1042—1054年）にチベットに招請された古代インド僧（バングラデシュ）アティーシャ（Atīśa 阿底峡=Dīpaṃkara-śrījñāna）が開祖であり，ブルムトンパ（ḥBrom ston pa 1005—1064）は1056年，ラデンに熱振僧院を建立した。これをガダム派という。ポトバ（Po to ba 博多瓦 1031—1105），ジェンガバ（sPyan sṅa ba tshul khrims ḥbar 金厄瓦 1038—1103，「教授」系統の開祖），プチュンバ（Phu chuṅ ba gshon nu rgyal mtshan 普穹瓦 1031—1109，「口訣」系統の開祖）は伝えた。カーダム派は，アティーシャが尊崇した釈尊，観世音菩薩，ターラー菩薩，不動尊を重視し，これらを「カダムの四本尊」

と称した。またこれに経律論の三蔵を加えて，「カーダム七法と本尊」と呼ぶこともある。

後世ツォンカパ（tSoṅ kha pa 1357—1419）によって展開したカーダム新派（bKaḥ gdams gsar ma pa）は，今日ではゲルク派（Shwa scr cod paṇ ḥchaṇ pa=shwa ser ḥdsin=pa dge lugs pa）と呼ばれている。かくてカーダム派が，相対的に前派（Goṅ ma）または旧派と呼ばれるに至ったのである。ゲルク派のカダム派に対する関係のみからいっても，カーダム派はチベット仏教史上看過しえない教派というべきであるが，さらにその「先顕後密」という宗風には注意すべきものがあり，チベット仏教の展開に重要な役割を担ったと考えられる。

カーダム派の一大潮流をなすダムガクパ，すなわち，ドムの弟子ジェンガバの系統およびアティーシャの弟子グンパワ（1016—1082）とくにこの弟子ネウスルワ（1042—1118）の系統のごときが，密教的色彩を濃厚にもっていたとしても何ら不思議はない。この密教的なダムガクパに対し，顕教主義に立脚したカーダム派は，ドムの弟子ポトバの系統によって代表されるシュンパ（gShuṅ pa）である。この派の特徴は，その名称の示すがごとく，ポトバが道次第の背景的典拠（rGyab chos）として，いわゆるカーダム派の六典（gShuṅ drug）を採用したところにあろう。彼は『菩提道灯』を主体とし，これに『大乗荘厳経論』『菩薩地』『大乗集菩薩学論』『菩提行経』『菩薩本性鬘論』『法集要頌経』の六典を配し，その一言一句をも残すことなく，修行法と関連せしめて大いに解説したといわれる。

(53)　丹森『蒙古文字淵源』（Danzan, *Monggl bicig-un teugen sorbolji*）中国内蒙古人民出版社，1999年，80～83頁。

(54)　丹森『蒙古文字淵源』（Danzan, *Monggl bicig-un teugen sorbolji*）中国内蒙古人民出版社，1999年，80～83頁参照。またエー・ヒシクトクトホ著，井上治訳「元代の仏僧チョイジオドセル（搠思吉斡節児の経歴再考）」（『内陸アジア史研究』10号，1995.3）60頁にも，タンツンタンパ著『虚空の如意宝珠』（Ogtargui）の同じ説がある。

(55)　図官洛桑却吉尼瑪『宗教源流史』（Thuḥu bkban blo bzaṅ chos kyi ñi ma, *Thuḥu bkban grub mthaṅ*）中国甘粛民族出版社，チベット語，1984年，449～450頁。

(56)　樊保良『蒙蔵関係史研究』（中国青海人民出版社，1992年）26頁。または周清淑『庫騰汗—蒙蔵関係最初的購通者』（「元史論集」人民出版社，1984年）87～97頁。

(57)　周清淑『庫騰汗—蒙蔵関係最初的購通者』（「元史論集」人民出版社，1984年）87～97頁。

(58)　王輔仁・陳慶英編著『蒙蔵民族関係史略』（中国社会科学出版社，1985

年）11～12頁。また（小林高四郎『ジンギスカン』岩波新書，1960年）参照。「可汗」としては，
①元太祖チンギス・ハーン（Chinggis Han 成吉思汗1162―1227年在位），この後，皇后トレーゲーナ（Thu re ge na 脱列哥那 1241―1246年在位），皇后ハイミシ（Hai mi si 海迷失 1248―1250年在位），②元太宗オゴデイ・ハーン（O godei Han 窩闊台汗 1229―1241年在位），③元定宗グユグ・ハーン（Güyüg Han 貴由汗 1246―1248年在位），④元憲宗モンケ・ハーン（Mongke Han 蒙哥汗 1252―1259年在位），⑤元世祖フビライ・ハーン（Qubilai Han 忽必烈汗 1260―1294年在位，Se chen Han 薛禅汗），⑥元成宗ウルジェイトゥ・ハーン（Oljeitu Han 鉄穆耳汗 1294―1310年在位），⑦元武宗ハイサンフルク・ハーン（haḥi saṅ Külüg Han 海山庫魯克 1307―1311年在位），⑧元仁宗ボヤントゥ・ハーン（Buyantu Han 普顔篤汗 1311―1320年在位），⑨元英宗ゲーゲ・ハーン（Gege Han 格堅汗 1320―1323年在位），⑩元晉宗イェスンテムル・ハーン（Yesüntemür Han 也孫鉄木児汗 1323―1328年在位），⑪元天順帝アスジバ・ハーン（Asujiba Han 阿速吉八汗 1328年即位，同年死没），⑫元明宗クサラ・ハーン（Kuśala Han 和世辣汗 1329年在位），⑬元寧宗リンチェンパクガ・ハーン（Rin chen ḥphags Han 懿璘質班汗 1332年―11月在位），⑭元文宗ジヤガトゥ・ハーン（ǰiyagatu Han 扎牙篤汗 1329―1332年在位），⑮元順帝トゴンテムル・ハーン（Togontemür Han 妥懽帖睦爾 1333年即位―1368年）以上の15の可汗を数える。

(59)　王輔仁・陳慶英編著『蒙蔵民族関係史略』（中国社会科学出版社，1985年）18～19頁。

(60)　『元史』124巻「塔塔統阿伝」（tatatungga）。また，林韵涛「蒙古用畏兒字之原因」『禹貢半月刊』巻五，12頁。

(61)　丹森『蒙古文字淵源』（Danzan, *Monggl bicig-un teugen sorbolǰi*）中国内蒙古人民出版社，1999年，84頁。

(62)　『モンゴル秘宝展―チンギス・ハーンと草原の記憶』（日本経済新聞社，1996年）120頁には，起源1204年，モンゴル族は初めて文字を獲得したとある。これは同年チンギス・ハーンが対ナイマン部族戦に勝利し，その王宮にいたタタトンガを連れ帰って，自分の子弟たちに文字を教えさせたことによるのである。また12頁によれば，モンゴル国の学者ツェー・シャグダルスレン氏は「モンゴル文字は1204年にチンギス・ハーンがナイマン部を滅ぼした時にタタトンガによってもたらしたといわれているが，実はそれより以前にソグド商人の手によってウイグルから直接もたされたのである」との説を提出している。さらにそれと関連して，「ウイグル文字に翻訳された仏教経典により13世紀よりずっと早く，7～8世紀にはモンゴルに仏教がもたらされた」とも述べている。

(63)　丹森『蒙古文字淵源』(Danzan, *Monggl bicig-un teugen sorbolji*) 中国内蒙古人民出版社，1999年，83〜85頁。

(64)　陳慶英『元朝帝師八思巴』(中国蔵学出版社，1992年) 142頁。

(65)　丹森『蒙古文字淵源』(Danzan, *Monggl bicig-un teugen sorbolji*) 中国内蒙古人民出版社，1999年，80頁。

(66)　王啓龍『八思巴評伝』(中国民族出版社，1998年) 64頁。

(67)　岡田英弘「蒙古資料に見える初期の蒙蔵関係」(『東方學』第二十三輯，昭和37年) 102〜108頁参照。

(68)　恰貝次旦平措主編『薩班貢噶堅参全集』(Chab spel tshe brtan phun tshogs, *Sa paṇ kun dgaḥ rgyal mtshan gsuṅ ḥbum*) 中国西蔵蔵文古藉出版社，漢蔵文版，1992年，494〜499頁。

(69)　長谷部幽蹊「勅修百丈清規の纂輯をめぐる政治的背景」(『禅研究所紀要』第二十九号，愛知学院大学禅研究所，2000年) 224頁にも，モンゴル帝国のダルガチ (darugaci 達魯花赤) について記述している。

(70)　王輔仁・陳慶英編著『蒙蔵民族関係史略』(中国社会科学出版社，1985年) 30〜31頁。また原文は『薩迦世系史』(bSod grags rgyal mtshan, *Sa skyaḥi gdan rabs rin chen baṅ mdsod*) 78b〜81b頁。王尭氏がチベット語から中国語に訳した。

『薩迦班智達致蕃人書』

吉祥！敬礼（上師）護法文殊菩薩！具祥薩迦班智達致書於衛，蔵，阿里善知識施主大徳：

余為弘揚仏法，体念衆生，更顧念操蕃語之衆，來霍爾地方。召余前來之大施主極為欣慰曰："八思巴兄弟如此年幼，能偕従人一道携來，吾已深思矣。爾系以首帰附，他人咸系以足降順者；爾為吾所召來，他人則系驚惧而來，此情吾豈不知乎？！八思巴兄弟前已諳蕃土之教，仍着八思巴習之，恰那多吉可令習霍爾語文，吾以世法法護之，爾若護聖教，則釈迦牟尼之教豈有不遍弘海内者。"此菩薩（化身）汗於佛法三宝深為崇敬，教化修明，善遇臣下，於余恩沢更異於他人，曾謂："爾静心伝法，所需吾悉与焉，爾善事吾，吾知之，吾所為良善与否，上天知也。"於八思巴兄弟尤為関切。以"自覚奉法，邦土叨光"之純良用心，謂："爾可令爾所部土蕃民戸善習法規，吾当使其楽業安居者。"祝禱此汗王及王室長寿之佛事其各勤奮従事焉。

要言之，此霍爾之軍旅無算，窃以為贍部洲已悉入其轄土矣。順彼者与彼共苦楽；心懐厭悪不遵功令而空言帰順則不許，且終有因而覆滅者。畏吾児之境未遭塗炭而昌盛逾前，人畜由彼等自理，必闍赤，庫吏，別乞均由彼等自任之。余如金国，西夏，阻卜等地未亡之前雖已有霍爾使者，然（彼等）不遵功令，終遭覆滅，逃遁無門，仍需俯首帰降。後，彼等能奉行唯謹，至今其各自之別乞，庫吏軍官，必闍赤等官員已多有委其賢者任之者。吾等部衆剽悍，或希冀百計千方逃脱者，有希冀道長路遠而（霍爾）或不至者，有希冀以戦闘獲勝者，狡朦騙之輩定是遭覆亡，仍需各自輸誠帰順者甚多。因吾等蕃部凶悍，除駆為奴隷者外，委為官吏者百不得一二。蕃部帰順者雖衆，然貢物甚微，（此間）王公内心頗有不悦之概。

前此数年，霍爾軍旅未曾圧境，余偕白利來帰順時，此間善通款曲，並言堆阿里，衛，蔵等部已降，白利各部将各自帰順。故至今未遣軍旅亦已収益矣。然堆境人衆亦有不知此情者。其時，向此邦輸誠者因貢物不豊，未能釈疑而遭重兵踐踏，人畜尽失，此事爾等当亦有所聞。与（霍爾）交兵者，自以地険，人雄，兵衆，甲堅且嫻於箭法，希冀獲勝，終至覆亡。

或以為，霍爾本部烏拉及兵差微，他部烏拉及軍差負担甚衆。殊不知与（霍爾）相比，他部或稍軽焉。

又謂：“若能遵行功令，則爾等之地，各処部衆原有之官員仍然加委供職。召薩迦之金字，銀字使者來，吾任之為達魯花赤極為妥当。此事可広事宣諭，応派干練之使者従事之。另将各地官員姓名，部衆数字，貢物之量繕写三份，一送吾処，一放薩迦，一由各地長官執掌。並書志已降，某已降，某未降。若未分別，則恐於未降者之禍殃及已降者。薩迦金字使与各地官員善為商権，利楽衆生有情，勿擅作威福；各地長官亦毋不与薩迦金字使議而擅権自主，法規中無不議擅権之条款，若触及刑律，来此申訴亦難矣，爾等其協心同力焉。”遵奉霍爾法令定有裨益，金字使之接送伺候応力求周到，蓋金字使至時均先詢以“未有逃遁者乎？”“遇闘者乎”“於金字使善為承侍否？”“得烏拉供応否？”“降順者其意堅誠否？”若逢金字使不悦，則定進以危言，欣喜時亦定能福之也。若不聴金字使之言，雖有所為亦受刁難者屡見不鮮。

地方縉紳携貢物來此而受礼遇者有之，吾等若亦思獲善遇者，（吾等之）長官其携以厚貢，偕薩迦人前來，貢物多少亦与之議，余亦於此間劃策，然後來此，則爾我均獲安楽也。去歳，余曾遣人告以如此方為上策之議，爾等中未見如此作者，豈思於覆滅之後各自俯首帖耳聴命者乎？届時将下何命令，亦難預知也。爾届時千祈勿謂“薩迦人已至霍爾邦土然与吾等並無利益”也。余為利他之心，顧念操蕃語之人衆而來霍爾地方者，聴余之言必将受益。爾等未親睹此情此景，僅凭耳聞，自難全信，故亦有思闘以獲勝者，如此，則正似“安楽静閑鬼撳頭”諺，兵燹之余，恐衛，蔵之子弟生民将有駆來霍爾邦土之虞也。余禍福均無悔意，依上師三宝之加持恩徳或可獲佳境，爾等其亦向三宝祈禱焉。

汗於余関切逾常，故金国，蕃，畏吾児，西夏等地之善知識大徳，各地人士均目為奇異，前來聴経，極為虔敬。吾等來此之人，勿労操心霍爾将如何対待，均甚為関切，待之甚厚，余之安全其放心労関注可也。

貢物以金，銀，象歯（牙），大粒珍珠，銀硃，蕃紅，木香，牛黄，虎（皮），豹（皮），山猫（皮），水獺（皮），蕃呢，上衛氆氌等物，此間甚為喜愛。此間於牲畜頗不屑顧，然各地可以最佳之畜品貢来即可。“有金能如所願”，其深思焉！

仏教遍弘各方歟！

(71)　薩襄徹辰『蒙古源流』（Sagang secen, *Erdeni yin tobci*）中国内蒙古人民出版社，1980年，232頁。また樊保良『蒙蔵関係史研究』（中国青海人民出版社，1992年）26頁に次のように記されている。

所有邊界蒙古地方軔興佛教。

(72)　樊保良『蒙蔵関係史研究』（中国青海人民出版社，1992年）28頁。

(73)　樊保良『蒙蔵関係史研究』（中国青海人民出版社，1992年）29頁。

(74)　久明柔白多杰『蒙古仏教源流』（ḥJigs med rig paḥi rdo rje, *Hor gyi chos hbyuṅ*）中国青海民族出版社，チベット語，1993年，105頁。

第二編

モンゴル仏教の形成期（元朝中後期）

——サキャ派の国教化——

第一章　フビライ・ハーン時代のモンゴル仏教

第１節　本章の意図

本章の意図は，モンゴル帝国元世祖フビライ・ハーン（Hubilai Han 忽必烈汗 1260―1294，Sechen Han 薜禅汗ともいう）と，チベット仏教の第一人者パクパ・ロレイゲルツェン（ḫPhags pa blo gros rgyal mtshan 八思巴・洛追堅讃 1239―1280 聖者慧幢）の二人を中心として論究することにある。また，モンゴル帝国元世祖フビライ・ハーンが，チベット仏教のサキャ派のパクパに国師号を贈って帝師とした理由と目的についても考察する。フビライ・ハーンは，パクパの仏教に対する勝れた知見・神通力・歴史に関する知識などに接することによって，真実なる信仰心を持つに至った。ハーンが，当時チベット仏教サキャ派の第一人者であったパクパに，チベット密教の灌頂を受けたことを図官洛桑却吉尼瑪『宗教源流史』（Thuḫu bkban blo bzaṅ chos kyi ñi ma, *Thuḫu bkban grub mthaḫ*）(1)と陳慶英『元朝帝師八思巴』(2)などを資料として考察した。

第２節　パクパの誕生

パクパの誕生については，すでに前述したサキャ・パンディタの実弟ザンツァソナムゲルツェン（Zaṅs tsha bsod nams rgya mtshan 桑査索南堅賛，福幢 1184―1239）を父とし，マジククンジダ（Ma cig kun skid 瑪久貢吉）を母として，チベット暦の木羊年（1235年）３月６日に生まれたとされている(3)。彼の誕生については，次のように言われている。

パクパの父が，ランボチェイナセ（gLaṅ bo cheḫi sna rtse 象鼻天）の修行法を実践していたとき，ランボチェイナセに親見することができた。ランボチェイナセはパクパの父を鼻に乗せて須彌山の頂上に連れて行き，パクパの父に下の世界を見るように言った。しかし，パクパの父ザンツァソナムゲル

ツェンは怖がって，長く見ることができなかった。チベットと康区の一部しか見なかったので，ランボチェイナセは，

khyod raṅ gis gaṅ mthoṅ dbaṅ du ḥdu ba yin la/ dbus gtsaṅ khams gsum sogs khyod kyi buḥam tsha rgyud kyis dbaṅ du bsdu ba shig ṅbyuṅ/ myur du ma mthoṅ bas khod raṅ la ni dbaṅ thaṅ nas //(4)

お前が見た地域は将来，お前の所領になる。だから，チベットと康区はお前の子孫たちが統治する。残念なことであるが，お前が急いでよく見なかったので，お前自身には統治する縁がない。

と言ったことが記されている。

それから何年か経ち，ザンツァソナムゲルツェンは50歳を過ぎた。まだ子供がいないことを憂慮していたので，ランボチェイナセを尋ねて，祈禱して子供を得ることができるようにと願った。そこでランボチェイナセは，チベットのサキャ地方の西南グンタン（Gun thaṅ 貢塘）地方で，観世音菩薩を前にしてサトンリパ（Sa ston ri pa 薩頓日巴）という上師に向かって，

zaṅs tshas ṅa la dbus gtsaṅ khams gsum dbaṅ du bsdu ba shig dgos zer nan gyis bskul byuṅ yaṅ kho raṅ la ni skal ba mi ḥdug khoḥi bur ḥjig rten khams rgya chen po dbaṅ du ḥdu baḥi smon lam btab pa shig dgos rgyu la skal ba ḥdug pas/ zaṅs shaḥi bur skye ba bshes na dbus gshaṅ khams gsum sogs bod yul phal cher dbaṅ du ḥdu bashig ḥbyuṅ bar snaṅ bas cis kyaṅ skye ba len dgos shes bskul ba la brten nas de bshin mdsad pa yin no//(5)

［パクパの父の］ザンツァソナムゲルツェンは，再び我れに願って，彼が南チベットの前蔵と北チベットの後蔵および康区を管理したいと求めている。しかし，彼にはこのような因縁がない。彼の息子は，広大な世間の人々を教化する願いを持つ人である。お前はこれほどの因縁がある。だから，お前がザンツァソナムゲルツェンの息子に生まれ変わって，南チベットの前蔵と北チベットの後蔵および康区等を管理しなさい。

と言った。

ランボチェイナセと観世音菩薩の勧めで，サトンリパが母親の胎に入胎した。サトンリパがパクパとして生まれるときには，いろいろな吉祥が現れた

という。

パクパは生まれたばかりですでに，読むことも書くことでき，少し教えただけで読み書きに精通したという。そしてまたパクパは，自分の前世の因縁を全部を覚えていたという。パクパは自ら，自分の前世はサトンリパ上師であると言った。このことを検証するためにサトンリパ上師が，パクパを調査するために二人の弟子を派遣した。そのとき，パクパは子供たちと遊んでいた。派遣されてきた二人の弟子を見て，パクパは彼らに呼びかけて，二人の名前を言ったと伝えられる。2人は五体投地の作法でパクパに礼拝した(6)。

その後サキャ・パンディタがパクパを伴って吉隆地方の帕瓦底寺を参拝したとき，僧侶たちが出迎えたが，パクパはその中の一人の老僧に「你是我的侍従扎西頓珠」(7)，つまり，あなたは私に仕えたことのあるタシドンルバ(bKra śis don grub 扎西頓珠）であると言われた。老僧は，パクパが自分の上師の転生であることを知り，感動して，パクパの足にすがって泣き崩れたという。

『八思巴画伝』には，パクパの伝説が詳細に記載されている(8)。

後の中国の清朝康熙年代で，多方面にわたり活躍したモンゴルのジャンジャホトクト活仏・普恵広慈大国師章嘉呼図克図の前世は，パクパであるといわれる(9)。ジャンジャホトクト活仏については，本論第二編第五章第4節「モンゴルの二大活仏ジェブツンダンバ・ホトクトとジャンジャホトクトの由来」の中で詳細に述べている。この説は，チベット仏教ゲルク派の代表者たちも等しく認めているところである。これによって，サキャ派とゲルク派の関係が一層深くなったといえる。

『薩迦世系史』(10)には，

> 八思巴三歳時，能記誦『蓮花修法』等，衆人驚異，説：‘他果真是一位聖者！’由此名声遠揚，故通称其名為八思巴（蔵語意為聖者）。八歳時能記誦『仏本生経』。九歳時，当薩迦班智達挙行預備法会時，八思巴説『喜金剛続第二品』，因其能在法会上説法，大衆驚異，衆学者也拋棄傲慢之心而聴受，使八思巴名声遠揚。

パクパが3歳のとき，『蓮花修法』等を記憶して暗唱することができるので，人々がそれを聞いて驚き，「まさか，本当の聖人ではあるまいか」と言った。このことがあって，パクパの名声が遠く広がった。人々は彼を呼んでパクパと通称した。パクパは，チベット語では聖者の意味である。8歳のとき，『仏本生経』を暗唱することができた。9歳のとき，サキャ・パンディタは『喜金剛続』の予備法会を行うときに，パクパはその法要会場で『喜金剛続第二品』について説法した。誰もが驚き，学者たちも高慢心を棄てて熱心に聴聞したという。パクパの名声はさらに遠く広がった。

と記されている。

また『元史・釈老伝』には，

八思巴生七歳，誦経数十万言，能約通其大義，国人号之聖童，故名八思巴。少長，学富五明，故又称班彌怛[11]。

パクパが7歳のとき，数十万の経文を誦し，その大義に通じていたので，人々は彼を聖童と呼び，パクパと名づけた。やや成長して，五明に通じた。だから彼を「班彌怛」（パンディタ）と呼んだ。

とある。

チベット語・モンゴル語・中国語の文献には，パクパについて種々記述されている。

10歳のパクパはチベット暦の陽火馬年（1246年）に，実弟のチャクナドルジェ（Phyag na rdorje 茶那道爾吉 1257—1280，8歳）と共に，当時65歳のサキャ・パンディタの随行者としてモンゴルの涼州（現在の甘粛省）に赴いた。途中，ラサのチョカン寺（gtSug lag khaṅ 大昭寺）の覚臥仏像（釈尊の像）の前で，サキャ・パンディタを親教師とし，ズルプパ（Zul phu ba 蘇浦巴）を軌範師として，パクパの出家の儀式が行われた。そして，法名ロレイゲルツェン（bLo gros rgyal mtshan 洛追堅讃，慧幢の意），またジョルルンのシェラブセンゲ（Śes rab seṅ ge 喜饒僧格，13世紀チベット仏教カーダム派の僧）という阿闍梨から，沙彌戒を授けられたという[12]。

パクパは13歳のとき，サキャ・パンディタとモンゴルの涼州府に到着した。その後パクパは，サキャ・パンディタの外面的な「顕教性相」（Phyi mtshan ñid）と内在的な「密乗密呪」（Naṅ gsaṅ sṅags）の教法を受け取った。サキャ・パンディタは非常に喜んだ。そして自分が用いている托鉢の盂（lhuṅ bzed）と，遠くまで聞こえる白色の法螺（chos duṅ dkar bo rgyaṅ grags）をパクパに与えた(13)。こうして，サキャ・パンディタは教法をパクパに付託した。

第3節　フビライ・ハーンとパクパ時代のモンゴル仏教

1　パクパとモンゴル王室との関係

パクパが19歳のとき，モンゴルのフビライ・ハーン(14)は，仏法を伝播するためにパクパをモンゴル帝国の王宮に招請した。パクパはモンゴルの地に仏教を伝播した理由を『蒙古仏教源流(15)』の中に，

> phyogs bcu rgya cher dpag tu med pa yi/ shiṅ rnams saṅs rgyas spyan gyis gaṅ gzigs pa de dag thams cad rin chen rab bkaṅ ste/ byaṅ chub sems dpas sbyin pa byin pa bas, gan gis saṅs rgyas maṅ bos bśad pa yi/ mdo ḥdi ḥdra ba rab bzaṅ ma gos pa/ ḥchan ṅam klog gam gshan la ston byed pa/ de yi bsod nams de ni ches mchog go//
>
> 十方に広大無辺の国は，仏陀が観じ守り，諸菩薩が護持してくださっているので，何処も珍しい宝で満ち満ちている。もし誰かが，仏法がまだ伝えられていない地域や，仏典をまだ聞いたことのない荒野において，その地の人々に対して説法したり講説したり，あるいは経典を念誦したりすれば，その福徳は大きく勝れたものとなる。

と記述している。

パクパは仏法を伝え広げ，衆生を利益することを念じて，チベット暦の牛年（1253年），フビライ・ハーンの宮廷に到着した。フビライ・ハーンは，ゼマサンモ（Zes ma bzaṅ mo 美賢王妃。察必皇后ともいう）皇后と太子などを従えて，パクパを礼拝した。フビライ・ハーンは施主として，パクパは上師すなわち「施主と説法師」（mchod yon）として，さまざまな分野のことについて話し合った。

フビライ・ハーンは，仏教に帰依し，そしてチベット仏教サキャ派のパク

パを上師とした理由を次のように述べている。

dpal mgon klu sgrub kyis, las rnas sṅon du chos btaṅ shiṅ/ bar du chos ldan tha mar yaṅ/ chos ldan bsgrub paḥi sa bdag ni/ ḥdi daṅ gshan du gnod mi ḥgyur/ chos kyis ḥdir grags bde ba daṅ/ ḥdi daṅ ḥchi kar ḥjigas pa med/ ḥjig rten gshan du bde ba rgyas/ de bas rtag tu chos bsten mdso/ chos ni lugs kyi dam pa ste/ chos kyis ḥjig rten mṅon dgar ḥgyur/ ḥjig rten dgaḥ bar ḥgyur bas kyaṅ/ ḥdi daṅ gshan du bslus mi ḥgyur// dad daṅ tshul khrims phun sum tshogs/ śes reb ldan shin dkaḥ thub che/ dge baḥi bśes gñen bsten pa ni/ de bshin gśegs par myur du gyur//(16)

吉祥である龍樹が説いたように，前々から世の人々のために仏の教えを実践し，中間にあっても最後にあってもいずれでも，ずっと仏法実践に努力する国王は，他人から害を受けることがない。仏の教えが平安を護ってくださるから，臨終の時にも怖れることがない。他の世界でも安楽を得ることができる。その故に常に仏法に依らなければならない。仏の教えは世間の珍しい宝であり，世の中に無上の喜びを生じさせるので，他人はあなたを欺むくことがない。信仰を受け保ち，戒律を遵守し，智慧を具備し，痛苦を耐え忍ぶ，尊敬される大徳である高僧に帰依すること，これが衆生が成仏する正しい道である(17)。

また、『蒙古仏教源流』(18)の中に龍樹の言葉として，

ri dbaṅ rtse nas lhuṅ ba ḥgaḥ shig gis/ lhuṅ bar mi bya sñam yaṅ ltuṅ bar ḥgyur/ bla maḥi drin gyis phan paḥi luṅ thob na/ grol bar mi bya sñam yaṅ grol bar ḥgyur//

須彌山の頂上から人間界に，あるいは三悪界に墜ちた人々は，そこに墜ちるとは思わなかったが，結局はそこに墜ちてしまった。上師の教えを聴いている人々は，解脱しようとは思わなかったのに，自然に解脱した。

と記されている。

このような由縁からフビライ・ハーンは，尊敬される大徳である高僧に帰依して仏の教えを聴聞すれば，利益を得ることができると考えた。だから，

チベット仏教サキャ派のパクパを招請して，自らの上師としたと考えられている。

そのとき，パクパが誇らしげであったので，フビライ・ハーンは，

> khyed de tsam du ṅa rgyal che ba yin/ khyed la gaṅ ci yod gsuṅs pa la//(19)
>
> あなたはどうしてこのように誇らしげのであるか，あなたは何を所有するのか。

と尋ねた。パクパは，

> ṅed sṅon nas rgya mi ñag rgya gar mon bod kyi rgyal po la sogs paḥi bla mchod byas pas/ shu dpaṅs mtho tsam byuṅ ba yin shus//(20)
>
> 私は以前，中国，西夏，インド，門巴，チベットなどの国王から上師として供養されたことがある。私は，彼らにたいへん敬重された。

と答えた。フビライ・ハーンは，

> bod kyi rgyal po nam byas/ rgyal po su yis bkur shiṅ dbaṅ su yis shus/ bande bod daṅ mi mthun paḥi rdsun zer ba shig ḥdug gsuṅs pa la//(21)
>
> チベットでは，いつから国王があったのか，国王の誰か仏法を敬重し，灌頂を受けたか。言葉と仏教経典とが一致しない。絶対に嘘である。

と言った。パクパは，

> bdag ñid chen po ḥdiḥi shal nas/ ṅed sṅon du bod kyi rgyal po byas te rgya daṅ dmag ḥthab pas/ bod rgyal nas ḥdsam bu gliṅ gi gsum gñis chab ḥog tu chug de rjes rgya bod gñis gñen byas te koṅ jo daṅ jo bo gdan draṅs tshul shus pas//(22)
>
> 私は昔，チベットの国王であったとき，中国と戦争をしたことがある。チベットが勝ったので，瞻部洲の三分の二の地方を統治した。それ以後チベットのソンツェンガンポ王［Sroṅ btsan sgam po 松賛干布 629―650］と中国の文成公主が結婚することになった。中国から文成公主と覚臥仏像（釈尊像）をチベットに招請した。

と答えた。フビライ・ハーンはパクパの言葉を確認するために，「査一査史籍，看此話是否真実」，パクパが話したことは本当かどうか『史籍』（rgyaḥi yig tshaṅ）を調べるように部下に命じた。調べた結果，『史籍』の記述は，パク

パの言葉通りであった。フビライ・ハーンは，心中秘かに喜んだ。

パクパは，

der ma zad sṅa rol lo bye baḥi gob du ḥdsam bu gliṅ du khrag gi char ba shag bdun babs pa yin gsuṅs par//[23]

百万年前には，贍部洲では７日間、血の雨が降ったと言った。漢文の『史籍』の中に，確かにこのことが記述されていたので，フビライ・ハーンは，パクパを深く信任した。

モンゴル帝国の世祖フビライ・ハーンがパクパから『喜金剛経』の大灌頂を受ける前に，ゼマサンモ皇后は，すでにパクパから『喜金剛経』の大灌頂を受けていた。ゼマサンモ皇后は，フビライ・ハーンに嫁したとき持参した巨大な真珠の耳飾りを，パクパに寄進した。その巨大な真珠の価は黄金で一大錠[24]であり，白銀で千錠であったといわれる[25]。ゼマサンモ皇后はまさに，『蒙古仏教源流』の『五十上師頌』（bLa ma lṅa bcu ba）で説いているように，

de byin saṅs rgyas thams cad la/ rtag tu phul ba ñid du ḥgyur/ de phul bsod nams tshogs yin te/ tshogs las dṅos grub mchog tu ḥgyur//[26]

灌頂を受けた後は，諸仏に対して常に布施を奉げるべきである。そうすれば福徳を積んで，尊敬に値する勝れた成就を得ることができる。

と記している。

灌頂について，パクパは，『大印精要続』（dPal phyag chen thig leḥi rgyud）に，

daṅ por re shig gaṅ tshe slob/ lan gcig dbaṅ rnams kyis ni bskur/ de tshe gsaṅ chen bśad pa yi/ ṅes par snod du gyur paḥo/ dbaṅ med na ni dṅos grub med/ bye ma btsir la mar med ltar/ gaṅ shig rgyur luṅ ṅa rgyal gyis/ dbaṅ bskur med par ḥchaṅ byed pa/ slob dpon slob ma śi ma thag/ dṅos grub thob kyaṅ dmyal bar ḥgro/ de bas ḥbad pa thams cad kyis/ bla ma las ni dbaṅ don shu//[27]

初めにどのような修行法を修行実践したいと思っていても，必ず一度は灌頂を受けなければならない。灌頂を授けられて初めて，密教の教えを受け取る素質・能力を具えることができる。灌頂を授けられていない

と，成就はとても困難である。それは砂から油を搾り出すようなものである。もし，密教と上師に対して高慢であって，灌頂を受けていない人に密教を伝えれば，たとえ成就を得た上師と弟子でも，死後，共に地獄に墜ちる。だから，仏の教えの道を精進しようとする人は，どうしても上師から灌頂を授けられるように求めなければならない。

と説いている。

灌頂（abhiṣeka[(28)]）とは，本来はインドの国王の即位や立太子のときに行われた儀式である。それは四大海の水を頭頂に注ぎ，祝意を表すものであった。密教では最も重要な作法とされる代表的な儀式であり，仏の位に登るための儀式である。

一般的には，如来の五智を象徴する水を弟子の頭頂に注ぐ作法によって仏の位を継承することを示し，現在でも重要な宗教儀式として行われている。密教では，灌頂に種々の分類と作法を設けている。すなわち修行を積んだ僧侶で，人の師・阿闍梨位を得ようとする者に対して，大日如来などの密法を授けるため，特定の作法で灌頂壇で行う伝法灌頂（阿闍梨受職灌頂），密教を学んで弟子となろうとする人のために行う弟子灌頂，さらに多くの人々に仏縁を結ばせるために，灌頂壇に登らせ簡単な作法で授ける結縁灌頂などがある[(29)]。

パクパがゼマサンモ皇后に伝えた灌頂は，結縁灌頂に当たると考えられる。すなわち，この結縁灌頂を通じて，ゼマサンモ皇后は喜金剛仏を本尊として修行し，その密呪を念誦し，観想する修行法を行った。また，喜金剛仏は吉祥飲血金剛といい，戯楽金剛ともいう。サキャ派で最も重視する密教の本尊の中の一尊である。この作業を通じてパクパは，仏教の面でいえばゼマサンモ皇后の老師であり，すなわち，師弟関係を構成していたと考えられる。

2　フビライ・ハーンの受灌頂

注目すべきは，同じパクパがフビライ・ハーンに『喜金剛経』の大灌頂を授けるとき，困難があったことである。パクパはフビライ・ハーンに，

受灌頂之後，上師坐上座，要以身体礼拝，聴従上師言語，不違上師

之心願[30]。

［ハーンは］灌頂を受けたのち，［パクパ］上師が上座に坐ることになるから，［ハーンは］身体全体で礼拝しなければならないが，［パクパ］上師の言語に従い，［パクパ］上師の願いを破らない。

と述べている。

またフビライ・ハーンがゼマサンモ皇后に，『喜金剛経』の大灌頂を受ける場合は，「需要守什麼様的三昧耶戒？」，すなわち，どのような戒律（samaya）を守らなければならないかと尋ねた。

ゼマサンモ皇后は，あらゆる戒律を護る必要があることをフビライ・ハーンに説明した。

フビライ・ハーンは，

其余的三昧耶固然能守，至於不違師教，我乃一国之主，這不可能弁到[31]。

その他の戒律はもちろん守るが，しかし上師の教えの範囲を超えてはならないということであれば，私は全国の国王であるから，これは如何にしてもなし得ないことである。

と言った。

ゼマサンモ皇后は，

世間之事，以王為重，佛法之事，應以師為重[32]。

世の中のことは，国王のに命令に従わなければならない。しかし，出世の仏法のことについては，上師の教えに従わなければならない。

と述べている。

ゼマサンモ皇后は，

chos shu baḥi skabs daṅ mi ñuṅ dus bla ma goṅ la bshugs/ rgyal phran daṅ mi dpon la sogs pa mi tshogs che dus rgyal po gob la bshugs/ bod phyogs kyi bya ba rnams gsuṅ ltar sgrub ciṅ bla ma la ma shu par rgyal pos luṅ ma gnaṅ, de ma yin paḥi bya ba che chuṅ gshan la bla maḥi gsuṅ daṅ shal ḥjug ma mdsad ces shus pas//[33]

法を聞くときや人が少ないときは，上師が一番高い座席に坐る。王子，駙馬，官員，大臣，民衆が集まっているときは，威厳を保つことができないといけないから，ハーン［皇帝］が一番高い座席に坐ったほうがよい。チベットの地のことは上師の教えに従う。上師に請わなければ，命令をしない。他の大小のことでは，上師は慈悲の心を用いているが，間違って他人に情を求めたら，鎮国することができないことになる恐れがあるから，上師は，あまり求めぬようにしたほうがよい。

と述べている。

フビライ・ハーンは，ゼマサンモ皇后の丁寧な説明に道理があると考えた。そこで，三昧耶戒を護ることができる24人の大臣たちと共に，パクパから『喜金剛経』の大灌頂を受けた。灌頂を受けるために，黄金のマンダラ（mandāra 曼荼羅）２枚を供養した。１枚のマンダラは，ヒツジの糞の大きさの，孔がない珍珠で満たし，法要の飾りにした。１枚は，黄金を使って須彌山の四洲のように荘厳した。ほかに，馬，駱駝，黄金，白銀，綢緞など，供養に限りがなかった。フビライ・ハーンは，パクパに「三界大国師」（khams gsum chos kyi rgyal po[34]）という封号を贈った。モンゴルの錫里木済の三河会合の地方のリシム（liśim 什勒木済）城一帯と人民をすべて，パクパに謝礼として贈った。やがてチベットの三区は全て，パクパが統治するところとなった。

パクパはこうした考え方を認め，灌頂を伝授するために通訳師を招請して，７日間瞑想（bsñen mtshams 閉関）の修行を行った。フビライ・ハーンをはじめ，モンゴルの25人は，『喜金剛灌頂』を授けられた[35]。こうしてモンゴルで初めて，密教における金剛乗の教法が伝えられた。フビライ・ハーンの信仰の在り様は，『蒙古仏教源流』の『総論続』（sdom ḥdyuṅ gi rgyud）の中で説いているように，

mchod pa thams cad yoṅs spaṅs te/ bla ma mchod pa yaṅ dag btrsam de mñis pas ni kun mkhyen paḥi/ ye śes mchog ni thob par ḥgyur/ bla med mdsad paḥi slob dpon ni/ rdo rje sems dpaḥ rab mchod na/ de yis bsod nams ma byas ci/ dkaḥ thub ma bsten ci shig yod, ḥjigs daṅ sdig pa spaṅs pa daṅ/ bde ba daṅ ni ldan pa ñid//[36]

ほかの一切の供養を捨てて，とにかく第一は，上師に供養しなければならない。上師に喜びを得てもらわなければならない。そうすれば，あらゆる智慧を獲得することができる。功業が無上の上師に対して，金剛菩薩（rdo rje sems dpaḥ）として供養すれば，あらゆる福徳が成就できるであろう。どのような難しいことがあっても，克服することができるであろう。あなたは悪業と怖れから離れて，安楽と幸せを得ることができる。

というものであった。

フビライ・ハーンは，パクパから灌頂を伝授された礼物として，1回目はチベットの13万戸（khri skor bcu gsum）を奉献した[37]。2回目は，遠くまで聞こえる白色の法螺（chos duṅ dkar bo rgyaṅ grags）とチベットの3区を奉献した。3回目は，中国で古くから行われていた人間を河に埋める犠牲・人柱の制度を廃止した。

パクパはこれを非常に喜んだ。そして廻向の偈頌をつくって喜びの気持ちを表した。廻向した偈頌には，

ḥde ḥdra bcad paḥi dge ba gaṅ de yis, mkhyen rab dbaṅ phyug thugs dgoṅs rdsogs paḥi phyir/ phan bdeḥi bstan pa rab tu rgyas pa daṅ/ mi dbaṅ sku thse yun du brtan phyir bsṅo//[38]

［人柱の制度を廃止した］ことは善い福徳の功業であり，喜びの智慧であり，心から満足している。だから，利益がある仏の教えは広く高揚される。人間の国王であるフビライ・ハーンは，この福徳によって寿命が永遠であることを祈願する。

と記されている。

パクパが19歳（1253年），フビライ・ハーンが38歳のお正月のことであった。パクパが，チベット・モンゴル・中国全土の仏教の統師になった[39]。

パクパが20歳になったチベット暦の虎年（1254年），フビライ・ハーンは以下のようにパクパに贈り物をなし，またパクパの要求に応じた。

dṅul bre chen lṅa bcu rtsa drug/ ja sig ñis brgya/ gos yug brgyad cu/ dar yug stoṅ daṅ brgya bcas phul lo/ de skabs bdag ñid chen po ḥdis shus te/

bandeḥi khaṅ bar gser yig pa mi sdod pa daṅ/ ḥu lag mi bskul ba daṅ/ khral khur mi dgos paḥi rken kyaṅ gnaṅ/ de nas rgyal poḥi bkaḥ las/ ñi ma nub kyi bande rnams ji ltar bya baḥi go luṅ sa skya ba śes su chug bya baḥi luṅ yaṅ btsal//(40)

白銀を56大錠，茶を200袋，絹織物を1100匹（１匹は現在の40ヤール)，錦緞を80匹などを［パクパに］贈った。［また］パクパの求めに応じてフビライ・ハーンは，寺院や僧侶に対する課税，徴兵，賦役（モンゴル語でウッリガ uglig）などを免じ，使節が寺院に宿泊することを禁止することを命じた。

フビライ・ハーンは，チベット仏教を管理する権利を全部サキャ派に委任した。その親書には次のように命じている。

bod kyi yul du sa skya baḥi chos lugs las gshan byas mi chog paḥi luṅ ḥbud gsuṅs pa la//(41)

チベットではサキャ派の教法のみ修学することができる。他の宗派の教法について修学することを許さない。

これに対してパクパは，

ḥdis de byed mi ruṅ, raṅ raṅ gi chos lugs gaṅ yod sphyod du ḥjug pa dgos gsuṅs nas//(42)

そのようにすることは適切ではない。僧侶はそれぞれの教派の教えを引き続いて修学するのがよい。

と記している。

フビライ・ハーンはチベット全土の各宗派の僧侶と仏教徒に，サキャ派の教えを受けるように命令しようとしたが，パクパは，各宗派それぞれに善いところがあり，人々がそれぞれの宗派の教えを強く信仰しているので，従来の生き方に従えばよいとした。パクパのこの考え方は，人々に真の利益をもたらすものであり，フビライ・ハーンはこうしたパクパの意志に敢えて干渉しなかった。

フビライ・ハーンとパクパは，施主と上師の立場から，チベット全土の寺院に命令を発した。すなわち，施主はフビライ・ハーンであり，上師はパクパである。各寺院の僧侶がそれぞれの教派の教えに従って修学に努めよという布告であった。この恩徳をもたらしたパクパは，チベットの国民と僧侶にとっては，不可思議にして大いなる恩人であると尊敬されている。

パクパは21歳のとき，チベット暦の蔭木兎年（śiṅ mo yas 1255年），チベットに戻り，聶塘寺において具足戒を受けた。授戒式では，カーダム派のニェタンパタクパセンゲ（sñe thaṅ pa grags pa seṅ ge 聶塘巴扎巴僧格，称獅子の意）が親教師（mkhan po）を勤め，チョダンソナムゲルツェン（Jo gdan byan ba bsod nams rgyal mtshan 覚丹絳巴索南堅賛，福幢の意）が軌範師（slob dpon）を勤め，ヤルルンパチャンチュプゲルツェン（Yar luṅ ba byaṅ chub rgyal btshan 雅隆巴絳曲堅賛，菩提幢の意）が密教師（gsaṅ ston）を勤めた。パクパはこの三師から具足戒を受けたが，ナムパルバツルティムリンチェン（gNam phar ba tshul khrims rin chen 南帕巴楚臣仁欽，真戒宝の意）などの僧が証人（kha skoṅ）となったという(43)。

パクパは，ニェタンパタクパセンゲ親教師から『般若疏釈』（Phar phyin tshig gsal）を受け，チョダンソナムゲルツェン軌範師から『別解脱律儀』（So thar mdo rtsa）を受け，ヤルルンパチャンチュプゲルツェン密教師から『七部大論』（sDe bdun）を受けた。その後，サキャ寺に戻った(44)。

第4節　本章の結語

フビライ・ハーンが，真実なる信仰心を持つに至ったことが，チベット仏教サキャ派の第一人者であったパクパに，チベット仏教の密教の灌頂を受けることができた最大の理由であると思われる。フビライ・ハーンの第一の目的は，今生では健康で長く生きたいということであり，第二の目的は，来世には成仏したいということであった。

フビライ・ハーンは，パクパに灌頂を伝授されたことに謝意を表明するために，第1回目にチベットの13万戸を奉献した。第2回目は，遠くまで聞こえる白色の法螺とチベットの3区を奉献した。第3回目は，中国の古い民間習俗であった人間を河に埋める制度を廃棄するなどしたのである。パクパは，モンゴル帝国元朝の国王であるフビライ・ハーンのために偈頌を作り，ハーンの寿命が永遠であるよう祈願した。

今日に至っても，チベットの僧俗をはじめモンゴル人あるいは中国人（漢民族）のパクパに対する評価が非常に高いことは，周知の通りである。

注

（1）　図官洛桑却吉尼瑪『宗教源流史』（Thuḥu bkban blo bzaṅ chos kyi ñi ma, *Thuḥu bkban grub mthaḥ*）中国甘粛民族出版社，チベット語，1984年。

（2）　陳慶英『元朝帝師八思巴』（中国蔵学出版社，1992年）。

（3）　図官洛桑却吉尼瑪『宗教源流史』（Thuḥu bkban blo bzaṅ chos kyi ñi ma, *Thuḥu bkban grub mthaḥ*）中国甘粛民族出版社，チベット語，1984年，182頁。

（4）　久明柔白多杰『蒙古仏教源流』（ḥJigs med rig paḥi rdo rje, *Hor gyi chos hbyuṅ*）中国青海民族出版社，チベット語，1993年，108頁。また固始噶居巴洛桑沢培著，陳慶英·烏力吉訳著『蒙古仏教史』（中国天津古籍出版社，1991年）45頁によれば，相当箇所は次の通りである。

　　你所看到的地区将帰於治下，因此西蔵康区将由你的子孫後裔統治，只是由於你没有赴緊看，所以你自己没有統治的縁份。

（5）　久明柔白多杰『蒙古仏教源流』（ḥJigs med rig paḥi rdo rje, *Hor gyi chos hbyuṅ*）中国青海民族出版社，チベット語，1993年，108～109頁。また固始噶居巴洛桑沢培著，陳慶英・烏力吉訳著『蒙古仏教史』（中国天津古籍出版社，1991年）44～45頁によれば，相当箇所は次の通りである。

　　桑察一再向我墾求由他統治前，後蔵及康区，但是他没有這様的縁分，他的児子応是一箇発願教化世間広大地区之人，你有這箇縁分，你若転生為桑察之子，将統治前，後蔵及康区等蔵族地区的大部分，因此請你転生。

（6）　陳慶英『元朝帝師八思巴』（中国蔵学出版社，1992年）26頁。

（7）　陳慶英『元朝帝師八思巴』（中国蔵学出版社，1992年）27頁。

（8）『八思巴画伝』チベットのサキャ寺に25幅のタンカ（thaṅ ka 唐喀）が現存している。1987年1月，西蔵（チベット）人民出版社・新世界出版社と共に，中央民族大学少数民族芸術研究所が主編した大規模な『八思巴画伝』画集。文字による説明が加えられている。パクパの研究上の一大成果である。

（9）　土観洛桑却吉尼瑪『章嘉若必多吉伝』（Thuḥu bkban blo bzaṅ chos kyi ñi ma, *lCaṅ skya rol baḥi rdo rje*）チベット夏瓊寺にチベット木版として現存されている。

（10）　阿旺貢索南著，陳慶英・高禾福・周潤年訳『薩迦世係史』（中国西蔵人民出版社，1989年）105～106頁。

(11)　『元史·釈老伝』（陳慶英『元朝帝師八思巴』（中国蔵学出版社，1992年）29頁参照。

(12)　立川武蔵「—トゥカン『一切宗義』サキャ派の章—」（『西蔵仏教宗義研究』東洋文庫，1974年）60～61頁参照。

(13)　固始噶居巴洛桑沢培著，陳慶英・烏力吉訳著『蒙古仏教史』（中国天津古籍出版社，1991年）46頁。また立川武蔵「—トゥカン『一切宗義』サキャ派の章—」（『西蔵仏教宗義研究』東洋文庫，1974年）61頁には遠くまで聞こえる白ほら貝となっている。

(14)　蔡巴貢噶多吉『紅史』（東嘎洛桑赤列校注，中国西藏人民出版社，1988年）194～195頁。

(15)　久明柔白多杰『蒙古仏教源流』（ḥJigs med rig paḥi rdo rje, *Hor gyi chos hbyuṅ*）中国青海民族出版社，チベット語，1993年，110頁。また固始噶居巴洛桑沢培著，陳慶英·烏力吉訳著『蒙古仏教史』（中国天津古籍出版社，1991年）46頁によれば相当箇所は次の通りである。

　　十方無比広大的国，全都受到仏陀的眷顧，使得処々都充満珍宝，並有衆菩薩対之護持。誰若在仏教未弘之地，在未聞仏経的荒野処；対他人説法講説念誦，其福徳至大而且特殊。

(16)　久明柔白多杰『蒙古仏教源流』（ḥJigs med rig paḥi rdo rje, *Hor gyi chos hbyuṅ*）中国青海民族出版社，チベット語，1993年，106～107頁。

(17)　固始噶居巴洛桑沢培著，陳慶英・烏力吉訳著『蒙古仏教史』（中国天津古籍出版社，1991年）44～45頁には次のように記している。

　　正如吉祥怙主所説：最先為衆人施行教法，不論是中間還是最後，一直努力佛法的国王､別人対他不能損害。因有教法護佑平安，臨死之時亦不需畏惧，在別的世間亦獲安楽，因此応常時依止佛法。教法是世間的珍宝，教法使世間産生妙喜，使你不受別人欺騙。具足信仰守持戒律，具有智慧忍耐痛苦，依止尊勝高僧大徳，此乃衆生成仏道。

(18)　久明柔白多杰『蒙古仏教源流』（ḥJigs med rig paḥi rdo rje, *Hor gyi chos hbyuṅ*）中国青海民族出版社，チベット語，1993年，106～107頁。また固始噶居巴洛桑沢培著，陳慶英・烏力吉訳著『蒙古仏教史』（中国天津古籍出版社，1991年）44～45頁によれば，相当箇所は次の通りである。

　　従須彌山頂掉下的人們，没想到墜落却墜落下來；聽從上師教誨的人們，没想到解脱却自然解脱。

(19)　久明柔白多杰『蒙古仏教源流』（ḥJigs med rig paḥi rdo rje, *Hor gyi chos hbyuṅ*）中国青海民族出版社，チベット語，1993年，111頁。固始噶居巴洛桑沢培著，陳慶英・烏力吉訳著『蒙古仏教史』（中国天津古籍出版社，1991年）46頁によれば，相当箇所は次の通りである。

　　你為甚麼這様驕傲？你有恁麼？

(20)　久明柔白多杰『蒙古仏教源流』（ḥJigs med rig paḥi rdo rje, *Hor gyi chos hbyuṅ*）中国青海民族出版社，チベット語，1993年，111頁。固始噶居巴洛桑沢培著，陳慶英・烏力吉訳著『蒙古仏教史』（中国天津古籍出版社，1991年）46頁によれば，相当箇所は次の通りである。

我以前曽是漢地，西夏，印度，門，西蔵各地国王供養的上師，受他們極大敬重。

(21)　久明柔白多杰『蒙古仏教源流』（ḥJigs med rig paḥi rdo rje, *Hor gyi chos hbyuṅ*）中国青海民族出版社，チベット語，1993年，111頁。固始噶居巴洛桑沢培著，陳慶英・烏力吉訳著『蒙古仏教史』（中国天津古籍出版社，1991年）46頁によれば，相当箇所は次の通りである。

西蔵何時有国王？甚麼国王敬奉仏法並受灌頂？説的与僧人的経籍不符，必是謊言。

(22)　久明柔白多杰『蒙古仏教源流』（ḥJigs med rig paḥi rdo rje, *Hor gyi chos hbyuṅ*）中国青海民族出版社，チベット語，1993年，111頁。固始噶居巴洛桑沢培著，陳慶英・烏力吉訳著『蒙古仏教史』（中国天津古籍出版社，1991年）46頁によれば，相当箇所は次の通りである。

我以前曽是西蔵的国王，与漢地交戦，西蔵獲勝，統治贍部洲三分之二地方。那以後蔵漢双方聯姻，迎請公主和覚臥仏像到西蔵。

(23)　久明柔白多杰『蒙古仏教源流』（ḥJigs med rig paḥi rdo rje, *Hor gyi chos hbyuṅ*）中国青海民族出版社，チベット語，1993年，111頁。固始噶居巴洛桑沢培著，陳慶英・烏力吉訳著『蒙古仏教史』（中国天津古籍出版社，1991年）46頁によれば，相当箇所は次の通りである。

一百万年前，贍部洲曽降七日血雨。

(24)　錠は金属の鋳塊，インゴットであり，昔では多く銀塊のことをいう銀錠・金錠・錠金・金塊である。

(25)　図官洛桑却吉尼瑪『宗教源流史』（Thuḥu bkban blo bzaṅ chos kyi ñi ma, *Thuḥu bkban grub mthaḥ*）中国甘粛民族出版社，チベット語，1984年，449～451頁。

(26)　久明柔白多杰『蒙古仏教源流』（ḥJigs med rig paḥi rdo rje, *Hor gyi chos hbyuṅ*）中国青海民族出版社，チベット語，1993年，112～113頁。また固始噶居巴洛桑沢培著，陳慶英・烏力吉訳著『蒙古仏教史』（中国天津古籍出版社，1991年）47頁には，次のように記している。

此後対於諸仏，時常奉献布施；因此積聚福徳，獲得尊勝成就。

(27)　久明柔白多杰『蒙古仏教源流』（ḥJigs med rig paḥi rdo rje, *Hor gyi chos hbyuṅ*）中国青海民族出版社，チベット語，1993年，112～113頁。また固始噶居巴洛桑沢培著，陳慶英・烏力吉訳著『蒙古仏教史』（中国天津古籍出版社，1991年）47頁には，次のように記している。

開初無論学習何種法，都必須接受一次灌頂；此後才算具有根器，可以聴受秘密教法。不受灌頂難獲成就，猶如要従沙中搾油。若有密法師出於傲慢，対未受灌頂之人伝法，師徒二人死去之後，縱有成就也会下地獄。因此努力教法之人，応向上師請求灌頂。

(28)　『無上瑜伽部大威徳金剛灌頂』(*dPal rdo rje ḥjigs byed lha bcu gsum maḥi sgrub paḥi thabs*) 中国北京雍和宮所蔵。モンゴル仏教では，灌頂 (abhiṣeka) に四灌頂を数える。宝瓶灌頂，秘密灌頂，智慧灌頂，句義灌頂である。

灌頂が密教たる縁由は，それは誰も耳にしたことがないものであり，資格を得た者以外には示されてはない「秘密の教え」であることにある。そして，この資格を付与する入門儀軌こそ灌頂であり，チベット語で言うワングル (dbaṅ bskur) にほかならない。灌頂は読んで字の如く，頭頂に水を灌ぐことによって受者を聖化する儀軌であった。古代インドでは国王の即位に際し，四海の水をその頭頂に灌ぐ儀軌があった。おそらく密教はこれを採り入れ，如来の智慧の水を頭頂に灌ぐことで，三界の法王たる仏の位を継承する者とする儀礼を新たに考案したものである。

宝瓶灌頂の次第は経典により若干相違するが，一般的には，まず灌頂を受ける弟子に覆面をほどこし，誓いの水（誓水）などを飲ませて加持した後，マンダラ（壇城）へ導いて華を投げさせる。そして華が落下したところの仏・菩薩が，受ける弟子の守り本尊となる。これを「投華得仏」という。次に弟子の覆面を取ってマンダラを見せ，そしていよいよ宝瓶から甘露水を取り出し，弟子の頭頂に灌ぐ。これが本来の「宝瓶灌頂」で，①水灌頂と呼ばれる。②宝冠灌頂に次いで，三界の法王となったことを象徴する宝冠が授与される。続いて，密教行者の象徴である，③金剛杵と，④金剛鈴が授与され，最後に金剛名つまり密教の法名が与えられる。⑤名灌頂である。金剛名は，先の投華得仏で得られた仏に因んだものを与えるのが通例である。

以上が宝瓶灌頂の基本構成であり，密教の儀式では①～⑤の五灌頂が，順次阿閦仏，宝生仏，阿弥陀仏，不空成就，毘盧遮那の五方仏の配当される。

密教の入門儀礼として成立した灌頂は，三界の法王である仏の位を継承するものとして国王の即位式に範をとる，厳粛な儀礼の体系を有する。

(29)　天台宗ではその他に，蘇悉地灌頂を行う。天台宗では，摩頂・授記・放光の三種灌頂，成就・除難・息災・増益・降伏などを内容とする四種・あるいは五種などの伝法灌頂，能力の乏しい弟子のために師が慈心をもって行う印法灌頂，特定の道場で行う作業灌頂，師と弟子が互いに心中で行う以心・心授・瑜祇灌頂などの別がある。灌頂を行う室を灌室といい，灌頂中に，災障を除くために灌頂護摩を行う。真言宗や天台真盛宗の授戒で行う灌頂を，授戒灌頂という。水中の魚類などを利益するために，灌頂のときの荘厳に用いる灌頂幡や塔婆を川や海に流す行事を流灌頂といい，日本で盛んに行われたといわれる。

(30)　陳慶英『元朝帝師八思巴』（中国蔵学出版社，1992年）60頁参照。

(31)　陳慶英『元朝帝師八思巴』（中国蔵学出版社，1992年）60頁。

(32)　陳慶英『元朝帝師八思巴』（中国蔵学出版社，1992年）60頁。

(33)　久明柔白多杰『蒙古仏教源流』（ḥJigs med rig paḥi rdo rje, *Hor gyi chos hbyuṅ*）中国青海民族出版社，チベット語，1993年，113?114頁。また陳慶英『元朝帝師八思巴』（中国蔵学出版社，1992年）60頁によれば，相当箇所は次の通りである。

　聴法及人少之時，上師可以坐上座，当王子，駙馬，官員，臣民聚会時，恐不能鎮伏，由汗王坐上座。吐蕃之事悉聴上師之教，不請於上師不下詔命。其余大小事務因上師心慈，如誤為他人求情，恐不能鎮国，故上師不要講論及請求。

(34)　図官洛桑却吉尼瑪『宗教源流史』（Thuḥu bkban blo bzaṅ chos kyi ñi ma, *Thuḥu bkban grub mthaḥ*）チベット語，1984年，451頁にはチベット語で［rgya nag skad du śiṅ śiṅ tā kö śrī］と記されている。つまり，中国語でいう「三界大国師」である。または図官洛桑却吉尼瑪『土観宗派源流』劉立千訳注「講述一切宗派源流和教義善説晶鏡史」（中国西蔵民族出版社，中国語，1984年）228頁参照。

(35)　久明柔白多杰『蒙古仏教源流』（ḥJigs med rig paḥi rdo rje, *Hor gyi chos hbyuṅ*）中国青海民族出版社，チベット語，1993年，114頁。

(36)　久明柔白多杰『蒙古仏教源流』（ḥJigs med rig paḥi rdo rje, *Hor gyi chos hbyuṅ*）中国青海民族出版社，チベット語，1993年，114頁。また固始噶居巴洛桑沢培著，陳慶英・烏力吉訳著『蒙古仏教史』（中国天津古籍出版社，1991年）47頁には次のように記されている。

　舎棄一切奉献供養，首先応当供養上師，使得上師心生歓喜，可以獲取遍知智慧。対功業無上的上師，当做金剛菩薩供養，有何福徳不能成就，有何艱苦不能克服？！使你離却畏怖及悪業，獲得安楽及善。

(37)　王輔仁　陳慶英編著『蒙蔵民族関係史略』（中国社会科学出版社，1985年）47～48頁。

《十三万戸》

　モンゴルの元朝のとき，中央チベットの衛蔵を13の「万戸」（万世帯）に分けた。分けた13の「万戸」は，主に各教派（宗派）の地域とその勢力によって，土地の範囲と属民の分配を定めたものである。13の「万戸」とは，実際的には，中央チベットの衛蔵の実力をもつ集団グループであった。「万戸」とは，行政機関の単位となっていた。「万戸」の代表者が，すなわちこの地域の実力をもつ集団グループの領袖であり，いわゆる万戸長と呼ばれた。13の万戸の名称と所在地は以下のようである。

《万戸府の名称》	《所在地点》
「蔵地区 6 箇万戸」	
ラトダジャン（la stod byaṅs 拉堆絳） ラトダラホ（la stod lho 拉堆洛） サキャ（sa skya 薩迦） シャン（shaṅs 香） チュミク（chu mig 曲彌） ザル（zha lu 夏魯）	昂仁県拉堆公社 定日県協嘎爾 薩迦県 南木林県 日喀則県曲美区 日喀則県夏魯公社
《衛地区，6 箇万戸》	《所在地点》
ヤーザン（gyaḥ bzaṅs 雅桑） パクル（phag gru 帕竹） タクルン（stag luṅ 達隆） ツァルパ（tshal pa 蔡巴） ビルグン（ḥbri guṅ 止貢） ギャマ（rgya ma 嘉瑪）	乃東県亜桑公社 乃東県沢当鎮 林周県 拉薩東郊蔡公堂 墨竹工卡県直孔公社 墨竹工卡県甲馬公社

《衛蔵地区の間 1 箇万戸》
ヤルロク（yar ḥbrog 羊卓）　浪卡子県

13の「万戸」に関する名称は，史料によって異なっている。確かに名称は異なっているが，地点が同じである場合と，名称と地点が全然違っている場合がある。

1 万戸といっても，住んでいる家が 1 万軒であるというのではない。多いほうは5,950戸であり，少ないほうは750戸であるとされる。東嘎洛桑赤列の『論西蔵政教合一制度』によれば，中央チベットの衛蔵の13の「万戸」の実際の戸数は，以下のようである。

ラトダジャン（la stod byaṅs 拉堆絳）2,250戸；
ラトダラホ（la stod lho 拉堆洛）2,250戸；
サキャ（sa skya 薩迦），ジャユ（甲域）5,950戸；
シャン（shaṅs 香）1,400戸；
チュミク（chu mig 曲彌）3,003戸；
ザル（zha lu 夏魯）3,892戸；
ヤーザン（gyaḥ bzaṅs 雅桑）3,000戸；
パクジュ（phag gru 帕竹）2,438戸；
タクロン（stag luṅ 達隆），グルマ（古爾摩）750戸；
ツァルパ（tshal pa 蔡巴）3,700戸；
ビルグン（ḥbri guṅ 止貢）3,630戸；
ジャマ（rgya ma 嘉瑪）5,950戸；
ヤルロク（yar ḥbrog 羊卓）750戸；

総計では，当時の中央チベットの衛蔵13の「万戸」の実際の戸数は3万8,963戸であり，1軒（戸）当たりの人口を6人として計算すれば，人口は23万3,778人である。この数が中央チベットの衛蔵全体の人口を含めてはいないのはもちろんである。僧侶と寺院に所属する民戸の数が計算されていない。また一部の人口が，他の原因で計算されなかったことも考えられる。

(38)　久明柔白多杰『蒙古仏教源流』(ḥJigs med rig paḥi rdo rje, *Hor gyi chos hbyuṅ*) 中国青海民族出版社，チベット語，1993年，114～115頁。また固始噶居巴洛桑沢培著，陳慶英・烏力吉訳著『蒙古仏教史』(中国天津古籍出版社，1991年) 48頁には次のように記されている。

廃除這些乃是善徳功業，已使善慧自在心願満足；故此利楽教法広為弘揚，祈願人主聖寿因此久長。

(39)　陳慶英『元朝帝師八思巴』(中国蔵学出版社，1992年) 60頁。

(40)　久明柔白多杰『蒙古仏教源流』(ḥJigs med rig paḥi rdo rje, *Hor gyi chos hbyuṅ*) 中国青海民族出版社，チベット語，1993年，117頁。

(41)　久明柔白多杰『蒙古仏教源流』(ḥJigs med rig paḥi rdo rje, *Hor gyi chos hbyuṅ*) 中国青海民族出版社，チベット語，1993年，117頁。また固始噶居巴洛桑沢培著，陳慶英・烏力吉訳著『蒙古仏教史』(中国天津古籍出版社，1991年) 49頁には次のように記されている。

西蔵地方只準修習薩迦的教法，不準修習其他派別的教法。

(42)　久明柔白多杰『蒙古仏教源流』(ḥJigs med rig paḥi rdo rje, *Hor gyi chos hbyuṅ*) 中国青海民族出版社，チベット語，1993年，117頁。また固始噶居巴洛桑沢培著，陳慶英・烏力吉訳著『蒙古仏教史』(中国天津古籍出版社，1991年) 49頁には次のように記されている。

不能這様做，応該譲僧人們修習各自的教法。

(43)　久明柔白多杰『蒙古仏教源流』(ḥJigs med rig paḥi rdo rje, *Hor gyi chos hbyuṅ*) 中国青海民族出版社，チベット語，1993年，118頁。

(44)　久明柔白多杰『蒙古仏教源流』(ḥJigs med rig paḥi rdo rje, *Hor gyi chos hbyuṅ*) 中国青海民族出版社，チベット語，1993年，118頁。

第二章　各地におけるパクパの活躍

第1節　本章の意図

パクパは，五台山に参拝した最初のチベット仏教の僧侶であった。パクパの五台山参拝が，チベット仏教，モンゴル仏教，中国仏教それぞれにもたらした甚大な影響について考察する。

モンゴル帝国政権下で国師になったのは，パクパが初めてではない。すでにモンガン・ハーンのとき，中国仏教の海雲法師とカシミール国の那摩法師に，国師としての玉印が贈られたことがあった。サキャ・パンディタは国師にならなかった。チベット仏教僧で国師になったのは，パクパをもって嚆矢とする。モンゴル帝国は，チンギス・ハーンの時代からさまざまな宗教の共存を包摂してきた。「兼容並包」という，内容が異なり性質の相反するものでも合わせて受け入れる方針で，諸宗教はモンゴル帝国のために祈禱し，福徳を祈願してきた。とくに中国では，重要な影響をもつ仏教と道教とを平等に扱ってきた。しかし最終的には，なぜ，チベット仏教を選択したのか。チベット仏教を受容した目的は，どこにあったのか。その動機について考察した。

フビライ・ハーンは，パクパ創出のモンゴル文字をモンゴル帝国の「一代制度」とし，元朝公文書に正式使用を命じた。パクパの文字は，モンゴル帝国の国威発揚の基となった。その創出の必要性を，『元史』の「釈老伝」(1)と『元史紀事本末・明史紀事本末』(2)によって明らかにした。

パクパの示寂後，フビライ・ハーンは，パクパに舎利塔と金頂の仏殿を造営した。元末順帝（1328年）は，中国の僧侶の徳輝師に勅して『勅修百丈清規』(3)を著した。この中には，中国の仏教寺院では，釈尊の涅槃日と同様に，パクパの示寂日に法要し供養することが定められた。フビライ・ハーンがチベット暦陽木虎年（1254年）に，モンゴルとチベットが接する甘粛省涼州から，チベット仏教の僧侶に書き送った親書「優礼僧人詔書」（ḥJaḥ sa pande śed bskyed ma[(4)]）がある。その中でフビライ・ハーンは，パクパの要求を受け止め，チベット仏教の僧侶に対する「優待」と「期待」の意を含めて書いている。「優礼僧人詔書」の内容からは，フビライ・ハーンが自分の上師とするパクパをいかに信用していたか，そして仏教に何を期待していたかを窺い知ることができる。モンゴル民族元朝の帝師の責任や職務の内容をみると，帝師は地位が高いだけではなく，元朝の中央政府の高級官僚でもあった。帝師は，全国の宗教事務の一切を掌握し，皇帝の仏教の指導者であり，また，皇帝の精神的なよりどころであったことは明らかである。

第2節　五台山参拝

パクパは23歳のとき（1257年5月7日），フビライ・ハーンの援助を受けて，中国仏教の四大名山の一つである文殊菩薩の道場の五台山（Ri bo rtse lṅa）[(5)]に巡礼した。7月7日，パクパは，五台山で『文殊菩薩名号賛』を，次いで五台山の各山峯を巡礼する間に，『文殊菩薩堅固法輪』を著わし，翌7月8日，『賛頌文殊菩薩――花朶之鬘――』を著わした。

パクパは，『賛頌文殊菩薩――花朶之鬘――』の巻頭の語として，

> 依忽必烈大王福徳之力，講経僧八思巴前来五台山向文殊菩薩祈願時，釈迦牟尼顕示多種神変，因而増益賛頌之心願，為使解脱之法幢矗立並護佑衆生之故，蔭火蛇年七月八日於五台山写成此『賛頌文殊菩薩――花朶之鬘――』[(6)]。
>
> フビライ・ハーン帝王の福徳の力のお蔭により，仏の教えを伝え広げる僧のパクパが，五台山に来て文殊菩薩に祈禱しているとき，釈尊は種々の神通力を顕された。だから私は，暖かい心で賛頌したいと思う。解脱の法幢を聳え立て衆生を護佑するために，チベット暦の蔭火蛇年7月8日に五台山で，この『賛頌文殊菩薩――花朶之鬘――』を著した。

と記している。

またパクパは，『在五台山賛頌文殊菩薩――珍宝之鬘――』という詩を作っている。

　如須彌山王的五台山，基座象黄金大地牢固；五峯突兀精心巧安排。中台如雄獅発怒逞威，山崖象白蓮一般潔白；東台如同象王的頂髻，草木象蒼穹一様深邃；南台如同駿馬臥原野，金色花朶放射出異彩；西台如孔雀翩翩起舞，向大地閃耀月蓮之光；北台如大鵬展開双翼，満布緑玉一般的大樹(7)。

須彌山の王のような五台山(8)，基座は黄金で大地を固めたように堅牢である。五つの峯は高く聳え，念入りに巧みに配置されている。中台は雄獅子が怒りを発し威勢を表したようであり，山や谷の景色は，白蓮と同じように潔白である。東台は象の王の頂髻のようであり，草や木は蒼穹と同じように深遠である。南台は駿馬が原野に臥しているようで，金色の花びらがいろいろな色を照らし出している。西台は孔雀が美しく踊っているようで，大地に向かって月蓮の光を照り耀かしている。北台は大鵬が両の翼を開げたようで，緑玉のような大樹が遍満している。

昔から中国の多くの文人や詩人は，五台山に旅してその自然と風景を賞で，詩を著した。中でも有名なのは，宋朝の詩人，張商英の『遊五台山詩』である。五台山について，

　宝台高峻近穹蒼，獅子遺踪八水旁；五色雲中遊上界，九重天外看西方。三時雨洒龍宮冷，一夜風飄月桂香；土石尚能消罪障，何労菩薩放神光？(9)。

五台は高く険しく，大空につながっており，獅子が足跡を八水の傍に遺す。五色の雲の中を天上に遊び，九つに重なった天から西方を見る。三時に注ぐ雨で龍宮は涼しく，一晩中月桂の香りの風が吹く。土も，石も，罪障を消すことができるので，菩薩が神光を放つまでもない。

とうたっている。

また，金代の有名な詩人，元好問が著した『台山雑咏』16首がある。彼は1255年，五台山に遊んだといわれる。彼は次のようにうたっている。

　山雲吐呑翠微中，淡緑深青一万重；此景只応天上有，豈知身在妙高峰。咄嗟檀施満金田，遠客遊台動数千；大地嗷嗷困炎暑，山中多少地行仙。沈沈龍穴貯雲煙，白草千花雨露偏；佛土休将人境比，誰家隨歩得金

蓮[10]。

山の雲は薄い緑色の中に雲と霧を吐いている。淡い緑色，深い青色が幾重にも重なっている。このような景色は，ただ天上にあるだけと思われるが，思いがけなくも，ここ妙人高峰に在る。ああ，信者の施は金池華に満ち，遠く台山に遊ぶ参拝者はややもすれば数千名，大地ではすざましい暑さに悩んでいるが，山中には多くの仙人の修行地がある。龍穴にはどこも雲煙がたなびき，白草や無数の花に雨や露がしたたっている。仏土と人の住む世界とを比較することなかれ。どの家を尋ねても行く先々で黄金の蓮の花に出会う。

このように，モンゴル帝国元朝において，文人・詩人として有名な張商英と元好問の二人は，五台山の風光の明媚さや空気の清浄さなど，自然の美しさを詠じ尽くしている。

それに対して，仏教の高僧としてのパクパの見方と考え方には，特徴があると思われる。五台山で，文殊菩薩が神通力を顕して説法する。その説法によって，諸仏がそれぞれの浄土から人間界，すなわち五台山に来る。そして諸仏が法を伝えるというのが，チベット仏教における密教の原点である。

パクパの考え方によれば，五台山の五台が密教における金剛界の五部仏の仏座である。チベット仏教の密教の説によれば，五部仏の中の大日如来（Mahāvairocana 大毘盧遮那）は獅子座に坐し，阿閦仏（Akṣobhya 不動仏）は象座に坐し，宝生仏（Ratnākara）は馬座に坐し，阿弥陀仏（Amitāyus 無量壽・Amitābha 無量光）は孔雀座に坐し，不空成就仏（Amoghasiddhi）は大鵬座に坐している。

それをパクパは，獅子座を中台とし，象座を東台とし，馬座を南台とし，孔雀座を西台とし，大鵬座を北台として賛頌している[11]。

為救護愚癡所苦之衆生，大圓鏡智之主大日如来；
在中台示現仏部部主身，向你救護色蘊之尊頂礼。

愚かな迷いの中に苦しむ衆生を救済するために，大圓鏡智を具える大日如来仏は，中台で仏部の部主の姿を現して，あなたの色蘊の苦を救護し給う仏尊に礼拝したてまつる。

為救護嗔恚所苦之衆生，法界体性智之主阿閦仏；

在東台示現金剛部主身，向你救護識蘊之尊頂礼。

怒りで苦しむ衆生を救済するために，法界の体性智を具える阿閦仏は，東台で金剛部の部主の姿を現して，あなたの識蘊の苦を救護し給う仏尊に礼拝したてまつる。

為救護慳吝所縛之衆生，平等性智之主尊宝生仏；

在南台示現宝生部主身，向你救護受蘊之尊頂礼。

吝嗇に縛られる衆生を救済するために，平等性智を具える宝生仏は，南台で宝生部の部主の姿を現して，あなたの受蘊の苦を救護し給う仏尊に礼拝したてまつる。

為救護貪欲所苦之衆生，妙観察智主阿弥陀仏；

在西台示現蓮花部主身，向你救護想蘊之尊頂礼。

貪欲に苦しむ衆生を救済するために，妙観察智を具える阿弥陀仏は，西台で蓮花部の部主の姿を現して，あなたの想蘊の苦しみを救護し給う仏尊に礼拝したてまつる。

為救護嫉妬所苦之衆生，成所作智不空成就仏；

在北台示現羯磨部主身，向你救護行蘊之尊頂礼[12]。

嫉妬に苦しむ衆生を救済するために，成所作智を具える不空成就仏は，北台で所作作業（kamma 羯磨）部の部主の姿を現して，あなたの想蘊の苦を救護し給う仏尊に礼拝したてまつる。

パクパの五台山に関する作品は，中国の学者たちの中ではあまり知られてない。しかし，それらは，パクパが五台山を参拝した因縁と相俟って，チベット仏教とモンゴル仏教に与えた影響は甚だ大きい。元・明・清の三朝以来，チベット仏教の僧侶とモンゴル仏教の僧侶，および一般の人々も，五台山に参拝の聖地として強い信仰を持ってきた。多くのチベット僧やモンゴル僧が，五台山に修行している。パクパの推薦とフビライ・ハーンの命を受けて，チベットの高僧タンパ師（bsTan pa 胆巴）は五台山の壽寧寺を住持した。パクパの弟子，元朝第四代の帝師イェセリンチェン（Ye śes rin chen 意希仁欽 1249—1295）は，五台山で亡くなったという[13]。元・明・清の三朝の皇帝はみな，五台山に寺院を建てた。パクパの尽力で五台山は，チベット人，モンゴル人，中国人（漢族），満州族の間における宗教と文化交流の重要な懸け橋の役割を担ったといえる。その点でもパクパは看過し得ない重要な人物である。

五台山でモンゴル人が管掌する寺院としては，五台山中央の霊鷲峰の頂にあるモンゴル仏教寺院「菩薩頂」がある。菩薩頂は北魏の孝文帝（471—499年）の時代の創建と伝えられ，麓から108段の急峻な石段を登ったところにある。朱塗りの壁と瑠璃瓦の屋根が美しい文殊殿は大文殊院ともいわれるが，その軒からは1年中水が滴るので，滴水殿とも呼ばれる。唐太宗貞観五年（631）中国僧法雲が再建し，真容院と呼ばれた。菩薩頂の盛んな時期は清朝であり，清朝の順治13年（1656）に，モンゴル僧の寺院に帰した。菩薩頂は五台山におけるモンゴル仏教の最大の寺院であり，最高位の僧を扎薩克喇嘛（欽命管理五台山事務掌印扎薩克大喇嘛），扎薩克（jasag）と呼ぶが，これはモンゴル語で執政の意味である[14]。

五台山にある著名なモンゴル仏教寺院としての羅睺寺は，唐代に創建し，明朝弘治5年（1492）に再建された寺院である。殿内には，大きな円盤の上に蓮花を乗せ，仕掛けによって花弁が開いて内部の阿弥陀仏が現れる「開花現仏」という，四尊の阿弥陀仏像が祀られている。台の上に水浪図案があり，その上に十八羅漢がいる。花弁が開くにしたがって，羅漢が海を渡っている情景が現れる[15]。

因みに十方堂は別に広仁寺とも称される[16]。羅睺寺の東下に位置しており，羅睺寺に所属する寺院である。清朝の道光年間（1821—1850年）に建てられ，後にモンゴルとチベット仏教寺院になった。永住の僧侶は，モンゴル地域，チベット地域のラサ，青海省，甘粛省出身者が中心であるが，中国人の僧侶もいる。現在この寺院は五台山の仏典を保存する重要な機関として知られており，チベット語『大蔵経』をはじめ，仏教の経典4,569種類が現存されている[17]。

五台山は，中国仏教四大名山の中で創建が最も古いといわれる。明鎮澄の『清涼山志』の記載によれば，

漢明帝時，摩騰西至，以慧眼観清涼山乃殊宇，中有阿育王所置仏舎利塔。……帝以始信仏化，故以名焉[18]

後漢の明帝（57—75年）のとき，摩騰がインドにいて，智慧の目で五台山（清涼山）を観察し，五台山が文殊菩薩の教化する道場であることがわかった。五台山にはアソカ（Asoka 阿育王，前268—232年頃在位）が建てた仏舎利塔があったので，明帝はそれから初めて仏の教えを信じるようになったと伝えられる。そういう理由から山名を，［五台山文殊菩薩の道場］という。

とある。仏舎利塔とは，現在の塔院寺のことを指している。

塔院寺は，五台山の五大禅林の一つである。なお他の四つは顕通寺，羅睺寺，殊像寺，菩薩頂である。塔院寺は，最初は顕通寺に所属する塔院であった。明永楽5年（1407）に仏の舎利塔を再び修理するとき，独立して寺院になった。現存している釈尊の舎利塔は，明万暦年間（1573—1619年）に建てられたものである。高さは75.3メートル，環の周囲は83.3メートルである[19]。

第3節　道士調伏

モンゴル帝国は，チンギス・ハーンの時代からさまざまな宗教と関わりをもってきた。いわゆる「兼容並包」である。それは，内容が異なり性質の相反するものでも合わせて受け入れる方針を意味するが，モンゴル帝国のために諸宗教は祈禱し，福徳多かれと願ってきた。モンゴル帝国は，とくに中国で重要な影響をもつ仏教と道教に，平等に対応したと考えられている。

元太祖17年（1222），チンギス・ハーンが西域に遠征したときには，道教の長春真人の邱処機(1148—1227)を西域に招請して謁見したことがあった[20]。同時に，中国の中原地方の仏教の代表者である海雲（1202—1257）法師とその師の中観法師に，中原地方の仏教寺院および僧侶を統領する権限を与えた。

元憲宗モンケ・ハーン（1251—1259年在位）は，即位後，次のように命令した。

以僧海雲掌釈教事，以道士李真常掌道教事[21]。

僧侶の海雲［法師］は仏教を管理し，道士の李真常は，道教のことを管理する。

道教の道士たちは，道教の教えが仏教の教えより優れていることを証明するために，いわゆる『老子化胡経』(22)を出版し，仏教の寺院を道教の道観に変えるように強要した。

1258年，フビライ・ハーン（当時では王子）は，モンケ・ハーン大汗の命令で，現在の内モンゴル自治区西北正藍旗25キロにある開平府の宮殿で，仏教徒と道教の道士とに，『老子化胡経』の真偽について対論を行わせた。

当時，仏教を管理していた海雲法師が亡くなっていたため，モンケ・ハーン大汗は，カシミール国の那摩師を国師として，仏教を全面的に管理する権限の証として玉印を贈った(23)。仏教の参加者は，那摩師をはじめ，パクパ，西蕃国師，河西国師，外五路の僧侶，大理国の僧侶，漢地（中国の中原地方）の圓福寺の住職の超長者法師，奉福寺の住職の享長老など約300名であった。道教の道士たちは，張真人道士をはじめ，王先生，道録の樊志応，通判の魏志陽，講師の周志立など約200名が参加した。モンゴル帝国の側からは，フビライ・ハーンをはじめ，主要な大臣の姚枢，竇漢郷，廉希憲などが，対論の証人として参加したという(24)。

フビライ・ハーンは対論会開催に先立って，インドの習慣に従って，失敗したほうが勝ったほうに花輪を奉献し，勝ったほうの教法を受け入れることを決めた。

中国の仏教の僧侶と道教の道士との間で対論が開始された。結局は，仏教の側が勝ったという。

道士が，『史記』が『老子化胡経』の根拠であるといったとき，パクパが，

> 帝師弁的達抜合思八曰：‘此謂何書？’曰：‘前代帝王之書’上曰：‘今持論教法，何用攀援前代帝王。’帝師曰：‘我天竺亦有史記，汝聞之乎？’対曰：‘未也’帝師曰：‘我為汝説，天竺頻婆娑羅王賛佛功徳，有曰：天上天下無如佛，十方世界亦無比；世間所有我尽見，一切無有如佛者。当其説是語時，老子安在？’道不能対(25)。

帝師であるパクパは，この本はどういう書物であるかと尋ねた。道士は，前代の帝王の書物であると答えた。また，今の教法を論ずるのに，

なぜ遡って前代の帝王のことを引くのかと問うた。パクパは，私たちのインドでも史記があるが，あなたは聞いたことがあるか，と尋ねた。道士は，いまだ聞かずと答えた。パクパは言われた。私があなたに，インドのビムブサーラ王（Bimbisāra 頻毘娑羅）[26]が仏の功徳を賛頌した偈を紹介する。ある人が言う。「天の上から天の下まで，仏と比較することができるものは何もない。十方の世界にも，比較できるものは何もない。私は世間の一切のものを見ているが，しかし，すべては仏と比較にならない」と。インドのヴィムバラ王が偈を唱えたとき，老子がいたかと尋ねた。道士は答えられなかった。

と記述している。これによって，パクパが優れた学識と対論の才能を発揮したといわれる。

パクパは引き続いて，道士の自己矛盾するところを突いて，道士を反駁し尽くした。パクパはまた，

汝史記有化胡之説否？曰：無。曰：然則老子伝何経？曰：道徳経。曰：此外更有何経？曰：無。帝師曰：道徳経中有化胡事否？曰：無。帝師曰：史記中既無，道徳経又不載，其為偽妄明矣。道者辞屈。尚書姚枢曰：道者負矣。上命如約行罰，遣使臣脱歓将道者樊志応等十有七人詣龍光寺削髪為僧，焚偽経45部，天下仏寺為道流所拠237区，至是悉命帰之[27]。

あなたの『史記』の中には「化胡」という言い方があるのか，ないのかと尋ねた。道士はないと答えた。パクパは，それならば老子が何の経典を伝えているかと尋ねた。道士は『道徳経』がある，と答えた。パクパは，『道徳経』以外に他に経典があるか，と尋ねた。道士はないと答えた。パクパは，『道徳経』の中には「化胡」ということがあるかどうか，と尋ねた。道士は，ないと答えた。パクパは，『史記』の中にもないし，『道徳経』にも記載されていないということは，それが偽妄であるのは明白であろう，と述べた。道士は屈伏して，頭を下げた。

大臣の姚枢（Yao shu）は，道教の道士が負けたので，約束通りに罰を実行するよう命じた。脱歓が使節の大臣となって，樊志応，申志貞，李志全など17名の道士を龍光寺に連れて行き，髪を剃って仏門に帰せし

めた。そして45部の偽経を全部焼き尽くし，道士たちに占拠されていた全国237カ所の仏教寺院を悉く還させた。時に憲宗８年７月11日のことであった。

と記述している。

パクパが道士を調伏したことは，チベット仏教とモンゴル帝国の光栄にとどまらなかった。中国全土の道士に占められていた寺院，仏教寺院に戻させたことは，実質的な効果のあることであった。

仏教は，有史以来，論理的な推理と対論を重視してきた。チベット仏教とモンゴル仏教の寺院で，こうした論理的な対論を行うのは，一般的な僧衆教育のシステムの一つになっている。対論会を行って，仏教の広く深い教義を理解できるように工夫するのは，一つの方法論である。とくにチベットやモンゴルの高僧に優れた対論家が多いのは，この理由からである。仏教と道教の対論でパクパが道士たちを調伏できたのは，何年にもわたって努力した賜である。この対論を通じてパクパは，チベット仏教と漢伝仏教との交流のため，あるいはチベット仏教を中国に伝えるために，重大な影響をもたらしたと考えられる。

パクパが道士を調伏したあとに書いた偈には，次のようにある。

de blo dag pa lcags kyi khams// yaṅ dag gsuṅs paḥi bstan pa yi// gser ḥgyur rtsi yis rab sbyaṅs nas// thub paḥi brtul shugs ḥdsin paḥi// stom brtson dam par bdag gis bsgyur//(28)

私は鉄のように心が堅い道士らを調伏し，清浄な仏の教えである根本経典を修学し，釈尊の弟子となり，仏教の清浄なる戒律を必死に守らせるように努力した。

パクパが著した『調伏道教大師記』によれば，中国の中原に生まれた太上老君は，母の胎中に82年留まったという。生まれてからは静かな生活を好み，瞑想に熱中して修行し，世間予知の神通力を体得したという。大勢の弟子を集め，道教の教えを伝えた。この道教の教えは，インドの，いわゆる外道のサーンキャ（Sāṃkhya 数論）派の教えと同じである。この教えを信じる神仙と呼ばれる道士の人数が多く，道教の教えが善逝仏陀（bde bshin gśegs pa=tathāgata）の教えを害してきた。だから，人主であるフビライ・ハーンは，これら「邪門外道」（log pai grub mthaḥ）を排除する命令を下した。パクパ自身，チベット暦の陽土馬（1258年）の夏５月23日に，仏の清浄なる正見で，長期にわたって神仙の法を修練し，道教の教えに精通した道士17名を反駁し，論破した。道士は仏門に入って僧侶になったと記述している[29]

パクパは仏教の立場から一切を考えているから，パクパの目から見れば，道教の教えは邪見であることになる。太上老君が世俗的な神通力を獲得したことは確実であると認められるが，これらの能力はただ世俗のものにすぎず，最終的な解脱には役立たない。涅槃の世界に到達するのは，やはり釈尊の教えを実践しなければならないという考え方であった。パクパは，中国の中原に出て，さまざまな分野で活動していたから，中国の漢伝仏教，道教などについて，よく理解したと考えられる。後には国師として，中国仏教を含むモンゴル帝国全土の仏教を統領し，大きな影響力を発揮している。

『中国浄土三祖伝』によると，中国人の国家「宋」は，ほぼ13世紀後半の半ば頃，モンゴル帝国の元朝に亡ぼされた。以後，中国世界が異民族のモンゴル人に支配され，モンゴル人朝廷がチベット仏教を招来し崇拝したが，民間では従前通り，中国仏教がそのまま信仰され続けたことに変わりはない。浄土念仏の法も仏教の功徳行として実践され続けた。しかし，蓮社浄土教の流れから生まれた南宋の茅子元一派から，邪教化したいわゆる白蓮教が現れて，元朝になるとその教匪化が目立つに至ったのである。そこで，蓮宗のあるべき姿を提示しようとする，普度法師の粛整復興運動が行われた。普度の活躍は，元朝における浄土教の最も大きな出来事であったと言ってよいと述べている[30]。

第４節　高僧の批判退治

パクパがモンゴル帝国の国師であり，チベットとモンゴルの仏教関係の宗教界の領袖であるということが，チベット仏教史上，初めてのことであったので，チベット仏教僧侶の中で修行専一を主張する僧侶から，風刺され批判されたことがあった。たとえば，パクパが現在のチベットの日喀則西方面の納塘寺を訪ねたとき，その納塘寺の高僧であるチョムダンリクピラルリ（bCom ldan rig paḥi ral gri 覚丹熱智，13世紀末頃のチベット僧）が詩をつくり批判的に嘲諷した。

sańs rgyas bstan pa bkaḥ phyag sprin gyis bsgribs// sems can bde skyid mi dpon lag tu śor// sñigs dus dge sbyoṅ dpon poḥi brtul shugs ḥdsin// ḥdi gsum ma rtogs ḥphags pa min par go//(31)

仏陀の教えは役所の黒い雲で遮られてしまった。衆生の幸せは，役所の官吏に一発で盗まれてしまった。娑婆世界の出家者たる者が，位階・勲等・富裕を貪っている。この貪りと栄達と富裕の三つの条件の害がわからない人が，どうして聖者と言えるのかと。

この中の「聖者」というのは，パクパのことである。チベット語では འཕགས་པ (ḥphags pa) となる。パクパとは「聖者」の意味である。

パクパは，チョムダンリクピラルリの詩に対して，このように答えた。

bstan la ḥphel ḥgrib yon ba rgyal bs gsuńs// sems can bde skyid rań rań las la rag// gań la gań ḥdu de la de ston byed// ḥdi gsum ma rtogs mkhas pa min par go//(32)

仏法が興隆したり，衰微したりするのは，仏陀がすでに説かれたことである。衆生の幸せは，各人の業による因縁で定められている。衆生のそれぞれの機根に合わせて指導しなければならない。この仏法興隆と衆生安楽と衆生教化の三つの条件がわからなければ，賢者ではない。

チベット語のチョムダンリクピラルリは賢者の意味である。この中の「賢者」というのは，チョムダンリクピラルリのことである。

チョムダンリクピラルリは，確かに当時のチベット仏教では高名な仏教学者であった。師は，ほかのチベットの学僧と共に『大蔵経目録論典広説』を編纂している(33)。師はチベットの仏教文化を保存するために大いに貢献したが，政治面では非常に保守的な考え方の持ち主であった。師は，チベット仏教は世俗との縁を断ち切ったものであるべきだという考え方の持ち主であった。その考え方が，当時の多数の仏教指導者の見方と一致しなかった。パクパは，チョムダンリクピラルリのこの考え方を批判し，なじり，咎めた。パクパは，衆生の現状に即して教化するという思想を示した。いわゆるガンラガンヅル（gaṅ la gaṅ ḥdul 対機説法）の考え方である。パクパの考え方は，当時のチベット仏教各派の潮流を代表するものであったと考えられる。

モンケ・ハーンの時代の1255年に，チベット仏教カルマ派の第二祖カルマ・バクシ(34)（Karma pagsi 嘎瑪抜希 1204―1283）がモンゴルに赴いた。モンケ・ハーンの実弟であるフビライ・ハーン(35)の時代に，モンゴル帝国の版図が最も拡大し，元朝は中国・チベット・モンゴルの全土と，当時のインドの半分を統治した。遠くカシミール国の辺りまで，モンゴル帝国が支配したのである。1253年，フビライ・ハーンは，チベットからパクパをモンゴルに招請し，仏教の教えを尋ねた。ハーンはパクパの教えを聞いて，仏教に関心を持つようになった。

他方，フビライ・ハーンは，カルマ・バクシの教えを強く信じていたので，皇后のゼマサンモに，

> luṅ gi yon tan ḥphags pa che ruṅ/ rtogs paḥi yon tan bla ma rgya pho mtho ba ḥdra shes rgyal pos lkog tu gleṅ ba//(36)
>
> パクパは，教理的な功徳は優れているかもしれないが，修行による神通力の功徳は，カルマ・バクシのほうが高い。

と伝えた。

ゼマサンモ皇后は，パクパを信仰していたので，フビライ・ハーンの言葉をパクパに伝えた。

パクパは，ハーンの信頼を得るために，フビライ・ハーンの前で，カルマ・バクシと，それぞれの神通力を競うことを決めた。まず，カルマ・バクシは結跏趺坐したまま空中を飛んで，山や岩などを突き抜ける法力を顕した。続いてパクパは，自分の肢体を五つに分けて，それぞれ五部の如来に変化し，再び自分の身体に戻る法力を顕したと伝えられている(37)。

第５節　パクパ文字創出

西暦1268年頃，あるいは，西暦1269年の初めに，パクパはモンゴル帝国の元朝の大都（現在の北京）を訪れた。

パクパは「講聴観修」の修行をするために，学制を定め，仏法を広め，衆生を教化する活動を行った。元帝である世祖フビライ・ハーンも，遠いインドから如来の舎利や仏像，仏典，法器などを迎え，大伽藍を建て，僧侶を集め，仏法を広めた。

1276年，パクパは北京からチベットのサキャ寺（薩迦寺）に帰り，薩迦法王になった。政治の関係のことは，ポンチェン・シャキャザンポ（dPon chen śakya bzaṅ po 本欽釈迦尚波）[38]に任せた。チベットの仏教僧侶が，仏教はもちろん政治も司ることになったが，これがチベットの，いわゆる「政教合一」の発端である。チベットが正式に中国の「不可分離」な一部となったのは，元朝帝師パクパの協力が得られたことによると考えられる[39]。

前出の1268年頃，あるいは，西暦1269年初頃，パクパがモンゴル帝国元朝大都北京を訪問した主たる目的は，新しいモンゴル文字･蒙古新字（Monggol sine üsüg，チベット語では，Sog yig ḥkhor ma gru bshi）の創出にあった。1269年２月，世祖フビライ・ハーンが全土に向けてモンゴルの新しい文字（蒙文方形篆字ともいう）使用を命じた詔書「釈老伝」[40]には，次のようにある。

　聯惟字以書言，言以紀事，此古今之通例。我国家肇基朔方，俗尚簡古，未遑制作。凡施用文字，因用漢楷及畏吾字，以達本朝之言。考諸遼金以及遐方諸国，例各有字。今文治寖興，而字書有闕，於一代制度，實為未備。故特命国師八思巴，創為蒙古新字，譯寫一切文字，期於順言達事而之。自今以往，凡有璽書頒降者，並用蒙古新字，仍各以其国字副之。遂昇号八思巴大宝王，更賜玉印。

私［フビライ・ハーン］が考えるのに，文字は，言葉を文章を起こすことができ，言葉は出来事を記録するとことができることは，昔から今日まで通例のことであった。我が国家は北方のモンゴル草原に興起したから，その風俗は素朴で伝統的なものであって，今まで文字を創出する暇がなかった。文字を用いる必要があるときは，漢字およびウイグル字を用いることによって，モンゴル帝国の言葉を表記してきた。遼・金および遠方の諸国の実状を考察してみると，おおむねそれぞれの国は固有の文字を用いている。

今日では，モンゴル人は，文字によって国を治めることの必要に目醒めているが，文字が足りない。モンゴル帝国一代の制度としては不完全であるから，私［フビライ・ハーン］はとくに国師パクパに命じて，新しいモンゴル文字を創出させた。このモンゴル文字で一切の文字を訳すことも書くこともできる。したがって，今は言葉通りに出来事を記録し，事務を遂行することができる。今後は，文書の作成や公文書の発布にはすべて，新しいモンゴル文字を用い，その新しいモンゴル文字にそれぞれの国の文字を付記せよ。

したがって，私［フビライ・ハーン］はパクパに大宝法王の称号を贈って昇進させ，さらに玉印を下賜する。

世祖フビライ·ハーンは，パクパが創った新しいモンゴル文字すなわち「八思巴文字」をモンゴル帝国共通の文字とし，公文書をはじめ一切の文書作成に，新しいモンゴル文字を使用することを命じた。この文字は，サンスクリット語とチベット語を基にして創製された，モンゴル表音文字である。

1270年，世祖フビライ・ハーンが新しいモンゴルの文字を造ったとき，大宝法王パクパに封号と玉印を贈った。その玉印には，

皇天之下・一人之上・宣文輔治・大聖至徳・普覚真智・佑国如意・大宝法王・西天佛子・大元帝師(41)。

天皇の下，一人のみが卓越し，民を治める大聖であり，徳と悟りと智慧があり，意のままに国家を護持する大宝法王であり，インドの仏弟子であり，大モンゴル元朝の帝師である。

という内容を記している。

パクパは，チベットの13万戸を統領することになったと考えられている。パクパ文字は，モンゴル帝国一代限りの制度とはなったが，モンゴル帝国の国威発揚にあずかって余りあるものであった。

パクパは，36歳のチベット暦陽鉄馬年（1270年）に，世祖フビライ・ハーンの求めに応じて再びモンゴル帝国の皇宮に赴き，『喜金剛灌頂』を世祖フビライ・ハーンに伝授した。世祖フビライ・ハーンは，その折りに六棱玉印と詔書を作製してパクパを供養した。

世祖フビライ・ハーンはパクパには，

gnam gyi ḥog, saḥi steṅ na, rgya gar lhaḥi sras po, sprul paḥi saṅs rgyas, yi ge rtsom mi, rgyal khams ḥjags su ḥjug pa po, gnas lṇa rig paḥi paṇḍitaśriḥa//(42)

普く天の下，大地の上，インドの釈尊の弟子，仏陀の化身，文字を創製，国政を護持，五つの智慧を兼ね具えたモンゴル元朝の皇帝の帝師を勤めるパクパ帝師。

という封号を賜わったと記している。

それに加えて，白銀１千大銀，絹５万９千匹などの礼物を贈った。

以上紹介した玉印や詔書などから，パクパは1270年に正式にモンゴル帝国，すなわち元朝皇帝の帝師になったと考えられる。

さらにその根拠を，パクパが著した文書の中に見出すことができる。1270年，中国四川省出身の漢族のパクパの弟子叶将祖（Yi gyang ju）が仏典を刻印したとき，頼まれて，パクパが賛頌の言葉を書いている。その中には，

蒙古之主自太祖起，第五伝為具足功徳之皇帝汗，其在位時之至七年，法主薩迦巴所伝八思巴帝師之弟子，生於四川地方之叶将祖，悉心学習仏法，対漢地，吐蕃，尼泊爾，印度等区之聖地及学者生起正見，従彼等処獲受恩徳，思有以報答，乃将仏法経論刻印完畢，成就一大善業。願因此善徳使教法遍弘，仏陀之意願成就，皇帝陛下長寿，依教法護持国政，国土清浄安楽。此文因叶将祖一再勧請，比丘八思巴為善業之故写成。願各方一切吉祥(43)。

モンゴル帝国の皇帝は，太祖［チンギス・ハーン］から数えて，第五代［の世祖フビライ・ハーン］に伝えられた。［フビライ・ハーンは，］功徳を備えた皇帝である。［世祖フビライ・ハーン］在位７年の年に，法主サキャ・パンディタの弟子のパクパ帝師の弟子であり，四川省の出身の叶将祖が，一生懸命に仏法を修学した。中国，チベット，ネパール，インド等の聖地を訪れ，それぞれの聖地の学者によって正見を起こし，種々の恩徳を体得した。その恩徳に報いるために，仏の教えである経論を刻印し，一大善業を成就した。この善徳の因縁によって仏法を興隆し，

仏陀の願いを成就した。皇帝陛下は長寿で，仏の教えに従って国家を護り，国土は清浄，人民は安楽な生活を過ごす。この文書は，叶将祖の再三の求めに応じて，一切衆生の善業成就を願って比丘パクパが書いたもので，全世界が一切吉祥であるように祈願する。

という内容を記述している。パクパのあらゆる著作の中で，自らを指して帝師と表記したのは，この文書だけであった。この文書によって，世祖フビライ・ハーンの在位７年（1270）時には，帝師の号を授けられていたことが明らかに認められる。

世祖フビライ・ハーンは，中国の漢民族を含むモンゴル帝国元朝の公用語を八思巴文字で代行することを目的とした。元来の漢字をはじめ，他の諸少数民族の文字を使わず，八思巴文字だけを流通させようとした。このことは，中国文化大革命（1966―1976年）時の中国全土で漢語・漢文の流通を図った政策と同じことと考えられる。

パクパはモンゴル帝国と長年にわたって関わりがあったので，モンゴルの言葉にも精通し，インドの言語にも精通していた。パクパはこれらの多くの文字と言葉を基に，多民族の言葉を共通して表現できる新しい文字を作り出したわけである。確かに八思巴文字でいろいろな言語の文献を表記したものが，今日にも多く残っている。

1251年，モンゴル帝国の元憲宗モンケ・ハーン（1252―1259年在位）が即位する以前に，中国語専門の学者の中国人趙壁氏に依頼してモンゴル語を研究し，中国語の『大学衍義』をモンゴル語に翻訳させたことがあったという。1264年，『国史』の編纂と典籍の翻訳の命令を発し，国史修纂館を建てた。

モンゴル帝国元朝の世祖フビライ・ハーンが多民族を統一した後，全国の諸民族は，共用できる文字が必要であると感じていた。八思巴文字を創り出した後，世祖フビライ・ハーンは八思巴文字の公用を行政的な命令で推し進めようとした。『元史』の中に，

至元六年七月，「立諸路蒙古字学」至元七年四月，「設諸路蒙古字学教授」至元八年十二月，「詔天下興起国字学」(44)。

至元６年（1340）７月に，全国の各地域にモンゴル文字を学ぶセンタ

ーが建てられ，至元７年（1341）４月に，全国の各地域で，モンゴル文字を教えるセンターが設けられた。また至元８年（1342）12月に，全国の各地域で，八思巴文字を国語とするように命令した。

と記載している。

モンゴル帝国元朝末に，明初の叶小奇氏が著した『草木子』(45)の中に，

元朝一品衙門用三台金印，二品三品用両台銀印，其余大小衙門印，雖大小不同，皆用銅。其印文皆用八思麻帝師所制蒙古字書。

モンゴル帝国元朝の最高の役所（日本の外務省・財務省などの省に当たる）では，三台の金の印鑑を使い，日本の県庁・市役所に当たる役所では，二つの銀の印鑑を使い，その他の役所（区役所に当たる）では，大小にかかわらず，すべて銅の印鑑を使う。その印鑑の文字は，すべてパクパ帝師が創られたモンゴル字を使う。

と記述されている。

モンゴル帝国元朝の役所の官僚たちは，必ず八思巴文字を知らなければならない。したがって当時，八思巴文字を「国字」と呼称していた。

八思巴文字と漢文との関係では，八思巴文字を使って漢文を綴り，書くことができた。有史以来初めて，表音文字を用いて語音で漢文を記録することができた。これは漢文の発展史の面でもきわめて重要な意味をもつと考えられている。モンゴル帝国元朝時代の書道家・盛熙明氏が著した『法書考』では，八思巴文字の41の方形モンゴル文字を書き，さらに漢字で発音を示している。また八思巴文字で，漢文の「天・地・人・東・西・南・北」等の実例が書いてあった。八思巴文字で中国語の「法」の音を，Haphaと表記しており，後にチベット人も中国語の「法」音に，Haphaという発音を用いている。これは八思巴文字の影響を受けたとみられる一例である(46)。

『元史紀事本末・明史紀事本末』(47)の中には，パクパが創った八思巴文字を次のように紹介している。

其字僅千余，其母凡四十有一。其相関紐而成字者，則有韻関之法；其以二合三合四合而成字者，則有語韻之法；而要則以諧声為宗也。

その文字はわずか千［文字］しかない。その［文字］の母音は，すべ

てで41文字である。その字と字を関連させ結合して文字にする。すなわち発音に関して，２字を結合して文字にしたり，３字を結んで文字にしたり，４字を結合して文字とする言葉の音声の表し方をする。そしてそれは，形の［六書の］諧声を基にする。

八思巴文字の41文字を『法書考』に記載していることから考えれば，チベット語の基本文字30字（gsal byed 父字とも訳す）を基にし，それに四母音（dbyangs bzhi）のi，u，e，oを加え，さらにモンゴル語を音で綴って書くときには，七つの字を加えた。漢文を音で綴って書くときには，「ར་ra，ཉ་ña，ག་ga」の三つの字を捨てて，他の四つの字を加えた。

八思巴文字は，すべてチベット語の基本文字30字と四母音を基にして増減したものであると考えられている。いわゆる「二合三合四合而成字」ということは，チベット語の補音の前に前置字・上置字・下置字をつけること，および補音の後に後置字と再後字をつけて表音することである。表音する方法としては，チベット語の表音方法を基礎とした。だから，八思巴文字を用いてチベット語を書くことができる。両者の違いは，文字の形態上の違いだけである。すなわちチベット語は横書きであり，八思巴文字では縦書きにしたことである。モンゴル帝国元朝から現在に至るまで，チベット人もモンゴル人も，八思巴文字を書道芸術として，書物の表紙や住持たちの印鑑に用いている。チベット仏教やモンゴル仏教の寺院の山門の額や祈願文にも，八思巴文字が使われている。

第６節　サキャ寺，十万人法要勤修

パクパはチベット暦の鼠年（1276年），モンゴル帝国の皇宮から地元のチベットのサキャ寺に帰った。チベットの各地方の仏教の高僧や各教派の弟子，貴族・大臣らがサキャ寺を訪ね，パクパに布施をし，パクパに深く帰依し，パクパに法を求めた。インドやカシミールのパンディタ（paṇḍita 班智達）も，チベットのサキャ寺に来てパクパに法を求めた。

パクパは次のように述べている。

bdag ñid chen po ḥdis kyaṅ chos kyi rje ñid la mṅah baḥi dbaṅ daṅ byin rlabs gyi bkaḥ du ma daṅ/ bśad paḥi srol du ma daṅ, man ṅag gi skor phra shiṅ phra ba thams cad kyaṅ ṅa la legs par yod pa yin pas/ khyed raṅ so so gaṅ la mos paḥi chos thams cad da lta ṅa la shus śog gsuṅs nas//[(48)]

私は法主のサキャ・パンディタから，各種の灌頂と加持（byin gyis rlob pa）[(49)]を伝授されている。だから，説法を聞きたいのか，教誡を求めたいのか，各種の密教の経呪を修学したいのか，お前たち一人ひとりが希望している教法すべてを，私に求めることができる。

パクパはこの言葉通りに，求める人のレベルに応じて，直接に，広くて深い顕教や密教の教法を伝授した。チベットの僧俗は，伝授された仏の教法や儀礼などに満足したという。パクパは，サキャ寺において昼も夜も仏教を広めることに勤め，衆生を救済し，衆生が解脱の境地に達するように尽力した。

チベット暦の陽火牛年（1277年）の春３月，チンゲム皇太子（rGyal bu chiṅ gem 皇太子真金，世祖フビライ・ハーンの長男）が，パクパの施主（sbyin bdag）となった。チンゲム皇太子は，パクパを阿闍梨とした。

北チベットの後蔵曲彌仁莫（現在のチベット自治区日喀則県曲彌区）地方のチュミクゴンパ（chu mig mgon pa 曲彌寺）において，パクパは，７万人の僧侶，数千人の講経・説法ゲビセネン（dge baḥi bśes gñen 格西，善知識）を，そしてその他在家の信者らを含め，総数10万人を集めて大法要を行った。パクパは，７万人の僧侶に豊かな食事を供養し，僧侶１人当たり１銭の黄金（５グラムに相当）の布施をしたといわれる。法要は14日間にわたって行われ，説法をし，広く，深く仏教の大法輪を繰り広げた。この10万人大法要勤修を機として，僧俗は，諸仏が教えた無上の正道は，大乗における発菩提道だけであると強い信仰心を持ち，一心に菩提道を求め，正果を成就せんと精進した。

パクパはこの法要に，黄金963両３銭，白銀９大錠，錦鍛41匹，彩色シルク838匹，シルク5,858匹，茶120大袋，蜂蜜603樽，バター１万3,728グラム，チベットの小麦粉３万7,018グラム，炒面8,600グラムなどの品物を寄付したと記録されている。

チンゲム皇太子も，三度にわたって，７万人の僧侶に各一銭の黄金（５グラムに相当）を寄付したといわれる。

このような大規模な法要を行うことができたということは，パクパが，モンゴル帝国元朝の帝師であったことの証左であり，チベット仏教各教派を代表する地位であることの証左でもある。そして，モンゴル帝国元朝の経済力を明示するものであると考えられる[(50)]。

第７節　パクパ示寂

パクパが46歳，チベット暦の陽鉄龍年（1280年）11月22日午前，さまざまな品物を供養し，金剛杵と金剛鈴を持って，衆生の常見（gdul bya rtag ḥisin can）を断じるために，涅槃の相を現した。火葬後，多くの舎利が残り，種々な奇異な兆徴が現れたという。

以前アティーシャがチベットに来たとき，サキャ地方の山に２頭の野牛を見て予言したことがある。

> ma ḥoṅ pa na ma hā kā la gñis ḥphrin las mdsad par lun bstan te//[(51)]
>
> 将来，二人の大黒天神（Mahākāla 摩訶迦羅）が，この地で大きな功業を建立するであろう。

アティーシャはまた，サキャの灰白色の崖石に礼拝し，次のように予言した。

> ‘ḍhḥi’ yig bdun daṅ hḥuṅ yig ḥdug pas ḥjam dbyaṅs kyi sprul pa bdun daṅ phyag rdor gyi sprul pa gcig ste bryad kyis ḥgro don mdsad par luṅ bstan pa bshin //[(52)]
>
> このサキャ地方の山に，七つのデイ（ḍhḥi 迪）字と一つのフン（hḥuṅ 吽）字がある。将来，文殊菩薩が七人の化身となって現れ，金剛手菩薩は一人の化身となって現れる。合わせて八人の化身が衆生に利益する。

と言ったのである。

七尊とは，サキャ・クンガーニンポの子供の兄弟四人と，サキャ・パンディタ，パクパの父のサンツァ・ソゲンそしてパクパの七人をいう。七人は文殊菩薩の化身である。また，パクパの実弟チャクナドルジェは，金剛手菩薩の化身であるとされている。

『蒙古仏教史』では，サキャ・クンガーニンポが観世音菩薩の化身であるので，文殊菩薩･金剛手菩薩･観世音菩薩を合わせた，いわゆるチベット仏教の密教三部（spyan ras gzigs te rigs gsum rnam ḥphrul）における三尊化身であったともいう[(53)]。

サキャ派は，文殊菩薩系統の七尊を継承した。この中には，サキャ・クンガーニンポ，ロッポン・ソナムツェモ，タクパゲルツェンという白衣三祖を含む。そして，サキャ・ディタとパクパは，七尊の中の紅衣二祖と呼ばれている。チベット仏教では，この五人がサキャ派の五祖とされている[(54)]。

パクパが示寂したとの知らせが，モンゴル帝国の元朝の朝廷に伝えられた。パクパの示寂に接して，世祖フビライ・ハーンは，

　　不勝震悼，追懐旧徳，建大窣屠波於京師，宝蔵真身舍利，輪奐金碧無儔[(55)]。

　これ以上の悲しみはない。今までの師の功徳を追想し，大ストゥーパ（stūpa 窣屠波）を京師に建てて真身の舎利を宝蔵する。その壮大な建物の金碧は，他に比ぶものがない信友である。

と記述している。

フビライ・ハーンは，パクパを讃えて舎利塔と黄金の屋根の仏殿を造った。元仁宗延祐六年（1319），パクパの河西の弟子シャロバ（沙羅巴）の提案を受けて，パクパの功績は中国の孔子のそれに比肩するとされた。そして，八思巴殿が建てられた。

『元史』「泰定帝紀[(56)]」に次のように，

　　泰定元年八月辛未。絵帝師八思巴像十頒各行省。俾塑祀之。

　泰定帝泰定元年［(1324年) 8月］には，パクパの像を10枚描いて各省に公布し，各地域でパクパ帝師の塑像を祀るように。

と命を発したと記されている。

元末順帝（1328年）は，中国の僧侶徳輝師に命じて『勅修百丈清規』を著させたが，この中にも，元朝の中国仏教寺院に，パクパの示寂日を記念して法要を行うことが記載されている。この書の『帝師涅槃』[(57)]に，

　　帝師涅槃。至前日法座上敬安牌位，如法鋪設，厳備香，花，灯，燭，

茶，果，珍饈供養，維那（掌堂師）請制疏命疏（佛涅槃同）。隔宿命堂司行者報衆，掛諷経牌。正日鳴鐘集衆，向座雁立。候住持至，上湯上香，上食下儭。上茶礼拝畢，拈香（有法語）。維那揖班上香，大衆普礼拝。生住持跪炉宣疏挙呪，廻向云（上來諷経功徳，奉為皇天之下一人之上開宣文輔治大聖至徳普覚真智佑国如意大宝法王西天佛子大元帝師，上舩慈蔭，十方三世，一切諸佛云云）。疏語：天啓有元，篤生輔治之大聖，道尊無上，実為宣文之法王。密賛化基，陰翊王渡。吐辞為経，挙足為法，位居千佛之中，博厚配地，高明配天，尊極一人之上。維兹聖忌，益仰恩光。伏願重駕願輪，賛四海同文之治化，眷言像季，振千古正法之宗綱……。

帝師涅槃記念日の前日に，法座に牌位を安置する。清規に決められた通りに線香，花束，灯明，燭，茶，果，珍饈の供養物を供える。掌堂師（karma-dāna 維那）が執り行う一切の作法は，釈尊の涅槃法会と同じでなければならない。宿舎の隣にいる堂司の行者に命じて大衆に報らせ，諷経牌を掛けさせる。命日には鐘を鳴らし，座に向かって整立する。住持の来るのを待ち，湯を捧げ，香を供え，食事を出して，布施をする。茶を捧げ，礼拝し終わって香を拈じて法語を唱える。

維那師が班に会釈して香を捧げると，大衆は一斉に礼拝する。住持は炉前に跪き，疏語を宣べ呪経を唱える。「上來諷経する功徳は，皇天之下一人之上開宣文輔治大聖至徳普覚真智佑国如意大宝法王西天佛子大元帝師[58]の為にし奉る。上慈蔭に舩いんことを，十方三世，一切諸佛云云」と廻向文を誦する。つまり，いま法要を行う功徳は，皇帝の下で，一人の優れたる者の教えを開く文を宣べ，大聖を輔治し，徳普く真実の智慧を悟り，国を佑けること，意のままなる大宝法王西天佛子大元帝師の為にし奉る。十方三世の一切の諸仏云々と誦する。

疏語に，天（チンギス・ハーン）がモンゴル帝国元朝を創建され，治国を補佐した聖人を生み出された。この上なく尊い，真実の文を宣ぶる法王である。かの聖人の徳化の基を資け，陰かにするために，天子が定めた法制を翊けられる。言葉を発すればそれが経文となり，足を奉げればそれが法になる。地位は千仏の中にあり，広く厚いことは地にたぐいし。気高く明らけきことは天にならぶものがなく，大変尊敬されていて一人だけ群を抜いている，と聖忌にますます恩徳と利益を仰ぎ慕い，本願によって再び世に来ることを祈禱し奉る。天下が同一王朝の下に統一され，かえりみて像法末法のことを述べ伝え，正法を永遠に興隆するための根本的宗義を盛んならしめるもの，……

と讃称の言葉を続けている。

この記述から考えると，モンゴル帝国の元朝のときから，チベット仏教とモンゴル仏教以外の中国の仏教の中でも，パクパを釈尊と同じように崇拝し，記念法要などを行っていたことがわかる。

第８節　フビライ・ハーンの「優礼僧人詔書」

チベットからモンゴルに仏教が正式に伝来したのは，チベット仏教サキャ派の第四祖サキャ・パンディタが，1251年以前に，チンギス・ハーンの孫ゴダン・ハーンと，モンゴルの地で会った会談を嚆矢とする。これが第一編の第二章に述べた，世に有名な「涼州会談」であった。

この会談後約５年を経て，モンゴル帝国元朝五祖の世祖フビライ・ハーンが，チベット暦陽木虎年（1254年）仲夏（日本の６月に相当）９日に，モンゴルとチベットの両地が相接する現在の甘粛省涼州から，チベット仏教の僧侶に書き送った親書が「優礼僧人詔書」（ḥJaḥ sa pande śed bskyed ma）[(59)]である。

「優礼僧人詔書」は，パクパが，フビライ・ハーンにモンゴル帝国元朝の金字（最高位）の大臣でも仏教寺院の僧舎に宿泊するのは戒律に反することであり，また僧侶に労役を課し徴税することも戒律に反することであるから止めさせてほしという申し入れに対する親書である。フビライ・ハーンは，パクパの要求を受け入れ，チベット仏教の僧侶に対する「優待」と「期待」の意を含めて次のように書き送っている。

「優礼僧人詔書」

　依上師三宝之護佑，天命之主成吉思汗及蒙哥大皇帝之福徳，為利益佛法，忽必烈詔曰：

善逝佛陀釈迦牟尼具有不可奪移之智慧及無邊慈悲，其福德智慧具足猶如滿月，猶如日光破除無明黒暗，猶如獸王獅子鬪勝邪魔外道。対功德，聖業，教法，吾與察必可敦已起信仰，此前已任教法及僧伽之主。現今，復由法主薩迦巴及上師八思巴處獲得信仰，皈依佛法，於陰水牛年（1253年）接受灌頂，聽受教法甚多，更以為当任教法及薩迦之主。故此，特賜給上師八思巴此項褒蔵地方三宝之所依處及僧伽不受侵害之詔書，作為対教法之奉献。此外，前已賜給上師黄金及珍珠讓嵌之袈裟，諸宝装飾之佛塔，衣衫，僧帽，靴子，坐ｹﾔ等，器具有黄金傘盖，金座，金杵，銀爵，珍宝讓嵌刀柄之宝刀等，還有黄金一大錠，銀四大錠，乗駝，騾子，俱帯黄金鞍韉韁縄等。在此虎年（1254年）又賜白銀五十六大錠，茶葉二百包，錦緞一百一十匹。総之，詔書及器物俱已作為対教法的供養而奉献。汝蔵地之衆僧当知此情，不然如何遵奉聖旨。

汝僧人們不可争官位，官多了啊不好，亦不可因有了聖旨欺凌他人。汝僧人們兵差里征伐里不去，当依釈迦牟尼之教規，懂得経典的講，不懂的聽，於問法，學経，修行等勤奮着，敬奉上天，為吾祈禱。或有人謂：不必講學経，修持即可。如不學経啊如何修持，懂得教法方可修持也。諸老僧当以言語為青年僧人講経，青年僧人当聽老僧之言語。汝僧人們已免兵差税役，豈有不知此乃上師三宝之恩德者乎？若汝等不照釈迦牟尼之法規行事，蒙古諸人豈不懐懐疑釈迦牟尼之法，治罪於汝等乎？汝等不可以為蒙古之人不察此情，一次両次或有不察，久後必知之。汝僧人們不可悪行，不可使吾在衆人面前丢砌臉。汝等当以教法而行，為吾告天祝禱，汝等之施主由吾任之(60)。

上師・三宝の護佑するところに依り，天命の主であるチンギス・ハーンとモンケ・ハーン大皇帝の福徳によって，佛法に利益するために，フビライが詔して言ったものである。

善逝である釈尊は，無上の智慧と無辺の慈悲を具えている。その福徳と智慧を具足しているさまは，満月の如くであり，光明が無明の暗闇を破り除いたようであり，百獣の王の獅子が邪悪の外道に打ち勝ったようである。釈尊の功徳，聖業，教法については，私フビライとセマサンモ皇后が，すでに信仰をもっている。釈尊が法の教えを始め，一切の僧団の主であった。現在は，法主のサキャ・パンディタと上師のパクパから信仰を得て仏法に帰依している。チベット暦の陰水牛年（1253年）に灌頂を受け，多くの教法を授けられた。パクパは仏教の法主になり，サキャ派の法主を勤めている。よってとくに上師のパクパは，チベットの地の三宝を護る所依であるので，僧団を侵されないように詔書を贈って教法に捧げるのである。

これ以外は，上師に黄金，珍珠，譲嵌の袈裟，諸宝で装飾した佛塔，衣服，僧侶の帽子，靴，座蒲団等を贈った。器具としては，黄金の傘蓋，金座，金杵，銀爵，珍宝が刀柄にはめ込んである宝刀など，また，黄金一大錠，銀四大錠，乗駝，騾子や，何れも黄金がついている鞍韉と韁縄等がある。

チベット暦の虎年（1254年）にもまた，白銀五十六大錠，茶葉200包，錦緞110匹（約40ヤール）を贈った。詔書と器物は何れも，教法を供養するために奉献したものである。あなたがたチベットの地の僧侶は，私のこの気持ちを承知しなければならない。そうでないと，私の命令に従うことにはならない。

あなたたち僧侶は，官位を得るために争いをしてはいけない。官員が多いのはよいことではない。聖旨を受けていることをかさにきて，他人を苛めることは許されない。あなたたち僧侶は，軍隊に入り他国の征服に赴くことはないから，釈尊が決めた教えに従い，経典が説くところを理解しなければならない。解らないことは聞くようにせよ。法を問い，経典を学び，修行に勤め励むようにせよ。天を奉じ，わがために祈禱せよ。

ある人は言う。経典を学ばなくても，徳を修めればそれでよい，と。経典を研究しなくて一体，どのような徳を身につけることができるというのか。教法を十分に理解してこそ，それを身につけ保つことができるのだ。老僧は青年僧に，法に従って経典を講ぜよ。青年僧は，老僧の教えを十分に聞かなければならない。あなたがた僧侶は，軍隊が徴用する労役と納税を減免されている。どうして，上師と三宝の恩徳を知らないでいてよいであろうか。あなたたちが，釈尊が決められた戒律行事に従わなければ，モンゴル人は釈尊の教えに疑問をもち，あなたたちを処罰しようと思わないであろうか。あなたたちは，モンゴル人のこうした気持ちを思い知らなくてはならない。1，2回は察知できないことがあっても，いずれ後には必ず知らなければならない。あなたたち僧侶が悪行を行うことは許すことができない。人々の前で，私の面子をつぶすようなことをしてはならない。あなたたちは，教法に従って修行しなければならない。わがために天に向かって祝禱せよ。汝らの施主は私に任せよ。

と。

以上，フビライ・ハーンの「優礼僧人詔書」の大要を詳細に検討してきたが，この詔書の内容から，フビライ・ハーンが，自分の上師とするパクパをいかに信用していたか，そして仏教に何を期待していたかを窺い知ることができる。

釈尊が教えを始め，一切の僧団の主であるが，フビライ・ハーンとゼマサンモ皇后は，法主のサキャ・パンディタと上師のパクパから信仰を得て仏法に帰依している。チベット暦の陰水牛年（1253年）には灌頂を受け，多くの教法を授けられた。パクパは仏教の法主になり，サキャ派の法主を勤めていると，サキャ・パンディタに対する熱烈な信仰をフビライ・ハーンは，親書の中で述べている。

また，上師のパクパはチベットの地の三宝を護る所依であるので，僧団が侵されることがないように詔書を送って教法に捧げ，フビライ・ハーンは，老僧は青年僧に法に従って経典を講じるよう，チベット仏教に対する「優待」と「期待」を述べている。そして青年僧は，老僧の教えを十分に聞かなければならない。あなたがた僧侶は，軍隊が徴用する労役と納税を減免されている，とも述べている。

第9節　元朝の帝師

1270年，パクパが帝師に任ぜられて後，モンゴル帝国の元朝が終結するまでの間，歴代のモンゴル帝国皇帝は皆，帝師に任じた。ほとんどは，チベット仏教のサキャ派の高僧であった。

1．パクパ・ロレイゲルツェン（ḥphags pa blo gros rgyal mtshan 八思巴・洛追堅讃 1235—1280）…1260年から1270年まで国師を勤めた。1270年から1280年まで，元世祖フビライ・ハーン（Qubilai Han 忽必烈汗 1260—1294。Sechen　Han 薛禅汗ともいう）の帝師の任にあった。

2．リンチェンゲルツェン（Rin chen rgyal mtsan 仁欽堅賛 1238—1279）…パクパの異母弟である。1276年から1279年まで，元世祖フビライ・ハーンの帝師を勤めた。

3．ダルマパラ（Dharmapāla 達瑪巴拉 1268—1287）…パクパの実弟チャクナドルジェの子である。1281年から1286年まで，元世祖フビライ・ハーンの帝師を勤めた。

4．イェシリンチェン（Ye śes rin chen 意希仁欽 1249—1295）…パクパの弟子である。1286年から1291年まで，元世祖フビライ・ハーンの帝師に任じられた。

5．タクパオトセル（gRags pa ḥod zer 扎巴俄色 1246—1303）…パクパの御者である。1291年から1303年まで，元世祖フビライ・ハーンと元成宗ウルジェイトゥ・ハーン（Olǰeitu Han 鉄穆耳汗 1294—1310年在位）の帝師を勤めた。

6．リンチェンゲルツェン（Rin chen rgyal mtsan 仁欽堅賛 1257—1305）…第四代帝師イェシリンチェンの実弟である。元世祖フビライ・ハーンは，サキャ・シトラカーン（Sa skya gshi thog lha khaṅ 薩迦細脱喇章）の法台を委任した。1303年から1305年まで元成宗ウルジェイトゥ・ハーンの帝師を勤めた。

7．サンギエーパル（Saṅs rgyas dpal 桑結貝 1267—1314）…第五代帝師タクパオトスの甥であり，サキャ寺の住持の任にあったことがある。1305年から1314年まで，元成宗ウルジェイトゥ・ハーンや元武宗ハイサンヒルク・ハーン（Haḥi saṅ külüg 海山曲律汗 1307—1311年在位）と，元仁宗ボヤントゥ・ハーン（Buyanthu Han 普顔篤汗 1311—1320年在位）の帝師を勤めた。

8．クンガロレゲルツェンパルサンポ（Kun bgaḥ blo gros rgyal mtsan dpal bzaṅ po 貢噶洛追堅賛貝桑布 1299—1327）…パクパの孫甥である。1315年から1327年まで，元仁宗ボヤント・ハーンや元英宗ゲゲ・ハーン（Gege Han 格堅 1320—1323年在位）と元泰帝イェスンテムル・ハーン（也孫鉄木児汗 Yesüntemür 1323—1328年在位）の帝師であった。

9．ワンチュクゲルツェン（dByaṅ phyug rgyal mtsan 旺出児監蔵，生没年不明）…1323年から1325年まで，元泰帝イェスンテムルの帝師を勤めた。

10．クンガーレクパイーチュネゲルツェンパルサンポ（Kun bgaḥ legs paḥi ḥbyuṅ gnas rgyal mtsan dpal bzaṅ po 貢噶雷必迴乃堅賛貝桑布 1308—1341）…パクパの孫甥である。1328年から1329年まで，元泰帝イェスンテムル・ハーンの帝師を勤めた。

11．リンチェンラセ（Rin chen bkra śes 仁欽扎西，生没年不明）…1329年から1332年まで，帝師を勤めた。

12．クンガゲルツェンパルサンポ（貢噶堅賛貝桑布 Kun bgaḥ rgyal mtsan dpal bzaṅ po 1310—1358）…パクパの孫甥である。1333年から1358年まで，元天順帝トゴンテムル・ハーン（Togontemür 妥懽帖睦爾汗 1333年即位，1368年没）の帝師を勤めた。

13．ラチェンソナムロレ（bLa chen bsod nams blo gros 喇欽索南洛追 1332—1362）…パクパの孫甥である。1358年から1362年まで，元天順帝トゴンテムル・ハーンの帝師であった。

14．ナムゲルパルサンポ（rMam rgyal dpal bzah po 喃加巴蔵卜）…元朝末1362年以後に帝師を勤めた。明朝の初めに「熾盛佛宝国師」という聖号を与えられた(61)。

帝師とは，モンゴル帝国元朝の皇帝に仏教の師として特別に設けられた職位である。その地位は非常に高い。いわゆる「皇天之下，一人之上」，すなわち天下を統治している皇帝の仏教の老師であるので，帝師は高貴で権勢が強い。したがって，皇帝に対し重要な職責を担う。

帝師の職務上の責任については，元成宗オルジェイト・ハーンが，ラクバ

オトスに贈った玉印の中に,

大元帝師，統領諸国僧尼，中興釋教之印[62]。

大モンゴル帝国元朝の帝師は，全国の僧侶と比丘尼を統領し，釈尊の教えを興隆する立場にあり，その証しとしての印の所有者である。

とある。

帝師の職務には，三項目がある。

第一は，帝師は，元朝の皇帝の師として，皇帝に仏法を教え，戒律を授け，灌頂の儀式を行う。帝師は，皇帝の誕生と長寿を祈念して，法要を行い，「国泰安民」のために祈禱しなければならない。モンゴル帝国の皇帝・皇后等が，一様に戒を受けたことは，多くの歴史書に記録されている。たとえば,『南村輟耕録』の中には，皇帝が即位する前に，九回受戒して初めて正式に皇帝に至るものである，と記されている。

第二は，帝師は，全国の僧尼を統領して，仏教の一切の事務を主管する。チベット族が住むチベット全土の仏教と世俗の勢力を統治し，これら事務のすべてを，帝師の管轄範囲に含めるとしている。

第三は，帝師は，責任をもって仏法を宣伝し，高揚するための活動をしなければならない。

これらの帝師の責任職務の内容を考えると，帝師は地位が高いだけではなく，モンゴル帝国元朝の中央政府の高級官僚でもあったことがわかる。帝師は，全国の宗教事務の一切を把握し，皇帝の仏教の指導者であったことが明らかである。つまり，帝師は，皇帝の精神的なよりどころであったと言ってよい。

『百丈清規』の中に，元代の重要な仏教の法要として,「聖節，中秋節，佛誕生，佛涅槃，帝師涅槃」などの記載が見える。これによってモンゴル帝国元朝の皇帝は，帝師の地位を，仏祖の釈尊の地位と同等に考えていたことがわかる。

1264年，元世祖フビライ・ハーンは，首都を開平（上都，現在の内モンゴル自治区多倫）から北京（大都）に移した。同年，元朝の中央政権組織機関の中に,「総制院」という機関を設けた。そしてこれに，全国の仏教事務とチベットの地の軍事，行政の事務を管轄する責任をもたせた。

当時，元朝の中央政権組織機関には，

中書省――全国の各行省の行政の事務と中央の行政の事務を管理する。

御史台――全国の監察の事務を管理する。

枢密院――全国の軍事を管理する。

などの主要な機関があり，これに，

総制院――主に全国の仏教事務とチベットの地の軍事，行政の事務を管理する。1288年，総制院を宣政院と改称した(63)。

を加え，四大機関とした。これによっても，軍事行政と並んで宗教行政がいかに重視されていたかがわかるのである。

第10節　本章の結語

以上モンゴル，チベットの宗教に関わる動向を述べたが，いまパクパの生涯の経歴と活躍の跡をたどり総括すると，彼はチベット，モンゴル，中国の歴史上の展開に，さまざまな方面で重大な影響を及ぼしたことがわかる。

宗教面では，パクパはチベット仏教一派の教主でありながら，モンゴル帝国の皇帝から尊敬され，全国の仏教を総括する立場にあった。チベット仏教の他の教派の高僧と比べると，パクパは，他に類をみない傑出した宗教上の活動家でもあった。彼は仏教について深く広い知識と智慧に恵まれていただけでなく，謙譲の美徳も兼ね備え，徳行に秀でた人物であった。優れた対機説法で，モンゴル帝国の元朝世祖フビライ・ハーンをはじめ，朝野のすべてから全幅の信頼を受け，敬重され，仏教をモンゴル帝国に広宣した。

政治面でも，パクパは傑出した社会活動家であった。彼は，歴史の潮流の中において，生涯かけて己れの精神と体力とのすべてを捧げ，チベットとチベット族が居住する地域がモンゴル帝国の元朝に帰順した政治情勢下にあって，モンゴルとチベット，あるいは中国の漢族との宗教文化の交流に大いに尽力した。彼は，世祖フビライ・ハーンが開創した皇室を後ろ盾として，チベット仏教を総領し，チベット政治を主管した。いわゆる「政教合一」の制度は，モンゴル民族の元朝から漢民族の明朝を経て満州族の清朝，中華人民共和国建国に至るまで，およそ800年間続いた。

彼はモンゴル帝国による中国全土統一を支持し，分裂に反対した。そして自分の教派や家族の運命とモンゴル帝国の運命とは，運命共同体であるとしたのである。こうした考えの下に，チベットでは，軍政機関，行政体制，駅站（連絡所）を創設し，戸籍(64)を精査し，法律を施行した。このことが，チベットの地とモンゴル帝国元朝（中国内地を含む）の間の政治，経済，文化などの交流に大いに貢献したものと考えられる。

チベットが中国の「不可分割」の一部となったことは，パクパがモンゴル帝国元朝の帝師になったことと切り離して考えることはできない。彼はチベット民族・モンゴル民族・漢民族の民族融和に，不滅の功績を上げただけではなく，チベット自体の歴史発展にも大いに貢献した。チベットの吐蕃王朝以来，過去数百年にわたって分裂していた各地方を統一した。そして，チベットの歴史上初めて，チベット各地の僧俗の首領と親しい関係をつくり上げ，僧俗の別なく各地の領袖（代表者）の間を遍歴することができるようにした。同時に彼は多くの親族や弟子をモンゴル帝国に推挙し，モンゴル帝国の役人としていた。パクパは正に，チベット人とモンゴル人すべてが等しく認める偉大な指導者であった。

文化面でも，パクパの貢献は大なるものがあった。たとえばモンゴル帝国元朝に「蒙古新字」（八思巴文字）を創製し，文化遺産の保存に大きな貢献をしたことが挙げられる。またチベット仏教，医学，芸術などをモンゴルの地と漢地に伝え，逆に漢文化をチベットに紹介するなどした。彼の努力によって，モンゴル民族，チベット民族と漢民族との間の民族文化の交流が，一層促進されたことは言うまでもない。

パクパは，チベット仏教の発展史上に位置を占める宗教上の大偉人であるにとどまらず，ソンサンガムポ（Sroṅ btsan sgam po 629—650）以後のチベット政治上の第一人者であり，世界史の上においても，傑出した人物の一人に数えられるであろう。

注

（1）『元史』202巻「釈老伝」また野上俊静『元史釈老伝の研究』（朋友書店，昭和53年）9頁～11頁参照。

（2） 王雲五主編『元史紀事本末・明史紀事本末』（台湾商務印書館，中華民国57年，1967年，国学基本叢書四百種）111頁。

（3） 陳慶英『元朝帝師八思巴』（中国蔵学出版社，1992年）193～194頁。

（4） 阿旺貢索南著，陳慶英 高禾福 周潤年訳『薩迦世係史』（中国西蔵人民出版社，1989年）116～117頁。

（5） 陳慶英『元朝帝師八思巴』（中国蔵学出版社，1992年）74頁。

（6）『薩迦五祖全集』（第十五函）第111叶。

（7） 陳慶英『元朝帝師八思巴』（中国蔵学出版社，1992年）75頁。

（8） 中国仏教協会編『中国仏教寺院』（中国世界語出版社，1995年）39～40頁。

五台山の山域は，東西の長さ約90キロメートル，南北の広さ約60キロメートルに及ぶ。いわゆる五台とは，東・西・南・北・中の五峰をいい，中台の翠若峰は海抜2,894メートル，東台の望海峰は2,795メートル，南台の錦綉峰は2,485メートル，西台の挂月峰は2,773メートル，北台の葉闘峰は3,058メートルである。これらの呼び方は，山の形と風景によるものである。

5世紀以来，時代ごとに寺院が建てられ，遠くは日本，インド，ネパール，インドネシアなどにまでもその名の聞こえた，仏教の総本山である。唐代の盛時には全山に360の寺院があり，僧尼の数は1万を数えたといわれる。明末清初には120の寺院を数え，現存する寺院は大小合わせて122カ所あるが，活動している寺院は47カ所である。全世界の各地の仏教徒が，遠隔の地であるにもかかわらず遥々参拝にやって来る。盛夏でも平均気温が摂氏20度前後と涼しいため，清涼山の別名がある。

（9） 陳慶英『元朝帝師八思巴』（中国蔵学出版社，1992年）76～77頁。

（10） 釈鎮澄『清涼山志』（中国書店出版社，1989年）12頁参照。

元好問は山西忻県の出身であり，モンゴル帝国憲宗モンケ・ハーン（Mongke Han 蒙哥汗 1252―1259年在位）のとき，1254年に五台山を巡礼したことがあると記している。

（11） 陳慶英『元朝帝師八思巴』（中国蔵学出版社，1992年）78頁。

（12）『薩迦五祖全集』（第十五函）第113～119叶。

（13） 陳慶英『元朝帝師八思巴』（中国蔵学出版社，1992年）79頁。

（14） 段啓明　戴晨京　何虎生『中国仏寺道観』（中国中共中央党校出版社，1993年）92～96頁。

（15） 段啓明　戴晨京　何虎生『中国仏寺道観』（中国中共中央党校出版社，1993年）100～103頁。

（16） 段啓明　戴晨京　何虎生『中国仏寺道観』（中国中共中央党校出版社，

1993年）114～116頁。また中国仏教協会編『中国仏教寺院』（中国世界語出版社，1995年）41頁によれば，文殊殿の中に200の文殊菩薩の銅像が祀られている。

(17)　段啓明　戴晨京　何虎生『中国仏寺道観』（中国中共中央党校出版社，1993年）119～121頁によれば，観音洞はまた棲賢寺ともいう。清朝の康熙年間（1662～1722年）に創建した。ダライ・ラマ十三世トゥプタンギャンツォ（Thub bstan rgya mtsho 土登嘉措 1876—1933，仏教海の意味）が1908年，五台山に赴き，観音洞で瞑想した。チベットとモンゴルの僧俗は，五台山に参拝するときには，必ずダライ・ラマが瞑想した所で礼拝する。筆者も1989年にチベット仏教大学の参拝団の一員として，五台山の観音洞でダライ・ラマが瞑想した所に礼拝したことがある。鎮海寺・台麓寺・慈福寺・善財洞などがある。五台山では，中国系の寺院を青廟と呼ぶ。それに対して，チベット系とモンゴル系の寺院を黄廟と呼んで区別されている。

(18)　釈鎮澄『清涼山志』（中国書店出版社，1989年） 2 頁参照。

(19)　中国仏教協会編『中国仏教寺院』（中国世界語出版社，1995年）39～40頁。

(20)　段啓明　戴晨京　何虎生『中国仏寺道観』（中国中共中央党校出版社，1993年）673頁参照。

道教の長春真人の邱処机（1148—1227）の教えは，心を清め，欲望を起こさないことにあり，修道の根本であるとされている。修道者は必ず出家しなければならない。そして世俗の一切を絶ち切ることを主張する。いわゆる「一念無生即自由，心頭無物即仙人（仏）」である。

(21)　『元史』巻125「鉄哥伝」，また陳慶英『元朝帝師八思巴』（中国蔵学出版社，1992年）80頁参照。

(22)　松崎光久『耶律楚材文集』（明徳出版社，平成13年）202頁によれば，『老子化胡経』は，道教の『太上混元上徳皇帝明威老子化胡成仏経』などに基づく概念図を，道教側が作成したというものである。化胡とは，老子が周を去って出関した関所が西域への門戸であり，やがてインドに入った老子が異民族を教化し，その弟子に当たるのが釈迦だとする話である。従来『化胡経』の類は，道教側が仏教に対し，自教の優越性を主張しようと捏造した偽書とされるものである。

(23)　『元史』巻125「鉄哥伝」。

(24)　陳慶英『元朝帝師八思巴』（中国蔵学出版社，1992年）80?81頁。

(25)　陳慶英『元朝帝師八思巴』（中国蔵学出版社，1992年）80頁。

(26)　水野弘元『パーリ語辞典』（春秋社，1995年）205頁。漢文の頻婆婆羅は頻毘娑羅の誤りで，釈尊の時代，マガダ国王Bimbisāra（パーリ語）のこと。

(27)　陳慶英『元朝帝師八思巴』（中国蔵学出版社，1992年）81頁。

(28)　久明柔白多杰『蒙古仏教源流』（ḥJigs med rig paḥi rdo rje, *Hor gyi chos hbyuṅ*）中国青海民族出版社，チベット語，1993年，119～120頁。また固始噶居巴洛桑沢培著，陳慶英・烏力吉訳著『蒙古仏教史』（中国天津古籍出版社，1991年）48頁によれば，相当箇所は次の通りである。

我使這些心堅如鉄的道士，学習清浄仏法的根本経典；
成為仏陀釈迦牟尼的信徒，努力持守仏教的清浄戒律。

(29)　『薩迦五祖全集』（第十五函）第319叶。また阿旺貢索南著，陳慶英・高禾福・周潤年訳『薩迦世係史』（中国西蔵人民出版社，1989年）167頁参照。

(30)　野上俊静『中国浄土三祖伝』（文栄堂書店，昭和45年）183頁。

(31)　久明柔白多杰『蒙古仏教源流』（ḥJigs med rig paḥi rdo rje, *Hor gyi chos hbyuṅ*）中国青海民族出版社，チベット語，1993年，121頁。また阿旺貢索南著，陳慶英・高禾福・周潤年訳『薩迦世係史』（中国西蔵人民出版社，1989年）123頁によれば，相当箇所は次の通りである。

佛陀教法為衙署烏雲所遮，衆生幸福被官長一手奪去；
濁世僧人正貪図官爵富貴，不懂這三条就不是聖者。

(32)　久明柔白多杰『蒙古仏教源流』（ḥJigs med rig paḥi rdo rje, *Hor gyi chos hbyuṅ*）中国青海民族出版社，チベット語，1993年，121頁。また阿旺貢索南著，陳慶英・高禾福・周潤年訳『薩迦世係史』（中国西蔵人民出版社，1989年）123頁によれば，相当箇所は次の通りである。

教法有興哀是佛陀所言，衆生的幸福是業縁所定；
教化一切要按情勢指導，不懂這三条就不是賢者。

(33)　陳慶英『元朝帝師八思巴』（中国蔵学出版社，1992年）131頁。

(34)　王輔仁　陳慶英編著『蒙蔵民族関係史略』（中国社会科学出版社，1985年）70～71頁。チベット仏教の活仏の制度は，カルマ・バクシ（Karma pagsi 嘎瑪拔希 1204―1283）に始まる。バクシはモンゴル語で「先生」の意味である。モンケン・ハーンが贈った尊称である。

(35)　蔡巴貢噶多吉『紅史』（東嘎洛桑赤列校注，中国西蔵人民出版社，1988年）194～195頁。

(36)　図官洛桑却吉尼瑪『宗教源流史』（Thuḥu bkban blo bzaṅ chos kyi ñi ma, *Thuḥu bkban grub mthaṅ*）中国甘粛民族出版社，チベット語，1984年，450頁。また阿旺貢索南著，陳慶英・高禾福・周潤年訳『薩迦世係史』（中国西蔵人民出版社，1989年）123頁には次のように記している。

我們的上師雖是如来佛及無量光佛二尊化現於人世，他們的神通応無大小之別，但従眼前的神通来看，還是這位上師高一些。

(37)　図官洛桑却吉尼瑪『土観宗派源流』劉立千訳注「講述一切宗派源流和教義善説晶鏡史」（中国西蔵民族出版社，中国語，1984年）227頁。

(38)　稲葉正就・佐藤長共訳『フゥラン・テプテル―チベット年代記―』（法蔵館，昭和39年）125～127頁参照。

サキャポンチェン（Saskya dpon chen 薩迦本欽）についてであるが，（1）ポンチェン・シャキャザンポ（dPon chen śākya bzaṅ po 本欽釈迦尚波）は，サキャ・パンディタが，モンゴルの地の涼州へ行ったとき，座主の如き職に任ぜられたことがある。パクパの時代に，パクパが推薦し，フビライ・ハーンの許可を受けた。そしてシャキャザンポは，チベット最初の「ポンチェン」であった。「ポンチェン」は大臣の意味である。すなわち，当時，チベット地方の政治の領袖であったと考えられる。

「サキャポンチェン」は，モンゴル帝国のとき，チベット地方の「ポンチェン」を，ほとんどサキャ派の人が務めたところから「サキャポンチェン」と言った。

（1）シャキャザンポは，フビライ・ハーンから「烏思蔵三路軍民万戸」（dbus gtsaṅ gi zam klu gun min dbaṅ hu, dbus gtsaṅ khri skor bcu gsum）の印墨を与えられ，ポンチェンに任ぜられた。大カンサル（khaṅ gsas chen mo 薩迦康賽大殿 新大殿ともいう）を建て，大ラカン（lha khaṅ chen mo）の内外の囲壁を造り，建築に必要な木材を引いたが，伽藍の屋根が葺き上がらないうちに示寂した。シャキャザンポの侍従（Naṅ gñer）であった。

（2）クンガザンポ（Kun dgaḥ bzaṅ po 貢噶桑布）は，ポンチェンになってリンチェンガンの館（rin chen sgaṅ bla braṅ 仁欽岡，拉康喇章）を建て，伽藍や囲壁を完成した。クンガサンポは，ポンチェンの職を伝えて，（3）シャンツン（Shaṅ btsun 尚尊），（4）チュガポバンカルワ（Phyug po ban dkar ba 秀波班噶哇），（5）チャンリン（Byaṅ rin 強仁）の五人が，パクパの推薦を受けポンチェンに就任した。この五人の中の第二番目のクンガサンポをパクパが好まず，セチェン（フビライ・ハーン）の命令によって殺された。チャンリンがポンチェンを勤めたとき，フビライ・ハーンの御心にかなって宣慰司の長官に任ぜられ，水晶の印墨を賜わった。

続いて，（6）クンション（Kun gshon 袞宣），（7）ションワン（gShon dbaṅ 宣旺）が現れた。彼の時代に大改革（大清査）があって，南チベットの前蔵と北チベットの後蔵（ウイとツァン烏思蔵 dbus gtsaṅ）の法律の大部分が制定された。それ以後，（8）チャンドル（Byaṅ rdor 強多），（9）アンリン（Aṅ len 阿迦倉）が出てポンチェンを勤めた。彼らはサキャ寺の外の囲壁とポンポリ（dpon po ri 奔波日）山の囲壁を造り，カンサルリン（khan gsr gliṅ 康賽）寺院を建てた。これらの三人の時代に，ディクンパ（ḥbri khuṅ pa 止貢派）と，いわゆる「止貢寺之乱」（ḥbri khuṅ gliṅ log）と呼ばれる戦争が起こった。

続いて，(10)パンチェン・ションワンが再びポンチェンに就任した。(11)パンチェン・レクパペル（Legs pa dpal 勒巴貝），(12)センゲペル（seṅ ge dpal 僧格貝）が出た。(13)オェセルセンゲ（ḥod zer seṅ ge 沃色僧格）

は，モンゴル帝国元朝の宣政院から印墨を賜わった。それ以後，(14)クンガリンチェン（Kun dgaḥ rin chen 貢噶仁欽），(15)トンヨンペル（don yod dpal 頓月貝），(16)ユンツン（Yon btsun 雲尊）と続き，(17)再び，オェセルセンゲがポンチェンに就任された。(18)ギェルワサンポ（rGyal ba bzaṅ pa 嘉哇桑波），(19)ワンチュペル（dBaṅ phyug dpal 旺秋貝），(20)ソェナムペル（bSod nams dpal 索南貝）と続き，(21)［ギェルワサンポ］が再びポンチェンに就任した。その後，(22)ワンツォン（dBaṅ brtson 旺尊），(23)ナムカテンパ（Nam mkhaḥ brtan（Tam）pa 南喀丹巴），(24)タクパゲルツェン（Grags pa rgyal mtshan 扎巴堅讃），(25)ペルブム（dPal ḥbum 貝本），(26)ロチェン（Blo chen 洛欽），(27)タクワン（Grags dbaṅ 扎旺）の存在が知られている。

サキャ派のポンチェンは，サキャ派の行政の責任者であり，サキャ寺の修復は彼らの重要な任務であった。その他では，モンゴル帝国元朝から任命された地方の大臣（官員）などである。ポンチェンの主な役割は，モンゴル帝国元朝のためにチベット地の人口（戸口）を調査確認し，地方の法律などを制定する事務を行うことであった。ポンチェンは，モンゴル帝国元朝の皇帝から大臣の職位と印墨を得た。皇帝は，ポンチェンを処罰するか，殺すことができた。チベットのサキャ派のポンチェンという地方政権は，すべてモンゴル帝国元朝の中央統一政権の下に置かれたのであって，独立した政権ではなかった。モンゴル帝国元朝の時代に，チベットの地の中央の衛蔵地区を13の万戸に分けたのは，チベット仏教サキャ派のサキャポンチェン であった。これはシャキャザンポとモンゴル帝国元朝がチベットに派遣した二名の使節アコン（A kon 阿袞）・ミリン（Mi gliṅ 米林）と共に実施したものであった。西暦1268年のことであった。

なお，モンゴル帝国元朝は，チベット地に対して，２回にわたって全面的な調査した。そして13の万戸を分けた。各万戸は，モンゴル帝国元朝に納税する貢品の種類と数量とを確定した。それによってチベット地に対する行政制度が確定した。

シャキャザンポには，モンゴル帝国元朝の皇帝フビライ・ハーンから「烏思蔵三路軍民万戸」の官職の印墨が与えられた。ここでいう「烏思蔵」は，サキャ地方を指していた。当時，チベットの首府であった。そこで，サキャ万戸を「烏思蔵」と呼んだ。「三路」の路とは，モンゴル帝国元朝の行政の名称をいった。一般的には，十万戸は「一路」である。したがって，シャキャザンポの地位は非常に高かったと考えられる。チベットの地の軍事から民政まで，すべて彼が管轄した。中央チベットの衛蔵を13万戸を分けた20年後の1287年に，フビライ・ハーンは，大臣のホシュアヌガン（Ho shu a nu gan 和粛阿努汗）を使節としてチベットに派遣した。ポンチェン・ションヌワンチュッゲ（gShon nu dba phyug 本欽・宣奴旺秋）と共に3回目の人口（戸口）を調査確認した。旧来の「ジャム」（ḥjam 甲姆)。（ジャムは，モンゴル語の「道」の意味，今日の連絡所の駅伝をいう）を予め調整した。1回目の「ジャム」を造るとき，アリ地方の資料が乏しかった。実際，アリ地方はモンゴル帝国元朝に帰順したが，その時期は中央チベット地方より早かった。したがってモンゴル帝国元朝は，アリ地方に「ジャム」を造ったと考えられる。1287年の第3回目の調査以後は，モンゴル帝国元朝は，アリ地方に4カ所の「ジャム」を造った。

1回目・2回目と同様に3回目も，各「ジャム」の間にさらにより小規模な組織体造った。3回目の調査のとき，新しい「マクジャム 馬甲姆 dmag ḥjam」を造った。マクはチベット語で「軍」の意味で，すなわち軍事のために造られた連絡所である。モンゴル帝国元朝の首都北京からチベットの地まで，軍事上の必要に応じて，常に連絡できるようになっていたと思われる。

(39)　張怡蓀主編『蔵漢大辞典』（Kraṅ dbyi sun, *Bod rgya tshig mdsod chen mo*）中国民族出版社，1986年，中巻1776頁。

(40)　『元史』202巻「釈老伝」，また樊保良『蒙蔵関係史研究』（中国青海人民出版社，1992年）59頁参照。

(41)　『元史』202巻「釈老伝」，また野上俊静『元史釈老伝の研究』（朋友書店，昭和53年）12頁参照。

(42)　久明柔白多杰『蒙古仏教源流』（ḥJigs med rig paḥi rdo rje, *Hor gyi chos hbyuṅ*）中国青海民族出版社，チベット語，1993年，119～120頁。また阿旺貢索南著，陳慶英・高禾福・周潤年訳『薩迦世係史』（中国西蔵人民出版社，1989年）147頁によれば，相当箇所は次の通りである。

> 普天之下，大地之上，西天佛子，化身仏陀，創製文字，護持国政，五明班智達八思巴帝師。

(43)　『薩迦五祖全集』（徳格木刻版，第15函），また陳慶英『元朝帝師八思巴』（中国蔵学出版社，1992年）150～151頁参照。

(44)　『元史』巻6・7「世祖本紀」，また王啓龍『八思巴評伝』（中国民族出版社，1998年）177頁参照。

(45)　王啓龍『八思巴評伝』（中国民族出版社，1998年）178頁。

(46)　陳慶英『元朝帝師八思巴』（中国蔵学出版社，1992年）147頁参照。

(47)　王雲五主編『元史紀事本末・明史紀事本末』（台湾商務印書館，中華民国57年，1967年，国学基本叢書四百種）111頁。また野上俊静『元史釈老伝の研究』（朋友書店，昭和53年）7～8頁参照。

(48)　久明柔白多杰『蒙古仏教源流』（ḥJigs med rig paḥi rdo rje, *Hor gyi chos hbyuṅ*）中国青海民族出版社，チベット語，1993年，124頁。また固始噶居巴洛桑沢培著，陳慶英・烏力吉訳著『蒙古仏教史』（中国天津古籍出版社，

1991年）51頁によれば，相当箇所は次の通りである。

我這里有法主薩迦班智達所伝授的各種灌頂和加持，説法教誡以及各種経呪等，你們各人希望得到怎麼教法，都可以向我請求。

(49)　加持は，サンスクリット語ではadhiṣṭhānaといい，パーリ語ではadhiṭṭhānaという。

(50)　陳慶英『元朝帝師八思巴』（中国蔵学出版社，1992年）180～181頁。または『漢蔵史集』328～329頁にも記載している。

(51)　久明柔白多杰『蒙古仏教源流』（ḥJigs med rig paḥi rdo rje, *Hor gyi chos hbyuṅ*）中国青海民族出版社，チベット語，1993年，126頁。また固始噶居巴洛桑沢培著，陳慶英·烏力吉訳著『蒙古仏教史』（中国天津古籍出版社，1991年）52頁によれば，相当箇所は次の通りである。

将来会有両位大黒天神在此建立功業。

(52)　図官洛桑却吉尼瑪『宗教源流史』（Thuḥu bkban blo bzaṅ chos kyi ñi ma, *Thuḥu bkban grub mthaṅ*）中国甘粛民族出版社，チベット語，1984年，183～184頁。また図官洛桑却吉尼瑪，劉立千訳注『土観宗派源流』――講述一切宗派源流和教義善説晶鏡史――（中国西蔵民族出版社，中国語，1984年）99～100頁によれば，相当箇所は次の通りである。

這里有七箇‘迪’字和一箇‘吽’字，将有文殊菩薩的七位化身和金剛手菩薩的一位化身共計八人在此利益衆生。

(53)　固始噶居巴洛桑沢培著，陳慶英・烏力吉訳著『蒙古仏教史』（中国天津古籍出版社，1991年）52頁。

(54)　久明柔白多杰『蒙古仏教源流』（ḥJigs med rig paḥi rdo rje, *Hor gyi chos hbyuṅ*）中国青海民族出版社，チベット語，1993年，126頁。

(55)　陳慶英『元朝帝師八思巴』（中国蔵学出版社，1992年）193頁。または王磐の『抜思發行状』。

(56)　『元史』巻29「泰定帝紀」，また野上俊静『元史釈老伝の研究』（朋友書店，昭和53年）９～14頁参照。

(57)　陳慶英『元朝帝師八思巴』（中国蔵学出版社，1992年）193～194頁。

(58)　王雲五主編『元史紀事本末・明史紀事本末』（台湾商務印書館，中華民国57年，1967年，国学基本叢書四百種）111頁にも記載されている。

(59)　阿旺貢索南著，陳慶英・高禾福・周潤年訳『薩迦世係史』（中国西蔵人民出版社，1989年）116～117頁。

(60)　阿旺貢索南著，陳慶英・高禾福・周潤年訳『薩迦世係史』（中国西蔵人民出版社，1989年）116～117頁。

(61)　樊保良『蒙蔵関係史研究』（中国青海人民出版社，1992年）73～74頁。また長谷部幽蹊『明清佛教教團史研究』（同朋舎，1993年）57～60頁。

(62)　『元史』202巻「釈老伝」。また蘇魯格・那本斯来『簡明内蒙古仏教史』（中国内モンゴル文化出版社，1999年）86～87頁参照。

(63)　徳勒格編著『内蒙古喇嘛教史』(中国内蒙古人民出版社，1998年) 37〜44頁。

(64)　樊保良『蒙蔵関係史研究』(中国青海人民出版社，1992年) 54〜55頁。モンゴル帝国元朝の人口調査に関して，『薩迦世系史』に行省 (zhing) という言葉が見える。その意味は，地面に六根柱で建てられた家に，夫婦二人に息子と娘二人に男女二人の雇人を含めて六人の家族であり，家畜としては，馬とラクダそれぞれ1頭，そのほかに黄牛，山羊，綿羊などがある。12モンゴル克（1市畝に相当する）の種子の畑（田地）などがあれば,「小戸 (hor dud chung)」になる。25の「小戸」を「大戸」(dud chen) と称した。2「大戸」を1「馬頭」(rta mgo) と称した。2「馬頭」をもって「百戸」(brgya skor) を構成する。10「百戸」をもって「千戸」(stong skor) とした。10「千戸」をもって「万戸」(khri skor) とした。10「万戸」をもって1「路」(klu) とした。10「路」が「行省」と称された。モンゴル帝国元朝のフビライ・ハーンのときには，11行省を治めていた。チベットの地は，当時人口の面からは1「行省」にはならないが，フビライ・ハーンの上師の出身であり，仏教が盛んであるため，これを1「行省」に数えていたと考えられる。

チベット語でホルヅダチュン (Hor dud chuṅ 小霍爾都) という言葉の中の「dud 都」は，チベット語で「煙」の意味である。おそらくかつてのチベットには，ガスや電気などは存在しなかったため，樹の枝や牛の糞などを燃料として使っていたその煙であると考えられる。チベット人は人戸（1軒の家族）のことを「都倉」(dud tshaṅ) と称する。ホル (hor 霍爾) はモンゴル語であり，人口調査の方法は，モンゴル帝国元朝の法律で行った。そのため，人戸（1軒の家族）をホルヅダと言うようになったと思われる。上に述べた馬頭，百戸，千戸，万戸という言葉はすべてチベット語の意訳である。「路」の，チベット語の原意は「龍」(klu) であり，「省」のチベット語の原意は「田地」(zhiṅ) であったとされる。

第三章　チョジオドセルの仏典翻訳

第1節　本章の意図

チョジオドセル（Chos kyi od zer 却吉畏賽 1214—1321頃）は，サキャ・パンディタ（1182—1251）の創ったモンゴル文字「a，e，i」三字の上に，「o，u，ü，ö」四字の閉音節の末尾に位置する126の子音字（モンゴル語でsegül tü üsüg=debisger üsüg）をはじめ，外来語を表記するために35の文字を加えて，モンゴル文字を完成した。モンゴル帝国元朝の成宗オルジェイトゥ・ハーン（Olǰeitu Han 完沢篤汗 1294—1310年在位，鉄穆耳汗ともいう）のとき，5カ所に訳経院を建立し，チョジオドセルが造ったモンゴル文字で，チベット『大蔵経』の『カンジュール』（bKaḥ ḥgyur 甘珠爾）と『タンジュール』（bsTan ḥgyur 丹珠爾）をモンゴル語に翻訳する作業が続けられた。この章では，チョジオドセルは，チベット『大蔵経』をモンゴル語に翻訳した第一人者であったことを明らかにした(1)。

オルジェイトゥ・ハーン以前は，モンゴルの僧侶が仏典を念誦するとき，ウイグル語で唱えていた。だから，ハーンはチョジオドセルにチベット語の仏典をモンゴル語に翻訳することを依頼した。ハーンの命令を受けてチョジオドセルは，文殊菩薩に祈って，かつてのサキャ・パンディタが造ったモンゴル文字の上に，さらに多くの文字を加えモンゴル文字を完成し，仏典をモンゴル語に翻訳したことも，『宗教源流史』(2)と『蒙古仏教源流』(3)によって明らかにした。チョジオドセルが，サキャ・パンディタが創ったモンゴル文字を完成に導いたのは，パクパが創った八思巴文字では仏典を完全にモンゴル語に翻訳することができなかったのが，理由の第一であったと考えられる。

チョジオドセルがどの民族の出身であったかについては，学界では定説がない。チベット人であるのか，モンゴル人であるのか，何年に生まれ何年に亡くなったのかについても確認する必要がある。チョジオドセルの生涯の経歴の問題については，『智慧之源』(4)と『元代の高僧チョジオドセル』(5)を基にして考究した。

第2節　チョジオドセルの身分と経歴の考証

1　チョジオドセル，チベット出身の説

『智慧之源』(6)には，チョジオドセルはチベットのサキャ地方の出身であるという説がある。

チョイジオドセルは，チベット仏教のブトン・リンポチェンルバ（Bu ston rin chen grub 布敦仁欽竹 1290—1364，訳言宝成）師の師匠になった，パクパオド（hkusi 1Pags pa ḥod）の名で知られている。生没年は確定されていないが，1214年から1292年の間に生きた人であると考えられている。

チベット人のションヌペル（gShon nu dpal 1392—1482）が1478年に著した『青史 』（Deb ther sṅoon po）の第七輯，「密教の部の説法の規範がどのように現れたか」(7)という章において，チョジオドセルについて次のように記述した部分がある。

de rtag pa rin chen grags la kun mkhyen chos sku ḥod zer gyis gsan te/ ti ni kha che pan chen gyi skye bar grgs shiṅ/ bstan bcos thamscad gzigs pa tsam gyis thugs su chud par gyur pas kun mkhyen dses kyaṅ grags te/ ḥdu paḥi bshad pa yun riṅ du mdsad pas slob ma ḥaṅ maṅ du byuṅ/ khoṅ gi slob ma bla ma ḥphags ḥod ces pa ḥphags yog dus gsum la mkhas pa/ gdams paḥi mdso du gyur pa des khoṅ la gsan, ḥphags ḥod thams cad mkhyen pa bu rin po chen la sha lu (nyid) du byon de gsaṅ ba ḥdus pa daṅ yo gaḥi phyag len daṅ bshad pa maṅ du mdsad//

そこでは一切智者チョグオドセルは，その方［パクパ・リンチェンタク］に法を聴聞なさった。この方［チョグオドセル］は，カチェパンチェン（カシミールの大学者の意味）の化身であるといわれる。すべての経典も論書も御覧になるだけで暗記することができたので，一切智者という美称で呼んでいる。『秘密集会・タントラ』の説法を常に行っていたので，彼のもとから弟子が多く輩出した。パクパの弟子，チョグオド

セル上師ラマは，チョグオドセル・聖なる光明であり，三世に通達した教誡の蔵であり，このような上師から法を聞いた。聖なる光明の一切智者ブトン・リンポチェンルバが，シャル寺（Sha lu mgon pa 夏魯寺）にいたとき，上師ラマ・チョグオドセルが来られて『秘密集会・タントラ』とヨーガの儀軌について説法をし，厳修が行われた。

上述したチョグオドセルは，すなわちチョジオドセルを指している。ブトン・リンポチェンルバは，1322年頃『布敦仏教史』を著した，チベット仏教の有名な高僧であり，多くの有名な著作を著した歴史家でもある。パクパオド（ḥPhags ḥod 聖なる光明）はブトン・リンポチェンルバの師であり，そしてチョグオドセルは，パクパオダの師である。したがって人々はチョグオドセルを，ブトン・リンポチェの師の師という。『青史』の中国語訳(8)にはチョグオドセルを，却姑峨熱（法身光明）とか滚欽却姑峨色（一切智者法身光明）などと記載されている。

チョジオドセルの父は，セルディンパ・ションヌウーオド（gSer ldiṅs pa gshon nu ḥod 色頂巴・宣努沃）といい，世間からヨーガ自在と呼ばれた。母は，シェーラブギェン（Śes rab rgyan 喜饒巾）といった。この辺の事情を，『蒙古仏教源流』(9)には，次のように記述している。

mḥal nas btsaḥ baḥi tshe yaṅ maḥi lus las ḥdus paḥi lha so gñis spros pa la sogs paḥi snaṅ ba yaṅ byuṅ//

彼が入胎してから生まれるまで，母親の身体に32の守護尊が現れて守護したという瑞兆があった。幼いとき，タクメドドルジェ（bDag med rdo rje 達美多吉，不壊金剛の意味）といい，出家名はチョジオドセルである。

チョジオドセルは幼名をタクメドドルジェといい，５歳の頃から行動がとくに殊勝であったという。父が彼に経典を教えていたとき，遊びながら勉強したので，父はそれを咎めて言った。

bdag med rdo rje khyod ṅa la brñas sam ṅaḥi chos la brñas shes bkaḥ bkyon pas//(10)

タクメドドルジェよ，お前は私を軽蔑しているのか，あるいは私の経典を軽蔑しているのか。

チョジオドセルは合掌しながら，それはどういうことでしょうか，と父に尋ねた。父は，

ṅaḥi chos mgo ḥtshugs pa daṅ khyod kyi rtsed mo mgo mñam/ chos thon pa daṅ rtsed mo thon pa dus mñam shes gsuṅs pa na//(11)

私が経典を念誦し始めると，お前の遊びが始まる。私が一部の経典を念誦すると，お前はその間ずっと遊んでしまう。

と言った。

チョジオドセルは，

chos rna bas ñan pa la rkaṅ lag gi rtse thabs la ḥgal ba ci shig mchis shes shus pas//(12)

耳で経典を聞きながら，手や足で遊ぶことが，どうしてよくないのですか。

と尋ねた。

そこで父は，それなら，私が念誦した経典を暗記で称えてみよと言った。チョジオドセルは，父に三日にわたって教えられた経典を，一字も間違えることなく暗誦したという。聞いた人々は驚いて，

ḥdi ni sprul paḥi sku chen po shig go shes gleコ bar byed do //(13)

彼は高僧の生まれ変わった化身である。

と言った。

出家時の戒名はチョジオドセル（Chos kyi od zer）という。サキャ派の第五祖のパクパは，彼にチョグオドセル（Chos sku od zer 却古俄色，法身光明の意味）という戒名を贈った(14)。チョジオドセルという戒名は，出家したときの沙彌の名前であると考えられる。チョグオドセルは，具足戒をパクパに授けられたときの戒名であると思われる。チョジオドセルは，あらゆる経典を一回聞けば全部記憶することができた。一部の僧侶が本当であるか嘘であるかを確認するために，チョジオドセルに対して考査を行ったが，それが完全に真実であることがわかった。

成宗オルジェイトウ・ハーン（1294—1310年在位）は，チョジオドセルを

モンゴル帝国の王室に迎請して，皇帝自身の上師として供養したという。武宗ハイサンフルク・ハーン（Haḥi saṅ Külüg Han 海山庫魯克汗 1307―1311年在位）も同様に，チョジオドセルを上師として供養し，彼に仏典をモンゴル語に翻訳するように依頼した。チョジオドセルは，

> ston pa saṅs rgyas kyi bkaḥ las dam chos ḥdsin paḥi bsod nams ni/ saṅs rgyas kun gyis nan tan du/ bskal ba bye bar brjod mrdsad kyaṅ/ mthaḥ mar phyin par ḥgyur ma lags//(15)
>
> 仏典における福徳を受持することは，たとえ諸々の仏が集まって百万の無数劫という長時間をかけて説かれても，全部を説き尽くすことはきわめて難しいことである。

と説いている。

『元史』「仁宗本記一」(16)には，皇慶２年（1313）の３月には，皇帝が，「西僧搠思吉斡節兒（チベット僧チョジオドセル）に鈔万錠を賜う」とある。至治元年（1321）三月辛巳（15日），車駕上都に幸す。使を遣わし，西番の撒思加の地の僧に金二百五十両，銀二千二百両，袈裟二万，幣，帛，旛，茶を賜うこと，各各差有り」とある。ここに見える「西番の撒思加の地の僧」は，チベットサキャ地方の仏教僧をいう。つまり，チョジオドセルであると考えられる。

以上の記述によって，チョジオドセルはチベット仏教サキャ派の高僧であると言い伝えられている。

2　チョジオドセル，モンゴル出身の説

チョジオドセルはモンゴル出身であるという説が，以下の諸歴史書と論書に見られる。モンゴル語の歴史の資料の中では，チョジオドセルが自著に，翻訳・著述・刊行の年次を記載しているから，最も確実な根拠となる。

シャーンティデーヴァ（Śāntideva）が著した『ボーディチャリヤ=アヴァターラ』（Bodhicariya 廻向品第十）のモンゴル語訳(17)末尾には，チョジオドセルは，モンゴル暦の蛇の年（1305年）に訳したとある。

『ボディストゥヴァ=チャリャ=アヴァタルの解釈』（Bodhistva-carya-avatar

宝迪査力雅阿瓦達拉)[18]には，ハーンの命令により，教理に精通した私チョジオセル比丘が，モンゴル暦豚年（1311年）の秋の初月の朔日（陰暦のついたち）に書き終えたと記している。末尾には，仁宗ボヤントウ・ハーン(Buyantu Han 博顔図 1311―1320年在位）の命によりこのような解釈を著したこと，そして，モンゴル暦鼠年の夏の初月の朔日（陰暦のついたち）より，『ボディストゥヴァ=チャリヤ=アヴァタルの解釈』を，大都（現在の北京）の白塔寺にて版刻し，総計千部を印行した。皇慶元年と記している。ここに見える皇慶元年とは，まさしく1312年のことである。

17世紀以降に著述された『転輪聖王アルタン・ハーン伝』[19]等の多くのモンゴル語史料には，チョジオドセルについて，武宗ハイサンフルク・ハーン(1308―1311年在位）の時代に，仏典をモンゴル語に翻訳したと伝えている。ジャムバルドルジェの『ボロル=トリ』には,「ウルジェイートゥ・ハーン（1294―1307年在位）のとき，モンゴルの僧侶は，仏典をウイグル語で読んでいたと記されている。後にサキャ派のチョジオドセル・ラマが，サキャ・パンディタ・クンガーゲルツェン・ラマが創った文字の末尾に，閉音節の末尾に位置する子音字を加え，仏典を訳すことができるようになったとされる。

『元史』「仁宗本記一」には，皇慶元年（1312年）冬の10月に,「雲南行省右丞算只兒威に罪有り，国師搠思吉斡節兒奏して之を釋さんことを請う。帝斥けて曰く,僧人は宜しく佛書を誦すべし。官事に豈に當に與かるべきや。」[20]とある。

『元代画塑記』[21]には，至大３年（1310）１月２日，チンサンのトゥゲルテムル（丞相禿堅帖記兒）が，チョジオドセル，アサンガ，帝師と共に仏像を造ることについて話し合ったと記されている。また，皇慶２年（1313）の８月16日，院使エナ（也訥）に勅が下され，アサンガの指揮の下，チョジオセル師と共に大聖壽万安寺（現在，北京市内にある白塔寺）の五つの大殿に，仏像を造り安置する件を協議したと記録されている。

モンゴル帝国元朝の法令書『大元通制』の一部である『通制条格』の「河西僧差税」[22]の部分には，チョジオドセルについて記述されている。全文を掲げると，延祐元年（1314）12月28日，中書省が,「河西の田地にいる僧侶たちは，差発・税糧・鋪馬・掃里に当たり困苦の極みにある。他の僧侶たちの例に依って，如何なる差発にも当たらしむるなと言い，帝師が搠思吉斡節児（チョジオドセル）をして奏せめた。聖旨を奉じ，宣政院の官人たちにハーンの御言葉を書いた書を与えたので，彼らがわれわれに文書をもたらした。河西の田地にいる僧侶たちは，庶民と共に差に当たらせよと，かつて何度も聖旨があった。その他の人々は稀少であり，またその僧侶たちの半数以上は妻子を有する。他の僧侶たちとは相似ぬものである。前の聖旨の体例に従って行わせれば，如何であろうか」と奏したところ，『よろしい。そのようにせよ。妻室のある者たちは，差発・税糧・鋪馬・掃里に当たらせよ。妻室のない者たちには，当たるのをやめさせよ』との聖旨があった。これを欽む」とある。

『元史』にはまた，「仁宗の皇慶元年（1321）……四月，勅して，搠思吉斡節児八哈失(チョジオドセル師)の寺内に,常に軍氏五人をして守備せしむ」[23]とある。これは大変重要な情報である。第一に，チョジオドセルの1321年の情報を，第二に，この時期チョジオドセルには，大都に自分の特別の寺院があったことを知らせてくれているからである。この中の「搠思吉斡節児八哈失」は，すなわちチョジオドセル師の意味である。「八哈失」はモンゴル語で先生，老師，上師の意味である。

チョジオドセルが如何なる民族の出身であったのか，どの地方の人であったのかに関する資料としては，『元史』に「西僧搠思吉斡節児」とある以外に，モンゴル史料のもう一つの重要な情報としては，『御製モンゴル=カンジュール序文』(Moṅgol bkaḥ ḥgyur)[24]に，仏教がモンゴルに広まった歴史を叙述する中に，「ウイグルのチョジオドセル・パンディタをはじめとした二カ国語を操る者たちの力で，仏の教えの顕教と密教の全経典がモンゴル語に翻訳され，各地方に仏教の寺院が新たに建てられ，仏教を広めながら……」とある。

ダンザンダグヴァは『虚空の如意宝珠』には，武宗ハイサンフルク・ハーンはチョジオドセルに命じて，仏の御言葉である経典をモンゴル語に翻訳するようにと仰せられたとある。パクパが創った八思巴文字（モンゴル方形文字ともいう）では，仏典をモンゴル語に翻訳することができなかった。ハイサンフルク・ハーン以前のモンゴル人は，パクパが創った八思巴文字以外にはもたなかったが，当時のパクパの八思巴文字では，表音の面からも，文法の面からも未完成であったので，諸仏典を翻訳することは不可能であった。

チョジオドエルはハーンの命を受け，文殊菩薩に祈って，サキャ・バンディタが創出した文字の上に，閉音節の最後の子音字（Segül tu üsüg=debisger üsüg）をはじめとした多くのものを加え，前述したように新たにモンゴル文字を創出し，その文字を使って仏典をモンゴル語に翻訳した，と『虚空の如意宝珠』には述べられている。ナータの『アルタンーエリへ』(25)にもまた，上記と同じ記述がみえる。

チョジオドセルの生涯について明らかになっていることは，『元代の仏僧チョジオドセル（搠思吉斡節児の経歴再考）』(26)によれば，以下の通りである。

チョジオドセルは1305年から1321年にわたって16年間，モンゴル帝国元朝の大都（北京）で活躍した。内容は，仏典を大規模にモンゴル語に翻訳・研究・編纂・出版したことである。古代モンゴルの文化の蔵に，チベット語『大蔵経』の『カンジュール』『タンジュール』『陀羅尼』をはじめ，モンゴル語の文法書の『蒙古文啓蒙』(Jiruken u toltu) など多くの価値ある書物を加えた。また必要があってウイグル式モンゴル文字の書物や著書を出版し，モンゴル文字による仏教経典の翻訳・出版の新時代の幕を開いた。これと共に，大聖壽万安寺などの寺院に仏像を造り，罪人や困難に直面した人を愛護する目的で，皇帝や，大臣や，貴族などと往来することを通じて，仏教に関係した事業に参加した。

チョジオドセルは具足戒を受け，仏教における学位号パンディタを取得し，モンゴル帝国元朝の国師となり，大都に自分の特別の寺院を持っていた。1321年以後その寺院には，護衛兵５名が常駐していた。

チョジオドセルの出身民族については，一部の学者は，『元史』に見られる「西方の僧（西僧）」であるとの記述に基づいて，チベット人であるとしている。しかし，チベット・ウイグル・河西，さらには全西域一帯の僧を，モンゴル語でバルーンティ=ホバラガ（Baruntein quvarag 西方の僧）ということがある。したがって，「西方の僧（西僧）」がチベット人の僧侶を指しているだけではないと考えられる。ダムディンスレン氏らの学者は『御製モンゴル=ガンジュール序文』に，「チョジオドセル・パンディタ」と記載されていることを根拠に，チョジオドセルはモンゴル化したウイグル人であるという。ダンザンダグヴァ氏，ナータ氏らが「ウイグル」を「タンガド」と説明していることもある。多くの学者たちは，チョジオドセルの詩作の表現が，まさに母語で書いたもののようにモンゴル語の特徴に溢れていることから，モンゴル人であろうと推測している。

昔からモンゴルの高僧は，ほとんどチベットに行って仏教を修学してきた。地元のモンゴルの寺院で10年ないし15年，基本的な仏教経典とその寺院の法要などの作法を学び，さらに広く，そして深く仏教の研究をしようとする僧侶は，命懸けでチベットに行くのが普通であった。中国の僧侶は，わざわざインドに出かけて法を求めた。それは，日本の僧侶が中国に仏法を求めたのと同じであると考えられる。だからチョジオドセルも，モンゴルの地元の寺院で基本的な仏の教えを修学した後，チベット仏教をサキャ寺に尋ねて深く修行し，学問の境地を極め，再びモンゴルの故郷に戻って仏の教えを伝え広めたものと考えられる。

こうした事情から，チョジオドセルは，モンゴル出身の僧としてチベットに赴き，そしてモンゴルへ仏教を伝えた僧侶の第一人者であったと思われる。当時，チベット仏教サキャ派の高僧たちが，モンゴル帝国元朝の帝師・国師などを勤めていた。チョジオドセルの家族も，貴族であったこともあり得る。モンゴル帝国に仏教が伝えられた後，子供の命名はチベット語でなされることが多くなった。今もこの習慣が残っている。だからチョジオドセルの幼名は，タクメダドルジェ（bDag med rdo rje 達美多吉，不壊金剛の意味）と呼ばれていたと思われる。

モンゴル大蔵経『カンジュール』諸経部第十一巻の『聖宝蔵大乗経』には，モンゴル語では Qutugtu erdeni yauqu yin orun neretu yeke kolgen sudurであり，チベット語では ḥPhags pa dkon mchog ḥbyuṅ gnas shes bya ba theg pa chen poḥi mdo，サンスクリット語では Āryaratnākara nāma mahāyāna sūtra

である結句に，「偉大なる編纂者，翻訳家チョジオドセル・ダルハン・ラマ（Coski od ser darqan blama）を信仰し，アーナンダ・グーシ（Ananda güüsi 国師）が訳して……」とある。

諸経部第二十三巻の『聖演説四法大乗経』には，モンゴル語ではQutugtu dorben nom uqagulugci neretü yeke kolgen sudurであり，チベット語ではḥphags pa chos bshi bstan pa shes bya ba theg pa chen poḥi mdo，サンスクリット語ではĀrya-caturdharmanirdeśa nāma mahāyānasūtraである結句にもまた，「偉大なる編纂者，翻訳家チョジオドセル・ダルハン・ラマを信仰し，モンゴルの言葉にアナンダ・グーシ（Ānanda güüsi）が翻訳して……」(27)とある。

この二つの記録に見えるチョジオドセルを，賀希格陶克陶教授は『甘珠爾蒙訳史略』の中で，モンゴル元朝に活躍したモンゴル出身のチョジオドセルであると考えている(28)。

第3節　チョジオドセルによるモンゴル文字完成

チンギス・ハーンがモンゴル帝国を建設する前は，モンゴル人は文字を用いることはなかった。悠久の昔から続く遊牧生活と，戦争につぐ戦争の中では，モンゴルの貴族と首領たちは，文字使用の重要性を感じなかったと考えられる。

『元朝帝師八思巴』の中には，次のように記述している。

凡發命令，遣使往来，只是刻指以記之(29)。

すべて遣使の往来を命令するときは，ただ，指先で示すのみで用を果たした。

1204年，チンギス・ハーンはナイマン（naiman 愛曼門,乃蛮）部のタヤン・ハーン（Tayan Han 塔陽汗）を滅した。タヤン・ハーンの印鑑はウイグル人のタタトンガ（Tatatungga 塔塔統阿）が管理しており，捕虜にしたタタトンガが管理していた印鑑が，納税や人材を委任する場合に必要不可欠なものであることを，チンギス・ハーンは知った(30)。やがてモンゴル帝国の軍隊や政治が発展拡大したので，文字を使うことの必要性が増大した。

タタトンガは，モンゴルの諸王にウイグル文字でモンゴルの言葉（音）を綴って書くことを教えた。しかし，これはただ，音声を記録するための符号に過ぎず，完成されたものではなかった。

チンギス・ハーンからオグデイ・ハーン，グユグ・ハーン，モンケン・ハーンの時代にわたって，中国の金王朝を滅して，中央アジアまで戦争が拡大した。中央アジアの人々と交流するときは，イラン（波斯・ペルシア）の文字を使ったこともあった。中国の金王朝と往来するときは，中国の漢字を使ったこともある。オグデイ・ハーンの時代に，南宋の外交使臣である徐霆がモンゴルに来たときは，モンゴル人の目から，文字使用の状況を以下のように述べている。

> 霆嘗考之，韃人本無字書，然今之所用則有三種；行於韃人本国者，則只用小木，長三四寸，刻之四角。如差十馬，則刻十刻，大率只刻其数也。其俗淳而心専，故言語不差，其法説謊者死，故莫敢詐偽，雖無文字，自可立国。此小木即古木契也。行於回回者則用回回字，鎮海主之。……行於漢人，契丹，女真諸亡国者，只用漢字，移剌楚材主之[31]。

> 徐霆［私］の考察によれば，モンゴル人には元来文字がなかった。しかし，現在用いられる文字には３種ある。モンゴル人が本国で文字の代わりに使用したのは，小さいな木であった。長さは３寸から４寸の四角に刻まれていた。
>
> たとえば，10人を派遣するときは四角の木に10個刻み目を入れたり，およその数に刻み込んだりした。モンゴル人の風俗は純朴であり，心も純粋である。したがって言葉に嘘はない。モンゴルの法律では、嘘つきは死刑である。だから，騙すことができない。文字がなくても，国家を治めることができる。だからこの小木はいわば、古くから伝わる約束の木である。
>
> イスラム国に行けば，イスラム文字を用いて国家を治める手段とした。（中略）漢人や契丹や女真やその他の亡国に行けば，漢字だけを用いた。それは耶律楚材の規定に従ったと思われる。

おそらく，チンギス・ハーンの時代はモンゴル文字が生まれていなかったので，モンゴル人は，イスラム文字・中国の漢字・ウイグル文字（畏兀字）・

西夏文字などを使っていたと思われる。

パクパが新しく創った八思巴文字では，完全には仏教の経典を翻訳することができなかった。翻訳できなかった理由は，武宗ハイサンフルク・ハーンの時代（1307—1311年）以前は，モンゴルの僧侶が仏典を念誦する時，ウイグル語で仏典を唱えていたことにある。成宗ウルジィト・ハーンの時代、成ウルジィト・ハーンはチベット仏教のサキャ派の高僧であるチョジオドセルをモンゴルに招請した。チョジオドセルは，かつてのサキャ・パンディタ（1182—1251）が創ったモンゴル文字の上に，閉音節の末尾に位置する子音字（モンゴル語でSegül tü üsüg=bisger üsüg ᠰᠡᠭᠦᠯ ᠲᠦ ᠦᠰᠦᠭ ᠪᠢᠰᠬᠡᠷ ᠦᠰᠦᠭ）をはじめとした多くの文字を加え，モンゴル文字で仏典を翻訳することができるようにした[32]。

かつて，サキャ・パンディタが造ったモンゴル文字の、

a （ᠠ），　e （ᠡ），　i （ᠢ）；
na （ᠨᠠ），　ne （ᠨᠡ），　ni （ᠨᠢ）；
ba （ᠪᠠ），　be （ᠪᠡ），　bi （ᠪᠢ）；
qa （ᠬᠠ），　ke （ᠬᠡ），　qi （ᠬᠢ）；
ga （ᠭᠠ），　ge （ᠭᠡ），　gi （ᠭᠢ）；
ma （ᠮᠠ），　me （ᠮᠡ），　mi （ᠮᠢ）；
la （ᠯᠠ），　le （ᠯᠡ），　li （ᠯᠢ）；
ra （ᠷᠠ），　re （ᠷᠡ），　ri （ᠷᠢ）；
sa （ᠰᠠ），　se （ᠰᠡ），　si （ᠰᠢ）；
ta （ᠲᠠ），　te （ᠲᠡ），　ti （ᠲᠢ）；
da （ᠳᠠ），　de （ᠳᠡ），　di （ᠳᠢ）；
ca （ᠴᠠ），　ce （ᠴᠡ），　ci （ᠴᠢ）；
ya （ᠶᠠ），　ye （ᠶᠡ），　yi （ᠶᠢ）；
ja （ᠵᠠ），　je （ᠵᠡ），　ji （ᠵᠢ）；
wa （ᠸᠠ），　we （ᠸᠡ）

の44個の文字の中で，「wa」を除く第一行の14個の男性文字

「a （ᠠ），na （ᠨᠠ），ba （ᠪᠠ），qa （ᠬᠠ），ga （ᠭᠠ），ma （ᠮᠠ），la （ᠯᠠ），

ra（ ），sa（ ），ta（ ），da（ ），ca（ ），ya（ ），ja（ ）」
のそれぞれから，２文字ずつを創り出した[33]。

さらに，第二行の「we」を除く14個の女性文字

「e（ ），ne（ ），be（ ），ke（ ），ge（ ），me（ ），le（ ），
re（ ），se（ ），te（ ），de（ ），ce（ ），ye（ ），je（ ）」
のそれぞれから，２文字ずつを創り出した。

だから第一行男性文字は14個文字×２＝28個文字であり，第二行女性文字は14個文字×２＝28個文字であるから，合計すると男性文字28個文字＋女性文字28個文字＝56個文字になる。

つまり，チョジオドセルが新しく創った男性文字と女性文字は，次の56個文字であった。

o（ ），u（ ），ö（ ），ü（ ）；
no（ ），nu（ ），nö（ ），nü（ ）；
bo（ ），bu（ ），bö（ ），bü（ ）；
qo（ ），qu（ ），kö（ ），kü（ ）；
go（ ），gu（ ），gö（ ），gü（ ）；
mo（ ），mu（ ），mö（ ），mü（ ）；
lo（ ），lu（ ），lö（ ），lü（ ）；
ro（ ），ru（ ），rö（ ），rü（ ）；
so（ ），su（ ），sö（ ），sü（ ）；
to（ ），tu（ ），tö（ ），tü（ ）；
do（ ），du（ ），dö（ ），dü（ ）；
co（ ），cu（ ），cö（ ），cü（ ）：
yo（ ），yu（ ），yö（ ），yü（ ）；
jo（ ），ju（ ），jö（ ），jü（ ）；

第三行の14個の中性文字

「i（ ），ni（ ），bi（ ），qi（ ），gi（ ），mi（ ），li（ ），
ri（ ），si（ ），ti（ ），di（ ），ci（ ），yi（ ），ji（ ）」，
および最後のwa（ ），we（ ）の２文字は変化しない。

こうしてサキャ・パンディタが創った44個文字を含めて，総計100個のモンゴル文字ができ上がった。nö（ᠨᠥ），bö（ᠪᠥ）などの文字は，チベット語では書けないので，上記の形式で表示した。ng（ᠩ）字は，モンゴル語では頭字には使わず，後加字（後綴輔音）として使われる。na（ᠨᠠ）などの10個文字にng（ᠩ）字を加えて，後加字は11文字になる。

すなわち，

n（ᠨ），b（ᠪ），g（ᠭ），m（ᠮ），l（ᠯ），r（ᠷ），s（ᠰ），d（ᠳ），
i（ᠢ），u（ᠤ），ng（ᠩ）

である。

たとえば，この10個の文字が中字として使われるときは，「a」（ᠠ）の後加字になると，

an（ᠠᠨ），ab（ᠠᠪ），ag（ᠠᠭ），am（ᠠᠮ），al（ᠠᠯ），ar（ᠠᠷ），as（ᠠᠰ），
ad（ᠠᠳ），ai（ᠠᠢ），au（ᠠᠤ），ang（ᠠᠩ）

となる。

末字として使われるときは「a」（ᠠ）の後加字になると，

an（ᠠᠨ），ab（ᠠᠪ），ag（ᠠᠭ），am（ᠠᠮ），al（ᠠᠯ），ar（ᠠᠷ），as（ᠠᠰ），
ad（ᠠᠳ），ai（ᠠᠢ），au（ᠠᠤ），ang（ᠠᠩ）

となる。

再後加字（復輔音後綴）は，たとえば，「a」（ᠠ）字に後加字の i をつけると,「ai」（ᠠᠢ）になる。「ai」（ᠠᠢ）にさらに「n」（ᠨ）をつけると,「ain」（ᠠᠢᠨ）となる。

同様に,「a」（ᠠ）字に後加字の「b」（ᠪ）をつけると,「aib」（ᠠᠢᠪ）となる。後加字の「g」（ᠭ）をつけると,「aig」（ᠠᠢᠭ）となる。

後加字のmをつけると,「aim」（ᠠᠢᠮ）となる。後加字の l をつけると,「ail」（ᠠᠢᠯ）となる。後加字の r をつけると,「air」（ᠠᠢᠷ）となる。

このようにして，ein（ᠡᠢᠨ），eib（ᠡᠢᠪ），eig（ᠡᠢᠭ），eim（ᠡᠢᠮ），eil（ᠡᠢᠯ），eir（ᠡᠢᠷ），など多くのモンゴル文字が創られた。

それ以外に経典をモンゴル語に翻訳するとき，サキャ・パンディタ文字では表示できなかった字として，チョジオドセルは新たに次の通り，

pa（），pe（），pi（），
po（），pu（），pö（），pü（），
ša（），še（），ši（），
šo（），šu（），šö（），šü（）
などの文字を創った[34]。

なおチョジオドセル以後，時代が降るにつれてモンゴル人は，次のようなモンゴル文字をつけ加えて日常の用としている。

wa（），we（），wi（），wo（），wu（）；
fa（），fe（），fi（），fo（），fu（）；
ka（），ke（），ki（），ko（），ku（）；
źa（），źe（），źi（），źo（），źu（），
cha（），che（），chi（），cho（），chu（）；
ha（），he（），hi（），ho（），hu（）；
ra（），lha,（），
zhi（），chi（），shi（），si（），ci（），zi（），
ri（），er（）（中国の人名・地名専用）

外来語表記のために創られた「wa」（）・「fa」（）・「ka」（）・「źa」（）・「cha」（）・「ha」（）は，現代モンゴル文字として使われている。「ha」（）と「qa」（）は，発音が同じであるが，「ha」（）は外来語表記のためだけに使われる[35]。

総括して言えば現代のモンゴル語は，母音として「a（），e（），i（），o（），u（），ö（），ü（）」の7個文字がある。

この7個のうち，「a」に子音を結びつけると，輔音の「na（），ba（），pa（），qa（），ga（），ma（），la（），sa（），ša（），ta（），da（），ca（），ja（），ya（），ra（），wa（），ṅag（），fa（），ka（），cha（），ha（），ra（），lha（）」の24箇文字がある。

同様に，「e」に子音を，「i」に子音を，「o」に子音を，「u」に子音を「o」に子音を，「ö」に子音を結びつけると，それぞれに各24個の文字となる。合計すると母音が7箇，それ以外が母音168個で総計175個の文字となる。

本来のモンゴル語の表記には，

「na（ᠨᠠ）～ṅag（ᠩᠠ）」7箇の文字

「ne（ᠨᠡ）～ṅeg（ᠩᠡ）」7箇の文字

「ni（ᠨᠢ）～ṅig（ᠩᠢ）」7箇の文字

「no（ᠨᠣ）～ṅug（ᠩᠣ）」7箇の文字

「no（ᠨᠣ）～ṅug（ᠩᠣ）」7箇の文字

「nö（ᠨᠥ）～ṅüg（ᠩᠥ）」7箇の文字

で，合計126文字で用が足りる。残りの「fa（ᠹᠠ）～lha（ᡀᠠ）」35個の文字は，外来語表記に用いられる[36]。

次に，チベット語にならい，たとえば名詞の格変化を例にとると，主格，所有格，給与格，客体格，由従格，用格，共同格のそれぞれが，男性・女性・中性別に完全に符合するように定めた。このように，名詞，形容詞，数量詞，代詞，動詞，副詞，後置詞，虚詞，連結詞，嘆詞，主語，謂語，賓語，定語などの文法用語を創り，すべてが男性・女性・中性別に完全に符合するように定めた[37]。

チョジオドセルは14世紀の初め，モンゴル帝国元朝の都であった大都（現在の北京）で，さまざまなモンゴル仏教関係の活動を実践していた。チョジオドセルはモンゴル言語学者としても著名であり，翻訳家であり，詩人であり，多くの著書を残したモンゴル仏教とチベット仏教の高僧であった。後世のモンゴル諸学者，チベット諸学者から崇敬され，「尊き聖チョジオドセル」と尊ばれ続けてきている[38]。

モンゴル帝国元朝の成宗オルジェイトゥ・ハーン（1294―1310年在位）のとき，5カ所に訳経院を建立し，チベット大蔵経の『カンジュール』と『タンジュール』をモンゴル語に翻訳する作業が始められた。こうしてモンゴル語で仏典を翻訳することができ，仏教をモンゴルに広く伝えることができるようになった[39]。

チベット語『大蔵経』の中の五部『陀羅尼』（Dhāraṇī）などの仏典をモンゴル語に翻訳し，モンゴル帝国元朝の仁宗ボヤントウ・ハーン（Buyantu Han 博顔図 1311―1320）のとき，ナタンリクラル（sNa thaṅ rig ral 納塘日比熱直）の弟子であるジャムヤン（ḥJam dbyaṅs 降仰）がモンゴルに赴き，モンゴル語『大蔵経』の『カンジュール』を刊刻するために必要なものをチョジオドセルに贈った。その中には，中国の最高級の松煙墨が1箱あったと記録されている。やがて刊刻されたモンゴル語の『大蔵経』は，チベットのナタン寺の文殊殿に収められた。その後，各地のモンゴル翻訳所は，すべてこれを底本として，多くのモンゴル語の『カンジュール』が刊刻された(40)。

国師・パンディタとされたチョジオドセルは，『蒙古文啓蒙』（Jiruken—u toltu）というモンゴル語の文法書を著した。7世紀にインドの著述家シャーンティデーヴァ（Śāntideva）の『入菩提行論』（サンスクット語ではボディサットゥヴァ・アーチャリアヤ・アヴァターラ Bodhisattvacaryāvatāra），チベット語では，（ジャンチュブセムページョダパラジュクパ bYaṅ chub sems dpai spyod pa la jug pa）をモンゴル語に翻訳した。釈尊の伝記『仏の十二相』（Burqan u arban qoyar jōkiyanglui uiles）をチベット語で著わした。同じ時期の著名な翻訳家シャラブセンゲ（šarabsengge，チベット語ではShes rab seng ge）が，釈尊の発菩提心から入滅までの中から十二の重要な事柄を選び出して訳し，根本の諸経典と対照し，モンゴル語に翻訳した。また，『入菩提行論難語釈』（モンゴル語ではボディサトゥヴァチャリアヤヴァタールウンタイルプリ Bodhisattvācaryāvatār un tayilburi，チベット語ではByang chub sems dpaḥi spyod pa la jug paḥi dka grel，サンスクリット語ではBodhisattvācaryāvatāra-pañjikā）をモンゴル語に翻訳し，刊行している。さらに，『マハーカーラー讃歌』（Mahaqala yin magtalal）という詩をモンゴル語に翻訳した。今日までに知られるチョジオドセルの著書は以上である(41)。チョジオドセルは，モンゴルの古代言語学史，仏教史，文学史において重要な位置を占める学僧であった。

第4節　本章の結語

チョジオドセルは，中国語では，却吉畏賽，搠思吉斡節爾，搠思吉斡節兒などと記載される。チョジオドセルは，モンゴル仏教だけでなくモンゴル文化にも大きな影響を及ぼした歴史上の傑出した人物である。モンゴル語，チベット語，中国語の歴史書は，尊師が仏教経典を翻訳したこと，注釈したこと，モンゴル語を創出したことなどを記載しているが，尊師の個人的な生涯を紹介したものは少ない。モンゴルの学者の中には，チョジオドセルは幼いときからチベットに赴き，サキャ派の教義を修学し，後に，チベット仏教における「仏教五明」に精通し，修学後，再び故郷のモンゴルに戻って来たと考える向きもある。14世紀頃，すなわち，モンゴル帝国元朝の成宗オルジェイトウ・ハーン（1294—1310年在位），武宗ハイサンフルク・ハーン（1307—1311年在位），仁宗ボヤントウ・ハーン（1311—1320年在位）の三代にわたる，優れた仏教の活動家であった。

世の人はチョジオドセルを，「班智達」（Paṇḍita），「国師」（Guo shi），「哈嘎爾海」（Qagan），「翻訳家」，「達爾罕喇嘛」（Darkan lba ma）などと呼んでいる。彼が残した代表的な著作は『宝迪査力雅阿瓦達拉』『班札拉格査』（訳音），『十二因縁』（編著），『珠爾肯陶力図』（撰著）などがある(42)。チョジオドセルは大いなる仏教の指導者であっただけでなく，チベット大蔵経の『カンジュール』と『タンジュール』をモンゴル語に翻訳する上で大きな役割を果たした。言語や哲学などの方面にも造詣が深い学僧で，モンゴル仏教の発展に多大の貢献したことが知られている。

注

（1）　久明柔白多杰『蒙古仏教源流』（ḥJigs med rig paḥi rdo rje, *Hor gyi chos hbyuṅ*）中国青海民族出版社，チベット語，1993年，128頁。また固始噶居巴洛桑沢培著，陳慶英・烏力吉訳著『蒙古仏教史』（中国天津古籍出版社，1991年）53頁参照。

（2）　図官洛桑却吉尼瑪『宗教源流史』（Thuḥu bkban blo bzaṅ chos kyi ñi ma, *Thuḥu bkban grub mthaṅ*）中国甘粛民族出版社，チベット語，1984年，449〜450頁。また周清淑『庫騰汗—蒙蔵関係最初的購通者』（「元史論集」中国内蒙古人民出版社，1984年）87〜97頁。

（3）　久明柔白多杰『蒙古仏教源流』（ḥJigs med rig paḥi rdo rje, *Hor gyi chos hbyuṅ*）中国青海民族出版社，チベット語，1993年，128〜130頁。

（4）　章嘉益喜丹必若美著，嘉木楊図布丹・卓日格図校注『智慧之源』（Janggiya yisidanbirome, *Merged garqu yin orun*）中国民族出版社，チベット語・モンゴル語対照，1988年，171〜172頁。

（5）　エー・ヒシクトクトホ著，井上治訳『元代の仏僧チョイジオドセル（搠思吉斡節児の経歴再考）』（内陸アジア史研究10，1995年，55～70頁。

（6）　章嘉益喜丹必若美著，嘉木楊図布丹・卓日格図校注『智慧之源』（Janggiya yisidanbirome, *Merged garqu yin orun*）中国民族出版社，チベット語・モンゴル語対照，1988年，171～172頁。

（7）『青冊』（*Deb ther sṅon po*）中国四川民族出版社，1985年，444頁。

（8）　廓諾迅魯伯著，郭和郷訳『青冊』（中国西蔵人民出版社，1985年。

（9）　久明柔白多杰『蒙古仏教源流』（ḥJigs med rig paḥi rdo rje, *Hor gyi chos hbyuṅ*）中国青海民族出版社，チベット語，1993年，126頁。また固始噶居巴洛桑沢培著，陳慶英・烏力吉訳著『蒙古仏教史』（中国天津古籍出版社，1991年）52～53頁には次のように記されている。

他従住胎到降生之時，出現了母親身体有三十二尊神守護等異兆。

（10）　久明柔白多杰『蒙古仏教源流』（ḥJigs med rig paḥi rdo rje, *Hor gyi chos hbyuṅ*）中国青海民族出版社，チベット語，1993年，126頁。また固始噶居巴洛桑沢培著，陳慶英・烏力吉訳著『蒙古仏教史』（中国天津古籍出版社，1991年）52～53頁には次のように記されている。

達美多吉，你是軽視我還是軽視我的経典?!

（11）　久明柔白多杰『蒙古仏教源流』（ḥJigs med rig paḥi rdo rje, *Hor gyi chos hbyuṅ*）中国青海民族出版社，チベット語，1993年，126頁。また固始噶居巴洛桑沢培著，陳慶英・烏力吉訳著『蒙古仏教史』（中国天津古籍出版社，1991年）52～53頁には次のように記されている。

我一開始誦経，你就開始玩，我念一座経，你就玩一座経的時間。

（12）　久明柔白多杰『蒙古仏教源流』（ḥJigs med rig paḥi rdo rje, *Hor gyi chos hbyuṅ*）中国青海民族出版社，チベット語，1993年，127頁。また固始噶居巴洛桑沢培著，陳慶英・烏力吉訳著『蒙古仏教史』（中国天津古籍出版社，1991年）52～53頁には次のように記されている。

一邊用耳朶聴経，一邊用手脚玩，有恁麼不好。

（13）　久明柔白多杰『蒙古仏教源流』（ḥJigs med rig paḥi rdo rje, *Hor gyi chos hbyuṅ*）中国青海民族出版社，チベット語，1993年，127頁。また固始噶居巴洛桑沢培著，陳慶英・烏力吉訳著『蒙古仏教史』（中国天津古籍出版社，1991年）52～53頁には次のように記されている。

他是大徳的化身。

（14）　章嘉益喜丹必若美著，嘉木楊図布丹・卓日格図校注『智慧之源』（Janggiya yisidanbirome, *Merged garqu yin orun*）中国民族出版社，チベット語，モンゴル語，1988年，171～172頁。また固始噶居巴洛桑沢培著，陳慶英・烏力吉訳著『蒙古仏教史』（中国天津古籍出版社，1991年）52～53頁参照。

チョジオドセル（Chos kyi od zer）とチョグオドセル（Chos sku od zer）の区別は「kyi」と「sku」である。「kyi」はチベット語「の」の意味である。「kyi」はチベット語「身」の意味であるから，したがって，チョジオドセル（Chos kyi od zer）という戒名は，日本語の法の光明であり，（Chos sku od zer）という戒名は日本語の法身光明の意味を示す。

（15）久明柔白多杰『蒙古仏教源流』（ḥJigs med rig paḥi rdo rje, *Hor gyi chos hbyuṅ*）中国青海民族出版社，チベット語，1993年，128頁。また固始噶居巴洛桑沢培著，陳慶英・烏力吉訳著『蒙古仏教史』（中国天津古籍出版社，1991年）53頁によれば，相当個所は次の通りである。

仏陀教誡所説：受持仏典的福徳，即使将諸仏聚斉；在百万劫中講説，也難以将其説尽。

（16）『元史』二，（中華書局標点本）553～557頁。

因みに，もしチョジオドセルがチベット仏教サキャ派の出身であるとすれば，モンゴル帝国元朝の帝師およびサキャ派のポンチェンに任命されるはずだと考えられる。チョジオドセルはモンゴル帝国元朝の国師になったことが明らかになっているが，帝師になったとの記述は見られない。

（17）C. Damdinsürüng, Monggul uran jokigul un degeji jagun bilig orusibai, obür monggul un arad un keblel ün qoriy-a, 1982, p.552.

（18）Dobu, Uigurjin monggul üsüg un durasqaltu bicig üd, ündüsüen ü keblel un qoriy-a, 1983, pp.179-182.

（19）吉田順一・賀希格陶克陶訳注『アルタン=ハーン』（Altan Qagan u Tuguji）風間書房，平成10年，9頁。

tegün ü urug tur inu tengcel ügei/ qayišan {n} eretü külüg qagan torüjü../ tegsi qamug i medegci toyin coski od/ ser lam-a bar monggul dur.. degedü nom ud i/ orcigulju olan a.. tamag—a cigulgan/ tügegejü delgeregülbei.. šasin torü/ qoyar i tere cag tur tügemel iyer../ 7

また吉田順一・賀希格陶克陶訳注『アルタン=ハーン』（Altan Qagan u Tugujі）風間書房，平成10年，113頁に次のように記している。

その一族には比類のないハイシャンという名のフルグ=ハーンが生まれ，等しく一切を知る比丘チョジオドセル=ラマによって，モンゴル語に正法を翻訳させ，大衆に活字を集めて［印刷して］配って，教えと政をその時にあまねく広めた。

（20）『元史』二，（中華書局標点本）553頁。

（21）『元代画塑記』7～9頁。

（22）黄時鑑点校，元代史料叢刊『通制条格』（中国浙江古籍出版社，1986年）328頁。

（23）『元史』八，（中華書局標点本）2537頁。

（24）朱砂版モンゴル語訳『ガンジョール』の御製モンゴル=ガンジョール序文。

（25）Coyiji tulgan qaricagulju tayilburilagsan Altan erike, obür monggul un arad ün keblel ün qoriy-a, 1983, p.534.

(26) エー・ヒシクトクトホ著，井上治訳『元代の仏僧チョイジオドセル（搠思吉斡節児の経歴再考）』（内陸アジア史研究10，1995年，55～70頁。また賀希格陶克陶「『甘珠爾蒙訳史略』内蒙古社会科学」（内蒙古社会科学院雑誌社，1991年第三期）46～61頁にもチョジオドセルの仏典翻訳について詳細に論じている。

(27) L.Ligeti, Catalog du kanjur monggol imprime, Budapest, 1942, pp.331.

(28) 賀希格陶克陶『甘珠爾蒙訳史略』「内蒙古社会科学」（内蒙古社会科学院雑誌社，1991年，第三期）46～61頁。

(29) 陳慶英『元朝帝師八思巴』（中国蔵学出版社，1992年）142頁参照。

(30) 『元史』巻124,「塔塔統阿伝」。

(31) 陳慶英『元朝帝師八思巴』（中国蔵学出版社，1992年）142～143頁に彭大雅の『黒韃事略』,「徐霆疏」について記載している。

(32) エー・ヒシクトクトホ著，井上治訳『元代の仏僧チョイジオドセル（搠思吉斡節児の経歴再考）』（内陸アジア史研究10，1995年，55～70頁。また賀希格陶克陶「『甘珠爾蒙訳史略』内蒙古社会科学」（内蒙古社会科学院雑誌社，1991年，第三期）46～61頁参照。

(33) 図官洛桑却吉尼瑪『宗教源流史』（Thuḥu bkban blo bzaṅ chos kyi ñi ma, *Thuḥu bkban grub mthaṅ*）中国甘粛民族出版社，チベット語，1984年，449～450頁。また周清淑『庫騰汗—蒙蔵関係最初的購通者』（「元史論集」中国内蒙古人民出版社，1984年）87～97頁。

(34) 久明柔白多杰『蒙古仏教源流』（ḥJigs med rig paḥi rdo rje, *Hor gyi chos hbyuṅ*）中国青海民族出版社，チベット語，1993年，128～130頁。

(35) 塔暁華・包相和編『速成蒙語会話入門』（*Monggolüge sotürgen surqn bicig*）中国遼寧民族出版社，1993年，50～55頁。

(36) 包捷編『蒙古語会話録音教材』（*Monggol kele tursurqu singgegelte-yin ǰigaqu materinr bicig*）中国内蒙古教育出版社，1983年，105～116頁。

(37) 包捷編『蒙古語会話録音教材』（*Monggol kele tursurqu singgegelte-yin ǰigaqu materinr bicig*）中国内蒙古教育出版社，1983年，226～229頁。

因みに金剛秀郎『モンゴルは面白い』（耕文社，1993年）60頁によれば，モンゴル語を表記するウイグル系の表音文字。縦書きで左から右に改行する。1204年，チンギス・ハーンの捕虜となったウイグル人タタトンガが伝えたとされるが，キリスト教徒だったケレイト部が伝えたとする説もある。ウイグル文字は，7～8世紀に中央アジアで先進文化を有したソグド文字に起源をもつとされる。ソグド文字はオリエントのアラム文字を母体とするといわれるが，不明の点も多い。モンゴル文字が縦書きなのは漢字の影響ともいわれる。モンゴル文字は一つの音価に対し，語頭形・語中形・語末形の三つの字体をもち，単語ごとに分かち書きするのを原則とする。そのためコンピュータ処理に適する面も多い。kとgやoとuなどが同じ文字なので，単語を知らないと読めない語もある。筆記体，活字体に若干の違いがあるので慣れが必要である。外モンゴルでは，1941年，文字改革によってキリール（ロシア文字）に移行したが，民主化で復権し，1994年までに全面的に復活させる計画をしているという。満州文字は，16～17世紀にモンゴル文字を改変して作成された文字である。

(38)　エー・ヒシクトクトホ著，井上治訳『元代の仏僧チョイジオドセル（搠思吉斡節児の経歴再考）』（内陸アジア史研究10，1995年）55頁。

(39)　固始噶居巴洛桑沢培著，陳慶英・烏力吉訳著『蒙古仏教史』（中国天津古籍出版社，1991年）54頁によれば，元武宗ハイサンヒルク・ハーン（1307—1311年在位）のとき，5カ所に訳経院を建立したと説がある。

(40)　久明柔白多杰『蒙古仏教源流』（ḥJigs med rig paḥi rdo rje, *Hor gyi chos hbyuṅ*）中国青海民族出版社，チベット語，1993年，128～129頁。

(41)　エー・ヒシクトクトホ著，井上治訳『元代の仏僧チョイジオドセル（搠思吉斡節児の経歴再考）』（内陸アジア史研究10，1995年）56頁。

(42)　鄂嫩吉雅泰『歴代蒙古族名人』（中国遼寧省民族出版社，1997年）135頁。

第四章　サキャ派以外のモンゴルの仏教

第1節　本章の意図

モンゴル帝国はチベット仏教のサキャ派と強い絆で結ばれていたが，サキャ派以外で関係を結んだのは，チベット仏教諸派の中のカルマカギュ派であった。カルマカギュ派の活仏カルマ・バクシが，モンゴル帝国の国師となった。カルマは黒という意味であり，カルマ派の本山・噶瑪丹薩寺の所在する土が黒であったことから，モンゴル帝国の第四代の憲宗モンケ・ハーン（Mongke Han 蒙哥汗 1252—1259年在位）は，第二代活仏カルマ・バクシに金の縁取りの黒色僧帽と，モンゴル語で先生を意味する「バクシ」という聖号を贈った。これを契機として，後のチベット仏教の諸派とモンゴル仏教における活仏の制度が生まれ，徐々に確立されていった。もし，モンゴル仏教がなかったら，現在に生きているチベット仏教およびモンゴル仏教における活仏という制度が，今日まで存在しなかったと思われる。

『西蔵和蒙古的宗教』によれば，現在，内外モンゴル仏教だけで活仏は243名を数える。そのうち，内モンゴル仏教は157名の活仏を有するという[(1)]。

モンゴル帝国元朝の仏教としてはサキャ派が席巻しており，サキャ派以外にカルマカギュ派の仏教があったが，単独でモンゴル帝国に現れ，国師に任ぜられた那摩国師の存在は大きい。

13世紀初期にモンゴル帝国の仏教高揚に尽力した，北インド・カシミール国出身の高僧那摩国師の，モンゴル帝国での活躍を取り上げて論述する。

第2節　カルマカギュ派第一代活仏トゥスムチンパ

サキャ派以外でモンゴル帝国と関係を結んだチベット仏教は，カルマカギュ派であり，カギュ派の重要な一派である。創始人はトゥスムキエンパ（Dus gsum mkhyen pa 都松欽巴 1110—1193）で，チベットの康区（現在のチベット自治区の昌都）哲雪地方の出身である。1147年，トゥスムキエンパが38歳のとき，現在のチベット自治区の類烏斉のカルマ（Karma 噶瑪）地方に噶瑪丹薩寺を創建したので，地名に因んでカルマカギュ派と名付けられた。1187年，また堆壟（現在のチベット自治区堆龍徳慶県）地方に，ツルプ寺（mtShur phu dgon pa 粗卜寺，楚普寺ともいう）を建てた。後にツルプ寺は，カルマカギュ派の大本山になった。カルマカギュ派は，チベット仏教の各教派の中で，最初に「活仏転世」の制度を採用した教派である。トゥスムキェンパはカルマカギュ（黒帽）系の第一代の活仏である。すなわち，トゥスムキェンパが，チベット仏教とモンゴル仏教の最初の活仏であった(2)。

第３節　カルマカギュ派第二代活仏カルマ・バクシ

カルマカギュ派（黒帽系）の第二代活仏は，カルマ・バクシ（Karma pakṣi 噶瑪抜希 1204—1283）である。実名は，チョジラマ（Chos kyi bla ma 却吉喇嘛，法師）という。チベットの康区（現在のチベット自治区の昌都）哲雪地方のサダポ（btSad po 哉波務）の貴族の出身である。父はスルサジャワン（ḥtShur tsha rgya dwaṅ 楚査加旺）といい，母はセンレザランジッド（Seṅ re za laṅ skyid 森日薩朗吉）という。幼いときは却真と呼ばれた。６歳で文字を学んだ。９歳から10歳のとき，すべての経典を一度読めば内容に精通した。自然に禅定に出入し，神通力を現すことができた。中央チベット・衛蔵に行く途中で，トゥスムキェンパの直伝の弟子のリンポチェン・ポムラクパ（sPom brag pa 崩札巴）に相見したとき，いろいろな奇兆が現れた。

リンポチェン・ポムラクパは，トゥスムキェンパの転生ラマであることを知って，カルマ・バクシに灌頂を授け，一切の教誡を伝えたといわれる。カルマ・バクシは，ツルプ寺で出家し，沙弥戒を受けた。戒名はダルマラマ（Dar ma blama 達爾瑪喇嘛）という。リンポチェン・ポムラクパから比丘戒を授けられた。1247年から，ツルプ寺に６年間修行をした。ある一夜，天王が龍に乗って現れ「請到我的宮中」，つまり，私の宮殿に来るようにといわれた。これは，後にモンゴル帝国に招請される予兆であったと言われる(3)。

1253年，チベットの多康地方にいたとき，フビライ・ハーンは使節を派遣してカルマ·バクシを招き，川西北の絨域色都地方（現在の四川省甲絨地区）で面談した。モンゴル帝国元朝の世祖フビライ・ハーンは，カルマ・バクシと面談して菩提心を起こし，龍樹菩薩をはじめ多くの菩薩を見たという。カルマ・バクシは，甘粛省，寧夏，モンゴルの地に仏の教えを伝え，内モンゴルと寧夏ウイグル自治区の交世処に顕化寺（ḥPhrul snaṅ sprul paḥi lha khaṅ 吹襄朱必拉康寺）を建立した。寺院を建てるときに，大日如来を見たという。この外に多くの仏堂や僧舎を建てたという。

1256年，カルマ・バクシがチベットに帰ったとき，モンケ・ハーンが金字の使節を派遣して，カラコルム（Kharakhorum 哈拉和林，現在モンゴル国のオルコン河の上流にあたる）で面談することになった。カルマ・バクシは前世で，大象の姿で現れて，外道の大王とその弟子たちを教化したことがあった。そのときの大王は，モンケ・ハーンに生まれ変わっていた。弟子たちは，王子のアリブゲ（Erbuge 阿里不哥）と大臣らであった。もし今のうちに教化しなければ，前世は外道であった縁で，キリスト教徒(也里可温教徒)になるかもしれない。カルマ・バクシは，全国の人民もキリスト教徒になる可能性が高いので，速やかに教化しなければならないと考えた。

トゥスムキェンパが，1人を教化するために来たと予言した人が，正にこのモンゴル王であった。1人の権力者を教化すれば，残る無数の人民はそれに従って教化されるものである。モンゴルのモンケ・ハーンはトゥスムキェンパに，同じところに長期にとどまらないで各地を遊行し，仏の教えを伝え，かつ広げなければならないと予言した。また情報と因縁をはっきり理解したうえで，衆生教化の指導に当たらなければならないと言った。

トゥスムキェンパは密教が密集教法に説く十忿怒王の等持の方法で，一切の悪魔軍と障害を調伏した。観世音菩薩を護持することによって無数の神通力を顕したので，モンゴルの国王をはじめ，大臣も人民も強く三宝に帰依するようになり，邪見の外道を捨てて仏教を信仰することになったと伝えられている。

カルマ・バクシは神通力を顕して，歩いて6日間の距離がある地点の道路を「無雪無雨」にしたという。全国の国王をはじめ人民たちは，毎月三度別解脱戒を守り，菩提心を起こすように努めた。カルマ・バクシは，モンゴル王に法身・報身・化身・応身という四身灌頂を説法した。これはモンゴル王にとって，善い体験となった。カルマ・バクシの名声は全国に広がった。

国王の命により，全民衆は毎月の「四吉辰」，つまりチベット暦の毎月の8日を薬師仏の吉日とし，10日を空行会集の吉日とし，15日を釈尊の吉日とし，毎月末は阿弥陀仏（無量光仏）の吉日とした(4)。これらの日には，いかなる人も他人を苛めてはならない，殺生してはいけない，肉を食べてはいけない，天人を害ってはいけない，それぞれの教法を護持しなければならないと説いた。モンケ・ハーンは，カルマ・バクシに金印と一千錠銀など，無数の供物を贈った。僧侶にも供養したので，皆たいへん喜んだ。モンケ・ハーンは，カルマ・バクシにとくに，

　　賜給金邊黒色僧帽，此即噶瑪噶挙黒帽系名称的來源(5)。

　金の縁取りの黒色の僧帽をカルマ・バクシに贈ったことから，後にカルマカギュ派を黒帽の系統であると称する由来となった。

と記している。

モンケ・ハーンは3回に分けて一切の罪人を釈放し，カルマ・バクシはカラコルムに贍部洲最大の大寺院を建て，また西夏を含め，モンゴル帝国全土で3,000カ所（中国仏教寺院も含んでいると思う）の破壊された寺院や仏塔を修復し，多くの寺院と修行地を建立した。

カルマ・バクシがモンゴルに在ったとき，高さ約50尺の釈迦牟尼像をモンゴルに請来し，

　　請你在西藏塑造此等身像，将会滅違碍，国泰民安(6)。

　あなたがチベットに今の私の高さと同じ仏像を造られんことを。そうすれば，一切の障害は滅し，国は平安となり，人民は落ち着き幸せな生活を送るを得る。

と言った。

カルマ・バクシのこの言葉を受けて，モンケ・ハーンはチベットのツルプ寺に経堂を建て，9尊，すなわち中央に釈尊像を，左右に弥勒菩薩，文殊菩薩，観世音菩薩と五部仏を祀った。1人の国王が教化されることによって，360

種の言葉を使用している人々が仏教に帰依した。かくて贍部洲の一切の衆生は，仏の教えを楽しんだという。

1259年，モンケ・ハーンは亡くなった。1260年，モンゴル帝国のフビライ・ハーンは，実弟アリブーケ（Elibüke 阿里不哥）と国王の位を争った。その結果フビライ・ハーンが勝って，モンゴル帝国第五代目の大汗位（国王）に即位した。フビライ・ハーンからモンゴル帝国は，中国の習慣に従って元朝と名づけたと考えられる。

世祖フビライ・ハーンは，カルマ・バクシをモンゴルに要請した最初の人であるが，当時カルマ・バクシは，フビライ・ハーン（当時王子であった）の許ではなく，モンケ・ハーンに従っていたから，フビライ・ハーンにはカルマ・バクシに対する不満があったと考えられる。

大汗位に就いたフビライ・ハーンは，命令を下してカルマ・バクシを火で焼き，水に入れて，武器でたたき，7日間食事を与えなかったという。いろいろな罰を与えたが，カルマ・バクシは全く害されることがなかった。国王も大臣も後悔して，カルマ・バクシに許しを懇願したという。後にカルマ・バクシは，中国の南方に仏の教えを伝え広げ，チベットのツルプ寺に帰って多くの弟子を育成したという。

1270年，パクパが，モンゴル帝国の帝師になって初めてチベットに帰ったとき，パクパはツルプ寺に赴いてカルマ・バクシと会見した。そのとき，2師は同じ高さの法座に坐して会談したという。カルマ・バクシはパクパに，

以前我任蒙哥汗之応供喇嘛時，我看到你是菩薩降世，是多麼高興(7)。

私が昔，モンケ・ハーンが供養する上師ラマであったとき，あなたが菩薩の姿で世間におられるのを見て，とても嬉しかった。

と言ったという。

『紅史』(8)によると，カルマ・バクシは，チベット暦の蔭水羊年（1283年）の9月3日，80歳で示寂した。9日間にわたって火葬した後，無数の舎利が現れたといわれる。

第4節　カルマカギュ派第三代活仏ランジュンドルジェ

カルマカギュ派の第三代活仏ランジュンドルジェ（Raṅ byuṅ rdo rje 攘迥多吉 1284—1339）は，ミラレーパ（Mi la ras pa 米拉日巴 1040-1123）と同じ故郷である。ランジュンドルジェが5歳のとき，大成就者のウルギェンパ（Urgyan pa 鄔堅巴）は，

Saṅ ṅaḥi bla ma karma pa ṅbyon par yoṅ gsuns nnas//[9]

明日，私の上師のカルマ・バクシが来られるであろう。

と言った。そして，高い法座を準備した。翌日，ランジュンドルジェは障碍なく自由自在に高い法座に登って坐ったが，ウルギェンパが，

Byis pa khyod ṅaḥi bla maḥi gdan la bsdad pa ci yin gsun bas// [10]

子供よ，お前はどうして私の上師の法座に坐るのか。

と尋ねた。ランジュンドルジェは，

bLa ma raṅ ṅa yon gsuṅs//[11]

私が上師である。

と答えた。そこでウルギェンパは，ランジュンドルジェに菩提心を起こす方法や，灌頂・道歌などの多くの教法を伝授し，在家の居士戒を授けた。

7歳のとき，クンダンシェーラプ（Kun ldan śes rab 貢丹喜饒）阿闍梨の許で出家し，法名をランジュンドルジェと称した。この戒名は，第二代カルマ・バクシの密教の戒名であった。当時，チベットのツルプ寺のネレゲンドゥンブム（gñan ras dge ḥdun ḥbum 涅日根敦本）は，観世音菩薩の授記を得て，ランジュンドルジェをツルプ寺の住持に拝請した。ランジュンドルジェはツルプ寺で，ネレゲンドゥンブムなどから多くの教法を学んだという[12]。

『紅史』によると，ランジュンドルジェは18歳のとき，ションヌジュンチュプ（gShon nu byaṅ chub 宣努絳曲）が親教師（mKhan po）を勤め，ジュンチュブスパ（Byaṅ chub sem pa 降秋色巴）が軌範師（sLob dpon）を勤め，ゲンドゥンリンチェン（dGe ḥdun rin chen 格頓仁欽）が羯磨阿闍梨（Karma-ācārya）を勤め，この三師から具足戒を受けた。そして，ションヌジュンチュプからは『四部大論』を学んだ[13]。

なお，チベット仏教では年齢を計算する場合，母胎の中にいる9カ月と10日を加算した数えの年齢を使う。したがって，20歳で具足戒を受ける場合は，この数えの年齢に旧暦の閏月も含めて数える場合がある。18歳で，ランジュンドルジェが具足戒を受けたとするのがこれである。出家して沙弥戒を受けたランジュンドルジェは，7歳から19歳までの12年間に閏月が3カ月あったので，実際は満20歳で具足戒を受けたと考えられる。この考え方はおそらく，仏教の一般的な考え方ではないかと思われる。

モンゴル帝国モンケ・ハーン（1252—1259年在位）は，第二代活仏カルマ・バクシに金印を贈った。1331年，ジヤガトゥ・ハーン（1329—1332年在位）は，この金印に詔書を添えてチベットに使節を派遣した。そしてカルマカギュ派の第三代活仏ランジュンドルジェを，モンゴル帝国の大都(現在の北京)に招請した。

ランジュンドルジェは招請を受けて大都（現在の北京）へ赴く途中で，帝師クンガゲルツェンパルサンパ（Kun bgaḥ rgyal mtsan dpal bzaṅ po 貢噶堅賛貝桑布 1310—1358）に会った。そして一緒に大都（現在の北京）へ行くことになった。しかし日環食に逢い，不吉な兆しだと思い，チベット・ラサのツルプ寺に戻った。

翌1332年，第三代活仏ランジュンドルジェと帝師のクンガゲルツェンパルサンポは，改めてモンゴル帝国の首都に赴き，10月に大都に至った。しかし，そこに着いたときにはジヤガトゥ・ハーンが崩じていたので，リンチェンパクガ・ハーン（Rin chen ḥphags Han 懿璘質班汗 1332年10～11月在位）の供養を受ける上師になった。そして，皇帝と皇后のために灌頂の儀式を行ったのであった(14)。

元順帝トゴンテムル・ハーン（Togan temür Han 妥懽帖睦爾 1333—1368年在位）は，1333年，活仏ランジュンドルジェに「圓通佛法性空噶瑪巴」(15)という封号と国師の玉印を贈った。

師はチベット・ラサのツルプ寺に，文宗ジヤガトゥ・ハーンの肖像を祀る殿堂を建て，当時の世情を記録した彩色絵を描いた。

1334年，活仏ランジュンドルジェがチベットへの帰途，五台山に参拝した。

1336年，ランジュンドルジェ活仏は，元順帝トガンテェムル・ハーンの招請によって再びモンゴル帝国元朝の大都（北京）に赴き，皇帝の「延年益壽」，すなわち，ますますの長寿を祈願した。

なお，僧侶の一部に戒律を守らない僧がいたので，仏教に反対の大臣が，チベットの地以外の地方の僧侶はすべて還俗すべしと強力に主張し，課税，徴兵，賦役，狩猟，運輸などを負担させた[16]。

第5節　那摩国師とモンゴル仏教

那摩国師の那摩（Namo）は，諱である。また南無，蘭麻，罽賓大師とも称された。那摩国師は，北インド・カシミール（Kashmere 迦湿彌羅）国の高僧である。カシミール国は，13世紀初期にモンゴル帝国に帰順した。世祖のフビライ・ハーンのとき，那摩はモンゴル帝国の大国師の封号を受けた。そしてモンゴル帝国全土の仏教を管理した[17]。

那摩がモンゴルに赴く以前の出家修行については，『龍興寺碑』の中に，

> 国師南無大士，迦湿彌羅国人，厭世喧擾，尽棄所学，遁於大雪山之下，修頭陀行，止絶愛欲，掃蕩情塵，念々在道，了不閑断；日中一食，止宿冢間，樹下，慎不再矣！於此十有三年[18]。
>
> 国師である南無［那摩］大士は，カシミール国の人であり，世間喧騒を厭い，学んだ学問の一切を捨て，大雪山のに遁れ，山中で頭陀（dhuta）の修行をし，一切の愛欲を断じ，俗世の中の情愛を投げ棄て，専ら修行に励みやむことになった。1日1食，塚間や樹下にとどまり，心を乱すことがなかった。このように13年間修行し続けた。

と記述されている。

碑文から読み取ることができるのは，次の四点である。

第一は，出家の原因は世間の喧騒を厭ったことである。インドの歴史書が記載しているところによれば，当時のカシミール国はモンゴル軍に征服される以前は，絶えずイスラム教徒の侵害を受けていた。この，イスラム教徒の侵害に続くモンゴル軍の進攻による世情騒然とした喧騒を，那摩はおそらく厭い嫌ったものと考えられる。

第二は，修行に入った地点は大雪山である。すなわち，ヒマラヤ（喜馬拉亜山）山であると考えられる。ヒマラヤ山は，昔から雪山と呼ばれていた。一年中雪と氷で覆われていたので，大雪山と呼ばれたと思われる。

第三は，修行の方法は頭陀行（dhuta）である。すなわち，一切の世俗を離脱し，煩悩を断じ滅しようとする厳しい修行を課したことである。

第四は，修行の期間は13年であったことである。

以上の四点を考え合わせると，那摩がモンゴル帝国に赴く以前の修行生活が彷彿としてくる。しかし現実には，那摩の生没年，出家の暦年，などは不明である。

那摩はモンゴル帝国の太宗オゴデイ・ハーン（Ogodei Han 窩闊台汗 1229—1241）のとき，モンゴル帝国の元朝に帰順したものと考えられる。『元史鉄哥伝』には，

> 斡脱赤兄弟相謂曰：世道擾攘，吾国将亡……。乃偕入見太宗，礼遇之[19]。
>
> 那摩は兄の斡脱赤と話し合って，世の中は戦乱の真っ只中にある。おそらく私たちの国は亡くなるであろう（中略）。だから，兄弟共にモンゴル帝国に行き，太宗［オゴデイ・ハーン］に会って挨拶した。

と言ったと記されている。

1　モンゴルへのチベット仏教の移入

モンゴルの所伝によると，太宗オゴデイ・ハーンが，チベット仏教サキャ派の大本山サキャ寺（薩迦寺）に招かれたことがあった。その後，皇子のゴダン・ハーンが重病の床にあった。オゴデイ・ハーンが招請したサキャ・パンディタの『獅子吼法』の灌頂によって，ゴダン・ハーンの病気が平癒した。これが縁となって，皇子はチベット仏教に帰依するようになったのである。

これが，モンゴル帝国の宮廷とチベット仏教との接触の最初であるといわれる。その後，カシミール国から那摩が来蒙し，モンゴル帝国の憲宗モンケ・ハーン（1252—1259年在位）のとき，国師に任じられ，釈尊の教えに統一することとなった。

『元史』巻125「鉄哥伝」に，「那摩は兄の斡脱赤と共にモンゴルに入り，太宗オゴデイ・ハーンにまみえた。次いで定宗グユグ・ハーン（1246—1248年在位）は那摩に師事したが，憲宗モンケ・ハーンに至って，彼を国師となし，玉印を授けて天下の釈教を総べさせた」とあるように，那摩はすでに太宗オゴデイ・ハーンの治世に来蒙していたもののようである。

『仏祖通載』巻三〇所収の「焚毀諸路偽道蔵経之碑」に，罽賓大師蘭麻総統とあるのが，この那摩のことである。このことはトゥカン・ラマ（Thuḥu bkba bla ma 土観喇嘛）の『蒙古史』（仏教史学の二の二所収，寺本訳注による）に「蒙哥（憲宗モンケ・ハーン）の時代に，Krama-pakci 等来る」とある。Krama-pakciの頭のKは無音であるから，蘭摩となる。そして中国語に訳すとき，KがNに変わって那摩となったからである。那摩が国師に任用された年次は，『元史』の上では不明であるが，『新元史』巻六「憲宗記」には，「元年辛亥冬十一月。以僧那摩為国師。統領天下釈教。」とある。

柯劭忞氏がどのような資料によったかは不明であるが，海雲が総統に任ぜられて釈教統率者となったと同じ年に，那摩は国師となったとある。国師と総統との権限に関しては法文の上では明らかにし得ないが，総統としての海雲に与えられた宗教行政的任務は，漢地および漢人仏教の統領権である。これと比べて，国師は特別任用ともいうべき破格の地位で，仏教の統領としての任務にとどまらず，モンゴル帝国の政治経済軍事等諸般の枢機にも参画し，宗教行政の面では総統以下に命令を発する立場に立つものであった。モンゴル帝国の朝廷では漢人よりも西方出身者，すなわち色目人をより重用することが，終始一貫した根本方針であったと考えられる[20]。

『至元弁偽録』巻三にも，

　我蒙哥皇帝（中略）酌先代之洪規。率由舊章。不忘外護。初鋳国宝讃仏門。凡僧人並無傜賦。聖旨特賜那摩国師白金二千錠。修福仏門[21]。

　私モンケ・ハーンは，（中略）昔から伝えられている重要な規則によって，一切をそのしきたりに従ってきた。仏教を信奉して国を護ることを忘れてはならない。仏の教えを国の宝として，ここに初めて讃嘆する。およそ僧侶たる者には賦役を課さない。聖旨によって那摩国師に，とくに白金二千錠を賜る。そのように，仏門の福徳を修めた。

と記載されている。

モンケ・ハーンがいかに仏教を外護し，那摩を優遇したかは想像を超えるものがあった。

しかし，以上述べた那摩の活躍は，チベット仏教のモンゴル伝来の前駆の時代のことに過ぎない。モンゴル帝国とチベット仏教との関係は，フビライ・ハーン（1260―1294）がパクパを招聘したことを機に，正式に定めたといっても過言ではないと思われる。モンゴル帝国元朝の国勢がフビライ・ハーンの時代に頂点をきわめたのと時を同じくして，フビライ・ハーンの仏教に対する帰依も極度に深まっていった。

フビライ・ハーンは，中統（1260年）４月に即位した。その年の12月に，チベット仏教サキャ派の高僧パクパを国師とし，玉印を授けて仏教を統摂させた。これより先，チベットは独立王国が倒れてから約４世紀の間，同地の部族はそれぞれ族長制を保ち続けてきた。モンゴル帝国の勃興によって，他の多くの部族はチンギス・ハーンに服従したが，一部にはこの将兀良合台に征服された部族もあった。そしてフビライ・ハーンは，チベットに対する支配権を確立しようとして，帰属したチベットを州県に分け，パクパが帝師に任命されると，州県などの知事を帝師パクパの支配下に置いた。そして，宣政院の院使の第２位には必ず僧を任命し，チベットの地の習俗を尊重してチベット人を懐柔する方針をとった。

パクパの伝記は『新元史』の「釈老伝」，『仏祖通載』巻三二所収の「王磐等奉勅撰の行状」，および英宗ゲゲ・ハーン（Ge ge Han 格堅汗1320―1323年在位）の至治元年の『仏祖通載』巻三六所収の，「大永福寺住持法洪の奉勅撰に係わる帝師殿碑」等によるべきであるとされる。

パクパはサキャ・パンディタの甥である。彼が７歳のとき，10万句ほどの経典を誦したので，人々は彼を聖童と呼んだ。憲宗モンケ・ハーン３年（1253），潜邸でフビライ・ハーンに謁して以来信任を得，モンケ・ハーン８年（1258）の道仏論諍に列席し，やがてフビライ・ハーンが即位すると，前述の如く国師に任命された。時にパクパ22歳，至元６年（1269）には「蒙古新字」（八思巴文字）を創出し，帝師大宝法王と呼ばれた。帝師となったパクパは，ただ総制院（後の宣政院）を掌握してモンゴル帝国元朝の宗教監督権を行使しただけでなく，後に詳述するように，その命令は皇帝の詔勅と同等の効力をもつに至ったので，権勢並ぶものなく，モンゴル帝国元朝とチベットの政治および宗教との関係は，一致したものとなったと考えられる。

パクパはその後一度チベットに帰ったが，至元11年（1264）召還され，皇太子真金のために『彰所知論』（Śes bya rab tu gsal ba）[(22)]を著した。

至元16年（1279）パクパが歿すると，「皇天之下，一人之上開教宣文輔治大聖至徳普覚真智佑国如意大宝法王西天仏子大元帝師」[(23)]という尊号が贈られた。死後もモンゴル帝国元朝からいかに尊信を受けていたかは，各地に帝師パクパ寺（ḥPhags pa mGon pa 八思巴寺）が建立され，またパクパの忌日には帝師記念法要が営まれたことなどから，容易に理解される。

フビライ・ハーンの当時，モンゴル帝国元朝の領土内では禅宗等が盛んであったが，どうして新しく移入したチベット仏教を採択して国教とするまで，心酔したのであろうか。

およそインド仏教は，前半を中国に，後半をチベット仏教に受け継がれ，８世紀以後は主にチベットに受容されたという。チベット仏教は，チベット在来のボンボ教とインドから伝わった仏教とが融合して成立したものであり，中国仏教に比べて簡易さや素朴さに富んでいることが，深遠な哲理を弄ぶ禅等よりも，フビライ・ハーンの心を動かすのに十分であったものと思われる。そして，最初はチベット懐柔の政策に出たことによる側面も否めないが，朝に夕にパクパと接している間に，その巧妙な教説に触れて自然に，フビライ・ハーンの心がパクパに傾いていったものと考えられる。

チベット仏教が一度モンゴル帝国の国教となると，朝廷の尊崇至らざるなく，帝后妃など皆パクパに戒を受けて礼拝した。正衙朝会には帝師が坐隅の特席を占め，新帝の即位ごとに帝師に褒詔を下し印珠を与えた。帝師がチベットから大都（北京）に入るときには，途中まで盛んな行列を組み，官史がこれを迎えるのに巨費を要したといわれている。

『元史類編』巻四一「八思巴伝」には，世祖時代の殿上における仏事儀式の荘厳華麗な光景が詳述されている。鼓手120人，殿後軍500人，雑用500人，仏像幢幡宝蓋車鼓360壇，笛篳琵琶箏手400人，男女角觝300人，漢人（中国人）・回鶻（ウイグル）河西楽隊324人，請執役者金玉飾繍排列卅飲里，帝御扈従梵僧500人等の数字を挙げていることからも，その盛観の大体を知ることができる[24]。

帝師の政教的地位がいかに強大であったのかを知る証例としては，歴代の聖旨が発せられるとき，これに添えて帝師の法旨が施行せられたことでもよくわかる。

『元史』「釈老伝」[25]には，

元起朔方，固已崇釈教。及得西域，世祖以其地廣而険遠，民獷而好闘，思有以因其俗而柔其人。乃郡縣土番之地，設官分職，而領之於帝師。乃立宣政院。其為使位居第二者,必以僧為之,出帝師所辟擧。而總（硴）其政内外者，帥臣以下，亦必僧俗並用，而軍民通攝。於是帝師之命，與詔勅並行於西土。百年之間，朝廷所以敬禮而尊信之者，無所不用。

モンゴル帝国元朝は，北方のモンゴル草原に興起してから仏教を崇拝していた。その後西域の地を領有すると同時に，世祖であるフビライ・ハーンはその地域を広げ，危険な遠征をした。モンゴル人は乱暴で争いを好む。モンゴル人は，チベット人が［仏教を崇拝］する風俗習慣に従って懐柔しようとした。チベット地域の郡県ごとに，管理所を設け管理人を任命した。全部を帝師に統領させるために，宣政院（仏教およびチベット関係の任務を処理する中央官署）を大都で設立した。その院使の第二者，すなわち副院使は，必ず僧侶に就任しなければならない。さらに帝師が推薦した人でなければならない。そして政治を内外に総統する大臣は，帥臣以下，必ず僧と俗を並用すること，軍事と民事を兼ね治めさせた。こうして，帝師の命令は詔勅と共にチベットの地に実行したので，百年の間モンゴル帝国は，尊敬および信頼できるチベット人を採用した。

と記している。

『新元史』「釈老伝」は，

於是帝師授玉印。国師授金印。宣命同於詔勅。

として，西土（チベット）だけに限定されない意を示した。

帝師の法旨が詔勅と並んで行われた例証として，順帝の元統３年（1334）７月に発布された聖旨と，その翌至元２年（1336年）４月の法旨とを挙げることができる。いずれも『勅修百丈清規』巻首に収められている。聖旨の要旨は，従来の不統一な清規を廃して，新たに頒布する徳輝・笑隠二長老の校正本を行うべきことを諭告したものである。そして，これが副状である帝師公哥児監蔵班蔵卜の法旨の内容も，聖旨とほぼ同様のものであるが，その文中には，

「皇帝聖旨裏」に

帝師公哥児監蔵班蔵（Kun bgaḥ blo gros rgyal mtsan dpal bzaṅ po 貢噶洛追堅賛貝桑布 1299—1327）の法旨あり。行中書略・行御史台・行宣政院の官人毎根底・宣慰司・廉訪司の官人毎根底，軍官毎根底，軍人毎根底，城子裏達魯花赤の官人毎根底往来の使臣毎根底，本地面の官人毎根底，百姓毎根底，衆和毎根底に省諭的法旨あり(26)。

とある。諸官人に対して，いずれも聖旨・法旨に聴従せよと告諭するものである。これによって帝師が時の宰相以下に，号令を発することができる独尊的地位にあったことが明らかである。

2　フビライ・ハーンの中国仏教および道教に対する態度

フビライ・ハーンの仏教信奉はチベット仏教のみに集中されたわけではなく，中国本地にある漢民族の在来仏教も決して軽視しなかった。モンゴル帝国が宋朝を滅ぼすとすぐに，教僧30人を選んで，30カ所に官講を建てた。その目的は，旧宋領の教学の振興を図ること，僧が僧を為としての崇敬を失うことのないこと，僧官制度を確立して仏法の護持に努めることにあった。

『仏祖通載』巻三五によれば，モンゴル帝国元朝のフビライ・ハーンは，在来の仏教の中では教宗を重んじたが，禅を嫌忌する傾向があったのではないかと思われる。『元史』「董文忠伝」の至元８年侍読学士徒章公履が貢挙を奏上した一節に，「帝釈氏において，教を重んじて禅を軽んずることを知る。

すなわちいわく，儒にもまたこれあり，科挙は教に類し道教は禅に類す」と見えることから推察することができる。

禅宗は宋以後一大飛躍をし，全仏教中最優位を占めてきたが，その所説が矛盾を除き，葛藤を断ち，極端な否定に終始して人間的把握を認めない点や，不立文字を標榜してややもすれば教学を軽視すること等から，一部の反感を買った。またその実力は，長い因襲の中から上流と結びついた教宗に及ばず，禅宗徒の社会的地位が案外低かったことなどから，フビライ・ハーンが禅を軽視することになったものと思われる(27)。フビライ・ハーンは即位の翌年，すなわち中モンゴル帝国元朝中統２年（1261）の８月に，燕京（現在の北京）の名刹慶壽寺と海雲寺に，土地五百頃（日本の畝に当たる）を賜与した。『元史』「世祖紀一」によれば，慶壽寺は金章宗の頃に創建され，海雲が住した寺である。同年９月，帝は祖宗の神主を聖安寺に奉遷している。聖安寺も金代以来の燕京の名刹である。そして，その翌３年には勅して，この寺で盛大な仏頂金輪会を修した。また同年12月には燕京（現在の北京）の利昊寺にて七昼夜の仏事を行い，銀１万5,000両を賜与した。

以上挙げた実例から見ても，フビライ・ハーンが，中国の在来仏教に決して冷淡ではなかったことがわかる。至元元年（1264）には，フビライ・ハーンに信任の厚い僧子聰が還俗して太保となり，中書省を勤めたが，この年の８月，フビライ・ハーンは北京に都を定めて改元した。改元を記念して天下に大赦令を布き，法会を行い，自身も国師パクパから秘密戒を受けた。『仏祖通載』巻三二には，チベット仏教に心酔するにとどまらず，側近に僧侶出身の劉秉忠を登用した世祖は，年一年と崇仏の度を加え，前代から排撃されてきた道教に，大弾圧が下されることになっていったことを記している(28)。

モンゴル帝国の世祖フビライ・ハーンの時代から，モンゴルの地に仏教寺院が建てられ始めた。至元８年（1271）には大都（現在の北京）に護国仁王寺が建てられ，翌至元９年（1272）には大聖壽万安寺が創せられ，至元11年（1274）には昭応宮が建てられた。しかし，フビライ・ハーンの時代に建造立された寺数は多くはない。

武宗ハイサンヒルク・ハーン（1307―1311年在位）の時代から，文宗ジヤガトウハーン（1329―1332年在位）までの間には，モンゴル帝国元朝全国で，多くの仏教寺院が建立された。たとえば，文宗天暦元年（1328）には万聖祐国寺，修壽安山寺，大龍興普明寺等の三刹が，また天暦２年（1329）には大承恩天護聖寺が建てられた。寺院建立に要する多くの経費は，モンゴル帝国が協力したといわれる。

モンゴル帝国元朝の時代に建立された仏教寺院の多くは，チベット仏教系モンゴル仏教寺院であった。モンゴル帝国元朝以前には皆無であった草原地帯にも，多くの仏教寺院が建てられた。たとえば，上都（現在の内モンゴル自治区正蘭旗東閃電河北岸）の開平に，龍光華厳寺・大乾元寺・開元寺・八思巴寺等がある。仏教寺院の建立に伴って僧侶の数も増加の一途をたどり，仏像や法器等も多数造らなければならなくなっていった[(29)]。

第６節　本章の結語

チベット仏教がモンゴルに伝来したとき，最初は，モンゴル帝国の貴族の間で信仰された。

チンギス・ハーンはモンゴルの諸部落を統一した後，宋朝やチベットなど，国外にも軍を進めた。その版図は，アジアからヨーロッパ東部・ユーラシアに及んだ。かつての漢，唐の大帝国よりも大きな版図であり，世界史上最大の国であった。カスピ海，イラン，イラク，シリア，コーカサス，南ロシア，モスクワ，キエフの穀倉地帯，ハンガリー，ポーランド，ドイツなどを征服した。

モンゴルに征服された国々は，いろいろな民族によって構成されていた。したがって文化にしても，宗教信仰にしても，その様相を異にしていた。結果的には，世界と関わりなく草原で生活してきたモンゴル人にとっては，未知のものばかりであった。軍隊の進攻につれて，絶え間なくさまざまな文化や新しい思想，宗教信仰と接触することになった。

モンゴル人は諸外国や諸民族を征服していったが，その国その民族に固有の風俗習慣や宗教信仰，あるいは習俗に対しては，手をつけることがなかったと考えられる。したがって，モンゴル在来のボゲインシャシン教，中国仏教，チベット仏教，中国の道教，キリスト教，イスラム教等の各種の宗教が，モンゴル帝国に共存することとなった。モンゴル帝国の宗教が，「一国多教」と呼ばれた所以である。

もちろん，チベット仏教がモンゴルに伝来する前は，チンギス・ハーンをはじめモンゴル人は，ボゲインシャシン教を信仰していた。しかし，他の民族や諸外国の人々にボゲインシャシン教を強制することなく，それぞれの宗教を信仰することを許し，保護した。だから，諸外国の諸宗教の指導者たちも，チンギス・ハーンのモンゴル帝国に協力したと考えられる。たとえば，仏教徒の耶律楚材，道教徒の長春真人の邱処機は，多種多様なアドバイス（出謀劃策）をし，モンゴル帝国の建策ために尽力した。イスラム教徒やキリスト教徒も，チンギス・ハーンの福徳と長寿を祈禱したという。

チンギス・ハーンのこのような宗教への対処の在り方は，後世のゴダン・ハーンやフビライ・ハーンの時代に，チベット仏教をはじめモンゴルに仏教が伝播するのに，大きな影響をもたらしたと考えられる。とくにフビライ・ハーンが自ら仏教に帰依し，モンゴル帝国の宮廷に仏教の僧侶を招請し，モンゴル全土に仏教を広揚するために，重大な役割と大きな貢献を果たしたと考えられるのである。

注

（1）［意］図斉·［西徳］海西希著『西蔵和蒙古的宗教』（中国天津古籍出版社，1989年）353頁。

遠い昔の諸仏・諸菩薩は，その示寂も化身ラマ，すなわち活仏（モンゴル語ではホビルガン［Qubilgan］という）として仏世界から人間界に再生し得るものとする思想があり，諸仏・諸菩薩はもちろんのこと，極意に到達した上師ラマすなわち活仏は，臨終において自己の霊魂を，同時刻に生まれた嬰児の上に移す。つまりこのように極意に通達した上師ラマは，モンゴル仏教では修行の達成によって，肉体から霊魂を遊離することができるものとされる。活仏の示寂は永遠の別離ではなく，単に地上において肉体の取り替えをし，生命を移転するに過ぎないと信じられている。だから，活仏の命終と同時刻に生まれた子供を探し出して，前活仏の化身として迎える。迎えられた子供は，前活仏同様に敬虔な態度で奉仕し，信仰される。

中国仏教では「活仏転世」という言い方をしているが，日本仏教では「転生活仏」という言い方をしている。この「転世」と「転生」を同じものとするのは問題がある。つまり「転世」という言い方は，中国人が諸仏・諸菩薩は，仏の世界から人間界に衆生を救済するために再び来ることをいう。日本仏教で「転生」という言い方は，人が生まれ変わってくることを指していると思う。

（2） 王輔仁・陳慶英編著『蒙蔵民族関係史略』（中国社会科学出版社，1985年）70頁。

（3） 蔡巴貢噶多吉『紅史』（東嘎洛桑赤列校注，中国西蔵人民出版社，1988年）79頁。

（4） 蔡巴貢噶多吉『紅史』（東嘎洛桑赤列校注，中国西蔵人民出版社，1988年）246頁。

（5） 王輔仁　陳慶英編著『蒙蔵民族関係史略』（中国社会科学出版社，1985年）71頁。

（6） 蔡巴貢噶多吉『紅史』（東嘎洛桑赤列校注，中国西蔵人民出版社，1988年）81頁。

（7） 蔡巴貢噶多吉『紅史』（東嘎洛桑赤列校注，中国西蔵人民出版社，1988年）82～83頁。

（8） 蔡巴貢噶多吉『紅史』（東嘎洛桑赤列校注，中国西蔵人民出版社，1988年）78～83頁。

（9） 久明柔白多杰『蒙古仏教源流』（ḥJigs med rig paḥi rdo rje, *Hor gyi chos hbyuṅ*）中国青海民族出版社，チベット語，1993年，131～132頁。また固始噶居巴洛桑沢培著，陳慶英・烏力吉訳著『蒙古仏教史』（中国天津古籍出版社，1991年）55頁によれば，相当箇所は次の通りである。

明天我的上師噶瑪巴前來。

（10） 久明柔白多杰『蒙古仏教源流』（ḥJigs med rig paḥi rdo rje, *Hor gyi chos hbyuṅ*）中国青海民族出版社，チベット語，1993年，131～132頁。また固始噶居巴洛桑沢培著，陳慶英・烏力吉訳著『蒙古仏教史』（中国天津古籍出版社，1991年）55頁によれば，相当箇所は次の通りである。

孩子，你為恁麼坐到上師的座位上。

（11） 久明柔白多杰『蒙古仏教源流』（ḥJigs med rig paḥi rdo rje, *Hor gyi chos hbyuṅ*）中国青海民族出版社，チベット語，1993年，131～132頁。また固始噶居巴洛桑沢培著，陳慶英・烏力吉訳著『蒙古仏教史』（中国天津古籍出版社，1991年）55頁によれば，相当箇所は次の通りである。

我就是上師。

（12） 久明柔白多杰『蒙古仏教源流』（ḥJigs med rig paḥi rdo rje, *Hor gyi chos hbyuṅ*）中国青海民族出版社，チベット語，1993年，132頁。

（13） 蔡巴貢噶多吉『紅史』（東嘎洛桑赤列校注，中国西蔵人民出版社，1988

年）86頁。

(14)　蔡巴貢噶多吉『紅史』（東嘎洛桑赤列校注，中国西蔵人民出版社，1988年）89頁。

(15)　王輔仁・陳慶英編著『蒙蔵民族関係史略』（中国社会科学出版社，1985年）71～72頁。また蔡巴貢噶多吉『紅史』（東嘎洛桑赤列校注，中国西蔵人民出版社，1988年）90頁によれば，相当箇所は次の通りである。

　　　　暁悟一切性空噶瑪巴。

(16)　王輔仁・陳慶英編著『蒙蔵民族関係史略』（中国社会科学出版社，1985年）72頁。

(17)　黄春和「元初那摩国師生平事遺考」（『法音』中国仏教協会，1994年，第九期）18～22頁。

(18)　「重修真定府大龍興寺功徳記」（清朝道光二十二年沈涛『常山貞石志』巻一五）。

(19)　「鉄哥伝」（『元史』巻一二五）。

(20)　「憲宗本紀第三」（『元史』巻三）。

(21)　「至元弁偽録」（『元史』巻三）。

(22)　王啓龍『八思巴評伝』（中国民族出版社，1998年）268頁。

(23)　王啓龍『八思巴評伝』（中国民族出版社，1998年）184頁。また阿旺貢索南著，陳慶英・高禾福・周潤年訳『薩迦世係史』（中国西蔵人民出版社，1989年）147頁によれば，次のように記されている。

　　　　皇天之下，大地之上，西天仏子，化身佛陀，創制文字，輔治国政，五明班智達帝師。

(24)　『元史』巻七七「祭祀志」。

(25)　野上俊静『元史釈老伝の研究』（朋友書店，昭和53年）36～37頁参照。

(26)　長谷部幽蹊「勅修百丈清規の纂輯をめぐる政治的背景」（『禅研究所紀要』第29号，愛知学院大学禅研究所，2000年）218頁参照。

(27)　岩井大慧「元初の帝室と禅宗との関係」（『東洋学報』11～４）有高巌「元代の僧侶と社会」（『斎藤先生古稀記念論集』）また長谷部幽蹊「慶壽簡禅師とその周辺」（『印度学仏教学研究』17～１）

(28)　「元代仏道論争研究序説」（『結城教授頌寿記念仏教思想史論集』，平河出版社，1964年）。

(29)　樊保良『蒙蔵関係史研究』（中国青海人民出版社，1992年）76～78頁。

第五章　活仏の由来

第１節　本章の意図

チベット仏教とモンゴル仏教では，僧俗に幸福を与える仏教の高僧は，仏・菩薩の化身であると信じられている。

モンゴル帝国元朝・漢民族の明朝・満洲族の清朝の三時代にわたって，漢民族もチベット語系の仏教の影響を受けてきた。したがって中国の漢民族の僧俗は，チベット仏教とモンゴル仏教の高僧たちに中国語で，「老佛爺」（Lao fo ye），「喇嘛爺」（La ma ye），「活仏」（Huo fo）と呼びかけた。とくに，「活仏」（Rin po che）という呼び方は特別の意味をもつ名詞となり，チベット仏教とモンゴル仏教の高僧・転生ラマたちはすべて「活仏」と呼ばれた。「活仏」という呼称は，今日では世界中に知られている。

1959年には，チベットのラサで大きな民衆蜂起が発生した。ダライ・ラマ十四世は，チベット仏教の多くの僧俗と共にインドに亡命した。やがてインド北部のダラムサラに亡命政府を樹立し，さまざまな活動を行っている。

最近の日本の新聞では，チベット仏教のカルマカギュ派の最高位の活仏カルマパ十七世が，インドに入ったことが大きな話題となっている。カルマパ十七世は，インドに亡命しているダライ・ラマ十四世が承認している活仏であることは勿論，中国政府も承認している活仏であり，最高位の転生活仏の亡命であることで，世の耳目を集めている。

この章では，モンゴル帝国元朝以後の明・清の時代に，チベット仏教とモンゴル仏教における「転生活仏」という制度が確立された経緯を明らかする。とくにモンゴル仏教の歴史の中で一時期を画するのは，皇帝になった活仏ジェブツンダンバ・ホトクト（rJe btsun dam pa Gutugtu 哲布尊丹巴呼図克図）のことであるから，この由来を追究する。

第2節　活仏の転生制度

チベット仏教とモンゴル仏教の一つの特徴として，「転生活仏」の制度がある。この「転生活仏」の制度は，チベット仏教においては，13世紀チベット仏教のカルマカギュ派（Karma bKaḥ rgyud pa 噶瑪噶挙派）のカルマ・バクシ（Karma pakṣi 噶瑪抜希 1204―1283）に始まった。バクシはモンゴル語で，師の意味である。

カルマカギュ派の創始者は，トゥスムキェンパ（Dus gsum mkhyen pa 都松欽巴 1110―1193）である。彼は，チベットの康区（現在のチベット自治区の昌都）哲雪地方の出身である。1147年，トゥスムキェンパが38歳のとき，現在のチベット自治区の類烏斉の噶瑪（Karma）地方に噶瑪丹薩寺を創建した。この地名をとって，カルマカギュ派と名付けられた。

カルマ・バクシは幼時に出家し，トゥスムキェンバが創立したカルマカギュ派の教義を修学し，その蘊奥を極めた。カルマ・バクシはチベット仏教とモンゴル仏教上，最初の「転生活仏」になった[(1)]。

1　「転生活仏」の存在に関する観念

『蔵伝仏教』[(2)]は，カルマ・バクシが示寂するとき，弟子のウジャンバ（1230―1309）を呼んで，

> 我死後，在遠方拉堆，肯定会出現一名継承黒派密教的傳人，在他未来之前，你就暫時作為他的代理。
>
> 私が示寂した後，遠い拉堆地方に，カルマ派の密教の教えを継承する人が必ず現れる。その尊者が現れるまで，あなたがしばらくその尊者の代理をせよ。

と遺言したことを記している。

この遺言の内容には，モンゴル帝国第四代の元憲宗モンケ・ハーン（Mongke Han 蒙哥汗 1252―1259年在位）が，カルマ・バクシに賜った金の縁取りの黒色僧帽を，ウジャンバの頭に被せたことも含んでいる[(3)]。

『智者喜宴』には，カルマ・バクシの転生について，次のように記述して

いる[4]。

般涅槃なされた瞬間，カルマ・バクシは兜率天に赴いた。兜率天はチベット仏教でいうガーダンラ（dgaḥ ldan lha 喜足天界）のことである。その兜率天に弥勒菩薩が住んでいる。カルマ・バクシは，兜率天で弥勒菩薩にいろいろ供養した。神々にもいろいろな供物を捧げたが，気分的には退屈に堪えられなかった。8日を過ぎて，自分の霊魂を再び屍体に帰入されようとして，人間界に帰って来られた。しかし，屍体は荼毘に付されていた。カルマ・バクシは，衆生が苦しみ泣き叫んでいるのをご覧になり，憐れみのあまり苦しむ衆生を利益されようとした。

ある日，チベットのラサの西北のドダルンパルツェー（stod luṅḥphar tshad 堆隆拔昌村）の老夫婦の，13歳になる一人息子が突然死んだ。カルマ・バクシは，空に煙りが上がっているのを見てそこへ行った。そして自分の「重覚」，すなわち霊魂を奪舎法（groṅ ḥjug）によって屍体に乗り移らせた。霊魂が少年の屍体に乗り移ると，屍体の目がキラッと光った。老夫婦は，死んだ息子の目が生きているように見えるのは悪い兆しであると思い，急いで灰をかけ，針で突いたので，目がつぶれてしまった。

目がつぶれてしまっては衆生のために尽くすことができないと考えて，そこから出て他を探した。北の果てに虫が喰う鳩の屍体があるだけであった。そこで時期尚早と考え，法界にひたすら留まっておられた。

折しも年の頃25歳と覚しき美しい女性が礼拝して，

brtse pas dag paḥi mi lus zuṅ du gsol // ñam thag ḥgro baḥi pha ma mdsad du gsol // saṅs rgyas bstan paḥi rgyal mtshan zuṅ du gsol //[5]

慈悲心の主よ，法界にましまさず，愍みをもって清浄の人身をとり給え。無力の有情の父母となり給え。仏教の勝幢を揚げ給えと願っていた。

カルマ・バクシは，女性の願いを聞いた後，神霊の熱心な要請に動かされて，北チベット貢塘地方のランジュンドルジェ（Raṅ byuṅ rdo rje 攘迴多吉 1284—1339）の母親の母胎に入った。こうしてカルマ・バクシは転生することに成功したという。

ランジュンドルジェは，カルマカギュ派第三代活仏に任命された。この説話の中でとくに興味深いのは，前代の高僧が亡くなって七七・四九日の間に胎に入り，９カ月，あるいは10カ月を経て生まれるはずだという発想である。ランジュンドルジェの場合は，この間が５カ月であったが，そのことについて次のように説明されている(6)。

カルマ・バクシの弟子の一人であったリンチンセンゲパル（Rin chen seṅ ge dpal）は，ランジュンドルジェが，カルマ・バクシの転生霊童であることを次のような理由から認めたとされる。

ランジュンドルジェの年齢を訊ねた後，リンチンセンゲパルは「私のラマ上師（Karma pakṣi のことをいう）は，羊の年（1283年）の９月３日に亡くなられた。貴方は猿の年（1284年）の１月８日に生れたといわれる。間に５カ月しかないので，私のラマ上師の化身ではありえない」と言った。

それに対してランジュンドルジェは，「私は，胎の中に身体ができて４カ月経た身体に『識』（viññāṇā＝vijñāna）として入った。したがって，『先に入っていた主体は，雪山シュルモへ去った』と，何度もつぶやいたが聞かなかったか」と言われた。この問答からわかることは，ランジュンドルジェが胎に入る前の４カ月は，阿頼耶識の一部ではあるが，「五現証」（mṅon byaṅ lṅa）(7)によるとこの４カ月は，色身として現れる因の金剛持の時期である。それ以後の５カ月は，阿頼耶識の「識」の全部として入ったから，果の金剛持であり，三薩埵すべてを構成しているという。

前身者が亡くなってから復次に生まれるまでの過程は，多くの伝記で述べられているが，その中で典型的な説は，ダライ・ラマ五世（1617―1682）の著述『ダライ・ラマ三世（1543―1588）伝』中に，三世自身の言葉として述べられたものである。それは，兜率天に赴き，ダライ・ラマの守護神シュリー・デヴィと出会う話である。

> ダライ・ラマ三世がシュリー・デヴィと共に雲に乗り，五色の光りの道から一瞬にして三十三天を離れ，現在のチベットの昌都地方の堆隆（stod luṅ）の中央の康薩貢（khaṅ gsar goṅ）村のダライ・ラマ三世の生家に到った。そこでは，ダライ・ラマ三世の母御前の身体に，すでに他

のものが入っていたので，私ダライ・ラマ三世が止住するところが塞がれていた。そこで，シュリー・デヴィが，邪魔ものを外に出す仕事をされたので，母御前の胎が清浄そのものとなった。そこに私，ダライ・ラマ三世が入ったという。

この話は，後に見る「化身」の理論に必ずしも即していない。ここで語られているのは，「化身」から「化身」への相続であり，その相続には四十九日の「中有」（bar do）の余地が許されているという形態である。このような相続を，「御再生歴代」（skuḥi skyes rabs），すなわち，御身の連なり（skuḥi ḥphreṅ ba）といい，生まれ替わり（sku skyes）である。いわゆる「転生活仏」である。そのような相続は，「化身」（sprul sku）であるから初めて可能であると考えられる(8)。

ダライ・ラマ十四世テンジンギャムツォ（bsTan ḥdsin rgya mtsho 丹増嘉措 1934―現在）は，なぜ観世音菩薩の化身でなければならないのか。菩薩は，大乗仏教が生み出した成果であるといわれる。菩薩は悟りを得ながら，自らの意志で人間に再生し，仏の教えを衆生に取り継ぐ役に徹する。

私は何世代にもわたる前世の中で，カーラチャクラ（Kālachakra 時輪金剛仏）の灌頂を支持者たちに広く授けてきた。私のラマも，そのまたラマも，そうしてきた。これには意味がなければならない。願を立てることができる。

と，ダライ・ラマ十四世は1994年９月２日，ダラムサラにおける説法で語っている。

ダライ・ラマ十四世は，自らの手で，チベット仏教の密教の奥義としてのカーラチャクラの灌頂を授ける儀式を，世界各国で行っている。カーラチャクラは，理想の国シャンバラ（Śambhala 香抜拉）である。シャンバラは，チベット語の「幸せがあるところ」が原義とされる。つまりシャンバラは，チベットの完全な自由回復の願いを象徴したものであるに違いないと考えられる(9)。

2　活仏の意味

転生活仏はチベット仏教とモンゴル仏教独特の伝承方式であり，仏教の「化身降生」「業力自如」の教義と，仏・菩薩の円覚解脱，普渡衆生の思想とを融合し，一体化したものである(10)。

「活仏」という言葉は中国語による表現であって，それに当たる言葉はチベット語にはない。チベット語では「ブルグ」（sprul sku）と呼称され，化身あるいは変化身を意味する。つまり，ブルビイグ（sprul paḥi sku），すなわち「化現した御身体」という意味を表す。

モンゴル仏教では，自分の願いによって転生する人を，モンゴル語でホビルガーン（Qubilgan 呼畢勒罕）という。それは「転生者」あるいは「化身」を意味する。モンゴル語のホビルガーンは，「変化」の意味である。これにゲゲーン（Gegen 覚者）を加えると，中国人がいう「活仏」の意味となる。モンゴル人の間では，「活仏」のことはゲゲーン・ホビルガーンと呼称されている。つまり，「覚者の化身」をいうことになる(11)。

従来「活仏」は，修行を積んで成仏した人を指したもので，成仏した人が示寂した後に，引き続いて一切の衆生を救済するために，再び人間界に現れることをいう。したがって，主に人間の肉体のすがたをとって現れることが多い。

「転生活仏」は，仏が肉体を借りて現実の世界に現れた仏であるが，このすがたを消滅し示寂した後に，仏教の「三身」の化身の方式で他の肉体に転生し，人間のすがたを借りて衆生を救済する仏をいう。中国人が発明した「活仏」は，「化身」を現実に存在する人間の上に認め，宗教的・社会的制度として確立されたものである。その法脈継承の相続権利が代々承認されていることが，チベット仏教とモンゴル仏教の大きな特徴となっている。

3　三殊勝と転生活仏制度

チベット仏教では「三殊勝」が説かれる。応供殊勝・地方殊勝・根器殊勝がそれである。この「三殊勝」の教えによって「転生活仏」を確定すれば，勝れて円満な結果が得られると考えられている。

釈尊は，涅槃に入る前に文殊菩薩の願いを受けて，工巧天神に指示して法身相無煙塔を造り，大海の中に高さ1,000尺の報身相と釈尊の12歳の化身坐相を立てた。塔相が成就したとき，釈尊が自ら開眼の儀式を行い，花で加持したと信じられている。これが釈尊が入滅したときの応供殊勝であったという。

なお，12歳の化身の坐相釈尊を天界で100年供奉した後に，智慧空行母がウジャン（O rgyan 鄔堅那）で500年供奉した。神変力が現れて，人間界のインド金剛座寺で500年供奉したが，仏教がインドで衰退したために，仏教隆盛の中国の唐都長安に奉祀された。

西暦641年，唐朝の文成公主がチベットのソンツェンガムポ（Sroṅ btsan sgam po 松賛干布 629―650）と婚約したとき，文成公主がチベットのラサに赴いて大昭寺を建て，12歳の化身坐相釈尊を供奉した。

1409年，ゲルク派の開祖ツォンカパ大師が，仏像に五仏冠を捧げた。この五仏冠を具した釈尊像を，チベット仏教ではジョアリンプチェ（Jo a rin pu che 覚阿仁布切）と呼んでいる。ジョアリンプチェは，無上大宝を意味する。

「転生活仏」を探し出すときは，慧根殊勝の霊童を選び（根器殊勝），認定の儀式を執り行うのはラサの大昭寺（地方殊勝）であり，釈尊の仏像の前で黄金の瓶の中からおみくじを引く（応供殊勝）儀式を行う。このように，三殊勝による釈尊の無量悲智によって，真の「転生活仏」を確定することができると考えられている(12)。

一般的には，活仏が転生するときに，五つの手続きが必要である。

（1）霊童を訪ねる。

先代の活仏が入滅した１年後に，それぞれの寺院の高僧が霊童を訪ねる。最初に，高僧大徳は占いによって護法神を招く。転生霊童の出生地の方向，距離，そしてその特徴などを決める。その後，高僧たちはこの情報に従って，その土地を訪ねる。訪ねた結果，ある時は１人だけ霊童を見つけ，ある時は２・３人以上の霊童を見つける。

（2）什器を弁別する儀式を行う。

前代の活仏が慣れ親しんだ什器と，それと同じ形状の数個の什器とを混ぜて霊童に示し，識別させる。霊童が選び取った什器がすべて先代の活仏愛用の什器ならば，この霊童が先代の転生活仏であると認定される。

（３）降神詢問，すなわち，護法神に教えを求める儀式を執り行う。

先代の活仏が住した寺院の高僧は，護法神に教えを求める。もし，護法神の教えと霊童が選んだ什器弁別の結果とが一致すれば，この霊童が候補活仏として認定される。

（４）金瓶掣籤（gser bum dkrug ḥdon）すなわち，占いの儀式を行う。

大臣が，什器弁別の結果と護法神の占いの結果を再度黄金の瓶に入れる。１週間にわたる法要の後，出たくじの霊童の名前を清朝の皇帝に報告し，新活仏の認定を申請する。

（５）批準継位，すなわち，皇帝から名号を賜る儀式を行う。

黄金の瓶でくじを引いた霊童の名前の結果の報告を受けて，皇帝が新活仏を認定して名号を賜る[13]。

『蔵伝仏教』によれば，清朝乾隆年間で理藩院によって正式に注冊，すなわち，登録され承認されたホトクト（Qutugtu 呼図克図）レベルの大活仏は160名にのぼった。そのうち，チベットには35名，内モンゴルには57名，外モンゴルには19名，青海省と甘粛省には35名，北京には14名がいたとされる。中国の解放初期の1949年から解放の民主改革1958年までの間で，チベット自治区だけで3,000～4,000名の活仏がいたとされる[14]。

なお『西蔵和蒙古的宗教』によれば，モンゴル仏教では，1900年には243名の活仏がいた。その中で，吉林省・遼寧省・黒龍江省の東北三省を含む内モンゴルには，157名がいたとされれる[15]。

既述したように，カルマカギュ派の相続方式は独特のものであった。カルマカギュ派教団の「転生活仏」を地域の有力な家族の子供の中に見定め，選ばれた「転生活仏」をその寺院の高僧が専任で教育して，優れた指導者として育成するものであった。新しい「転生活仏」は，前生とされる活仏に仕えた僧俗から献身的な奉仕と修行を受け，優れた活仏となるように精進しなければならなかった[16]。このことが，カルマカギュ派教団の発展の大きな要因となったが，同時にこのことによって，カルマ派の教団を政治面に傾斜させる一因をなし，強力な組織として発展させる要因ともなった。

第3節　チベットの二大活仏ダライ・ラマとパンチェン・ラマの由来

ツォンカパ・ロサンタクパ（tSoṅ kha pa blo bzaṅ grags pa 宗喀巴 1357—1419，善慧称）は，チベット仏教のゲルク派を創立した。ゲルク派もカルマカギュ派の手法を取り入れ，ツォンカパの二人の弟子，すなわちダライ・ラマ一世とパンチェン・ラマ一世は，転生制度の方法によってゲルク派の法脈を継承することになった。

ダライ・ラマ一世ゲンドゥントゥプパから，現在，インドのダラムサラにいるダライ・ラマ十四世テンジンギャムツォまでで，ダライ・ラマは十四代にわたる。

パンチェン・ラマの転生制度は，第一世ゲレク・ペルサンポに始まり，現在のチューキゲルポ（確吉杰布）で，十一代に至る。

1　ダライ・ラマの転生制度の由来

1578年，南モンゴルの地のトゥメット（土黙特）部のアルタン・ハーン（Altan Khan 阿勒坦汗 1507—1582）は，チベット仏教ゲルク派のダライ・ラマ三世ソナムギャムツォ（bSod nams rgya mtsho 索南嘉措 1543—1588 福徳海）と，青海省青海湖周辺の仰華寺で会見した。アルタン・ハーンは，ソナムギャムツォに「聖識一切瓦斉爾達頼喇嘛」の尊号を贈った。

「聖」（ariya）は，仏教では俗世の煩悩を断じて，出世の境地に達したことを意味する。「識一切」は，チベット仏教で顕教について成就した人物をいう称号である。「瓦斉爾」（vajra）はサンスクリット語で，執金剛を意味する。チベット仏教では，密教について最高位を成就した人物をいう称号である。「達頼」（Dalai bla ma）は，モンゴル語で大海を意味する。「喇嘛」（bla ma）はチベット語で，上師を意味する。したがって全体の意味は，

> 在顕密二宗両方面都取得最高成就，超凡入聖，学問淵博如大海一様的大師(17)。

顕教と密教の両方面について，すべて最高の境地を成就し，俗世を超え，出世間に達した聖人であり，学問においても大海のように深く広い大師である。

という意味である。

これが，ダライ・ラマの活仏制度の「名号」の発端となった。

チベット仏教ゲルク派の開祖ソォンカパ大師の弟子であったゲンドゥントゥプパ（dGe ḥdun grub pa 根敦主巴 1391—1474）がダライ・ラマ一世に追認され，ゲンドゥンギャムツォ（dGe ḥdun rgya mtsho 根敦嘉措 1475—1542）がダライ・ラマ二世に追認された。チベットのラサのポダラ宮（Po ta lha pho braṅ 布達拉宮）が，歴代ダライ・ラマの居住する宮殿である。チベット仏教ではダライ・ラマは，観世音菩薩の化身と信じられている。観世音菩薩は阿弥陀仏の西方極楽浄土世界の上首の大菩薩であり，一切の仏・菩薩の大悲心を表す。チベットは，観世音菩薩の所化の地とされる。チベットの衆生を救済するために，チベットの地に僧侶のすがたで転生したと考えられている。

なお中国の唐朝のときは，唐朝の太宗の諱は李世民であったため，皇帝の諱の世を避けて，観世音菩薩を観音菩薩と呼ぶようになったという(18)。

ダライ・ラマ四世はユンテンギャムツォ（Yon tan rgya mtsho 雲丹嘉措 1589—1616，功徳海）であり，

五世はガワンロサンギャムツォ（Ṅag dbaṅ blo bzaṅ rgya mtsho 阿曜羅桑加措 1617—1682，善慧海）であり，

六世はツァンヤンギャムツォ（tShaṅ dbyaṅs rgya mtso 倉央嘉措 1683—1706，梵音海）であり，

七世はケルサンギャムツォ（bsKal bzaṅ rgya mtsho 格桑嘉措 1708—1757，賢劫海）であり，

八世はジャムバルギャムツォ（ḥJam dpal rgya mtsho 隆朶嘉措 1758—1804，妙吉海）であり，

九世はルンドクギャムツォ（Luṅ rtogs rgya mtsho 強白嘉措 1805—1815，教証海）であり，

十世はツルティムギャムツォ（tShul khrims rgya mtsho 楚臣嘉措 1816—1837，戒海）であり，

十一世はケドゥプギャムツォ（mKhas grub rgya mtsho 克主嘉措 1838—1855 善成海）であり，

十二世ティレーギャムツォ（ḥPhrin las rgya mtsho 成烈嘉措 1856—1875，事業海）であり，

十三世はトゥプテンギャムツォ（Thub bstan rgya mtsho 土登嘉措 1876—1933，仏教海）であり，

十四世はテンジンギャムツォ（bsTan ḥdsun rgya mtsho 丹増嘉措 1856—現在，持教海）である(19)。

2　パンチェン・ラマの転生制度の由来

1645年，モンゴルのグシ・ハーン（Gu si Han 固始汗 1582—1654，本名は Tho rol pavi hu 図魯拝琥）は，チベット全土を征服した(20)。

そして，当時のチベット仏教のゲルク派の代表者であり，グシ・ハーンに協力を惜しまなかったロサンチョジゲルツェン・ラマ（bLo bzaṅ chos kyaḥi rgyal mtshan 羅桑却吉堅讃 1567—1662）に，「班禅博克多」（Pan chen bogda）の聖号を贈った。「班禅」はサンスクリット語のパンディタ（paṇḍita）に由来し，大学者を意味をする。「博克多」は，モンゴル語で勇気と智慧がある英雄を尊称する言葉である。だからサンスクリット語とモンゴル語を合わせると，中国語で「智勇双全的大学者」を意味する。これが，パンチェン・ラマの活仏制度の「名号」の発端である(21)。

チベット仏教のゲルク派の教団から，ロサンチョジゲルツェンはパンチェン・ラマ四世に認定された。そしてケドゥプ・ケレク・パルサン（mKhas grub dge legs dpal bzaṅ 克主格雷貝桑 1385—1438）をパンチェン・ラマ一世に追認させ，エンサ・ソナムチョクラン（dBen sa bsod nams phyogs glaṅ 恩薩索朗却朗 1439—1504）をパンチェン・ラマ二世に追認させ，エンサ・ロサンドゥプ（dBen sa blo bzaṅ don grub 恩薩羅桑頓珠 1505—1566）をパンチェン・ラマ三世に追認させた。北チベットの後蔵のタシルンポ寺（bkra śis lhun bo mgon pa 扎什倫布寺）は，歴代のパンチェン・ラマが居住する寺院である。

康煕52年（1713），康煕皇帝は，パンチェン・ラマ五世（1663—1737）に，「班禅額爾徳尼」の聖号と「敕封班禅額爾徳尼之印」の金冊，金印を贈った。「額爾徳尼」は満州語であり，「宝貝」（erdeni）を意味する。これが，清朝政府から正式にパンチェン・ラマを冊封した，そもそもの始まりである[22]。

モンゴル人は，パンチェン・ラマを「パンチェン・ボクダ」（Pan chen Bogda 班禅博克多）と呼んでいる。チベット人は「パンチェン・リンポチ」（Pan chen rin po che 班禅仁布切）と呼び，中国人は「パンチェン・ダーシ」（Ban chan da shi 班禅大師）と呼んでいる。

パンチェン・ラマは，チベット仏教では無量光仏の化身であると考えられている。無量光仏はすなわち，阿弥陀仏である。チベット仏教では阿弥陀仏の報身相を無量壽仏，清浄光仏などと呼んでおり，密教では甘露王であると考えている[23]。

パンチェン・ラマ五世はロサンイェシ（bLo bzaṅ ye śes 羅桑意希 1663—1737）であり，

六世はロサンペンデンイェシ（bLo bzaṅ dphal ldan ye śes 羅桑貝丹意希 1738—1780）であり，

七世はテンペニマ（bsTan paḥi ñi ma 丹白尼瑪 1782—1853）であり，

八世はタンビワンチョゲ（bsTan dbaṅ phyug 丹白旺秋 1854—1882）であり，

九世はチョジニマ（Chos kyaḥi ñi ma 却吉尼瑪 1883—1937）であり，

十世はチョジゲルツェン（Chos kyaḥi rgyal mtshan 却吉堅讃 1938—1989）であり，

十一世はチョウジゲルポ（Chos kyaḥi rgyal po 確吉杰布 1990—現在）であり，現在北チベットの後蔵のタシルンポ寺に居住し，チベットと北京との間を往来し，一切の衆生に利益している。

なお『蒙古仏教源流』によれば，パンチェン・ラマは無数の劫以前，転輪王国（Dus su ḥkhor los brgyur baḥi rgyal po）の輻輞王（rtsibs kyi mu khyud）の時代に，宝心仏（Saṅs rgyas rin chen sñiṅ po）の前で菩提心を発し，智慧と福徳という二部資糧（tshogs gñis）を積んだ。そしてパンチェン・ラマは，西方浄土の極楽世界（nub phyogs kyi dag paḥi shiṅ mchog bde ba can）で，法身の大日如来（Chos sku snaṅ ba mthaṅ yas）を悟り，報身の無量寿仏（Loṅs sku tshe dpag med）を悟り，化身の無量光仏（sPhrul sku ḥod dphag med）を悟った（ḥo bor saṅs rgyas 成仏した）という。

パンチェン・ラマは，十方の世界では清浄身である仏のすがたを現したり，不浄身である菩薩・声聞・独覚・阿羅漢・梵天・帝釈・転輪王などのすがたをとって現れ，衆生に利益したが，将来も世間が存在する限り衆生に利益する。

この娑婆世界（mi mjed kyi ḥjig rten）ではパンチェン・ラマは，釈尊の出世と時を同じくして，阿羅漢の須菩提（gNas brdan ḥphags pa rab ḥbyor）に転生し，

続いて，阿羅漢の迦葉（ḥOd sruṅ）の沙彌蓮性（dGe tshul phadmaḥi ḥad ldan）に転生し，

大菩薩月光童子（Sems dphaḥ chen po zla ḥod gshon nu）に転生し，

持明寿火神童子（tSheḥi rig ḥdsin brñes pa ḥtsho byed gshon nu）などに転生した。

その後，龍樹菩薩（dPal mgon klu sgrub）の心伝の弟子大智杜鵑（Rig paḥi khu byug che ba）に転生し，

阿闍梨（slob dPon）の清弁論師（Legs ldan ḥbyed）に転生し，

阿闍梨の金剛鈴（rDo rje dril bu）に転生し，

阿闍梨の護無畏（A bha ka ra gu pta）に転生し，

シャンバラ（香抜拉）国の具種王である妙吉祥称（Śmbha laḥi yul gyi rigs ldan rgyal po ḥjam dpal grags pa）に転生し，

大阿闍梨の蓮花生（Padmasambhava）に転生し，

バングラデシュ出身アテイーシャ尊者（Jo bo phul byuṅ shabs 阿底峡）に転生し，

阿闍梨のバワバダル（Bha va bha dra 抜哇抜陀羅）に転生し，

ゴイロサバ・グガパラセ（ḥGos lo tsatsha ba khug pa lhas btsas 桂訳師の

枯巴拉則）に転生し，

ナムメダガムポバ・ソナムリンチェン（mÑam med sgam po ba bsod nams rin chen 岡波哇出身の無比の索南仁欽）に転生し，

ジャルバジュンドン・ドルジェパル（rGyal ba gyuṅ ston rdo rje dpal 甲哇容敦の多吉貝）に転生した阿弥陀仏の化身，すなわち転生活仏とされている(24)。

カルマ派にしても，ゲルク派にしても，モンゴルのハーンから聖号を受けて活仏の転生制度が確立された。

第4節　モンゴルの二大活仏ジェブツンダンバ・ホトクトとジャンジャ・ホトクトの由来

モンゴル帝国の元朝以後の明・清の時代に，チベット仏教とモンゴル仏教で，「転生活仏」という制度が確立された。

モンゴル仏教の歴史の中で一時期を画するものは，モンゴル仏教におけるウンドゥル・ゲゲーン（ündür gegen 温都爾格根）である。モンゴル人は一般に活仏を，高位の光明者の意味でウンドゥル・ゲゲーンと呼んだり，聖光明者の意味でボクダ・ゲゲーン（Bogda gegen）と呼んだりする。すなわち，ジェブツンダンバ·ホトクト（rJe btsun dam pa Qutugtu 哲布尊丹巴呼図克図，尊貴的聖人）の出現と，ジャンジャ・ホトクト（Zang skya Qutugtu 章嘉呼図克図）との出現である。モンゴル仏教のこの2活仏の出現は，チベット仏教におけるダライ・ラマとパンチェン・ラマの2活仏に比定することができる，モンゴル仏教の二大活仏の出現である。これがモンゴル仏教に与えた影響は，甚大なものがあった。

1．ジェブツンダンバ・ホトクトとその世系

ジェブツンダンバ・ホトクトの「ジェブツン」（rje btsun 哲布尊）は，チベット語で「尊者」を意味し，「ダンバ」（dam pa 丹巴）は「聖なる」を意味する。「ホトクト」（ Qutugtu 呼図克図）は，モンゴル語で「聖者」を意味する。

ジェブツンダンバ・ホトクトは，庫倫（現在のモンゴル国のウランバート

ル）の活仏，すなわちウンドゥル・ゲゲーンに対する法号であるが，順治4年（1647），ダライ・ラマ五世ガワンロサンギャムツォ（Ṅag dbaṅ blo bzaṅ rgya mtsho 阿曜羅桑加措 1617—1682）から，「哲布尊丹巴呼図克図」の称号を授けられた[25]。

モンゴル仏教の信仰によれば，ジェブツンダンバ・ホトクトの「転生化身」は，原始仏教の釈尊時代に遡ることになる。そして，インドとチベットに現れた転生化身は十五代に及ぶ。その十五世ジェブツンダンバ・ホトクトは，有名な『印度仏教史』の著者ターラナータ（Tāranātha 多羅那它 1575—1634）[26]であり，チベット名をクンガーニンポ（Kun dgaḥ sñiṅ po 衮嘎凝波，歓喜心の意味）と呼んだ。

ジェブツンダンバ・ホトクト十五世は，チベットのワラング州に「転生活仏」として出現した。初めは，チベット仏教のチョーナン派（Jo naṅ 覚嚢派）の寺院で修行した。30歳（1603年）で，ジャムヤングンガギャムツォからゲーロン（dGe sloṅ 比丘）となる具足戒を受け，35歳のとき（1608年），前記の『印度仏教史』を著した。42歳のとき（1615年）には，北チベットの後蔵（現在チベット自治区拉孜県彭錯林区）に，ダクダン・プンツォクリン寺（dal ldan phun tshogs gliṅ 達丹彭錯林寺）を建立した。そして，モンゴルのトシエト・ハン（土謝図汗）部のアバダイ・ハーン（Abadai Han 阿巴岱汗 1534—1586）の招請によって，チベットからモンゴルの地に来た。

ターラナータ，すなわちジェブツンダンバ・ホトクト十五世がモンゴルに赴くとき，ダライ・ラマ四世ユンテンギャムツォ（Yon tan rgya mtsho 雲丹嘉措 1589—1616，功徳海）は，彼にモンゴル語で「邁達理」（Maidari）という称号を贈った。サンスクリット語のMaitreyaは「弥勒仏」の意味である。モンゴル人は，ターラナータのことをマイダリ・ゲゲーン（邁達理活仏）と呼んだ。

そして，清朝の援助を得てモンゴルの地に多くの寺院を建て，60歳（1634年）でモンゴルのハルハ（喀爾喀，外モンゴル）部において入寂した。ターラナータは，モンゴルでは約20年にわたって仏教を弘揚したという[27]。

（1）ジェブツンダンバ・ホトクト十六世

ジェブツンダンバ・ホクト十六世（1635―1723）は1635年，モンゴルのトシエート・ハーンのゴンボ・ドルジェ（mGon po rdo rje 袞布多爾済，依怙金剛の意味）王の二男として生まれた。母はカンド・ゲルツォー（mKhaḥ ḥgro rgya mtssho 罕篤札木素，空行海の意味），名前は，ザナバザル（Zanabazar 札納巴察爾）といった。外モンゴルのハルハ部の諸ハーンは，ザナバザルをターラナータ，すなわちジェブツンダンバ・ホトクト十五世の「転生霊童」であると認定した。外モンゴルのハーンである車臣汗は，

我将我名格根贈汝[28]。

私は，私の名前の「光明」をあなたに贈る。

と言った。

ゲゲーン（格根）はモンゴル語で，「光明」の意味であり，後の中国人がいう「活仏」のことである。1639年，ザナバザルが5歳のとき，外モンゴルのハルハ部で出家し，ゲルバリン・ラマから受戒し，法名はロブザン・ダンビチンリ（bLo bo bzaṅ bstan baḥi ḥphrin las 羅布桑丹貝成勒）といった。モンゴルの僧俗は，彼が居住するモンゴルのゲル（蒙古包）を黄色の布で荘厳し，種々の供養物を捧げた[29]。

1649年，ザナバザル，すなわちモンゴル仏教でいうジェブツンダンバ・ホトクト十六世は，チベット仏教のタシルンポ寺で，パンチェン・ラマ四世と会見した。そして1650年に，パンチェン・ラマ四世の許で沙弥戒を授けられ，パンチェン・ラマ四世の弟子になり，仏法を学んだ。その後，チベットのラサで，ダライ・ラマ五世と会見した。ダライ・ラマ五世から，「哲布尊丹巴呼図克図」の称号と「黄傘盖」を賜った。ジェブツンダンバ・ホトクト十六世は，ダライ・ラマ五世とパンチェン・ラマ四世から，『金剛権能法戒』や『大威徳金剛』など多くの顕教と密教を学んだ[30]。

1651年，ジェブツンダンバ・ホトクト十六世は，ダライ・ラマ五世とパンチェン・ラマ四世の勧めを受けて，チベットから多くの僧侶と技術者を連れてモンゴルに帰り，モンゴルの地に多くの寺院を建てた。とくにチベットのラサにあるデイブン寺（ḥbras spuṅs dgon pa 哲蚌寺）を模倣して，現在の

モンゴル国で７カ所に仏教学院を設立した。ジェブツンダンバ・ホトクト十六世は自ら「金剛持五体本尊像」を造り，それは今日でも珍しい芸術品として知られている。1655年，ジェブツンダンバ・ホトクト十六世の尽力で，外モンゴルのハルハ部の諸ハーンが，中国の清朝と正式に交流を行うようになった。

康熙30年（1691），康熙皇帝が外モンゴルで行った「ドローンノール会盟」（多倫諾爾会盟）[31]という会議において，康熙皇帝は，ジェブツンダンバ・ホトクト十六世に「大喇嘛」という号を封じた。康熙皇帝と一緒に北京に赴き，翌年，現在の承徳市の避暑山荘である熱河離宮に赴いた。その後10年間，ジェブツンダンバ・ホトクト十六世は，モンゴルと北京と承徳市の熱河離宮と五台山の間を往来した。

1701年以後，ジェブツンダンバ・ホトクト十六世は，モンゴルの地に仏教を弘揚すると共に，寺院を建てることに尽力した。1701年には，前述したエルデニジョー（Erdeni joo 額爾徳尼召）を修復し規模を拡張した。1705年には，額赫寺を建立した。1710年には，札木延巴呼寺を建立し，1711年には，外モンゴルの庫倫寺（東寺）を建立した。

1722年，康熙皇帝の死去に伴い，急ぎ北京に来て康熙皇帝の葬儀に参加した。1723年，雍正皇帝が，ジェブツンダンバ・ホトクト十六世に「啓法哲布尊丹巴達喇嘛」と称号を封じ，「金冊金印」を贈った。

なお，橋本光寶著『蒙古の喇嘛教』には，康熙皇帝から「弘法大師」の尊号，金泥の親書，黄金の印章等を賜ったと記されている[32]。

雍正元年（1723），ジェブツンダンバ・ホトクト十六世は，89歳をもって北京黄寺（現在のチベット仏教大学中国蔵語系高級仏学院）で示寂した。雍正皇帝が自ら葬儀を主宰，ジェブツンダンバ・ホトクト十六世に「依達頼喇嘛班禅額爾徳尼之例」[33]と追封し，清朝の大臣を使節として，ジェブツンダンバ・ホトクト十六世の柩を外モンゴルの庫倫に送った。

こうして，ジェブツンダンバ・ホトクトが，ダライ・ラマ，パンチェン・ラマと並んでゲルク派の「三大法座」となった。

モンゴル仏教におけるジェブツンダンバ・ホトクトの「転生系統」は，清朝の冊封によって確立したと考えられる。

ジェブツンダンバ・ホトクト十六世と十七世は，モンゴル族出身であり，十八世から二十三世までは，清朝皇帝の命によってチベットに転生することになったので，チベット族であった。

（2）ジェブツンダンバ・ホトクト十七世

ジェブツンダンバ・ホトクト十七世（1724—1757）は，ロブサン・タンジン・ツゥーミ（Blo bzaṅ bstan ḥdsin mthu mi 羅布桑丹彬多密，善慧持教力者の意味）と呼ばれる。雍正2年（1724），外モンゴルに生まれ，4歳のとき，ドンコルナワン・ロブサン（Dus ḥkhor snaṅ dbaṅ blo bo bzaṅ 東科爾那旺羅布蔵）活仏から在家の戒を受け，ロブサン・タンジン・ツゥーミの名を与えられた。雍正10年（1735）には，外モンゴルの準噶爾地方の戦乱を避けて，外モンゴルのハルハ部から内モンゴルのドローンノール（多倫諾爾）に来た。1735年の雍正皇帝の死去，続く1736年の乾隆皇帝の即位に伴って，ジェブツンダンバ・ホトクト十七世は北京に赴き，盛大な歓迎を受けた。乾隆皇帝をはじめ，大臣や，在京のチベット仏教やモンゴル仏教の活仏，僧侶たちは，北京の安定門まで出迎えた。安定門は，北京故宮の北に位置する北京城壁の北門である。乾隆皇帝は，愛用の「珊瑚念珠」をジェブツンダンバ・ホトクト十七世に贈り，「凡適合於活仏健康的都要及供給他，不可缺少」(34)と命じた。乾隆3年（1738），乾隆皇帝は彼をジェブツンダンバ・ホトクト十七世であると正式に認定した。認定されたジェブツンダンバ・ホトクト十七世の勢力はますます大きくなり，従う僧侶は3万人に達したという。そして直轄する人民が千軒に及んだというが，これは，清朝では相当な多数であったと考えられる(35)。1757年，ジェブツンダンバ・ホトクト十七世は，34歳で示寂した。

（3）ジェブツンダンバ・ホトクト十八世

ジェブツンダンバ・ホトクト十八世（1758—1773）は，イシー・ダンパニーマ（Ye śes dam pa ñi ma 伊什丹巴尼瑪，智慧太陽の意味）と呼ばれた。チベットの西康（カム喀木）の出身である。チベット出身者となったのは，ジェブツンダンバ・ホトクト十七世の「転生霊童」を選定するとき，外モンゴルの各部族の間に烈しい競争が繰り広げられたためである。清朝の皇帝乾隆はこの事情がよくわかっていたので，ジェブツンダンバ・ホトクト十七世の「転生霊童」の選定がチベットの地で決定されることになったと考えられる。

ジェブツンダンバ・ホトクト十八世の父タンジンゴンポ（bsTan ḥdsin mgon po 丹津袞布）は，チベットの西康の領主であった。ダライ・ラマ五世のすすめで，ラサの大臣（カーロン）ボロンヂの娘と結婚した。乾隆23年（1763），ジェブツンダンバ・ホトクト十八世はモンゴルに赴く途中，熱河（承徳）で乾隆皇帝と会見した。乾隆皇帝がジャンジャ・ホトクトに命じて，ジェブツンダンバ・ホトクト十八世に授戒し，活仏の聖位を認定した。法名をイシー・ダンバニーマ（Ye śes dam pa ñi ma 伊什丹巴尼瑪，智慧太陽の意味）といった。

しかし，ジェブツンダンバ・ホトクト十八世は何の活動もできないまま，乾隆37年（1773），享年わずか15歳で示寂した(36)。

（4）ジェブツンダンバ・ホトクト十九世

ジェブツンダンバ・ホトクト四世（1775—1813）は，ロブサントブダンワンチュク（Blo bzaṅ thub bstan dbaṅ phyug 羅卜蔵図巴旺楚克，善慧牟尼自在の意味）といった。チベット族のソトノム・タシ（bSod nams bkra śis 索諾木達什，福徳吉祥の意味）の子として，1775年に生まれた。ソトノム・タシは，ダライ・ラマ七世の父の兄に当たるので，ジェブツンダンバ・ホトクト十九世はダライ・ラマ七世と従兄弟の間柄にあった。4歳（1778年）で，チベットのラサのポダラ宮（po ta lha pho braṅ 布達拉宮）において，ダライ・ラマ七世からゲゲーン（Gegen 格根，モンゴル語で活仏の意味）の戒を受け，ロブサントウブダンワンチュクの法名を授けられた。乾隆46年（1781），チベットから外モンゴルに赴き，途中で内モンゴルのドローンノールに立ち寄って，ジャンジャ・ホトクトから具足戒を受けた。

外モンゴルの庫倫寺においては，チベット仏教の医学，密教の真言学の陀羅尼，モンゴル仏教の教理等を学んだ。1790年には，天文占星学等の研究ができるように，時輪学の学科を設立したという。翌1791年には承徳の熱河に赴いて，乾隆皇帝と会見した[37]。嘉慶17年（1812），北京に立ち寄り，翌1813年には五台山に赴き，同年，五台山で示寂した。享年39歳であった。

（5）ジェブツンダンバ・ホトクト二十世

ジェブツンダンバ・ホトクト二十世（1815―1842）は，ロブサンツルティムジクメト（Blo bzaṅ tshul khrims ḥjigs med 羅卜桑楚勒吉木黙特，善慧戒無畏の意味）と呼ばれた。嘉慶20年（1815），チベットのラサ郊外の素封家コンポドントブ（mGon po don thob 袞布敦多布，怙主獲利の意味）の家に生まれた。嘉慶24年（1819），パンチェン・ラマ七世ダンビニマ（bsTan paḥi ñi ma 丹白尼瑪 1782―1853）からゲゲーンの称号を受け，翌1820年には，外モンゴルの庫倫寺に赴いた。

ジェブツンダンバ・ホトクト二十世は，平凡な性格の持ち主であった。モンゴルでは政治の面でも多くの権力者たちと親しみ，俗人と違いがない日常生活を送ったとされる。そのために民衆の信頼を失墜し，活仏の立場を失っていったので，清朝もこれにとくに警戒する必要がなかった。したがってジェブツンダンバ・ホトクト二十世に対しては，かつての活仏のように待遇する必要がなくなった。たとえば道光4年（1824），大臣ヨンダンドルジ（Yon tan rdo rje 元丹道爾吉）を通じて，ジェブツンダンバ・ホトクト二十世が道光皇帝に会見したいと望んだとき，道光皇帝は，

> 呼図克図（ホトクト）の忠順にして，朕に謁見せんと欲するは，朕の甚だ嘉みとするところなれども，哲布尊丹巴呼図克図の転生者は今や年幼にして,経典を学び智を研くの時なるをもって,今北京および熱河（現在の承徳市）に来るに及ばず。将来とくに勅命の下るを待って，喇嘛は呼図克図に黄帕を贈り，雲惇多爾済に托して之を授け，朕の意を伝えしむべし[38]。

との旨を下し，これを拒絶したことを記している。

道光15年（1835），清朝皇帝の許可を受けてジェブツンダンバ・ホトクト二十世は，外モンゴルの庫倫を出発してチベットに赴いた。チベットでパン

チェン・ラマ七世より阿闍梨の戒を受け，翌1836年，モンゴルの庫倫に帰った。清朝政府は，ジェブツンダンバ・ホトクト二十世訪蔵の費用の支弁には，全く顧慮しなかったといわれる。

外モンゴルの庫倫に帰ったジェブツンダンバ・ホトクト二十世は，ガンダン寺（dGaḥ ldan gliṅ 兜率宮の意味）を建て，そこに居住した。

1839年には，モンゴルの庫倫の大臣デレクドルジェ（bDe legs rdo rje 徳勒克多爾済，祥瑞金剛の意味）を通じて，北京に赴いて清朝の道光皇帝に会見することができ，このときは，道光皇帝から優待されたという。1842年，モンゴルの庫倫のガンダン寺で示寂した。享年28歳であった。

（6）ジェブツンダンバ・ホトクト二十一世

ジェブツンダンバ·ホトクト二十一世（1842―1848）は，道光22年（1842），中央チベットの衛蔵の遊牧民の家に生まれた。外モンゴルのハルハの僧俗五千人が，ジェブツンダンバ・ホトクト二十一世をモンゴルに迎請するためにチベットへ向かった。チベットの諸寺院に参拝し，ダライ・ラマとパンチェン・ラマに贈呈した礼物と旅品は，合わせて日本円で約40万円に相当するものであったといわれる(39)。しかし，外モンゴルの庫倫に帰り着いたわずか59日後には，ジェブツンダンバ・ホトクト二十一世は天然痘に罹り逝去した。時は1847年，わずか7歳のことであった。ジェブツンダンバ・ホトクト二十一世の鍍金された肖像が，今日も外モンゴルのシャジニ・バタラゴロクチ寺に保存されている。

（7）ジェブツンダンバ・ホトクト二十二世

ジェブツンダンバ・ホトクト二十二世（1850―1868）は，ケルッブダンジン（mKhas grub bstan ḥdsin 凱珠布丹桑，学成教持の意味）と呼ばれた。道光30年（1850），チベットのラサ郊外の俗人の家の子として生まれた。1851年，ジェブツンダンバ・ホトクト二十一世の「転生霊童」と認定された。1854年には，チベットのガルダン寺のチョルチ·ラマ（Chos kyaḥi bla ma 曲済喇嘛）からゲゲーンの戒を受け，ケルクブダンジンの法名を授けられた。翌1855年，外モンゴルの庫倫に赴き座主についした。12歳になるまで，一生懸命に仏教の修行に勤め，品行方正にして，人格も秀でていたという。しかし，成年になるにつれて日夜酒色に溺れ，堕落の道をたどることとなった。そのため，僧俗の活仏ジェブツンダンバ・ホトクト二十二世に対する信頼も頓に消失し，1866年12月14日に逝去した。

（8）ジェブツンダンバ・ホトクト二十三世

ジェブツンダンバ・ホトクト二十三世（1874―1924）は，ジェブスンガクワンチョジニマダンジンワンチュク（rje btsun ṅag dbaṅ chos kyaḥi ñi ma bstan ḥdsin dbaṅ phyug 哲布尊阿旺曲済尼瑪丹彬旺曲克，聖尊語王法太陽持教自在）と呼ばれた。

ジェブツンダンバ・ホトクト二十二世の入寂のとき，天に二条の虹が現れ，一つは東南に向かい，一つは南西に向かったという。東南の方向は，モンゴルの東南に活仏の「転生霊童」が出現する兆しであり，西南の方向は，活仏の同族であるチベットに転生するの兆しであることを示した。しかし，活仏を選定する権利は，チベット仏教の指導者であるダライ・ラマにあったから，ダライ・ラマがチベットの自らの近侍である貴族の子を，ジェブツンダンバ・ホトクト二十二世の「転生霊童」として，ジェブツンダンバ・ホトクト二十三世であると宣言した。

ジェブツンダンバ・ホトクト二十三世の法名は，ジェブスンガクワンチョジニマダンジンワンチュクと呼ばれた。1874年，父母と共に外モンゴルの庫倫に迎請された。10年にわたって仏法修行に精進した後，多くのモンゴル仏教の僧俗の信仰を得たが，1887年の母親の死亡を境にして，ジェブツンダンバ・ホトクト二十三世の性格は一変した。師は釈尊の教えを無視し，血気盛んなモンゴル青年僧侶を集め堕落した生活を続けていったので，次第にモンゴル人の信仰を失っていったという。

1911年，中国で孫文による辛亥革命が起こったのと軌を一にして，活仏の目が政治面に注がれることとなった。モンゴル民族は中国に頼るべきか，それともロシアに頼るべきか，しばらく暗中模索の時期が続いた。最終的にソ連（1922年成立）の援助を得て，外モンゴルは独立に成功した。そしてジェブツンダンバ・ホトクト二十三世は，1911年12月29日，モンゴル人民共和国第一代大皇帝に即位した。そして，年号を「共載」と定めた[40]。ジェブツンダンバ・ホトクト二十三世は，モンゴル人民革命期に活躍した，モンゴルの最高位の活仏である。

清朝の支配下にあった外モンゴルは，1911年の辛亥革命による清の滅亡を機に，活仏ジェブツンダンバ・ホトクト二十三世を皇位につけて独立を宣言した。これはボグダ·ハーン政権と呼ばれる政権であり，6人の王公が総理·大蔵・内務・外務・司法・軍務の大臣に就任した。しかし，中華民国はこれを認めず，モンゴルはロシア・中国・日本などと，政治的に不安定な状況を迎えた。やがて，ロシアの十月革命に刺激され，モンゴル人民革命党が勢力を得ると，1921年7月11日，再び活仏ジジェブツンダンバ・ホトクト二十三世を皇帝位につけて，革命政府が樹立された。活仏は晩年視力を失い，高さ25メートルの観世音菩薩像を建てその治癒を願ったが，1924年に示寂した[41]。これによってモンゴル人民共和国が成立した。その後，ジェブツンダンバ・ホトクト二十三世の転生者は確定されていない。

外モンゴル仏教のジェブツンダンバ・ホトクトの活仏制度がいう転生活仏は，一世から二十三世までが数えられている。しかし事実上，ジェブツンダンバ・ホトクトの活仏制度は，第十五世のターラナータ（1575—1634）に始まる。外モンゴルの最高位の活仏，ジェブツンダンバ・ホトクトの転生活仏は，現実には，十六世から二十三世までの八代として現れた。この中で十六世と十七世は，外モンゴル出身であった。十八世から二十三世までは，その他すべては，チベット族の出身であった。

こうして，モンゴルの地に転生されたジェブツンダンバ・ホトクト活仏8名の中で，ジェブツンダンバ・ホトクト十九世だけが，仏教の具足戒を受けた活仏比丘僧であった。この活仏ジェブツンダンバ・ホトクト十九世は，清朝の協力を得て，モンゴルの地で多くの仏像や仏塔を造ったり，寺院を建てたりした。いろいろな法要を執り行うことができるように，さまざまな施設を完成した。仏教学以外に，数学，医学などの学院を設立して，社会的な活動も積極的に推進した。その結果，チベット文化とモンゴル文化の交流促進にも大きな影響を及ぼした。ジェブツンダンバ・ホトクト十九世の努力によって，モンゴルに，チベット語やモンゴル語の仏典，医学等の書物が多く残された。活仏ジェブツンダンバ・ホトクト十九世の時代のモンゴル仏教の勢力は，最高潮に達していたと考えられる。

ジェブツンダンバ・ホトクト十九世以後，ジェブツンダンバ・ホトクト二十世からジェブツンダンバ・ホトクト二十三世までの活仏は，仏教をモンゴルに広揚するためには，あまり役割を果たしたとはいえない。それは，ジェブツンダンバ・ホトクト二十世は28歳，ジェブツンダンバ・ホトクト二十一世は6歳，ジェブツンダンバ・ホトクト二十二世は19歳というように，短命であったことによる。

ジェブツンダンバ・ホトクト二十二世は19歳まで生きたが，外モンゴルのハルハ部の車臣汗とその子の誘惑の中で，甘美で懶惰な酒色の生活に溺れ，結局は病魔におかされたまま，その一生を終わった。ジェブツンダンバ・ホトクト二十三世は51歳まで生きたが，全精力は政治面に傾注された。ロシアの協力を得て外モンゴルを独立させることに成功したが，この成功は，北京にある清朝政府が，外モンゴルに遠かったことにも原因があったと考えられる。外モンゴルの活仏ジェブツンダンバ・ホトクトの転生が現在空位になっていることは，外モンゴルが，1921年に独立したことに大きな原因があると考えられる。

活仏ジェブツンダンバ・ホトクト二十三世は，彼自身が，モンゴル人民共和国のボグダ・ハーン，すなわち活仏皇帝になり，1924年に示寂した。宗教界だけにとどまらず，政治の世界でも最高の権力を握った二十三世が示寂したことによる反動で，外モンゴルの仏教が往時の力を失っていった。世は活仏の示寂に伴い，外モンゴルが社会主義制度の共和国になると同時に，モンゴル文字を放棄してロシア文字を採用し，宗教を禁止し，仏像・経典・寺院を破壊していった。こうして外モンゴルの仏教は，衰退の一途をたどった。したがって，共和制を支えるモンゴルの政治家は勿論，モンゴルの学者も，ほとんどが仏教に対して強い批判の立場に立ったので，転生活仏を迎請することは夢想だにできない論外のこととなった。

1991年にソ連邦が崩壊し，いくつかの共和国が成立するのと軌を一にして，1992年，モンゴル人民共和国はモンゴル国と改称した。その後，モンゴル国がロシアの資本主義化に学んで資本主義化の傾斜を強める中で，宗教信仰の自由も回復されていった。そうした経緯があって，現時点では，まだ活仏をモンゴル国に迎請する段階には至っていない。

なお，ジェブツンダンバ・ホトクト二十四世は1999年にモンゴル国を訪問し，歓迎されたという。

2　ジャンジャ・ホトクトとその世系

ジャンジャ・ホトクト（Zang skya Qutugtu 章嘉呼図克図）は，清朝に始まる内モンゴル最大の活仏である。

ジャンジャ・ホトクトは，中国漢民族の張の家の子であったため，張家活仏と呼ばれた。後に「章嘉」が当てられた。ジャンジャ・ホトクトは，チベット地域の青海省郭隆寺の活仏であった。康熙年間に内モンゴルのドローンノール（多倫諾爾，七湖の意味）の彙宗寺に活仏として迎請された。これが，ジャンジャ・ホトクトの活仏制度の発端である。

内モンゴルのジャンジャ・ホトクトとしては第一代であるが，この内モンゴルのジャンジャ・ホトクト第一代の前に，十三代を遡って創出した。だから遠くは，原始仏教時代の釈尊の弟子で，達尊と呼ばれる阿羅漢につながるという[(42)]。

（1）ジャンジャ・ホトクト一世

ジャンジャ・ホトクトのインドでの一世は，釈尊在世中の弟子ラチョムスンダ（dGra bcom tsunda 森陀），すなわち達尊とされる[(43)]。

（2）ジャンジャ・ホトクト二世

ジャンジャ・ホトクトのインドでの二世は，龍樹の弟子のシャキャセニン（Śākya bśes gñen）であったとされる。『蒙蔵仏教史』には「耶河托里超巧奪依呼図克図奈遜奈」とあるが，これが徳光である。モンゴル語で表記すれば，「Yeke kölgen Qogutu gerel Qutugtu na su na」となる。つまり，大乗の光輝ある保護者ホトクトであるナソナ尊者を意味する。ターラナータの『インド仏教史』には，釈迦光（Śakya ḥod）の弟子になるという[44]。

（3）ジャンジャ・ホトクト三世

ジャンジャ・ホトクト三世は，ダルバン・アーチャリヤ（Darban ācārya）である。インドのマチガルバ（Mati garbha）の弟子であり，マチガルバ師から経典・陀羅尼を修行し，これに精通したという。歯は20回抜け変わり，1,200歳の寿命を生きたという[45]。

（4）ジャンジャ・ホトクト四世

ジャンジャ・ホトクト四世は，インドのカワバルツエク（Ka ba dpal brtsegs 革那巴拉森）がチベットのチャスタン（casutan 有雪）地方に転生した。父をカワロデン（sKa ba blo ldan 革巴朗頓）といい，母をボルバドルジチャム（ḥbro baḥ rdo rje lcam 朗遜達里結扱買）といった。経典を解釈し，戒律を守り，チベットは勿論，インドにも仏教を広揚したとされる。インド人は皆，カワバルツエクを智慧者であると讃嘆したという。チベットで密教の経典を翻訳したが，その翻訳者108人中の第一人者であったといわれる。

（5）ジャンジャ・ホトクト五世

ジャンジャ・ホトクト五世は，サンダク・ドブクパ（sGro phug pa 蔵達庫騒坡苦巴）の名で呼ばれた。父をハージエ・デーシェク（lHa rje bdeg śegs）といい，母をガーモ・ツクトルチャム（mṅaḥ mo gtsug tor lcam）といった。生まれて８カ月で父が死去したので，母と叔父のガープル（mṅaḥ phur）によって育てられた。15歳で出家し，ラン（bLan）大師から３年間，専ら経蔵を修学した。19歳以後，律蔵について研究し，翻訳作業に尽力した。阿弥陀仏の極楽世界に往生したという[46]。

（6）ジャンジャ・ホトクト六世

ジャンジャ・ホトクト六世は，シシリバ（Si si ri ba 司塞龍瓦）の名で呼ばれた。チベットのエリクバイチュンネー（E rig paḥi ḥbyuṅ gnas 亜雷比肯那）の地方に転生した。幼いときから異常に賢かったため，経律を精究して仏法に貫通したという。四臂観世音（Phyag bshi spyan ras gzigs）菩薩像を造って，観世音菩薩の修行法を修行し，日夜に観世音菩薩六字大明呪を念誦し，人々に利益したため，観世音菩薩の再来であると信じられた。密教の祖師として，広く尊敬されている[47]。

（7）ジャンジャ・ホトクト七世

ジャンジャ・ホトクト七世は，ランリタンパ（gLaṅ ri thaṅ pa 朗足通瓦）の名で呼ばれた。チベットのパン（ḥphan 仏因）地方に生まれたが，それは1174年頃のことであるとされる。出家したときの戒名は，ドルジェ・センゲ（rDo rje seṅ ge 金剛獅子の意味）であった。チベットの諸寺院を巡り，多くの高僧から仏法を修学し，3,000部の経典に精通した。自ら322条の戒律を制定し，それを厳守したという。

師はチベットのランタン（glaṅ thaṅ 倫通）という山で３年間，専ら修行した。ある時，この地域の長官のシャークヤ（Sākya 匝古加）が，ジャンジャ・ホトクト七世ランリタンバに帰依して読経していたとき，ランタン山の上に泉が湧出した。病人がこの水を飲めば病気が治り，目が見えない人が飲めば目が見えるようになったという。

ジャンジャ・ホトクト七世ランリタンバが，このランタン山に大寺院を建てた。そこに2,000名の僧侶が集まり，仏教を広揚したといわれる。1243年４月３日，ランタン山で示寂した。享年は70歳であった。

（8）ジャンジャ・ホトクト八世

ジャンジャ・ホトクト八世は，パクパ・ロレイゲルツェン（ḥPhags pa blo gros rgyal mtshan 八思巴洛追堅讃 1239―1280，聖者慧幢）の名で呼ばれた。パクパは，チベット仏教サキャ派の第五祖である。パクパについては，本書の第二編の第二章，第三章に既述している。

（9）ジャンジャ・ホトクト九世

ジャンジャ・ホトクト九世は，ソナムゲルツェンン（bSod nams rgyal mtsan 索南牟嘉讃）の名で呼ばれた。11歳でカンガルジャ（Gaṅ dkar bkra 岡格路札）師から沙弥戒を授けられた。17歳で比丘戒を受け，法名をソトラマゲルツェンパルサンポ（bSod ta bla ma rgyal mtshan dpal bzaṅ po 蘇達喇嘛加拉松伯拉森波）と呼ばれた。また，チョージソトナムゲルツェン（Chos kyaḥi bsod nams rgyal mtshan）ともいった。ジャンジャ・ホトクト九世は，酒を飲まず，肉を食べず，253条の大戒を厳守したと伝えられる。

（10）ジャンジャ・ホトクト十世

ジャンジャ・ホトクト十世は，チャムチンチョルジ・シャッジャイェシ（Byams chen chos rje śākya ye śes 甲木曲吉釈迦意希）の名で呼ばれた。1414年にチベットに生まれた。チベット仏教のゲルク派の開祖ツォンカパ大師の許で出家し，密教の経典について修学し，常にツォンカパ大師に親近したので，ツォンカパ大師の最も親しい弟子であったという。永楽12年（1414）の12月，61歳のとき，明朝の成祖に招請されたツォンカパ大師の使節として北京に赴いた。翌年の永楽13年2月9日，天下の平和のために，1カ月にわたって盛大な法要を厳修したと伝えている。同年4月，大国師に封ぜられて金印を賜った[(48)]。後に文殊菩薩の道場の五台山に赴いて1年間，五台山で説法と法要とを行った。永楽14年の5月，南チベットの前蔵に帰り，ツォンカパ大師の命を受けて，セラ寺（se ra dgon pa 色拉寺）を建てた。永楽21年（1423）には再び招請を受け，宣徳4年（1429）北京に到着し，宣宗と会見した。宣徳10年（1435）10月24日，北京の番経廠で示寂した。享年82歳であった。

（11）ジャンジャ・ホトクト十一世

ジャンジャ・ホトクト十一世は，セラジェスン・チョジゲルツェン（Se ra rje btsun chos kyaḥi rgyal mtshaa 色拉吉尊・求基迦勒薩）の名で呼ばれた。

父はソナム（bSod nams 蘇他南保）といい，ダリマハモ（Darma lha mo 足里馬伯木）を母として，チベットに転生した。師をナスンチョジガンガドルジェ（sNa suṅ chos kyaḥi gāṅ ga rdo rje 那普求基干格達林基）・ラマとして経典を学び，13歳で沙弥戒を受けた。後に医学院を創立して，医師を養成した。24歳からゲルク派の開祖ツォンカパ大師の教えを研究し，説法道場を開いてその教えを広げ，27歳から経典の翻訳事業を行った。31歳のときには，内モンゴルに赴いて迦泰寺に居住し，塞字加瓦寺において大ラマ（日本仏教の大僧正に相当）の法座に登ったという。1451年，43歳のときには，僧俗数千人を集めて説法をした。70歳でダライ・ラマ一世ゲンドンドゥクパ（dGe ḥdun grub pa 根敦珠巴 1391―1474）の命を受け，僧俗のために戒律の規定を作った。1484年11月19日，釈尊の像の前で読経中に示寂したという。享年76歳であった。

(12) ジャンジャ・ホトクト十二世

ジャンジャ・ホトクト十二世は，コンドンバルジョルルンルブ（Khon ston dpal ḥbyor lhun grub 坤敦巴粒迦托爾珠）の名で呼ばれた。現在の青海省の小村に転生した。父はスンナルバ（Su na ru ba 松那爾巴）といい，ニンマ派の大智慧者で，経典に精通していた。母はジャルモシン（rGyal mo ḥdsin 加朗姆森）といった。兄弟は三人とも，転生活仏であった。後にチベットの寺院の法座に登り，ダライ・ラマ五世とも会見した。1577年 8 月11日に77歳で示寂した。ダライ・ラマ五世は，ジャンジャ・ホトクト十二世の舎利を供養するために塔を造った(49)。

(13) ジャンジャ・ホトクト十三世

ジャンジャ・ホトクト十三世は，ジャンジャ・ラクパオツセル（lCaṅ skya Grags pa ḥod zer 章嘉禅克巴朗塞粒 約1607―1641）の名で呼ばれた。現在の青海省，ツォンカパ大師の出身地，宗喀地域の伊格地方達秀村のガルロジャバリ（格爾路札巴里寺）寺の周辺に転生した。幼いときから経典を学び，出家して密教の修行方法を編集した。後に青海省の郭隆寺(格倫寺ともいう)

に居住し，当寺院の大ラマたちにゲルク派の新密教の経典を授けた。学問にも優れていたから，各地から訪ねて来る修行者が日増しに多くなり，僧俗は「章嘉呼図克図」と尊称した[50]。

以上は，インドとチベットに転生したジャンジャ・ホトクト活仏の由来である。第一世から四世まではインドに転生し，五世から十三世までは，チベットと青海省に転生として現れた。

ジャンジャ・ホトクトの内モンゴルにおける転生　モンゴル仏教で，いわゆる「ジャンジャ・ホトクト」活仏が始まるのは，第十四世のガクワンロブサンチョルダン（Ṅag dbaṅ blo bzaṅ chos ldan 阿旺羅布桑却丹 1642—1715）においてである。中国人は彼を，「章嘉活仏」（Zhang jia huo fo）と呼称する。この呼び方は，ガクワンロブサンチョルダンの出身が，青海省互助地方の土族の張姓であったことによる。父は張益華といったため，中国語で「張家」「張佳」「章嘉」などと書かれていた[51]。

(14) ジャンジャ・ホトクト十四世

ジャンジャ・ホトクト十四世は，ジャンジャ・ロブサンアガワンチョダン（lCaṅ skya ṅag dbaṅ blo bzaṅ chos ldan 章嘉阿旺羅布桑却拉丹）と呼ばれた。

1642年10月10日，タングット（青海省）のツォンカパ大師の出身地，宗喀地方の張姓の家に転生として生まれた。父をジャンイファ（Zhang yi hua 張益華）といい，母は塔姆措（Thar mo mtsho）といった。ジャンジャ・ホトクト十四世は生まれ落ちたとき，「私はタクパオツセル（Grags pa ḥod zer 禅克巴朗塞粒）の転生霊童である」と言ったという。だから，前世のジャンジャ・ホトクトに仕えた弟子たちは，ロブサンアガワンチョダンが，前世ジャンジャ・ホトクトが用いた仏像や法器などを容易に弁別することができたところから，彼が転生霊童であることを確信することができたという。

幼時から経典を学び，まだ勉強していない経典の内容と意義をよく知っていた。僧俗は皆，真のジャンジャ・ホトクト活仏の転生霊童であるとの認定を得るために，パンチェン・ラマ五世をチベットに訪れたところ，パンチェン・ラマ五世は直ちに，「この子は真にジャンジャ・ホトクト十三世活仏の転生霊童であって，ジャンジャ・ホトクト十四活仏である」と確認したという。

5歳のときに，ロブサンアガワンチョダンを青海省の郭隆寺（dgon luṅ byams pa gliṅ 佑寧寺）に迎えられ，9歳でジャンジャ・ホトクト十四世活仏として法座に即位した(52)。11歳のとき，チベットのラサに赴いて，ダライ・ラマ五世から沙彌戒を授けられた。3年間『パルチン』（Phar phyin 般若波羅蜜多経）と『阿弥陀経』を修学し，ダライ・ラマ五世から比丘戒を授けられた。1665年からチベット仏教ゲルク派の五部大論およびインド仏教，チベット仏教の諸学説を修学するためにデプン寺に入った。1670年，29歳のとき，ラサを離れて各地で布教活躍を行った。やがて名声も高まり，インドから訪れる学僧も多くなったという。

康熙22年（1683），初めて故郷の青海省の郭隆寺に帰り，康熙26年（1687），北京に赴いた。康熙皇帝は，ジャンジャ・ホトクト十四世が優れた高僧であることを感得し，珍品を贈られた。翌康熙27年（1688）に，青海省の郭隆寺に帰ったが康熙32年（1694）には，康熙皇帝の招請を受けて再び北京に赴き法源寺に居住した。康熙皇帝より札薩克達喇嘛の高僧の職を授けられ，15人の高僧がそれぞれの給料を国から授与されるようにした。そして康熙33年（1695）から，夏季に承徳市に避暑することを許された。

康熙36年（1697）には，ダライ・ラマ六世が転生するに因んで，康熙皇帝の聖旨を受けてチベットのラサに使節として赴いた。こうして，内モンゴルのドローンノール（多倫諾爾，七湖の意味）に彙宗寺を創建し，以後チベット仏教ゲルク派の教えが，内外モンゴルに広く流布することになった。康熙40年（1701）には，ドローンノール地域の寺院総管仏教事務の札薩克達喇嘛の高僧の職に就任した。1701年から，ジャンジャ・ホトクトは，夏季は内モンゴルドローンノールの彙宗寺に避暑し，冬季は北京の嵩祝寺（文化大革命で壊された）に居住した。勿論，北京の仏教関係組織の代表者であった。

1705年には，康熙皇帝は，ジャンジャ・ホトクト十四世に「灌頂普善廣慈大国師呼図克図」の称号，ならびに「八十八両八銭八分之金印」を贈った[53]。したがって，ジャンジャ・ホトクト十四世が，内モンゴル仏教で最大の活仏となった。

康熙44年（1705）に康熙皇帝が内モンゴルのドローンノールを巡礼し，モンゴルの各旗（旗は日本の市に相当）から彙宗寺に集まった僧侶の状況を視察したとき，僧俗が康熙皇帝に，馬９頭，ラクダ９頭など，９種類の贈り物81件を奉呈した。康熙皇帝は大いに喜び，ドローンノールの彙宗寺の当局者に，

> 此寺為全蒙古人之利益而建，汝等勤修法要，以全力使蒙古人圓滿之福。今仍命永住於此，一如往昔。特賜哈達於汝[54]。
>
> この寺院は，全モンゴル人を利益するために建立されたものである。あなたたちは精進に努めなさい。全力をあげて，全モンゴル人の平和と幸せのために努めなさい。今後共，この寺院に永住し，永遠にここにとどまりなさい。友情が永遠に変わらないように。とくに尊者にすべての気持ちを表すハダク（Kha btags 哈達，礼巾の意味）を贈る。

と記している。

この辺りの事情を『蒙古の喇嘛教』は，次のように記述している[55]。

> 内外蒙古の喇嘛は，悉く多倫寺中に来て，経典を修習し仏教を宏揚す。朕，心に欣慰し，とくに多倫の寺を賞すと。また請う，なんじ，呼図克図，久しく多倫諾爾（ドローンノール）の廟に住して仏法を宏揚せよ。後日瀋陽に帰り，なんじに呼図克図の名号および大国師の印を賞とせん。

康熙皇帝は，ジャンジャ・ホトクト十四世に金印と九龍黄傘などを贈り，ジャンジャ・ホトクト十四世を内モンゴル仏教の代表者とした。そして内モンゴルは勿論，遼寧省・吉林省・黒龍江省の東北地方，ならびに五台山・承徳に居住する三種（等級）の活仏，すなわち，ホトクト（呼図克図）・ホビルガン（呼畢勒罕）・ノモンハン（Nomun hagan 諾門罕，モンゴル語で法王の意味）を指導し，指揮する権限を付与した。

ジャンジャ・ホトクト十四世は康熙54年（1715）５月26日に示寂した。享年73歳であった。

(15) ジャンジャ・ホトクト十五世

ジャンジャ・ホトクト十五世（1716―1786）は，ジャンジャ・ロルビドルジェイシトツベソナムバルサンパ（Zang skya Rol paḥi rdo rje ye śes thob paḥi bsod nams dpal bzaṅ po 章嘉羅頼畢多爾吉耶喜忒皮嚕納曼伯拉森波）といった。通称では，ロルビドルジェ（Rol paḥi rdo rje 羅頼畢多爾吉）と呼ばれた。モンゴル帝国の憲宗モンケ・ハーン（1251―1259）のとき，チベット仏教サキャ派のパクパと共に，モンゴルの地甘粛涼州に招請されて仏法を広揚したことを縁として，ジャンジャ・ホトクト十五世は，モンゴルの地に転生したという。

ロルビドルジェは，康熙56年（1717）1月10日にモンゴルの地に生まれた。父をナンジャタンガルタンジン（欽迦鐺格路坦森）といい，母をバチト（波奇忒）といった。母が妊娠していたときに胎中に金人がいる夢を見たという。2歳の時に，

> 我は，もとはチベットの大喇嘛である。ここから南方に我が住むべき大寺がある(56)。

と明言したという。

そして，2歳で，清朝の皇帝とチベット仏教のパンチェン・ラマから，ジャンジャ・ホトクト十五世であると認定された。4歳で青海省の郭隆寺に入り，7歳で沙弥戒を受けた。8歳のときに北京に赴いて，旃檀寺（文化大革命で壊された）に居住した。その後，北京の嵩祝寺に迎えられた。

雍正9年（1731）には，ジャンジャ・ホトクト十五世のために，内モンゴルのドローンノールに善因寺（西廟ともいう）が建立された。

『御制善因寺碑』には，雍正皇帝のジャンジャ・ホトクト十五世に対する碑文がある。それは，

> ……章嘉胡図克図道行高超，証最上果，博通経品，克臻其奥，有大名於西域，諸部蒙古咸所遵仰，今其後身秉質霊異，符験顕然。且其教法流行徒衆日廣。朕特行遣官，發帑十万両，於彙宗寺之西南里許，復建寺宇，賜額曰善因，俾章嘉・胡図克図；胡畢爾汗主持茲寺，集会喇嘛，講習経典，廣行妙法。蒙古汗，王，貝勒，貝子，公，台吉等倶為檀越，主

人前身後身，敬信無二，自必率其部衆聴従後誨導，胥登善域，主人稽古聖王之治天下，因其教不易其俗，使人易知易従，此朕纘承先志，護持黄教之意也。況此地為我皇考駐蹕之地（所），霊蹟斯存，惟茲両寺当與漠野山川，並垂無極，諸部蒙古台吉属下，永遠崇奉，歓喜信受，薫蒸道化，以享我国家億萬年太平之福。朕深有望焉(57)。

ジャンジャ・ホトクトは高い修行段階を超えている，最上の果位を悟った。すべての経典に精通し，その深奥の意義をきわめた。かくてその名声は，チベット国内では隠れなきもので，諸部のモンゴルの人々も深く尊崇し，転生した身は本来のすがたであり，霊異であり，霊験はあらたかである。そして,その教法を修行する人々は日々増えている。私(雍正皇帝）がとくに大臣を派遣し，十万両の費用を出して，内モンゴルのドローンノール彙宗寺の西南に寺院を建て,「善因」という額を贈った。これが今にいう，善因寺（彙宗寺に対して西廟ともいう）である。ジャンジャ・ホトクト活仏が当寺院を住持する。僧侶が集まり，経典を修学し，妙法を広く修行した。モンゴルのハーンから民衆まで皆，布施をする。活仏が，前世の活仏の「転世真者」であることには間違いがないと敬い信じている。だから各部落の部長らは，必ず民衆と共に，善なるこの寺院に登り，懺悔し，法を受ける。活仏は昔の聖王たちの治天下の法を究明し，天下を治める。その教えは俗人にとっては容易ではないが，人々にわかりやすく，実修しやすくしている。これが，私が前の皇父の志を継いで，チベット仏教のゲルク派を護持せんとする意図に他ならない。この地は，私皇帝の行幸のとき居住する地であった。この地には転生活仏が居住し，両寺院は，いつでもモンゴル草原の山川と並び建って果てしがない。モンゴルの諸部落の貴族をはじめ，民衆も永遠に崇敬し，喜んで教えを信受する。だから彼らを強く教化し，そして，満州族清朝の国が永遠に平和であり，幸福であることこそ，まさに私が強く望んでいることである。

という記述がある。

雍正皇帝のジャンジャ・ホトクトに対する尊敬と期待が，並々ならぬことを表している。ジャンジャ・ホトクト十五世は北京に居住しているとき，雍正皇帝の第二皇子，第四皇子（乾隆）と親しく，一緒に中国語，モンゴル語，満州族語，チベット語を習った。

18歳で，清朝の皇帝から「灌頂普善大国師」に封ぜられ，雍正13年（1735）11月23日，北京を出発し，チベットのラサに赴いた。

ダライ・ラマ七世から経典を学び，パンチェン・ラマ六世より比丘戒を授けられた。乾隆元年（1736）12月21日には，高宗乾隆皇帝より，北京のモンゴル仏教寺院を管理する「札薩克達喇嘛」の印を贈られた。乾隆８年（1743）には金龍の黄傘を用いる権限を与えられ，「振興黄教大慈大国師」の印を贈られた。乾隆40年（1776）12月20日の60歳の誕生日に「仏像如意綢緞」を，そして，乾隆51年（1786）12月20日の70歳の誕生日には「仏像如意金銀」を贈られた。乾隆五十二年（1787年）71歳で示寂した。

乾隆皇帝は1,500両の銀を布施し，ジャンジャ・ホトクト十五世の冥福を祈願するために，五台山の鎮海寺（モンゴル仏教寺院）に金塔と石塔を創建した(58)。

ジャンジャ・ホトクト十五世ロルビドルジェは，チベット語『大蔵経』をモンゴル語に翻訳するために，『智慧之源』(Dag yig mkhas paḥi ḥbyuṅ gnas)(59)というチベット語とモンゴル語を対照した論書・底本を著した。こうして，この『智慧之源』を底本として翻訳作業を行ったという。

(16) ジャンジャ・ホトクト十六世

ジャンジャ・ホトクト十六世（1787—1846）は，ジャンジャ・エシタンビゲルツェン（Zang skya Ye śe bstan paḥi rgyal mtshan 章嘉伊希丹畢堅讃，智慧佛教勝幢の意味）と呼ばれた。甘粛省宗江地方の北噶達托布達寺の周辺の出身であった。父をタジャラジャパ（達札拉哲巴）といい，母をサジャタ（薩札達）といった。康熙52年（1787）５月18日に生まれた。

乾隆皇帝によって，ジャンジャ・ホトクト十六世であることが認定された。４歳で青海のチベット族のシュサイヤワ（周塞亜瓦）・ラマから沙弥戒を受け，７歳でジャルサンエルデニ（札森額爾徳尼）から出家戒を受け，また同じく

7歳で，密教の戒律も受けたという。8歳のときに北京へ赴いた。途中，内モンゴルの帰化城（現在のフホホト市）に寄り，ドローンノールにも寄り，熱河の承徳市にも寄って，北京で乾隆皇帝と会見した。ジャンジャ・ホトクト十六世は，乾隆皇帝に八宝を描いた大きなハダクと黄金の無量寿仏を奉呈した。

乾隆皇帝は，ジャンジャ・ホトクト十六世に，次のように述べたという。

> 前世の章嘉呼図克図が圓寂し，朕がはなはだこれを憂うこと，慈母の愛子を失えるが如くであった。今なんじが転生し来たりたるを見，失ったものを再び得たようで，はなはだ喜ばしい心地がする(60)。

14歳でチベットに赴き修行に精進し，20歳のとき，比丘戒を授けられた。嘉慶24年（1819）には北京に帰った。北京のモンゴル仏教寺院を管理する「札薩克達喇嘛」の印を，道光8年（1828）には「大国師印」を贈られた。さらに道光14年（1834）には，金製の「大国師印」を贈られ，1846年には，道光皇帝から60歳の祝い品として，諸種の珍品が贈られたのであった。

ジャンジャ・ホトクト十六世の大きな業績は，内モンゴルのドローンノールにある彙宗寺と善因寺を拡建し，修復したことである。道光8年（1828）に示寂した。享年60歳であった。舎利は五台山の鎮海寺に祀られた(61)。

(17) ジャンジャ・ホトクト十七世

ジャンジャ・ホトクト十七世（1849—1875）は，ジャンジャ・エシタンビニマ（Zang skya Ye śse bstan paḥi ñi ma 章嘉什熈丹壁尼瑪，智慧仏教太陽の意味）と呼ばれた。ジャンジャ・ホトクト十七世の転生霊童は，北京雍和宮（モンゴル仏教寺院）の法輪殿で3日間の金瓶掣鑒（gser bum dkrug ḥdon）の法要を行ったうえで，活仏として認定されたという(62)。

道光19年（1849），タングット（青海省）のジャラトン（札拉通）地方で，父をドランバ（童朗波）とし，母をマンチョ（満超）として，転生した。

幼名をサンガシッデ（Saṅga siddhi）といい，5歳で沙弥戒を受けた。咸豊8年（1858）には北京に赴いて，故宮の頤心殿で文宗咸豊皇帝と会見した。このとき文宗から玉如意・金碗等を賜り，「呼畢勒罕」（活仏）の聖号を賜った。

同年の夏季には，内モンゴルの49旗と外モンゴルの57旗の王公，貝勒，貝子等が，内モンゴルのドローンノールで盛大な歓迎の儀式を行った。次いで冬季には甘粛省拉布勒寺に赴いた。翌年１月，文宗が死去したと聞き，北京に戻り北京の嵩祝寺に居住した。同治５年（1866），18歳のとき，師はチベットに赴いた。ラサの大昭寺，小昭寺および諸寺院を歴訪，僧侶を供養し，デプン寺において説法したが，サンスクリット語，チベット語に精通していたので，チベットの僧俗は，古今未曾有のことであると讃嘆したという。同治７年（1868）には，20歳でジエラセリ（rJe hla tshe riṅ 哲拉色勒）活仏から比丘戒を授けられ，翌年には，内モンゴルに戻った。同治９年（1870）には，北京に赴いて，穆宗同治皇帝と会見し，皇帝より「大国師」の聖号を贈られた。翌年，内モンゴルのドローンノールにある彙宗寺と善因寺の管理の権限を付与されたことも，特筆されるべきであろう。光緒元年（1875）には五台山で避暑したが，冬季に北京に赴く途上で，北京市郊外の天寧寺に示寂した。享年27歳であった。舎利は，徳宗光緒皇帝の聖旨によって，五台山の鎮海寺に祀られた(63)。

(18) ジャンジャ・ホトクト十八世

ジャンジャ・ホトクト十八世（1878—1888）は，ロプサンタンスンギャンツォ（bLo bzaṅ bstan ḥdsin rgya mtsho 羅蔵丹森嘉索，善慧仏教海の意）と呼ばれた。

光緒４年（1878），青海省西寧府のドルンジ（多隆基）地方に転生した。父は青海チベット族のアガルンサスン（阿朗薩松）といい，母はアルンモン（鬧朗孟）といった。幼いときから霊童であったので，西寧府の清朝の大臣や，ジャンジャ・ホトクト十七世の弟子たちは，北京に霊童を送ることにした。光緒皇帝の聖旨に順じて，雍和宮の法輪殿の釈尊の金瓶掣籤，すなわち，占いの儀式を執り行って霊童であることを確定することになった。光緒８年（1882）には，正式にジャンジャ・ホトクト十八世であることが認定された。光緒９年，６歳で，大金剛教誨ラマを師として沙弥戒を受け，ヤマンダガ

（Yamandaga 大威徳金剛）などの密教の経典を修学し，翌年には出家戒を授けられた。光緒12年（1886）には徳宗の光緒皇帝に会見し，「呼畢勒罕」（活仏）の聖号を贈られた。翌年の1887年には，内モンゴルのドローンノールに赴き，この間，五台山の普楽院で「閉関」と呼ばれる冥想を専ら修行した。

光緒14年（1888）には，外モンゴルのジェブソンダンパ・ホトクトを代表とした僧俗約３万人が，ジャンジャ・ホトクト十八世を内モンゴルのドローンノールに招請した。金銀珍宝の贈り物は，十万金にのぼったといわれる。同年（1888）９月，内モンゴルのドローンノールの善因寺で示寂した。享年わずか11歳であった。舎利は，徳宗光緒皇帝の聖旨によって五台山の鎮海寺に祀られた。

(19) ジャンジャ・ホトクト十九世

ジャンジャ・ホトクト十九世（1891—1978）は，チョイン・エシドルジェ（Chos dbyiṅs Ye śes rdo rje 靈迎什錫道爾済，智慧金剛の意味）と呼ばれた。

光緒17年（1891），青海省のタングット地方に転生した。父は台吉噶瑪林沁といい，母は蘇木済特といった。光緒25年（1899）には北京に赴いて，光緒皇帝と会見した。翌年には，北京のモンゴル仏教を管理する「札薩克達喇嘛」の印を賜っている。

光緒27年（1901）の夏季には，内モンゴルのドローンノールに赴いた。光緒30年（1904）の秋季には，モンゴルの草原から北京に来て，嵩祝寺に居住し，同年の12月には「章嘉呼図克図」の聖号を得て，内モンゴルのドローンノールの彙宗寺と善因寺の二寺と，北京の嵩祝寺，法洲寺，知珠寺，法海寺の四寺と，青海省西寧府の郭隆寺，広済寺の二寺，および五台山の鎮海寺，承徳の普楽寺などの多くの寺院を管理する権利を得た。光緒皇帝から「灌頂普善広慈大国師」の聖号と勅書を賜ったと伝えられる[64]。

宣統元年（1909）には，北京の景山の関帝廟（三国の関羽をいう）で，北京にいる僧侶と共に法要を持った。景山は，北京故宮のすぐ北の地にある。関帝廟には，『三国志』の関羽がモンゴル仏教の護法神として祀られている。周知のごとく関羽は，北京市の護法神であると信じられている。宣統３年

(1912) の夏季には,五台山に赴く。中華民国元年 (1912) には北京に戻った。このときに，国民党の側に立って以来，内モンゴルは国民党を擁護することになった。同年の10月19日には，国民党大統領よりジャンジャ・ホトクト十九世に「宏済光明大国師」の聖号を加封され，同月30日には共和制体を賞讃する功を大として，年間１万元を授与されることが発表された。11月12日には，ジャンジャ・ホトクト十九世の父は輔国公に，母は公夫人に封ぜられた。中華民国５年 (1916) １月19日には，国民党大統領より「昭因闡化灌頂普善広慈宏済光明大国師」と「大総統府高等顧問」の聖号を加封された(65)。６月には，内モンゴルのドローンノールの彙宗寺に居住することになった。

民国８年 (1919) には，国民政府は師を外モンゴルに派し，独立運動をやめ，中国に帰順するように勧めさせた。国民政府が南京に建都するに及んで，南京に「蒙蔵委員会」を設立し，ジャンジャ・ホトクト十九世を委員長に任命した。中華民国18年 (1929) に至って，ジャンジャ・ホトクト十九世は，北京に「大国師章嘉呼図克図駐京辨事處」を設立し，翌年の1930年にはこれを「喇嘛事務所」と改名した(66)。

中華民国20年 (1931)，九一八事変（満州事変）が勃発した。翌1932年４月７日，洛陽の広寒宮において「国難会議」が開催され，ジャンジャ・ホトクト十九世が名誉主席に選出された。８日間にわたる会議の中で，モンゴル語で講演している。次いで同年の４月９日，国民党の行政院の会議において，ジャンジャ・ホトクト十九世を「蒙旗宣化使」に任命した。28日には，北京の嵩祝寺に帰り，「蒙旗宣化使」の事務所を設立し，中華民国22年 (1933) １月には，五台山で「台秘書室」を開設した(67)。９月30日に五台山から下山し，北京の嵩祝寺に居住している。そして北京に，調査課，宣伝課などを開設して，モンゴル語，中国語の宣伝文書を作り，北京・内モンゴル・五台山等の地域で，普化仏教会，仏教居士会などのさまざまな仏教団体主催の形で会合をもった。

中華民国23年 (1934) ３月３日，ジャンジャ・ホトクト十九世は，蒙旗宣化使として国民党を宣伝するために，モンゴル語と中国語で「民衆書」「喇嘛書」「青年書」「王公書」を作成し，孫文総理の遺書の中のモンゴルに関する部分を抜粋し，それらを携えてモンゴルに赴いた。まず内モンゴルの伊盟（盟は，内モンゴルの８盟の一つで，日本の何々地方に相当）の杭錦旗に赴き，西盟を回って，最後は北京に戻った(68)。そして中国共産党による解放前に台湾に移居し，1978年に示寂したという。享年87歳であった(69)。その後，ジャンジャ・ホトクト十九世の転生者は確定されていない。

内モンゴル仏教のジャンジャ・ホトクトの活仏制度がいう転生活仏は，一世から十九世までが数えられている。しかし事実上，ジャンジャ・ホトクトの活仏制度は，十四世のガクワンロブサンチョルダン（Ṅag dbaṅ blo bzaṅ chos ldan 阿旺羅布桑却丹 1642―1715）に始まる。それ以前の転生，つまり，一世から十三世までのジャンジャ・ホトクトは，後世の人が遡って創出したものである。したがって，転生者の具体的な誕生地や生没年は不明である。

ジャンジャ・ホトクト十四世ガクワンロブサンチョルダン以後の活仏は，生誕地も生没年も明確である。したがって，ジャンジャ・ホトクト十四世ガクワンロブサンチョルダンが，内モンゴル仏教のジャンジャ・ホトクト一世であると考えたほうが適切である。現在，内モンゴル仏教のジャンジャ・ホトクト活仏が空位になって，20余年が経過している。空位になった理由の第一は，1949年の中国全土の解放によって，ジャンジャ・ホトクト十九世が，国民党の将介石と共に台湾に移住したそのことにある。そして，中国全土の解放後，1966年に文化大革命すなわち十年動乱（1966―1976年）が勃発し，中国政府が人民から宗教信仰の自由を剥奪したことが，その第二の理由である。この二つの主な理由から，ジャンジャ・ホトクト十九世の転生活仏を内モンゴルに迎請することが困難となり，現在は空位のままとなっている。

ジャンジャ・ホトクトと雍和宮　チベット暦の木鼠年（1744），乾隆皇帝はジャンジャ・ホトクト十五世から，チベット仏教の歴史とその発展について詳しく教授を受けた。モンゴル帝国元朝では，チベット仏教サキャ派の高僧サキャ・パンディタとパクパ帝師は，仏法を広揚するため，北京に多くの寺院を建てた。ジャンジャ・ホトクトに対して乾隆皇帝は，当時，北京に仏法を広揚する大寺院がなかったために，父皇雍正皇帝の王府であった宮殿を，

仏殿・経堂・僧舎がある大寺院に改建したいと相談したという。これに対しジャンジャ・ホトクトはたいへん喜んで，

　小僧一定竭尽全力效労。

　僧である私［ジャンジャ・ホトクト］は，すべての力を出し尽くしてお手伝いする。

と答えた。

そして国費によって雍和宮で大本堂をそなえ，右に仏殿，左に護法殿，また，顕教殿があり，密教殿，声明殿，医学殿をもつ仏教学院などが相次いで建てられ，僧舎を完備した仏教大寺院が完成した。寺名はモンゴル語では，ナイラルトゥナイラムダクスーメ（Nairaltu nairamdahu süm-e），チベット語ではガダンジンチャクリン（dGaḥ lda byin chags lgiṅ 甘丹敬恰林），すなわち雍和宮である(70)。ジャンジャ・ホトクトをはじめとした活仏と多くの僧侶は，雍和宮で３日間，昼夜を分かたず開眼儀式を行った。清朝の政府が大布施をしたことはいうまでもない。そして同年には，内モンゴルの49旗と外モンゴルの７部，および中国国内とチベット地域から，500名の青年を雍和宮に集めて仏教僧団を立ち上げた。500名のうちの300名は顕教学院で修行し，100名は密教学院で修行した。また50名は医学学院で修行し，50名は声明（文化）学院で修行することとした。寺院の制度すべては，仏教の清規（戒律）によって定めた。皇帝も毎年，雍和宮を視察し，国からは雍和宮の僧侶に生活費を付与した。皇帝の命によって，雍和宮各学院の担当上師は，すべてチベットから招聘することなどが規定されていた。

清朝の乾隆年間には，チベットのラサのビブン寺（ḥbras spuṅs dgon pa 哲蚌寺）のハドンラバジャムバガクワンチョプル（Ha sdoṅ rab ḥbyams pa ṅag dbaṅ chos ḥphel 哈東熱絳巴阿旺却培）が顕教学院の上師を担任し，密教専門のコンチョクダンダル（mGon mchog bstan dar 官却丹達）が密教学院の上師を担任し，モクチョクパ・シャッバルン（rMog ljog pa shabs druṅ 摩覚巴・夏茸）が声明（文化）学院の上師を担任し，プンソクサムリン（Phun tshogs ḥdsam gliṅ 彭措讃林）が，医学学院の上師を担任した。その他，チベットのラサの三大寺から，18名の高僧が雍和宮の経師として招聘された。そ

こで各種の対論会が行われたという[71]。

チベット暦の火虎年（1746）2月から，雍和宮でモンランムチェンモ（sMon lam chen mo 黙朗欽摩）すなわち大願祈禱法会が行われた。2月1日には，雍和宮は乾隆皇帝の来臨を得た。ジャンジャ・ホトクト十五世とジェブツンダンバ・ホトクト二世が，対論会を主催した。その他多くの高僧たちが対論を行い，仏教における最高の学位（現在の博士の学位）の取得を目指した。その後，毎年の大願祈禱法会で，歴代ジャンジャ・ホトクトが僧俗に説法をし，国からも大願祈禱法会に参加した僧侶に大布施がなされた。要するに，雍正皇帝の宮殿を仏の本地としてモンゴル仏教の雍和宮に変改し，大願祈禱法会を行うことができたのは，ジャンジャ・ホトクト十五世の多大な尽力によったものと考えられる。

1966年には勃発した中国の文化大革命（1966―1976年）の影響で，雍和宮の法要と修行生活の一切が禁止された。勿論，中国全土で，一切の宗教信仰が禁止された。しかし文化大革命終結後，1978年12月18日の第11期第3回中央委員会全体会議（中共十一届三中全会）において，全国の宗教政策が発表された。これによって，文化大革命の間，宗教活動を禁止していた中国の宗教政策が方向転換をした。すなわち，宗教活動が解禁され，信仰の自由が公認された。これを機に，1981年から雍和宮で法要をはじめとする仏教活動が再開され，1987年1月23日（旧暦）から大願祈禱法会も回復された。

チベット仏教とモンゴル仏教の活仏では，ジェブツンダンバ・ホトクト，ジャンジャ・ホトクト，ダライ・ラマ，パンチェン・ラマが最高位の活仏であった。その中でもダライ・ラマは最高位の活仏であり，政治と宗教の一切の権力を掌握し，最高位を占めた。このように，政治と宗教の一切の権力を掌握することによる弊害も起こった。ダライ・ラマの示寂後，重臣が専横を極めることが頻発したことである。こうした弊害を除くために清朝の世宗雍正皇帝は，ダライ・ラマは中央チベットの前蔵を，パンチェン・ラマは北チベットの後蔵を統括し，ジェブツンダンバ・ホトクトは外モンゴルを，ジャンジャ・ホトクトは内モンゴルを統括するように，四大活仏の地位を定めた。

以下，この間の事情を資料を中心に検証していく。

『勝教宝灯』には,

> 二世章嘉与二世哲布尊丹巴胡図克図奉旨，将蔵文《大蔵経》的論部《丹珠爾》全部訳成了蒙古文。"二尊者因奉敕命，用心翻訳，大蒙古国各地語言雖同，亦有方言之異，翻訳教法，儻不統一語彙，翻訳人工，各依其便，則必難達理解，造成謬誤。因先集成教法語彙，依便訳経之用。是故章嘉・霊宝奇特著《正字学源泉》一書。先定内容与翻訳之方法，次分為般若波羅蜜多，中論，俱舎論上下，律，宗義，真言，因明，工巧明，医方明，新旧語類等章。又作蒙，蔵両語差異対照表，編纂前所未有善説明之論者，予蒙古人以無量之恩恵。……如是章嘉・霊宝奇等二人主持翻訳,並集精通聖典諸善友,能訳（蒙,蔵）二語之衆学者,於辛酉年（1741）季秋月……至壬戌年（1742）孟冬月……完全翻訳。呈皇帝御覧，極蒙嘉奨，重賜諸訳史，並命以国幣開版。於是蒙古国之境広被（恩慈），教宝遂得弘通焉……"(72)

ジャンジャ・ホトクト二世（すなわち十五世）とジェブソンダンパ二世（すなわち十七世）は，清朝の皇帝の命を受け，チベット語『大蔵経』の論部『タンジュール』（bsTan ḥgyur 丹珠爾）を全部モンゴル語に翻訳した。二活仏は皇帝の命を受け，専ら翻訳作業に従事した。大モンゴル国では言葉は同一であるが，方言がいろいろ異なっていたから，翻訳の方法として，統一できる共通の語彙がなかった。翻訳者はそれぞれ自分の方言で翻訳作業を行ったので，翻訳されたものは理解困難であり，誤謬があった。そこでまず，経典の語彙を集成した。つまり，チベット語経典の単語とモンゴル語の単語を対照し，統一した辞書を作らなければ不便であると考えた。そこで，ジャンジャ・ホトクト十五世は，『正字学源泉』（*Dag yig mkhas paḥi ḥbyuṅ gnas*『智慧之源』『正字法——学者之源』『標準分類辞典』ともいう）を著した。この書では，まえがきに続いて，翻訳方法の仕方を定めている。次に『般若波羅蜜多経』『中論』『俱舎論』上下巻,『戒律』『宗義』『真言』『因明』『工巧明』『医方明』『新旧語類』等で章を分類した。最後に，モンゴル語とチベット語の両語の新旧の差異対照表を作成した。ジャンジャ・ホトクト十五世がこれを編纂する以前には，このような統一した翻訳のために作られた辞書がなかった。この辞書は，モンゴル人に計り知れない恩恵を及ぼすことになった。

それ以来は，ジャンジャ・ホトクト十五世とジェブツンダンバ・ホトクト十七世の二人が翻訳の中心となった。そして翻訳作業に当たった訳者は，経典は勿論，モンゴル語とチベット語に精通した学者であった。辛酉年（1741）の秋に始まり，壬戌年（1742）冬までかかって，チベット語『大蔵経』の論部『タンジュール』を全部モンゴル語に翻訳した。乾隆皇帝が御覧になり，たいへん喜び，大いなる賞賛と励ましの言葉が与えられた。諸訳者にも励ましの言葉を賜った。国の費用で，印刷する命が下された。したがって，モンゴル国の人々は，広く慈恩を蒙り，ついに，仏の教えを弘通することができた。

と記載されている(73)。

『清政府与喇嘛教』の「清世宗実録」巻六十三(74)によれば，

哲布尊丹巴胡図克図与班禅額爾徳尼，達頼喇嘛，等之後身，出処甚確，応封於庫倫地方，以掌釈教，朕為普天維持宣揚教化之宗主，而釈教又無分於内外東西，随処皆可以闡揚。昔達頼喇嘛与班禅額爾徳尼在西域時，其居住青海之厄魯特顧実汗等与之隣近，相与護持，故其教盛行於西蔵。自此，各部落倶為檀越，踵而行之有年矣。盖宣揚釈教，得有名大喇嘛出世，即可宣揚，豈僅在西域一方耶？哲布尊丹巴胡図克図，其鐘霊原有根源，乃与達頼喇嘛，班禅額爾徳尼相等之大喇嘛也。故衆喀爾喀倶尊敬供奉之。且伊所居庫倫地方，弟子甚衆，著動用帑金十万両，修建大刹，封伊後身，俾令住持，斉集喇嘛，亦如西域講習経典，宣揚釈教。再，多倫諾爾地方，乃衆喀爾喀順時，我皇考巡狩於此，衆喀爾喀斉来朝観会盟之地也。応選造寺宇以表彰之，俾去年之張家（章嘉）呼図克図居住。張家呼図克図者，西域有名之大喇嘛也，唐古忒人衆，敬悦誠服，在達頼喇嘛，班禅額爾徳尼之上，各処蒙古皆尊敬供奉。今其後身禀性霊異，確実可靠。著将多倫諾爾（脳児）地方寺宇，亦動用帑金十万両，性理寛広，使張家呼図克図之後身，住持於此，斉集喇嘛，亦如西域講習経典，宣揚釈教。蒙古汗，王，貝勒，貝子，公，等同為檀越。朕如此推広教法，建造寺宇，一如西域，令喇嘛居住，講習経典。於伊等蒙古之誦行善，亦甚便易。盖礼佛行善，無分遠近。宣揚釈教之処愈多，則佛法可以日広。即哲布尊丹巴胡図克図，張家呼図克図，皆前世達頼喇嘛之弟子，伊等豈肯忘其宗派耶？

ジェブツンダンバ・ホトクトは，パンチェン・ラマ，ダライ・ラマの後世に現れた。現れたところは確かであり，モンゴルの庫倫地方に封じ，釈尊の教えの指導者とした。私，雍正皇帝は，天下に仏教を広揚するためにジェブツンダンバ・ホトクトを仏教の領袖とした。釈尊の教えは，内外と東西の区別がない。何処でも広揚することができる。昔，ダライ・ラマとパンチェン・ラマが，チベットにいたとき，青海省に居住していたモンゴル厄魯特部のグシ・ハーン（顧実汗）に接近した。互いに協力したので，釈尊の教えがチベットで興隆した。それを縁に，モンゴルの諸部落は皆，仏教の施主になった。この親しく友好な関係は，長年にわたって続いている。有名な高僧が現れれば，普く釈尊の教えを宣揚することができる。このあり方は，チベットの地だけに限らない。ジェブツンダンバ・ホトクトの転生霊童も元来根拠がある。すなわちダライ・ラマとパンチェン・ラマに相当する大ラマである。だから，外モンゴルのハルハ部（現在のモンゴル国）地域では，ジェブツンダンバ・ホトクトが供奉され，尊敬されている。そして，尊者が居住した庫倫（現在のモンゴル国）地方には，弟子が多く，国から10万両の費用を出して大寺院を建立し，尊者の転生霊童を封じ，大寺院を住持させた。僧侶が集まって，チベットのように経典を修習し，釈尊の教えを宣揚するのである。

また，私の父康熙は，内モンゴルのドローンノール（多倫諾爾）地方へ行き，続いて外モンゴルのハルハ部に寄って，巡狩したことがある。外モンゴルのハルハの大臣らが来たので，私は会見し，寺院を建立したことを賞賛した。昨年は，ジャンジャ・ホトクトに居住させた。ジャンジャ・ホトクトは，インドとチベットでは有名な大ラマであった。青海省地域のチベット僧俗は，ジャンジャ・ホトクトに深く帰依している。

ジャンジャ・ホトクトは，ダライ・ラマとパンチェン・ラマの上位であり，モンゴルの各地で供奉し，尊崇されている。今の転生霊童は優れており，確実に信頼できる。だから，内モンゴルのドローンノールに寺院を建立するため，金10万両を費やした。気宇壮大な大伽藍である。代々ジャンジャ・ホトクトが住持する寺院とする。僧侶が集まってチベットのように経典を修習し，釈尊の教えを宣揚せよ。モンゴルのハーンをはじめ，王，貝勒，貝子，公などは皆施主になった。私はこのように仏教を広揚し，寺院を建てた。チベットの地の寺院のように，僧侶が居住し経典を修習する。このようにモンゴル人が善業を行じることは，最も利益がある。仏に礼拝し善業を行じることは，遠近の違いはない。釈尊の教えを宣揚すれば宣揚するほど，仏法は日々に広まる。ジェブツンダンバ・ホトクトとジャンジャ・ホトクトは，共に先代ではダライ・ラマの弟子であったため，その宗派を忘れることができないであろう。

と記している。

『清政府与喇嘛教』によれば，康熙32年（1693），清朝政府がジェブツンダンバ・ホトクト十六世に「大喇嘛」という聖号を封じたことによって，活仏ジェブツンダンバ・ホトクトは，外モンゴルの仏教の代表者であることが正式に承認された。

康熙44年（1705）に，康熙皇帝は，ジャンジャ・ホトクト十四世に「灌頂普善廣慈大国師呼図克図」の称号，ならびに「八十八両八銭八分之金印」を賜った。これによって，ジャンジャ・ホトクト十四世は，内モンゴル仏教最大の活仏となり，内モンゴルの仏教の代表者であることが承認された。ジャンジャ・ホトクト十五世は清朝のとき，乾隆皇帝とパンチェン・ラマのモンゴル語とチベット語間の通訳を勤めた(75)。

こうして，チベット仏教のダライ・ラマとパンチェン・ラマを代表する活仏，モンゴル仏教のジェブソンダンパ・ホトクトとジャンジャ・ホトクトを代表する活仏をはじめ，清朝時代で，清朝政府は，280余年にわたってチベット仏教とモンゴル仏教の高僧たち約160名に，ホトクト「呼図克図」，すなわち活仏の聖号を賜ったと伝えられている(76)。

第4節　本章の結語

この章では，チベット仏教，とくにモンゴル仏教における「転生活仏」の由来を解明した。モンゴル帝国の元朝以後の中国明・清の時代に，チベット仏教とモンゴル仏教において，「転生活仏」という制度が確立されたわけである。モンゴル仏教の歴史の中で一時期を画するのは，ウンドゥル・ゲゲーン（温都爾格根），すなわちジェブツンダンバ・ホトクトである。外モンゴルのジェブツンダンバ・ホトクトと内モンゴルのジャンジャ・ホトクトという2活仏の出現は，チベット仏教におけるダライ・ラマとパンチェン・ラマの2活仏に比定することができる，モンゴル仏教の二大活仏の出現である。この二大活仏の出現がモンゴル仏教に及ぼした影響は，甚だ大なるものがあった。

総括すれば，チベット仏教では，ダライ・ラマが南チベット前蔵の代表者であり，パンチェン・ラマが北チベット後蔵の代表者であるということになる。モンゴル仏教では，ジェブツンダンバ・ホトクトが外モンゴルの仏教の代表者であり，ジャンジャ・ホトクトが五台山にあるモンゴル仏教と東北三省と北京・承徳にあるモンゴル仏教と内モンゴルの仏教の代表者となった。四大活仏は，その立場も地位も対等であるとされる。なお，転生活仏としてダライ・ラマ十四世とパンチェン・ラマ十一世が現存するが，残念なことに政治との関わりから，ジェブツンダンバ・ホトクトとジャンジャ・ホトクトは現在欠位となっている。

注

（1）　王輔仁　陳慶英編著『蒙蔵民族関係史略』（中国社会科学出版社，1985年）70～72頁。また『毎日新聞』（夕刊）特集ワイド　最前線インサイド2000年1月19日4版には，「「カルマパ十七世」（伍金卓堆赤列多吉，略称伍金赤列）「吉兆」と「奇跡」に包まれた誕生」と題して，「私の生まれ変わりはチベット東部の『ラ』で始まる名称の草原で誕生する。父親の名前はドンドルプ，母親の名前はロガ。（チベット暦で）亥，子，丑年のいずれかに生まれる」と記されている。

（2）　周煒『活仏転世掲秘』（中国蔵学出版社，1994年）21頁。

（3）　王輔仁　陳慶英編著『蒙蔵民族関係史略』（中国社会科学出版社，1985年）71頁。

（4）　巴俄祖拉陳瓦『智者喜宴』下巻（dPaḥ bo gtsug lag phren ba, *Dam paḥi chos kyi ḥkhor lo bsgyur ba rnams kyi byuṅ ba gsal bar byed pa mkhas paḥi dgaḥ ston*）中国民族出版，チベット語，1986年，918～921ページ参照。

（5）巴俄祖拉陳瓦『智者喜宴』下巻（dPaḥ bo gtsug lag phren ba, *Dam paḥi chos kyi ḥkhor lo bsgyur ba rnams kyi byuṅ ba gsal bar byed pa mkhas paḥi dgaḥ ston*）中国民族出版，チベット語，1986年，919頁。また周煒『活仏転世掲秘』（中国蔵学出版社，1994年）22頁によれば，相当箇所は次の通りである。

大慈大悲的主人，請你不要只死死地看到法界，請你保持自己的怜憫心，堅持清浄的人身，請你與無力有情的父母言帰於好，請你高挙佛教的勝幢。

（6）　周煒『活仏転世掲秘』（中国蔵学出版社，1994年）23頁。

また，先代カルマパ十六世は，1981年に死去する半年前，錦で織ったお守りを弟子に托している。弟子たちはお守りの中に彼が記した書簡通りの名前を持つチベット族の遊牧民夫婦を探し当てた。夫婦には3男6女の子供がいた。8番目の子供は男児。そして，書簡通り丑年生まれ。すでに4歳のときからラマ僧になっていた。チベット語「アポガガ（阿波嘎嘎，幸せな兄弟の意味）」と呼ばれていたドルジェ（当時7歳）こそ，カルマパ十七世になる「転生霊童」だった。カルマパ十七世の誕生には，数多くの「吉兆」と成長の過程で「奇跡」が続いた。生まれる直前，見たこともない美しい鳥が一家の移動式テントの上に止まり，きれいなさえずりを聞かせた。虹がテントの上空にかかった。三つの太陽が一度に輝いた日もあった。生まれて3日後，1時間にわたって法螺貝の音が響き渡った。さらにさまざまな楽器による合奏が，集落の遊牧民すべてに聞こえた。いずれもそんな演奏を行った者などいなかったから，誰もが「この赤ん坊は特別な使者」と理解したという。

カルマパ十六世の弟子たちが，自分を探しているのを特殊な能力で察知したというのだろうか。この子は「ここじゃない。テントを動かして」と両親に頼んだ。その移動先こそ，十六世の書簡にあった「ラ」で始まる名称のラトクだった。弟子たちが訪れるその日の朝は早く起き，母親にこう予言した。「ボクの僧たちがもうすぐやって来るよ」。同年6月，弟子たちはダライ・ラマ十四世に転生霊童の発見を報告，ダライ・ラマ十四世はカルマパ十七世であると承認，中央政府（中国）も同じく認定した。

カルパ十七世は，カギュ派，欧米を中心に海外での布教を広げた。チベット仏教独特の神秘性が後押ししているのは言うまでもなかろう。「歴代カルマパがかぶった黒帽子と宗教儀式に使う楽器を国外に探しに行く」。カルマパ十七世が出国の際,居住していたチベット自治区のツルプ寺（楚布寺）に残した書簡の中で理由をこう説明したと中国政府は強調,「亡命ではない」と主張する。現在もツルプ寺では200名の僧侶が修行を行っている。

また『留学生新聞』2000年１月15日にも「此行是為了去国外取歴世噶瑪巴活仏的黒帽和法器，不是背叛国家和民族，背叛寺廟和領導」と記されている。

朝日新聞（平成12年１月29日，14版）にも，次のように記されている。「この黒い帽子とはどのような意味を持つのか。それにはチベット仏教４大宗派の中で最も長い歴史を持つカギュ派の起源から解き明かさなくてはならない。カルマパはチベット仏教の中で，最高位にあるダライ・ラマ，第２位のパンチェン・ラマに次ぐ第３位の地位にある活仏である。しかし，17世紀の明朝にはカギュ派は同じく仏教界で最も影響力を有する宗派であった。現在，ダライ・ラマが十四世，パンチェン・ラマが十一世なのに比べ，カルマパは十七世を数える。初代カルマパ一世が創設以来，カギュ派はすでに800年の歴史を有する。ダライ・ラマ一世が現われたのは十五世紀で，カギュ派はカルマパ六世の時代になっていた。カルマパ一世は，死後は自身の生まれ変わりが現われると予言，同（チベット）仏教史上で最も早く「活仏」を，死後は「生まれ変わり」の制度を確立した。続くカルマパ二世は仕えたモンゴルの王から黒帽子を授かった。二世は生前に残した書簡で「代々，私の転生霊童には必ずこの黒帽子を伝えよ」と命じた。黒帽子はカギュ派の活仏の権威の象徴となった。転生活仏の系譜がつくり出した歴史を経て，先代のカルマパ十六世は1959年のチベット動乱が起きると，ダライ・ラマ十四世と同じように，インド北部のシッキムに脱出し，新たに寺院を興したうえで，活動を開始した。160人の側近を伴い亡命した際，十六世はツルプ寺から数多くの衣装や宝，絵画，教典を持ち出した。この黒帽子も含まれていた。1992年に十七世になった現カルマパが，その帽子を探しに行くという中国政府の主張は成り立つのだ」。

（７）　張怡蓀主編『蔵漢大辞典』上巻（Kraṅ dbyi sun, *Bod rgya tshig mdsod chen mo*），中国民族出版社，1986年，690頁によれば，チベット仏教における密教の生起次第修証本尊五法は，月輪現証（zla ba las byaṅ chub pa），日輪現証（ñi ma las byaṅ chub pa），種子現証（sa bon las byaṅ chub pa），手幟現証（phyag mtshan las byaṅ chub pa）と全身現証（sku rdsogspa las byaṅ chub pa）をいう。

（８）　山口瑞鳳「活仏について」（玉城康四郎博士還暦記念論集『佛の研究』

春秋社，昭和52年）289～290頁。
（9）　ラマオレナイダル『心の本質について』（KDOLチベット仏教センター）。
（10）　久明柔白多杰『蒙古仏教源流』（ḥJigs med rig paḥi rdo rje, *Hor gyi chos hbyuṅ*）中国青海民族出版社，チベット語，1993年，238～239頁。また弘学『蔵伝仏教』（中国四川人民出版社，1996年）152～153頁参照。
（11）　乾隆「喇嘛説」（張羽新『清政府与喇嘛教』中国西蔵人民出版社，1988年）339～343頁。
（12）　却西・曹自強「金瓶掣鑒――釈尊垂示之方便」（『法音』中国仏教協会，1995年，第八期）23～26頁。
（13）　朱暁明主偏『佛門盛事――第十一世班禅額爾徳尼尋訪認定坐床紀実』（中国蔵学出版社，1996年）。
（14）　弘学『蔵伝仏教』（中国四川人民出版社，1996年）173頁。
（15）　［意］図斉·［西徳］海西希著『西蔵和蒙古的宗教』（中国天津古籍出版社，1989年）353頁。
（16）　山口瑞鳳「活仏について」（玉城康四郎博士還歴記念論集『佛の研究』春秋社，昭和52年）288頁。
（17）　丹迴冉納班雑・李徳成『名刹双黄寺―清代達頼和班禅在京駐錫地』（中国宗教文化出版社，1997年）２～５頁。
（18）　丹迴冉納班雑・李徳成『名刹双黄寺―清代達頼和班禅在京駐錫地』（中国宗教文化出版社，1997年）５頁。
（19）　樊保良『蒙蔵関係史研究』（中国青海人民出版社，1992年）230～231頁。
（20）　王輔仁・陳慶英編著『蒙蔵民族関係史略』（中国社会科学出版社，1985年）110頁。
（21）　丹迴冉納班雑・李徳成『名刹双黄寺―清代達頼和班禅在京駐錫地』（中国宗教文化出版社，1997年）42～43頁。
（22）　牙含章編著『班禅額爾徳尼伝』（中国西蔵人民出版社，1987年）76～77頁。
（23）　丹迴冉納班雑　李徳成『名刹双黄寺―清代達頼和班禅在京駐錫地』（中国宗教文化出版社，1997年）42～43頁。また山口瑞鳳「活仏について」（玉城康四郎博士還歴記念論集『佛の研究』春秋社，昭和52年）292頁。
（24）　樊保良『蒙蔵関係史研究』（中国青海人民出版社，1992年）158～159頁。
（25）　樊保良『蒙蔵関係史研究』（中国青海人民出版社，1992年）208～209頁。
（26）　寺本婉雅『ターラナータ印度佛教史』（秀英舎，昭和３年）１～５頁。
（27）　王輔仁・陳慶英編著『蒙蔵民族関係史略』（中国社会科学出版社，1985年）102～103頁。
（28）　樊保良『蒙蔵関係史研究』（中国青海人民出版社，1992年）208頁。
（29）　橋本光寶『蒙古の喇嘛教』（仏教公論社，昭和17年）118頁によれば，ワンス・プルリグ（dBaṅ dshe sphrul sku 旺次布勒古）によって出家せしめられ，ロブサン・ワンボ・ジャルツァン（bLo bo bzaṅ dbaṅ bo rgyal

mdshan 羅布蔵旺布札勒三）という戒名が与えられたという。またワンス・プルリグは彼に勘布（mKhan po）の免許を与えて勘布ラマに列し，スマチ・サッキャ・ドーザ（Sumati-sakya-dvāja），すなわち善智釈迦幢という尊号を授与したと記している。

（30） 樊保良『蒙蔵関係史研究』（中国青海人民出版社，1992年）209頁。

（31） 張羽新『清政府与喇嘛教』（中国西蔵人民出版社，1988年）28～45頁によれば，康熙22年（1683）には，清朝が台湾を中国に統一した。康熙30年（1691）には，清朝は外モンゴルでモンゴルの各部を集めて歴史上有名な，「ドローンノール会盟」（多倫諾爾会盟）という会議を行った。そのときに内モンゴルを24部49旗に分け，外モンゴルを4部86旗に分け，青海モンゴルを5部29旗に分け，その他を10部34旗に分けたという。

（32） 橋本光寶『蒙古の喇嘛教』（仏教公論社，昭和17年）121頁。

（33） 樊保良『蒙蔵関係史研究』（中国青海人民出版社，1992年）211頁。

（34） 樊保良『蒙蔵関係史研究』（中国青海人民出版社，1992年）212頁。

（35） 橋本光寶『蒙古の喇嘛教』（仏教公論社，昭和17年）122頁。

（36） 橋本光寶『蒙古の喇嘛教』（仏教公論社，昭和17年）124頁。

（37） 樊保良『蒙蔵関係史研究』（中国青海人民出版社，1992年）213～214頁。

（38） 橋本光寶『蒙古の喇嘛教』（仏教公論社，昭和17年）127頁。

（39） 橋本光寶『蒙古の喇嘛教』（仏教公論社，昭和17年）129頁。

（40） 弘学『蔵伝仏教』（中国四川人民出版社，1996年）170～171頁。

（41） 二木博史・今泉博・岡田和行訳『モンゴル史』1，（モンゴル科学アカデミー歴史研究所，監修者田中克彦，恒文社，1988年）2頁によれば，民国2年（1913）には『中俄宣言』を締結したときに，中国は外モンゴルの自治を承認した。つまり外モンゴルは，中国の外モンゴル自治区であるとした。中華民国の大統領は，ジェブソンダンパ・ホトクト二十三世（モンゴルでは八世）を「外蒙翊善輔化博克多哲布尊丹巴呼図克図汗」と冊封した。1921年2月には，ロシア軍が外モンゴルに侵入した影響で，外モンゴルは独立を宣言した。

（42） 弘学『蔵伝仏教』（中国四川人民出版社，1996年）170頁。

（43） 章嘉益喜丹必若美著，嘉木楊図布丹・卓日格図校注『智慧之源』（Janggiya yisidanbirome, *Merged garhu yin orun*）中国民族出版社，1988年，チベット語・モンゴル語対照，1520～1524頁。

（44） 橋本光寶『蒙古の喇嘛教』（仏教公論社，昭和17年）136頁。

（45） 妙舟『蒙蔵仏教史』（中国全国図書館文献縮微復制中心出版，1993年）81頁。

（46） 妙舟『蒙蔵仏教史』（中国全国図書館文献縮微復制中心出版，1993年）82～83頁。

（47） 妙舟『蒙蔵仏教史』（中国全国図書館文献縮微復制中心出版，1993年）

84頁。

(48) 妙舟『蒙蔵仏教史』（中国全国図書館文献縮微復制中心出版，1993年）88頁。

(49) 妙舟『蒙蔵仏教史』（中国全国図書館文献縮微復制中心出版，1993年）90頁。

(50) 橋本光寶『蒙古の喇嘛教』（仏教公論社，昭和17年）146頁。

(51) 樊保良『蒙蔵関係史研究』（中国青海人民出版社，1992年）214～215頁。

(52) 久明柔白多杰『蒙古仏教源流』（ḥJigs med rig paḥi rdo rje, *Hor gyi chos hbyuṅ*）中国青海民族出版社，チベット語，1993年，216頁。また固始噶居巴洛桑沢培著，陳慶英・烏力吉訳著『蒙古仏教史』（中国天津古籍出版社，1991年）58～91頁。

(53) 蘇魯格・那本斯来『簡明内蒙古仏教史』（中国内蒙古出版社，1999年）182頁。

(54) 樊保良『蒙蔵関係史研究』（中国青海人民出版社，1992年）216頁。また札奇斯欽『蒙古与西蔵歴史関係之研究』515頁参照。

(55) 橋本光寶『蒙古の喇嘛教』（仏教公論社，昭和17年）150頁。

(56) 妙舟『蒙蔵仏教史』（中国全国図書館文献縮微復制中心出版，1993年）95頁。また久明柔白多杰『蒙古仏教源流』（ḥJigs med rig paḥi rdo rje, *Hor gyi chos hbyuṅ*）中国青海民族出版社，チベット語，1993年，215頁によれば，「我是章嘉喇嘛」と記している。

(57) 雍正「善因寺碑文」（張羽新『清政府与喇嘛教』中国西蔵人民出版社，1988年）318～319頁。

(58) 妙舟『蒙蔵仏教史』（中国全国図書館文献縮微復制中心出版，1993年）99～100頁。

(59) 章嘉益喜丹必若美著，嘉木楊図布丹・卓日格図校注『智慧之源』（ǰanggiya yisidanbirome, *Merged garhu yin orun*）中国民族出版社，1988年，チベット語，モンゴル語，6～7頁。

(60) 橋本光寶『蒙古の喇嘛教』（仏教公論社，昭和17年）156頁。妙舟『蒙蔵仏教史』102頁。

(61) 妙舟『蒙蔵仏教史』（中国全国図書館文献縮微復制中心出版，1993年）102～104頁。

(62) 妙舟『蒙蔵仏教史』（中国全国図書館文献縮微復制中心出版，1993年）105頁。

(63) 妙舟『蒙蔵仏教史』（中国全国図書館文献縮微復制中心出版，1993年）111頁。

(64) 章嘉益喜丹必若美著，嘉木楊図布丹・卓日格図校注『智慧之源』（Janggiya yisidanbirome, *Merged garhu yin orun*）中国民族出版社，1988年，チベット語・モンゴル語対照，1519頁。

(65)　蘇魯格・那本斯来『簡明内蒙古仏教史』（中国内蒙古出版社，1999年）188頁。
　なお，「灌頂普善広慈宏済光明昭因闡化綜持黄教大国師」と記載されている。

(66)　丹迥冉納班雑・李徳成『名刹双黄寺—清代達頼和班禅在京駐錫地』（中国宗教文化出版社，1997年）103～104頁。

(67)　徳勒格編著『内蒙古喇嘛教史』（中国内蒙古人民出版社，1998年）190～195頁。

(68)　妙舟『蒙蔵仏教史』（中国全国図書館文献縮微復制中心出版，1993年）122～123頁。

(69)　弘学『蔵伝仏教』（中国四川人民出版社，1996年）171頁。

(70)　久明柔白多杰『蒙古仏教源流』（ḥJigs med rig paḥi rdo rje, *Hor gyi chos hbyuṅ*）中国青海民族出版社，チベット語，1993年，235～238頁。

(71)　固始噶居巴洛桑沢培著，陳慶英・烏力吉訳著『蒙古仏教源流』（中国天津古籍出版社，1991年）93～94頁。

(72)　章嘉益喜丹必若美著，嘉木楊図布丹・卓日格図校注『智慧之源』（Janggiya yisidanbirome, *Merged garhu yin orun*）中国民族出版社，1988年，チベット語・モンゴル語対照，７～10頁。

(73)　樊保良『蒙蔵関係史研究』（中国青海人民出版社，1992年）218～219頁。札奇斯欽『蒙古与西蔵歴史関係之研究』516頁参照。

(74)　張羽新『清政府与喇嘛教』（中国西蔵人民出版社，1988年）「清世宗実録」巻六十三，140～141頁。
　「貝勒」（bei le）は清朝の宗室および蒙古外藩に与えられら爵名。地位は〔郡王〕の下，〔貝子〕（be zi）の上。

(75)　固始噶居巴洛桑沢培著，陳慶英・烏力吉訳著『蒙古仏教源流』（中国天津古籍出版社，1991年）98～100頁。

(76)　張羽新『清政府与喇嘛教』（中国西蔵人民出版社，1988年）139頁。

第三編

モンゴル仏教興隆期（明・清朝～現代）

——サキャ派からゲルク派への変遷——

第一章　ゲルク派の台頭と民衆化

第1節　本章の意図

モンゴル帝国元朝の最後の皇帝・元順帝トゴンテムル（Thgon themür 妥懽帖睦爾 1333—1368年在位）が，1368年に北京を放棄してモンゴル草原（現在の内モンゴル自治区赤峰市克什克騰旗）に戻ったことによって，モンゴル帝国元朝は終結した。

明洪武元年（1368），中国明朝の明太祖朱元璋は南京においてモンゴル帝国元朝を倒して明朝を建立し，洪武と元号を改めた。モンゴル帝国元朝の終結に伴って，隆盛を極めていたチベット仏教サキャ派の流れを汲むモンゴル仏教は，衰微の一途をたどった。この後，モンゴル仏教の低迷期は約200年以上にわたって続き，サキャ派は衰微の極にあった。

漢民族明朝の万暦5年（1577），南モンゴルの地のトゥメト（tümüte 土默特）部に，長・アルタン・ハーン（Altan Khan 阿勒坦汗 1507—1582）が現れた[1]。アルタン・ハーンの出現によって，モンゴル仏教の一大転期が訪れることになる。アルタン・ハーンは，チベット仏教ゲルク派のダライ・ラマ三世ソナムギャムツォ（bSod nams rgya mthso 索南嘉措 1543—1588，福徳海）と会見した。さらに，三世の転生活仏であるダライ・ラマ四世ユンテンギャムツォ（Yon tan rgya mtsho 雲丹嘉措 1589—1616，功徳海）がモンゴルの出身であったことから，衰微したチベット仏教のサキャ派に代わって，ゲルク派が台頭することになった。この間の変遷の経緯等を，具体的に論究する。

第2節　アルタン・ハーンとダライ・ラマ三世ソナムギャムツォ

14世紀の後半になって，チベット仏教は内部から僧団の改革者を生み出した。初期のチベット王朝から元朝末期のチベット王朝に至るまで，約700年を経過したチベット仏教は，その間に段階的発展を遂げたが，明代初期になって改革者の出現を必要としたのは，この期間のチベット仏教の発展過程が，そのまま，当時のインドにおける大乗仏教の衰微過程を反映したものであったからである。したがって改革運動の基本線が，大乗仏教本来の精神に帰ろうとする，顕教および純密教復興運動であったことは，歴史的必然性と考えられる。

ツォンカパ（tSoṅ kha pa 宗喀巴 1357—1419，善慧称）一派の改革派の目的は，分派化および非大乗化にあった。それに対して，バングラデシュ（bangladesh 孟加拉）出身のアティシャ（Atīśa 阿底峡 982—1054）教学の伝統を継承する者の中から，改革者が現れた。アムド(現在青海省湟中県宗喀)の聖者と呼ばれるツォンカパである。ツォンカパ大師は，密教修学のためには顕教の修学が不可欠なものであるとし，僧侶の生活を規定した厳格な修行生活を主軸にした，戒律の励行を説いている[2]。

ツォンカパ大師の教学の中で修学の方向を示したものとしては，顕教に関しては，『菩提道次第広論』(*Byaṅ chub lam rim che ba bshugs so*)，チベット語では『ラムリム』(Lam rim)[3]がある。これは修行者が早く悟りに到達できるように，修行段階をわかりやすく説いている。密教に関しては，『密宗道次第広論』(*sṄags rim chen mo bshugs so*)，チベット語では『ガクリムチム』(sṄags rim)[4]がある。これも，修行者が早く密教の悟りに到着できるように，修行段階をわかりやすく説いている。とくに，即身成仏の修行法を詳細に説き示している。この二つは有名な論書であり，大乗仏教における顕教と密教の思想体系を見るうえで貴重な経典となっている。

ゲルク派が台頭したのは，ソナムギャムツォ（1543—1588）がモンゴルに巡錫したのを契機として，決定的になった。

ダライ・ラマ四世ユンテンギャムツォ（1589—1616）は，アルタン・ハーンの曽孫に転生し，モンゴル各地にゲルク派を弘通した。ゲルク派がモンゴルの地で急速に発展したのは，内モンゴル地方チャハルのレクデン・ハーン(Ligdan khan 林丹汗 1604—1634）の時代に，第３回チベット語の『大蔵経』をモンゴル語に翻訳する事業が行われ，1624年にチベット語の大蔵経『甘珠爾』部の全経典のモンゴル語翻訳が完成されたことからも推察できる。

当時，ゲルク派の本拠はチベットのラサ（Lha sa 拉薩）にあった。ラサと西部モンゴルの汗（王）との間には，常に使者の交換が行われ，政治，宗教の両面で密接な関係が保たれていた。チベット語の『大蔵経』をモンゴル語に翻訳する事業では，多数のチベットの僧侶が派遣され，モンゴル人翻訳僧に協力している。天才的な学僧ツォンカパは，52歳で遍歴の遊行をやめ，ゲルク派の根本道場ガンデン寺院（dGaḥ ldan mgon pa 甘丹寺）をチベットのラサに建立した。比丘の僧団を形成し，63歳（1419年）で入滅した。

このガンデン寺院の法統は，座主職をガンデンテパ（dGaḥ ldan khri pa）が継ぎ，次いで弟子のダルマリンチエン・ケードゥブゲレペーサンポ（Dar ma rinchen dge ḥdun grub pa dpal bzaṅ pa）が継いだ。ツォンカパには高弟も多く各地に寺院を建立したが，セラ寺（tShe lha dgon pa 色拉寺）とデプン寺（hBras sPuns dgon pa 哲蚌寺）は，ガンデン寺院と共に三大寺（dGonchen gsum）と呼ばれている。いずれも，ラサからさほど遠くない場所にある。

ツォンカパの弟子のゲドゥンドゥプは，チベットのシガツェにタシルンポ寺（bKra śis grub po 札西倫布寺）を建立した。ナルタン寺院の出身であり，ダライ・ラマ一世となり，代々化身してダライ・ラマとして転生すると考えられている。ダライ・ラマに対して，パンチェン・ラマは，ツォンカパの高弟クードウンプゲレペーサンポの転生活仏のラマと考えられている。

ダライ・ラマ一世ゲドゥンドゥプは，ゲルク派に，ナルタン寺院で行っていた『カーダム法冊』を持ち込んだ。ゲルク派は比丘に対して，戒律・倶舎・因明・般若・現観・中観などの修学を基礎学として課したが，本来は決して密教を軽んじたわけではない。

ダライ・ラマ三世ソナム・ギャムツォ（1543—1588）は，モンゴルの要請によって，現在の内モンゴル自治区オルドス（Ordus 鄂爾多斯）方面に巡錫した。それ以後，ゲルク派とモンゴルとの関係が生じ，ついにゲルク派がモンゴルの地に教線を拡大するに至った。教学の系統としては，デブン寺院のゴマン派がモンゴルの仏教に大きな影響を与えた。ダライ・ラマ五世ガワンロサン・ギャムツォ（Ṅag dbaṅ blo bzaṅ rgya mtsho 阿曜・羅桑加措 1617—

1682）は，清朝に迎えられて（1652年）北京に到り，西黄寺（現代のチベット仏教大学）を建立した。これ以後，パンチェン・ラマも加えて清朝と密接な交渉をもつことになった。

ゲルク派は，以上述べたように大いなる成功を収めた。その成功にもかかわらず，いまだ俗権に汚されていなかった。質素な僧院生活と信仰心と，静かな禁欲生活との魅力で，他派とは著しい対照をなしていた。他派は，学・徳ともに高邁な上師ラマはいたが，その数は少なく，常に利己的・世俗的な活動に血道を上げていた人が多かったようである。最初は，明らかにゲルク派の宗教的・実践の優秀さが勝ちを収めた。

チベット仏教ゲルク派のダライ・ラマ三世ソナム・ギャムツォは，サキャ派が実権を握っていたときと同じ情況を生み出すことになる一歩を踏み出した。つまり，やがてゲルク派の教団を，純粋な宗教教団から，他の教団と寸分違わぬ政治・宗教勢力へと変転させる第一歩であった(5)。

アルタン・ハーン（1507―1582）は，毎年明朝に侵入し，戦争に明け暮れたが，1573年チベットを攻撃したことを機に，仏教に触れ，これを信仰するようになった。中国明朝の万暦５年(1577)，チベット仏教ゲルク派のダライ・ラマ三世ソナム・ギャムツォを，内モンゴルの帰化城（現在，中国の呼和浩特市・フホホト市）に招き，翌1578年に青海（青海省）で面会を果たし，ダライ・ラマの称号を贈った。

アルタン・ハーンは，フホホトを拠点に仏教の興隆に努め，仏典のモンゴル語訳を推進した。アルタン・ハーンは，ゲゲーン・ハーンと尊称されるが，ゲゲーンは高位の活仏の称号である。その曾孫はダライ・ラマ四世ユンテン・ギャムツォ（1589―1616）となった。ダライ・ラマ四世ユンテン・ギャンツォが住んだ内モンゴルのマイダリ・ジョー（彌勒寺）は，寺と城の機能を兼備する特異な建築様式で知られている。万暦13年（1585）には，外モンゴルのエルデニジョー（Erdeni Joo 額爾徳尼召）が創立された。このようにして，チベット仏教のゲルク派がモンゴルに伝来定着し，教線を拡大して行った。

チンギス・ハーンの末裔であるモンゴル帝国元朝の皇帝が，中国から故郷の大草原に追い返されてから，200年以上が経過していた。この間，部族間に不和と抗争が絶えなかった。それによって中国は，チンギス・ハーンあるいはフビライ・ハーンの再来に類する難事の出来を免れてきた。しかし，それにもかかわらず，エセン（1454年没）のような強力な指導者が，モンゴル諸部族の大半を糾合して明朝の皇帝を驚かせ，恥辱を与えた時期もあった。そのとき（1578年）は，統一的な指導者こそいなかったものの，アルタン・ハーンは中国国境に近接する諸部族の間では，最強の首長であった。

チベット仏教のゲルク派の史家たちは，モンゴルの地のアルタン・ハーンと自派の指導者のダライ・ラマ三世ソナム・ギャムツォのこの歴史的な会見を，しばしばモンゴル帝国元朝の終結以来この方，途絶えていたチベットとモンゴルの関係を復興したものと説明しようとした。しかし，緊密な絆がその間ずっとカルマ派などによって維持されていたことは明らかである。

明朝は進んでチベットとの交流を求め，チベット仏教の諸僧院から朝貢使節団を受け入れ，使節団は数知れぬ商業上の利権を享受した。だから明朝は，その一方でモンゴル人が率先してチベットと宗教上の関係を強化しようとすることに，初めは疑いの目を向け，それを妨げようと努めた。他方，仏教の影響でモンゴル人の好戦的性格が弱められる可能性に着目するに及んで，明朝は政策を転換し，中国と関係のあるチベット仏教の僧侶に，モンゴルの地の首長たちを訪問することを奨励したものであった。

しかし，すでに教団を形成していたゲルク派の僧侶は，モンゴル人教化にそれほど熱心であるようには見えなかった。したがって，ダライ・ラマ三世ソナム・ギャムツォは，新天地を切り拓いたわけではないが，一つの伝道地に足を踏み入れつつあったことは確かである。そこでは彼を受け入れる準備が，すでにできていたように思われる。

アルタン・ハーンとダライ・ラマ三世ソナム・ギャムツォ両首脳は，熱烈な尊敬と帰依の感情に満ちた雰囲気の中で会見した。二人は称号を交換し合った。チベット仏教のゲルク派大ラマのソナム・ギャムツォが受けたのは，ダライ・ラマ（Dalai 海）という称号であった。それはチベット語のギャンツォ（rGya mtsho 大海）と同じく，単に「大海」という意味であったが，その「大海」にラマ（上師）を加えると，モンゴル語でダライ・ボクダ（Dalai bogda）という意味，つまり，「智慧の大海」という含みがあったものと推察することができる。モンゴルの地のアルタン・ハーンは，チューキギェルポ・レーツァパ（Chos rgyal tshaṅs pa 法王梵天）の称号を受けた。このダライ・ラマ三世（ダライ・ラマの称号は，ソナム・ギャムツォ以前の化身たちにも遡って適用される）と，アルタン・ハーンは，自分たちが，モンゴル帝国元朝時代に会見したチベット仏教サキャ派の大ラマであるサキャ・パンディタとゴダン・ハーンや，パクパ帝師とフビライ・ハーンとの間に，かつて存在した結びつきを再現しているような気持ちになったとしても，不思議ではないと考えられる(6)。

『蒙古仏教源流』(7)には，1576年，パクパがフビライ・ハーンに

bLa mahi shal nas ṅed raṅ gñis skye ba bdun gyi riṅ mi ḥphrad/ de nas khyod rgyal po [gser] gyi miṅ can daṅ/ ṅed byas paḥi miṅ can du gyur tshe mjal nas ḥgro don rgya chen po byed gsuṅs paḥi dus la bab pa daṅ//

私たち二人はこれから七生の間は会うことがない。しかしそのあと，ハーンであるフビライあなたは，名前の中に「金」（モンゴル語でアルタン［altan］）という字がある王として世間に現れる。私は名前に「水」（モンゴル語でダライ［dalai］）という字がある僧の姿で世間に生まれてくる。そのときまた会うことができる。そして一切の衆生に広く利益する。

と記している。

ダライ・ラマ三世がモンゴルの地に赴くとき，チベットの地の首領タシラダン（bKra śis lha ldan 扎西拉丹）は，ダライ・ラマの馬鐙を摑んで，

bsTan paḥi dpal gyur bla maḥi shabs pad brtan/ brtan ḥdsin skyes bus sa rten yons la khyab//(8)

聖なる教法による上師ラマの御身の健康と，仏教指導者大徳が仏教を大地に広宣することを祈願する。

という旨を述べている。

それに対して，ダライ・ラマ三世は，

brtan paḥi sbyin bdag mṅaḥ than ḥbyor ba rgyas/ bstan pa yun riṅ gnas paḥi bkra śis sog//(9)

仏教の施主の権勢はますます豊かになり，仏法が永遠に吉祥如意であることを祈願する。

いう祝辞を記している。

上記の偈頌は今日でも，チベット仏教寺院とモンゴル仏教寺院で，毎日の勤行の中で常に読誦されている。僧侶同士が相見するときにも，よく使われる言葉である。

モンゴルとチベット仏教の新宗派ゲルク派との関係は，それはオルドス（Ortus 鄂爾多斯）部のホトクタイセチェンホンタイジ（Qutugtai secen qong tayiji 庫図克台徹辰洪台吉，以下セチェンと略記）から始まる。セチェンは，アルタン・ハーンの兄であるモンゴルオルドス部の開祖のグンビリクメルゲンジノン（Gun bilig mergen jinong 袞必里克墨爾根）の孫に当たる。

セチェンが，嘉靖45年（1566）に東北チベットに遠征したときのことである。シリムジ河（Silimji 錫里木済）という３河の合流地点で，大ボルサ・ラマ（Yeke borsa lama [Barsa blama]）・禅師ラマ（Canši lama）・ダルハン・ラマ（Darqan lama）という３人のモンゴルの使節が，派遣されてきたチベット仏教の代表者であるウスンドルサンジン（Usungdur sanjin）とアルタンサンジン（Altan sanjin）に向かって，

もし我に従うならば，我等はこの（仏教）教えに従わん。

とセチェンの命令が伝えられた。もしチベットがモンゴルに帰順すれば，モンゴルは仏教に帰依し，その教えに従う。逆に，チベットがモンゴルに帰順しなければ，どのような結果になるのかよく考えよ。

というものであった(10)。

そこで，チベット仏教の代表者たちが相談した結果は，モンゴルに帰順することになった。セチェンが，ラルギン・ラマ（bLargin lama 勒爾根喇嘛），アストクサインバンデイ（Astog sayin bandi 阿斯多克塞音班第），アストクワジルトンミサンガスバ（Astog wajir tonmi sanggasba 阿斯多克瓦斉爾托邁桑斯巴）というチベット僧３名を，モンゴルの地に伴い帰って来た。これを

きっかけに，モンゴルの地のオルドス部とチベット仏教との交流が始まった。

上述したチベット僧の名前に「阿斯多克」というのがある。「阿斯多克」は，チベット語のアムド「a mdo 安多」に当たる言葉である。だから彼らは，現在の甘粛省あるいは青海省のチベット族の僧侶であったと考えられる(11)。

ラルギン・ラマ（bLa rgin lama 勒爾根喇嘛）は，「老修道僧」という呼び名である。「bLa rgin」は，青海省や甘粛省などのアムド方言では，「Lagin」または「Largin」となり，ラルギンに合致する。

サンガスパ「gSaṅ sṅags pa」は，チベット語で密呪師の意味である。

このときからセチェンは，熱心なチベット仏教信者になったといわれる(12)。『蒙古源流』に，アリク・ラマ（Arig bla ma 阿哩克喇嘛）のことが記述されている(13)。アルタン・ハーンが，ダライ・ラマ三世と会見する前のことであり，チベットのハラトベット（Harhag tubed 哈拉図伯特）に遠征したとき（1573年）に，多数のチベット人を捕虜としてモンゴルに連行して来たときのことである。

アルタン・ハーンは，捕虜の中にいたアリク・ラマから，輪廻転生や因果報応などの仏教の教義を教えられた。アルタン・ハーンはその教えに感化されて，観世音菩薩の六字真言である「オム・マニ・パド・メ・フン（Oṃ maṇi padme huṅ 嗡嘛呢叭咪吽）」を念誦するようになった。

それから3年後（1576年），アルタン・ハーンはセチェンの影響の受けて，ダライ・ラマ三世に迎請の使節を派遣した。

そして両者が，「青海会見」という歴史的な首脳会議を行ったのは，それから1年後の1577年のことであった。その結果，いよいよチベット仏教ゲルク派の教えがモンゴルの地に広がることになった。

智貢巴貢去呼丹巴繞布杰著述の『安多政教史』(14)に，モンゴルのアルタン・ハーンとチベット仏教ゲルク派ダライ・ラマ三世ソナム・ギャンツォとの会見を，次のように記述している。

> 第十饒迴鉄羊年（公元一五七一年），察哈爾（応作土黙特）部俺答汗処生起仏教的光明，他向当地一個叫佐格阿昇的喇嘛問法，喇嘛向他講述了達賴三世索南嘉措的事跡，於是汗王生起不可改移的信心，派遣金字

使者全往，説:‘請大師前来北方。’在汗王與達頼喇嘛施主與福田二者在青海湖邊会見之前，特派尊追桑布大師去做汗王臨時的上師，授給戒律，送去的浄水由汗王領頭，一万人也没有喝完。土虎年（公元一五七八年）達頼喇嘛到達時，在阿里克地方的第一批歓迎者有永謝布部的巴爾孤台吉，卡坦巴図爾，土默特部的瑪森抜希等為首的八百騎。達頼三世顕示法力，用手指対河水做期克印，河水就倒流，歓迎者倶生信仰。第二批歓迎的人有鄂爾多斯部的徹辰洪台吉，土默特部的達顔諾顔為首的三千騎，洪台吉看見了四手観音。第三批歓迎者有覚哩克図洪台吉，欽巴図爾等人。在在青海湖邊会見汗王本人時，在十万人環聚的中央，由洪台吉講話，国師抜希翻訳。施主與福田二者猶如一対日月開辟仏法正道，化血海為乳海，恩徳至大。以前蒙古人死後，按其貴賎，以其妻，奴僕，乗馬，財宝殉葬，這種風俗今後一律廃除，将死者財物献給上師和僧衆，請喇嘛誦経，廻向祈願。禁絶殺牲祭祀，殺人者抵命，殺馬匹牲畜者剥奪其財産，対僧人動手侵犯者没其家。以前対‘翁公’（蒙古薩満教崇拝的神）毎月奉行血祭，毎年殺牲祭祀，現在将這些魔道神像一律焼毀，不焼毀者破其家。代替這些魔道神像，毎家造一尊六臂観音像，用乳，酪，酥油供養。毎月的初八，十五，三十這三天守持斎戒。不再搶掠漢族，蔵族。用這些命令使蒙古風俗変得與衛蔵一様。

達頼喇嘛又収服双方会見地方的神祇，修建恰卜恰（今青海共和県）大乗法輪寺。召請漢族能工巧匠多人，修建的後殿中有三世仏，達頼喇嘛和汗王的塑像。左，右及前面建有大威徳，観音菩薩的神殿，各有十六根柱子的地面。在這些神殿之間建有菩薩，薬叉殿和嘛尼堆。寺前左，右両面各建有寝宮，名叫俄薩頗章和徳欽頗章，所有殿堂，屋檐都按漢地格式。為這座三重圍墻圍護的寺院奉行了盛大的開光儀式和増善除暴的火祭。又倣照吐蕃時期‘七覚士’的故事，由汗王下令，有三家王族成員為首的一百多人出家做了僧人，当地的神鬼都前来聴法。汗王将収繳上来的凶悪邪神的像作為在菩薩面前的火祭，投入火中焼毀，侍奉仏陀執金剛等。達頼喇嘛給汗王授了‘喜金剛灌頂’。

土兎年（公元一五七九年）奉行了祈願大法会，正月初一清晨給吉祥天母供食，因此吉祥甘露常川不停地降下，漢，蔵，蒙古的各個地方都受益不尽。

［上掲の一文の趣意は，］チベット暦の第十饒迴鉄羊年（龍慶５年，1571），チャハル（Cha dkar 察哈爾）部のアルタン・ハーンの許に仏教の光明が広がった。アルタン・ハーンは，当地のゾゲアセン（ḥdsogeaseṅ 佐格阿昇）というラマ僧から仏法を教えられた。ゾゲアセン僧は，ダライ・ラマ三世ソナム・ギャンツォの事績を紹介した。それに心を動かされたアルタン・ハーンは，強い信仰をもつようになった。アルタン・ハーンは金字使節をチベットに派遣し，ダライ・ラマ三世に北方のモンゴルの地に来られるよう招請した。施主のアルタン・ハーンと福田のダライ・ラマ三世の両者が青海湖で会見する前に，ソンルイサンボ（brtSon ḥgrus bzaṅ bo 尊追桑布）大師を特派して，アルタン・ハーンの臨時の上師とした。戒律を授け，持参した甘露水をアルタン・ハーンはじめ，１万人が飲んだが，飲み尽くすことができなかったという。

チベット暦の土虎年（1578年），ダライ・ラマ三世がモンゴルの地に到達したとき，１回目の奇兆が阿里克地方で起こった。永謝布部のバルグタイジ（巴爾孤台吉）・ガダバトル（卡坦巴図爾）・土黙特部のマシンバクシ（瑪森抜希）などをはじめ800人の騎士による歓迎を受けた。ダライ・ラマ三世ソナム・ギャムツォが法力を顕して，チベット密教の手印をしながら手の指で河の水を指すと，河の水は指示に従って逆に流れた。これを見た出迎えの騎士たちは皆，強く信仰を持つようになった。

２回目の奇兆は，オルドス（Ordus 鄂爾多斯）部のセチェンホンタイジ（徹辰洪台吉）・土黙特部のダインノイン（達顔諾顔）を先頭に，3,000人の騎士が出迎えたときに起きた。セチェンホンタイジが，四手観音を見たという。

３回目の奇兆は，ジョリクトホンタイジ（覚哩克図洪台吉）とチンバトルなどが出迎えたときに起きた。ダライ・ラマ三世が青海湖でアルタン・ハーンと会見するとき，集まっていた十万人の中央で，ジョリクトホンタイジが説法をした。国師抜希がそれを通訳した。施主と福田の両者に，日月のように仏法正道が開いた。それはまさに，血海を乳海に変える大いなる恩寵であった。

昔モンゴルでは，人が死ぬと，地位の高低によって妻や従僕あるいは馬や家畜などを犠牲としていた。これ以後，この習俗を一切止め，死者の財物を上師と僧侶に捧げることにした。そして僧侶は廻向し祈禱をし，読経することにした。死者に従わせようと思って犠牲を捧げることを決して許さない。人を殺して犠牲として捧げる者があれば，その人の命を奪い取る。馬や家畜を殺す者があれば，その人の財産をすべて没収する。僧侶を殴打することがあれば，その人の財産をすべて没収することになった。

昔からモンゴルでは，土俗信仰としてボゲインシャシンと呼ばれるシャーマニズム（Shamanism 薩満教）が信仰されてきた。ボゲインシャシンでは毎月，あるいは毎年，動物の犠牲を供養する儀礼が行われてきた。一軒の家に死者が出ると，羊の毛や羊の皮で，死者をかたどった像を作った。これがオンゴド（onggod 翁公）(15)である。これからは，これらボゲインシャシンの像は焼き棄てなければならない。そして月ごとに，年ごとに供養してきた犠牲は，今後してはならない。もし隠れて儀礼を捧げる者があれば，その者の家畜はすべて没収するというのであった。オンゴドの代わりに，どの家も，仏教の智慧を具現した六手仏（Ye śes kyi mgon po phyag drug pa）の像，すなわち観世音菩薩像を造って，三白と呼ばれる「凝乳・牛乳・牛酪」を供養せよ。この六手仏に対して，決して血や肉の類の供養は行ってならない。人は誰も十善の徳行を修め，毎月 8 日・15日・30日に斎戒を守らなければならない。そして今後は，モンゴル人は漢族の居住地やチベット族の居住地を襲い略奪などしてはならない。このような命令で，モンゴルの地の風俗・習慣は中央チベットと同様になったという。

ダライ・ラマ三世は，アルタン・ハーンと会見した青海湖で神祇を調伏し，テクチェンチョエコルリン（Theg chen chos ḥkhor gliṅ 大乗法輪寺）を建立した。中国全土から熟練した技術者多数を集めて清浄な伽藍が建立された。その本堂に，三世仏の過去の燃灯仏･現在の釈迦牟尼仏･未来の弥勒仏と，チベット仏教ゲルク派の開祖ツォンカパ（rJe bla ma ともいう）の身像，ダライ・ラマ三世の身像，およびアルタン・ハーンの像を安置した。かくて本堂の左右と前の三方に，怖威仏（ḥJigs byed）・観世音菩薩等を安置する仏堂を建立した。それぞれの仏堂は，16本の柱の広さがあるものであった。その間に，菩薩・金剛仏を安置する仏堂や，密教の仏ペハルを安置する小塔（Dpe dkar lcog）も建立された。その前方の左右に，居館オェセル殿（ḥOd zer pho braṅ 光明殿）・デチェン殿（bDe chen pho braṅ 極楽殿）が建立された。これらすべての堂宇は，中国様式からなり，三重の墻壁を繞らした。そして，完成を待って盛大な落慶法要と「増善除暴」焼施（sByin sreg），すなわち日本の真言宗が行う護摩法要の火祭りの儀礼が執り行われた。

また，チベットの吐蕃王朝時代の「七覚士」という物語をまねて，アルタン・ハーンの命によって，アルタン・ハーン族以外の三部族の貴族を含めた100人以上の人々が出家した。当地の鬼・神等の霊的存在も出てきて法を聞いたという。ダライ・ラマ三世とアルタン・ハーンは，諸菩薩のタンカ(Thaṅ ka 唐卡)，すなわちマンダラ(maṇṇdala, dKyil ḥkhor)の前で執り行われる供養として火祭りに，調伏した悪魔たちの像を火に入れて焼いた。釈尊や執金剛仏などへの供養物も焼いた。ダライ・ラマ三世がアルタン・ハーンに「喜金剛灌頂」を授けた。チベット歴の土兎年(1579)に祈願大法会が執り行われた。正月の1日の朝，吉祥天母(Lha mo）を供養する法要が執り行われた。こうして，幸せの甘露が降り来って潤した。中国・チベット・モンゴルの地の人々は，言い尽くすことができないほどの利益を受けた。

佐藤長氏の「第三代ダライ・ラマとアルタン・ハーンの会見について」(16)には，

前にチャハル（察哈爾 Cha dkar，モンゴルの支配階級）は，天の系統より分れて勢力大なりしかば，中国・チベット・モンゴル三国を力で支配し統一したという。チベット仏教のサキャ派と所依・能依（mChod yon）の関係を結び，教法を弘められたり。しかれども又テムル帝（元順帝トゴンテムル Thgon themür 妥懽帖睦爾 1333年即位，1368年まで）の時から教法は衰え，所業は悪しく，血肉食べることのみを喜んで暗闇に堕ち，血海の島のようになってしまった。現在の所依・能依は，日月のともに並ぶごとき恩寵により正法の道を与える。この血海を乳海に変えることの大いなる恩寵により，この地にある中国・チベット・モンゴルすべての者は十徳の戒めによって暮らさなければならない。太陽は今日より特にチャハルの上に戒めとともに存在する。約言すれば，チベットに於いて行なわれているように，このモンゴルの地に於いても行わればならない。

と述べられている。

これに加えて，観世音菩薩の念呪・教訓・供養法等がモンゴル語に訳されたので，人々はそれによって理解することができ，六字真言の念誦に努めるようになったという。

上述したダライ・ラマ三世の言葉は，当時のモンゴルの風習を写して興味深い。まず第一段において，強制的であれ任意的であれ殉死を固く禁止し，第二段において，モンゴルのボゲインシャシンの神オンゴドを棄て，それに供養する犠牲も絶対に禁止し，その代わりに仏像の礼拝を勧めた。仏教本来の不殺生戒からすれば，この殉死・犠牲の禁止と仏像礼拝は当然のことではあるが，当時のモンゴルの地ではアルタン・ハーンが仏教に対する信仰を有していたからこそできたことであるといえる。そのうえに，ダライ・ラマ三世の対機説法の巧みさ，偉大さにもよるものと考えられる。アルタン・ハーンの出現によって突如として，コペルニクス的転回を遂げたということではない。

それにしてもオンコダを祀る風習は，現在でも継承されている。オンコダは，モンゴル民族が信仰する固有の神である。このように，モンゴル民族の体制に深く関わる信仰であるのに，それの廃棄を勧説したダライ・ラマ三世の宗教的情熱には感心させられる。オンゴドの信仰は，ダライ・ラマ三世の厳命にもかかわらず，熄むことなく，それ以後も仏教が普及したモンゴルの地に，このオンゴド信仰は脈々と受け継がれ今日に至っている[17]。

ダライ・ラマ三世は，1587年をフフホトを中心に多忙な日月を送ったが，1588年には明朝の萬暦皇帝から北京への招請状が届き，灌頂大国師の称号が贈られた。ダライ・ラマ三世は萬暦皇帝の招請を受け，北京巡錫を承諾した。しかし正月末より風邪に罹って，2月26日に至るや再び立ち上がることができなくなり，フフホト郊外のカオトミ（Ka ao toumur 卡欧吐密）で示寂した。おそらく急性肺炎でなかったかと考えられる[18]。

ダライ・ラマ三世は，常に布教のために各地を巡った。とりわけ後半生は，青海省・モンゴルなどを往来し，従来の大師や高僧らが足を運ぶことがなかった奥地まで足を伸ばした。モンゴルに対しても，もしアルタン・ハーンと青海湖で会見するだけですんでいたならば，布教の効果は大したものではなかったと思われる。しかしセンゲドゥーレン・ハーンのときにフホホトまで巡錫したことは，モンゴルの中心トメト部を抑えたばかりでなく，チャハル・ハラチン・ハルハまでゲルク派が拡大する契機をなした。チベット仏教の他派の布教の手がまだ伸びていない土地まで足を運び，ダライ・ラマ三世は文字通り身を挺して，ゲルク派の教えをモンゴルの地に広めた。こうしてダライ・ラマ三世は，チベット史だけでなくモンゴル史にも中国史にも，不朽の名声を残すことになったと考えられる。

ダライ・ラマ四世ユンテン・ギャムツォ（1589—1616）は，アルタン・ハーンの孫スメル=タイジ（Sumer tayiji）の転生であった。このことが一層ゲルク派をモンゴルに広める機縁となった[19]。歴代ダライ・ラマの中で，ダライ・ラマ四世ユンテン・ギャムツォンだけがモンゴル人であり，その他はチベット人である。だから，ゲルク派のダライ・ラマの活仏の制度も，このダライ・ラマ四世ユンテン・ギャムツォから始まる。ダライ・ラマ一世とダライ・ラマ二世は，その後に追任されたものである。

それにしても最後に残る問題は，なぜアルタン・ハーンがチベット仏教をこれほどまで信仰したかということである。そしてまた，なぜモンゴル人は皆，熱心にチベット仏教に帰依したかということである。これは甚だ理解するのに困難を感じる点である。当時，遊牧モンゴルの一部には，すでにネストリウス派キリスト教が信仰されていた。また，隣接するオイラットにはイスラム教が入っていたので，モンゴル人はこれらの宗教を受け入れることができたはずであった。なぜネストリウス派のキリスト教やイスラム教ではなく，チベット仏教だけに傾倒するようになったのだろうか。

勿論アルタン・ハーンの胸の内には，世祖フビライ・ハーン以下のモンゴル帝国元朝の諸帝のチベット仏教への傾斜の事実があり，その伝統を継承しようとする考えがあったとも受け取れる。しかしよく考えてみると，イスラム教は常にタタールが敵として戦争したオイラット側の宗教であった。少なくともイスラム教徒は，オイラットの中枢に入り込み，相当の影響を及ぼしていたのは事実であった。またキリスト教にしても，一神教である。たとえアルタン・ハーンやモンゴル貴族らがこれを信じたとしても，それが一般に広まったかどうかは疑わしい。チベット仏教が広く深くモンゴルの地に受け入れられ，発展したのにはそれなりの理由がなければならない[20]。

モンゴル人の本来の信仰の中にある多くの神霊の働きの多くを，そのままチベット仏教の数多い仏・菩薩・護法神のうちに見出すことができ，それらへの祈願・祈禱が，多大な犠牲を払うことなしに行うことができるところに，その文化的特性を見出したからであろうと考えられる。換言すれば，チベット仏教の多神教的性格が，モンゴルの多神を求める心理に合致したからである。膨大な仏典と荘厳な供養によって，必要に応じて種々の霊験ある仏・菩薩を呼び出し，効果的な呪術を行うチベット仏教の僧侶に，従来の素朴なシャーマンは太刀打ちできるはずもなかった。またそれだけではなく，チベット仏教の僧侶は占いにも卓越していた。過酷な自然条件の下にあるモンゴル遊牧民は，常に左旋か右旋かの重大な局面では，占いによって局面を決する場合が多い。それは，今日でもなお行われている。このようなときには，モンゴル人は必ず仏僧に権威ある占いを求め，満足すべき答えを与えられてきた。

一方，医薬に精通したチベット仏教・モンゴル仏教の僧侶もいた。インド伝来の対症的な，あるいは呪術的な医術は，従来のシャーマンの祈禱よりはるかに優れたものであった。他方，天文・暦法に通じるチベット仏教の僧侶もおり，これは中央の行政へ種々寄与するものであった。

チベット仏教は個人の霊魂の救済だけでなく，一つの総合文化として遊牧民の前に姿を現したものであった。すでに隣りの青海のチベット系遊牧民がこれを受容しており，征服者としてそこに侵入したモンゴル人がこれに大きな関心を払うようになったのは，当然の成り行きであったと考えられる(21)。

ゲルク派のダライ・ラマ三世ソナム・ギャムツォは，1569年，タシルンポをはじめとするツァンの諸寺院を歴訪した。歴訪の途上でサキャ派とも接触した。帰途，ヤムドク湖畔のナカルツェに近いディウタンで，カルマ派の黒紅帽二派の法主およびパクモドゥ派のネウドンツェ宮の当主チャンガ・タクパ・ジュンネーにも会見した。その後，コンカル（現在チベット自治区コンガ空港に近い）に赴いて，ネウドンツェ宮側と対立するパクモドゥ派のシャプドゥン・ガワン・タクパを訪問して，自らの理想とする融和策を推進した。

1582年，ダライ・ラマ三世ソナム・ギャムツォは，アルタン・ハーンから迎えが来たので青海を経て内モンゴルに向かい，1586年帰化城（フホホト市）に至った。しかしそのとき，アルタン・ハーンはすでに没した後であった。1587年には，ダライ・ラマ三世ソナム・ギャムツォは，訪れたアバタイ・ハーンを教化し，上都を訪ねた。その頃，明の神宗の招請を受けていたが，北京へ赴く途中モンゴルのガオトミ（卡欧吐密）の地で1588年に没した。享年46歳であった。ダライ・ラマ三世ソナムギャムツォのモンゴルへの布教は，全モンゴルの仏教化につながり，その後のチベットの興亡にモンゴル人が深く関わる端緒となった。

ゲルク派は，ダライ・ラマ三世ソナムギャムツォの化身として，デイブン派当主の第三子を想定していた。その兄が1588年にカルマ紅帽派の転生者に迎えられていたので，実現すれば，ダライ・ラマ三世ソナムギャムツォの遺志に沿って，チベットの融和が思わぬ進展をもたらしたかもしれなかった。しかし，ダライ・ラマ三世ソナムギャムツォに煮え湯を飲まされたような仕打ちを受けたゲルク派内部の，反カルマ派勢力によって，この融和計画は却けられた。

青海から二，三度，カルマ派二法主に便りを寄せていたダライ・ラマ三世ソナムギャムツォの遺志とは逆に，ゲルク派はアルタン・ハーンの甥スムメ=タイジの子を転生者に定めた(22)。

1601年，ゲルク派の主であった僧侶数人が，パクモトゥ派代表を含むゲルク派支持の貴族・高官たちと共に，モンゴルの地へ転生霊童を引き取りに出かけた。その子はすでにガンデン座主から，ゲンドゥルッパ（dGe ḥdun rgya mdhso 根敦主巴，僧成の意味，1391—1474）に始まる歴代の活仏，すなわち転世真者（モンゴル語でホビルガン Qubilgan）の真の転生者であるとの保証を得ていた。多くのモンゴル人を含む一大随行団が，はるばる中央チベットまで活仏を送り届けた。活仏はガンデン寺やチョカン（大昭寺）に案内され，行く先々で君主なみの歓迎会や祝賀会が挙行された。ダライ・ラマ四世ユンテンギャムツォが中央チベットに着いたのは，1606年のことであった。支援する完全武装のモンゴル軍の存在もあって，即位に反対が起こる気配はなかった。

チベット暦の火龍年（1616年）３月，万暦皇帝はダライ・ラマ四世ユンテンギャムツォに,「金剛持仏」（rDo rje ḥchaṅ）という称号を贈った。ダライ・ラマ四世ユンテンギャムツォは，同年の12月15日，デブン寺で突然死去した。死因については，シンシャバ・オウンソナムゲツェン（辛厦巴彭錯杰）が，人を派して殺害したなど諸説紛々としている(23)。ダライ・ラマ四世ユンテンギャムツォのとき，クンガオスル（Kun dgaḥ ḥod zer 貢嘎畏賽）訳師をはじめとした多く訳師が，チベット語大蔵経『カンジュール』（bKaḥ ḥgyur 甘珠爾）と多くのチベット語仏典をモンゴル語に翻訳した(24)。

第３節　グシ・ハーンとダライ・ラマ五世

ダライ・ラマ四世ユンテンギャムツォの転生者は，まもなく中央チベットで発見された。これがダライ・ラマ五世ガワンロサンギャムツォ（Ṅag dbaṅ blo bzaṅ rgya mtsho 阿曜羅桑加措 1617—1682）である。ダライ・ラマ五世は1617年，古代チベット王埋葬の地で，チョンギェー氏の家系に生まれた(25)。ダライ・ラマ五世の家系はニンマ派で，サムイェー寺とパクモトゥ派と縁故があった。そのためであろうと考えられるが，カルマ派はすでに同じ転生霊童を，自派の化身ラマの一人と主張しようと図っていた。ガワンロサンギャムツォがダライ・ラマ五世と認定された後，多くのモンゴルの首長たちが護衛兵を引き連れて彼を表敬訪問した。このことが，ガワンロサンギャムツォがラサで正式にダライ・ラマ五世に就任する道を開くことになった。1638年，グシ・ハーンは，密かにチベットのラサに巡礼に来ていたダライ・ラマ五世に接し，その人格に深い感銘を受けた。そこでグシ・ハーンは，政治支配を目指して躍起になっていたゲルク派の人々から督促を受けるまでもなく，ゲルク派のツァン王反対運動を擁護するためにチベットに入った。1640年までに，グシ・ハーンとゲルク派の盟友関係は，勝利を決定的なものとした。グシ・ハーンとダライ・ラマ五世は，今や心ゆくまで施主と説法師の役割を演ずることができた。当初の構想は次のようなものであった[26]。

ダライ・ラマ五世は，天性の宗教家ということになっていたので，師自身が宗教的指導者となる。ダライ・ラマ五世の下に摂政を置いて，その摂政がハーンと共に国政に当たる。ハーン自身は，総括的な外護者として，必要があれば，いつでも喜んで乗り出してくるというものであった。こうしてダライ・ラマ五世は，かつてパクパが有していたよりはるかに強大な権利を手中にした。パクパがモンゴル帝国元朝宮廷の人質同然の太守であったのに対して，ダライ・ラマ五世は，自分の宗派，すなわちゲルク派の教義一色にすることを考えた。それにだけにとどまらず彼は，権威確立の過程で，強大なハーンの惜しみない献身的な支援を最大限に利用した。全チベットの平定には長い時間を要したが，1654年にグシ・ハーンが没するまでには，ダライ・ラマ五世体制は，カイラース山からカムまでに及んだ。さらにダライ・ラマ五世は，1656年にはブータンにも権威を及ぼそうと試みた。しかしこの試みは果たされず，今日でもブータンでは，カギュ派系のドゥク派が自己の立場を守り通している。

ダライ・ラマ五世は，グシ・ハーンと共に，あらゆる教団の僧院を回り，僧侶の人数や僧院の財産を調査した。そして，それが適当であると思われた所では，既成教団の僧院をゲルク派の僧院に変えたり，地方領主を罷免して，ダライ・ラマ五世の支持者にすげかえたりした。ダライ・ラマ五世ガワンロサン・ギャムツォが勝利するまで数十年にわたって紛争が続き，その間人々は，苦しみから逃れることができなかった。結局，ダライ・ラマ五世ガワンロサン・ギャムツォが戦いの勝利者となったが，その忍耐，寛容は大いに称賛されなければならない。

ダライ・ラマ五世ガワンロサン・ギャムツォが，チベット仏教をゲルク派一色にしたことで，最も深刻な打撃を受けたのはチョーナン派（Jo naṅ 覚囊派）であった。チョーナン派を代表する最後の大学匠は，ターラナータ（Tāranātha 多羅那它 1575—1634）であった。ターラナータは著名な著述家であり，その中の代表的な著書に『インド仏教史』がある。ターラナータはまた，歴史家としても知られている。ターラナータが亡くなったあと，ダライ・ラマ五世ガワンロサン・ギャムツォはすべてのチョナン派僧院を閉鎖し，ゲルク派のセンターに変えた。総本山チョナンは，シェーラプ・ギェルツェンが住した僧院であったが，ガンデン・プンツォクリンと改名され，そのまま1959年まで続いた。

このチョナン派の大学匠ターラナータは，後世のモンゴル仏教では，最高位の活仏，ジェブツンダンバ・ホトクト（rJe btsun dam pa Qutugtu 哲布尊丹巴呼図克図，尊貴的聖人）として尊敬されることになる。

サキャ派の諸僧院は，少なくとも教育と宗教生活に関する限りでは繁栄を続け，ゲルク派と教義に多少違いがあることは問題にはならなかった。ラマ・レンダワがゲルク派の開祖ツォンカパの師の一人であったけれども，サキャ派の他の僧侶たち，とくにコ・シャー（善知識）と呼ばれる二人の僧は，ツォンカパの手強い対論の相手であった。しかし，ドルポ出身の僧ソナムワンチュク（bsod nams dbaṅ phyug 索南旺楚 1660—1731）の伝記によると，ゲルク派の時代までに，生活状況は全くもとに復していたことがわかる。ソナムワンチュクは，1682年からトゥプテン・ナムギェル大僧院の修学僧となり，他のサキャ派，ゴル派の僧院を訪問したほか，1687年まで中央チベットのすべての聖地を巡礼したと考えられている。

ダライ・ラマ五世（1617—1682）は，チベットに偉大な時代を現出させた。活仏の在世中は，支配体制を確立するためにモンゴルの大勢力を利用したことも，危険を冒しただけの値打ちはあったように思われる。明朝はここしばらく，チベットの出来事には何の関心も示していなかったと考えられる。それは，その頃，明朝は国内の不安を処理することに腐心していたからである。たとえば，満州族という新勢力が中国の東北辺境に勃興し，周辺のモンゴル諸部族を味方に引き入れたり，従えたりした後，中国そのものに対する権利を主張したというようなことがあった。1636年までに満州族の首長は，自ら皇帝と号した。次いで1644年には武力と外交手腕を併せ用いて，明朝勢力を北京から駆逐した。こうして，満州族の王朝である清朝が建国された。この清朝は1911年まで続くことになる。

チベット仏教のゲルク派と満州族は，ほとんど時期を同じくして，それぞれチベットと中国の支配者となった。重要なことは，両者の関係が主としてゲルク派の法王と満州宮廷との間の，外交関係という形で発展したことである。

満州族の清朝との交流は，1640年には，わずかではあるが始まっている。この年，チベット内の権力闘争に明け暮れるすべての党派，つまりグシ・ハーン，ダライ・ラマ五世，ツァン王，カルマ派法主が清朝宮廷に使いを送り，上り坂にあったゲルク派勢力の支援を確保しようと試みた。当時，満州族は中国皇帝ではなかったし，グシ・ハーンが満州族に服従していたのでもなかった。したがって満州族は，遠慮がちにその場しのぎの回答を送った。だからそれは，チベット情勢の推移には何の影響も及ぼさなかった。およそ80年後，その時点では清朝の皇帝を樹て中国に君臨していた満州族は，チベットへの介入の口実を探していた。この80年以前の，結論をみるに至らなかった親書の交換を思い出し，漠然とではあるが，それをチベットによる服属行為であると解釈した。

ひとたび満州族が中国の支配者として揺るぎない地位を確立すると，グシ・ハーンは，ダライ・ラマ五世を説得して北京を公式訪問させた。中国人が後にどのような解釈を加えようとも，これはあくまでも対等な者同士の会見であった。清朝の皇帝・順治帝は，新帝国の外交上の慣例を無視して，ダライ・ラマ五世に会うために自国の国境地帯，つまり，青海省あたりまで出向く用意があった。順治帝の望みは，なお万里の長城を超えて中原に攻め入るモンゴル族を手懐けることだったと考えられる。モンゴル族のチベット仏教への信仰は，抜きがたいものに見えたからである。

こうして清朝皇帝の漢人顧問たちは，辺地の君主に行き過ぎた敬意を表することによって清朝の権威が失墜するのを恐れ，会談がもたれるのを妨害しようとした。常に念頭に置かなければならないことは，本来中国の外交理念が，他の国との対等な外交関係の可能性をも完全に排除するものであったということである。

グシ・ハーンが1654年に没した後，二人の息子が共同で王位に就いたが，後にチベット王国は彼らの間で二分された。その結果，兄タシ・バートルがココノール（青海省）首領を取り，チベットは弟ダヤンのものになった。

ダヤンは摂政を任命し，ダヤン自身はラサの北方約80マイルにある高原の狩り場に居住して，ラサにはまれにしか出向かなかった。こうしてチベットの実権は，摂政の任命権も含めてすべて，徐々にダライ・ラマ五世の手に落ちることとなった。モンゴルとの関係は次第に小事として扱われるようになり，古き良き時代を思い出し，新しい支配者の威信を高めるために新たな儀式が創出された。ダライ・ラマ五世は遠い過去の栄光を想起し，偉大な法王たちの後継者をもって自ら任じた[27]。

チベットが満州族の新王朝と会見する場所は，やはりモンゴルの地にあった。一度ならずダライ・ラマ五世は，清朝の諸皇帝よりモンゴル族に対する絶大な影響力を使って，モンゴル族が万里の長城を超えて中原に攻め入ることがないよう，また，清朝に危険が及ぶのを妨ぐよう依頼されたものと考えられる。それは，チベット族とモンゴル族との文化的な結びつきは現実のものであり，永続的なものであると考えられたからである。

これは丁度，インド仏教の教理と実践の高僧たちが，向学心に燃えるチベット人にあらゆるものを与えたように，モンゴル帝国元朝に始まり清朝に至っても，モンゴル人は，チベット仏教の高僧たちから仏教教理を学び続けていた。かつてチベット人が北インドの大僧院を訪れたように，モンゴルの僧がチベット仏教の僧院，とくにラサのデプン寺，甘粛省のラブラン寺，青海省西寧のグブン寺などをはるばる訪れ，ここに修学している。それはこの三僧院がいずれも，チベット仏教ゲルク派のダライ・ラマ五世と直接の関わりがあったからである。

モンゴル人の中には，すぐに仏教の奥義に達したと認められる者もいた。1959年まで，デプン寺で最も有名な上師は，多くがモンゴル族の高僧であった。現在の青海省西寧のグブン寺の住職も，モンゴル出身のアジャ活仏である。北京市にあるチベット仏教大学（中国蔵語系高級佛学院）の副学長も，モンゴル出身のコウシ活仏である(28)。

ダライ・ラマ五世は，チベット仏教の水準を多くの点で引き上げた。彼の治世中に新しい僧院が，主として中央チベットに建立された。その中で，極めて重要な僧院の一つであるラブラン寺（現在，甘粛省に所属）がある。ここから，壮大な建築様式が出現した。それは，ゲルク派の偉大さと勝利を象徴するという新しい意味をもつものであった。従来の僧院は山懐に隠れるようにして，あるいは防壁となる丘の陰に建てられたのに対して，新しい僧院は丘の頂上に建てられ，誇らしげに周囲を睥睨している。この新しい建築精神の頂点が，ラサそのものを見下ろすダライ・ラマ自身の壮麗な宮殿・ポタラ宮である。

ダライ・ラマ五世は，サンスクリット語の学習を奨励した。これは，これまでのチベット仏教学者にないがしろにされていた学科であった。ダライ・ラマ五世は，適任のインド人教師を招いて，インドとの学術交流を再開させた。ダライ・ラマ五世はまた，仏教に関わるあらゆる美術・工芸も奨励し，モンゴル人の仏教徒から受け取った多額の布施が，寺院・僧院の建設や装飾に役立てられた。

清朝は1648年以来，ダライ・ラマ五世に北京訪問を呼びかけた。ダライ・ラマ五世の政権が樹立されると，この要請は執拗に繰り返された。これに対してダライ・ラマ五世は，ある予言を引き合いに出して，二国の関わりが避けられないと思い，「中国・チベット・モンゴル三国について，ある者は僧と施主の間柄であるといい，ある者は，宗教と政治を分離して，大臣にはならないという誓いを立てたわけではないという」と，警戒の思いを洩らしていた。しかし，清朝の要請は執拗に繰り返された。三度目は，北京に到着する期限も指定されたので，結局，抗しきれず，1652年の暮れ，ダライ・ラマ五世は北京を訪ねることになった。

ダライ・ラマ五世は，黄寺（現在，チベット仏教大学）に盛大に迎えられ，翌年暮れ，ラサに戻った。この訪問でダライ・ラマ五世は，順治10年（1653），清朝から，

「西天大善自在佛所領天下釈教普通瓦赤喇怛喇達頼喇嘛」[29]。

インドの大善自在仏である釈尊の教えに普く精通し，天下にその教えを高揚した金剛ダライ・ラマ。

という称号が贈られた。

この一事は，清朝側からいえば元・明両朝の場合と同じく，チベットは清朝の封冊を受け，清朝に帰順したことになるのである。

順治皇帝と同席したときの様子を，

皇帝の御席が見えるか見えないかというところに来ると，私ダライ・ラマ五世以外の者は下馬した。それから四謝矢行程進んだところで，[私が］下馬して進むと，皇帝自身が玉座から降りられ，十尋（一尋は六尺）ほどお近付きになり，私の手を握られ，通訳を介して挨拶を賜った。

皇帝の玉座は，人間の腰と同じくらいの高さの座であり，背もたれのある席がしつらえてあった。そこから一尋ほど離れたところに，私のために，皇帝の玉席より少し低い席がしつらえてあった。私は，そこに坐した。茶をいただく段になって，先に召されよと皇帝が言われたが，失礼になりますのでと申し上げげた。帝は同時にお召し上がりくださるなど，たいそうお気遣いを賜った[30]。

とダライ・ラマ五世は回想しているが，これで立派に，臣礼を取ったことになると考えられる。

ダライ・ラマ五世は，北京訪問によって北京から護法者として任命を受けたので，元来宗教の主権をもっていたグシ・ハーンは，微妙に地位が変わった。1654年，グシ・ハーンが没した。その後，青海では左右両翼の争いが起こった。1659年，ダライ・ラマ五世は現状に基づいて分割統治の方針で臨み，

ダヤン・ハーン，ダライ・ハーンを順次，自らがチベット護教主に任命するかたちをとることに成功した。しかも，任命の時期を政治的に調整することを忘れなかった。これによってホシュート（現在，内モンゴル自治区赤峰市克什克騰旗）の王とダライ・ラマ五世の地位関係は，相互対等のものからダライ・ラマ五世上位のものに変わった。ダライ・ラマ五世の権威によってモンゴル人の諸王が任命される慣行は急速に広まり，それまでチベット仏教のカルマ派の権威を受け入れていた，ハルハ部（現在モンゴル国）地区やオイラットにまで及んでいった。

ダライ・ラマ五世とモンゴルと清朝との関係は，ダライ・ラマ五世の生涯の終末に象徴的なすがたを取ることになる。すなわち，摂政サンジェー・ギャムツォ（Saṅs rgyas rgya mdsho 桑結嘉錯 1653―1705）は，ダライ・ラマ五世が1682年に示寂したものの，その喪をかくすこと16年に及んだ。その間に，建設途上にあったポタラ宮は一応の完成をみることになった。このポタラ宮の完成を待ってダライ・ラマ五世の16年にわたる瞑想が解かれ，その示寂が公表された[(31)]。それは，オイラットやモンゴルのジュンガルと密接に連携を取って青海や内外モンゴルを牽制し，さらに，清朝の動きをもその共同戦線によって掣肘しようとしたものであったと考えている。

清朝は1670年代半ば頃までは，モンゴルの問題には積極的にダライ・ラマ五世の権威を活用して，種々の事件を解決する方向をとった。しかし，呉三桂の乱（1673―1678年）の際には，ダライ・ラマ五世は当初，清朝に協力を約束し，テンジン・ハーン，ダヤン・ハーンの没後の青海のモンゴル人も，ダライ・ホンタイジを中心として清朝に協力の意向を示していたが，長引く争乱と呉三桂側の使者を迎えて回を重ねているうちに，清朝側不利との情報に接すると，弱小勢力の悲しさで最初の約束を果たすことをしぶり，呉三桂の助命をさえ嘆願するに至った。これに加えて，呉三桂がダライ・ラマ五世の配下に援助を求めた書を清朝が差し押さえたことから，ダライ・ラマ五世に対する抜きがたい不信感が植えつけられて，1680年以後，清朝はダライ・ラマ五世のモンゴル人に対する権威を無視する態度を明確に示し始めたという[(32)]。

第4節　本章の結語

モンゴル帝国においては，チベット仏教は宮廷仏教，すなわち密教の形でサキャ派を中心として諸派が存在したが，衰頽したサキャ派に代わってゲルク派が台頭するのは，約200年を経過した明朝期に入った後の，アルタン・ハーン以後のことである。

アルタン・ハーン以後のモンゴルにおいて，モンゴルにゲルク派が受容されたのは，先顕後密という顕教と密教の形でダライ・ラマ三世らの尽力によるものではあるが，それに加えて，当時のモンゴル人が求めていた宗教は，安全で文化的な多神教としてのチベット仏教であった。つまりチベット仏教ゲルク派の諸儀礼が，モンゴル本来の土俗信仰と共通するところが多かったことも，見逃すことができない(33)。

注

（1） 王輔仁・陳慶英編著『蒙蔵民族関係史略』（中国社会科学出版社，1985年）82～87頁。

アルタン・ハーン（Altan Qagan 阿勒坦汗 1507—1582）。中国語で「俺答汗」と書く書物もある。また『チベット文化史』412頁には，アルタン・ハーンは，内モンゴルのトゥメト部の長。オイラットなどを討伐してモンゴル高原を制圧する一方，しばしば明朝に侵入し，1550年には北京を包囲している（庚戌の変）。1571年，明朝と講和して順義王の称号を得，明朝との貿易を拡大させた。またチベット仏教に帰依し，根拠地帰化城（現在のフホホト市）などに仏教寺院を建立して，モンゴルの地にチベット仏教のゲルク派の教えを普及するために貢献した。

（2） ［意］図斉·［西徳］海西希著『西蔵和蒙古的宗教』（中国天津古籍出版社，1989年）58～59頁。

（3） ツォンカパ『菩提道次第広論』（rJe tsoṅ kha pa, *Byaṅ chub lam rim che ba*）中国青海民族出版社，1985年，チベット語，法尊法師中国語訳『菩提道次第広論』，台湾佛陀教育基金會出版部，中華民国80年，1991年。

（4） ツォンカパ『密宗道次第広論』（rJe tsoṅ kha pa, *Byaṅ chub sṅags rim che ba*）中国青海民族出版社，1985年チベット語，法尊法師中国語訳『密宗道次第広論』。

（5） 王輔仁・陳慶英編著『蒙蔵民族関係史略』（中国社会科学出版社，1985年）87～92頁。

（6） 固始噶居巴洛桑沢培著，陳慶英・烏力吉訳著『蒙古仏教史』（中国天津古籍出版社，1991年）69～70頁。また，D・スネルグローヴ，H・リチャードソン著，奥山直司訳『チベット文化史』（春秋社，1989年）252～255頁を参照。

（7） 久明柔白多杰『蒙古仏教源流』（ḥJigs med rig paḥi rdo rje, *Hor gyi chos hbyuṅ*）中国青海民族出版社，チベット語，1993年，167頁。また固始噶居巴洛桑沢培著，陳慶英・烏力吉訳著『蒙古仏教史』（中国天津古籍出版社，1991年）67頁によれば，相当箇所は次の通りである。

我們二人在七生中又不能相遇，此後你轉生為名字中有‘金’字的王，我轉生為名字中有‘水’的僧人，那時会相会，並且廣利衆生。

（8） 久明柔白多杰『蒙古仏教源流』（ḥJigs med rig paḥi rdo rje, *Hor gyi chos hbyuṅ*）中国青海民族出版社，チベット語，1993年，169頁。また固始噶居巴洛桑沢培著，陳慶英・烏力吉訳著『蒙古仏教史』（中国天津古籍出版社，1991年）68頁によれば，相当箇所は次の通りである。

願教法的根基上師身体康健，願掌教的大徳将佛法傳遍大地。

（9） 久明柔白多杰『蒙古仏教源流』（ḥJigs med rig paḥi rdo rje, *Hor gyi chos hbyuṅ*）中国青海民族出版社，チベット語，1993年，169頁。また固始噶居巴洛桑沢培著，陳慶英・烏力吉訳著『蒙古仏教史』（中国天津古籍出版社，1991年）68頁によれば，相当箇所は次の通りである。

願佛法施主權勢増盛，願佛法永住吉祥如意。

（10） 佐藤長「第三代ダライ・ラマとアルタン・ハンの会見について」（『東洋史研究』第42巻，昭和58年）102頁。

（11） 王輔仁・陳慶英編著『蒙蔵民族関係史略』（中国社会科学出版社，1985年）89頁。

（12） 佐藤長「第三代ダライ・ラマとアルタン・ハンの会見について」（『東洋史研究』第42巻，昭和58年）103頁。

（13） 薩襄徹辰『蒙古源流』（Sagang secen, *Erdeni yin tobci*）中国内蒙古人民出版社，1980年，315頁。

（14） 智貢巴貢去呼丹巴繞布杰『安多政教史』（中国甘粛人民出版社，1982年）28～29頁。

（15） ［意］図斉・［西徳］海西希著，耿昇訳・王尭校訂『西蔵和蒙古的宗教』（中国天津古籍出版社，1989年）398～408頁。

Geoffrey Samuel（trans.）：The Religions of Mongolia By Walther Heissig. Routledge & Kegan Paul, London 1980, pp.1-15.

オンゴド（Onggud）はオンゴン（Onggun）の複数形。オンゴンは北方モンゴルの地の土俗信仰であるボゲインシャシン（Bögein śasin），すなわち一種のシャーマニズム（Shamanism 薩満教）における神霊をいう。オンゴンと呼ばれるボゲインシャシンの像は，羊毛や羊皮で作られる。

しかしここでは死者の像として作られたオンゴンをいい，残された親族によって供養されるものである。オンゴンは，聖者あるいは優れた人物の墓を意味する場合もある。なお今日では，日本でいう墓をモンゴルではオンゴンと呼んでいる。

(16)　佐藤長「第三代ダライ・ラマとアルタン・ハーンの会見について」(『東洋史研究』第42巻第3号, 1983年) 87頁。また立川武蔵「―トゥカン『一切宗義』サキャ派の章―」(『西蔵仏教宗義研究』東洋文庫, 1974年) 参照。

(17)　佐藤長「第三代ダライ・ラマとアルタン・ハーンの会見について」(『東洋史研究』第42巻第3号，1983年) 478頁。

(18)　妙舟『蒙蔵仏教史』(中国上海仏学書局，1935年) 上巻55頁。

(19)　王輔仁・陳慶英編著『蒙蔵民族関係史略』(中国社会科学出版社，1985年) 97頁。

(20)　佐藤長「第三代ダライ・ラマとアルタン・ハーンの会見について」(『東洋史研究』第42巻第3号，1983年) 491頁。

(21)　金岡秀郎『モンゴルは面白い』(耕文社，1993年) 58頁。

モンゴル医学は，さまざまな民族の医学を基礎として成立している。チベット仏教の伝統医学や，僧院において医学は，医方明といわれ，一つの学部をなしていた。清朝には，多芸多才の学者ゴンボジャポ (mGon po skyabs po) が340種類の薬の目録をチベット語・中国語・モンゴル語で紹介し，さらにインド・チベット・中国 (漢民族)・回族の人畜のための薬事治療を編集して書物を著している。これらの伝統的治療法はモンゴルに定着し，現在でも実際に行われているものが少なくない。たとえば，患部を暖ためる温熱療法や，病巣から血を抜き取る瀉血療法などは，今でも一般的に施されている。

(22)　山口瑞鳳『チベット』(東京大学，1988年) 下，94頁。

(23)　樊保良『蒙蔵関係史研究』(中国青海人民出版社，1992年) 136頁。

(24)　固始噶居巴洛桑沢培著，陳慶英　烏力吉訳著『蒙古仏教史』(中国天津古籍出版社, 1991年) 77～78頁。また図官洛桑却吉尼瑪著, 劉立千訳注『土観宗派源流―講述一切宗派源流和教義善説晶鏡史―』(中国西蔵民族出版社，中国語訳，1984年) 229頁参照。

(25)　山口瑞鳳『チベット』(東京大学，1988年) 下，96頁。また樊保良『蒙蔵関係史研究』(中国青海人民出版社，1992年) 167～168頁によれば，チベット自治区山南地区窮結巴家族であり，父は都杜繞登といい，母は貢噶拉則といった。

(26)　D・スネルグローヴ，H・リチャードソン著，奥山直司訳『チベット文化史』(春秋社，1989年) 259～261頁。

(27)　D・スネルグローヴ，H・リチャードソン著，奥山直司訳『チベット文化史』(春秋社，1989年) 263～264頁。

(28)　コウシ活仏は，2001年11月に北京で示寂した。
(29)　張羽新『清政府与喇嘛教』（中国西蔵人民出版社，1988年）138頁。また王輔仁・陳慶英編著『蒙蔵民族関係史略』（中国社会科学出版社，1985年）241頁。
(30)　山口瑞鳳『チベット』（東京大学，1988年）下，103頁。
(31)　王輔仁・陳慶英編著『蒙蔵民族関係史略』（中国社会科学出版社，1985年）160～164頁。
(32)　山口瑞鳳『チベット』（東京大学，1988年）下，106頁。
(33)　佐藤長「第三代ダライ・ラマとアルタン・ハーンの会見について」（『東洋史研究』第42巻第3号，1983年）492頁。また矢野仁一『近代蒙古史研究』（弘文堂書房，大正14年）189頁。
　モンゴルにおいて旗界が限定さるることなったため，モンゴル人は昔のような大活動ができなくなった。仏教の信仰が盛んになったため，モンゴル人の殺伐勇悍な風俗は異変し，一般に殺生の戒規を守り，武事を怠るということになった。

第二章　モンゴル仏教の種々なる存在形態

第1節　本章の意図

この章ではまず，モンゴルの地の仏教寺院の建立について取り上げる。モンゴルでは仏教の伝来に伴い，元・明・清三朝の時代に，それぞれ多数の仏教寺院が建てられていった事実を具体的に述べる。

次に，13世紀にチベット仏教がモンゴルの地に伝えられて以後，モンゴル帝国元朝の大徳年間（1297—1307年）から清朝乾隆14年（1749）にかけての約450年にわたって，チベット語『大蔵経』の『カンジュール』（bkaḥ ḥgyur 甘珠爾）と『タンジュール』（bstan ḥgyur 丹珠爾）がモンゴル語に翻訳されていった経緯を明らかにしたい。さらに，モンゴル仏教の僧侶の生活と教育，およびモンゴルにおける成仏の思想典拠と実態について述べる。

最後に，モンゴル仏教と民俗宗教に関わる固有の葬法（モンゴル語で，gegur orosigulga yin yoson ゲーグール・オロシグルガインヨソン）として，（1）自然葬（sula osigulhu ソラ・オロシグルフ），（2）火葬（gal du osigulhu ガル・ツウ・オロシグルフ），（3）土葬（siruidu orosigulhu シルイ・ツウ・オロシグルフ），（4）水葬（usun du orosigulhu ウソン・ツウ・オロシグルフ），（5）風葬（salhi du orosigulhu サルヒ・ツウ・オロシグルフ）などと呼ばれる葬法が古くから行われてきたことを，『蒙古風俗』と『蒙古貞風俗』を基本資料として論究したい。

第2節　モンゴル仏教寺院

モンゴル帝国元朝時代の仏教寺院は，『元史』の1291年の記録によれば全国で約４万を数え，僧侶は約20万人を数えたという。モンゴル仏教のほか，中国仏教とチベット仏教の寺院と僧侶も含めている[(1)]。

モンゴル帝国元朝時代には，中統元年（1260）の上都（開平府，現在の内モンゴル正藍旗五一牧場，中統五年に開平府を上都と改名）で，167の仏教寺院があった。その中で，開元寺・乾元寺・華厳寺・弥陀院・慶安寺・弘正寺・黄梅寺等は，規模が広大であったという。

モンゴル帝国元朝の大都（現在の北京）で，モンゴル仏教寺院として建立された寺院は，主に貴族の信仰の聖地として知られていた。主な寺院としては，大聖壽萬安寺・大護国仁王寺・大興教寺・大天源延聖寺・大承天護聖寺・大崇恩福元寺・普安寺・壽安寺等があげられる。これらはすべて，宮廷寺院として建立された寺院である。

その他，五台山等にも多くのモンゴル仏教寺院が建立された。

至元８年（1271），世祖フビライ・ハーンは，釈迦牟尼仏の舎利を迎請するために，大聖萬安寺（妙応寺）と白塔を建立した。ネパールの芸術家阿尼哥（Anige）が，作業を統括した(2)。

大徳元年（1297）３月には，元成宗ウルジェイトゥ・ハーン（1294―1310年在位）の命を受けて五台山に萬聖佑国寺が建立され，大徳５年（1301）２月には，北京に萬安寺が，大徳９年（1305）２月には，大天壽萬寧寺が建立された。そして，大徳11年（1307）11月から至大元年（1308）まで，元武宗ハイサンフルク・ハーン（1307―1311年在位）の命を受けて1,500人の軍隊が五台山に派遣され，仏教寺院を修復した。至大２年（1309）６月には，北京の城南に寺院が建立された。至大４年（1311）10月には，元仁宗ボヤントゥ・ハーン（1311―1320年在位）は大普慶寺に，金千両，銀五千両等を贈ったとされる。皇慶元年（1312）４月には，大崇恩福元寺と隆喜院が建立された。皇慶２年（1313）３月には，仁宗皇帝は，「賜西僧搠思吉斡節兒鈔万錠」とあるように，モンゴル仏教の高僧チョジオドセル（Chos kyi od zer 却吉畏賽 1214―1292，法光）に金一万錠を下賜し，延佑元年（1314）７月には，「賜普慶寺益都田百七十頃」とあるように普慶寺に良畑170頃，すなわち約12万ヘクタールを下賜している。延佑４年（1317）10月には大興教寺に帝師八思巴殿が建立され，延佑７年（1320）９月には，五台山で壽安山寺が建立された。そして，至治元年（1321）には北京に華厳寺と大永福寺が建立され，至治３年（1323）には，八思巴寺が建立された(3)。

文宗年間，天暦２年（1329）には大龍翔集慶寺が建立され，順治年間，元統２年（1334）には大覚海寺が建立され，千仏像が造られた。

モンゴルの地の仏教寺院は人々の信仰の中心であり，政治・経済・文化の中心でもあった。モンゴル仏教は，清朝の時代に黄金期に達した。康熙・雍正・乾隆・嘉慶の間（1662―1820年）におけるモンゴル仏教の寺院数と僧侶の数は，史上最大となるに至った。清朝中期では，寺院の数は1,800を数え，僧侶の数は約15万人を数えた。光緒年間（1875―1908年）には，寺院の数は1,600であったが，僧侶の数は約10万人に上った(4)。

1936年６月の満州国蒙政部の調査によると，興安西省（現在の内モンゴル自治区興安盟）には107のモンゴル仏教寺院があり，そこに8,393名の僧侶が住在したとされる。興安南省（現在の内モンゴル自治区興安盟）には197の寺院があり9,015名の僧侶がおり，興安北省（現在の内モンゴル自治区興安盟）には，42の寺院があり3,297名の僧侶がいた。

省外四旗には，34の寺院があり1,271名の僧侶がいた。また，錦州（現在遼寧省錦州市）熱河（河北省承徳市）蒙旗には，282の寺院があり7,009名の僧侶がいたことが知られる。これを合計すると，662の寺院があり28,985名の僧侶がいたことになる(5)。

清朝の時代にも，多くのモンゴル仏教の寺院が建立された。順治皇帝は，順治８年（1651），

　　有西域喇嘛者，欲以佛教陰讃猷，請立建寺，寿国佑民(6)。

　　チベットの高僧が仏を讃え，その教えに従って寺院を建立した。国家の安泰と国民の安住を祈るためである。

と記している。

こうして北京に初めて「喇嘛塔」（bla maḥi mchod rten）が創建された。

翌順治９年（1652）には，ダライ・ラマ五世を北京に招請するため西黄寺を創し，ダライ・ラマの「俾為駐錫之所」，駐錫するところとした(7)。

康熙30年（1691）には，歴史的な「多倫会盟」が行われた。『清政府与喇嘛教』には(8)，

　　宴賚蒙古喀爾喀等外藩君長於此，従諸部所請，即其地建廟，命百二

十旗各旗一僧居之。

内外モンゴルの首長を招いて宴を催し，内モンゴルのドローンノールにモンゴル仏教寺院の建立を要請し，120旗（日本の市に相当）からそれぞれ僧侶一名を募集し，ここに居住させた。

と記している。

康熙50年（1711），内モンゴルにある彙宗寺は康熙皇帝から「彙宗寺」の寺名を賜った。雍正皇帝と乾隆皇帝の時代に，清朝政府が費用を負担して建立したモンゴル仏教寺院の主なものは，以下のようである。

北京には，弘仁寺・嵩祝寺・福佑寺・妙応寺・梵香寺・大隆善護国寺・嘛哈噶喇寺・長泰寺・慈度寺・大清古刹（察罕喇嘛廟）・資福院・清浄化城（西黄寺）・彙宗梵宇（達頼喇嘛廟）・普浄禅林（東黄寺）・普度寺・普勝寺・慧照寺・化成寺・隆福寺・浄住寺・三宝寺・三佛寺・聖化寺・慈佑寺・永慕寺・大正覚寺・闡福寺・崇福寺・雍和宮・宝諦寺・正覚寺（新正覚寺）・功徳寺等があった。これらは『理藩院則例』に登録された寺院である。他に登録されていない寺院も多く建てられていた(9)。

承徳では，清朝時代に12の寺院が創建された。溥仁寺（清朝康熙52年，1713）・溥善寺（廃寺，清朝康熙52年，1713）・普寧寺（清朝乾隆20年，1755）・普佑寺（清朝乾隆25年，1760）・安遠廟（清朝乾隆29年，1764）・普樂寺（清朝乾隆31年，1766）・普陀宗乗之廟（清朝乾隆32年，1767）・広安寺（廃寺，清朝乾隆37年，1772）・殊像寺（清朝乾隆39年，1774）・羅漢堂（壊滅，清朝乾隆39年，1774）・須彌福壽之廟（清朝乾隆45年，1780）・広縁寺がそれであった(10)。五台山では，文殊寺・鎮海寺・壽寧寺・台麓寺・湧泉寺・七仏寺・三泉寺・普恩寺・慈福寺等の24のモンゴル仏教寺院があった。

清朝政府は国費を使って，順治年間から五台山の寺院の修復を始め，拡建する作業を継続して行っている。

内モンゴルの多倫諾爾地方では，彙宗寺・善因寺・会心寺・曼陀羅廟等の大寺院以外にも，15のモンゴル仏教寺院が建立された(11)。

フホホト地方では，無量寺（大召）・延壽寺（錫勒図召）・崇福寺（小召）・崇壽寺（朋蘇克召）・隆壽寺（額木斉召）・宏慶寺（拉布斉召）・尊勝寺（班弟達召）等の七大寺院（大召）が建立され，延禧寺（綽爾斉召）·慶縁寺（烏蘇図召）・広化寺（喇嘛洞召）・崇禧寺（東喇嘛洞召）・広福寺・霊昭寺（美岱召）・慈壽寺（什報気召）・寧棋召（太平召）等の８小召があった。

その他には，慈燈寺（五塔寺）・隆福寺（迦蘭召）・広壽寺（哈達召）・増福寺（里蘇召）·慈陰寺·慈壽寺·崇禧寺·広化寺·普会寺·尊勝寺·普安寺·善縁寺・霊召寺・福慧寺・永福寺・広法寺・吉特庫召・都貴召等，合計72のモンゴル仏教寺院があったことが知られる(12)。

遼寧省瀋陽地方では，実勝寺·長寧寺·広慈寺·永光寺·延壽寺·法輪寺·積善寺・太平寺等のモンゴル仏教寺院があった。

北京・承徳・五台山・瀋陽は，内モンゴルと東北地域のモンゴル仏教の中心となった。

清朝中期の乾隆年間の統計によれば，1,800のモンゴル仏教の寺院があった。清朝末期には，内モンゴルの各旗には平均34のモンゴル仏教寺院があり，多い旗では50から60のモンゴル仏教の寺院に上ったという。清朝末期の光緒年間には，1,600のモンゴル仏教寺院があったという(13)。

1938年４月の満州国蒙疆政府の調査によると，内モンゴル西部地方のモンゴル仏教の寺院数と僧侶の数は，以下のようである。

察哈爾盟，　寺院63カ寺，　僧侶の数3,796名。

巴彦塔拉盟，寺院39カ寺，　僧侶の数1,952名。

烏蘭察布盟，寺院118カ寺，僧侶の数5,315名。

伊克昭盟，　寺院250カ寺，僧侶の数１万7,894名。

錫林郭勒盟，寺院130カ寺，僧侶の数１万5,000名。

阿拉善旗，　寺院24カ寺，　僧侶の数3,500名。

額済納旗，　寺院13カ寺，　僧侶の数1,500名。

以上を合わせると，1938年以前には内モンゴル西部地方では，637のモンゴル仏教寺院があり，４万8,957名の僧侶がいたことがわかる。

1949年の中国の解放時点では1,331の寺院があり，６万1,850名の僧侶がいたとされる。

具体的な地域と寺院数，僧侶の数は次のようである。

哲里木盟，　寺院242ヵ寺，僧侶の数１万2,174名。

昭烏達盟，　寺院201ヵ寺，僧侶の数9,897名。

呼倫貝爾盟，寺院42ヵ寺，　僧侶の数2,655名。

興安盟，　　寺院31ヵ寺，　僧侶の数2,614名。

錫林郭勒盟，寺院273ヵ寺，僧侶の数１万4,378名。

烏蘭察布盟，寺院139ヵ寺，僧侶の数2,611名。

伊克昭盟，　寺院252ヵ寺，僧侶の数9,000名。

巴彦諾爾盟，寺院60ヵ寺，　僧侶の数3,368名。

阿拉善盟，　寺院37ヵ寺，　僧侶の数4,103名。

呼和浩特市，寺院39ヵ寺，　僧侶の数350名。

包頭市，寺院15ヵ寺，僧侶の数700名(14)。

清朝以後，チベット仏教とモンゴル仏教の高僧にホトクト（呼図克図，活仏の意味）の聖号を賜って以来，モンゴル仏教寺院は「政教合一」の政権組織の場となり，寺院の活仏は，その地域の宗教と政治の代表者となった。

モンゴル仏教寺院は，それら諸地域の宗教と政治の中心でもあったが，それ以外にも次に示すように，経済・教育・文化・医療等，地域のモンゴル人の生活を支える中心としての機能を果たした。

モンゴル仏教寺院は，モンゴルの地の経済活動の中心地であった。昔はモンゴル仏教寺院そのものが草原の都城になり，毎年・毎月・季節ごとの寺院での「廟会」，すなわち祭りの場は交流の場でもあり，貿易の場ともなった。この「廟会」は，遊牧民たちにとっては彼らの羊の皮や肉と，内地から来た漢民族の布・茶・塩等と交換することができる交易の場となった。

モンゴル仏教寺院は，モンゴルの諸地域における教育の場であった。モンゴル人は，男性の半数以上が僧侶であった。モンゴル人は信仰心が強いので，聡明な子を僧侶にすることが多かった。それはモンゴル人にとって，一族の子が僧侶になることは金塔（altan suburga）を造るに等しい名誉であると信じられていたからである。当時モンゴルは経済面も文化面も遅れていたので，一般のモンゴル人は教育を受けることが不可能であったから，この地では「仏教即教育，寺院即学校，仏典即教材（教科書）」といわれ，仏教が教育そのものであり，寺院が学校そのものであり，仏教経典がそのまま教科書の役割を果たしたのであった。

モンゴル仏教寺院はモンゴルの地のいわば文化の源泉であり，これを貯える倉庫でもあった。なぜならば，モンゴル仏教の経典は，政治・経済・歴史・文学・芸術・哲学・天文・地理・医学等を広く包含するものであったからである。

モンゴル仏教寺院は，医療センターでもあった。モンゴルでは往昔はほとんど，寺院以外には医師や薬が存在しなかった。だから寺院の中にある医学院は，それ自体，医務に当たる人材を育成する場であり，病気を治療する機関であった。したがって僧侶は，医師として人々に現実的な利益を与える存在でもあった。

第3節　モンゴル語『大蔵経』と満州語『大蔵経』

13世紀に，チベット仏教がモンゴルの地に伝えられて以後，モンゴル帝国元朝の大徳年間（1297—1307）から清朝乾隆14年（1749）にかけての約450年にわたって，チベット語『大蔵経』の『カンジュール』(bkaḥ ḥgyur 甘珠爾）と『タンジュール』(bstan ḥgyur 丹珠爾）がすべてモンゴル語に翻訳された。その大規模な事業としては，元朝の大徳年間（1297—1307）から清朝乾隆14年（1749）の間に5回の翻訳と刻印作業が行なわれた[15]。

第1回の翻訳刻印作業　モンゴル帝国元朝の大徳年間（1297—1307），元成宗オルジェイトウ・ハーン（Oljeitu Han 鉄穆耳汗 1294—1310年在位）のとき，モンゴル仏教の高僧チョジオドセルが中心となり，五カ所に訳経院を建立し，チベット僧・モンゴル僧・ウイグル僧・漢民族僧など各地から翻訳者を集め，チョジオドセルが制定したモンゴル文字を使って，チベット大蔵経の『カンジュール』と『タンジュール』をモンゴル語に翻訳する作業を開始した[16]。

第2回の翻訳刻印作業　明朝の万暦年間(1573—1620年)には，その5年(1577)，南モンゴルの地トゥメット部の長であるアルタン・ハーン（Altan Khan 阿勒坦汗 1507―1587）が現れた。このアルタン・ハーンの出現は，モンゴル仏教に一大転期をなした。アルタン・ハーンは，チベット仏教ゲルク派のダライ・ラマ三世ソナムギャムツォ（bSod nams rgya mtsho 索南嘉措 1543―1588，福徳海）と会見したが，会見後，アルタン・ハーンは間もなく死亡した。父アルタン・ハーンの遺志を受けたアバタイ・ハーン（Abatai Han 阿巴岱汗，黄台吉1554―？）は，モンゴル人のシリートグシチョルジ（Siritu gusi chos ji 錫勒図固什却爾済）・アユシグシ（Ayusi gusi 阿憂喜固什）[17]・チョジャムソツイン（Cho rgya mtsho toyin 却扎木蘇托音）らの翻訳者を命じて，チベット語『カンジュール』の一部分をモンゴル語に翻訳した[18]。

第3回の翻訳刻印作業　チャハルのレクデン・ハーン（Legs-Idan Khan 林丹汗 1592―1634）の時代，グンガオセル（Kun dgaḥ ḥod zer 貢噶敖斯爾）らの33名の高僧と学者が，チベット語『カンジュール』のすべてをモンゴル語に翻訳し，金字で刻印した。それは，1629年のことであった[19]。

第4回の翻訳刻印作業　清朝の康熙22年（1683）には，康熙皇帝の命を受け，和碩裕親王福全の指揮の下で，北京の浄住寺の高僧（達喇嘛）のオラドグシ・ビリグンダレイ（Urad gusi biligun dalai 烏拉特固什畢力昆達頼）・アバガテムチョ（Abaga bde mchog 阿巴噶徳木楚克）・乾清門のセラシ（dshe bkra śes 侍喇喜）らの高僧と諸学者たちは，モンゴル語『カンジュール』(bkaḥ ḥgyur 甘珠爾）を校訂し，108巻に分類して編纂し，これを木印し印行した。1720年のことであった[20]。

第5回の翻訳刻印作業　清朝の乾隆6年（1741―1749）には，ジャンジャ・ホトクト二世（すなわち十五世）とジェブツンダンバ・ホトクト二世（すなわち七世）の二人が，翻訳の中心となった。ガルダンシリツ（dGaḥ Idan siretu 噶爾丹錫勒図）・ホトクト・ダレイグシ・ガクワンダンプリ（Dalei gusi ṅag dbaṅ bsdan phel 達頼固什阿格旺丹丕勒）・クンガゲルポ（Kun dgaḥ skyabs po 貢布扎布）・西黄寺の札薩克喇嘛チョインビリトルジェ（Cho yin bili rdo rje 却音丕勒多爾済）・隆福寺の札薩克喇嘛ダンスンチョデル（bsDan ḥdsin chos sder 丹僧却徳爾）・浄住寺の達喇嘛ビリグンダレイ（biligun dalai 畢力昆達頼），およびモンゴルの各地方から派遣された200名の高僧と学者が，翻訳の作業に当たった。

それは1741年の秋に始まり1742年の冬に及んだが，チベット語『大蔵経』の論部『タンジュール』（bstan ḥgyur 丹珠爾）225巻がすべて，モンゴル語に翻訳された。これらは乾隆皇帝の御覧に供されたが，帝は大層満悦して，大いなる賞賛と励ましの言葉が与えられ，訳者にも励ましの言葉を賜った。次いで国費で印刷するよう命が下された[21]。これよってモンゴルの人々は広く慈恩に与かることができ，かつまた仏の教えを容易に学ぶことができるようになり，仏法が広揚するに至ったと記載されている。

モンゴル語『カンジュール』と『タンジュール』の最終の翻訳・校訂・編纂・刻印はすべて，北京版チベット語『大蔵経』を底本としたものである。それらは北京の浄住寺で印刷し，発行された。モンゴル語『カンジュール』は108函から成り，『タンジュール』は225函から成っている。

現存するモンゴル語『タンジュール』の目録には『秘密経』645部，24函，『大般若経』１部，14巻，『第二般若経』２部，４巻，『第三般若経』１部，４巻，『諸般若経』24部，１巻，『大宝積経』46部，６巻，『華厳経』１部，６巻，『諸品経』260部，32巻，『戒律行経』18部，13巻がそれぞれ収められており，総じて999部，105巻の経について立目している[22]。モンゴル語『カンジュール』は，内モンゴルでは20の寺院に保存された。しかし中国の文化大革命のとき，そのうち19部が破壊された。現在は１部の『カンジュール』だけが，内モンゴル赤峰市の博物館に保存されている。内モンゴルでは，清朝末期には約1,000部の『カンジュール』と500部の『タンジュール』があったとされる[23]。

満州語『大蔵経』　清朝の乾隆38年（1773）には，中国語『大蔵経』を底本として，満州族・モンゴル族・漢民族の高僧と学者が中心となって，『カンジュール』（bkaḥ ḥgyur 甘珠爾）の満州語による翻訳作業が始まった。清朝の乾隆55年（1790）に翻訳が完了し,満州語『大蔵経』が編纂された。108函,2,535巻となった。満州語『大蔵経』の翻訳作業が行なわれた理由は，当時，中国語・チベット語・モンゴル語の『大蔵経』の翻訳作業が完了していたので，乾隆皇帝の意図で行われたといわれる。

北京の雍和宮，承徳の殊象寺，内モンゴルドローンノールの彙宗寺，五台山鎮海寺等に，満州語『大蔵経』が保存されている(24)。

金・銀・瑪瑙・琉璃・珊瑚・琥珀・硨磲の七珍を墨にして書写された。

第4節　モンゴル仏教の僧侶の生活と教育

「ボー・ボー」と毎朝，朝の法会を知らせる法螺貝の音が，静かな夜明け前の大気に包まれる本堂の屋上や，本堂の堂前から流れてくる。夢路を破られた僧侶たちは，無邪気な童顔の小僧から胡麻塩頭で腰が曲がった老僧に至るまで，紅衣黄帽のいでたちで本堂前に集まる。そして，チベット仏教ゲルク派の開祖ツォンカパ大師を讃えるミクツェマ（dmigs brtse ma 宗喀巴大師讃）を，チベット語で唱え始める。

dmigs med brtse baḥi gter chen spyan ras gzigs /
dri med mkhyen paḥI dbaṅ po ḥjam paḥI dbyaṅs /
bdud dpuṅ ma lus ḥjoms mdsad gsaṅ baḥI bdag /
gaṅs can mkhas paḥI gtsug rgyan tsoṅ kha pa /
blo bzaṅ grags paḥI shabs la gsol ba ḥdebs //(25)

一切平等の慈悲の大蔵である観世音菩薩，
清浄なる智慧を具足した文殊菩薩，
一切の魔軍を調御降伏した金剛手秘密主，
雪山チベットの智慧で荘厳したツォンカパ，
名は賢慧称の足下に祈禱する。

やがて，屋上から「ゴワン・ゴワン」と，銅鑼ハランガー（kang raga）が響き渡ると，高僧から粛々と堂内に消える。再びハランガーが連打され，本堂の内から低声で，心の邪悪や煩悩を抜き，法悦の境に引きずり込む読経が流れ始める。朱塗りの柱が林立する薄暗い本堂の内は，灯明がゆらぎ，円満・慈悲・忿怒の奇々怪々な諸仏像や壁画を浮かび上がる。線香の紫煙がたちこめ，馥郁たる香りの中で，心に荘厳と安らぎの念を醸し出す。

モンゴルでは，在家信徒は毎朝，家の仏壇に水を供え読経する。僧侶も，それぞれ止宿している僧房の仏壇に水を供え，経を誦す。仏壇には，自分が信仰する諸仏・諸菩薩を安置している。日本仏教のように，祖先の位牌を祀るようなことはない。

早朝まず手を洗い清めた後，小さい声で念仏を称えながら，仏壇用の雑巾で拭き掃除をする。そして，タヒルという真鍮製の高さ4センチ，直径8センチほどの椀型の水入れ八個を左から右に一列に並べ，早朝水差しに汲んだ水を左から右に注いでいく。このとき必ず，水入れに水が溢れるほど注ぐ。灯明を点し，線香を焚き，香を焚き，お茶を供える。

灯明は，ジョロ（snaṅ gsal, jola）と呼ばれる銀や真鍮製の台付きの形をしている。ワイングラスの形で，底に小さな灯芯立ての穴がある。その穴に細い枯草の茎を芯として，それに綿を巻きつけた灯芯を立て，カップの中に溶かしたバターを注入して灯明として用いる。

昼過ぎには，供えたお茶と水を下げる。このときは朝とは反対に，必ず右から左に水を他の器に空けるのが礼法である。水入れタヒル（takir 供養容器）は，しばらく天日で乾かし，布できれいに磨き上げる。夜は，新しく灯明が点され，線香と香が焚かれる。

このように，一人前の僧侶となるには，身につけなければならないことがたくさんある。

僧侶になる　モンゴルでは，出家すれば仏の弟子，すなわちモンゴル語でボルハンノシャビ（Burqan-u šabi 仏弟子）として尊敬される。昔からボルハンノシャビは，一生涯支配も圧迫も加えられず，信者たちから供養されて寺院に暮らしている。僧侶となり，三宝に帰依することを最大の信仰としているモンゴルでは，長男か一番下の子が家に残り，次男以下は出家して，一生涯寺院で修行を続けることが多い。昔は仏門に帰依する年齢の制限はなかったが，一般には子供が7，8歳になると，親は近くの寺院の知っている僧侶のところに連れて行き，親代わりの僧侶を定めて弟子入りさせる。親代わりの僧侶が，子を活仏・高僧の前に連れて行って，禁欲，禁酒煙，禁殺生の三つの誓いをさせ，弁髪を剃り，戒名を受けさせる。入門者は活仏あるいは高僧にハダガとお茶を捧げ，彼らも共にお茶を飲み，共に食事をして入仏門の式が終わり，「仏弟子」僧の身となる。

次に，学問の師を選定し，その弟子となる。

つまり仏門に入った子供には，同室で生活を共にする師と，経を教え学問を教える師と，戒律を授ける師が必要である。この三者を三大師（qorban bagši）として尊敬して仕え，その厚恩は一生忘れてはならないものとされる。

弟子入りの際は，ハダガとお茶とご馳走を各師に献上するだけで，授業料などは一切必要としない。弟子は，師の家の部屋の掃き掃除，炊事，水汲み，燃料とする家畜の糞拾い，その他の雑役に使役され，怠ければ容赦なく鞭が飛ぶ。毎日学問上の僧侶のもとに経典を抱えて行き，モンゴル語でイトゲルという『帰依・発心誦』（sKyabs ḥro sems skyed）[26]から教え込まれる。意味を理解するより前に，まず経典を暗記していく。忘れれば尻をなぐられ，鞭が飛ぶ。精進を怠ると，冬の寒い風が身を切るような庭に裸で立たされるという。親代わりの師匠の雑役に酷使され，おちおち落ち着いて復習する時間もない。一字でも間違えると罰が与えられる。罰が怖いので，大きな声で暗誦する。声は家外にまで洩れるほどである。こうして，スパルタ式の教育で徹底的に鍛え上げられ，成長するに及び，各自の能力と努力により，学問で身を立てる学僧と，労力の方で身を立てる凡僧とに分かれていく。

モンゴル仏教の寺院ではほとんど，経典はすべてチベット語のそれを用いる。翻訳されたモンゴル語の経典もあるが，モンゴル語で法要を行う寺院は少ない。それは，モンゴル人が，チベット語そのものを仏の真の教えであると信じているからである。自国のモンゴル語で経典を読経すると，物足りない思いがするからである。だからモンゴル僧は，チベット文字は一通り読み書きできるが，自国語のモンゴル文字は，読み書きできる者が非常に少ないのが実情である。

年月が経って分別もつき，経済的にも独立できるようになると，自分で家を持ち独立して暮らすこともできるが，それでも一生親代わりの師匠と同居し，師匠の面倒をみる僧侶もいる。モンゴル僧の中には，学問上の，あるいは親代わりの弟子を数人抱えている僧侶もあれば，ひとりも弟子をもたない僧もある。それは，それぞれの僧侶の能力や財産によるものである。モンゴル僧の収入は，家畜や土地を財産として所有する寺院から，小麦粉，粟，茶，肉などを支給されるものと，一般信者の布施によるものに限られる。清朝は，モンゴル支配の政策としてモンゴル仏教を奨励保護し，国庫から莫大な経費を支出して広大な規模のモンゴル寺院を建造し，モンゴル僧侶を尊貴な階級としていた。そのことによって，モンゴル僧侶の生活は一時，栄耀栄華を極めていたのである[27]。

モンゴルの正月　大晦日の真夜中，天地万霊に向かい，呼びかけ叫ぶように，法螺貝が鳴り響く。法螺貝の音に続いて「ブウブウー」と，低く太く，どっしりとしたラッパブレイの音が本堂の屋上から流れ，四方の山々にこだまして静かな冷たい山気を震わせる。そして，ひときわ高く鋭く，笙ビングールの調べが，仏へ帰依する心を強固にさせるように草原の村に響き渡って，正月の訪れを知らせる。

僧侶たちはその調べを聞くと，まず仏壇に灯明を点し，水，茶，ボボ（お菓子），氷砂糖，干しナツメなどを供え，香や線香を焚いて諸仏・諸菩薩を礼拝したあと，互いにシルクの布ハダガを両手に捧げ，「シン　チャガン　サイノ」(sin cagan sayino)，あるいはチベット語で「ロ　サル　サン」(lo gsar bzaṅ) と挨拶を交わす。これらは共に，日本語の「新年おめでとうございます」という意味である。「シン チャガン サイン」と新年の挨拶を交わしながら，雪明かりを頼りに本堂に向かう。

本堂の内部から明かりがもれてくる入口の柱に額をつけ，「オム・マニ・バド・メ・フン」と真言念仏を口の中で唱えて堂内に入る。いつもは暗いがらんとした本堂も，幾十本と立ち並ぶ柱が青地に赤龍と緑雲の絨毯で巻かれ，柱と柱の中間に幾重にも整然と並べられた僧座には，花模様の絨毯が敷かれ，天井から何十本もの七重の布を交互に縫い合わせた長い旗がつり下げられている。奥の正面の仏壇には幾百の灯明が輝き，むっとする灯明油のバターの匂いと共に，香や線香の煙は白檀の香りを漂わせ，青緑色の煙が立ちこめ，灯明の光で浮かび上がったもろもろの仏像は，黒く輝き，タンカ（Thaṅ kha 唐卡）という仏画の掛け軸も諸仏の壁画も照らし出されて，荘厳な様相を呈する。

林立する柱の陰には，僧侶の姿が見える。立ち並ぶ仏像を，左手から礼拝し進み，中央の釈尊像の前に出ると，真言念仏しながらシルクの布ハタグを仏前に置き，三拝し，仏像の足に額をつけて祈願する。さらに順次，仏像・菩薩像・護法神像を礼拝しながら一巡する。再び入口の柱に額をつけて一礼する。それぞれの部屋に帰ると，その足で，同室の三大師の一人のラマ僧や役僧や友の僧のもとへ，新年の挨拶回りに出かける。

寺院の僧侶全員は，まず住持の部屋を訪ねる。多くの僧侶たちが入れ代わり立ち代わり訪ねてくる。住持の部屋は，灯明で光り輝き，香の香りが漂い，机の上にボボ，干しナツメ，干し葡萄，氷砂糖，麦こがしザンバー，バター，日本でいうチーズのようなエゲジク（egejig）等が盆に山盛りにして置かれ，部屋の隅には弟子が接待係として立っている。一人ひとりが懐からシルクの布ハダグを取り出して拡げ，両手に持ち，これを相手の持っているハダガの下に当てがいながら，互いに「シン チャガン サイン」（新年おめでとう），「サイン シニル ボー」（よい年を迎えられたか）と新年の挨拶を交わす。

モンゴルでは，「年」という鬼がいると信じられている。だから，前年の鬼を追い払って新年を迎えることができたかとの意味で，「サイン シニル ボー」と言うのである。挨拶が終わると，接待役の弟子が「お茶をどうぞ」とすすめ，各人が懐から出した椀に茶をつぐ。それから「ボボをどうぞ」と，菓子の盆をみんなの前に差し出す。この場合礼儀として，多くつまみ取るのは失礼であるから，ほんの少し取って口にし，茶を飲む。そして，「おいとま致します」と挨拶をして部屋を出る。

それぞれ自分の部屋に帰り，茶と，骨付きの羊肉ヤスタイマハ（yasutai maqa）と，ボボをご馳走として正月を祝う。昔は，小僧たちは正月だけ着飾ることが許された。寺院の僧侶も全員，新調のモンゴル僧侶服に袈裟をまとい，新しい靴をはき，２～３人で連れだって，寺院の高僧や三大師の家を次々に挨拶して回る。仲間の僧同士は，どこで会っても，互いにシルク布ハダガを出しては「シン チャガン サイン」と勢いよく大声で挨拶を交わす。また一方では，色とりどりに盛装した村人の馬やラクダにまたがった老若男女の群れが，寺に詣でたり，親戚や知人が僧舎を訪れたりして，寺院はこれらの人々や家畜の鳴き声で，賑やかになる。

初一（正月１日）シンニゲンの昼前，本堂の屋上から正月の法要を知らせる法螺貝が鳴る。この法螺貝に続いて，ハランガーの音がゴウンゴウンと響き渡り，集合を合図する。僧侶も参詣者の群れも，ぞくぞく本堂前につめかける。第二のハランガーの合図で，高僧から順次荘厳された堂内に進む。先頭には赤色のモンゴル僧服と袈裟，黄色帽子をかぶった，真っ黒のあご髯をたくわえた堂々たる体格の司法庶務係長ゲヒクイが，いかめしく四方を圧しながら現れ，次に金襴銀繍を身にまとった二人の僧侶が銀製の笙を吹きながら続く。その後には，かわいらしい稚児二人が銀製の香炉を持ち，最後に黄色の天蓋つきの大傘をさしかけられ，両側は高僧によって守られ，赤いモンゴル僧侶服と黄色の袈裟を身に纏い，黄色帽子をかぶった活仏が現れる。千余名を収容することができる本堂内も，僧侶，また僧侶でぎっしりと埋まり，中に坐れない僧侶は入口近くの石畳の上に席を取ることになる。

行列が近づくと，本堂内外の私語はピタリと止まる。手を合わせる参詣者の人垣の中を，頭を垂れて迎える僧侶たちの間を進む活仏が，仏壇前の仏像と同じ方向を向いた上座に着くと，法要開始の法螺貝の音が屋上から流れてくる。読経の調声師であるオムゼットが美声を張り上げ，経の文句を一行読み出すと，全僧侶が一斉に大声でこれ続いて誦す。読経が30分ぐらい続いたあと，「ガン・ガン」と，連打する銅鑼の音が起こる。50名の小僧たちがすごい勢いで走り去り，６リットルも入る銅製の大やかんを両手にして現れ，上座の高僧から順次茶を配り始める。僧侶たちは，それぞれ懐から椀を出し，お茶を受け，飲み終わると再び読経が始まる。２回目の銅鑼と共に，役僧は茶の他に３枚のボボと金を僧侶全員に布施する。ゲヒクイを先頭に活仏が退場され，法要は終了する[28]。モンゴル僧侶たちは，元旦初一では寺院内で正月を祝い，２日目からは親元や親戚へ，飲んだり食べたりの年始回りに出かけて行く。

草原のシンボル・寺院　かつて，旅人を見つけると殺戮掠奪を常としていたモンゴル人は，仏教の伝来後，飢渇に悩む旅人を見れば進んで飲食物や住居を与えるようになった。

生来温かく純朴で美しいモンゴル人の心には，笑って見過ごすことのできないものがあると考えられる。モンゴル人は，なにひとつ慰安のない単調で殺伐たる草原で，猛威をふるう大自然と闘っている。このモンゴル人が，大草原の真っ只中でお伽噺の龍宮城のような白亜の殿堂・モンゴル寺院に接したとき，どれほどか心を和らげてくれる魅力的なものとして，驚異と讃嘆の思いを込めて望み見たことであろう。仏教寺院は，モンゴル人の唯一の慰安所であり，心の安住の地であるといっても過言ではないであろう(29)。

信仰心の篤いモンゴル仏教徒の間では，釈尊が悟りを開いたインドのブッダガヤ，チベット仏教の大本山・ラサのポタラ宮，チベット仏教改革者ゲルク派開祖ツォンカパの生地青海省のタール寺（sKu ḥbum byams pa gliṅ 塔爾寺），中国仏教の四大聖地である山西省五台山の文殊菩薩の道場や，舟山列島の普陀山観世音菩薩の道場等に参詣することが，最上の信仰とされている。寺から寺へ参詣して行く巡礼者や，７，８歳の頃から寺院に送られ，一生を仏に仕えて過ごす天涯孤独の僧侶は，一把の経文，一個の鍋と椀を背負い，腕に数珠，胸にガオーというお守り箱を唯一の財産とし，友として，村から村へ寺から寺へ，巡礼を続けるのである。

こうして，モンゴルから遠くはインド，チベットから中国へ，またモンゴル草原からチベットへと，どこの地に朽ちるとも知らず，千里万里を遠しとせず，３年，４年という長い年月もいとわず，修行に参詣に巡礼の旅を続けて行く。鉄道も自動車路も，地図上は道さえない内陸アジアの高原には，東西の往来が頻繁に行われている。モンゴル人仏教徒は，今日でもこの巡礼の伝統を守り続けている。

モンゴルの飲料水は，高い山も樹木も雨も少ない高原に，不思議にところどころに湧き出ている泉がある。数えるほどしかないが，井戸や湖水がある。

湖は塩湖が多い。井戸を掘ろうとしても，なかなか地下水脈に掘り当たらないが，掘り当てても塩分を多量に含んだ水であったりして，飲み水には非常に不向きである。そのため水は非常に神聖視され，河川で洗濯するとか，椀に汲み取らず直接手や口をつけて水を飲むとか，魚とりや水の中で排便することは昔から厳禁されている。このため洗濯する習慣がなかった。衣服類は，垢がついたらついたまま，破れたら破れたまま，着られなくなるまで着ているから，都市部以外の草原などでは，今もこの習慣が残っている。鍋などの食器もほとんど洗われることがなく，使用前に雑巾で拭く程度である。朝の洗面も，一杯の椀の水で済ます。生まれてから死ぬまで，風呂はもちろん水浴びして体を洗うこともなかった。しかし，モンゴル草原は空気が非常に乾燥しているため，体も汗でベトベトすることはあまりない。脂や垢は，衣服が吸収して常に体を清潔にしてくれるので，想像するほど不潔なものではない。脂と垢で黒光りしている服と臭気は，あまり気持ちのよいものではないが，この世界に生まれ育った人たちにとっては，全く問題であると思われていない。また２日，３日と進んでも，水のない広野や砂漠のモンゴルでは，遠くへ行く旅行者は，必ずボリベという飲料水を入れる銅製の円筒形の器に２～３日分の水を，冬は氷を，ラクダの背につけて旅行する。

広漠とした高原に，泉・井戸・河川・湖沼は数えるほどしかなく，容易に集落を見ることもできないモンゴルでは，地勢に精通し，水の有り所を熟知した人と旅しなければ，帆を失った船と同様で，手の施しようもない困難に遇うものである[(30)]。

第５節　モンゴルにおける成仏の思想典拠と実態

成仏（モンゴル語 Burqan bolqu）の思想伝来の時期　私は，1998年１月18日から２月18日まで，中国在住のモンゴル人の僧侶・学者をはじめ，一般の人たちを訪問して，「成仏」について聞き取り調査を実施した。

モンゴル史の専門家の中国中央民族大学のチェー・ヒシクトクトホ教授（1993年９月～1994年８月，国際交流基金の招聘により，早稲田大学に外国人研究員として滞在）とウルジ（烏力吉）教授などを訪問した。

教授たちの結論によると，『元史』の中に記載されている「Burqan bolqu」という言葉の検討から始めなければならないという。すなわち，成仏を意味するBurqan bolquという言葉は，初めは，民衆の中から起こった言葉ではなくて，宮廷の中の皇帝や大臣たちが亡くなったことを尊敬して，Burqan bolqu（成仏）と言ったことに起源すると考えられている。中国の清朝以後，皇帝・太子・大臣たちが亡くなることを「老佛爺駕崩」という。しかし現在，中国の仏教徒や民衆の中では，亡くなったことを「往生西方極楽世界」と言う人が多い。

私は，信仰の面について，北京雍和宮，承徳普寧寺の住持をはじめ，僧侶たちと面談した。やはり，高僧たちの考え方と一般の僧侶たちの考え方とは食い違うところが多かった。高僧たちの考え方は，輪廻転生の立場にあった。一般の人の考え方は，自分の父や母は亡くなれば必ず成仏できると考えている。しかし，成仏ができるかどうかということは，各人の業による因縁で定められていると高僧たちは言った。しかし，高僧も一般の僧侶も，通常，亡くなった人のことをBurqan bolqu（成仏）と言っている。モンゴル語も日本語と同じように，過去，現在，未来を分けて表現する。たとえば，成仏のBurqan bolquの「Burqan」は仏陀であり，「bolqu」は日本語の「成る」に当たる現在時制の動詞である。日本語で「成仏した」と完了時制で言う場合は，モンゴル語ではBurqan bolqugsanと言う。つまり，モンゴル語で言うBurqan bolqugsanという成仏は，成仏が達成されていることを意味するのである。

僧侶と民衆との関係　たとえば，家族の一人が亡くなると，その家族はまず寺院に来て，僧侶にお願いして，故人のために法要を行う。その場合信者は，このように僧侶にお願いする。「ラマバクシ（日本語で，お和尚さん），私のお爺さんが，Burqan bolqugsan，つまり，成仏した。お経を読んで頂きたい」と。死者の家に来た僧侶は，チベット語で『bDe ba can du skye bi smo lam』『往生極楽浄土願』というチベット語の仏教経典などを念誦する。それ以後，七七・四十九日まで，寺院で法要が営まれる。

成仏が流伝したモンゴル地域　この成仏Burqan bolquという言い方は，モンゴル国，ブリヤートモンゴル自治共和国，中国内モンゴル自治区，遼寧省，吉林省，黒龍江省，新疆ウイグル自治区，甘粛省，青海省，寧夏回族自治区，河北省，河南省などのモンゴル族自治県において行われている。

成仏Burqan bolquの意義　一般の民衆は，亡くなったら本当に成仏できるBurqan bolqugsanと信じている。モンゴルの僧侶は一生を通して，毎日それぞれが選択した本尊の経典を念誦しなければならない。積んだ善根によって，僧侶は臨終のとき，成仏Burqan bolquできると堅く信じているのである。

外部の人々，とくに外国の学者も研究者も，チベット仏教とモンゴル仏教のことを便宜的に，「西蔵喇嘛教」とか「蒙古喇嘛教」とか呼称してきた。この呼称は改められなければならない。いわゆるラマ教のラマとは，チベット語の「上師」を意味する。仏を表す覚者と，法を表す真理と，それを求める僧を表す修行者が三宝であるが，チベット仏教では，この三宝に加えて真理を伝える上師「ラマ」を立て加えて，上師・仏・法・僧の四宝に帰依する。「喇嘛教」という言葉は，チベット語の経典にもモンゴル語の経典にも記載されていない。ただ仏の教え（saṅs rgyas kyi bstan pa 仏教）という言葉で，自分が信じる教えを呼んでいるのみである。

第6節　モンゴル仏教と民衆宗教

1　モンゴル固有の信仰・ボゲインシャシン

チベット仏教がモンゴルの地に伝来する以前は，モンゴル人は自然の万象を崇拝していたので，まず，簡単にモンゴルにあったボゲインシャシン（Bogeyin šasin, shama nism 薩満教）について述べる。

有史以来モンゴル人は，自然の万象を崇拝してきた。「天」は父であり，「大地」は母であり，天と大地に最大の敬意を払った。「天」には九十九の神々がおり，「大地」には七十七の神々がいると信じられた。オボガノタキルガ（obogan-u takilg-a 祭敖包）は，それらの神々が集まる依り代であった。オボーは，いわば石塚に当たるものである。それは無数の石を円形に並べ，それを三角錐状に積み上げたものである。この三角錐状のオボーの上には，旗竿に旗をつけて突き立てる。モンゴル人は，このオボーを信仰した。ボゲインシャシン教の梵天である九十九天の神々，すなわち天神であるテンゲルは，さまざまな現象を支配する「主」たちに名称を与え，それを体系づけられて成立させたものである。九十九天の天神たちは，西天の五十五の善神，東天の四十四の悪神に分かれて争っていると考えられた。ボゲインシャシン教のボゲは，常人では近づきがたい天についての知識を持ち，それを行使する技術を持つ人間として畏れられた。ラマ僧侶に対する庶民の畏れと期待も，ボゲに対するのと変わらないと思われる。モンゴルでは，仏教の僧侶とボゲの法力比べの話題は，今日でもよく聞かれる[31]。

ボゲインシャシン教では，「天」が崇拝の対象であった。チンギス・ハーンがモンゴル帝国を発展させ強大にする過程では，モンゴル人が「天」に対してもつ敬意と，「天」に依頼する心理を把握し，「天」に対して祈禱し誓うことによって，人々が力を合わせて団結し，励まし合って元気をつけ，相手に勝つことができると考えた。チンギス・ハーンがモンゴル帝国の大汗宝座に就いたときも，「天」の命令を受けてチンギスと称された。チンギス・ハーンが軍事的・政治的に勝利してきた重要な原因として，精神的な力によるものが大きかったと考えられる。各種の宗教は共存することを許され，すべての宗教が平等に扱われた。信仰は自由であり保護された。チンギス・ハーンの宗教政策が成功したことが，後のゴダン・ハーンがサキャ・パンディタを敬重して，モンゴルに仏教が伝来したことに深い影響をもたらすことになった。

2　モンゴルの臨終問題と葬法の問題

この世界に生を亨けた者に，いつの日か必ず死が訪れることは，周知の事実である。それは何人も逃れることができない問題である。死を離れた生がないように，生を離れた死はない。生があれば必ず死があるように，死があれば必ず生がある。仏教は，生と死を一つの現象として捉えてきた。とくに，大乗仏教徒の一般民衆は，死を成仏とか，往生と呼ぶことが多い。死者の葬法に関しても，国や民族によって，それぞれの別な発想の下で各別に特異な儀式を行ってきている。

この観点から，モンゴル人に固有の葬法について論述したい。

モンゴルでは，人の死は，肉体は人間界に残り，ソーニース（sünisü 霊魂）だけを他の世界に移すことであると信じられ，葬式も盛大に行われてきた(32)。

モンゴルには，「生まれるときは秘密生殖器から，死ぬときは顔から」ということわざがある。つまり，人は女性の生殖器から生まれるが，死ぬときは顔にある両目が閉じることによってわかるという。死体は，門からは出さない。窓から出す。死者の霊魂は，死亡した場所に３日間残るという。

モンゴルでは，死者の足から頭まで全身を白布で包む。これはモンゴル人が，白色は善業を指すと信じていることによる。つまり，白布で死体を包んでおけば，来世は必ずよいところに生まれることができると信じているからである。白布で死者を包む作業は，男性の手によって成されるが，この男性は死者と同じ十二支の生まれの人でなければならないとされる。

日柄を占って，死体を山や森や荒野へ送る。一般的に，それは死後２～５日の間に行われる。死体は，男性４人によって運ばれる。死者の息子が先頭に立って，「オム・マニ・パド・メ・フン（Oṃ maṇi pad me huṅ 唵嘛呢叭咪吽)」という，観世音菩薩の真言が書かれた白布を持って進んで行く。先導することを，モンゴル語でマニ・エグルグ（maṇi egurgu）という。このときの女性の同行は，禁止されている。

山森や荒野に運び，捨てられた死体に霊魂が残っていれば，動物もその死体を食べないと信じられている。したがって屍肉の喰われ方で，死者が往生できたか，まだ往生できていないかがわかる。

死体が動物に喰われれば，それによって死者は福徳を積むことになる。それは，動物たちに一時期にしても腹一杯喰われば，狼のような大きな動物が他の弱い動物を喰うことをしないと，モンゴル人は考えているからである。そして，人間の霊魂だけが天界や極楽に行くことができるのである。もし肉体が残れば，死者の霊魂は肉体に執着することになり，それが往生の妨げになると考えている。こうした理由で，肉体を動物に喰わせることが大切な往生の方法とされるのが，モンゴル仏教徒の考え方の特徴である[33]。

葬法（モンゴル語でgegür orusigulga yin yoson）としては，(1)自然葬（sula orosigulhuソラ・オロシグルフ），(2)火葬（gal du orosigulhu ガル・ドゥ・オロシグルフ），(3)土葬（sirui du orosigulhu シルイ・ドゥ・オロシグルフ），(4)水葬（uson du orosigulhu ウソン・ドゥ・オロシグルフ），(5)風葬（salhi du orosigulhu サルヒ・ドゥ・オロシグルフ）が古くから行われてきた[34]。

火葬は主として，活仏や高僧や病死者のために行われる葬法である。モンゴルでは，火を非常に大切にしてきた。だから火葬にすれば，一切の汚れを除き，往生が可能になると考えている。高位の僧侶や巫女，シャーマンは，火葬されることが多かった。病死者を火葬にすれば，一切の病気を火力で清めることができると考えられている。チンギス・ハーンは死後，故郷の山中に土葬されたが，墓標を立てることなく，その上を馬で踏み固めたと伝えられる。

現在は，裕福な家では棺に死者を入れ，土葬にし，土饅頭を造るのが一般的である。貧しい家では棺を作ることができないから，高梁や，黄梁の一種の炒米や，玉蜀黍や，丈の高い草の茎などで死者を包み，村の外で火葬にし，そのまま放置するのが一般的である。また，昔からの風葬も貧しい家庭では現に行われているが，裕福な家でも，子供の葬式は風葬の形を取ることが多い[35]。

仏教が広まった後は，モンゴル僧侶による仏教式の供養が一般的となったが，死体処理に関しては自然葬・土葬・火葬・水葬・風葬の５種類の方法が並存して行われている。

（1）自然葬（sula orosigulhu ソラ・オロシグルフ）

昔から自然葬は，モンゴルの伝統的な葬法の一つであった。葬る場所は，「アルタン・オルギー（altan ologei 金の揺藍）」，つまり，金の揺り籠とされる生まれ故郷であることが理想とされる[36]。

昔，モンゴルでは人が死亡したときに，死者を弔ったり，埋葬したり，墓を立てたり，位牌を祀ったりする習慣がなかった。占いの上手なラマ僧に頼んで，死骸を家から出す日と，時刻と，方向を占ってもらい，地方の部落であれば付近の荒野に，寺院では近くの一定の場所へ死骸をそのまま棄てておいたり，山の南斜面に遺体を置き去りにし，鳥や犬や狼などの喰うにまかせ，膿爛腐敗するにまかせる自然葬が一般的に行なわれてきた。そのために死体は，禿鷹や，狼や，犬の餌となって喰い荒らされ，白骨だけが荒野に曝された。

死骸は，一本の木もない，岩また岩の谷間に捨てられることが多かった。死骸を捨てに行った人々が，死骸を送って行った道と同じ道を帰ると，亡霊がついてくると考えられている。だから必ず，帰りは往きと別の道を通って帰って来なければならない。家に入る前に，線香を焚き，その香りを嗅ぎ，線香の香りで見送ってきた人たちの体を清めた後でないと，家に入ることは許されない。

死骸は，捨てた後２～３日経っても，犬や，狼や，カラスなどに喰い尽くされず肉が残っていると，死者は生前なにか悪事をしたために動物までも口にしないのだと忌み嫌う。反面，肉が犬や狼に早く喰い尽くされればされるほど，生前の行いがよかったと喜ばれる[37]。

（２）火葬（gal dou osigulhu ガル・ドゥ・オロシグルフ）

死骸の埋葬の方法は一般的に，付近の草原や山地などの荒野へ運び放置して，鳥や獣に啄ばませる自然葬が行われてきたが，活仏・高僧・王侯貴族の死骸については，極めて丁重な火葬が行われることが多い。

西川一三氏の報告によれば[38]，活仏・大ラマ・王侯貴族の火葬では，寺院の大本堂前の空地が掃き清められ，中央にピラミッド（pyramid 金字塔）型の高さ３メートル余の大きな土のかまど（竈）が築かれる。かまどの最底部には大きな鉄鍋が置かれ，頂上に煙出しの用の穴が一つ，底部に空気の流通兼油差し用の穴が四つ，正面と背後に死骸をかまどの中に入れる大きな穴が二つ開けられる。火葬当日は，かまどの正面に寺院の僧侶全員が坐り，左側に張られたテント内には政府の役人が，右側には老幼男女がぎっしりと坐る。普通の法要と異なって，私語などは一切しない。しんみりとした物悲しい雰囲気が，式場を蔽う。笙の音と共に法務執持ゲフクイを先頭に，白布で包まれた死骸が，口に白い三角のマスクをした数名の役僧に抱えられ，高僧に護られながら火葬場に運ばれる。静かに読経が始まる。死骸が一人の役僧に抱かれて，かまどの中の鉄鍋の薪の上に坐らせられると，鍋に油（一般的はサラダ油）が注入され，死骸の周囲にも大きな薪が立てかけられ，前面と背後の大きな穴が煉瓦で塞がれ，土で塗りつぶされる。

次いで，役僧長が手に持った長柄の杓の中でゆらゆら燃えている油が，油差し用の穴から，かまどの鍋の中に流し込まれる。すると，パッと４つの油差しの穴から火が吹き出し，煙出しの穴から黒い煙がもうもうと流れ始める。読経が続く。数珠を手にして緊張する役人や老幼男女の眼はかまどを凝視する。雲間から太陽は，熱涙のように火葬場を照らし，集まって来た犬も猫も物悲しく地に伏し，カラスの啼き声も寂しく人々の胸を突く。やがて，もうもうとしていた黒煙が薄くなり，青白い色となった頃に，僧侶全員に布施とモンゴル語でボボという菓子とを渡して火葬は終わる。

煙が北の方向に流れれば，活仏の霊魂が北に向かって行くから，来世の活仏の転生者は北の地方に生まれることになる。

モンゴル仏教では，霊魂を信仰するだけでは十分であるとはみない。霊魂は，必ず目に見える実在の人の肉体を具えて，再生したものでなければ満足できない。僧侶をはじめ一般の民衆も，生きている活仏がどうしても必要なのである。自分を救う最上の理想の教師の権化である，遠い昔の諸仏・諸菩薩は，示寂した後も化身高僧，すなわち活仏ホビルガン（モンゴル語で活仏は，ホビルガーン［qubilgan 呼畢勒罕］という）として再生すると信じられている。だから，諸仏・諸菩薩は勿論，究極の境地に到達した高僧，すなわちモンゴル仏教でいう上師は，臨終と共に自己の霊魂を，同時刻に生まれた嬰児の上に移すとされる。つまり，究極に通達した高僧は，修行の達成段階に応じて，肉体から霊魂を遊離することができる。したがって高僧の示寂は，永遠の別離ではなく，単に地上において肉体を取り替え，生命を移転するに過ぎない。だから，高僧の命終と同時刻に生まれた子供を探し出して，前活仏の化身として迎え，前高僧同様に敬虔な態度で奉仕し，信仰するのである。

化身としての活仏を探し出し迎請する方法は，たとえば何々の方向に転生するという前活仏の遺言によったり，高僧たちの占いによって出た方向の地方を探して選び出したり，あるいは，遺骸を火葬に付したとき，最初に立ち昇った煙の流れの方向によって探し出したりする。

式が終わった後，かまどは数名の僧侶たちで守られる。翌朝残る遺骨が取り出され，活仏の部屋に納められる。そして後日，活仏の霊魂を祀り，高徳を称えるために舎利塔が建立されると，この遺骨は，その中に納められ，同時に活仏の遺物・経典・仏像等が納められる[39]。

モンゴル草原の山の頂上や寺院のかたわらに，真っ白な美しいラマ塔が青空にくっきりと聳えているのを見かけるが，内部には，このように活仏や功徳があった上師ラマの霊魂を祀り，記念しているものが多い。

（3）土葬（sirui du orosigulhu シルイ・ドゥ・オロシグルフ）

現代のモンゴルでは，土葬にすることが多くなっている。

家族の一員が死ぬと，それまで住んでいたゲル（ger 中国語で蒙古包＝パオ，家の意味）に，遺骸を１日ないし３日間安置する。一般的には，遺骸は床を覆う羊毛でできたイスギー（iski）の上に置かれる。その家の主人や尊敬すべき人の場合は，ゲルの真ん中に特別にベッドを置いて，その上に安置することもある。新しい衣服を着せ，顔をシルクの布ハダガで覆う。棺は，生前に準備しておく場合もあり，死後すぐ作る場合もある。蓋は青い布で，中は茶の布で，棺の前面は緑の布で飾る。青は天空，茶は土，緑は大地を表す。家族は別の場所に移る。男性はゲルの西側に移り，女性は東側に移る。

葬式は，人が死んでから１週間の間に行う。その間に，親族や同僚や友人が訪ね，遺族にお悔やみの言葉を述べ，包んだ金を渡すのが習慣である。葬式の内容や，埋葬する場所や，野辺の送りの日や，時間や方向を決める儀式を行う。葬式では，僧侶が１人ないし４人程度で，『阿弥陀仏呪文』(Amitābhaḥi gzuṅs)，『観世音菩薩呪文』（Thugs rje chen poḥi gzuṅs)，『薬師仏呪文』（Saṅs rgyas sman blaḥi gzuṅs)，『尊勝仏母呪文』（rNa sgyal maḥi gzuṅs)，『普賢菩薩行願』（bZaṅ spyod smon lam)，『往生極楽浄土願』（bDe ba can du skye baḥi smon lam）などを，何時間にもわたって読経する。

埋葬場所に着くと，線香を焚き，その煙と香で穴の中を清めた後，僧侶の読経の中で，棺の頭を北にしてゆっくりと静かに下ろし，棺に土をかけ，土饅頭を盛り，観世音菩薩の真言である「オム・マニ・パド・メ・フン」と書いた柳の枝を刺す。刺した柳の枝が成長すれば，死者は成仏し，成長しなければ，悪処に堕ちたと信じられている。

家に帰った会葬者は，二つの火の間を通り，家の中に不浄や不幸を持ち込まないように，清めの水で手を洗う。家族や親戚が配る乳製品や菓子を食べて家に入る。家に入った後は参列者と挨拶し，嗅ぎタバコを交わし，酒を飲みながら食事をし，それぞれの家に帰る。埋葬後三日目と四十九日目には，親族と友人が集まって埋葬場所へ行き，土饅頭の上に土を加え積む。家に帰ると酒食を共にする。その間四十九日まで，寺院で読経され，供養するのが一般的である[40]。

モンゴル人が最も望む墳墓の地は，中国山西省五台山にあるモンゴル仏教の寺院である。モンゴル人の間では，この地は仏陀が今なお山中に居を定めて住んでいる，極めて神聖な地とされる。だから，ここに埋葬されるような運の強い人は，来世には必ず幸せな生まれ替わりをすると信じられている。火葬に付した父母の遺骨を，遠路はるばる五台山のモンゴル仏教寺院まで運び，寺院の周縁に置いたり埋葬したりする，親孝行な人が今日でも絶えない。

（4）水葬（uson du osirogulhu ウソン・ドゥ・オロシグルフ）

水葬は自然葬に似た葬法である。海や大きな河がある地方のモンゴル人は，自然葬と同じく死体を白布で包んで死体を河や海などに流し，魚などに喰わせることによって福徳を得ることができると考えている。

（5）風葬（salhi du osirogulhu サルヒ・ドゥ・オロシグルフ）

風葬は，モンゴルでは一般的には，森や林が多い地域で行う葬法であり，基本的には前出の自然葬に類似している。死体を樹の枝に掛けておき，自然に乾燥させてしまうか，あるいは鳥などの動物に喰い尽くさせることによって，天界や極楽世界に往生できると信じている。この形の風葬は，モンゴルでは一部の地域だけで行なわれており，必ずしも一般的であるとはいえない。

第7節　本章の結語

この章では，モンゴル仏教の種々なる問題を論じたが，まずモンゴルの地の仏教寺院について取りあげた。モンゴルでは，仏教の伝来に伴い，元･明･清三朝の時代に，それぞれ多数の仏教寺院が建てられた事実を具体的に論述した。

①モンゴル帝国元朝時代の仏教寺院は，『元史』の1291年の記録によれば，全国で約4万の寺院を数え，僧侶は約20万人を数えたという。中国仏教とチベット仏教の寺院も含めた数である。しかるにモンゴル仏教について言えば，さらに清朝の時代に黄金期に達した。康熙・雍正・乾隆・嘉慶年間（1662～1820年）では，モンゴル仏教の寺院と僧侶の数が増大し，史上最大となったことが知られている。

②13世紀にチベット仏教が，モンゴルの地に伝来して以後，元朝の大徳年間（1297～1307年）から清朝乾隆14年（1749）にかけての約450年にわたって，チベット語『大蔵経』の『カンジュール』と『タンジュール』がすべて，モンゴル語に翻訳された。翻訳と刻印作業は，大規模なものとしては，全部で5回行われた経緯を明らかにした。

③モンゴル仏教寺院は，モンゴルの諸地域におけるの教育の場でもあった。モンゴル人は，男性の半数以上が僧侶である。モンゴル人は信仰心が強いので，聡明な子を僧侶にすることが多かった。それはモンゴル人にとっては，一族の子が僧侶になることが金塔（altan suburga）を造ること，つまり寺院を一つ造るのと同じ功徳があると信じられていることによる。

④モンゴル仏教寺院は，医療センターとしての機能を有した。モンゴルでは，往昔は，寺院以外にはほとんど医師や薬が存在しなかった。だから寺院の中に当たる医学院は，医療業にあたる人材を育成する場であり，病気を治療する中心機関であった。したがって僧侶は，医師として人々に現実的な利益を与える存在でもあった。

⑤モンゴル仏教寺院は，モンゴルの地の経済活動の中心地であった。昔はモンゴル仏教寺院そのものが草原の都城になり，毎年・毎月・季節ごとの寺院での「廟会」，すなわち祭りの場は，交流の場でもあり，貿易の場ともなった。この「廟会」は，遊牧民たちにとっては，自分たちの羊の皮や肉と，内地から来た漢民族の布・茶・塩などと交換することができる，交易の場となった。

⑥僧侶は葬儀に関与する。一般の大乗仏教徒の多くは，死を成仏とか往生と呼んでいる。死者の葬法に関しても，国や民族によって，それぞれ別な発想の下で各別に特異な儀式を行ってきている。この観点から，モンゴル人に固有の葬法を取りあげて論述した。モンゴルの地の葬法としては，自然葬・火葬・土葬・水葬・風葬が古くから行われてきた。モンゴルでは，亡くなった人の死体を山森や荒野に運び，死体が動物に喰われれば，それによって死者は福徳を積むことになる。それは，動物たちに一時期にしても，腹一杯喰わせれば，狼のような大きい動物が他の弱い動物を喰うことをしないと，モンゴル人が考えていることによる。そして，人間の霊魂だけが天界や極楽に行くことができる。もし肉体が残れば，死者の霊魂は肉体に執着することになり，それが往生の妨げになると考えている。だから，肉体を動物に喰わせることが大切な往生の方法とされるのが，モンゴル仏教徒の考え方の特徴であることを明らかにした。

注

（1）　徳勒格編著『内蒙古喇嘛教史』（中国内蒙古人民出版社，1998年）61頁によれば，『元史』の「地理志」でいう寺院数と僧侶の数は，中国仏教とチベット仏教を含めている。

また『モンゴル秘宝展　チンギス・ハーンと草原の記憶』（Treasures of Mongolia 日本経済新聞社等，1996年）131頁によれば，ヨーロッパの王国やローマ教皇庁をはじめとして，世界中の国々から使節が遠路はるばるモンゴルの宮廷を訪れた。ヨーロッパ人の旅行記を読むと，カラコルムにおける芸術的活動や，公開展示されている美術作品が目に浮かぶようである。また，考古学者による部分的な調査からも，カラコルムが芸術や建築の一大中心地であったことは確実だが，（中略）カラコルムを訪れた修道士リュブリュクも，ハーンの宮殿やパリ生まれの名工ウイリアが造った，入口の銀製の大木［訳注：角川書店の『大モンゴル２』p.105では「噴水」となっている］にいたく感銘を受けたようである。彼はこう記述する。ハーンの宮殿は教会に似て，中央に梁廊（ネーヴ），両側には２列の飾り柱（ピラー），そして南側に三つのドアがあると。また，カラコルムには宮廷の書記官のための大邸宅や，12の仏教寺院，二つのモスク，キリスト教の教会も一つあった。別の文献によれば，ウゲデイ・ハーンの時代に仏教徒のための大きな建物を造り始め，モンケ・ハーンの治世に完成したという。大型のテントに覆われた高い仏舎利塔にはいくつかの部屋があり，その周りにはさまざまな釈迦像が配されていた。

（２）　徳勒格編著『内蒙古喇嘛教史』（中国内蒙古人民出版社，1998年）61頁。また『元史』巻十，218頁。

（３）『元史』巻二十五，574～586頁。

（４）　徳勒格編著『内蒙古喇嘛教史』（中国内蒙古人民出版社，1998年）452頁。

（５）　徳勒格編著『内蒙古喇嘛教史』（中国内蒙古人民出版社，1998年）452頁。

（６）　張羽新『清政府与喇嘛教』（中国西蔵人民出版社，1988年）114頁。

（７）　張羽新『清政府与喇嘛教』（中国西蔵人民出版社，1988年）114頁。

（８）　張羽新『清政府与喇嘛教』（『口北三庁志』巻四，中国西蔵人民出版社，1988年）114頁。

（９）　張羽新『清政府与喇嘛教』（中国西蔵人民出版社，1988年）115頁。

(10)　承徳普寧寺管理処編　楊時英・楊本芳『外八廟大観』（中国地質出版社）１～161頁。

(11)　徳勒格編著『内蒙古喇嘛教史』（中国内蒙古人民出版社，1998年）500頁。

(12)　徳勒格編著『内蒙古喇嘛教史』（中国内蒙古人民出版社，1998年）151頁。

(13)　徳勒格編著『内蒙古喇嘛教史』（中国内蒙古人民出版社，1998年）152頁。

(14)　徳勒格編著『内蒙古喇嘛教史』（中国内蒙古人民出版社，1998年）452～526頁。

(15)　蘇魯格・那本斯来『簡明内蒙古仏教史』（中国内蒙古文化出版社，1999年）３頁。

(16)　図官洛桑却吉尼瑪『宗教源流史』（Thuḥu bkban blo bzaṅ chos kyi ñi ma, *Thuḥu bkban grub mthaṅ*），中国甘粛民族出版社，チベット語，1984年452～453頁。

(17)　徳勒格編著『内蒙古喇嘛教史』（中国内蒙古人民出版社，1998年）563頁の「固什」は中国語の「国師」の意味である。

(18)　王輔仁・陳慶英編著『蒙蔵民族関係史略』（中国社会科学出版社，1985年）106頁。また［徳］海西希著，田中克彦訳『モンゴルの歴史と文化』（岩波書店，1967年）168頁参照。また金岡秀郎『モンゴルは面白い』（トラベルジャーナル，1993年）79頁。リグデン・ハーン（林丹汗 1592―

1634）はモンゴル最後のハーンである。チャハル部の君主であった。明・清の中国における戦いに乗じて内モンゴル一帯を統一した。彼はチベット仏教を保護し，モンゴル語訳仏教経典の集大成である『カンジュール』を編纂させた。そのため，最高位の活仏の称号を冠し，ホトクト・ハーンと呼ばれる。この『カンジュール』は精査して訳語などを統一したもので，写本によって広まった。現在はごく一部の断簡が伝えられるほか，ペテルブルグに完本が所蔵されているとされるが，明らかにされていないという。最近，サンクト・ペテルブルグに収蔵されている典籍史料に関する調査報告が公にされている。『東方学』第九十九輯（平成12年１月）144頁以下参照。1632年，ホトクト・ハーンは清の太宗（ホンタイジ）に破れ，青海で病没した。これにより内モンゴルは清朝の支配下に入り，現在の中国領モンゴルの原形が形成された。なお，ペテルブルグ写本の目録は出版されているという。

（19）　蘇魯格・那本斯来『簡明内蒙古仏教史』（中国内蒙古文化出版社，1999年）３頁。

（20）　蘇魯格・那本斯来『簡明内蒙古仏教史』（中国内蒙古文化出版社，1999年）３頁。

（21）　章嘉益喜丹必若美著，嘉木楊図布丹・卓日格図校注『智慧之源』（Janggiya yisidanbirome, *Merged garqu yin orun*），中国民族出版社，1988年，チベット語とモンゴル語対照，７～10頁。

（22）　徳勒格編著『内蒙古喇嘛教史』（中国内蒙古人民出版社，1998年）567～568頁。また『中国大百科全書』（宗教）264頁参照。

（23）　徳勒格編著『内蒙古喇嘛教史』（中国内蒙古人民出版社，1998年）568～569頁。

（24）『中国大百科全書』（宗教）261頁。

（25）　李舞陽主編「蔵伝仏教礼讃祈願文」（rGyun ḥdon bstod smon phyogs bsgrigs），『蔵伝仏教文化叢書』（中国民族音像出版社，1997年）11頁。また中国語は次の通りである。

　　無縁悲蔵観自在，無垢智王微妙音，尽摧魔軍秘密主，
　　雪嶺智厳宗喀巴，賢慧名称前祈禱。

（26）　李舞陽主編「蔵伝仏教礼讃祈願文」（rGyun ḥdon bstod smon phyogs bsgrigs），『蔵伝仏教文化叢書』（中国民族音像出版社，1997年）１～９頁。

（27）　西川一三『秘境西域八年の潜行』上巻（芙蓉書房，1977年）158～160頁。

（28）　西川一三『秘境西域八年の潜行』上巻（芙蓉書房，1977年）122～126頁。

（29）　西川一三『秘境西域八年の潜行』上巻，（芙蓉書房，1977年）70頁。

（30）　西川一三『秘境西域八年の潜行』上巻（芙蓉書房，1977年）79～81頁。

（31）　［意］図斉・［西徳］海西希著『西蔵和蒙古的宗教』（中国天津古籍出版社，1989年）413～418頁。

(32)　前田惠學『釈尊』(山喜房佛書林，昭和47年）128頁によれば，肉体に対しての霊魂に当たるパーリ語はjīvaとされるが，これはモンゴル語ではソーニースー（sünisü）当たることになると思われる。因みに輪廻の主体に対してパーリ聖典では識（viññāṇa=vijñāna）という。

(33) 宗喀巴（rse tsoṅkha pa, *Byaṅ cnublamrim cheba*，中国青海民族出版社，1985年）103～105頁。また宗喀巴著，法尊法師中国語訳『菩提道次第広論』（台湾仏陀教育基金会）84頁参照。

ツォンカパ『菩提道次第広論』の中に，

思惟死時除法而外，餘皆無益。

死ぬ時は，法以外なにも助けてくれるものはない。

と説かれている。また同書に，

天王任何富，死赴他世時，如敵劫於野，獨無子無妃，無依無知友，無国無王位，雖有無量軍，無見無所聞，下至無一人，顧戀而隨往，総爾時尚無，名諱況餘事。

天王や国王らは，たいへん贅沢で豊かな生活を送っているが，この世を離れ，死んで他の世に赴くときには，荒野で盗賊に遭い，一切の持ち物を奪われたように，ただ一人で，息子もついてこない，妻もついてこない，頼るところがない。知り合いの友達もいない，持っていたはずの軍隊もない。見ることもできなければ，声も聞こえない。誰一人従う者がない。行きたくなくても，行くときは，どうしても行かなくてはならない。人が死ぬときは，名前以外に何も残るものはない。助けとなるのは，ただ法だけだ。

とある。

(34)　立川武蔵編『曼荼羅と輪廻・その思想と美術』(佼成出版社，平成５）67～68頁。

チベット人の葬儀式（bod miḥi ḥdas mchod）として，サバイドル（sa sbas gtor 土葬）・チュドル（chu gtor 水葬）・メセリドンバ（me sreg gtoṅ ba 火葬）・ジャドル（bya gtor 鳥葬）がある。

(35)　馬文学・呉金宝編著，海風奇訳『蒙古貞風俗』(中国遼寧民族出版社，1996年）129～133頁。

(36)　金岡秀郎『モンゴルは面白い』(トラベルジャーナル，1993年）47頁。

(37)　西川一三『秘境西域八年の潜行』上巻（芙蓉書房，1977年）130～133頁。

(38)　西川一三『秘境西域八年の潜行』上巻（芙蓉書房，1977年）130～133頁。

(39)　散普拉諾日布編著『蒙古風俗』(bSam phel nor bo, Monggol un jang agali yin toyimu)，中国遼寧民族出版社，1990年，モンゴル語，324～328頁参照。

(40)　馬文学・呉金宝編著，海風奇訳『蒙古貞風俗』(中国遼寧民族出版社，1996年）132頁。

第三章　文化大革命後のモンゴル仏教の様態
――北京市雍和宮と承徳市普寧寺を中心として――

第１節　本章の意図

この章では主に中国における文化大革命後のモンゴル仏教の様態および年中法会を，実地調査を行って研究を進めた。

モンゴル仏教は，中国全土で1966年に始まった文化大革命で大きな打撃を受けた。文化大革命以前は，中国国内のモンゴル地域だけで仏教寺院は4,720カ寺あったが，現在復興して再建され，法要をはじめとするさまざまな活動を行っている寺院は，およそ50カ寺である。モンゴル人は中国で約500万人が生活しているが，その６割は仏教徒である。文化大革命以前には，モンゴル人すべてが仏教を信仰していたといわれる。モンゴル国については，1936年から1939年にかけての仏教弾圧は，スターリンの直接指導によって行われたという。その結果，1939年以前にはモンゴル国には約900カ寺の仏教寺院があったが，現在はウランバートル市にあるガンダン（dGaḥ ldan mgon pa）寺などわずかな寺院を残して，他はすべて博物館などに転用されるか，破壊された。当時の革命政府によって「反革命」の罪で銃殺された「高級僧侶」の数は，２万人にのぼるともいわれている(1)。

中国でモンゴル人が生活しているのは，主に内モンゴル自治区，吉林省，遼寧省，黒龍江省，新疆ウイグル自治区，甘粛省，青海省，寧夏回族自治区，河南省，北京市を含めた河北省などの諸地域である。

僧侶の育成機関としては，チベット仏教大学である中国蔵語系高級仏学院がある。これはチベットとモンゴル仏教を専門とする最大の僧侶育成機関である。そこには，チベット地域の活仏とモンゴル地域の活仏が入学することができる。そのほか，モンゴル人僧侶を育成するための仏教大学に，北京雍和宮（チベット語 dGaḥ ldan byin chags gliṅ，モンゴル語 Nairaltu nairamdahu süm-e）仏学院がある(2)。これは最大のモンゴル仏教大学であるが，現段階では正式に公認された大学ではない。これ以外に，承徳市普寧寺のモンゴル仏学院，内モンゴル自治区の五当召のモンゴル仏学院，新疆ウイグル自治区のモンゴル族自治県にあるモンゴル仏学院，山西省五台山にあるモンゴル仏学院などがあげられる。しかし，優れた仏教研究をする日本の諸大学とは比較にならない。今後の向上が期待される。

そこでまず，モンゴル仏教の代表的寺院である，北京雍和宮と承徳普寧寺の二寺院の年中法会などを中心として取り上げて論究していく。北京雍和宮は，中国の文化大革命後，北京におけるモンゴル仏教寺院として残っている唯一のものである。文化大革命中，中学生・高校生を中心とした紅衛兵は，雍和宮を壊しに入ってきた。この情報を，当時の住持である高全寿師が直接周恩来総理に電話で報告した。周恩来総理が速やかに部下の韓念龍秘書を雍和宮に派遣し，紅衛兵を説得した。周恩来総理のお蔭で雍和宮は幸存することができたわけである。中国の文化大革命以前，北京にあるモンゴル仏教寺院の数は38であった。

承徳普寧寺が幸存できたのは，おそらく1961年に「中国全国重点文物保護単位」（国家重要文化財）として指定されたからであると思われる(3)。

上述の理由から，北京雍和宮と承徳普寧寺の二寺院の由縁を述べる必要がある。そして二寺に関連しているさまざまな年中法会などがどのような形で行われているかを，具体的に論述したいと考えている。

①二寺の総合的な年中法会を論究する。

②二寺の戒律に関わる布薩儀軌を紹介したい。

③釈尊の誕生について各国，各地域，各宗派によっていろいろな形式で記念法会を執り行ってきた。ここで二寺の釈尊誕生会を通して中国仏教，日本仏教，上座仏教などと比較研究したい。

④瞑想の修行法は，古くから今日に至るまで各地で実践してきた。ここでは，モンゴル仏教の特色ある瞑想念仏について論ずる。

⑤チベット仏教とモンゴル仏教では，釈尊が娑婆世界におられるとき，いろいろな神通力を現して悪魔外道を調伏したことがあると考えられている。これに基づいて行われている大願祈禱法会の由来とその意義を明らかにする。

⑥仏教では灌仏という儀式があり，これも各国，各宗派によって異なっていると思われる。モンゴル仏教における灌仏とはどのような目的をもっているのか，どのように執り行っているのかを詳細に具体的に解明する。

⑦最後に，モンゴル仏教における金剛駆魔神舞について論述する。一般的な考え方では，「駆魔」といえば仏教以外の他宗教を指す。しかしモンゴル仏教では，人間それれぞれ（個人）の内在の敵（貪・嗔・癡）などを追い駆ける必要があると，考えている。この金剛駆魔神舞の起源とその意義などを明らかにする。

第２節　雍和宮と普寧寺の由来

（１）雍和宮は，北京市最大のモンゴル仏教寺院である。いわば，北京におけるモンゴル仏教の総本山ともいうべき大寺院である。清朝・乾隆皇帝の勅願寺であり，乾隆９年（1744）に亡父・雍正帝の追善のために，父の宮殿を改修して寺院となしたものである。地上18メートル（地下８メートル）の弥勒仏は，ダライ・ラマ七世カルザンギャムツォ（bsKal bzaṅ rgya btsho 格桑嘉措 1708―1757）の命により，インドから中国の北京の地に運ばれた，１本の白檀の巨木から彫り上げた仏像であり，ギネスブックにも登録され世界的に有名である(4)。

チベット暦の木鼠年（1744年），乾隆皇帝は，ジャンジャ・ホトクト十五世から，チベット仏教の歴史とその発展について詳しく教授された。モンゴル帝国元朝では，チベット仏教サキャ派の高僧サキャ・パンディタとパクパ国師は，仏法を高揚するために北京に多くの寺院を建てた。ジャンジャ・ホトクトに対して乾隆皇帝は，当時，北京に仏法を高揚する大寺院がなかったため，父皇雍正皇帝の王府であった宮殿を，仏殿・経堂・僧舎がある大寺院に改建したいと言った。ジャンジャ・ホトクトはたいへん喜んで，

　　小僧一定竭尽全力效労。

　　僧である私［ジャンジャ・ホトクト］はすべての力を出してお手伝いする。

と答えた。

そして国費によって，中央に大本堂があり，右に仏殿があり，左に護法殿があり，また，顕教殿があり，密教殿があり，声明殿があり，医学殿がある学院が建てられ，僧舎などを完備した大寺院が完成した。寺名はガダンジンチャクリン（dGaḥ ldan byin chags gliṅ 甘丹敬恰林），すなわち，雍和宮である(5)。

ジャンジャ・ホトクトをはじめとした活仏と多くの僧侶は，雍和宮で３日間昼夜を分かたず開眼儀式を行った。清朝の政府が大布施をしたという。

そして同年（1744），内モンゴルの49旗と外モンゴルの７部，および中国国内とチベット地域から500名の青年を雍和宮に集めて，仏教僧団を設立した。500名の中の300名は顕教学院で修行し，100名は密教学院で修行し，50名は医学学院で修行し，50名は声明（文化）学院で修行した。寺院の制度はすべて，仏教の清規で定めた。皇帝も毎年，雍和宮を視察し，国から雍和宮の僧侶に生活費を付与した。皇帝の命によって，雍和宮各学院の担当上師は，すべてチベットから招聘された。

すなわち，清朝の乾隆年間には，チベットのラサのデーブン寺（ḥBras spuṅs dgon pa 哲蚌寺）のハドンラッバジムバガッガワンチョプル（Ha sdoṅ rab ḥbyams pa ṅag dbaṅ chos ḥphel 哈東熱絳巴阿旺却培）が顕教学院の上師を担任し，密教専門のゴンチョクダンダル（mGon mchog bstan dar 官却丹達）が密教学院の上師を担任し，モクチョクパ・シャッバルン（rMog ljog pa shabs druṅ 摩覚巴夏茸）が声明（文化）学院の上師を担任し，プンツォクサムリン（Phun tshogs ḥdsm gliṅ 彭措讃林）が医学学院の上師を担任した。その他，チベットのラサの三大寺から，18名の高僧が雍和宮の経師として招聘され，各種の対論会が行われたという(6)。チベット暦の火虎年（1746）２月から，雍和宮でモンランムチェンモ（sMon lam chen mo 黙朗欽摩），すなわち大願祈禱法会が行われた。２月１日，雍和宮は乾隆皇帝の来臨を得た。ジャンジャ・ホトクト十五世とジェブツンダンバ・ホトクト二世の間で対論が行われた。その他多くの高僧たちが対論を行い，仏教最高の学位（博士の学位）の取得を目指した。

その後，毎年の大願祈禱法会で，歴代ジャンジャ・ホトクトが僧俗に説法し，国からも大願祈禱法会に参加した僧侶に大布施がなされた。

要するに，雍正皇帝の宮殿を仏の本地としてモンゴル仏教の雍和宮に改変し，大願祈禱法会を行うことができたのは，ジャンジャ・ホトクト十五世の尽力によるところが大であったと考えられる。ジャンジャ・ホトクトと雍和宮については第二編第五章活仏の由来（224～231頁）に詳細に述べている。

1966年に勃発した中国の文化大革命（1966～1976年）のために，雍和宮の法要と修行生活の一切が禁止された。勿論，中国全土で一切の宗教信仰が禁止された。文化大革命終結後，1978年12月18日の第11期第3回中央委員会全体会議（中共十一届三中全会）において，新しい中国の宗教政策が発表されるに至って，1981年から雍和宮で法要をはじめとする仏教活動が再開され，1987年１月23日（旧暦）から，大願祈禱法会なども再開された。

（２）普寧寺が位置している承徳市は，中国の首都北京から北東へ約180キロメートルのところにあり，総面積は39,837平方キロメートルである。総人口は34万人を超えている。人口の5.7％がモンゴル人であり，漢民族は61.8％，その他の少数民族は22.5％である。昔は，承徳は熱河省と呼ばれていた。中国最大の皇帝の避暑地「避暑山荘」が，承徳市の中心にある。「避暑山荘」の外周りにあるモンゴル仏教の寺院は，通称「外八廟」と呼びならわされてきた。中国の清朝時代に十二カ寺院が創建された。普寧寺の資料によると，1949年の中国の解放以前，ここには，モンゴル人僧侶が948名在住していた。しかし中華人民共和国となった1949年には，それが52名に減じたという。

現在承徳市では，中国・内モンゴルの仏教信仰の中心をなす大寺院である普寧寺だけに僧侶が住している。中国の文化大革命後，信教の自由が認められ，正式には，1978年に中国の宗教政策が発表以後，1985年になって初めて僧侶たちが，普寧寺を修行道場として安住することができるようになった。1987年，普寧寺において承徳市仏教協会が成立した。現在では２名の活仏が主持と副主持を務めている。この２名の活仏をはじめとして，13歳の少年僧から85歳まで60名を数える僧侶たちが，法要やさまざまな分野の仏教活動を行っている。普寧寺は，1961年に「中国全国重点文物保護単位」に指定され，1994年には国連の「ユネスコ世界文化遺産」にも登録された。また，中国北部でのモンゴル仏教最大の宗教活動拠点としても有名となった。

普寧寺は，清朝乾隆20年（1755）から4年の歳月をかけて，3万3,000平方メートルの広大な敷地に創建された。1755年，中国西北辺境を平定した清朝の乾隆帝は，承徳市の避暑山荘において，モンゴル・オイラト（厄魯特）四部の貴族たちと祝宴を開き，彼らに領土と汗王の称号を下賜した。そして乾隆皇帝をはじめ四部の貴族は，チベット語系仏教を信仰していたため，チベットのサムイェー寺（bSam yas gtsug lag khaṅ 桑耶寺）と同じ形式のモンゴル仏教寺院を創建し，一切衆生の「安其居，樂其業，永永普寧」，即ち安心して居住し，生産に勤しみ，永遠に普ねく平和であることを祈願して，「普寧寺」（dPal chen nor bu gliṅ）と名づけられた。またこの寺院には，世界最大の寄木造りの木造仏があることから,「大仏寺」の名でも親しまれている(7)。

普寧寺の地理位置は，山と川が出合う美しい風景の中で，丁度12の寺の中央に建てられている。他の11の寺は（表1，469頁参照）普寧寺の西側と東南側に按排されており，その南西には，かつての避暑山荘が位置している。山門をくぐると，建ち並ぶ仏殿楼閣が視野一杯に迫ってくる。高く聳える甍が金色に輝くその荘厳さに，人は思わず息を飲むことであろう。

この普寧寺は，その建築様式を平地部と丘陵部の二つに分けることができる。前部平野部に聳える「天王殿」，つまり山門と「大雄宝殿」は，漢民族の建築様式を特徴としている。その後ろに聳える山に腰掛けるように建てられている「大乗之閣」（大仏殿）は，チベット式の建築造形芸術の宝庫ともいえる建築物である。これら漢・蔵両文化が融合した建築様式は，中国の各民族の団結と文化交流の象徴でもある。普寧寺の主要建築である「大乗之閣」は山に沿って聳え建ち，その高さは33.75メートルである。その中には，世界最大の金漆木造仏である千手千眼観世音菩薩が祀られている。仏像の高さは22.25メートル，重量は110トンに及ぶ。仏像造形のすべてが美的な調和を保ちつつ，生き生きとした姿を現している。全体的にバランスがとれたその像容もさることながら，細部に目を向けると，衣紋は清麗で，飄帯は下方に向かって自然に美しく垂下している。中国とチベットの彫刻匠の優れた技術の力が十分に発揮されている。この仏像は世界の文化遺産の中でも貴重な存在といわれるのに相応しいものである。この慈悲あふれる姿が，日々世界各地の仏教信仰者のみならず，すべての人々を等しく普寧寺へと誘引しているの感がある(8)。

第3節　雍和宮と普寧寺の年中法要活動

モンゴル仏教の諸寺院で現在行われている年中法要は，地方によって異なっている。また仏学院を擁する寺院と擁しない寺院により，あるいは大寺院と小寺院によって，年中法要のあり方が異なっている。ここでは，北京市にある雍和宮と，承徳市にある普寧寺を中心例として記述する。日本の愛知県仏教協会から派遣された渡辺観永師（浄土宗想念寺）と私は，1998年1～2月に，モンゴル北部で最大のモンゴル仏教寺院，北京市にある雍和宮と承徳市の普寧寺に現地調査を行った（表2）。

文化大革命が終息した1981年以後，僧侶が徐々に修行生活に戻ってくるにつれて，雍和宮と普寧寺では年々伝統的な法要活動も復活してきた。雍和宮と普寧寺には，モンゴルの青年僧を育成する仏教学院があり，多くの年中法要が行われている。現在では毎日，大雄宝殿（大本堂）において，毎朝6時から8時まで約50名のモンゴル僧侶が集まって法要を行っている。念誦する経典には，『悲願誦』(dMigs brse ma)，『帰依発心儀』(sKyabs ḥgro sems sems bsked)，『兜率天上師喩伽法』(dGaḥ ldan lha brgya ma)，『釈迦牟尼仏讃』(sKabs gsum pa)，『二十一尊聖救緑度母礼讃』(ḥPhas ma sgrol ma la bstod pa)，『白度母』(sGrol dkar bstod pa)，『般若心経』(bCom ldan ḥdas ma śes rab kyi pha rol tu phyin paḥi sñiṅ po)，『上師供養法』(bLa ma mchod pa)，『長壽仏讃』(tShe dpag med la bstod pa)，『阿弥陀仏呪文』(Amitābhaḥi gzuṅs)，『観世音菩薩呪文』(Thugs rje chen poḥi gzuṅs)，『薬師仏呪文』(Saṅs rgyas sman blaḥi gzuṅs)，『尊勝仏母呪文』(rNa sgyal maḥi gzuṅs)，『普賢菩薩行願』(bZaṅ spyod smon lam)，『往生極楽浄土願』(bDe ba can du skye baḥi smon lam)(9)などがある。

チベット仏教であるゲルク派の五大行願偈は，毎日交代で念誦される。これらの経典はすべてチベット語で念誦され，仏教の護法のための供養も毎日行われている。毎日供養される物には，灯明・線香・ビラン(gtor ma 酥油花)に加えて，果物，菓子などを含めた多種多様の供物がある。使っている法器には，金剛杵（rdo rje)・金剛鈴（dril bu)・法螺（duṅ chos)・鍐翅法螺（duṅ dkar gśog pa can)・鐃鈸（sel sñanr)・哨吶（gya Gliṅ)・長号角（duṅ chen)・脛骨号筒（rkaṅ gliṅ)・長柄鼓（lag rṅa)・ダマル・神鼓（mchod rṅa）などがある。

旧暦の毎月１日，８日，15日，月末には，寺院の住持をはじめ僧侶の全員が大雄宝殿（大本堂）に集まって，午前と午後の２回法要を行う。普段念誦している上述の諸経典の外に，さらに『護法関羽経』『吉祥天母経』『彌勒仏誓願陀羅尼』などを加え念誦する。

モンゴル仏教では，１月１日は，彌勒仏の誕生を記念して盛大な法要を行う。現在の中国では宗教に政治がからみ，ほとんどの仏教寺院で『祈禱国泰民安大法会』という題目をかかげて，旧暦の正月１日を迎えている。伝統的には，仏教信仰者は１年の始まる日として家族が打ち揃って，あるいは友達・同僚と一緒に寺院に参詣し，仏・菩薩・三宝の前に線香を１本ずつ供え，１年の「平安如意」を祈念する。そうすることによって，１年間の生活は幸福に吉祥になると信じている。そのためにモンゴル仏教では，僧侶が『大威徳金剛』『吉祥天母回供』『永保護法』『財宝天王』『地獄主』を念誦し，人々の家内安全と世界平和の大祈禱法要を行っている。

毎月の８日は清浄日である。僧侶をはじめ，一般の庶民たちは，毎月８日に『清浄経』を念誦することによって，福徳を積むことができると強く信じている。チベット仏教とモンゴル仏教の僧侶は，普段は精進料理を食べていないが，僧侶も一般の庶民も，この日だけは精進料理で一日を過ごす習慣が今日も続いている。どの寺院でもどの家庭でも，この日は，モンゴル語でいうブレイセ（bureise）を食べるのが習慣となっている。ブレイセは，米・砂糖・バターなどのいろいろな食材を混ぜて蒸し上げた独特な料理である。

第４節　雍和宮と普寧寺の布薩儀軌

毎月15日と月末，すなわち満月と新月の日は，懺悔の日である。これがウポーサタ（布薩儀軌）である。ウポーサタの朝は，僧侶が集まって全員懺悔の会を催すのである。小寺院の僧侶の中には，大寺院に来て懺悔会に参加することになっている人もいる。懺悔会では，『総懺悔経』（sPyi bśags）(10)，『三十五仏懺悔経』（lTuṅ bśags）(11)を念誦し，懺悔する。

懺悔の法要である布薩懺悔は，次の三つの「続」（gso sbyoṅ gi skabs kyi rgyud gsum，長浄三続ともいう）から成っている。

一つは「頂礼続」（phyag ḥtshalbaḥi rgyud）である。僧侶全員による仏像への礼拝である。

一つは「誦経続」（mdo ḥdon baḥi rgyud）である。僧侶全員による『釈迦牟尼仏讃』(12)をはじめとした『懺悔経』の念誦である。

一つは「廻向続」（bsṅo baḥi rgyud）である。僧侶全員が布薩阿闍梨（uposatha-ācārya）に向かって，３名が一つのグループとなって，それぞれ自分がこの半月の間に犯した罪悪を反省し，その罪悪を告白する懺悔である。

またチベット仏教とモンゴル仏教では，布薩懺悔を六つに分けることもある。つまり，十四日布薩，十五日布薩，息災布薩，順法布薩，吉祥布薩と奢摩他布薩（samādhi-uposatha 定時布薩）の六つである。

中国仏教では，「誦戒日」といわれる。

第５節　雍和宮と普寧寺の釈尊誕生会

旧暦の４月は吉祥月である。雍和宮では，４月13日から16日までの４日間を釈尊の「誕生日・成道日・涅槃日」として，盛大に法要を行っている。普寧寺では，４月８日から15日までの８日間にこれを行っている。これは，モンゴルの仏教では中国の仏教や日本の仏教と違って，釈尊の「誕生日」「成道日」「涅槃日」は，すべて旧暦の４月15日であると考えている。これはチベット仏教の暦法の考え方によるのである。

中国仏教協会の趙樸初会長は，旧暦の４月15日は釈尊の誕生・成道・涅槃を記念する日とし，中国各地の仏教寺院では仏教徒の祝日として，盛大に法要を行うように指令している。

関於挙行佛吉祥日法会的通告

各省，自治区，直轄市仏教協会：

我国蔵語係仏教徒，巴利語係仏教徒及多数国家的仏教徒，均以毎年公暦五月的月圓日為仏陀誕生，成道，涅槃記念日；我国漢語係仏教徒則以毎年農暦四月初八為仏陀誕生記念日。経趙樸初会長倡議，漢傳仏教各寺廟将公暦五月的圓日（農暦四月十五日）定為“佛吉祥日”，挙行慶典。這様做，既可体現仏法的荘厳性和一致性，也有利於増強各地各族仏教徒之間的友誼和団結。為此，本会希望従今年開始在漢傳仏教各主要寺廟挙行佛吉祥日法会。今後，各漢傳仏教寺廟除在毎年農暦四月初八挙行伝統的浴佛法会外，均應荘厳隆重地挙行佛吉祥日法会。特電通告，希積極予以配合為禱！[(13)]。

中国仏教協会

一九九〇年五月四日

佛教の吉祥祝日（佛吉祥日）法会実施に関する通告

各省，自治区，直轄市の仏教協会：

私たちの中国におけるチベット語系の仏教徒や，南伝パーリ語系の上座仏教徒および世界の多数の各国家と地域の仏教徒は，すべて毎年新暦五月の満月の日が，釈尊の誕生・成道・涅槃の記念日であると考えている。私たちの中国における漢語系の仏教徒は，それらと異なって，毎年旧暦の４月８日に，釈尊の誕生記念日の法会を行ってきた。

趙樸初会長の提案により，中国における漢伝仏教の各寺院においても，新暦５月の満月の日（旧暦の４月15日）を，「吉祥祝日（佛吉祥日）」として祝典を行うことに決定した。このようにすれば仏法の荘厳を表し，各国仏教界の相互理解を促進することができる。さらに各地域，各民族の仏教徒の間の友好と団結を強固なものとするのに役立つと考えられる。

そこで本仏教協会は今年から，中国における漢伝仏教の各主要な寺院において，「佛吉祥日法会」を行うよう要請している。今後とも各漢伝仏教の寺院では，毎年旧暦４月８日に，伝統的な釈尊の誕生記念日の「浴佛法会」を行うとともに，さらに荘厳かつ盛大に「佛吉祥日法会」を執り行わなければならない。

以上のことをとくに通告し，各位が積極的に協力されんことを願うものである。

中国仏教協会

1990年５月４日

このように中国仏教協会は，チベット仏教の暦法の考え方を追認しているのである。法会は４月13日朝５時に，寺院の住持をはじめ僧侶全員が法輪殿（大本堂）に集まり，ここで，１年中で最も盛大な記念法会が執り行われる。

釈尊の前で僧侶は，バターを入れた千盃灯明に火をつける。線香と紙で造った花を，それぞれ千輪（千個）献供する。本堂の中央の仏壇の前に，銅浄瓶リルバジルクガ（ril ba spyi blugs）を一つ置いて，内に甘露水を満たす。この甘露水は飲むか，顔や身体を洗うか，あるいは身体に注ぐかすることによって，万人が病気や障害などを癒され幸福がもたらされると，チベットとモンゴルの仏教とたちは強く信じている。水と六味香（bzan drug），すなわち草果（ka ko la），石膏（cu gaṅ），丁香（Li śi），蔵紅花（gur kum），肉豆蔲（dSā ti），益智仁（sug smel）を入れた銅碗を千盃供える。仏壇の外周りを飾るバターで作った「五彩繽粉」という多種多様な花が，生き生きと見える。あらゆる種類の供養法器と供養の品の数を，千の数で充たさなければならない。だから，この記念法会は「千供法会」とも呼ばれる。

念誦する主な経典としては，『悲願誦』『帰依発心儀』『兜率天上師瑜伽法』『釈迦牟尼仏讃』『献沐浴誦』『供養曼荼羅』『縁起讃』『礼讃啓請能人十六阿羅漢儀軌』『妙吉祥三根本』『菩提道次第摂論』『総懺悔文』『三十五仏懺悔文』『二十一尊聖救緑度母礼讃』『白度母』『般若波羅蜜多心経』『上師供養法』『長壽仏讃』『阿弥陀仏呪文』『観世音菩薩呪文』『薬師仏呪文』『尊勝仏母呪文』『普賢菩薩行願偈』『往生極楽浄土願』などがある。

旧暦の４月13日から15日までの釈尊の記念法要については，『上師供養法』

と『千供経』を重ねるから，「千供法会」とも呼ばれる。モンゴル仏教寺院で法会を行う場合は，祀られている本尊の修行法門，すなわち，供養の法式によって行われなければならない。現在のモンゴル仏教は，チベット仏教のゲルク派（dge lugs pa）のみが残っているので，修行法門は供養の法式である『上師供養法』によって行われている。

チベット仏教の経典によると，この4日間にたった一つでも善事をなし，「南無阿弥陀仏」や「南無観世音菩薩」の真言をわずか1回だけでも念誦することができれば，それは普段の3万回の善事や，3万回の真言の念誦に匹敵すると，モンゴルの僧俗は強く信じている。だから，モンゴル仏教の僧俗は，この日に必ず功徳を積もうとするのである。

1990年の旧暦4月15日に，趙樸初会長の唱導に共鳴した北京市の仏教の「四衆弟子」をはじめ，中国の各地方において，浴佛節・衛塞節（サンスクリット語 Vaiśākha）・佛吉祥日についての記念日の法要が行われた。北京市では，漢伝仏教の寺院の広済寺・法源寺・広化寺とチベット仏教大学，モンゴル仏教である雍和宮，あるいは北京市にある尼僧寺院の通教寺などでも，記念日の法要が行われた。趙樸初会長も自ら各寺院に詣でて，線香などを供えられた。

チベット族，モンゴル族，タイ族などのチベット語系仏教と，南伝パーリ語系上座仏教では，毎年の西暦の5月の満月の日を，釈迦牟尼の誕生・成道・涅槃の記念日であると考えている。これと違って，中国の仏教徒や日本の仏教徒の漢伝仏教国だけが，毎年の旧暦4月8日を釈尊の誕生記念日として法要を行っている。

1954年，世界仏教徒連合会は，ビルマの首都ラングーンで，第3回の会議を開催した。その会議で，衛塞日（パーリ語 Vesākhapūjā）を「世界仏陀日」（Buddhajayanti）とすることを決議した[14]。

仏誕節は，中国では浴佛節ともいわれる。経典によれば，釈迦牟尼が誕生したとき，ある龍王が香水を太子の頭の頂にかけたという因縁を説いている。したがって後世の仏教徒たちが，毎年の旧暦4月15日（中国の仏教徒と日本の仏教徒の漢伝仏教国だけが，毎年の旧暦の4月8日）に，盛大な浴佛法要を行っている。

主な供え物としては，香湯，五色水，甘茶などがあり，これで太子誕生像を灌沐した。中国仏教徒の「浴佛」に用いる香湯の中に，牛頭旃檀，紫檀，多摩羅香，甘松，麝香，丁香などのいろいろな妙香を混ぜて浄器の中に入れ，この混ぜた香湯を仏頂に灌頂するのが浴佛儀式である。

インドと西域の仏教徒たちの間では，仏陀の誕生像を車の上に置いて，町をねり歩く習慣が今でも残っている。この習慣は中国の唐朝と宋朝の時代にも行われた。仏教が中国から日本に伝わった後，日本の仏教徒も承和７年(840）に初めて花祭りの法要を行った。その後，毎年４月８日に皇宮の清涼殿において，「灌佛儀式」が行われるようになった。それ以来，日本全国の仏教寺院で，毎年４月８日に花祭りの法要が行われている。ある寺院では毎年４月１日から８日までの８日間，盛大な花祭りの法要を国際的な規模で行っている。

『般泥洹後灌腊経』によると，釈尊の誕生日は７月15日の夏満日（安居）で，この日に「灌佛儀式」，つまり花祭りの法要を行った。それを灌腊と称したのである。

『譬喩経』によれば，「腊月八日之浴佛」，つまり12月８日が釈尊の誕生日である。禅宗の寺院の中には，釈尊の成道日にも「灌佛儀式」の法要を行うところがある。インドではほとんどの寺院において，毎日「浴佛」の法要を行っている。それはおそらくインドの気候が極めて暑いので，毎日水をかけてあげる必要があると考えたからであろう。『南海寄帰内法伝』巻四，および『大宋僧史略』巻上には，「浴佛」という儀式は元来，釈尊の誕生日だけに行われたわけではなかったと記載されている。

釈尊の誕生日は，衛塞月（パーリ語 Vesākha-māsa）の「満月日」であり，南伝上座仏教国においては，この日に釈尊の誕生・成道・涅槃を記念して，盛大な祭りを執り行う。スリランカの仏教徒はこの衛塞日を最大の祝賀日とし，家族揃って寺院に詣で，礼仏し，三宝に供養をし，戒律を守り，聞法する。政府も指令を発して，殺生および，酒の売買を禁止し，入監中の犯罪者の釈放が行善の一つとして行われる。僧侶は日夜を分かたず説法し，『守護経』を念誦して消災祈福する。

1950年，世界仏教徒会議（WFB）がスリランカの首都コロンボにおいて第一次の会議を開催したときに，釈尊の誕生を西暦紀元前623年，成道を西暦紀元前588年，涅槃を西暦紀元前543年に確定したと伝えられた。上座仏教国では，釈尊の誕生・成道・涅槃は陰暦５月の満月日であると考えているので，三つの記念日を合わせて祝賀するために「衛塞節」といい，また同時に三つのことを記念するために，「三期同一慶」とも呼ばれる。

1954年，世界仏教徒会議が，ビルマの首都ラングーンにおいて第三次の会議を開催したときに，衛塞日を「世界仏陀日」として以来，各国の仏教徒は，この日をもって釈尊の自覚・覚他・覚行円満の智慧の光りが全世界を照らす記念すべき日とし，さらに釈尊の慈悲平等の教えをもって，人類の平和を祈願しているのである。

中国の仏教徒は，中国政府から認証を得て，「佛吉祥日」という名称のもとに，祭日として記念法要を行っている。

第６節　普寧寺マニ法要（瞑想念仏）

旧暦４月８日から15日までの間，普寧寺の僧侶は大雄宝殿で「マニ経」念誦の厳しい修行法要を行う。修行僧はこの連続した１週間，観世音菩薩の真言である「オム・マニ・パド・メ・フン（Oṃ maṇi pad me huṅ 嗡嘛呢叭咪吽）」だけを念誦する。この間，人に話しかけると修行にならないと，僧侶は強く信じている。１日24時間の中で，食事と茶を摂ることができるのは朝と昼の二回だけである。それ以外の時間は，水一滴も口にすることができない。この法要を，千手千眼観世音菩薩を本尊とする「マニ法会」という。マニ法会では，僧侶は一切の肉食を断ち，精進潔齊して極めて厳粛に法会が執り行われる。

本堂の中央で，千手千眼観世音菩薩の前にブンパと呼ばれる大銅瓶を置く。ブンパは，縦横25センチくらいの壺状の器である。その中に，マニウリルと呼ばれる粟粒大の赤い「煉丸」を入れる。このマニウリルは，金（gser），銀（dṅul），珊瑚（byu ru），真珠（mu tig），銅（zaṅs）の５種類の宝物（rin po che）と，仏手参（dbaṅ lag），復盆子（kan ṭa kā ri），苦参（sle kres），竹黄（cu gaṅ），白色サダガ（śa dag dkar po）の5種類の薬（sman lṅa）と，冰片（ga bur），麝香（gla rtsi），肉豆蔻（dsa ti），蔵紅花（gur gum），檀香（dsan dan）の5種類の妙香（dri lṇa）と，青稞（nas），小麦（gro），豆（sran ma），ゴマ（til），大米（ḥbras）の5種類の穀物（ḥbru lṅa）と，食塩（lan tshab），胡麻油（til mar），煉酥（mar），黒砂糖（bu ram），蜂蜜（sbraṅ rdsi）の5種類の精華（sñiṅ po lṅa）の，合計25種類の聖物（ñer lṅa）から成り，大銅瓶の中で煉ったものである。

ブンパの中央に，赤・青・黄・白・黒の糸を巻いた聖なる棒を五本立てる。これに赤・青・黄・白・黒の五色の糸を結びつけ，寺院の住持がその一端を持って座り，法要成就の終わりまで一刻たりとも手を離すことがない。法要成就は，大銅瓶の中のわずかなマニウリルが増加して，大銅瓶に充満したことを意味する。そして成就は，大銅瓶から妙なる音響が出ることによってわかる。

この法要には，寺院の僧侶全員が出仕するのは勿論，遠近の僧侶が随喜助法する。昔は，このようなマニ法要が行われるときは，数百数千人の僧俗となるのが普通であった。法要では『十一面観世音礼讃祈禱頌』『マニ経』『大悲心陀羅尼経』(15)などを念誦するが，主として観世音菩薩の六字真言である「オム・マニ・パド・メ・フン」を，大きな声で昼夜を分かたず念誦するのが普通である。近隣より参詣の在家の人々も共に念誦するが，その法音は，澄み切った草原の遠い空のかなたまで響き渡るので，まるで観世音菩薩の浄土，すなわち阿弥陀仏の極楽世界である，とモンゴル仏教では考えている。

住持は大銅瓶に充満したマニウリルを，速やかに他の容器に移さなければならない。それは，もし，大銅瓶の蓋を取り，他の器に移すことが遅れたときは，折角涌出したマニウリルは空中に飛散すると考えられるからである。

成就したマニウリルには万病に霊効があると，チベット人やモンゴル人は強く信じている。仏教徒は寺院に詣で，僧侶に礼拝し，供養物を供養し，その後，霊薬であるマニウリルの分与を願う。受け帰ったマニウリルは自宅の仏壇の中に秘蔵し，不時の病害に備える。そして実際，絶対的信仰を有するモンゴル人は，それが万病の霊薬となるものと深く信じて疑わないのである。

第7節　雍和宮と普寧寺の大願祈禱法会

雍和宮では旧暦の正月23日から2月1日の間，大願祈禱法会を行っている。これはチベット仏教のゲルク派（dge lugs pa 黄帽派ともいう）に所属する寺院のみが執り行う，盛大な祈念法要である。

チベット仏教では，釈尊が在世のとき，チベット暦の正月1日から15日の期間に，いろいろな神通力を現して，悪魔外道を調伏したと考えている。したがってチベット仏教では，チベット暦の正月は神変月と呼んでいる。そして，この神変月に大神変節を定めた。この大神変節が，チベットとモンゴルの各寺院で盛大に執り行われる大願祈禱法会なのである。

明朝永樂7年（1409年），チベット暦の正月1日から15日に，チベット仏教のゲルク派の開祖であるツォンカパ（tSoṅ kha pa 宗喀巴 1357—1419）が，チベットの仏教聖地であるラサの大召寺において，釈迦牟尼仏の神変伏魔を記念して大願祈禱法会を執り行った。この法会では，発願祈禱の儀礼の活動に加えて，仏法を論議する対論が盛大に執り行われた。この法要をチベット語でモンランムチンモ（smon lam chen mo 默朗欽摩），すなわち大願祈禱法会という。ラサの大昭寺で行われたので，一般的には伝召法会とも呼ばれる。しかし，ツォンカパの示寂後19年でこれは中断した。その後ツォカパの弟子であるダライ・ラマ二世ゲンドゥンギャムツォ（dGe ḥdun rgya mtsho 根敦嘉措 1475-1542）が，再びこの大願祈禱法会を復興した。その後毎年慣例になり，正月にはチベット仏教のゲルク派寺院で盛大に執り行われている。ダライ・ラマ五世ガワンロサンギャムツォ（Ṅag dbaṅ blo bzaṅ rgya mtsho 阿旺 羅桑嘉措 1617—1682）の時代に，大願祈禱法会がチベット暦の正月3日から24日まで行われるようになった。大願祈禱法会が行修される寺院が各地に広がり，内容も豊富になっていった。チベット仏教の所謂ゲシェー（dge bśes 格西），すなわち仏教博士を，この大願祈禱法会の中の対論経典の形式で選出する制度が定められた。

釈尊の悪魔外道の調伏を記念すると共に，ラルンバルドレジェ（Lha luṅ

dpal rdo rje 吉祥金剛）が，ランダルマ王（gLaṅ dar ma 836—842）を殺して仏法を護り，怨霊を消滅したことを記念して，金剛駆魔神舞の儀式を行っている。また，正月は１年の始めであるので，この１年間が「歳々平安，法輪常轉」，つまり，年々が平和であり，仏法が永劫に説き続けられることをこの法会で祈願するのである(16)。

最後の２日間，すなわち旧暦の正月29日（あるいは30日）と２月１日には，一般の中国人が跳布札とか打鬼と呼ぶ「金剛駆魔神舞」が奉納される。いわゆるモンゴル仏教の踊りである。

２月１日午後３時から，大願祈禱送鬼（smon lam gtor rgyag）という儀式が行われる。この大願祈禱送鬼という儀式は，日本の節分の儀式とよく似ている。すべての悪魔や鬼神を外に追い出して，この１年を幸福に過ごすことができると深く信じている。これは，仏教者が正法を修行するとき，「内・外・密」の三つの方面の邪見的な逆縁を消除する必要があると考える，モンゴル仏教の考え方によるものである。

大願祈禱法会の間，主に念誦する経典に次のものがある。日常念誦する経典の他に，『悲願誦』『釈迦牟尼仏讃』『献沐浴誦』『供養曼荼羅』『縁起讃』『礼讃啓請能人十六阿羅漢儀軌』『妙吉祥三根本』『菩提道次第摂論』『総懺悔文』『三十五仏懺悔文』『普賢菩薩行願偈』『往生極楽浄土願』『大威徳金剛祈願文』『吉祥天母回供』『永保護法』『財宝天王』『地獄主』『正道啓門品』『入菩薩行願・廻向品』『初中後善願』などの経典がある。とくに『釈迦牟尼仏讃』『献沐浴誦』『供養曼荼羅』『総懺悔経』『三十五仏懺悔経』『往生極楽浄土願』『御訳衍教典』は，毎日繰り返して念誦される経典である。住持と副住持が１日ずつ交代して，ラマ（ācārya 阿闍梨）として寺院の僧侶全員と法要の進行に当たる。

なお，普寧寺の大願祈禱法会も同様に執り行われる。ただ，期日が異なる。普寧寺では，旧暦の正月11日から13日までの３日間である。

第８節　モンゴル仏教の「献沐浴誦」

この「献沐浴誦」（sPyan ḥdren khrus gsol）という経典は，大・中・小の三種類がある。大は，１週間にわたる法要で念誦され，中は，毎日の法要で念誦され，小は，僧俗が随時に念誦するものである。

本論文に取り上げた『献沐浴誦』は，主要な内容は，法要を行う道場を清浄にし，諸悪魔を調伏し，諸仏･諸菩薩･護法神らを要請することから始まる。

沐浴の順序は，如来から始めて，仏・法・僧の根本になる上師・本尊・諸仏・八大菩薩・空行尊・護法神・天・龍と続き，最後に地祇で終わる。諸仏・諸菩薩の身・語・意に沐浴を献ずることよって，衆生の身・口・意の諸過患である煩悩を清浄にする。本来，諸仏・諸菩薩は悟った清浄な世界に成就しているから，沐浴をする必要がないが，修行者が，諸仏・諸菩薩に沐浴を献じた福徳によって，諸仏・諸菩薩の慈悲心による他力と，おのずからの敬虔な信仰心が一体となって，悟りを求める修行法となる。

最後に，一切の衆生が清浄の浄土に往生することを祈願する。

༄༅། །སྤྱན་འདྲེན་ཁྲུས་གསོལ་བཞུགས་སོ། །

献　沐　浴　誦

ཐམས་ཅད་དུ་ནི་ས་གཞི་དག། གསེག་མ་ལ་སོགས་མེད་པ་དང་། །
ལག་མཐིལ་ལྟར་མཉམ་བཻཌཱུརྻའི། །རང་བཞིན་འཇམ་པོར་གནས་གྱུར་ཅིག།

清浄大地一切中、亦復無有礫石等；

猶如平掌藍琉璃，其性妙軟求祈住。

大いなる地を清らにし
砂や小石もその姿を消し去らん
掌のひらの如くに平らかな藍瑠璃
全てが穏やかなる処で祈ることを請い求む

མ་ལུས་སེམས་ཅན་ཀུན་གྱི་མགོན་གྱུར་ཅིང་། །བདུད་སྡེ་དཔུང་བཅས་མི་བཟད་འཇོམས་མཛད་ལྷ། །
དངོས་རྣམས་མ་ལུས་ཡང་དག་མཁྱེན་གྱུར་པའི། །བཅོམ་ལྡན་འཁོར་བཅས་གནས་འདིར་གཤེགས་སུ་
གསོལ། །

無余有情依怙主、無儘魔軍能摧壊；

一切真實悉正知，佛與眷属乞降臨。

全ての有情は拠るべき主を求む
如何なる魔軍をも打ち破るものにして
一切の真実を悉く正知するもの
仏とその眷属が降臨されんことを請い求む

ཇི་ལྟར་བལྟམས་པ་ཙམ་གྱིས་ནི། །ལྷ་རྣམས་ཀྱིས་ནི་ཁྲུས་གསོལ་ལྟར། །
ལྷ་ཡི་ཆུ་ནི་དག་པ་ཡིས། །དེ་བཞིན་བཅོམ་ལྡན་སྐུ་ཁྲུས་གསོལ། །
ཨོཾ་སརྦ་ཏ་ཐཱ་ག་ཏ་ཨ་བྷི་ཥེ་ཀ་ཏ་ས་མ་ཡ་ཤྲཱི་ཡེ་ཨཱཿ ཧཱུྃ།

雲何如来降生時、一切天衆献沐浴；
今以清浄妙天水，我亦如是作灌沐。

如来が降生されし時
一切の天の衆生は沐浴を献ず
我も今清らなる天の水をもって
如来に沐浴を献ずることかくの如し

སངས་རྒྱས་ཐམས་ཅད་འདུས་པའི་སྐུ།།རྡོ་རྗེ་འཛིན་པའི་ངོ་བོ་ཉིད།།
དཀོན་མཆོག་གསུམ་གྱི་རྩ་བ་སྟེ།།བླ་མ་རྣམས་ལ་སྐུ་ཁྲུས་གསོལ།།
ཨོཾ་སརྦ་ཏ་ཐཱ་ག་ཏ་ཨ་བྷི་ཥེ་ཀ་ཏ་ས་མ་ཡ་ཤྲཱི་ཡེ་ཨཱཿ ཧཱུྃ།

諸佛如来匯集身、本性乃是金剛持；
佛法三寶之根本，敬献沐浴諸上師。

諸々の仏がその身に集う如来
その本性これ金剛持如来なり
仏・法・僧三宝の根本なり
敬って諸々の上師に沐浴を献ず

སྒྲུབ་པ་པོ་ལ་བུ་ལྟར་གཟིགས་མཛད་ཅིང་།།མི་འབྲལ་ལུས་དང་གྲིབ་མ་ཇི་བཞིན་དུ།།
དམ་ཚིག་ཅན་ལ་དངོས་གྲུབ་མཆོག་སྩོལ་བའི།།ཡི་དམ་ལྷ་ཚོགས་རྣམས་ལ་སྐུ་ཁྲུས་གསོལ།།
ཨོཾ་སརྦ་ཏ་ཐཱ་ག་ཏ་ཨ་བྷི་ཥེ་ཀ་ཏ་ས་མ་ཡ་ཤྲཱི་ཡེ་ཨཱཿ ཧཱུ།

觀護行者如親子、恒常不離如身影；
不共成就垂具誓，敬献沐浴諸本尊。

諸仏が修行者を護ること親の如し
恒常不離の我が身と我が影の如し
誓いを立てずんば共に成就はあらず
敬って諸々の本尊に沐浴を献ず

ཕྱོགས་བཅུའི་འགྲོ་ལ་མཁྱེན་བརྩེས་རབ་དགོངས་ནས།།
ཕྱོགས་བཅུར་ཆོས་ཀྱིས་འཁོར་ལོ་ལེགས་བསྐོར་བས།།
ཕྱོགས་བཅུའི་འགྲོ་ཀུན་ཡོངས་སུ་སྐྱོང་མཛད་པའི།།
ཕྱོགས་བཅུའི་སངས་རྒྱས་རྣམས་ལ་སྐུ་ཁྲུས་གསོལ།།
ཨོཾ་སརྦ་ཏ་ཐཱ་ག་ཏ་ཨ་བྷི་ཥེ་ཀ་ཏ་ས་མ་ཡ་ཤྲཱི་ཡེ་ཨཱཿ ཧཱུྃ།

慈攝十方衆有情、善為十方転法輪；
咸護十方諸衆生，敬献十方両足尊。

慈悲を以て十方衆生を包み
善く十方に真如を伝う
普く十方衆生を護らん
敬って十方の諸仏に沐浴を献ず

འཇམ་དབྱངས་ཕྱག་ན་རྡོ་རྗེ་སྤྱན་རས་གཟིགས། །ས་ཡི་སྙིང་པོ་སྒྲིབ་པ་རྣམ་པར་སེལ། །
ནམ་མཁའི་སྙིང་པོ་བྱམས་པ་ཀུན་ཏུ་བཟང་། །ཉེ་བའི་སྲས་ཆེན་བརྒྱད་ལ་སྐུ་ཁྲུས་གསོལ། །
ཨོཾ་སརྦ་ཏ་ཐཱ་ག་ཏ་ཨ་བྷི་ཥེ་ཀ་ཏ་ས་མ་ཡ་ཤྲཱི་ཡེ་ཨཱཿ་ཧཱུྃ།

文殊観音金剛手、地蔵菩薩除蓋障；

慈氏普賢虚空蔵；敬献沐浴八菩薩。

文殊，観音，金剛手
地蔵，除蓋障
慈氏，普賢，虚空蔵
敬って八菩薩に沐浴を献ず

མཁའ་ལ་སྤྱོད་པའི་གནས་མཆོག་དམ་ན། །མངོན་ཤེས་རྫུ་འཕྲུལ་མངའ་བའི་མཐུ་སྟོབས་ཅན། །
སྒྲུབ་པ་པོ་ལ་མ་ཡིས་བུ་བཞིན་གཟིགས། །གནས་གསུམ་མཁའ་འགྲོའི་ཚོགས་ལ་སྐུ་ཁྲུས་གསོལ། །
ཨོཾ་སརྦ་ཏ་ཐཱ་ག་ཏ་ཨ་བྷི་ཥེ་ཀ་ཏ་ས་མ་ཡ་ཤྲཱི་ཡེ་ཨཱཿ་ཧཱུྃ།

遍行虚空殊勝地、神変通達具力尊；

猶母愛子護行者，敬献沐浴諸空行。

殊勝なる虚空を遍くすすみ
神通力に通達する具力尊
修行者を護ること母が子を愛するが如し
敬って諸々の空行に沐浴を献ず

སྔོན་ཚེ་བཅོམ་ལྡན་འདས་ཀྱི་སྤྱན་སྔ་རུ། །ཆོས་བཞིན་སྒྲུབ་པར་བྱེད་པའི་གང་ཟག་ལ། །
བུ་བཞིན་སྐྱོང་བར་ཞལ་གྱིས་བཞེས་པ་ཡི། །ཆོས་སྐྱོང་སྲུང་མའི་ཚོགས་ལ་སྐུ་ཁྲུས་གསོལ། །
ཨོཾ་སརྦ་ཏ་ཐཱ་ག་ཏ་ཨ་བྷི་ཥེ་ཀ་ཏ་ས་མ་ཡ་ཤྲཱི་ཡེ་ཨཱཿ་ཧཱུྃ།

昔時曾於世尊前、誓護如法修行者；

如子攝受而立誓，敬献沐浴諸護法。

かつて世尊が誓われし
法にいそしむ修行者を護らんとの御心は
さながら母が子をだきしめんと誓うが如し
敬って誓われし諸々の護法に沐浴を献ず

ཚེ་རིང་མཆེད་ལྔ་བརྟན་སྐྱོང་བཅས།།གངས་ཅན་གནས་པ་ཐམས་ཅད་དང་།།
ཁྱད་པར་ཡུལ་ཕྱོགས་འདིར་གནས་པའི།།ལྷ་ཀླུ་གཞི་བདག་རྣམས་ལ་སྐུ་ཁྲུས་གསོལ།།
ཨོཾ་སརྦ་ཏ་ཐཱ་ག་ཏ་ཨ་བྷི་ཥེ་ཀ་ཏ་ས་མ་ཡ་ཤྲཱི་ཡེ་ཨཱཿ་ཧཱུྃ།

五姉妹神地祇母、住護扶桑一切神；
猶是此地所住護；敬献沐浴天龍衆。

五姉妹の地祇母たち
この国一切の地神たち
とりわけ我らの地を護る天・龍・地祇
敬って諸々の天・龍・地祇に沐浴を献ず

དེ་དག་སྐུ་ལ་མཚུངས་པ་མེད་པའི་གོས།།གཙང་ལ་དྲི་རབ་བསྒོས་པས་སྐུ་ཕྱིའོ།།
ཨོཾ་ཧཱུྃ་ཏྲཱ་ཧྲཱིཿཨཱཿ ཀཱ་ཡ་བི་ཤོ་དྷ་ན་ཡེ་སྭཱ་ཧཱ།།

献彼尊身無比裳、清浄薫香揩拭身。
これらの尊者に無比の衣を献じ
清らかにしてかぐわしき香で御身を拭き奉る

རྒྱལ་བའི་སྐུ་གསུང་ཐུགས་ལ་ཉོན་མོངས་མི་མངའ་ཡང་།།
སེམས་ཅན་ལུས་ངག་ཡིད་གསུམ་སྒྲིབ་པ་སྦྱང་སླད་དུ།།
རྒྱལ་བའི་སྐུ་གསུང་ཐུགས་ལ་ཁྲུས་ཆབ་འདི་གསོལ་བས།།
སེམས་ཅན་ལུས་ངག་ཡིད་གསུམ་སྒྲིབ་པ་དག་གྱུར་ཅིག།
ཨོཾ་སརྦ་ཏ་ཐཱ་ག་ཏ་ཨ་བྷི་ཥེ་ཀ་ཏ་ས་མ་ཡ་ཤྲཱི་ཡེ་ཨཱཿ་ཧཱུྃ།

佛尊身語意本無煩惱、為消有情身口意過患；
今献佛陀身語意沐浴、祈願有情身口意障消。

仏尊の身語意は本より煩悩をもたず
有情の身口意の過患を消し去るために
今仏陀の身語意に沐浴を献ずるは
有情の身口意の障害を消しさるを願うためなり

ཁྱེད་སྐུ་རང་བཞིན་ཡོངས་དག་པས། །སྒྲིབ་སོགས་འཆིང་བ་མི་མངའ་ཡང་། །
བདག་ཅག་སྒྲིབ་པ་སྦྱོང་སླད་དུ། །གཙང་མ་ཆབ་ཀྱིས་སྐུ་ཁྲུས་གསོལ། །
ཨོཾ་སརྦ་ཏ་ཐཱ་ག་ཏ་ཨ་བྷི་ཥེ་ཀ་ཏ་ས་མ་ཡ་ཤྲཱི་ཡེ་ཨཱཿ་ཧཱུྃ།

世尊身性咸清淨、不為有為等所縛；
皆為我等障蔽除，依清淨水献沐浴。

世尊の身性は清浄にして
有為の法には縛られぬもの
全て我らが障蔽を除くためなり
清らかな水をもって沐浴を献ず

དེ་དག་སྐུ་ལ་མཚུངས་པ་མེད་པའི་གོས། །གཙང་ལ་དྲི་རབ་བསྒོས་པས་སྐུ་ཕྱིའོ། །
ཨོཾ་ཧཱུྃ་ཏྲཱ་ཧྲཱིཿ་ཨཱཿ ཀཱ་ཡ་བི་ཤོ་དྷ་ན་ཡེ་སྭཱ་ཧཱ། །

献彼尊身無比裳、清淨薫香揩拭身。

これらの尊者に無比の衣を献じ
清らかにしてかぐわしき香で御身を拭き奉る

ཆུ་བོ་དྲུག་གིས་ཁྲུས་བྱས་པས། །དྲི་མ་རྣམ་དྲུག་སྦྱོང་མཛད་པ། །
རྒྱལ་ཆེན་ཡོན་ཏན་དྲུག་ལྡན་པ། །ཁྲུས་ལེགས་མཛད་ལ་སྐུ་ཁྲུས་གསོལ། །
ཨོཾ་སརྦ་ཏ་ཐཱ་ག་ཏ་ཨ་བྷི་ཥེ་ཀ་ཏ་ས་མ་ཡ་ཤྲཱི་ཡེ་ཨཱཿ་ཧཱུྃ།

今献六度沐浴故、六種過患皆消除；
廣大功德六種成，做是妙浴献佛身。

今六度の沐浴を献ずる故は
六種の過患を全て消し除くためなり
広大なる六種の功徳を円満し
かくの如く妙なる沐浴を仏身に献ず

འདི་ནི་ཁྲུས་མཆོག་དཔལ་དང་ལྡན། །ཐུགས་རྗེའི་ཆུ་ནི་བླ་ན་མེད། །
བྱིན་རླབས་ཡེ་ཤེས་ཆུ་ཡི་ནི། །ཅི་འདོད་དངོས་གྲུབ་སྩོལ་དུ་གསོལ། །
ཨོཾ་སརྦ་ཏ་ཐཱ་ག་ཏ་ཨ་བྷི་ཥེ་ཀ་ཏ་ས་མ་ཡ་ཤྲཱི་ཡེ་ཨཱཿ་ཧཱུྃ།

茲献具足勝沐浴、慈悲妙水袮無上；
依是加持智慧水，垂賜成就儘所求。

ここに勝れたる沐浴を献ず
慈悲の妙水はこの上なきもの
この加持したる智慧の水にすがれば
あらゆる求めを成就し下さる

དེ་དག་སྐུ་ལ་མཚུངས་པ་མེད་པའི་གོས། །གཙང་ལ་དྲི་རབ་བསྒོས་པས་སྐུ་ཕྱིའོ། །
ཨོཾ་ཧཱུྃ་ཏྲཱ་ཧྲཱིཿ ཨཱཿ ཀཱ་ཡ་བི་ཤོ་དྷ་ན་ཡེ་སྭཱ་ཧཱ། །

献彼尊身無比裳、清浄薫香揩拭身。

これらの尊者に無比の衣を献じ
清らかにしてかぐわしき香で御身を拭き奉る

སྲབ་འཇམ་ཡང་བ་ལྷ་ཡི་གོས། །མི་ཕྱེད་རྡོ་རྗེ་སྐུ་བརྙེས་ལ། །
མི་ཕྱེད་དད་པས་བདག་འབུལ་ན། །བདག་ཀྱང་རྡོ་རྗེའི་སྐུ་ཐོབ་ཤོག །

我以輕細軟天衣、於彼金剛不壞体；

專一誠信作供獻，願我亦證金剛身。

我は軽やかにして柔らかな天の衣をもって
かの金剛の如き不滅の御体を包まん
ゆるがぬ誠の心をもって供養せん
我もまた金剛の体を得ん

ས་གཞི་སྤོས་ཀྱིས་བྱུགས་ཤིང་མེ་ཏོག་བཀྲམ། །རི་རབ་གླིང་བཞི་ཉི་ཟླས་བརྒྱན་པ་འདི། །
སངས་རྒྱས་ཞིང་དུ་དམིགས་ཏེ་ཕུལ་བ་ཡིས། །འགྲོ་ཀུན་རྣམ་དག་ཞིང་ལ་སྤྱོད་པར་ཤོག །

大地塗香敷妙華、須彌四洲日月飾；

觀爲佛土作供献，有情咸受清浄刹。

香をもって大地を清め美しき華を敷かん
須弥山や四洲を日月で飾らん
見渡すすべてを仏の浄土となして供養せん
一切の有情は皆清浄なる国に往生せんことを願う

ཨོཾ་སརྦ་ཏ་ཐཱ་ག་ཏ་ཨི་དམ་གུ་རུ་རཏྣ་མཎྜལ་ཁམ་ནི་རྱ་ཏཱ་ཡ་མི། །
嗡薩拉瓦打他嘎打伊打年古路冉打納曼荼羅康尼利雅達雅彌
Oṃ sarba tathāgatā idam guru ratna mandala khamnirya dāyami

壇城一切如来本尊宝師，請享受我之所献。

マンダラにおわす一切の如来・本尊・上師
私の奉献した供え物を召し上がりたまえ

普寧寺のホビルガーン格格塔日吉徳活仏　格格塔日吉徳活仏は第十三代活佛であり，中国内モンゴル自治区赤峰市新蘇莫寺（Sin-e süme 新蘇莫寺）寺主であり，承徳普寧寺副主持，承徳市佛教協會副会長，承徳市人大代表などを兼務している。格格塔日吉徳活仏は，内モンゴルの仏教徒から信仰と尊敬を一身に集めている。

格格塔日吉徳活仏は，中国内モンゴル自治区赤峰市翁牛特旗新蘇莫の人で，代々遊牧民の家系の出身である。父はプンツォクといった。5歳のとき，翁牛特旗のマイダラ活仏によって，シンスム寺の第十三代の活仏ホビルガーン（Qubilgan 呼畢勒汗）と認定され，シンスム寺の活仏になった。活仏は，シンスム寺の高僧ナムセイゲルポ（rNam sras rgyal po）の許で戒律を受け，モンゴル仏教の教義を修める共に，モンゴル仏教の「聞・思・修」の修行に，8年間（1943—1950年）にわたり精進した。丁度その頃，中国の解放戦争は内モンゴルにまで及んだ。中国政府は，共産党の思想以外宗教はすべて「迷信」であると宣伝した。その影響は，格格塔日吉徳活仏のシンスム寺でも例外ではなかった。シンスム寺は，財産の全部を中国の政府に納めることになった。青年僧侶たちは軍隊に編入され，老僧たちだけが寺院に残ったといわれる。活仏はそのとき，まだ幼小であったので，実家に帰された。

中国の文化大革命の時代は，活仏は中国の政治犯である「牛鬼蛇神」として，厳しい迫害を受けることになった。労働を課され，批判され，あるいは監禁され，拷問されたりした。文化大革命の時期は，活仏は苦難に満ちた生活を強いられた。

この文化大革命の時期のことを，筆者が格格塔日吉徳活仏に尋ねたところ，「衆生がこの娑婆世界に生まれて来るということは，そのまま苦しみを忍受するということであると，釈尊が仏典の中に説いていておいでになる。私が苦しみを受け入れなかったら，誰が苦しみを引き受けるでしょうか？」と述べられた。

文化大革命終結後，1978年12月18日の第11期第3回中央委員会全体会議（中共十一届三中全会）における全国宗教政策の発表に至って，活仏や僧侶は自由になり，共に一般中国人の一人として認められるようになったといえる。新しい宗教政策の実施によって，中国の宗教活動は，地方でも次第に回復してきた。とりわけ中国の対外解放政策の発表によって，大都市の寺院の再建や，僧侶の募集などさまざまな活動が行われるようになった。

承徳市宗教局は普寧寺を再建し，中国北部地方最大の宗教活動の聖地とすることを目指して，さまざまな準備事業を行ってきた。普寧寺は元来モンゴル仏教の寺院であったので，モンゴル人が生活している内モンゴル自治区をはじめ，中国内の各モンゴル自治県に対して僧侶を公募した。とくにモンゴル人にとっては，寺院に活仏の存在が大きな意味がある。何といっても活仏の存在は，活仏に対する強く深い信仰心の問題だけにとどまらず，その寺院の将来にも大きな影響を与えることであるから，承徳市宗教局は幹部を内モンゴルに派遣して，格格塔日吉徳活仏を普寧寺の副住持として招聘した。こうして格格塔日吉徳活仏は，再び仏門に入って修行生活を始め，衆生に利益を与える機会を得たのである。

1989年，格格塔日吉徳活仏はさらに仏法を研究するために，中国蔵語系高級佛学院（チベット仏教大学）にモンゴル活仏として入学した。因みに中国蔵語系高級佛学院は，中国仏教協会名誉会長である第十代班禅大師（パンチェン・ラマ）と中国仏教協会会長趙樸初の唱導によって，中国党中央と国務院の許可によって創設された，チベット仏教最高の大学である。開学は1987年９月１日，北京のチベット仏教寺院である名刹西黄寺において行われた。チベット地方とモンゴル地域の転世活仏と，それぞれの寺院で推薦された青年学僧を迎えている。格格塔日吉徳活仏と筆者は，当大学第３期時の同級生であった。ただ当時，モンゴル人は１学年45名中，わずか３～４名に過ぎなかった。活仏の存在は，チベット・モンゴル仏教思想の基である。活仏中心のこの大学では，チベット・モンゴル仏教の種々の教義，および中国仏教について研究することができる。とくに現在では，さまざまな機関を経て活仏に指名された者は，チベットであれ，モンゴルであれ，各地方で一定期間修行した後，最終的にこの中国蔵語系高級佛学院に入学しなければならない。卒業時に，パンチェン・ラマの印章を押した卒業証明書を授与されることで，初めて転世活仏として内外に認知されることになる。

承徳市は，中国有数の歴史的文化的な都市であり，「避暑山荘」と外八廟は，国内外の仏教信仰者が蝟集するところとなっている。外八廟の中でも普寧寺は，大きな宗教活動を行うことができる道場でもあり，中国の北部仏教の重要な仏教行事活動拠点の聖刹として，独特な魅力をもって「四海賓朋」に注目されている。

格格塔日吉徳活仏の高名を慕って礼拝する仏教信仰者の，「絡繹不絶」，すなわち往来が絶えない。

転世活仏は，チベット仏教とモンゴル仏教において，仏教寺院と仏法を継承する独特の伝承方式の一つである。それは仏教の「化身降生」「業力自如」の教義と，「仏・菩薩圓覚解脱」「普渡衆生」の思想とが融合して一体化し，各宗派の認知を得たものである。したがって転生活仏は，チベット人にとっても，モンゴル人にとっても，あるいは世界の仏教信仰者にとっても，「頂礼摩拝」礼拝する重要な対象になっている。

1985年以来，格格塔日吉徳活仏は，内外の多くの大統領や要人と接見した。その中には，中国の江沢民主席（当時），李瑞環，李鉄映などをはじめ，国内の多くの高僧や活仏が含まれる。いま国外との関係についていえば，香港の仏教協会会長である覚光法師，永星法師があり，シンガポール，マレーシア，タイ国などの仏教参拝団を接見したことなどが挙げられる。仏教文化友好交流を一層促進するために，格格塔日吉徳活仏をはじめとする普寧寺の僧侶たちは，チベットのラサなどチベット仏教の聖地である寺院を参拝した。とりわけ1996年12月に，香港を訪問したことは重要である。香港で広く信仰を集めている所謂漢伝仏教との異文化学術交流活動は，モンゴル仏教と漢伝仏教との交流を大いに促進した証左であるとして，香港仏教協会から高い評価を得たという。

しかし，大都市に位置する普寧寺において法要活動を盛んに行っても，故郷の内モンゴルの大草原にいる仏教信仰者たちのことも忘れることがない。中国の文化大革命のときに破壊されたシンスム寺（新蘇莫寺）が，依然として今日でも草原の遊牧民にとって，強く信仰を集める大切な修行道場であることには変わりなく，格格塔日吉徳活仏は，国内外の仏教文化，民族文化あるいは深く仏教信仰をもつ人々の援助を得て，シンスム寺を再建している途上にある。

格格塔日吉徳活仏は1991年４月，承徳市第七期人民代表大会で，師は人民代表に選挙され，1996年，承徳市佛教協會第三期の仏教会議を開催したときに，仏教協会の副会長に選出された。

格格塔日吉徳活仏の日本訪問　格格塔日吉徳活仏は，浄土宗西山禅林寺派想念寺住職渡辺観立師の後援を得て，1998年３月から４月まで，外国の仏教との交流を進めている日本愛知県仏教会（岩田文有会長，1998年４月より全日本仏教会副会長）の招きで来日した。これによって，モンゴル仏教と日本仏教とが相互に交流する機会が開けた。同行したのは，モンゴルでは活仏として尊崇されている中国蔵語系高級仏学院（チベット仏教大学）の教務所長の丹迴・冉納班雜活仏（中国仏教協会理事で承徳市普寧寺名誉住職，内モンゴル自治区赤峰市梵宗寺寺主，五世活仏），中国蔵語系高級仏学院研究員の李徳成氏の３名であった。モンゴル仏教の活仏が２名揃って来日するのは有史以来初めてのことであり，中国の文化大革命以後初めてのことであった。

活仏たちは，1998年３月27日から４月15日にわたって，愛知や京都，鳥取，東京などの寺院で，日本の仏教の実情を視察する一方，仏教系大学や出版社などとの間で，モンゴル仏教と日本仏教との学術交流や留学生の相互派遣について話し合った。日本の各地方の仏教会や寺院で「草原の祈り——モンゴル仏教を聞く」を中心テーマとして，モンゴル族の宗教信仰や生活について，多種多様な記念法要と講演会とが行われた。

今回のモンゴル仏教の活仏たちの日本訪問の期間中，筆者は，通訳として全行程に同行した。実務は浄土宗西山禅林寺派想念寺副住職渡辺観永師が，活仏たちの来日手続きから帰国する成田空港まで，全面的な協力を惜しまれなかった。また，鳥取県の曹洞宗長泉寺・岩垣英雄師，愛知県の曹洞宗龍渕寺・伊藤正見師，徳林寺・林弘法師などは，すべて愛知学院大学大学院の卒業生で，筆者の先輩たちであった。師僧たちが，講演会や法要などをはじめ，多くの面で積極的に協力して下さったことを付記し，謝意を表したい。

第9節　モンゴル仏教における金剛駆魔神舞

金剛駆魔神舞は，正式には「密呪續部大海之舞蹈」（gSaṅ chen rgyud sde rgya mtshor bstan paḥi ḥcham）と呼ばれ，チベットとモンゴルの仏教寺院では，年中行事として重要な法要の一つとなっている。神舞は，『時輪空行海』『金剛帳』『瑜伽続』などにも記載されている。起源は8世紀のチベット吐蕃王朝時代に遡り，チベット密教における金剛乗の壇城儀式に行われる，地舞や供養舞にある。神舞は，チベット密教に特徴的な息災・調伏の儀式の呪法で，諸悪魔を調伏することをねらいとしたものである。

モンゴル地域では，金剛駆魔神舞が盛大に行われるだけではなく，この場が盛大な物資の交易が行われる大市場にもなる(17)。

神舞を踊るとき，修行者は本尊を観想する。観想する中で護法神が修行者の肉身と同化する。護法神と化した肉身は，自己の我執や他人の我執の一切を我が身に摂り収める。そして，摂り収められた一切の我執を，火の中に燃え盛る悪魔・トルソル（gtor zor）と呼ばれる依り代に向かって投げ捨て，圓融無碍の自在な境地に至る。

1　金剛駆魔神舞の起源とその意義

この金剛駆魔神舞の踊りの語義・種類・起源・出場の順序・人数などについて解説してみたいと思う。

（1）金剛駆魔神舞の起源

「敬礼尊上師」，すなわち尊敬されるべき蓮花生大師に礼拝したてまつる金剛駆摩神舞の踊りを，「密呪續部大海之舞蹈」と呼んでいる。起源については，チベット仏教のパドマサンバヴァ（Pad masambhava チベット語で Pna ma ḥbyuṅ gnas 蓮花生大師，8世紀，インド出身）(18)の時代である。チベット吐蕃王朝時代の「師君三尊」の中の軌範師にある。これはチベット仏教の古い密教と新しい密教の伝承による儀式である。金剛駆魔神舞は，チベット仏教の密教である息災・調伏の儀式の呪法で，諸悪魔を降制する作法である。

金剛駆魔神舞は本来，チベット密教における金剛乗の壇城儀式が行修される時に舞われた地舞・供養舞であった。一切智である布敦大師（Bu ston rin chen grub 布敦仁欽竹 1290-1364）などの新しいチベット新密呪派でも，金剛駆魔神舞の儀式が行われている。

金剛駆魔神舞の中の「跳」，つまり踊りは，主に足の動作で行う。これは，旧密呪によって修行する修行者の間で主に行われてきたのもで，その伝承起源は，旧ニンマ（rñiṅ ma 寧瑪）派の九乗次第の中の『内無上乗経』（Naṅ bla med kyi rgyud）に，次のように説かれている。

> gdod maḥi mgon po chos sku kun tu bzaṅ lhun grub loṅs spyod rdsogs paḥi skur bsheṅs pas dag sa la gnas paḥi gdul bya la rtsol med lhun grub tu rgya chad phyogs lhuṅ daṅ bral bar dus bshir dus med du ston par byed ciṅ//[19]
>
> ［そもそもの事の初めに，］主たる法身の姿で普賢菩薩を怙み，頓成圓満の報身を現して，清浄地に修行している菩薩たちのために，時空を超えて自由自在に教えを説かれたという。またこの法門，すなわち金剛駆魔神舞は，数えられないほど広大で，虚空まで広がっているといわれる。その中の少しの部分が天・龍・夜叉界に伝えられた[20]。

とくに金剛乗と深く関わりがあるギェルポ（rgyal po 加布）などの三人の智者は，次のように説かれている。この金剛駆魔神舞の流れは，勝喜金剛（dGaḥ rab rdo rje）よりパドマサンバヴァ・無垢友（Bāi ma la）・婆羅門阿闍梨・屍曼殊・闍那鳩摩（童智）・妙獅子（Śri seṅha）・慧経（dSanā na sāutar）などの「持明位」の殊勝成就に証達した，優れた者に伝えられた。また，彼らはオルギャン（orgyan 鄔堅那）・インド・ネパールに伝え，チソンデツェン王（赤松徳賛 Khri sroṅ lde btsan 742―797）時代，チベットに伝えられた。その金剛駆魔神舞の法系は，蓮花生大士の系統である。ベンガル出身のシワンツォ（静命 サンスクリットで śanta rakṣita）大師はチベットで「十善法」「十八界法」「八関齊戒」などを各地の僧俗に伝法したといわれる。その故に，チベット当地の悪神励鬼などがとても怒り，チベット本来の宗教であるタンラマルポリ（thaṅ lhas dmar po ri 青塘古拉山）の山神が悪呪を唱えて紅山宮を雷撃したり，ヤラシャンバ（Yar lha śam po 亞拉波山）の山神（yar kluṅ）は水でパンタン（paṅ thaṅ 旁塘）を浸したり，十二のデンマ（bstan ma 丹瑪）女神は人間と畜生に対して瘟疫（コレラ）をはやらせた。そして，この被害について，チソンデツェン王の時代（西紀775年）に，シワンツォ大師の推薦によって，チソンデツェン王はチベットのあらゆる諸悪毒天龍などを降伏させるために，インドへ使節を派遣してパドマサンバヴァを迎えに行こうと考えた。しかし，パドマサンバヴァは神通力でそれを知って，迎えに先立ってインドからチベットにやって来た。途中で使節と遇い，そして一緒にチベットに入った。パドマサンバヴァは虚空中で「作金剛歩」金剛歩をしながら，地盤を加持し，桑耶永固天成大寺（bSa yas gtsug lag khaṅ 略称サムイェー寺）を建立して，諸悪毒天龍などを降伏した[21]。

『續部智慧勇猛閃電経』（rGyud ye śes rṅam glog las）の中に，

chos kun mñam paḥi ṅaṅ rtog nas/ bskul shiṅ bskyod pa thams cad kun/ phyag rgya yin par dpaḥ bos gsuṅs/ raṅ gi lha yi tin ḥdsin gyis/ staṅs stabs ḥdi la gaṅ gnas pa/ saṅs rgyas ñid kyaṅ skrag ḥgyur na/ drags paḥi tshogs lta smos ci dgos//[22]

諸法の平等性に通達している。勧請して踊りをすることは一切の魔祟を降伏するためであり，呪を称えることと，印を結ぶことが本尊を現している。舞いの動きに本尊の威厳ある相を顕している。だからすべてを讃嘆させ，あらゆる悪魔をすべて制伏することができるというのである。この金剛駆魔神舞は密教續部の伝承と儀式を具備しなければならない。

と記している。

また，旧密呪『八大法行』（sGrub chen bkaḥ brgyad）『持明上師曼荼羅』（Rig ḥdsin bla maḥi dkyil ḥkhor），『守教護法』（bsTan bsruṅ chos skyoṇ）などの経典にも，金剛駆魔神舞の儀式についての記載がある。

チベットの修行僧であるチューキワンチュ（Chos kyi dbaṅ pyug 却季曜秋）が入定したときに，銅色の具徳山に来至してパドマサンバヴァに参拝したと考えられている。その時まさしく，十日毎に一回の金剛駆魔神舞の踊りを踊る期間中であった。チューキワンチュは，その金剛駆魔神舞の踊りの千姿百態を目の当りにして，希有であると賛嘆したといわれる。金剛駆魔神舞の踊りは，ヤマーンタカの『大威徳金剛橛法』の中に説かれた生起次第手印の金剛駆魔神舞の踊りで，それは『修部八教』の中の一つである。『大威徳金剛橛法』とは，蓮花生大師が王妃の哲阿闍梨薩蕾に伝えられ，後に哲阿闍梨薩蕾たちが，ゴンロイワンボ（款魯益曜波）に伝えてチベットの各地に広がったといわれる。サキャ派の五祖たちおよびゲルク派は皆，ダライ・ラマ五世ガワンロサンギャムツォ（1617—1682）が創立した法門によって，金剛駆魔神舞の踊りを行っている。サキャ派とゲルク派は，それぞれの派の本尊・護法者・土地神・住神・施主・四大天王および明妃・布袋和尚などを模倣して，金剛駆魔神舞の踊りを案出したと考える。

また，「舞」とは主に手で姿を表すことであり，「蹈」とは主に足で姿を表すことである。通称して舞蹈というが，手足の両方を用いて表すことは跳舞といい，また全身舞とも呼んでいる。その主要な意味は『勝樂金剛續』の中に，

> 特為調伏諸悪魔而制作，以六声調圓満六義，舞動六勢度六衆；又云：上求成就菩提根支舞，下代諸障収支舞(23)。
>
> とくに諸悪魔を調伏するために作られたものである。六つの声調で六義を円満し，六つ舞いの動きで六道輪廻の衆生を救済することができる。上は菩提の成就を求めるのが「根支舞」であり，下は諸々の障害を収めるのが「収支舞」である。

と記されている。

要するに，舞において「上求菩提，下化衆生」を体現するものである。その中に２種の意味が与えられており，第一の中には，優に13種以上の意味があると考えられている。

そのうち最も重要なことは，金剛駆魔神舞の踊りを踊っている者は，身体のすがたに威厳がなければならないことであり，踊りの動作とそれぞれの本尊や護法などの手印と必ず相応し，口で本尊や護法などの真言を念誦することが相続され，心は本尊や護法などの具足している威儀と相応しなければならないことである。そして，「応以明空無執加以印証」とあるから，明空無

執（gsal stoṅ ḥdsin med）をもって確認すべきであることになる。

金剛駆魔神舞の踊りを踊っている者の姿態は，九種類の舞姿と相応していることを，阿闍梨・サンタル（tSan thar 桑達拉）は，

上身猶獅子，腰部如盤繞，関節像幻輪，肌肉當放松，血脈似沸騰，挙止應尊嚴，作舞亦緩慢，膝盖要弯曲，骨骼現安楽，皆勇顕威猛(24)。

踊っている者の胸部は獅子のすがたのように，また腰の部分は盤繞の如く，関節は幻輪のようにし，肌肉は緩めるべきである。血脈は水を沸かしているようで，すべての動作のすがたは尊厳でなければならない。踊りは穏やかでゆっくり動き，膝の動きは弯曲し，骨骼などの動きは安楽の姿を現すなど，すべての踊りの姿には勇が顕れ，威猛きところを形に顕わさなければならないという。

と述べている。

金剛駆魔神舞の中の怖畏を踊るときには，体を回転しながら動かすことに，あまり力を入れないほうがよいといわれる。尊厳柔和の踊りをするときに，両目をあまり閉じないほうがよい。快楽の踊りをするときに，あまり早急さを顕さないほうがよいのである。軽松慢舞の踊りをするときには，あまり動作が懈怠することはよろしくない。艶やかな媚の踊りをするときに，動作にあまりにも多く変化があると美しくないので，取捨選択の法に通達しなければならない。金剛駆魔神舞の踊りを踊っている者は，自分が本尊の儀式に従うことが最も重要であるから，一生懸命に練習して「精益求精」し，ますます善と美とを求めるのである。

（2）金剛駆魔神舞の根本利益

金剛駆魔神舞の最大の目的は，諸悪魔を調伏することである。修行者が一切の智慧を成就したとき，「内・外・密」の障魔を脱け出し，悪魔軍を調伏し，勝義法界を顕す。したがって，世俗諦によって，幻惑などを破り除くことにあると考えられる。ここに，金剛駆魔神舞の法門を建立した目的がある。

金剛駆魔神舞の踊りを踊るときに，修行者が本尊を観想し，護法が修行者の色身に化入する。したがって，自己の我執の敵と，他の衆生の一切我執を

一体として摂り入れて圓融無碍に至る。すなわち，無縁法界の境地における，一種の遊戯の形を具えた踊りであると考えられる。ダライ・ラマ五世ガワンロサンギャムツォの著作『普賢菩薩金剛金剛駆魔神舞備忘録遊戯経』（dPal kun tu bzaṅ poḥi ḥcham gyi brjed byaṅ lhaḥi rol gar）の中に，金剛駆魔神舞の縁起について細かく説かれている[25]。

（3）金剛駆魔神舞の踊りと正月15日との関係

一般的には旧暦の正月15日に，モンゴルのほとんどの寺院で金剛駆摩神舞の儀式を行っている。モンゴルの人々は，毎月15日が吉祥日であると考えている。北京雍和宮では，旧暦の正月23日から２月１日の間，大願祈禱法会を行修している。これはチベット仏教のゲルク派に所属する寺院のみが執り行う，盛大な祈念法要である。

チベット仏教によれば，釈迦牟尼仏が世間におられたとき，チベット暦の正月の１日から15日の期間に，いろいろな神通力を現して悪魔外道を調伏したと考えている。したがってチベット仏教では，チベット暦の正月を神変月と呼んでいる。そして，この神変月に大神変節を定めた。この大神変節が，チベットとモンゴルの各寺院で盛大に執り行われる大願祈禱法会というものである。

明朝永樂７年（1409），チベット暦の正月の１日から15日に，チベット仏教のゲルク派の開祖であるツォンカパ（1357—1419）が，チベットの仏教聖地であるラサの大昭寺において，釈迦牟尼仏の神変伏魔を記念して大願祈禱法会を執り行った。この法会では発願祈禱の儀礼の活動に加えて，仏法を論義する対論が盛大に執り行われた。この法要をチベット語でモンラムチェンポ（smon lam chen mo 黙朗欽摩），すなわち大願祈禱法会という。また，ラサの大昭寺で行われたので，一般的には伝召法会とも呼ばれている。しかし，ツォンカパの示寂後19年で中断したといわれていて，その後ツォカパの弟子であるダライ・ラマ二世ゲンドゥンキャムツォ（1475—1542）が，再びこの大願祈禱法会を復興したと考えられている。その後毎年慣例になり，正月には，チベット仏教のゲルク派寺院で盛大に執り行われている[26]。

ダライ・ラマ五世ガワンロサンギャムツォの時代に，大願祈禱法会がチベット暦の正月３日から24日まで行われるようになった。大願祈禱法会が執り行われる寺院が各地に広がり，内容も豊富になっていった。チベット仏教における，所謂ゲシェー（dge bśes 格西）すなわち仏教博士を，この大願祈禱法会の中の対論経典の形式で選出するという制度を定めた。

釈尊が悪魔外道を調伏したこの時を記念すると共に，ラルンバルドジェ（Lha luṅ dpal rdo rje 吉祥金剛）が，ランダルマ王（gLaṅ dar ma 836―842）を殺して仏法を護り，怨魔を消滅したことを記念して，金剛駆魔神舞の儀式を行っている。また，正月は一年の始めであるので，この１年間が「歳々平安，法輪常轉」，つまり年々が平和であり，仏法が永劫に説き続けられることを，この法会で祈願するのである。

最後の二日，すなわち，旧暦の正月29日（あるいは30日）と２月１日には，一般の中国人が跳布札や打鬼と呼ぶ「金剛駆魔神舞」が奉納される。

２月１日午後３時からは，大願祈禱送鬼（smon lam gtor rgyag）という儀式が行われる。この大願祈禱送鬼とう儀式は，日本の節分の儀式とよく似ている。すべての悪魔や鬼神を外に追い出せば，この一年を幸福に過ごすことができると深く信じている。これは，仏教者が正法を修行するとき，「内・外・密」の三方面の邪見的な逆縁を消除する必要があるとする，モンゴル仏教の考え方によるものである。

また，正月は一年の始めであるので，この１年間で「歳々平安，法輪常轉」の意味も込めている。

正月15日は中国の伝統的な「上元節」であり，「元宵節」といい，「灯節」という。この「上元節」は，仏教とも関わっているとされる。はるか昔の二千年ほど前，漢の文帝（西暦前199―164年在位）が「諸呂之乱」を平定して皇帝になった日が，正月15日であったと考えられている。その後，漢の文帝が毎年正月15日に宮殿を出て，「与民同樂」といって，庶民と一緒に祝いを行った。中国では正月のことを「元月」ともいう。「夜」のことを「宵」ともいうので，漢の文帝が正月15日を「元宵節」と定められたのは，このことに由来する。「上元節」という言い方は，中国の道教では「元宵節」のことを「上元節」と呼んでいるからである。西暦67年，中国の高僧の蔡倍は，インドから仏法を中国に伝えた。漢明帝（西暦58—75年在位）は仏法を弘布するために，正月15日の夜に灯を点けるよう命令した。それは仏を尊敬することを表した。これが「元宵節張灯」「元宵節観灯」の起源とされ，一般の民衆はこの日を「老仏下神日」と呼んでいる。

一般民衆の家庭では，仏壇の上に灯明を点けたり，線香を点けたり，肉類・酒・御飯等を供える。また，龍灯・獅子灯・茶灯・魚灯・馬灯などの「灯戯」「灯舞」の踊りが行われる。したがって，この祭りが，灯明を点して仏を尊敬する祝日になった。このような吉祥日をもって，「伏魔駆祟以示護法」，つまり怨魔を追い出して仏法を護る意味を示す。この日は，釈迦牟尼仏に対する最高の祭礼であると考えられている。

2　金剛駆魔神舞の語義と種類

金剛駆魔神舞は，一般に「打鬼（漢語）」「跳鬼（漢語）」「跳布扎（チョプジャ：漢語とモンゴル語 büjig の合成語」「跳恰穆：漢語とチベット語 ḥcham チャムの合成語」という。「布扎（büjig ブジグ）」は，モンゴル語で舞踊を意味し，中国語では跳舞と訳す。日本語では踊りのことをいう[27]。金剛駆魔神舞はチベット仏教とモンゴル仏教に独特な密乗，すなわち金剛乗の仏教踊りであるといえる。

これには次の四種類がある。

（1）チョッガルチャム（mChod gar ḥcham 供養舞）

金剛駆魔神舞の一種に供養舞がある。これは仏・菩薩を供養するため，天女がそれぞれ，八瑞相である吉祥結・妙蓮・宝傘・右旋海螺・金輪・勝利幢・宝瓶・金魚などの供養の法具を携えて，法螺・螺杵・鐃鈸・唢呐・長号角・脛骨号筒・長柄鼓・ダマル・神鼓などの楽器で演奏している中で，静かに踊るものである。

（２）サガルチャム（Sa gar ḥcham 地舞）

サガルチャムは，サンドエ（gSaṅ ba ḥdus pa 密集金剛），ヤマンダカ（ḥjigs byed 大威徳金剛），デムチク（dDe mchog 勝樂金剛 サンスクリットではヘルカ heruka），ドエンコルロ（Dus kyi ḥkhor lo 時輪金剛法門神舞 śriā kalatsākra）などの秘密仏の宮殿，つまり，マンダラを建立・開陳する場合と寺院を建立する場合に行われる踊りであり，地鎮のための踊りである。

（３）ミラチャム（Mi la ḥcham 米拉査瑪）

ミラチャムは，チベット仏教の即身成仏である行者ミラレーパ（Mi la ras pa 米拉熱巴 1040―1123）[(28)]の伝道説法を記念して行われた，仏教の踊り・金剛帳舞である。

金剛帳舞は，狩猟をする二人や，鹿，白頭の老人，黒頭の老人たちに，ミラレーパが「道歌」というチベットの歌を歌う形式で，彼らを感化するものである。「道歌」は，仏教の「一切衆生悉有仏性」の真理を表す内容となっている。チベットとモンゴルの各地域の寺院に伝承されたミラチャムは，合計六百以上の種類があったと考えられている。近年，フランス・イギリス・オランダ・日本・シンガポールなどで上演されたことがある。

ミラチャムは，踊りだけではなくて「唱・念・作・打」，つまり経典を唱え，経典を念じ，仏の手印を結び，そして踊る総合的な芸術でもある。ミラレーパが法を説き，法を伝えた一生を描き出す中に，チベット仏教の諸仏の手印の多くが生かされている。踊りは強烈で宗教的な風景を現出し，仏教の荘厳，厳粛かつ神秘な色彩を十分に現している。「道歌」の中の対話は精彩があり，ユーモアに溢れたものであり，仏教的な深い道理を含んでいる。中国の伝統的な「相声」とも共通する点があると思われる[(29)]。

（４）シャナクチャム（Shva ḥcham 黒帽度母舞）

１名のシャナクチャムと，５人のチョエゲル（Chos rgyal 閻摩護法）・ゴンポラム（mGon po lha mo 永保護法）・ラモ・吉祥天女（lha mo 吉祥天母）・姉妹護法（大紅可命主）・五明王護法，４人のアサル（阿雜拉 A tsa ra 游方僧），

４人の骷髏，４名の怙主羅叉と，５人の眷属，吉祥天女，四季天女（Thus bshi lha mo）と，両面舞者，７人の眷属と四人の屍陀林主（Dur bdag bshi），２頭の鹿，１頭の小鹿，１頭の大鹿と大鵬金翅鳥，四大天王，それに布袋和尚などの人物が登場する，多種多様な形式の金剛駆魔神舞の踊りが含まれる。

この金剛駆魔神舞は，チベットとモンゴル仏教の各教派，各寺院，各地域で，それぞれ特徴ある形式に則って行われている。盛大に行う寺院もあれば小範囲で行う寺院もあり，時間もそれぞれに異なっている。金剛駆魔神舞を踊る人数は，大・中・小の３種がある。大は300人ほどであり，中は70人ほどであり，小は10人ほどであり，時には１人だけのときもある。

3　金剛駆魔神舞の構成

金剛駆魔神舞が行われるときは，次の通りである。

金剛駆魔神舞に出る修行僧は，次に示すの展開に沿って舞踊を勤める。

金剛駆魔神舞に先立って，寺院の住持あるいは高僧が勤める法要の指導者の指導の下に，まず寺院の僧侶が仏殿から金剛駆魔神舞の舞台に向かう。指導者の後方を，１人の僧が「黄羅傘盖」を捧げ持って歩調を合わせて進む。幢を持つた２人が続き，金剛杵・金剛鈴・法螺・鑲翅法螺・螺杵・鐃鈸・嗩吶・長号角・脛骨号筒・長柄鼓・ダマル・神鼓などの法器を演奏しながら，大勢の楽隊が隊列を組んで踊りの舞台に向かって進む。

この隊列の先頭を，２人の僧侶が三角の形をしたトルソル（gtor zor）を捧げ持つ。巨大なトルソルの上には髑髏が飾られ，三方に風と火の図案が飾られている。

諸悪魔の依り代となるトルソルは，金剛駆魔神舞の舞台前の机の上の三角形の木盤の中に置かれる。このトルソルは神舞の終わりに，読経の中で火の中に投げ入れられるものである。

こうして，法要の指導者および僧侶が舞台の奥に坐り，そして金剛駆魔神舞が始まる。

（1）ゲルチンシ（rGyal chen bshi, Catur Mahārājakāikā 四天王）の登場

激しい楽器が演奏される間に，持国（Yul ḥkhor sruṅ）・勝身（増長 ḥPags skyes po）[30]・広目（sPyan mi bzaṅ）・多聞（rNam thos sras）の四天王（Catur Mahārājakāika）が登場し，それぞれ法器を持って四方に立つ。続いて，布袋和尚と六人の子供がゆっくり登場して礼拝してから，舞台の前部に僧侶に面して坐る。そして，踊りが始まる。

（2）二十一度母の神飲舞（Shva ḥcham 黒帽度母舞）の踊り

二十一度母の神飲舞の踊りである。

神飲とは茶水と牛乳，あるいは酒と金粉などと混ぜた飲み物である。法要が行われるときに経呪で加持してできあがったもので，神飲[31]といい，あるいは甘露とも呼ばれる。チベット語でドッス（bDud rtsi，サンスクリット語では amṛta）という。

二十一度母はそれぞれ盛満神飲の容器を持って，上師・本尊・仏・菩薩・空行母・護法神と当地の神様に奉献する踊りを踊る。

このような神飲で供養し，祈禱し，仏・菩薩が人間の幸福に応じ，衆生の一切の願いを満足し，金剛駆魔神舞の法要が円満に成就することを願う。

黒帽舞（Shva ḥcham）については，いろいろな解説がある[32]。

一つには，黒帽舞を踊るとき，僧侶は灰纓衣を着るが，この服装はニンマ派（rNiṅ ma 寧瑪）のもので，この黒帽舞はまた唐朝舞といわれる。これは，唐朝の中国人僧侶がチベットに仏教を伝えたときに着ていた服装を模したものであるという。また一つには，踊りの修行僧は線香で舞台を清め，経典を称え，種々の真言を念呪し，悪魔を追い出す動作をして，金剛駆魔神舞の法要が行われるという。

唐朝帽の由来については，トゥカンダルマバサル（Thuḥu bkvan dar-ma badsar 土観達瑪班雑）が著した『摩尼浄水珠潔浄論』（Nor bu ke ta kahi byi dor las bśad）の中に詳しく記載されている。

(3) ラモ（Lha mo 吉祥天母）の踊り

ラモが，他の4人の部衆である春天母・夏天母・秋天母・冬天母と一緒に登場する。吉祥天母は青面で三目であり，頭に五髑髏冠を飾って，口中で横に羅叉を咬み，赤い髪が上に立っており，髪の上に半月で孔雀の傘蓋がある。右側の耳飾りの上に獅子があり，左側耳圏の上に蛇がある。右手に金剛短杖を持ち，左手に頭骸を盛った血の人頭骨を持ち，恐ろしい姿を表し，一切の悪魔を降伏する相を表している[33]。

(4) アサル（A tsa ra 阿雑拉）の踊り

四人のアサル（阿雑拉 A tsa ra，游方僧）の踊りである。

アサルとは，仏教が最初インドとネパールからチベットに伝えられたとき，さまざまな苦労を強いられたインドとネパールの訳師・高僧・遊行僧・行脚僧と，インドのヨーガ呪師の恩徳に感謝する踊りである。

インド人とネパール人のアサルは，仏法だけを伝えたのではなく，多種多様の貴重な商品もチベットに伝えたと考えられている。アサルを他の踊りも真似ており，笑いと喜びに満ち満た踊りである。

(5) ゴンポ（mGon po 永保護法）とその眷属の踊り

引き続いて，ゴンポとその眷属4名の踊りである。

チベット語でゴンポは，観世音菩薩の化身である。ゴンポは，一面二臂・一面四臂・一面六臂と四面四臂の多種の形で登場する。一般的には，一面六臂の姿形がよく見られる。ゴンポは青い顔で円くて大きな三目を具えている。頭に五骷髏冠を飾り，口を開け，舌を曲げ，髪が逆に立って，右手で月形弯刀を持ち，左手に頭骸を盛った血の頭骨顱器を持ち，首に長い蛇を巻いている。これによって，龍王と他の一切の妖魔を調御することを表している。

(6) トウルダクシ（Thur bthag bshi 四人の屍陀林主）の踊り

四人の屍陀林主（骸骨）の踊りである。

屍陀林主は屍林主ともいい，屍林の神様である。屍陀林主は，デムチク（勝楽金剛 bde mchog，サンスクリット語ではヘルカ heruka）の男女の神変であり，デムチクの護法者であると考えられる。男女の姿で登場する屍陀林主は，三目と骷髏（どくろ）面で頭に五骷髏冠を飾り，頭の両側に蝶翅の扇形の飾り物があるので，一般の僧俗は蝴蝶舞と間違って呼ぶことが多い。

（７）チョェゲル（Chos rgyal 五人の閻摩護法）の踊り

「鼓楽激昂」といって激しく法器を演奏している中で，舞者がとても健やかで，五人のチョエゲルが，「威風凛凛」威風堂々と登場してくる。チョエゲルは法王ともいい，地獄主とも呼ばれる。水牛面で，三目で歯をむき出し，頭に五髑髏冠を飾り，髪は逆立ち，右手に髑髏の頭が背骨（脊梁）までつながる人骨杖を持ち，左手に羂索を持っている。

法王は閻摩王を調伏し，閻摩王の姿形を現す。閻摩王は一切の善悪を分別する首領であるので，左手の黒色の羂索であらゆる悪業をなした悪者の首を縛り，右手の骨杖でその悪者を「粉身砕骨」，骨を粉々にし身を砕くのである。手に持っている武器はその意味を表す。

チョェゲルは，文殊菩薩（チベット語で ḥJam paḥi dbyaṅs，サンスクリット語でMañjuśrī）の護法者で，智慧神である。チベット仏教のゲルク派の祖師ツォンカパ（1357—1419）は文殊師利菩薩の化身であるので，ゲルク派の寺院で強く信仰されている(34)。

（８）鹿面神と牛面神の踊り

続いては，鹿面神と牛面神の踊りである。

この二神は閻摩護法の眷属であり，怨魔を追いやるために狂舞を激しく踊りながら，魔場地中の木盤で悪魔の人形物を「砕屍萬段」すなわち屍体の原型をとどめないように砕いて，余すところなく捨て去る踊りである。

（９）トダカムシ四人の髑髏面を被る修行者の踊り

トダカムシ（Thod skam bshi），四人の髑髏面を被る修行者の踊りである。

手で拘牌を持って瀟洒に踊る。閻摩王の使節であり，衆生の善悪を記録して閻摩王に報告する。骷髏舞というのは，「人身難得，生死無常，解脱輪廻，離苦得樂」，人間の身を得てこの世に現れるのは難しいことであり，生死は無常である。輪廻を離脱して解脱に達し，苦しみから離れて幸せを得ることを示す舞りである。

(10) 諸護法神の踊り

4人の骷髏面の踊りを舞う者を除いて，如上の護法神が一緒に踊り，あらゆる悪魔を追い出し，仏法を高揚し，人天が共に喜んでいることを示す舞りである。

(11) ガルダ（Ga ru ḍa 大鵬金翅鳥）の踊り

最後に登場するのは，大鵬金翅鳥の踊りである。

これは，大鵬金翅鳥が口で長蛇を咬んで，手には十種類の法器を持ち，雄猛無比で，一切の魔軍を消滅することができる姿を表している。大鵬金翅鳥の踊りは，「鵬程万里，終不得解脱，破除無明障，方離輪廻苦」，大鵬金翅鳥は，はるか彼方，万里を飛んでいたが，最終的に解脱を得ることができなかった。しかし，その大鵬金翅鳥が無明である煩悩を消滅して，やっと輪廻の苦しみから離れることができたことを表す踊りである。

(12) トルソル（gtor zor）呪を投げつける儀式

金剛駆魔神舞の最後には，呪いの依り代の人形トルゾル呪「抛擲除祟朶瑪呪儀式」を投げつける儀式が行われる。

これは放呪儀式とも呼ばれる。中国人は「送祟」[35]といい，モンゴル語ではソルハヤホゥ（sor qayaqu）という。

金剛駆魔神舞が始まる前に，三角形の木盤の上に呪いの依り代の人形トルソルを置く。上には，十地に充満している怨魔の血肉骨骼などが積み上げられる。それはあたかも須彌山のようである。それらを法力と経呪で加持し，無上の甘露にして，上師・本尊・仏菩薩・空行母・護法神に奉献する。

この三角形のトルソルは，トルマ供養と呼ばれる。このトルマ供養は，経呪を念誦する中で行われる。トルマ供養が閻摩護法の骨杖になり，一切の怨魔の生命を壊滅する，強力で鋭利な武器になるのである。これがトルマ呪と呼ばれる。

トルソルを投げつける儀式には３種類がある。

第一の柔軟な方法は，甘露の法門である。

第二の調伏の方法は，鋭利な武器を使用する法門である。

第三の圧制する方法は，須彌山が生じるような法門である。

これらの修行法はすべて，金剛駆魔神舞による身・語・意の巧みな表現によるものである。一切智であるダライ・ラマ五世が著した『天界舞』（Lhaḥi rol gar las）の中に，次のように書かれている。

> Lus ni lha yi rnam ḥgyur rol gar can, ṅag ni gsaṅ sṅags dbyar ṅa lta bur sgrog/ yid ni bsked rdsogs zuṅ ḥdsin can, tshad ldan rig sṅags ḥchaṅ ba ḥdi rmad byuṅ//[36]
>
> 金剛駆魔神舞を踊る修行者の身は，その本尊の姿の徳相と相応しなければならない。口で本尊の真言を称えれば，獅子が咆哮したように鳴り響き，心は本尊の生起次第の修行法と圓満次第の修行法によって入定しなければならない。つまり，これら密教の明呪を具足した修行者は，希有である。

トルソルを投げつける儀式のとき，２人の僧侶がトルソルを持ち上げ，その次に法要の指導者である主持（高僧），僧侶の排列，楽隊の排列，金剛駆魔神舞の踊りのメンバーが続き，寺院の僧侶が二列に並び，山門を出る。寺院の外の空地で，法要の指導者の指導で経典を唱え，真言を念誦し，次いで法要の指導者がトルソルの先端を外に向けて強い火の中に投げ込み，一切の悪魔を清除する。その後，諸悪魔の依り代と化したトルソルを，僧侶が読経する中で火に投げ入れ，金剛駆魔神舞の集いは終わりを告げる。

4　金剛駆魔神舞の起源諸説

（1）原始仏教時代の釈迦牟尼仏とする説

金剛駆魔神舞に関する解説は，次のようなものである。

一つには，原始仏教の時代に，釈迦牟尼仏が「楽舞劇」として残したものであると考えられている。それは勝楽王仏と観喜仏に関係があるといわれる。そして，金剛駆魔神舞の踊りのことを，モンゴル語でブジグ（中国人は跳布札という）と呼んでいる。サンスクリット語には，「跳布札」に当たる言葉がないと考えられている。仏典がインドより中国に伝えられた経典の中に，「跳布札」，あるいは「打鬼」「殺鬼」などの言葉がないので，原始仏教の「楽舞劇」とは関係ないと論じられている[37]。

（2）ゲルク派（黄帽派）の開祖ツォンカパとする説

一つには，チベット仏教のゲルク派（黄帽派）の開祖であるツォカパが，僧侶が戒律を厳格に守るように，「酒・色・貪・嗔・妄・殺」の六つを鬼とし，これらを消滅しなければならないとした説であると考えられている。だから，一般僧俗が「金剛駆魔神舞」のことを，「打鬼」「殺鬼」「駆除魔祟」と呼ぶのである。

（3）北京の八旗老人とする説

一つは，北京の一般民間の八旗老人（モンゴル人・満州人・朝鮮人などをいう）と「金剛駆魔神舞」とを，関係づけた説である。

康熙三十五年（1696），清朝の康熙皇帝は，ジュンガル（Jungalu 準噶爾）部の噶爾丹を平定するために，その地へ行った。その後，康熙59年（1720）に，康熙皇帝は十四番目の息子ユンタイ（yun tai）をチベットに派遣し，噶爾丹を殺した。ダライ・ラマ六世サンヤンギャムツォ（tSaṅs dbyaṅs rgya mtso 倉央嘉措 1683—1706）は，チベットの政教合一の最高の領袖の地位を回復する儀式として，「魔祟」という踊りを始めた。「魔祟」とは，ジュンガルの軍隊のことを指す。ジュンガルの軍隊を打ち破ったことを記念として，この宗教舞踊が舞われたといわれる。行事の最後に，「魔鬼」として消滅されるのが噶爾丹であるから，金剛駆魔神舞の踊りは，中国の清朝から始められたと考えられている[38]。

（4）ランダルマ王とする説

チベット仏教の発展の歴史は，「前弘期」「滅法期」「後弘期」の三段階に分けるのが一般的である。

「前弘期」は，仏教がインドよりチベットへ伝わった時期であり，この時期に仏教がチベット全土に広がった。

「滅法期」は，ランダルマ（gLaṅ dar ma 836―842）王による滅法時代のことをいう。

「後弘期」は，ランダルマ王が殺害されて，仏教が再び盛んになった時期である。チベット仏教のこの金剛駆魔神舞という仏教踊りは，ランダルマ王の殺害と軌を一にして始まった行事であると考えられる。

ランダルマ王の前生は，インドの牛であったと考えられている。はるか昔にインドで寺院を建立したことがあった。この寺院の落慶式の際に，施主・役人・世話方などに対して盛大に表彰が行われた。しかし，体の皮や肉が破れ，血を流しても，何も言わず一生懸命に，建築用材を運び続けてきた牛には，一言の感謝の言葉もなかったので，その牛は大層悲しんだ。3日後，牛は死んだ。そして，牛の生まれ変わりが9世紀頃，チベットの王として転生したと考えられている。ここに，ランダルマ王の滅法の時代が出現した(39)。

ランダルマは838年，実弟を殺害してチベットの王になった。強烈な手段で寺院を破壊し，仏典・仏像を火中に投じ，僧侶を殺戮した。この時期のチベット仏教は，破壊の極にあった。ランダルマ王の滅法に対して，チベット仏教の僧侶と民衆が強烈に抵抗したことが『王統世系明鑒』に記述されている。

チベット仏教の修行僧ラルンバルドレジェ(Lha luṅ dpal rdo rje 吉祥金剛)が，チベットのラルン地方の葉爾巴(Ye er ba, 現在のチベット自治区洛扎県)という山の洞穴の中で修行していたとき，夜中にラサの大昭寺（gtSug lag khaṅ）の護法の吉祥天女（吉祥天母）が現れて，今日のチベットの全土で修行を成就している人は，お前だけである。チベットのランダルマ王は，仏法を破滅させた。お前が，今の罪悪を作ったランダルマ王を殺しなさい。私もお前を援助する，だから何も恐れおののく必要はない，と告げられた。

翌日ラルンバルドルジェは，弟子にランダルマ王の滅法の実状を問いただし，仏教興隆のために，ランダルマ王を殺害する勇猛心をもった。ラルンバルドルジは種々の方法を考えた。まず，乗り物の白い馬を炭で黒く塗った。それから外が黒色，内が白色の衣服を着て，黒い帽子をかぶった。顔を炭油で黒くし，袖の中に弓箭を持って，黒い馬に乗ってラサに出かけ，口に「我は不吉な黒魔だ」と唱えた。

唐の会昌２年（842）[40]のある日，ランダルマ王は大昭寺の石碑文『甥舅聯盟碑』を読んでいた。ラルンバルドルジェは，チベット王ランダルマの面前で，「風環地，地環水，水滅火，金翅鳥勝水龍，金剛石穿宝石，天神制阿修羅，仏陀勝獅子王，我亦如期殺非法之王」[41]と唱えた。本尊に祈禱し礼拝するふりをしながら，袖の中から弓箭を取り出して最初の礼拝で箭を弦にかけ，２度目の礼拝で弓を引き，３度目の礼拝でランダルマ王の頭に箭を射抜いた。ランダルマ王は，忽ち命を落とした。ランダルマ王を殺害した後，ラルンバルドルジェは黒い馬に乗って逃げた。途中河を渡ったが，その黒い馬は河水で洗われて白い馬に戻った。帽子を捨てて顔も洗い，衣服も白に変えた。そして「吾是白魔天神」，私は白魔天神であると言いながらそこを立ち去ったという。人々は，ランダルマ王を殺害した者は，絶対にこの山で修行しているラルンバルドルジェであるとうわさし合っていたので，大臣は役人を派遣し，ラルンバルドルジが修行している葉爾巴（Ye er ba）山の岩洞を探索した。しかし，ラルンバルドルジェは，わざと入定しているふりをして，山の鳥などを捕えて来て，岩洞にあちらこちらに飛ばした。役人は鳥が飛んでいるのをみて，蔵王を殺した者ではないと思い，そのまま役所に帰った。

ある賢い修行者が岩洞に来て，手をラルンバルドルジェの胸に当てたら，心臓の鼓動を感じた。「本来緊密，此処不可越」，本当のことを言えば，今は緊急，危険な時である。貴僧は，このような処で修行していてはいけないと言った。ラルンバルドルジェは，この岩洞で引き続いて修行することはよくないと思い，速やかにチベットの康地（現在の中国青海省西寧地方）に去った。このことは，チベットの『王統世系明鑒』の第26章に詳述されている[42]。

モンゴル仏教の各寺院や，民衆の中で行われている金剛駆魔神舞が，今日までモンゴルの地に残ってきたのは，モンゴル人が仏の教えに敬虔な信仰をもっていたからである。

仏教伝来以前は，シャーマニズム的なボゲインシャシン（Bogeyin šasin）教に基づく踊りがあった。このボゲインシャシンであるブジグ（Büjig）の踊りで，一年の無事安穏を祈っていたが，仏教伝来以後は，仏教の金剛駆魔神舞がこれに取って代わった。

学者の多くは金剛駆魔神舞は，チベット仏教の修行僧ラルンバルドルジェが，仏法を廃滅したチベットのランダルマ王を殺害した西紀838年に始まるとしているが，私はこの説に賛成できない。チベット密教を修行したラルンバルドルジェが，黒く塗った白馬で河を渡って白馬に変じ，王の軍隊の追跡を振り切ったという黒白馬の故事が，金剛駆魔神舞修行の事実を明かしていると考えられるからである。つまり，チソンデツン王がチベット仏教の最初の寺院であるサムヤ寺を建立したときに，悪魔調伏のために神舞が踊られた史実から考えても，西紀775年には，金剛駆魔金剛駆魔神舞が，すでにチベットに伝わっていたと考えられる。金剛駆魔神舞のモンゴルへの伝来は元代である。チベット仏教のサキャ派の教えがモンゴルの地に伝来するのと軌を一にしてこの儀式も伝来し，定着したのは，チベット仏教のゲルク派の教えがモンゴルの地に伝来したのと同じ頃と考えられる。

第10節　本章の結語

私は，この章では主に，文化大革命後のモンゴル仏教の様態と年中法要の状況を論究した。周知のように20世紀初頭に始まる中国大陸を舞台とした戦乱，それに続く文化大革命（1966―1976年）終結までの国内の混乱によって，56を数える諸民族固有の民族文化や，諸民族固有の宗教信仰は甚大な被害を蒙った。モンゴル民族文化，モンゴル仏教文化もその例外ではなかった。これらの災難のすべてや，そこから派生する一国の文化・民族問題・宗教問題の一切をここに網羅することは，ただ一人の力では到底なし難い。筆者は，この章で，わずかにモンゴル仏教の代表的寺院である，雍和宮と普寧寺の二寺院を主に取り上げて論究するにとどまったが，これが，中国語で言う「知一解百」である。要するにそれは，二寺院の状況の解明から，モンゴル仏教のさまざまな復興の姿を浮き彫りにすることである。

金剛駆魔神舞は，チベットとモンゴルの仏教寺院では，年中行事として重要な法要の一つである。起源は，8世紀のチベットの吐蕃王朝時代に遡る。チベット密教における金剛乗の壇城儀式に行われる，地舞や供養舞にある。金剛駆魔神舞の主要な目的は，仏の教えを高揚することと，諸悪魔を消滅し，民衆が安楽な生活を送ることができるように，世俗の楽しみのうちに共に仏教の繁栄を喜び合うためであることを解明した。

注

（1） 菅沼晃「モンゴル仏教の魅力」（『春秋』春秋社，2002年）1，13頁参照。

（2） 金梁編纂『雍和宮志略』（西蔵漢文文献叢書第三輯之二，中国蔵学出版社，1994年）参照。

（3） 楊時英・楊本芳『外八廟大観』（中国地質出版社，1992年）1～26頁。

（4） 中国仏教協会編『中国仏教寺院』（中国世界語出版社，1995年）10～11頁。

（5） 久明柔白多杰『蒙古仏教源流』（ḥJigs med rig paḥi rdo rje, *Hor gyi chos hbyuṅ*），中国青海民族出版社，チベット語，1993年，235～238頁。

（6） 固始噶居巴・洛桑沢培著，陳慶英・烏力吉訳著『蒙古仏教史』（中国天津古籍出版社，1991年）93～94頁。

また長尾雅人『蒙古学問寺』（中公文庫，1992年）57～60頁参照。

モンゴル仏教寺院では，普通四学部から成る綜合大学がある。四学部の名称は，一般には，次のようである。

（1）チュエ・ラサン（chos grva tshaṅ 顕教学部）あるいは，サンニッド・ラサン（mtshan ñid grva tshaṅ 法相学部）

（2）ジュッドパ・ラサン（rgyud pa grva tshaṅ 密教学部）

（3）ドンコル・ラサン（dus ḥkhor grva tshaṅ 時輪学部）

（4）マンバ・ラサン（sman pa grva tshaṅ 医学部）

以上は，すべてチベット語である。モンゴル仏教寺院では，チベット語がそのまま用いられている。

そのうち，（1）チュエ・ラサン顕教学部は，顕教に関する学部であり，経典を哲学的に解釈することを目的とする。その他，理学や文法や戒律に至るまで，普通の仏教学の全般にわたっている。チュエは，「法」であり，広く仏の教えの意味である。その別名のサンニッドは，「相」「法相」を意味する。密教に対する顕教の意義が最もよく説かれている。規模も大きく学僧の数も最も多い。顕教学部は，さらに進んで密教を修学するための予備段階である。仏教の法相に精通しない者に，密教の奥義を説くことはないからである。

（2）ジュットパ・ラサン密教学部は，サンスクリット語 tantra（真言，陀羅尼）を意味する「続」という意訳語が用いられている。この学部では，タントラやマンダラによって祈禱などを行い，その他，密教的な灌頂法や成就法などを修学する。

（3）ドンコル・ラサン時輪学部は，サンスクリット語 kālacakraであり，時輪と訳される。密教の最高の経典である『時輪経』を中心とするもので，とくにその本尊も時輪と名づけられる特殊な秘密仏である。時輪学部では，とくに天文現象および暦について説くところが多いため，天文学部や数学部と呼ばれている。

（4）マンバ・ラサン医学部は，サンスクリット語 bhaiṣajyaで，薬の意味である。この学部では，薬師仏に関する多くの経典が存する。チベット医学とモンゴル医学との双方について修学することができる。

（7） 楊時英・楊本芳『外八廟大観』（中国地質出版社，1992年） 1～26頁。

（8） 楊時英・楊本芳『外八廟大観』（中国地質出版社，1992年） 1～26頁。

（9） 李舞陽主編「蔵伝仏教礼讃祈願文」（*rGyun ḥdon bstod smon phyogs bsgrigs*）『蔵伝仏教文化叢書』，中国民族音像出版社，1997年，103～116頁。

(10)(11) 李舞陽主編「蔵伝仏教礼讃祈願文」（*rGyun ḥdon bstod smon phyogs bsgrigs*）『蔵伝仏教文化叢書』，中国民族音像出版社，1997年，103～116頁。

(12) 李舞陽主編「蔵伝仏教礼讃祈願文」（*rGyun ḥdon bstod smon phyogs bsgrigs*）『蔵伝仏教文化叢書』，中国民族音像出版社，1997年，94～102頁。

(13) 浄慧主編『法音』（中国仏教協会編，第7期，1990年） 4頁。

(14) 浄慧主編『法音』（中国仏教協会編，第7期，1990年） 5頁。

(15) 李舞陽主編「蔵伝仏教礼讃祈願文」（*rGyun ḥdon bstod smon phyogs bsgrigs*）『蔵伝仏教文化叢書』，中国民族音像出版社，1997年，267頁。

(16) 丹迥冉納班雑・李徳成『名刹双黄寺—清代達頼和班禅在京駐錫地』（中国宗教文化出版社，1997年）201～208頁。

(17) 丹迥冉納班雑・李徳成『名刹双黄寺—清代達頼和班禅在京駐錫地』（中国宗教文化出版社，1997年）201～208頁。

(18) 張怡蓀主編『蔵漢大辞典』中巻（Kraṅ dbyi sun, *Bod rgya tshig mdsod chen mo*），中国民族出版社，1986年，1611～1612頁。

(19) 図官洛桑却吉尼瑪『宗教源流史』（Thuḥu bkban blo bzaṅ chos kyi ñi ma, *Thuḥu bkban grub mthaṅ*），中国甘粛民族出版社，チベット語，1984年 61頁。

(20) 図官洛桑却吉尼瑪『土観宗派源流』劉立千訳注「講述一切宗派源流和教義善説晶鏡史」（中国西蔵民族出版社，1984年）34頁によれば，相当箇所は次の通りである。

元始怙主法身普賢起現頓成圓満報身，為住清浄地菩薩化機，為無有方所時分（即四時之中），不論何時何地，無作任運而宣説。

また清浄地とは菩薩十地の最後の三地のことをいう。つまり，第八地の不動地，第九地の善慧地，第十地の法雲地である。

(21)　図官洛桑却吉尼瑪『宗教源流史』(Thuḥu bkban blo bzaṅ chos kyi ñi ma, *Thuḥu bkban grub mthaṅ*) 中国甘粛民族出版社，チベット語，1984年，61～62頁。

(22)　嘉木揚図丹著，嘉木揚凱朝訳『金剛駆摩神舞縁起』(ḥJam dbyaṅs thub bstan, *ḥCham gyi lo rgyus sṅa ḥgyur sṅags ḥchaṅ bshad paḥi zlos gar shes bya ba bshugs so*) 北京雍和宮の内部資料，チベット語，中国語1～6頁。たま中国語訳は次の通りである。

通達諸法平等性，勸請作舞降魔祟，持呪結印現本尊，舞動顕示威厳相，皆令讃嘆謂怖畏，諸魔悪衆皆制伏。

(23)　嘉木揚図丹著，嘉木揚凱朝訳『金剛駆摩神舞縁起』(ḥJam dbyaṅs thub bstan, *ḥCham gyi lo rgyus sṅa ḥgyur sṅags ḥchaṅ bshad paḥi zlos gar shes bya ba bshugs so*) 北京雍和宮の内部資料，チベット語，中国語1～6頁参照。

(24)　嘉木揚図丹著，嘉木揚凱朝訳『金剛駆摩神舞縁起』(ḥJam dbyaṅs thub bstan, *ḥCham gyi lo rgyus sṅa ḥgyur sṅags ḥchaṅ bshad paḥi zlos gar shes bya ba bshugs so*) 北京雍和宮の内部資料，チベット語，中国語1～6頁参照。

(25)　嘉木揚図丹著，嘉木揚凱朝訳『金剛駆摩神舞縁起』(ḥJam dbyaṅs thub bstan, *ḥCham gyi lo rgyus sṅa ḥgyur sṅags ḥchaṅ bshad paḥi zlos gar shes bya ba bshugs so*) 北京雍和宮の内部資料，チベット語，中国語1～6頁。

(26)　丹迥冉納班雑・李徳成『名刹双黄寺―清代達頼和班禅在京駐錫地』(中国宗教文化出版社，1997年) 204～205頁。

(27)　橋本光寶『蒙古の喇嘛教』(仏教公論社，昭和17年) 266～274頁。

(28)　張澄基訳注『密勒日巴大師全集』(歌集上)（中国上海佛学書局)。

(29)　周恒晶・楊本芳編『米拉査瑪』「普寧寺大型佛教舞蹈劇」(中国河北美術出版社，1992年)。

普寧寺のミラチャムは，毎年の旧暦の正月13日に，盛大にチベット仏教の踊り「金剛駆魔神舞」を行っている。清朝の乾隆20年（1755）から始まり，以来約2世紀（200年）を経ている。ただし，1947年より中国の解放と文化大革命の影響で，44年間はこの伝統的なチベット仏教の踊りが中止された時期があった。

第1回は，山神舞である。山神舞の二人が音楽の中で踊りながら，舞台に登場する。大山神は，ミラレーパが間もなく山に来ることを大小山神に知らせる。全山の山神が喜んで待っているところである。

第2回はアサル（阿雑拉舞）である。アサルも二人が踊る。

第3回は弁経（対論）である。高僧の修行僧が登場し，一方が質問を発し，他方が質問に答える。

第4回はミラレーパ（米拉熱巴）が登場する踊りである。

第5回は鹿舞（鹿の踊り）である。

第6回は犬舞（犬の踊り）である。

第7回は黒白老頭舞の踊りである。

第8回は鹿舞（鹿の踊り）である。

(30)　曹都編『宗教詞典』(Sodobilig, *Śasin -u toli*）中国内蒙古教育出版社，1996年，380頁。

(31)　張怡蓀主編『蔵漢大辞典』中巻（Kraṅ dbyi sun, *Bod rgya tshig mdsod chen mo*）中国民族出版社，1986年，1362頁。

甘露，天酒，不死薬ともいわれる。チベット医学では，降魔薬物，伏魔薬物とされる。チベット仏教の医学によれば，邪魔（悪魔）が人間に悪い病気を引き起こすため，人間の生命を害する。このドッス（神飲）という飲み物が病気と苦しみを消滅することができ，福徳を与える対治薬物であると考えられる。

(32)　嘉木揚図丹著，嘉木揚凱朝訳『金剛駆摩神舞縁起』(ḥJam dbyaṅs thub bstan, *ḥCham gyi lo rgyus sṅa ḥgyur sṅags ḥchaṅ bshad paḥi zlos gar shes bya ba bshugs so*）チベット語，中国語。

(33)　丹迴冉納班雑・李徳成『名刹双黄寺—清代達頼和班禅在京駐錫地』（中国宗教文化出版社，1997年）206～207頁。

(34)　丹迴冉納班雑・李徳成『名刹双黄寺—清代達頼和班禅在京駐錫地』（中国宗教文化出版社，1997年）206～207頁。

(35)　金梁編纂『雍和宮志略』（中国蔵学出版社，1994年）411頁。

(36)　嘉木揚図丹著，嘉木揚凱朝訳『金剛駆摩神舞縁起』(ḥJam dbyaṅs thub bstan, *ḥCham gyi lo rgyus sṅa ḥgyur sṅags ḥchaṅ bshad paḥi zlos gar shes bya ba bshugs so*）チベット語，中国語，8～9頁，また中国語訳は次の通りである。

身与本尊徳相相応起，口誦真言如獅吼雷鳴，心念生圓双運入等持，倶足明呪行者称希奇。

(37)　金梁編纂『雍和宮志略』（中国蔵学出版社，1994年）395～397頁。

(38)　金梁編纂『雍和宮志略』（中国蔵学出版社，1994年）395～397頁。

(39)　橋本光寶『蒙古の喇嘛教』（仏教公論社，昭和17年）269～270頁。

(40)　丹迴冉納班雑・李徳成『名刹双黄寺—清代達頼和班禅在京駐錫地』（中国宗教文化出版社，1997年）202頁。

(41)　弘学『藏傳佛学』(中国四川人民出版社，1996年) 34～38頁。
(42)　周恒晶・楊本芳編『米拉査瑪』「普寧寺大型佛教舞蹈劇」(中国河北美術出版社，1992年) 18～22頁。

第四章　モンゴルにおける阿弥陀仏信仰の伝来

第1節　本章の意図

モンゴルの地では古くから，阿弥陀仏が信仰されてきた。その信仰が伝来した時期については，今日まで，まだ学会においても十分明らかにされていない。モンゴルの地において，一般の民衆が阿弥陀仏を信仰し供養する理由は，モンゴルの民衆のなかで，阿弥陀仏が人間の寿命を延ばすことができる仏であると強く信じられているからである。モンゴルの仏教徒は，阿弥陀仏をモンゴル語でナスンノボルハン（Nasun-un Burqan 長寿仏）と呼ぶ。そして毎年，僧侶を自宅に招き，自分の父母や祖父母の寿命長寿のために，密教の『阿弥陀仏灌頂』（tShe chog ḥdod ḥjo dbaṅ gi rgyal po shes bya ba bshugs so）[(1)]という経典などによる法要を依頼する習慣が，今日でも広く行われている。モンゴル仏教の阿弥陀仏の信仰を解明するには，源流に遡って，チベット語『大蔵経』所蔵のモンゴル仏教の諸経典によることを必要とする。

大乗仏教経典では，『法華経』でも『無量寿経』でも，阿弥陀仏は永遠の生命をもつ仏である。歴史上の仏陀・釈尊は80歳で入滅されたが，不滅の法が残った。そして，西天の極楽浄土におわす阿弥陀仏は，本質的には永遠の理法でありながら，永遠の理法を，われわれが直接肌で経験できるほど具体化し人格化して示したものと考えられる[(2)]。阿弥陀仏を，永遠の生命に生きるナスンノボルハン・長寿仏であるとして信仰しているのが，モンゴル仏教徒の宗教意識である。

普通の考え方では，阿弥陀仏の極楽浄土に往生するために『無量寿経』に説く四十八願によることが重要であると考えている。しかし，モンゴル仏教徒にとっては，『無量寿経』に説く四十八願は勿論であるが，それ以外例えば，『聖普賢菩薩行願王経』（ḥPhags pa bzang po spyod pai smon lam gyi rgyal po）[(3)]や『往生極楽浄土願』（bDe ba can du skye baḥi smon lam bshugs so）[(4)]などの他の経典に従って修行すれば，必ず同様に極楽世界に往生できると考えている。ここでまず，『聖普賢菩薩行願王経』に見られる阿弥陀仏信仰について取り上げたいと考えている。

そして，この章においてはチベット語の『蒙古仏教源流』(Hor gyi chos ḥbyuṅ bshugs so)(5)とチベット語の『聖普賢菩薩行願善説荘厳経』(6)と『聖普賢菩薩行願王経』，台湾仏教出版社出版の『浄土五経』の一つである『大方広仏華厳経普賢菩薩行願品』(7)の，四文献に記載されている阿弥陀仏に関する記述を取り上げて考究する。

またチベット人もモンゴル人も信仰しているパンチェン・ラマが，阿弥陀仏の化身とされる縁由については，すでに第二編第五章において「活仏の由来」として論述している。詳細はそれに譲りたい。

一方，日本の浄土真宗では，「悪人正機」という特別な宗教意識の影響で，善人でも悪人でも，人は死ねば必ず成仏できるとする。いわゆる死者を「ほとけ」と呼ぶ日本人にとって，阿弥陀仏信仰は日本人の宗教意識の根底となっていると考えられている。また現代中国仏教徒の宗教意識では，この世で造った罪悪を消滅することができなくても，「業」を持ったまま極楽浄土に往生することができると考えている。この「帯業往生」は，現代の中国仏教徒に特徴的な主張である。このような，モンゴル民衆と日本民衆，漢民族の阿弥陀仏の信仰について比較研究したい。

第２節　『聖普賢菩薩行願王経』に見られる阿弥陀仏信仰

チベット語『聖普賢菩薩行願王経』では，修行者は，普賢菩薩の本願による修行を行じることによって，阿弥陀仏の法身の大日如来に親見することができ，阿弥陀仏の法身の大日如来仏が現れて修行者に授記し，そして，阿弥陀仏の化身である無量光仏の極楽浄土に往生することができると説かれている。

次にはまずチベット語『聖普賢菩薩行願王経』を掲げ，湯薌銘氏のチベット語から漢訳した『聖普賢菩薩行願王経』(8)を対照した。日本語訳はチベット原文からの拙訳である。漢訳と日本語訳の間には表現に若干の差がある。

たとえば漢訳で無量光とあるのは，チベット語ではナンワンタヤェ（sNaṅ ba mthaḥ yas）とある。すなわち，チベット語のナンワンタヤェは，大日如来（光明無辺）という如くである。

Gaṅ gis bzaṅ spyod smon lam ḥdi btab phs// des ni nan soṅ thas cad spaṅs bar ḥgyur// des ni grogs pho ṅan pa yin// snaṅ ba mthaḥ yas de yaṅ des myur mthoṅ//

（諸有發此賢行願，彼能遠離諸悪趣;彼亦遠離諸悪友，彼速親覩無量光。）

誰かが普賢菩薩のこの十大願を願えば，それによってよく苦しみの生存の世界道を解脱することができる。それによってすべての悪友から遠く離れることができるから，［阿弥陀仏の法身である］大日如来も，速やかに彼を現見するのである。

bDag ni ḥchi baḥi dus byed gyur pa na// sgrib pa thabs cad dag ni phyir bsal te// mṅon sum snaṅ ba mthaḥ yas de mthoṅ nas// bte ba can gyi shiṅ der rab tu ḥgro//

（願我臨欲命終時，普能掃除一切障;親覩如来無量光，即得往生極樂刹。）

そして，私の命が終わりに近づいたとき，十大願修行の福果として一切の煩悩を取り除けば，目の前に阿弥陀仏の無量の光を親見し，直ちに安楽な浄土によく往生することができる。

rGya baḥi dkyil ḥkhor bzaṅ shiṅ dgaḥ ba der// padmo dam pa śin tu mdscs las sgyes// snaṅ ba mthaḥ yas rgyal bas mṅon sum du// luṅ bstan pa yaṅ bdag gis der thob śog/

（彼佛中圍賢調悦，我従瑞厳妙蓮生;親覩如来無量光，我於其中得記別。）

そして，彼［阿弥陀］仏のおわす極楽浄土は，美しく，楽しい。私は蓮華から生まれる。［阿弥陀仏である法身の］大日如来が，私を現見する。それによって私は授記を得る。

bZaṅ po spyod paḥi smon lam bsṅos pa yi// bsod nams dam pa mthaḥ yas gaṅ thob des// ḥgro ba sdug bsṅl chu bor byiṅ ba rnams// ḥod dpag med paḥi gnas rab thob par śog/

（以此賢行願廻向，所護福徳勝無邊;沈溺苦海諸有情，往生無量光佛刹。）

そして，普賢菩薩の勝れた［十大］願を廻向する。得た聖なる福徳は数えらないほどである。苦海に沈溺して苦しんでいる衆生も，福徳によって［阿弥陀仏の化身である］無量光仏の浄土である［極楽世界］に往生することを願いたてまつる。

以上の四つの偈は，チベット語訳『聖普賢菩薩行願王経』の中で，阿弥陀仏を称讃した偈である。第一と第二と第三の三偈が，ナンワンタヤエ（sNaṅ ba btha yas），すなわち阿弥陀仏の法身である大日如来を称讃した偈である。最後の第四の一偈が，無量光仏を称讃した偈である。

チベット語経典の中では，「無量光仏」の呼称が随所に用いられている。たとえば，パンチェン・ラマは阿弥陀仏の化身とされる。だから，チベット人やモンゴル人は皆，パンチェン・ラマを阿弥陀仏，すなわち無量光仏の化身であると尊敬している。

現段階で私が承知している限りでは，パンチェン・ラマが阿弥陀仏の化身であるとされているということについては，日本の学者の中でも認識が稀薄であると考えられる。この問題については，今後詳細に研究課題としたい。

以上，『聖普賢菩薩行願王経』に見られる阿弥陀仏に関する問題を概観してきたが，次は『聖普賢菩薩行願王経』に説く善財童子が，普賢菩薩の十大願修行を行った理由を取り上げて考察したい。チベット語訳の『聖普賢菩薩行願王経』は，十大願の内容を十五種の偈で説き示している。

修行者は，普賢菩薩の十大願による修行法を実践すれば，それによって遷流流転してやまない迷いの六道を解脱することができる。そして六道を解脱することによって，すべての悪友との交友を断ち，遠く離れることができる。六道を解脱し，悪友を遠離することによって，阿弥陀仏の法身の大日如来が速やかに修行者に現見し，修行者に授記する。この授記によって，阿弥陀仏の化身である無量光仏の勝れた浄土に往生できるという。この教説は，顕教と密教を兼ね具えたチベット仏教とモンゴル仏教との，密教の面に共通した特徴的な修行法であると考えられる。

このような利益の功徳を説く『聖普賢菩薩行願王経』は，モンゴル仏教では，すべての寺院の朝の勤めで読誦されている。モンゴル仏教の僧侶にとっては，この経典を暗記し，毎日唱え続けて，一生涯絶えることなく唱え続けることが，成仏に向かう大切な修行法とされる。モンゴル仏教の僧侶は昔から，毎日朝晩，寺院や，仏殿や，仏塔を巡礼することを習慣としている。仏殿や仏塔の外を巡り終わって五体投地をしたり，寺院の外を巡り終わって五体投地をしたりする。また僧侶によっては，巡礼の始めから終わりまで五体投地する者もいる。

このように，『聖普賢菩薩行願王経』を唱えながら巡礼をするのが，大きな修行の一つとされる。そして，毎日絶えることなく修行を続け積んでいけば，臨終の際に間違いなく阿弥陀仏の極楽世界に往生できると信じられている。

また，モンゴル仏教の聖地，たとえば山西省の五台山や青海省の塔爾寺などまで，はるばると五体投地を繰り返しながら長期間にわたって巡礼したり，五台山や塔爾寺などまで歩いて行って，現地で五体投地を繰り返して巡礼する者もいる。

モンゴル仏教では，僧俗が五体投地の礼拝を繰り返すのは，無限の塵のように，この大地や虚空におわす諸仏・諸菩薩に礼拝することを，普賢菩薩の十大願で説く由来によるものであると考えられる。

チベット語訳とモンゴル語訳の『聖普賢菩薩行願王経』が説く普賢菩薩の十大願は，今に生きる誓願の一種である(9)。普賢菩薩の十大願として，次の10種の誓願とされる。

rgyal ba kun la rab tu phyag ḥtshal lo//

第一願は，「礼敬諸仏」——諸仏を礼敬し，

bde bar gśegs pa thams cad bdag gis bstod//

第二願は，「称讃如来」——如来を称讃し，

mchod pa gaṅ rnams bla med rgya che ba//

第三願は，「広修供養」——広く供養を修し，

sdig pa thams cad bdag gis so sor bśags//

第四願は，「懺悔業障」——業障を懺悔し，

ḥgro ba kun gyi bsod nams rjes yi raṅ//

第五願は，「随喜功徳」――功徳を随喜し，

ḥkhor lo bla na med pa bskhor bar bskul//

第六願は，「請転法輪」――転法輪を請じ，

thams cad rdsogs paḥi byaṅ chub phyir bsṅoḥo//

第七願は，「普皆廻向」――普く皆廻向し，

bskhal ba shiṅ gi rdul sñed bshugs par śog/

第八願は，「請仏住世」――仏の住世を請じ，

de dag rgyal ba thams cad la yaṅ mos//

第九願は，「常随仏学」――常に仏に従って学し，

de dag khun gyi rjes su bdag yi raṅ//

第十願は，「恒順衆生」――恒に衆生に順ずる。

これが，チベット語訳とモンゴル語訳の『聖普賢菩薩行願王経』が説く，普賢菩薩の十大願といわれる誓願である。

なお，上記の十大願はチベット語訳と日本語訳の並記の形をとったが，モンゴル語の十大願は，チベット語訳の十大願と全く同じであるから，煩雑を避けるためにチベット語と日本語訳のみとした。漢訳としては，湯薌銘氏のチベット語から漢訳したものに従った。

チベット語訳とモンゴル語訳の『聖普賢菩薩行願王経』では，十大願は，15種の偈に引き伸ばして説かれているが，内容は十大願に限られている。

チベット語訳とモンゴル語訳の『聖普賢菩薩行願王経』では，普賢菩薩の十大願を次のように十五偈で説いている。漢訳としては，同様に湯薌銘氏のチベット語から漢訳したものに従う。

(1)《第一願――礼敬諸仏》

ji sñed su dag phyogs bcuḥi ṅjig rten na// dus gsum gśegs pa mi seṅ ge kun// bdag gis ma lus de dag thams cad la// lus daṅ ṅag yid daṅ bas phyag bgiṅo//

(所有十方世界中，遊於三世人獅子；我以清浄身語意，遍禮一切悉無餘。)

〈第一偈〉

第一願の諸仏を礼敬するということは，すべての十方の世界において，三世に遊化する人獅子（仏）に対し，私は身体も言葉も心も清浄ならしめて，一切すべてに礼を尽くして余すところがない。

bzaṅ bo sphyod paḥi smon lam stobs dag gis// rgyal ba thabs cad yid kyi mṅon sum du// shiṅ gi rdul sñed lus rab btud pa yis// rgyal ba kun la rab tu phyag ṅtshal lo//

（普賢行願威神力，普現一切如来前；一身復現刹塵身，一一遍禮刹塵佛。）

〈第二偈〉

［そして，私はすべての仏を心に念じ,］普賢行願の力を普く一切の如来の前に現じ，国土の微塵にも等しい身体を現して，私はいちいちすべての諸仏に敬礼したてまつる。

（2）《**第二願――称讃如来**》

rdul gcig steṅ na rdul sñed saṅs rgyas rnams// saṅs rgyas sars kyi dbus na bshugs pa dag/ de ltar chos kyi dbyiṅs rnams ma lus par// thams cad rgyal ba dag gis gaṅ bar mos//

（於一塵中塵数佛，各處菩薩衆會中；無盡法界塵亦然，深信諸佛皆充滿。）

〈第三偈〉

［第二願の如来を称讃するということは,］一つの微塵の中に,微塵〔の数〕に等しい仏が，それぞれ菩薩たちの集いの中に坐りたもう。このように，尽きることのないあらゆる諸仏によって満たされている法界の塵刹も同様である。私は諸仏がそこに満ち満ちておられることを深く信じる。

de dag bsṅags pa mi zad rgya mtsho rnams// dbyaṅs kyi yan lag rgya mtshoḥi sgrakun gyis// rgyal ba kun gyi yon tan rab brjod ciṅ// bde bar gśegs pa thams cad bdag gis bstod//

（各以一切音聲海，普出無盡妙言辞；盡於未来一切劫，讃佛甚深功徳海。）

〈第四偈〉

そして，尽きることのない海のような功徳を有する仏を，あらゆる種類の音声を有する海のような言葉で，普くすぐれた言葉を発して尽きることがない。私は永遠の未来を尽くして，諸仏の甚深なる功徳の海を讃歎したてまつる。

（3）《第三願――広修供養》

me tog dam pa ḥphreṅ ba dam pa daṅ// sil sñan rnams daṅ śug pa bdug mchog daṅ// mar me mchog daṅ bdug spos dam pa yis// rgyal ba de dag la ni mchod par bgyi//

（以諸最勝妙華鬘，伎楽塗香及傘蓋；如是最勝荘厳具，我以供養諸如来。）〈第五偈〉

［第三願の広く供養を修すということは，］美しい花や鬘で，そして最勝の楽器や塗油や傘蓋など，この上なく勝れた荘厳の具によって，私は諸仏に供養したてまつる。

na bzaḥ dam pa rnams daṅ dri mchog daṅ// phye ma phur ma ri rab ñm pa daṅ// bkod pa khyad par ḥphags paḥi mchog kun gyis// rgyal ba de dag la ni mchod par bgyi//

（最勝衣服最勝香，末香焼香與燈明；一一皆如妙高聚，我悉供養諸如来。）〈第六偈〉

そして，すぐれた華麗な衣服や芳しい香料をもって，また，粉末香，焼香いちいちを須弥山のように高く積み上げて，私は諸仏に供養したてまつる。

mchod pa gaṅ rnams bla med rgya che ba// de dag rgyal ba thams cad la yaṅ mos// bzaṅ bo spyod la dad paḥi stobs dag gis// rgyal ba kun la phyag ḥtshal mchod par bgyi//

（我以廣大勝解心，深信一切三世佛；悉以普賢行願力，普遍供養諸如来。）〈第七偈〉

そして，私は，広大で勝れた確認了解の心の働きで，一切の過去・現在・未来にわたる諸仏を深く信じたてまつる。普賢菩薩実践の誓願力によって，普く一切の諸仏を供養したてまつる。

（４）《**第四願——懺悔業障**》

ḥdod chags she sdaṅ gti mug dbaṅ gis ni// lus daṅ ṅag daṅ de bshin yid kyis kyaṅ// sdig pa bdag gis bgyis pa ci mchis pa// de dag thams cad bdag gis so sor bśags//

（我昔所造諸悪業，皆由無始貪瞋痴；従身語意之所生，一切我今皆懺悔。）

〈第八偈〉

［第四願の業障を懺悔するということは，］私が過去に造った悪業は，貪りや怒りや愚かさによって生じた悪業であっても，身体や言語や心によって造った悪業であっても，私はそのすべてを懺悔したてまつる。

（５）《**第五願——随喜功徳**》

phyogs bcuḥi rgyal ba kun daṅ saṅs rgyas sras// raṅ rgyal rnams daṅ slob daṅ mi slob daṅ// ḥgro ba kun gyi bsod nams gaṅ la yaṅ// de dag kun gyi rjes su bdag yi raṅ//

（十方一切諸衆生，二乗有學及無學；一切如来與菩薩，所有功徳皆随喜。）

〈第九偈〉

［第五願の功徳を随喜するということは，］二乗の学人・有学の人・無学の人・独覚の人・如来・菩薩の福徳のすべてに，私は随喜したてまつる。

（６）《**第六願——請転法輪**》

gaṅ rnams phyogs bcuḥi ḥjig rten sgron ma rnams// byaṅ chub rim par saṅs rgyas ma chags brñes// mgon po de dag bdag gis thams cad la// ḥkhor lo bla na med pa bskor bar bskul//

（十方所有世間燈，最初成就菩提者；我今一切皆勸請，轉於無上妙法輪。）

〈第十偈〉

［第六願の転法輪を請じるということは，］十方に及ぶ，世間の灯火である悟りを完成し，最初に菩提を成就した者たちに，私は無上の妙法輪を転じられるように勧請したてまつる。

（7）《第七願——普皆廻向》

phyag ḥtshal ba daṅ mchod ciṅ bśags pa daṅ// rjes su yi raṅ bskul shiṅ gsol ba yi// dge ba cuṅ zad bdag gis ci bsags pa// thamas cad bdag gis byaṅ chub phyir bsṅo ḥo//

（所有禮讃供養福，請佛住世轉法輪；随喜懺悔諸善根，廻向衆生及佛道。）

〈第十一偈〉

［第七願の普く皆廻向するということは，］諸仏を礼拝し，供養した福徳や，諸仏にこの世に住し説法することを請じ，諸仏に随喜し，懺悔して生じた諸の善根すべてを，衆生と仏道に廻向したてまつる。

（8）《第八願——請仏住世》

mya ṅan ḥdaḥ ston gaṅ bshed de dag la// ḥgro ba kun la phan shiṅ bde baḥi phyir// bskal ba shiṅ gi rdul sñed bshugs par yaṅ// bdag gis thal mo rab sbyar gsol bar bgyi//

（佛若欲示所涅槃，我悉至誠而勸請；唯願久住刹塵劫，利樂一切所衆生。）

〈第十二偈〉

［第八願の諸仏の住世を請じるということは，］滅度を示そうと欲する仏たちに，私は至誠に懇請したてまつる。すべての人々の利益と安楽のために，刹塵の数に等しい劫の間，仏たちにこの世に住したまえと勧請したてまつる。

（9）《第九願——常随仏学》

ḥdas pahkusi li saṅs rgyas rnams daṅ phyogs bcu yi// ḥjeg rten dag na gaṅ bshugs mchod par gyur// gaṅ yaṅ ma byon de dag rab myur bar// bsam rdsogs byaṅ chub rim par saṅs rgyas spyon//

（我随一切如来學，修習普賢圓満行；供養過去諸如来，及與現在十方佛。）

〈第十三偈〉

［第九願の常に諸仏に従って学ぶということは，］私は，すべての諸仏に従って修学し，普賢菩薩の十大願を修行し，成就した成果をもって，

過去の諸々の如来や現在の十方におわす諸仏に供養したてまつる。

(10)《**第十願――恒順衆生**》

phyogs bcuḥi sems can gaṅ rnams ji sñad pa// de dag rtag tu nad med bde bar gyur// ḥgro ba kun gyi chos kyi don rnams ni// mthun par gyur cig re baḥaṅ hgrub par gyur śog/

十方所有諸衆生，願離憂患常安樂;獲得甚深正法利，所有意望亦成満。)

〈第十四偈〉

［第十願の常に衆生に順じるということは,］十方のあらゆる衆生が憂いや悩みを離れ，常に安楽にあることを願い，深く正しい仏法の利益を獲得し，一切の願いを思いのままに成就できるように願いたてまつる。

byaṅ chub spyod pa dag ni bdag spyod ciṅ// ḥgro ba kun tu skye ba dran par gyur// tshe rabs kun tu ḥchi ḥpho skye ba na// rtag tu bdag ni rab tu hbyiṅ bar śog/

(我為菩提修行時，一切趣中念本生;諸余生中受生死，願我常得趣出家。)

〈第十五偈〉

［そして］私は，菩提を求めて修行を行うとき，一切の生まれ変わりの中で本生（jātaka 闍多迦）を念じ，今後の生存の中でも，私は，常に出家であることを願いたてまつる。

チベット語（モンゴル語訳）の『聖普賢菩薩行願王経』で説かれる普賢菩薩の十大願に十五偈を充当すると，以上見てきたようになる。

こうして，チベット語『聖普賢菩薩行願王経』に説かれる十大願は，「礼敬諸仏」「称讃如来」「広修供養」「懺悔業障」「随喜功徳」「請転法輪」「普皆廻向」「請仏住世」「常随仏学」「恒順衆生」である。

漢訳諸本では「礼敬諸仏」「称讃如来」「広修供養」「懺悔業障」「随喜功徳」「請転法輪」「請仏住世」「常随仏学」「恒順衆生」「普皆廻向」である。

さらに，チベット語訳の『Phags pa bzang po spyod pai smon lam gyi rgyal po』（聖普賢菩薩行願王）とモンゴル語訳の『Qotugtu sayin yabudal non irugel non hagan』（聖普賢菩薩行願王）[10]第十四偈は，他に次の経典がある。すなわち，仏陀跋陀羅訳『文殊師利発願経』[11]と不空訳『普賢行願讃』[12]，梵本の『Bhadracari-praṇidhāna-rāja』（普賢行願王）[13]は第十五偈になっていて，第七願・第八願・第九願・第十願の四願の順序に異同がみられる。

普賢菩薩の十大願に従って修行し，阿弥陀仏を信じ，それにすがって極楽浄土に生まれ，悟りを得ようとする浄土教思想は，上述したように漢訳以外の諸本に見られ，チベット語訳とモンゴル語訳の『聖普賢菩薩行願王経』の中にも説かれる。

第３節　普賢菩薩十大願による阿弥陀仏信仰

『聖普賢菩薩行願善説荘厳経』（ḥPhags pa baṅ po spyod pahi smon lam gyi rnam par bśad pa kun tu bzaṅ boḥi dgoṅs pa gsal bar byed paḥi rgyan shes bya ba bshugs so），日本語では，「聖なる普賢菩薩の行願を説く荘厳経」は，チベット語『大蔵経』の『カンジュール』（bkaḥ ḥgyur 甘珠爾）の中に記載されている。

チベット仏教最大のケルグ派を開創した，ツォンカパ（tSoṅ kha pa blo po bzaṅ grags pa 宗喀巴 1357—1419，善慧称の意味）の弟子であるシラッスンガ（Śes rab seṅ ge）が，15世紀にチベット自治区の首府ラサで，チベット仏教の密教寺院「下密院」（sMad rgyud）を創建した。下密院の善知識であるシラッダンダル（Śes rab bstan dar）活仏が，仏教興隆と一切衆生を利益するために，内モンゴル最大の活仏ジャンジャ・ホトクト十五世ロルビドルジ（lCaṅ skya Rol paḥi edo rje 章嘉羅頼畢多爾吉 1716—1786）に要請して，この『聖普賢菩薩行願善説荘厳経』を著した。この経典は現在，中国北京雍和宮に所蔵されている。

普賢菩薩の十大願の在り方を，台湾仏教出版社出版の『浄土五経』の一つである『大方仏解華厳経普賢菩薩行願品』[14]を基にして，チベット語の『聖普賢菩薩行願善説荘厳経』比較対照すると，次のようになる。

普賢菩薩の十大願

善財白言，大聖，云何禮敬，乃至廻向。

善財童子が大聖普賢菩薩に尋ねた。「どのように礼拝するのか，またどのように廻向するのか」と。

（1）礼敬諸仏

普賢菩薩告善財言，善男子，言禮敬諸佛者，所有盡法界虚空界，十方三世一切佛刹極微塵数諸佛世尊，我以普賢行願力故，深心信解，如対目前，悉以清浄身語意業，常修禮敬。

普賢菩薩は善財童子に説かれた。「善財童子よ，一切の諸仏に礼拝するということは，一切の尽法界，一切の尽虚空界の，十方三世の一切の浄土には，無数の諸仏世尊がおわす。私は普賢菩薩の行願力によって，深い信仰と深い智慧を得て，目前に仏を拝しているように，すべて清浄の身業，清浄の語業，清浄の意業をもって，常に礼敬を修したてまつる」と。

一一佛所，皆現不可説不可説佛刹極微塵数身。一一身，遍禮不可説不可説佛刹極微塵数佛。虚空界盡我禮乃盡。以虚空界盡故，我此禮敬無有窮盡。如是乃至衆生界盡，衆生業盡，衆生煩悩盡，我禮乃盡。而衆生界乃至煩悩無有盡故，我此禮敬無有窮盡。念念相續，無有間断。身語意業，無有疲厭。

「それぞれの仏がおわす所，すなわち，一切の説くこともできないし言葉で表すこともできない浄土に，無数の身を現した。それぞれの身，すなわち，説くこともできないし言葉にならない浄土の，無数の仏たちにあまねく礼拝し，虚空界尽くれば我が礼もすなわち尽きん，虚空界は終わりがないから，私のこの礼拝も尽きることがない。このように，衆生界が尽きるまで，衆生の業が尽きるまで，衆生の煩悩が尽きるまで，私の礼拝は尽きることがない。しかし，衆生界も煩悩も尽きることがないから，私のこの礼拝も尽きることがない。念念相続して，中断することない。身業も，語業も，意業も疲れることも厭うこともない」と。

（2）称賛如来

復次，善男子，言稱讚如来者，所有盡法界虚空界，十方三世一切刹土，所有極微一一塵中，皆有一切世間極微塵数佛。

「かさねて，善財童子よ。如来を称讃するということは，あらゆる法界，尽虚空界の，十方三世の一切の刹土にある極小なる一塵一塵の中に，皆，一切世間の無数の仏がいる」と。

一一佛所，皆有菩薩海會圍繞。我當悉以甚深勝解現前知見，各以出過辨才天女微妙根，一一舌根，出無盡音聲海。一一音聲，出一切言辞海。稱揚讃歎一切如来諸功徳海。窮未来際，相續不断。盡於法界，無不周遍。如是虚空界盡，衆生界盡，衆生業盡，衆生煩惱盡，我讃乃盡。而虚空界乃至煩惱無有盡故，我此讃歎無有窮盡。念念相續，無有間断。身語意業，無有疲厭。

「それぞれの仏がおわす所に，すべて「菩薩海会」，すなわち菩薩たちの集まりがある。私には，非常に深い智慧をもって目の前に現れる。それぞれは弁才天女の微妙根をもって現れ，それぞれの舌の根で，尽きることない音声にあふれる。つまり，菩薩たちのあふれる声である。それぞれの音声から言辞海，つまり，菩薩たちのあふれる仏法の教えが述べられる。一切の如来のあらゆる功徳をほめたたえ讃歎し，それがいつまでも絶えることなく続き，法界に尽きることなくあまねく遍満する。このように，虚空界が尽きるまで，衆生界が尽きるまで，衆生の業が尽きるまで，衆生の煩悩が尽きるまで，私がこのように讃歎することは尽きることがない。さらに，虚空界から煩悩まで尽きることがないから，私がこのように讃歎することも尽きることがない。念念相続して，中断することなく，身業も，語業も，意業も疲れることも厭うこともない」と。

（3）広修供養

復次，善男子，言廣修供養者，所有盡法界虚空界，十方三世一切佛刹極微塵中，一一各有一切世間極微塵数佛。

「かさねて，善財童子よ，広く供養を修するものに言うことは，あらゆる尽法界，あらゆる尽虚空界の十方三世の一切の仏のおわす所，すなわち浄土の無数の一つひとつの浄土という塵の各々に，一切の世間があり，そこに無数の仏がおわすということである」と。

一一佛所，種種菩薩海會圍繞。我以普賢行願力故，起深信解現前知見，悉以上妙諸供養具，而為供養。

「一つひとつの仏のおわす所に，いろいろの菩薩海会，すなわち菩薩たちの集まりがある。私は普賢菩薩の行願力によって，深い信解の心を起こし，知見を現し，いろいろの美妙な供養物をもって，供養したてまつる」と。

所謂華雲鬘雲，天傘蓋雲，天衣服雲，天種種香，塗香焼香末香，如是等雲，一一量如須彌山王。種種燈，酥燈油燈，諸香油燈，一一燈炷如須彌山，一一燈油如大海水。以如是等諸供養具，常為供養。

「いわゆる美しい雲のような妙なる花，いわゆる雲のような妙なる鬘，いわゆる雲のような天の傘蓋，いわゆる雲のような美しい天人の衣服，いわゆる天のいろいろな線香，たとえば，塗香，焼香，末香，このよに供養は雲のように尽きることがない。一つひとつの量は須弥山王のようである。いろいろな灯，いろいろな酥灯，いろいろな油灯，いろいろな香油灯，一つひとつの灯炷は須弥山のようであり，一つひとつの灯油は大海の水のようである。このようないろいろな供養物を捧げて，常に供養たてまつる」と。

善男子，諸供養中，法供養最。所謂如説修行供養，利益衆生供養，攝受衆生供養，代衆生苦供養，勤修善根供養，不捨菩薩業供養，不離菩提心供養。

「善財童子よ。いろいろな供養の中では，法の供養が最高である。それは，教えのままに修行し，説き，供養することであり，衆生を利益する供養であり，衆生を受け止める供養であり，衆生の苦しみを代わりに引き受ける供養であり，善い果報をもたらすようにつとめる供養であり，菩薩の業を捨てなくて供養し，菩提心を離れなくてする供養である」と。

善男子，如前供養無量功徳，比法供養一念功徳，百分不及一，千分不及一，倶胝那由他分，迦羅分，算分，数分，喩分，優波尼沙陀分，亦不及一。何以故，諸如来尊重法故。

「善財童子よ。いま，説いたように，供養することは無量の功徳である。法の供養と比べると，一念の功徳は百分の一にも及ばない，千分の一にも及ばない，倶胝那由他分の一にも，迦羅分の一にも，算分の一にも，数分の一にも，喩分の一にも，優波尼沙陀分の一にも，また一にも及ばない。なぜならば，一切の如来は，法を尊重しているからである」と。

以如是說行，出生諸佛故。若諸菩薩行法供養，則得成就供養如来。如是修行，是真供養故。

「説かれたように修行することによって，一切の仏を生み出すからである。若し一切の菩薩が法の供養を修行すれば，そのままで，如来を供養することが成就する。このような修行ができれば，真の供養となるからである」と。

此廣大最勝供養，虛空界盡，衆生界盡，衆生業盡，衆生煩惱盡，我供乃盡。而虛空界乃至煩惱不可盡故，我此供養亦無有盡。念念相續，無有間断。身語意業，無有疲厭。

「この広大で最も勝れた供養は，虚空界が尽きるまで，衆生界が尽きるまで，衆生の業が尽きるまで，衆生の煩悩が尽きるまで，私の供養は尽きることがない。さらに，虚空界から煩悩まで尽きることないから，私のこの供養も決して尽きることがない。念念相続して，中断することなく，身業も，語業も，意業も疲れることも厭うこともない」と。

（4）懺悔業障

復次，善男子，言懺悔業障者，菩薩自念我於過去無始劫中，由貪瞋癡，發身口意，作諸悪業，無量無邊。若此悪業有体相者，盡虛空界不能容受。

「かさねて，善財童子よ。業障を懺悔するというのは，菩薩が自ら念じたまうに，私は終わりもない始まりもない過去に，貪・瞋・痴によって，身業と，口業と，意業を起こした。いろいろな悪業を積み重ねたことは，量り知れない。若し，この悪業に形があれば，虚空界が尽きても受け入れることはできない」と。

我今悉以清浄三業，遍於法界極微塵刹，一切諸佛菩薩衆前，誠心懺悔，後不復造，恒住浄戒一切功徳。

「今，私は，悉く清浄なるすべての身・口・意の三業をもって，法界の無数の浄土に遍満し，一切の諸仏や菩薩たちの前に心をこめて懺悔し，再び悪業を造らず，常に浄戒の一切功徳の中に住することを誓う」と。

如是虚空界盡，衆生界盡，衆生業盡，衆生煩惱盡，我懺乃盡。而虚空界乃至衆生煩惱不可盡故，我此懺悔無有窮盡。念念相續，無有間断。身語意業，無有疲厭。

「このように，虚空界が尽きるまで，衆生界が尽きるまで，衆生の業が尽きるまで，衆生の煩悩が尽きるまで，私のこの懺悔は決して尽きることがない。さらに，虚空界から衆生に至るまで，煩悩は決して尽きることないから，私のこの懺悔も決して尽きることがない。念念相続して，中断することなく，身業も，語業も，意業も疲れることも厭うこともない」と。

（５）随喜功徳

復次，善男子，言随喜功徳者，所有盡法界虚空界，十方三世一切佛刹極微塵数諸佛如来。

「かさねて，善財童子よ。功徳を随喜するということは，ありとあらゆる法界，虚空界の十方三世の一切の仏の刹土に，極微塵の数ほどの諸仏や如来がおわす」と。

從初發心，為一切智，勤修福聚，不惜身命，經不可説不可説佛刹極微塵数劫。

「発菩提心から一切智を得るまで，福徳を積み重ねよ。身命を惜んではならない。衆生済度のためには，身命を懸け，言葉で表現することができないほど，無数の年代を経よ」と。

一一劫中，捨不可説不可説佛刹極微塵数頭目手足。一切難行苦行，圓滿種種波羅蜜門，証入種種菩薩智地，成就諸佛無上菩提，及般涅槃，分布舎利，所有善根，我皆随喜。

「一つひとつの年代の中に，言葉で表現することができないほど，無数の頭・目・手・足を布施する。あらゆる難行・苦行をし，いろいろな波羅蜜門を完成し，いろいろな菩薩の智慧を悟り，諸仏の無上の菩提を成就し，そして，涅槃の彼岸に入り，舎利を分配し，あらゆる善根を私はことごとく随喜したてまつる」と。

及彼十方三世一切世界六趣四生一切種類，所有功徳乃至一塵，我皆随喜。

「そして，かの十方三世の一切世界の地獄・餓鬼・畜生・修羅・人間・天上という六趣や，胎生・卵生・湿生・化生という四生，一切の種類のあらゆる功徳から，一つの塵のような小さな功徳に至るまで，私は全てに随喜したてまつる」と。

及彼十方三世一切聲聞，及辟支佛，有楽學無學，所有功徳，我皆随喜。

「そして，かの十方三世の一切の声聞や，辟支仏や，有学や，無学のあらゆる修行者の功徳に，私はすべてに随喜したてまつる」と。

一切菩薩所修無量難行苦行，志求無上正等菩提，廣大功徳，我皆随喜。

「一切の菩薩たちが修行した，量りしれない難行と苦行と，無上の正等菩提を求める心は，広大な功徳であり，私は全てに随喜したてまつる」と。

如是虚空界盡，衆生界盡，衆生業盡，衆生煩惱盡，我此随喜無有窮盡。念念相續，無有間断。身語意業，無有疲厭。

「このように，虚空界が尽きるまで，衆生界が尽きるまで，衆生の業が尽きるまで，衆生の煩悩が尽きるまで，私の随喜は尽きることがない。念念相続して，中断することなく，身業も，語業も，意業も疲れることも厭うこともない」と。

（6）請転法輪

復次，善男子，言請轉法輪者，所有盡法界虚空界，十方三世一切佛刹極微塵中，一一各有不可説不可説佛刹極微塵数廣大佛刹。

「かさねて，善財童子よ。仏の教えを請うということは，ありとあらゆる法界，虚空界の十方三世の一切における，浄土の，極めて多くの塵の中の，一つひとつの塵が，説くことができないし言葉で表現することができないほど，浄土は広大なである」と。

一一刹中，念念有不可説不可説佛刹極微塵数一切諸佛成正等覺，一切菩薩海會圍繞。而我悉以身口意業種種方便，殷勤勧請妙轉法輪。

「一つひとつの刹土の中に，一瞬一瞬の間に，説くことができないし言葉で表現することができない，極微塵ほど多くの数に上る一切の諸仏が正等覚を得られ，それをめぐる菩薩たちの集まりである一切の菩薩海会がある。しかも，私はすべて身業・口業・意業のいろいろの方便をもって，丁寧に，ねんごろにすぐれた仏の教えを説かれるようお願いしたてまつる」と。

如是虚空界盡，衆生界盡，衆生業盡，衆生煩惱盡，我常勧請一切諸佛轉正法輪，無有窮盡。念念相續，無有間断。身語意業，無有疲厭。

「このように，虚空界が尽きるまで，衆生界が尽きるまで，衆生の業が尽きるまで，衆生の煩悩が尽きるまで，私が常に一切の諸仏に正しい仏法を教えたまうようにお願いすることは，尽きることがない。念念相続して，中断することなく，身業も，語業も，意業も疲れることも厭うこともない」と。

（7）請仏住世

復次，善男子，言請佛住世者，所有盡法界虚空界，十方三世一切佛刹極微塵数諸佛如来，將示般涅槃者。

「かさねて，善財童子よ。仏たちにこの世に住するように願いたてまつるのは，ありとあらゆる法界，虚空界の十方三世の一切における浄土の塵の数ほどの無数の諸仏や如来が，間もなく般涅槃に入ろうとするからである」と。

及諸菩薩聲聞縁覺有學無學，乃至一切諸善知識，我悉勧請莫入涅槃。經於一切佛刹極微塵数劫，為欲利樂一切衆生。

「そして，諸々の菩薩・声聞・縁覚・有学・無学から，一切のさまざまな善知識たちに至るまで，私はすべて涅槃に入らないように願いたてまつる。それは，一切の浄土において，無数の塵の数のような無限の年代を経るまで，一切の衆生を利益し安楽にしたいと願うからである」と。

如是虚空界盡，衆生界盡，衆生業盡，衆生煩惱盡，我此勧請無有窮盡。念念相續，無有間断。身語意業，無有疲厭。

「このように，虚空界が尽き，衆生界が尽き，衆生の業が尽き，衆生の煩悩が尽きるまで，私のこの願いは尽きることがない。念念相続して，中断することなく，身業も，語業も，意業も疲れ厭うことがない」と。

（8）常随仏学

復次，善男子，言常随佛學者，如此娑婆世界毘盧遮那如来，從初發心，精進不退，以不可説不可説身命而為布施。剝皮為紙，析骨為筆，刺血為墨，書寫經典，積如須彌。為重法故，不惜身命，何況王位，城邑聚落，宮殿園林，一切所有，及餘種種難行苦行。

「かさねて，善財童子よ。常に仏に従って修学することは，苦悩を耐え忍ばなければならないこの娑婆世界で，毘盧遮那如来が，菩提心を起こして以来，精進して退くことがなく，説くことも，言葉で表現することもできないほど，身体や生命を布施したことである。自分の皮膚を剥いて紙にし，自分の骨を折って筆にし，身体を刺してその血を墨にし，書き写された経典は積み上げられて，須彌山のようにされたのは，仏法を尊重しているからである。菩薩は，自分の身命を惜しまない，まして王位や，城邑も，都会も，村も，宮殿園林などもすべて，その余の難行も苦行も捨てて布施したまもうた」と。

乃至樹下成大菩提，種種神通，起種種変化，現種種佛身，處種種衆會，或處一切諸大菩薩衆會道場，或處聲聞及辟支佛衆會道場，或處轉輪聖王小王眷屬衆會道場，或處刹利婆羅門長者居士衆會道場，乃至或處天龍八部人非人等衆會道場。處於如是種種衆會，圓満音，如大雷震，随其樂欲，成熟衆生，乃至示現入於涅槃，如是一切我皆随學。

「あるいは，菩提樹の下で大菩提を成就し，仏になられ，いろいろな神通力を現し，いろいろな変化を現し，いろいろな仏の化身を現し，いろいろな僧侶の集まりに身に置き，あるいは，一切の諸々の大菩薩の修行道場において，あるいは，声聞や辟支仏の修行道場において，あるいは，転輪聖王や小王の眷屬の修行道場において，あるいは，クシャトリアやバラモンの出家者や在家の信者の修行道場に身を置いて，あるいは，天龍をはじめとする八部衆や人にあらざるものなどの修行道場においてである。このようないろいろな修行道場におり，悟りの円満の音声は，大きな雷が天地を揺るがすようである。それに従って願い求めるところに随い，衆生を成熟の域に到達させ，あるいは，すがたを現わして涅槃に入られた。こうしたことを私はすべて従って修行したてまつる」と。

> 如今世尊毘盧遮那，如是盡法界虚空界，十方三世一切佛剎，所有塵中一切如来，皆亦如是，於念念中，我皆随學。

「今のように，世尊，毘盧遮那如来は，このような尽法界，尽虚空界の十方三世の一切の仏の世界，存在する無数の塵の如きものに，一切の如来がおわす。すべてがこのようである。一瞬一瞬の間，私はすべてそれに従って修行したてまつる」と。

> 如是虚空界盡，衆生界盡，衆生業盡，衆生煩惱盡，我此随學無有窮盡。念念相續，無有間断。身語意業，無有疲厭。

「このように，虚空界が尽きるまで，衆生界が尽きるまで，衆生の業が尽きるまで，衆生の煩悩が尽きるまで，私のこの修行は尽きることがない。念念相続して，中断することなく，身業も，語業も，意業も疲れ厭うこともない」と。

（9）恒順衆生

> 復次，善男子，言恒順衆生者，謂盡法界虚空界，十方剎海所有衆生，種種差別。所謂卵生胎生湿生化生，或有依於地水火風而生住者，或有依空及諸卉木而生住者，種々生類，種種色身，種種形状，種種相貌，種種壽量，種種族類，種種名号，種種心性，種種知見，種種樂欲，種種意行，種種威儀，種種衣服，種種飲食，処於種種村営聚落城邑宮殿。乃至一切天龍八部人非人等。

「かさねて，善財童子よ。常に衆生に従うということは，いわゆる尽法界，いわゆる尽虚空界の十方の無数の世界の衆生たちには，いろいろな違いがあることである。いわゆる卵生・胎生・湿生・化生であり，あるいは，地・水・火・風によって生じて住しているものもある。あるいは，空気やいろいろな草木によって生じて住しているものもある。いろいろな生きものがいる。いろいろな肉体がある。いろいろな形状がある。いろいろな容貌がある。いろいろな寿命の長さがある。いろいろな種族がある。いろいろな名前がある。いろいろな性質がある。いろいろな考え方がある。いろいろな楽しみがある。いろいろな心の本性がある。いろいろな威儀がある。いろいろな衣服がある。いろいろな飲み物や食べ物がある。いろいろな村や町や都市や宮殿がある。あるいは，一切の天龍をはじめとする八部衆の神々や，人にあらざるものがいる」と。

> 無足二足四足多足，有色無色，有想無想，非有想非無想，如是等類，我皆於彼随順而轉。種種承事，種種供養。如敬父母，如奉師長，及阿羅漢，乃至如来，等無有異。於諸病苦，為作良医。於失道者，示其正路。於闇夜中，為作光明。於貧窮者，令得伏藏。

「足がないもの，足が二本あるもの，足が四本あるもの，足がたくさんあるものがいる。いろや形があるもの，いろや形がないものがある。思うことができるものと，思うことができないものがある。考えようとするものと，考えようとしないものがいる。このような種類のものがある。私はすべて彼らに合わせて修行する。種々の命を受けて仕え，供養をなし，父や母を尊敬するように，師匠を敬い仕えるように，また阿羅漢から如来までこれと異なることはない。病いの苦しみに際しては，これを癒す良医となる。道に背いている者には，正しい道を教え，暗い夜に闇を照らす光となり，極貧の者には，祕かなたくわえを得させる」と。

> 菩薩如是平等饒益一切衆生。何以故，菩薩若随順衆生，則為随順供養諸佛。若於衆生尊重承事則為尊重承事如来。若令衆生生歓喜者，則令一切如来歓喜。何以故，諸佛如来，以大悲心而為体故。因於衆生而起大悲因於大悲生菩提心成等正覺。

「菩薩たちは，このように一切の衆生をすべて平等に利益する。なぜならば，若し菩薩たちが一切の衆生に従って行ずれば，諸仏に随順して供養することができる。若し一切の衆生を尊重すれば，すなわち，如来を尊重しこれに仕えることになる。若し一切の衆生を歓喜させることができれば，一切の如来を歓喜させることができる。なぜならば，一切の諸仏と如来は，大悲心を本質とするからである。衆生によって大悲心を起こし，大悲心によって菩提心を生じ，完璧な悟りに至る」と。

　　如曠野沙磧之中，有大樹王，若根得水，枝葉華果，悉皆繁茂。生死曠野，菩提樹王，亦復如是。一切衆生而為樹根，諸佛菩薩而為華果。以大悲水饒益衆生，則能成就諸佛菩薩智慧華果。何以故，若諸佛菩薩以大悲水饒益衆生，則能成就阿耨多羅三藐三菩提故。

「たとえば，広々とした原野と沙漠の中に，大きな樹の王がいる。若し，樹の根が水を得れば，樹の枝も，葉も，花も，果実も，皆すべて盛んに茂ることができる。生死を繰り返す広大な原野の菩提樹の王も，これと同じである。一切の衆生は樹の根であり，諸仏や菩薩は花や実である。大悲の水をもって一切の衆生を利益すれば，すなわち，諸仏や菩薩の智慧の花や実を成就することができる。なぜならば，若し，諸仏や菩薩が，大悲の水をもって，一切の衆生を利益すれば，すなわち，阿耨多羅三藐三菩提（anuttarā samyak-saṃbodhiḥ），つまり完全な悟りを成就することができるのである」と。

　　是故菩提屬於衆生。若無衆生，一切菩薩終不能成無上正覺。善男子，汝於此義，應如是解。以於衆生心平等故，則能成就圓滿大悲。以大悲心随衆生故，則能成就供養如来。菩薩如是随順衆生，虚空界盡，衆生界盡，衆生業盡，衆生煩惱盡，我此随學無有窮盡。念念相續，無有間斷。身語意業，無有疲厭。

「そのゆえに，菩提は衆生に属する。若し一切の衆生がいなければ，一切の菩薩は，完全な悟りである無上正覚を成就することができない。善男子よ。お前はこの意味を，このように理解するべきである。一切の衆生の心は平等であるので，すなわち，円満の大悲心を成就することができる。大悲心をもって衆生の心に合わせているので，すなわち，如来を供養することが成就できるのである。菩薩は，このように衆生の心に合わせているので，虚空界が尽き，衆生界が尽き，衆生の業が尽き，衆生の煩悩が尽きるまで，したがって私は，学び窮まり尽きることがない。念念相続して，中断することなく，身業も，語業も，意業も疲れ厭うこともない」と。

(10) 普皆廻向

復次，善男子，言普皆廻向者，從初禮拜，乃至隨順，所有功徳，皆悉廻向盡法界虚空界一切衆生。願令衆生得安樂，無諸病苦。欲行悪法，皆悉不成。所修善業，皆速成就。關閉一切諸悪趣門，開示人天涅槃正路。

「かさねて，善財童子よ。あまねくすべてを廻向するということは，最初の礼拝から随順に至るまで，あらゆる功徳を皆すべて，尽法界や尽虚空界の一切の衆生に廻向することである。一切の衆生に安楽を得させるように願いたてまつり，あらゆる病いや苦しみをなくさせるように願いたてまつり，悪いことをしようと思っても皆すべてさせないように願いたてまつり，善業を修行すれば皆速やかに成就させるように願いたてまつり，輪廻転生の三悪趣門に入る一切の悪いことを禁じ，人天の涅槃を成就する正しい道である八聖道などを開示させるように，願いたてまつる」と。

若諸衆生，因其積集諸悪業故，所感一切極重苦果，我皆代受。令彼衆生，悉得解脱，究竟成就無上菩提。菩薩如是所廻向，虚空界盡，衆生界盡，衆生業盡，衆生煩惱盡，我此廻向無有窮盡。念念相續，無有間断。身語意業，無有疲厭。

「若し，一切の衆生はいろいろな悪い業を集めているので，彼らが感じている一切の極めて苦しい苦果を，私は，すべての衆生に代わって受け入れる。かの衆生たちにすべて解脱を得せしめ，完全な無上菩提の悟りを成就せしめる。菩薩たちは，このように廻向し，虚空界が尽き，衆生界が尽き，衆生の業が尽き，衆生の煩悩が尽きるまで，私のこの廻向は尽きるこがない。念念相続して，中断することなく，身業も，語業も，意業も疲れ厭うこともない」と。

十大願の功徳

善男子，是為菩薩摩訶薩十種大願，具足圓滿。若諸菩薩於此大願，隨順趣入，則能成熟一切衆生，則能隨順阿耨多羅三藐三菩提，則能成滿普賢菩薩諸行願海。

「善財童子よ。だから菩薩摩訶薩は，普賢菩薩の十大願を具足し，円満に成就する。若し菩薩が，この大願に従って悟りの世界に趣き入ろうとすれば，すなわち，一切の衆生を成熟し，利益することができる。よく阿耨多羅三藐三菩提に随順すれば，すなわち，普賢菩薩のもろもろの願いを完全に円満に成就することができる」と。

　是故善男子，汝於此義，應如是知。若有善男子善女人，以滿十方無量無邊不可説不可説佛刹極徴塵数一切世界上妙七寶，及諸人天最勝安樂，布施爾所一切世界所有衆生，供養爾所一切世界諸佛菩薩，經爾所佛刹極徴塵数劫，相續不断，所得功徳。

「だから，善財童子よ。お前はこの意味を，このように理解するべきである。良家の男子や良家の女子が，十方の世界，言葉で表現することができないほどの仏刹，無数の塵のような一切の世界を，美しい七宝で満たし，いろいろな人間界や天上界を最も勝れた安楽で満たし，この一切の世界のあらゆる衆生に供養し，一切の世界のあらゆる仏や菩薩を供養すれば，この仏土が無数の塵のように長い年月を経ても，念念相続して，中断することがない」と。

　若復有人，聞此願王，一經於耳，所有功徳，百分不及一，千分不及一乃至優波尼沙陀分，亦不及一。或復有人，以深信心，於此大願受持讀誦，乃至書寫一四句偈，速能除滅五無間業。

「若し，またある人が，この普賢菩薩の大願を聞いて，若し一度でも耳に残れば，その功徳は百分の一どころではなく，千分の一どころか，ないしは優波尼沙陀分の一どころでもないし，また一にも及ばない。またある人が，深い信心によって，この普賢菩薩の大願を受持し読誦するか，あるいは一句でも四句でも偈を書き写せば，速やかに五つの無間地獄に堕ちる業を除き，滅することができる」と。

　所有世間身心等病，種種苦惱，乃至佛刹極徴塵数一切悪業，皆得消除。一切魔軍，夜叉羅刹，若鳩槃茶，若毘舍闍，若部多等，飲血啗肉，諸悪鬼神，皆悉遠離。或時發心親近守護。

「あらゆる世間の肉体の病気や心の病気，いろいろな苦しみや悩み，あるいはまた仏刹や，塵のように無数の一切の悪い煩悩も，すべて取り除くことができない。一切の魔軍，すなわち，血を飲み，肉を食らっ夜叉・羅刹・若鳩槃茶・若毘舎闍・若部多，あらゆる悪い鬼神などは，皆遠くに離れて近づかない。あるとき菩提心を発して，仏法に親しみ，近づき，守護するようになる」と。

　　是故若人，誦此願者，行於世間，無有障碍。如空中月，出於雲翳。諸佛菩薩之所稱讃，一切人天，皆應禮敬，一切衆生悉應供養。此善男子，善得人身，圓滿普賢所有功徳。

「だから若し，誰でもこの普賢菩薩の大願を読誦し，世間で行ずれば妨げるものはない。たとえば，空にかかる月が，雲のかげから現れ出るようなものである。これは，諸仏や菩薩が称讃するところである。一切の人間と天人が，皆礼敬するところである。一切の衆生はすべて供養するべきである。供養する良家の男子は，善く人間の体を得，普賢菩薩が具えておられるあらゆる功徳を円満す」と。

　　不久當如普賢菩薩，速得成就微妙色身，具三十二大丈夫相。若生人天，所在之處，常居勝族。悉能破壊一切悪趣，悉能遠離一切悪友，悉能制伏一切外道，悉能解脱一切煩惱。如獅子王，摧伏群獸。堪受一切衆生供養。

「やがて，普賢菩薩のように悟りを完成し，速やかに微妙な肉体を得，仏の三十二の相(15)を具える。若し，人間界や天上界に生まれれば，いるところがどこであっても，常に勝れた民族が住し，一切の苦しみが生ずる状態を打ち破ることができ，一切の悪友から遠く離れ，一切の外道を打ち負かし，一切の煩悩から解脱することができ，獅子の王のように，あらゆる獣を打ち負かすことができ，一切衆生の供養を受けることができる」のであると。

　　又復是人臨命終時，最後刹那，一切諸根悉皆散壊，一切親属悉皆捨離，一切威勢悉皆退失。輔相大臣，宮城内外，象馬乗，珍寶伏藏，如是一切無復相随。唯此願王，不相捨離，於一切時，引導其前。

「また，ある人が，命が終わろうとするとき，最後の瞬間には，［眼・耳・鼻・舌・身・意の］一切の感覚器官が壊れ散じてしまい，一切の肉親や親戚を捨て離れ，一切のエネルギーはすべてなくなってしまう。総理大臣も，大臣も，宮殿や都も，象や馬や乗り物も，珍しい宝や地中に秘め隠された財宝も，このような一切のもので，死者に随っていくものは何もない。ただ，この普賢菩薩の大願だけは，捨てたり離れたりしなければ，どのようなときでも，菩薩の前に導き入れてくれる」と。

> 一刹那中，即得往生極樂世界。到已，即見阿彌陀佛，文殊師利菩薩，普賢菩薩，観自在菩薩，弥勒菩薩等。此諸菩薩色相端厳，功徳具足，所共圍繞。其人自見生蓮華中，蒙佛授記。得授記已，経於無数百千萬億那由他劫，普於十方不可説不可説世界，以智慧力，随衆生心而為利益。

「きわめて短い刹那の中で，阿弥陀仏の極楽世界に往生することができる。極楽世界に生れ終わったのち，阿弥陀仏，文殊師利菩薩，普賢菩薩，観自在菩薩，弥勒菩薩などにまみえる。この諸菩薩のすがた形は，端然厳然とし，あらゆる功徳を具え，共に囲繞するところで，その人自身が自ら蓮華の中に生まれることを見，仏から授記される。授記を得終わったのち，無数の百・千・万・億・那由他を数える長い年代を経て，十方の言葉で表現できないほどの世界に普く，智慧の力によって一切の衆生の心に合わせて利益する」と。

> 不久當坐菩提道場，降伏魔軍，成等正覺，転妙法輪。能令佛刹極微塵数世界衆生，發菩提心。随其根性，教化成熟，乃至盡於未来劫海廣能利益一切衆生。善男子，彼諸衆生，若信此大願王，受持讀誦，廣為人説。所有功徳，除佛世尊，餘無知者。是故汝等聞此願王，莫生疑念，應當諦受。已能讀，讀已能誦，誦已能持，乃至書寫，為人説。是諸人等，於一念中，所有行願，皆得成就。所獲福聚，無量無邊。能於煩惱大苦海中，抜済衆生，令其出離，皆得往生阿彌陀佛極樂世界。

「やがて，菩提道場（bodhi-maṇḍa）(16)の上に坐って，魔軍たちを降伏して，完全な悟りを成就し，すぐれた真理の教えを説かれた。無数の仏土の世界の衆生に，菩提心を生じさせ，その衆生の能力や性質に合わせて，それぞれに悟りの道を教え，あるいは，未来の無数の年代が尽きるまで，広く一切の衆生を利益することができた。善男子よ，彼ら一切の衆生は，若し，この普賢菩薩の大願を信じ，受け保ち，読誦し，多くの衆生に説くならば，その功徳は，世尊である仏陀を除いて，ほかに知る者がない。だから，お前たちがこの最高の願いを聞いたら，疑いをもってはいけない。ただそのままに受け入れるべきである。よく読み，受持すれば誦すことができる。誦せば，身に保つことができる。受持することができれば，あついは書写して，大勢の人々に説くことができる。

この人々は，一念のうちに修行している願いがすべて成就する。得られた福徳はすべて，量り知れないものであり，限りのないものである。海のように広大な苦しみや煩悩の中から一切の衆生を助け出し，苦しみから離れさせ，一切の衆生を阿弥陀仏の極楽世界に生まれさせる」と。

善財童子が普賢菩薩に，普賢菩薩の十大願による修行の在り様を尋ねている。普賢菩薩は，自分が十大願に基づいて修行し，悟りに至った修行実践の在り様を，善財童子に詳しく説き示している。そしてなぜ十大願を修行しなければならないか，修行による利益の功徳はどの程度であるかを説き示しているのである。

『華厳経』の最後の一会は，「入法界品」である。「入法界品」でいう法界は，普遍なる真理の世界であり，大日如来（Vairocana 毘盧舎那仏）の境地をいう。大日如来の真理の世界に入るのが，入法界の意味である。法界に入るには，普賢菩薩の行願によらなければならない。普賢菩薩を主人公とし，智慧の文殊菩薩をもって客人とし，この両者の間にあって，実際に活躍する求道の代表者として，善財が登場するのである(17)。

衆生は誰も，普賢菩薩の十大願の教えに従って修行を実践していけば，今世で，人間界と天上界の最高の安楽を得ることができるのであり，来世については，阿弥陀仏の極楽世界への往生が保証されている。この普賢菩薩の十大願によって修行を実践すれば，下は，一切の衆生を教化することができ，上は，悟りを開くことができることが明らかにされている。

第4節　日本の阿弥陀仏信仰と
モンゴルのナスンノボルハン――信仰の比較

モンゴル人の阿弥陀仏と観世音菩薩への信仰は，非常に強いものがある。モンゴル仏教では，観世音菩薩を菩薩とは呼ばない。観世音菩薩だけでなく，たとえば，文殊菩薩などの菩薩も，菩薩とは呼ばない。たとえば，文殊菩薩はモンゴル語で，マンシル・ボルカン（Mansir Burqan）と尊称する。文殊仏という意味である。

モンゴル人の僧侶は勿論，在家の信者は老人も子供も，男性も女性も皆，常に唱えるのが「オム・マニ・パド・メ・フン（Oṃ maṇi pad me huṅ 嗡嘛呢叭咪吽）」の六字真言である。これは，観世音菩薩の六字真言であり，六道輪廻の「天・阿修羅・人・地獄・餓鬼・畜生」を表す。オムは天，マは阿修羅，ニは人，パドは地獄，メは餓鬼，フンは畜生をいう(18)。だからこの真言を常に唱えていれば，来世は六道輪廻を解脱して，阿弥陀仏の極楽浄土に生まれることができると，それは，観世音菩薩の浄土は，すなわち阿弥陀仏の極楽浄土である，とモンゴル仏教では考えていることによる。

文献の面ではモンゴル語『大蔵経』の中で，浄土関係の仏典としては，『カジュール』（bKah hgyur 甘珠爾）部に『無量壽経』『阿弥陀経』『般舟三昧経』をあげることができるが，『観無量壽経』はチベット語とモンゴル語に翻訳されていない。これらの経典に対する注釈類は，一部も『大蔵経』の中には存在しない。『カジュール』部には，上記の『無量壽経』『阿弥陀経』と『般舟三昧経』の三経の他に，『出有壊光明無辺真言呪』（Yilajo tegos nūgzigsan hijagalal ugyi gereltu togtagal non tarni）(19)があり，『聖者無量光明呪』（Qotugtu abita yin yila tarni abita borhan ge doradhui tarni）があり，『念無量光佛陀羅尼』は，モンゴル語で『Abita borhan ge doradhui tarni』という(20)。また内蒙古図書館に所蔵されているモンゴル語訳の『聖無量寿命と智慧者と名付ける大乗経』（Qutugtu Caglasi üge nasun kiged bilge bilig tü neretü yeke külgen sodor orusibai）(21)がある。

チベット仏教とモンゴル仏教では，「政教合一」の統治者をダライ・ラマ（Dalai Lama 達頼喇嘛）と尊敬する。「ダライ」（Dalai）は，モンゴル語で海を意味する。「ラマ」（bLa ma）は，チベット語で上師を意味する。モンゴルのアルタン・ハーン（Altan Han）が，ダライ・ラマ三世（ソナムギャンツォ）に，この「ダライ・ラマ」の尊称を与えて以来，この系統を継承する最高のチベット仏教の指導者を，すべて「ダライ・ラマ」と尊称している(22)。

ダライ・ラマは，チベットの護国仏とされる。すなわち，「ダライ・ラマ」は，観世音菩薩の化身と考えられている。チベットでは，歴代のチベットの王「蔵王」は，観世音菩薩の化身であるとして信仰されている。だから全周約１マイルに及ぶ蔵王の宮殿は，観世音菩薩の浄土であるという意味から，ポタラ宮（布達拉宮）と呼ばれている。チベット人は，自らこの観世音菩薩の浄土であるポタラ宮が所在する聖なるチベットに往生することを喜びとし，死後も再びここに生まれることを願うのである。

ダライ・ラマ五世はガワンロサンギャンツォ（Ṅag dbaṅ blo bzaṅ rgya mtsho 阿旺羅桑加措 1617—1682，善慧海の意味）が，チベット全土の政治的支配権をモンゴルのグシ・ハーン（1582—1654）から受けてから，歴代のダライ・ラマは，事実上チベットの政治と宗教の両権を掌握する最高権力者となった。パンチェン・ラマは，観世音菩薩の師である阿弥陀仏の化身の無量光仏としてチベットとモンゴルでは信仰されているから，ダライ・ラマとパンチェン・ラマの両者は共に権力者であり，信仰の最高の対象となる。

内モンゴルにおいて，モンゴル仏教が最も隆盛を極めたのは，清朝の康熙・雍正・乾隆皇帝（1662—1796年）の時代であった。たとえば，清朝の康熙30年（1691）には，内モンゴルのドローンノール（dolon nu-r 多倫諾爾，七湖の意味）に彙宗寺を創建し，内外モンゴルにチベット仏教のゲルク派の教えが広く流布することになった。宗旨を一つにするために，ダライ・ラマ五世ガワン・ロサンギャンツォの大弟子のジャンジャ・ホトクト十四世が，ジャンジャ・ロブサンアガワンチョダン（lCaṅ skya ṅag dbaṅ blo bzaṅ chos ldan 章嘉阿旺羅布桑却拉丹 1642—1715）と呼ばれ，チベットから内モンゴルの彙宗寺に来て住職となった。また，雍正９年（1731）には，内モンゴルのドローンノールに善因寺が建立され，ジャンジャ・ホトクト十五世は，ジャンジャ・ロルビドルジェイシトツベソナムバルサンパ（Zang skya Rol paḥi rdo rje ye śes thob paḥi bsod nams dpal bzaṅ po 章嘉羅頼畢多爾吉耶喜忒皮嚼納曼伯拉森波 1716—1786）といわれるようになった。通称では，ロルビドルジェ（Rol paḥi edo rje 羅頼畢多爾吉）と呼ばれ，ジャンジャ・ホトクト十五世が居住した。かくて，ジャンジャ・ホトクト十五世は，内モンゴル仏教最大の活仏となった(23)。

『彰嘉国師伝』によれば，中国河北省承徳市にある普寧寺は，北京にある雍和宮を真似て造ったと記載されている。

北京雍和宮は，清朝の康熙33年（1694）に建立された。最初は雍正皇帝の王府であったが，乾隆が皇帝になった後，乾隆9年（1744）にモンゴル仏教寺院とされた。モンゴル族僧侶中心の仏教寺院である。今日でも，モンゴル族の僧侶が常時100名ほど修行しており，内モンゴルの地の有名な僧侶が，雍和宮に蝟集している。

清朝の康熙8年（1669）に，内モンゴルにある最大の寺院チベット「西藏」に対して，「東蔵」と呼ばれるガイカムシガジョキラゴルッチスメ（Gaiqamsig jokiragulugci süm-e=dGaḥ ldan dar rgyas grub gliṅ 瑞応寺）[(24)]が建立された。現在の遼寧省阜新蒙古族自治区県佛寺鎮にある。

瑞応寺に関しては，昔から次のような口承が存する。

有名的喇嘛三千六百，無名的喇嘛如牛毛。

有名な僧侶だけで，3,600名がいる。名も知らない僧侶は，牛の毛のように無数であって数えられない。

というのである。

『瑞応寺』の10～13頁によれば，清朝後期，蒙古鎮（現在の阜新蒙古自治県）には，国家に登録された寺院（ulus dü neretei süm-e）と県に登録された寺院（qosigun süm-e），村に登録された寺院（ai-l un süm-e）が，約300カ寺あったという。僧侶の数は2万人にのぼり，瑞応寺だけで僧侶の数は，3千人にのぼると記されている。

康熙皇帝は瑞応寺を建立するとき，モンゴル語・満州語・チベット語・中国語で書いた「瑞応寺」という寺名の勅額を賜った。瑞応寺の第一世の活仏チャガンディヤンチホトクト・サンダンサンボ（Cagan diyanci Qutugtu Saṅdaṅ bzaṅbo）に，

Jegün gajar un monggol un ebugen Borqan.

「東土におけるモンゴルの長老仏」

という称号を贈った。

これ以外の内モンゴル地域の大部分の寺院も，清朝が建立したモンゴル仏教寺院であり，清朝以後に建立された寺院は非常に多い。詳細の研究は，後

日に譲りたい。

日本人の慈悲観　日本人は，他の人々に対する愛情を強調する。熊沢蕃山は，日本のことを「仁国」と呼んでいる。他人に対する愛情が純粋化されたものは，「慈悲」という言葉で呼ばれる。この観念は仏教と共に導入されたものであるが，「慈悲」は，日本の仏教でとくに強調されてきた。

日本の仏教においては，浄土宗と浄土真宗が占める比率が非常に大きいが，浄土宗と浄土真宗は典型的に慈悲の宗教である。浄土宗と浄土真宗は，凡夫や悪人を救いとる阿弥陀仏の慈悲を説くものである。浄土宗と浄土真宗の高僧には，とくに温和な容貌の人が多いといわれる。

禅宗も日本に入ると，他の諸宗派と同様に，慈悲行を強調するようになった。臨済禅を日本に導入した栄西（1141―1215）は，慈悲の観念を表面に出している。栄西は，禅宗は空を正しく理解していないのではないかという質問に対して，「外は律儀もて非を防ぎ，内は慈悲もて他を利す」[(25)]と答えている。

道元（1200―1253）は，とくに「慈悲」という言葉を表に掲げているわけではないが，古来の多くの教説の中から，「人々に対しては優しい言葉をかけよ」と，愛語を取り出して教えている。「愛語といふは，衆生を見るに，まず慈愛の心を発し，顧愛の言語を施すなり，慈念衆生猶如赤子の懐ひを貯へて言語するは愛語なり。徳あるは讃むべし，徳なきは憐れむべし，怨敵を降伏し，君子を和睦ならしむること愛語を根本とするなり。面ひて愛語を聞くは面を喜ばしめ，心を楽しくす。面はずして愛語を聞くは肝に銘じ魂に銘ず。愛語能く廻天の力あることを学すべきなり」[(26)]というのである。

浄土真宗では，「悪人正機」，悪人こそ無量寿仏に救われる正当の資格があるとされる。「悪人正機」は，親鸞聖人（1173―1262）の真意ではないかもしれない。しかし，このような思想が一般に真宗の根本教義だとみなされたという思想史的事実は，否定することができない。このような考え方はまさに，仏典に説く「一切衆生悉有仏性」のことであると考えられる。このような考え方の行き着くところとして，悪人であろうと何であろうと，死ねばすべて救われるということになる。だから一般の日本人は，死人のことをよく

「ほとけ」と呼ぶ。したがって，どんな悪人も，死後には責任がないということになり，極悪人などが非凡な霊的存在と考えられ，殺人者や盗賊などの犯罪者の霊を祀るとか，その墓に参拝者が絶えないとかという奇妙な現象が起こる(27)。

チベット仏教の歴史は，ソンツェ・カンポ（Sroṅ btsan sgam po 松讃干布 581―649）王の時代に，仏教を篤信する重臣トンミサンボータ（Thon mi sam bho ṭa 端美讃布札）をインドへ派遣し，仏教を輸入させたことに始まる。これがチベットへの正式な仏教の伝来で，経典と共に文字がもたらされた。これを基にして，チベット文字がつくられた。トンミサンボータおよびその弟子たちが翻訳官となり，インド・ネパール・中国・ウテンなどの高僧を招き，講経院で仏典の翻訳がなされた。唐書にいう「無文字刻木結縄為約」，すなわち「文字はないが，木の刻みや縄の結び目が，身分を表す」という状態は解消に向かい，文字のある国としての第一歩を印したわけである。したがって，チベット語にはサンスクリット語の影響が多分に含まれていることは否定できない。仏教移入以前のチベットには，ボン教という民衆信仰があっただけで，文化の程度はきわめて低かった。そこへ高遠な思想と独特の術語をもった仏教が移入されたから，その仏典を翻訳するために，人工的にチベット語の単語を作らなければならなかった。

一般にチベット語訳の経典には，直訳的な態度が指摘されるが，チベットとインドでは，気候風土や文化の違いだけでなく，思考方法においても大きな差異があると考えられている。インド人は空想性が豊かであり，神話の世界に夢を描くことを好む傾向がある。それに対してチベット人は，現実的であることが指摘されている。それは，チベット人の論理的思惟方法によるものと考えられる(28)。

日本の浄土真宗の開祖親鸞聖人は，「至心廻向」（pariṇāmanā）という文句を従来の漢文訳の読み方をせずに，聖人独得の読み方で読んでいる。「至心廻向」は至心に廻向することであるが，ここで問題となるのは，誰に廻向するかということである。一般的にいえば，一切の衆生が阿弥陀仏，すなわち正覚成就の方向の自分たちの徳行を回向し，その効力を浄土往生に向けることである。

従来の大乗仏教解釈の上からは，勿論正しい読み方である。しかし，親鸞聖人はこの普通の読み方，解し方を逆にして，阿弥陀仏が自ら積累した功徳を一切の衆生の上に回向し，一切の衆生のために，浄土往生の道を開くこととしたのである。ここに，親鸞聖人の他力教の本質が存在すると考えられる，深い教えである[29]。

一般的には仏教の修行者が，自力で煩悩を断じて涅槃の悟りを開くことを説くのに対して，親鸞聖人の浄土真宗は，ほとんど人間は，自力では悟りを開くことができないという現実から，誰でも厳しい修行なしで，容易に悟りを開くことができる道を説いたのである。すなわち，他力によって未来に浄土に往生して，そこで涅槃の悟りを開くという道である。浄土は，煩悩を断じなくても涅槃の悟りを開かせる功徳が具わっているというのである。「至心廻向」は至心に廻向することであるが，前述したように問題となるのは，誰に廻向するかということである。一般的にいえば，一切の衆生が阿弥陀仏，すなわち正覚成就に向けられた自らの徳行を廻向し，その効力を浄土往生に向けることであるということであった。

現代中国仏教徒の帯業往生の宗教意識　現代中国仏教徒の宗教意識では，この世で作った罪悪を消滅することができなくても，「業」をもったまま極楽浄土に往生することができると考えられている。この「帯業往生」が，現代の中国仏教徒に特徴的な主張である[30]。

「帯業往生」は，悪業を身に付けたまま極楽世界に往生することをいう。悪業を身に付けたまま極楽世界に往生するという「帯業往生」については，今日まで多くの仏教者や仏教学者によって議論されてきた。

この問題について『阿弥陀経』は，極楽浄土には，種々の珍しい鳥がたくさん飛んでいる。白鳥が舞い，孔雀が羽根を広げ，鸚鵡が人の口まねをして鳴き，百舌鳥が人の言葉を語り，妙音鳥が妙なる音楽を奏で，二頭一身の命命鳥が甲高い声で鳴いている。これらの鳥は昼も夜も絶えることなく，いつも妙なる鳴き声で相和している。歌声は，ただ単に鳥の歌声に過ぎないのではない。歌声は，悟りの道に向かわせる信根・精進根・念根・定根・慧根というすぐれた五根と，信仰・努力・憶念・禅定・智慧という五力や，悟りの智慧を助ける択法覚支・精進覚支・喜覚支・軽安覚支・捨覚支・定覚支・念覚支という七種の修行や，悟りに至る正見・正思・正語・正業・正命・正精進・正念・正定という八つの聖なる道などを説き明かしているのである。極楽浄土に生きる生きとし生けるもの一切は，これらの鳥の歌声を聞き終わると皆，仏を念じ，法を念じ，僧を念じると説いている(31)。

このように『阿弥陀経』に説かれていることから考えれば，極楽浄土に往生しても，極楽浄土での修行が必要であることがわかる。もしも修行する必要がなければ，往生した極楽世界でも続けて，なぜ『三十七道品経』に従って修行するのだろうか。『三十七道品経』を修行するということは，悪業を身に付けたまま衆生が極楽世界に往生しているから必要とされるのである。悪業を身に付けたまま往生した衆生は，極楽世界でも引き続いて修行する必要がある。ここに，生きとし生ける衆生が，悪業を身に付けたまま往生することに関連して生起する問題を，解決する糸口があると考えられる。

これに対して，浄土以外の法門の修行では，悪業を身に付けたまま往生することは難しい。その理由は，チベット仏教によると，この娑婆世界は，仏滅後1500年経つと五濁悪世に入り，悪世の五種の汚れに覆われてしまうことにある。五濁は，劫濁・見濁・煩悩濁・衆生濁・命濁の五つをいう。五つの濁は，末世における五種の避けがたい汚れであり，汚れた世相を示す五つの特徴である。

劫濁は時代の濁りをいう。戦争や疫病や飢饉などが多くなり，時代全体が汚れる。見濁は思想の乱れをいう。思想が悪化し，よこしまな思想がはびこる。煩悩濁は煩悩がはびこることをいう。人間は，貪り・怒り・迷いなどの煩悩が燃えさかる浅ましいすがたになり，悪徳がはびこる。衆生濁は衆生の果報の衰え，心の鈍さ，身体の弱さ，苦しみの多さをいう。人間の資質が低下する。命濁は衆生の寿命が次第に短くなることをいう。最終的には，寿命が10歳になる。

釈尊は『阿弥陀経』の中で，この劫濁・見濁・煩悩濁・衆生濁・命濁という五つの汚れた悪世の中では，真実の法に出会うことは難事であるが，この難事を成し遂げ，この上ない正しい悟りを覚り得て，一切の世間の人が信じ難しい教えを説くことは，私にとってきわめて難しいことであった，と説かれている[32]。

中国仏教の黄念祖居士は，世俗の人が悪業を身に付けたこの世にいる間に，出世の仏法を証得することができるようにするためには，阿弥陀仏の四十八の本願を信じ，常に浄土門の教主の願いを受け，しかも清浄を求める僧俗の集いにあって初めて，よこしまな見濁を智慧に転換し，短い命濁を無量寿に転換し，苦に満ちた衆生濁を蓮華生に転換することができると述べている[33]。

チベット仏教の最大教派であるケルグ派を開創した，ツォンカパが著した『菩提道次第広論』[34]，チベット語では「ラムリム」にいう，下士・中士・上士の「三士道」によって修行すれば，必ず成仏できるという考え方と，『観無量壽経』における「九品往生」との間には，考え方に微妙な差があるとみられる。これを具体的に研究すれば，新しい課題が生まれることになると考えている。

第5節　本章の結語

この章においては，チベット語の『聖普賢菩薩行願王経』と『蒙古仏教源流』，『聖普賢菩薩行願善説荘厳経』，『浄土五経』の一つである『大方広仏華厳経普賢菩薩行願品』の四経典に記載されている，阿弥陀仏に関する記述を取り上げて，モンゴル仏教における阿弥陀仏信仰を追究した。

モンゴルの地に，いつごろ阿弥陀仏の信仰が伝来したかについては，今日に至るまで十分に明らかにされていない。チベット仏教サキャ派の第四祖サキャ・パンディタ（Sa skya paṇḍhita 薩迦班智達 1182—1251）が著した『薩班貢噶堅讃全集』（Sa paṇ kun dgaḥ rgyal mtshan gyi gsuṅ ḥbum）の中に「阿弥陀仏修行法」[35]がある。サキャ・パンディタはモンゴルに仏教を伝えると同時に，この阿弥陀仏の修行法も併せて伝えたものと考えられる。また，チベット仏教とモンゴル仏教では，サキャ・パンディタは阿弥陀仏の化身であるとされるので，13世紀の中葉，すなわち1251年以後に，モンゴルの地に阿弥陀仏の教えが伝えられたと推察されるのである。

この問題については，さらに詳細に検討する必要があると思われるが，今はモンゴル・チベット・中国・日本の阿弥陀仏信仰に因んで，一言するに止めたい。

注

（1）『阿弥陀仏灌頂』（*tShe chog ḥdod ḥjo dbaṅ gi rgyal po shes bya ba bshugs so*）中国北京雍和宮所蔵，チベット語。

（2）前田惠學『仏教要説―インドと中国―』（山喜房佛書林，昭和43年）67～68頁参照。

（3）『頌詞彙編』中国青海民族出版社，1989年，181～190頁に掲載の『聖普賢菩薩行願王経』（*ḥPhags pa bzang po spyod paḥi smon lam gyi rgyal po*）参照。

（4）胡雪峰・嘉木揚凱朝編訳『蔵漢蒙佛教日頌』（Hu Xue Feng, *Tübed kitadmonggol qabsurgagsan qandon nom*）中国民族出版社，2000年，チベット語，中国語，モンゴル語，224～257頁に掲載の『往生極楽浄土願』（bDe ba can du skye baḥi smon lam bshugs so）参照。

（5）久明柔白多杰『蒙古仏教源流』（ḥJigs med rig paḥi rdo rje, *Hor gyi chos hbyuṅ*），中国青海民族出版社，チベット語，1993年，238～240頁

（6）ジャンジャ・ホトクト十五世ロルビドルジェ『聖普賢菩薩行願善説荘厳経』（lCaṅ skya Rol pa? edo rje, *ḥPhags pa baṅ po spyod paḥi smon lam gyi rnam par bśad pa kun tu bzaṅ boḥi dgoṅs pa gsal bar byed paḥi rgyan shes bya ba bshugs so*），北京雍和宮所蔵。

（7）『浄土五経』（全一冊）（台湾仏教出版社）62～74頁。また『浄土宗大典』（中国仏教経典叢刊，1994年，第一冊）参照。

浄土宗は中国の仏教十三宗の一つである。中国の浄土宗は，念仏修行を内因として，阿弥陀仏の願力を外縁にして，阿弥陀仏の名号を念じ，念仏によって西方浄土，すなわち極楽世界に往生できるというものである。だから浄土宗といわれる。

中国の浄土宗の最初の経典は，中国の東漢の西域僧支婁迦讖（Lokaṣema 708―189）と竺仏朔の2人によって翻訳された『般舟三昧経』と考えられる。『般舟三昧経』によると，『般舟三昧経』を修すれば，仏を見ることができると明示されている。続いて出た経典は，中国の三国時代の呉の支謙（222，または223―228，または253）の間に翻訳されたと考えられる『大阿弥陀経』である。阿弥陀仏の四十八願および極楽浄土の荘厳が詳しく述べられている。

さらに続いて，西晋の竺法護（Dharmarakṣa 266—308，出身敦煌）が『無量清浄平等覚経』を翻訳し，姚秦の鳩摩羅什（kumarajiva 350—409，出身龜茲）が『阿弥陀経』と『十住毘婆沙論』を翻訳し，北涼の曇無讖が『悲華経』を翻訳し，劉宗の宝雲（376—499，出身中国涼州）が『無量壽経』を翻訳し，畺良耶舍（Kālaśas 383—442頃，または424—424，出身西域）が『観無量壽経』を翻訳し，北魏の菩提流支（Bodhiruci 506—535頃，出身北インド）が『往生論』を翻訳した。このようにして，中国における浄土宗のあらゆる経典が翻訳された。また前田惠學『仏教要説—インドと中国—』（山喜房佛書林，昭和43年）106～107頁によれば，もともと中国には天神や死後の世界に対する素朴な信仰があったが，死の問題について深く考えた思想体系はなかった。仏教は精神の不滅を説く教えとして中国人に受容され，人間の死後，生前における善悪の業の果報を受けて輪廻転生する，すなわち生まれ変わることができるという思想が，きわめて大きな影響を人々の心に与えた。それだけにまた，因果応報と六道輪廻を超越した浄土思想が，深く信じられることとなったと考えられている。

（8）『頌詞彙編』中国青海民族出版社，1989年，128～36頁に掲載の『聖普賢菩薩行願王経』（*ḥPhags pa bzang po spyod paḥi smon lam gyi rgyal po*）参照。

（9）『頌詞彙編』中国青海民族出版社，1989年，116～128頁に掲載の『聖普賢菩薩行願王経』（*ḥPhags pa bzang po spyod pahi smon lam gyi rgyal po*）参照。

(10)　胡雪峰・嘉木揚凱朝編訳『蔵漢蒙佛教日頌』（hu xue feng, *Tübed kitadmonggol qabsurgagsan qandon nom*）中国民族出版社，2000年，チベット語，中国語，モンゴル語，224～257頁に掲載の『聖普賢菩薩行願王経』（Qotugtu sayin yabudal non irugel non hagan）参照。

(11)　仏陀跋陀羅訳『文殊師利発願経』（『大正蔵』10，878c～879c）

(12)　不空訳『普賢行願讃』（『大正蔵』10，880c～881c）

(13)　香川孝雄『浄土教の成立史的研究』（山喜房佛書林，1993年）483～484頁によれば，『文殊師利発願経』のみ偈の順序が異なるが，内容はほぼ同じである。そして，梵本にはいくつかの系統があったと考えられるが，南伝系と見られる慈雲本を底本とし，京都大学梵語学梵文研究室所蔵の3本を校合して校訂された足利本は，他のネパール所伝本と比べると偈の順序に違いがあるとされる。

(14)　『浄土五経』（全1冊）（台湾仏教出版社）62～74頁。

(15)　中村元『仏教語大辞典』（東京書籍，平成6年）472頁によれば，三十二大人相ともいう。偉大な人間のもつ32の瑞相であり，偉人の具える32の優れた身体的特徴である。その一つひとつについては，経典ごとにかなりの異説がある。

(16)　中村元『仏教語大辞典』（東京書籍，平成６年）472頁によれば，釈尊が悟りを開いた道場である。ブッダガヤーにおける菩提樹下の金剛座をいう。または，悟りの庭ともいう。悟りを得る場所である。『理趣経』を読誦するときは「ほていとうちょう」と読む。

(17)　前田惠學『仏教要説―インドと中国―』（山喜房佛書林，昭和43年）67～68頁参照。

(18)　吉田順一・賀希格陶克陶訳注『アルタン=ハーン伝』(Altan Qagan u Tugujī)，風間書房，平成10年，141～144頁。

(19)　曹都編『宗教詞典』(Sodobilig, *Śasin-utoli*) 中国内蒙古教育出版社，1996年，622頁。

(20)　曹都編『宗教詞典』(Sodobilig, *Śasin-utoli*) 中国内蒙古教育出版社，1996年，674頁。

(21)　『聖無量寿命と智慧者と名付ける大乗経』(Qutugtu Caglasi üge nasun kiged bilge bilig tü neretü yuke külgen sodor orusibai) 中国内蒙古図書館に所蔵されている。

(22)　樊保良『蒙蔵関係史研究』（中国青海人民出版社，1992年）158～159頁。

(23)　張羽新『清政府与喇嘛教』（中国西蔵人民出版社，1988年）139頁。

(24)　陶克通嘎編『瑞応寺』(Togtongga, *Gaiqamsig jokiragulugci süm-e*) 中国内蒙古文化出版社，モンゴル語，1984年。

(25)　『興禅護国論』巻中（『大正蔵』80，７頁）。

(26)　『曹洞教会修証義』。

(27)　中村元選集［決定版］『日本人の思惟方法』第三巻（春秋社，1994年）68～75頁。

(28)　中村元選集［決定版］『日本人の思惟方法』第三巻（春秋社，1994年）68～75頁。

(29)　鈴木大拙『浄土系思想論』（法藏館，昭和53年）２～８頁。

(30)　拙論「中国における『念仏打七』信仰の復興と現状」（『同朋大学仏教文化研究所紀要』第20号，2000年）131～148頁。

(31)　鳩摩羅什訳『阿弥陀経』一巻（『大正蔵』12，347頁上）。

(32)　鳩摩羅什訳『阿弥陀経』一巻（『大正蔵』12，348頁中）。

(33)　拙論「中国における『念仏打七』信仰の復興と現状」（『同朋大学仏教文化研究所紀要』第20号，2000年）137頁。

(34)　ツォンカパ『菩提道次第広論』(rJe tsoṅ kha pa, *Byaṅ chub lam rim che ba*)，宗喀巴，中国青海民族出版社，1985年。

(35)　恰貝次旦平措主編『薩班貢噶堅参全集』(Chab spel tshe brtan phun tshogs, *Sa paṇ kun dgaḥ rgyal mtshan gsuṅ ḥbun*) 中国西蔵蔵文古籍出版社，蔵文版，1992年，520～522頁。

第五章　モンゴル人の歴史意識と宗教意識

第1節　本章の意図

本論文では，第一編・第二編・第三編を通して，モンゴル仏教の伝来をはじめとし，その歴史的発展の経緯を記述してきたが，第五章では，モンゴル人の歴史意識の淵源は一体どこにあるのか，モンゴルの歴史を貫流する民族意識，宗教意識の特色は如何なるものであるかを解明しようと試みた。

一体，モンゴル人は，自分たちの先祖や歴史をどのように考えてきたのだろうか。モンゴル人が，なぜ仏教を，とくにチベット語系仏教を受容したのだろうか。こうしたことは終始，私の念頭を去らない問題意識であった。

結局，モンゴル人の「天」を崇拝する宗教意識と符合するところがあったからではないかと考えるに至った。つまり，モンゴル人の「天」を崇拝する宗教意識と，漢民族の「天・道」を崇拝する宗教意識と，仏教の宇宙観の「天」の思想，さらには天に位置するチベットを仏の国とするモンゴル人の意識など，いろいろな意識が混ざり合ったところに，これらの問いの解答があるのではないかという思いに至ったのであった。

そこでモンゴル人と他の民族のそれとの共通点と相違点とを明らかにすることによって，モンゴル人の歴史意識，宗教意識の特質を鮮明にすることを，本章の主要な課題とした。

主な基本資料として，13世紀に著述された『モンゴル秘史』と，17世紀に著述された『アルタン・ハーン伝』を依用し，他に［注］に挙げたような若干の資料を考察の材料とした。

第2節　モンゴル人の歴史意識

1　民族意識の特質と歴史意識の根底

モンゴルはアジア大陸の中部に位置し，東は興安嶺を隔てて満州に連なり，西はアルタイ山脈を境として中央アジアに，北はバイカル湖のあたりからシベリアに，南は蔭山山脈・万里長城を越えて中国に接し，南西は天山山脈・タリーム盆地をひかえる，広大な地域のモンゴル高原に位置する。

南西にゴビと呼ばれる砂漠地帯があるほかは，ステップがゆるやかな丘陵や砂地を交えながら果てしなく続く。昔から，その水草の中を牛・馬・羊の群れを追い，羊の毛でできたテント・ゲル（家）に居住する幾多の民族が活動した。

このモンゴル高原を舞台にして紀元前数世紀頃から現れた民族が，トルコ種の匈奴である。この匈奴が，モンゴル人の祖先となった。

匈奴は，モンゴル高原という乾燥地帯で遊牧という生活形態を取った。遊牧は，集合本能をもつ有蹄類，すなわち羊・山羊・馬・牛など，また，まれには駱駝などを飼養することによって，生活・経済を営むものであった。もっとも，遊牧民が狩猟や農耕に関わりをもたないという意味ではなく，モンゴルの歴史書『モンゴル秘史』などに見られるように，13世紀以前のモンゴル人にも，狩猟も農耕も，時には漁撈をも営んだ形跡が見られる。

モンゴルの草原には匈奴という遊牧民が登場したが，この匈奴が西暦前3から4世紀の頃に，最初の遊牧国家をつくったと考えられている。匈奴の遊牧国家は，得意の騎馬戦術を駆使して漢族を直接脅かしたり，月氏や烏孫といった他の遊牧民と草原や水源をめぐって紛争を繰り返していた。西暦1世紀末の頃には，漢民族の反撃を受けて，匈奴の遊牧国家は滅亡してしまったと伝えられる。

匈奴の遊牧国家は滅亡したが，遊牧という生活形態は依然として存続していた。したがって，その後も有能な組織者が遊牧民の間に生まれると，遊牧国家が再興した。たとえば鮮卑・拓跋・突厥・ウイグル・キルギスなどである。

10世紀になると，モンゴル系契丹族が勢力を増大し，モンゴルの地の東部から北中国にかけて，遼王朝を建立した。12世紀の初期には，満州から興起した女真族がこれに取って代わって，金という国を創建した。この例を見てもわかるように，遊牧民の勢力はその後次第に強盛になっていったものと考えられる。

これらの遊牧民の人種は，トルコ系・モンゴル系が主であったが，トゥングス系やイラン系もあり，また相互の間で常に混血し合っていたとも考えられる。

2　モンゴル人の心の深層に流れる「天意」

モンゴル人は，自分たちの祖先はボルテ・チノ（Börte=cino 孛児帖赤那）であると信じている。ボルテ・チノは，「蒼い狼」という意味である。

『モンゴル秘史』によれば，チンギス・ハーン（Chinggis Han 成吉思汗 1162—1227年在位）の人格の根源は，造化の神・宇宙の主宰者である「天」の命・天命を受けて，蒼い狼が高い「天」からモンゴルの地に生まれたことにある。そして，白い牝の鹿を妻とした(1)。これは，後のチンギス・ハーンとなるテムジン（temurcin 鉄木真，鍛冶屋という意味）氏族の遠祖より，さらに22代前の祖先のことであったとされる。モンゴルの歴史書では，チンギス・ハーンは，天の命・天命を受けて，モンゴルの地に生まれたと記述されている。

ngGol-un niguca tobca'ān
Cinggis qahān-nu huja'ur
de'ere tenggeri-ece jaya'ātu toregsen Borte=cino aju'u.
gergei inu Qo'āi mara（n）l aji'āi.
Tenggis ketüljü irebe.
Onan müren-nü teri'ün-e Burqan=qaldun-a nuntuGlaju
toregsen Bataciqan aju'ü.(2)

『モンゴルの隠れたる要録』
チンギス・ハーンの根源は，
上なる天よりの命運をもって生まれたボルテ・チノ（青い狼）であった。
妻は彼のコアイ・マラル（白い牝鹿）であった。
テンギス湖を渡って来た。
オノン河の源にあるブルカン・カルドゥン山に安住して生まれたのはバ

タチカンであった。

蒼い狼と白い牝鹿の子孫は，遊牧をなりわいとした。モンゴル族の一部族である女真人が立てた金王朝は当時，北モンゴル・漠北に勃興しつつあったモンゴル系の遊牧部族を押さえるために，軍を出して討伐したり，部族と部族との離間を図ったりしていた。こうした中で，女真人の金王朝が，テムジンの祖父となるアンバガイ・ハンをタタル族に捕縛させた。アンバガイ・ハンを継承して，モンゴルの指導者になったエスゲイ・バアトルが，メルキト族に嫁する旅の途中にあったホエルンを掠奪したことは，彼らの間に生まれたテムジン，すなわち後のチンギス・ハーンの運命に重大な影響を及ぼすことになる。

私は，チンギス・ハーンがモンゴル草原の遊牧民の72の氏族を統一しようとした動機は，仏教が説く「瞋」であり，一般の言葉でいう復仇であったと解するものである。しかし，一般のモンゴルの歴史書は，チンギス・ハーンは，天の命令を受けて，モンゴルの地に生まれたと記述している。したがって一般のモンゴル人は，テムジンが天の命令を受けてチンギス・ハーンとなったと強く信じてきた(3)。

モンゴル人は，チンギス・ハーンに率いられたモンゴルの軍隊が，モンゴル遊牧民の72の氏族を統一し，中国にとどまらず，やがてはアジアからヨーロッパにモンゴル軍を進め，一大帝国を築き上げたのも，また天の意志に呼応して行ったことであると考えている。これは，あたかも，第二次世界大戦中の日本軍による中国侵入も，天皇の命令を受け天皇のために戦地に赴いたとされることと軌を一にするもので，モンゴル人にとっての天は，日本人にとっての往時の天皇と類似した観念的存在であると考えられる。

『アルタン・ハーン伝』によれば，モンゴル人がヨーロッパまで戦禍を広げたのは，チンギス・ハーンが地上のあらゆる権力を天より与えられて，モンゴルの地に生まれたからであるとする。これをモンゴル人は，チンギス・ハーンが「天恵をもつ（su-suu）」(4)という言葉で表現する。天恵によって，チンギス・ハーンがモンゴル帝国の建立を図ったと考えるのが，一般的であるといえる。

チンギス・ハーンの孫フビライ・ハーン（1260―1294）が，仏の化身としてモンゴル帝国元朝を建立したことも，モンゴル帝国元朝最後のオハート・ハーン（1333―1370）がモンゴル帝国を失ったことも，菩薩の化身とされたオハート・ハーンが，「天」の命・天命を受けて漢民族に政権を移したのであり，共に「天意・天命」を反映したものと考えられている(5)。つまり，モンゴル人一般の意識では，モンゴル帝国の建立もモンゴル帝国の消失も，すべては天の命令に呼応して行われたことである。今日の言葉でいえば，すべては「天意」であり，「天命」であるということになる。モンゴル人にとって「天」は，造化の神・宇宙の主宰者であるが，モンゴルの地に仏教が伝来して以後は，天は「仏・菩薩」であると解されるようになった。

チンギス・ハーンの子孫アルタン・ハーン（1507―1582）が，菩薩の化身としてモンゴルの地に生まれた。アルタン・ハーンに下された「天意・天命」は，モンゴル人・中国人・チベット人が和睦することにあったという(6)。モンゴルの地では，貴族から一般の民衆に至るまで，天を尊敬し続けている。

明けても暮れても蒼い天空，広々とした大地しか見ることができない大自然の中では，複雑な瞑想的な宗教は生まれ難い。

モンゴル人の宗教は，ボゲインシャシン（Bögeyin šasin）である。ボゲインシャシンでは，天にも地にも，山にも川にも，草にも樹にも火にも，万象に霊魂の存在を信じる。ボゲインシャシンは，一般的には，シャーマニズムの範疇に入れられる。シャーマニズムは，神霊・精霊・死霊などと直接に交信する能力をもって，治療・予言・悪魔払い・口寄せなどをするシャーマンによる超自然的存在との直接交流によって，卜占・予言・病気治療などを行う宗教現象をいう。

モンゴルのボゲインシャシンのシャーマンは，男性は「ボゲ」，女性は「エトゲン」といい，天の命令を伝える役割をもっている。なお，シャーマンはツングース語の「Smān」に基づき，サンスクリット語のシュラマナに由来するともいわれる。

「ボゲ」は，天と人との交媒を司り，民衆に神の意志を伝え，民衆の病根を取り除くことができると信じられている。「エトゲン」は，民衆が信仰する母なる大地である地の神と民衆とを交媒する役割をもっている。

モンゴルの地では，貴族から一般の民衆に至るまで，天を尊敬し続けている。モンゴル語で「天」をいう「テンゲリ」（tengri）は，日本語の神に相当する。天は最高の神である。「ムンケ・テンゲリ」（Mongke-tengri）は，永遠の天の意味である。漢訳では長生天をいう。モンゴル人は「ムンケ・テンゲリ」，あるいは「ムンケ・テンゲリイン・ホチュン」（Küchün）という言葉を，私文書は勿論，公文書でも愛用している。ムンケ・テンゲリイン・ホチュンは，永遠な天の力によるという意味である。

天を祀るための羊の内臓の供養は，「ジュゲリ」（Jügeli）といった。このジュゲリで，「サチュリ（saculi 灌奠の礼）」を行う。肉を竿の先に刺し，これを土に突き立てたり，犠牲の羊を丸ごと大皿の上に載せて台の上に供養したりする。そして，器に入れた白馬の馬乳酒を犠牲に注ぎ，続いて馬乳酒を天に向かって，さらに地に向かって振りかける(7)。

3　チンギス・ハーンと耶律楚材

モンゴル帝国元朝草創期の功臣の一人，耶律楚材（1189―1244）がモンゴル帝国のモンゴル草原に赴いたことも，天の命令によるものと考えられている。

チンギス・ハーンは，皇子，後の二世太宗オゴデイ・ハーンに対して，

> 耶律楚材は，天がわが家に賜った宝である。汝，他日国政を執らば，当然かれにすべてを任すべし。

と言った。

1224年，チンギス・ハーンが西インドの鉄門関（カシの南方85キロ）に留まっていたとき，人間の言葉を理解し，形は鹿，馬の尾をした緑の伝説的な動物「角端」が現れて侍衛に，「皇帝は軍を収めて，早々に帰国せよ」と告げたという。

この報告を受けたチンギス・ハーンは，耶律楚材に尋ねた。耶律楚材は，

> これは端獣でありまして，「角端」と申し，日1万8,000里を行き，諸国の言葉を話し，生を好み，殺を憎むものであります。これは上天がし

るしを降して，陛下に告げたものと思われます。そもそも陛下は天の御子であらせられ，天下の人民は，みな陛下の赤子であります。どうか上天の御心を受けて，国々の人命を全うさせていただきたい。さすれば，陛下は限りない福を得られるでありましょう。

と答えたという。

角端は，大昔から中国人に信じられた空想の動物である。こういう動物が世にあるはずがない。しかし，篤く仏教に帰依し仏教を信仰していた耶律楚材は，このような絶好の機会をとらえて，征服者であるチンギス・ハーンに，これ以上の殺生をやめさせたいと考えたと思われる。チンギス・ハーンは耶律楚材の言葉を受けて，軍隊を東へ帰すことにしたという[(8)]。このような細心にして大胆な背景のある中で，施策のもとに，アジア，ユーラシア連邦多民族国家の統治に成功したモンゴル帝国であるが，従来のモンゴル史研究家たちは，チンギス・ハーンが築いたモンゴル帝国は，モンゴル至上主義を推進し，漢民族を抑えて社会の最下級に置き，漢人の官職も最下級に，法律の適用も差別し，中国文化を尊重しなかったと解している[(9)]。

二世となった太宗は，耶律楚材に向かい，

朕が卿を任ずるゆえんは，先帝の命令なり。卿にあらずんば，天下もまた今日のごときこと無からん。朕が枕を高うして臥しうる所以は，卿の力なり。

と言ったと『中書令耶律公神道碑』の刻文に記述されている[(10)]。

このように，耶律楚材の采配よろしきを得たことによって，モンゴル帝国はその後約200年にわたって国体を堅持することができた。たとえば，

1．信教の自由を尊重すること。

2．思想・主義を国是国権にしないこと。

3．民族に国家に個人に差別の異を唱えないこと。

という三条は，耶律楚材が進言したところであるが，モンゴル帝国のチンギス・ハーンをはじめ，歴代のハーンはこれを基礎として，国家を治めようとしたと考えられる[(11)]。

前述した，チンギス・ハーンがモンゴル軍団に発した「不殺生」の大号令

は，このような耶律楚材の哲学を包含した発言であった。ところが，この大号令の意のあるところに対し，後人が聞く耳を持たなかったために，耶律楚材はその功績に反比例して，その後久しく等閑視され，ついに世上より抹殺され，ひいてはモンゴル帝国元朝が誤解されたまま，今日に至っているのである(12)。

耶律楚材は，まさしく天が地上に降した使節であり，天命を全うするためには，一切の衆生と共にわれ行かんの気概に充ち満ちていた。耶律楚材が，モンゴル帝国元朝に忠誠を尽くすことを天が与えた使命と心得ていたことが，天命を受けて生まれてきたチンギス・ハーンへの一命を懸けた協力となったと信じられている。

耶律楚材は実に不思議な魅力をもつ人であった。契丹王朝の王族の末裔でありながら，女真王朝の金に重臣として仕える家に生まれた。耶律楚材は，チンギス・ハーンに帰順してモンゴル帝国の宰相となり，グローバルな活躍をし，その使命を果たした。これほど自己の運命との激しい葛藤を経験した人は，ほかに知らない。

1244年５月14日，この偉大な政治家が世を去った。享年55歳であった。モンゴル人も漢民族も，老いも若きも，男も女も，みな泣き悲しみ，さながら身内の者を失ったようであったという。カラコルム市はこのために商売を休み，音楽を絶つこと数日であったという(13)。

上述したことを考え合わせれば，モンゴル人は，チンギス・ハーンの時代から，中国人の思想，中国人の治世の方法を多大に受け入れたと考えられる。中国人の思想と仏教の思想をモンゴルにもたらした開拓者は，勿論，モンゴル帝国の宰相を勤めた耶律楚材を措いて他にはないといえる。なぜならば，耶律楚材はチンギス・ハーンの時代から，オゴデイ・ハーン，グユク・ハーンまで，約26年にわたってモンゴル帝国のために尽力したからである。

4　チンギス・ハーンと長春真人

チンギス・ハーンは1221年５月，齢60歳を過ぎていた。漠北のモンゴル草原を離れて，ナイマン部タヤン・ハーンの旧宮殿があった外モンゴルのセレンゲ河の上流に駐営していたときのことであった。チンギス・ハーンの身体の調子が激変した。

金の宣宗の元光年（1222）の4月，長春真人は，チンギス・ハーンの要請を受けてモンゴルの地に到着した。チンギス・ハーンはたいへん喜んで，早速席を設けてその遠来をねぎらった。チンギス・ハーンは，

他国で招いても承知しなかったのにもかかわらず，今，汝が遠く万里の道を越えてやって来たことを，朕は嬉しく思う。

と言った。長春真人は，

私が詔を奉じて参りましたのは，天のしからしめるところであります。

と応えた。

チンギス・ハーンは，長春真人に，

真人遠来。有何長生之薬。以資朕乎[14]。

真人は遥々と来てくれたが，いったいどんな長生きの薬があるのか。

と尋ねた。これに対して長春真人は，

有衛生之道，而無長生之薬[15]。

衛生の方法はありますが，長生きの薬はございません。

と応えた。

真人の答えは意外であった。この率直で誠実な言葉が，かえってチンギス・ハーンに好感を与えた。

『西遊記』上巻には，長春真人が，

我之行止。天也。非若輩所及知。当有留不住時去也[16]。

私が行くのも行かないのも，すべて天に任せてある。私たちが知ることの及ぶところではない。留まっているべきでないときは行くでしょう。

と，チンギス・ハーンに言ったとされる。

『元史』巻202に，「天使来召我。我当往」とある。天の命令があれば私は必ず行くという言葉も，長春真人がモンゴルの地に赴いたのは，天の命令を受けたからの遠来であったと考えられる。

長春真人がモンゴルの地に赴いた目的は，チンギス・ハーンを動かしてモンゴル人の殺戮を止めさせ，中国人の生命を救おうとするところにあったと

考えられる。これは，耶律楚材と長春真人とは，同じ中国人でありながら，宗教の違いから考え方も異なっていることを示している。耶律楚材の信仰は仏教にあった。したがって中国人だけでなく，すべての生きとし生ける一切を救済することが彼の目的であった。しかし長春真人は道士であったため，救済する対象は漢民族，とくに道教の人々のことだけを考えたようであった。

モンゴル人は，モンゴル帝国のチンギス・ハーンの時代，最初はチベット仏教より中国仏教の影響が大きかったと思われる。その原因の一つは，中国仏教の居士耶律楚材が，モンゴル帝国の宰相を勤めたことにある。モンゴル人と仏教との最初の出合いは，中国仏教に始まるのではないかとさえ考えられるのである。しかし，なぜモンゴル人は，最終的にチベット語系の仏教を受け入れて国教としたのか。理由はおそらく，チベット人もモンゴル人も，同じ遊牧民でありよく似た生活様式をもっていたこと，中でも，両民族は元来から「天」を崇拝する宗教意識があったところにあると考えられる。

チベット人は，「天」をチベット語で「lha」と呼んでいる。チベット人の意識では，「lha」はすなわち，仏教の「仏・菩薩」に当たると信じているからである。インドやネパールから仏教がチベットに伝えられて以来，チベット密教の仏は「吉祥天母」（dpal ldan lha mo）として，チベットとモンゴルの地で広く信仰されているが，吉祥天母を意味するdpal ldan lha moの中に「lha」が含まれている。

したがってモンゴル人には，同じく「天」を崇拝しているチベット人の仏教の教えが，最も受け入れやすかったと考えられる。一般の民衆にとっても，チベット人が信仰している「lha」である天は，モンゴル人が信仰している「tengri」の天と重なり，馴染みやすかったと思われる。

1246年頃，モンゴル帝国のゴダン・ハーンとチベット仏教サキャ派の第四祖サキャ・パンディタは，モンゴルとチベットとが接触する涼州で，歴史的な「涼州会談」を行った。この会談は，モンゴルに仏教が公式に伝来する契機となったものである。その後，モンゴル帝国第五代のフビライ・ハーンは，チベット仏教サキャ派の第五祖パクパをモンゴル帝国の国師とし，ハーンの帝師とすることになる。

さらにその後，モンゴルのアルタン・ハーンは，チベット仏教ゲルク派のダライ・ラマをモンゴルの地に招請したが，この史実についても，モンゴル人であるアルタン・ハーンが，天の命・命令を受けて行ったことであるという記述が，『アルタン・ハーン伝』に見られる[17]。

5　歴史叙述と拝天思想

『モンゴル秘史』は，モンゴル人が書いた最初のチンギス・ハーン伝である。モンゴル語では『忙中豁侖・紐察・脱卜察安（Mong Gol-un niüca tob caān)』，中国語では『蒙古秘史』といい，日本語では『モンゴルの隠れたる要録』という。この書には，12～13世紀のチンギス・ハーンの時代のモンゴル黄金家族系を中心とした，モンゴル人の社会，宗教，習俗などが記されており，モンゴルの歴史上第一級の歴史書であり，文学作品であるといえる。

全12章から成り，1240年に完成したと考えられている。『モンゴル秘史』の影響で，17世紀頃，モンゴル人によるモンゴル語のモンゴル史の編著が最高潮に達し，優れた歴史書が多く出現した。17世紀以後のモンゴル歴史書の多くは，著者の仏教的世界観に基づいていることが，そのいちじるしい特色である[18]。

賀希格陶克陶『蒙古族古典文学研究』によれば，モンゴル語の歴史書は，モンゴル帝国時の『モンゴル秘史』から『青史』(küke sodor）まで，約200本が編述されたと考えられている[19]。

『モンゴル秘史』では，モンゴル貴族の祖先の出自や，12～13世紀にかけてのモンゴル遊牧民の生活の在り様を，生き生きと正確に描写している。当時のモンゴル社会を理解するための，貴重な資料の宝庫となっている。

『モンゴル秘史』は3部から成っている。第一部は1節から58節まであり，チンギス・ハーンの22世前の祖先から語り始めている。

第二部の59節から268節では，モンゴル帝国の基盤を築いたチンギス・ハーンの生涯と功績を著述している。

第三部の269節から282節では，チンギス・ハーンの子であり，後継者であるオゴデイ・ハーンが皇帝になってから後の，12年の間における若干の物語に関することを加えた記述となっている[20]。

『モンゴル秘史』の言語の特徴は，（1）動詞の過去制語尾の女性形，（2）実詞（形容詞）の性と数の一致，（3）実詞形成接尾辞の「tu」「tal」「tan」，（4）「-b-」「G（g）」の方言にある。

モンゴル国のウラーン・バートル大学のチョイマー教授は，『モンゴル秘史』の165節と168節とを根拠にして，著者はムンリグであると推測している。他に中国内モンゴル内蒙古師範大学のバヤル教授は，チンギス・ハーンとオゴデイ・ハーンに仕えた宰相耶律楚材であるとし，別にモンゴル文字をもたらしたとされるナイマン部族の宰相タタトゥンガであるとする説もある。実際チンギス・ハーンおよびオゴデイ・ハーンの史臣たちが，『モンゴル秘史』を書く可能性は，シギ・クトゥクおよび彼以外のいかなる人よりもはるかに大きい。だから，モンゴル帝国の右丞相ヂンカイ（鎮海），文書士の首領ケレイドゲ，文書士セチェグルたち以外の人ではありえないといわれている。ヂンカイはチンギス・ハーン，オゴデイ・ハーンに仕えた重臣であり，オゴデイ・ハーンの時代に右丞相となり，朝廷の公文書をウイグル式モンゴル文字で表記し，ハーンの日々の言辞，行動を記録したと考えられている。

14世紀後半の中国語の音声を借りて，漢字でモンゴル語の『モンゴル秘史』が著された。音訳者は，「華夷訳語」の編者である火原潔と馬沙亦黒であるとされ，その年代は洪武22年（1389）から洪武31年の間のこととされる[21]。

陳垣氏が北京の内閣大庫で発見した『モンゴル秘史』の総訳抄本には，永楽2年8月の日付があるところから，1404年までには『モンゴル秘史』の漢訳が完成したことがわかる。『モンゴル秘史』に現れるモンゴル語を表記した漢字は，漢字の研究とモンゴル語の研究として，世界無双であると考えられる[22]。

『モンゴル秘史』一〇巻二六八節に，チンギス・ハーンは死して天に昇ったと記述されている。これはあたかも，チンギス・ハーンがモンゴルの地に生まれてきたときと同様に，死ぬときも天の命令を受けて天に帰ったと信じられていることを示すものである。

Cunggis qanhā noko'ete ayalaju ṭanggud irgen-i muqudqaju irejü gaqai jil Cingggis qahān teggeri dür garba.[23]

チンギス・ハーン（成吉思汗）は二度の遠征で，タングード人を滅ぼした。亥の年（1127年），モンゴル草原の大本営に戻ってチンギス・ハーンは天に昇った。

因みにチンギス・ハーンは，1225年から1226年の間，かつてケレイトの王ハーンの本営であったオルホン河の支流，トラ河畔で過ごした。1226年の秋に再度，タングート（西夏）征服に出陣した。

チンギス・ハーンは甘粛省の六盤山中の清水県で狩猟中に落馬した傷が悪化し，1227年８月18日，ついにこの世に別れを告げたと伝えられている。

これまで見てきたところからわかることは，モンゴル人は，世の中の大きな出来事は天の意志によるという，「天意・天命」を中心とした歴史的意識に支配されていたことである。

6　モンゴル人と漢人の拝天思想

モンゴル人も中国人も，天を，古くから崇拝してきた。しかし，「天地」の中の大地に関して，考え方に大きな違いがある。

モンゴル人は遊牧民である。遊牧民にとっては，土を掘ることは，天に対して悪業を作ることである。逆に農民である中国人にとっては，土を掘って耕やすことは，天を喜ばせる所業である。

だから，遊牧民であるモンゴル人と，農民である漢人との古くからの抗争・戦争の重要な原因は，モンゴル人の土を掘らないでほしいと願う意識と，漢人の土を掘って耕地にしたいという意識との，根本的な相違が根底に伏在していたものと考えられる。

いまモンゴルと中国を対比してみると，中国人の歴史的意識の根底には，儒教的「天」と荘子を中心とした道教の「道」に基づいた歴史意識が底流にあると考えられる。中国人の歴史観は，「事実をそのまま記録すべし」という観念に基づいている点が指摘できる。これは，人間の善悪に対する価値判断，すなわち，倫理的な要請を根本の動機として成立したものであるといえる[24]。

中国哲学において初めて宇宙と人生の根源的な「道」を探求し，これに形而上学的な根拠を与えたのは，老子と荘子の無為自然の思想であった。『老子道徳経』に説く宇宙の絶対的な本体を「道」，または「無・一・大」と名づけ，存在ないし有の世界は，この無限定な「無」より生ずるとする本体論が基礎となっている。

『荘子』に説く荘子の思想は，生と死・物と我・是と非との対立をその根源において一つとし，「道」をあらゆる対立と矛盾を自らの内に包む大いなる無秩序・人間の概念的認識を超えた宇宙の働きそのものとしてとらえ，この「道」を体得して俗世界を超越することを理想とした。後に仏教が中国に伝えられたとき，訳経家は，その重要な語を老荘の語を借りて翻訳した。たとえば仏教の「涅槃」は道教の「無為」とし，「菩提」は「道」として，中国人は老荘思想を手がかりとして，外来思想である仏教を理解した如きである。この方式は「格義仏教」といわれる。また後世，とくに仏教の中で最も中国色の強い禅と浄土との教えは，その成立過程において老荘思想の多大な影響を受け，これを受容したと考えられる(25)。

前述したように，モンゴル人とチベット人とが仏教を受け入れたのは，仏教の「仏・菩薩」は，原初的な「天」崇拝の意識と同じであると解したことが，大きな要因であったと考えられる。仏教の「仏・菩薩」は，モンゴル人が信仰する「tengri」の天とチベット人が信仰する「lha」の天と同じであると受け止めたから，天への信仰を介して仏教も比較的モンゴル人とチベット人には，馴染みやすかったのであろうと考えられる。特に，仏教の世尊である釈尊が人間界に生まれたとき，天上の兜率天（Tuṣita）から，カピラヴァツトゥ（Kapilavatthu 迦毘羅城）のマーヤー（Māyā 摩耶）夫人に入胎したとされる。これは，チンギス・ハーンが高い「天」から，天明を受けてモンゴル草原に生まれてきたという，モンゴル人の意識と似ている。その点でも，モンゴル人にとって，仏教は理解しやすかったと考えられる。モンゴル人が仏教を受入れて最も馴染みやすかったのは，阿弥陀仏の浄土信仰であった。

それは，後世14世紀のチベット仏教ゲルク派の開祖ツォンカパの『兜率天上師瑜伽法』（dgaḥ ldan lha brgya ma）(26)によって修行すれば，人は必ず，天国である兜率天や阿弥陀仏の極楽世界に生まれることができると記述されている事実からも推察される。

また，モンゴル仏教における二大活仏の一人であるジェブツンダンバ・ホトクトは，未来仏として授記され，現在兜率天に住んでおり，将来仏となるべき弥勒菩薩の化身であると信じられているのである。けだし，中国において兜率浄土の信仰が発展する間に，極楽は天上にあると解釈されるようになった。モンゴル人は，兜率天を「tusid *tegri*」という。チベット人は「dgaḥ ldan *lha*」と意訳する。これは，喜足天・妙足天を意味している。

モンゴル人は，誰も理解してくれなくても，天は理解してくれると信じている。だから，天国である兜率天に住している弥勒菩薩の化身であるとされるジェブツンダンバ・ホトクト八世ジェブソンガクワンチョジニマダンジンワンチュク（rJe btsun ṅag dbaṅ chos kyi ñi ma bstan ḥdsin dbaṅ phyug 哲布尊阿旺曲済尼瑪丹彬旺曲克，聖尊語王法太陽持教自在 1874—1924）が，宣統３年（1911）12月29日の中華民国建国直前に，モンゴル国の初代皇帝になった理由は，天の意志である「天命」によるものである。地上の人間の行為も天に支配されているから，人間の行為の中にも天の意志を知る手がかりが見出される。すべてが天によって支配され，天はすべての主宰者であると考えられるのである。ジェブツンダンバ・ホトクトは，弥勒菩薩の化身である。師が皇帝になった事実から，ジェブツンダンバ・ホトクトが皇帝になることが天意であったことがわかる。モンゴル人は，人の行為・行動はすべて，モンゴル語でテンリン・ジヤガ（*tegrin* jiyaga 天命）であるという。したがって，天命に任せらるべきであると考える。

周知の如く中国の漢民族には，昔から天神崇拝があった。周の初期（1120—1256年），至上神としての天の称号が現れた。周における中国的封建制の発展と共に，天に万物を支配する人格神的性格が強まり，これを頂点とする多神観のヒエラルキーが成立した。天は普遍的な支配神となり，超氏族的性格をおびて，政治・道徳の原理へと発展した。そして人間に天命を下し，王や王国を監視し，人間の世界の長である王によって祀られるものと考えられ，後に王は，天の子である天子と称することとなった。

王は天子であるとする，天を崇拝する思想の変化は，周朝時代の漢民族の天を崇拝する思想と，封建国家の政治的要請とが結びついたものである。そして，天の信仰に徳の観念を結びつけ，国家を治める政策とした。徳のある人には，天の加護があるという教えを提唱した。この教えは，「徳を修めれば，天の助けにより，身は安楽に国は治まり，天下は泰平である」という，治世の思想の定立として結実していった[27]。

天の思想は，孔子において大きく転回した。孔子による天は，倫理的活動の源泉にまで高められたが，他方では依然として運命の根源としての天から脱け出すことができなかった。孔子がいう天は，祀りさえすれば幸福をもたらしてくれるのでなく，人のなすべき「道」を行えば，天は自ら人を助けて，幸福を下すという教えであった。孔子は，「天命を知るとは，天が己れを生じ，己れに命ずる所以であり，己れが天に背かざることを自覚することである」と教えた。孔子は，天命を自覚した者の究極的確信に満ちた態度を，人生の理想として主張した。

１世紀に入ってまもなく，中央アジアを通って伝来した仏教が，３～４世紀にかけて両晋の時代に至ると，仏教は，中国の地に成立できる素地が生じた。老荘の思想を方便として外来の仏教を説明したことが，大きな原動力であった。こうして，格義仏教の形で仏教を盛んに広める機運が生まれていった。

天に特別な宗教的感情をいだいていた中国人にとって，仏教経典に説かれる阿弥陀仏や弥勒菩薩の浄土や兜率天は，受け入れやすい思想であった。その重要な原動力の一つに，中国人は阿弥陀仏の極楽浄土を「西天」とする発想があげられる。インドのことは，「西天」とも「天竺」とも呼ばれた。そこでは，阿弥陀仏や彌勒菩薩の信仰が，釈尊の信仰と同等に行われるようになっていったのである[28]。

モンゴル人である『モンゴル秘史』の著者は，モンゴルの歴史成立の根拠は「天意」にあり，人間世界を維持するための原理としては，「恩」に秩序原理の基本があるとする。したがって後世の仏教でいう，母なる一切衆生の恩を知り，報恩すべしという思想が，モンゴル人の歴史意識の根底にあったものと考えられる。このような民族意識，歴史意識は『モンゴル秘史』にしばしば現れる。そして「知恩・報恩」の倫理観が，今日でもなお多くのモンゴル人の日常生活に受け継がれていることは，明白な事実である。

中国の歴史家司馬遷の歴史学を成立させた重要な根拠に，「道」の思想に基づく弁証法的な世界観がある。それにさらに一つ付け加えたのが，人間世界を維持するための基本的な原理としての「礼」の秩序原理である。司馬遷の歴史は，「道」と「礼」を歴史意識の基底に置いて，中国の歴史を考え編纂したものである。この両者の接点に，歴史の構想が成立することになると考えられた。実は，中国人が元来「道」の思想を基礎として，弁証法的な思惟の傾向を精神構造の根底にもつことは，1949年10月中華人民共和国を樹立した毛沢東（1893―1976）の思想の根底に，中国人が共有する「道」の弁証法的思考方法が受け継がれているといわれていることからも，十分に理解されよう。不世出の歴史家司馬遷が，後の中国の歴史に与えた影響は，非常に大きなものがある。司馬遷は，学問としての歴史学を創始して後世の模範となったことにとどまらず，中国人の歴史意識の自覚化に寄与し，多大な推進の源泉となった。

中国は，世界第一の歴史の国である。残されている史書は山をなし，単に宝庫といった表現ではなお言い足りない。中国の史書と，それを書いた歴史家たちの意識を貫通するのは，歴史が強烈な倫理的精神によって裏打ちされているということである。中国で初めて史学方法論の専著を書いたのは，唐代の劉知幾（661―721）である。彼は，歴史家の勤めの第一は「善を彰わし悪を貶し」，そのためには「強禦を避けず」と，強大な権力を持つ者も回避してはならないとしている。権力者の悪行は死を賭しても「直筆」すべしと強調しているが，その言葉に歴史家の倫理意識が典型的に現れている。中国の歴史家のこのような倫理的精神が，善を勧め悪を懲らしめるという，「勧善懲悪」の考え方の基礎となったと思われる(29)。これはヨーロッパ近世における歴史叙述の基本的精神に通ずるものである。中国において，「歴史の直筆」，すなわち「事実をそのまま記録すべし」という観念は，人間の善悪に対する価値判断，すなわち倫理的な要請を根本的動機として成立したと考えられる。今日では，日本の多くの研究者は国外へ足を運んで現地調査を行っている。その中で，事実をありのままに忠実に記述した例があげられる。私の恩師前田惠學教授を編者とする『現代スリランカの上座仏教』(30)がそれである。

中国の史書と歴史家に一貫する特色は，歴史を政治の資とする意識にあるとする倫理的精神の強烈さと，政治に対する強い関心である。それは共に，政治即倫理的な「経世」意識と同一の根源から生まれる。それは，文明を成立させるための基礎秩序の護持意識であり，基本秩序としての「礼」の原理を失わないとの，自覚的な意志に基づいたものと考えられている。

司馬遷は，中国における最初の総合的歴史記述であり，当時の世界史といってよい『史記』の執筆を，太初元年（前104）に開始した。この太初元年という年は，たいへん重要な意味をもつ。それは，この年に「太初暦」が新暦として施行されたからである(31)。司馬遷にとっては，『史記』に記載された人々，中でも，正義を行なうことによって人間世界を懸命に維持してきた歴史上の人物と共に，自己もまた歴史に堪えつつ，永遠にコスモスの中で存在理由をもつための証を，『史記』に期待したと考えられる。司馬遷に限らず中国人の時間観念の根底にあるのは，「一陰一陽する道」という観念であったという。「一陰一陽する」この世界は，陰と陽の循環する時間の世界であり，歴史を循環するものと見る循環史観は，まさに中国人を色濃く支配してきたと考えられる。

『荘子』の「秋水篇」には，変化する世界の根源である「道」，つまり根源的時間の流れは，始めもなく終わりもない無限連続であると記している(32)。

道教は，救済の宗教である。それは，信者を至福なる永遠の未来へ導くことを目指す道教の教えにおいては，不死の生とは物質的な肉体，すなわち人間の死すべき身体が，適当な方法によって死を免れ，金の骨と玉の肌をもった不死の身体に変化して生き残ることであると，説かれているからである。道教では，天は生あるものや生なきものを生じ，地はそれを養い，四季は規則正しく繰り返し，五行は，木から火を，火から土を，土から木を相生し，また木は土に，土は水に，水は火に，火は金に，金は木に相剋しながら無限に循環流行し，陰と陽は互いに交代していく。万物は，それ自身で非常にうまくいっているという。人間は，天に順応して振る舞うことも，順応しないで振る舞うこともできる。天に順応しない場合，反抗が世界の全秩序に反応を及ぼす。これが大洪水であり，日月の蝕・地震・火事・氾濫などであると考えられている(33)。

第3節　モンゴル人の宗教意識

1　モンゴル人の聖俗の意識

「聖」(ariya) は，「神聖」を意味する。人が宗教的社会生活を営む過程で，神聖の観念が生まれる。そこでは世俗性が排除され，俗なるものから聖が厳しく区別される(34)。宗教の歴史の中では，たとえば聖なる事件，聖なるもの，聖なる時間，聖なるところ，聖なる食物，聖なる人などとして具体化する。また宗教集団は，僧伽，教会，教団などと呼ばれ，世俗的な集団とは全く異質な，聖なる組織体とみなされる。仏教では，理の面から世俗的な浅薄な思想としての俗諦と，真実の深い道理としての真諦とを分けて説く。

天意･天命によるものは,「聖者」である。聖者をモンゴル語で「ホトクト」(Qutugtu 呼図克図) といい，チベット語で「パクパ (ḥphags pa)」という。モンゴル仏教では，浄土へ往き，浄土から「乗願再来」した人を，とくに活仏と呼び，ホトクトと呼んでいる。モンゴルの地で信仰されている仏教の最大の特徴は，僧侶の在り方にある。モンゴルでは，僧侶は釈尊の再来とされる。釈尊の再来である僧侶の中に上師があり，上師の中に活仏がある。

モンゴルの地には，仏教が伝来する以前から，土俗信仰としてシャーマニズム (shamanism) の一種であるボゲインシャシン (Bögeyin šasin 薩満教) が存在した。ボゲインシャシンの「オボ」(oboga 傲包) は，モンゴル人の聖地でった。聖地は，清浄な依りどころであって，昔から女性が登ることが禁止されてきた。今日でもなお，ほとんどの「オボ」と呼ばれる聖地では，女性の入山が禁止されている(35)。

仏教がモンゴルの地に伝来した後，寺院は，民衆にとって聖地となった。高僧たちを「仏・菩薩」の再来であると信じ，モンゴル人はこれらの高僧を，モンゴル語でホトクト（聖者）と尊称してきた。ホトクトは，煩悩を断滅して聖果に達した聖者をいう。これらのホトクトに帰依し，祈れば，今生では無事に月日を送り幸せに生活することができるとされ，死後は，生死流転の世界を離脱し，聖なる天の国・極楽浄土に再生することができると，モンゴル人は確信している。とりわけ一般のモンゴル人は，自分たちは日常生活の中で，知らない間に多くの罪悪を造っている。したがって，その罪悪を懺悔するために寺院を訪ね，僧侶に懺悔儀式の行修を願い，また，自分たちの家に僧侶を招いて読経してもらったりする。

「輪廻」については，チベット仏教ゲルク派の開祖ツォンカパ（1357―1419）の「母なる一切衆生」という思想が，モンゴル人の宗教意識の根底に流れている。ツォンカパは，一切の衆生は始めのない昔から輪廻し続けているので，一切の衆生がかつては自分の母親であったり父親であったりすると考えた。したがって人は，一切の衆生を父母として報恩する慈悲の心をもたなければならないと説いた。

ツォンカパは，16歳まで青海湖の故郷で修行した。ツォンカパはその後，地元の寺院で修行を終えた多くの僧侶たちと同じように，中央チベットの聖地ラサ（lha sa 拉薩）に法を求めて赴いた。その間，母親と音信が途絶していた。何十年間かが経ったある日，故郷の僧から，母がどうしてもツォンカパに会いたいという連絡が入った。しかしツォンカパは，一切衆生のためにこのまま修行を続けなければならないと考えて，自分の血で手紙を書き，故郷の母親に送った。このことが，ツォンカパが母なる一切衆生という慈悲心を感得する契機となったとされる。後世，この母なる一切衆生の修行法は，モンゴルの地に広く伝えられ，モンゴル人の仏教信仰を一層強固なものとしたと考えられている(36)。こうして，モンゴルの地の母親にとっては，自分の子が僧になることは「金の塔」（Altan suburga）を造ることと同等のことであるとされ，僧になった子が，母なる一切衆生のために利益することは，母親の最高の栄誉であるとされるようになった。

2　臨終の問題・法による罪悪の消滅

モンゴル人は臨終，すなわち死ぬ時，一生涯で造った「罪悪」（nikül）を懺悔し取り除かないと，往生することができないと信じている。だから臨終に際しては，必ず自分の家に僧侶を招いて読経してもらう。

1999年の夏に，愛知学院大学大学院の前田惠學教授に随行した筆者は，中国における「念仏打七」の実態調査を行った。

北京の通教寺（尼僧寺院）の説明によれば，臨終が近づくと，人々が枕許に集まる。家族もいれば，友人も隣人もいる。誰も泣く者はいない。集まった人は皆，往生しようとしている人のために，中国語で「助念」という念仏を唱えて，極楽世界に送ろうとしている。往生する仏教徒にとっては，臨終に際しては，医師よりも念仏のほうが大切である。力が弱くなっている病人にとって，「南無阿弥陀仏」を唱えるのは力を要することであるが，「阿弥陀仏」だけならば，苦しい息の下からでも声を出すことができる[37]。

チベット仏教ゲルク派のツォンカパ大師が，『菩提道次第広論』[38]の中で，

　　思惟死時除法而外，餘皆無益。

死ぬ時は，法以外なにも助けてくれるものはない。

と説いている。さらに同書に，

　　天王任何富，死赴他世時，如敵劫於野，獨無子無妃，無依無知友，無国無王位，雖有無量軍，無見無所聞，下至無一人，顧戀而隨往，総爾時尚無，名諱況餘事。

天王や国王は，たいへん豊かな生活を送っていたが，この世を離れ他の世に赴くときには，荒野で盗賊に遭い一切の持ち物を奪われるように，ただ一人いく。息子もついてこない，妻もついてこない，依るところはない。知り合いの友達もいない，持っていたはずの軍隊もない。見ることもなければ，声も聞こえない。従う者は誰一人いない。行きたくなくても，行くときはどうしても行かなくてはならない。人が死ぬ時は，名前以外何も残らない。助けとなるのはただ，法だけだ。

と記述している。

モンゴル人は，「罪悪」を懺悔することによって福徳を得ることができる

とする。たとえば，亡くなった人の屍体を山林や荒野に運び，動物に喰わせれば，それによって死者は，自分が生きているときに造った罪悪を消滅し，福徳を積むことになる。厳冬の食べ物がない時期に，動物たちがたとえ一時期にしても腹一杯喰うことができれば，狼のような大きな動物が，他の弱い小さな動物を喰うことはないと，モンゴル人は考えている。この葬法は，モンゴル人にとって往生のための重要な方法であるとされる。

罪悪は，日本ではツミ・ケガレの語にみられるように，道徳的な善悪というよりは吉凶・禍福・美醜と関連があるものと受け取られ，さらに災害をも意味している(39)。

中国の道教の長春真人はモンゴル帝国のチンギス・ハーンに，敬天愛民は徳であり，不孝は最大の罪悪であると述べたと伝えられている(40)。

仏教では，道理に反する行為が罪業とされ，戒律に違反する罪の根源は，貪・瞋・癡（rāga-dosa-moha）の三毒にあるとされるが，理念として心性は，本来清浄であるという立場に立っている(41)。

これに対してモンゴル仏教では，一般的には観世音菩薩の六字真言「オム・マニ・パド・メ・フン（Oṃ maṇi pad me huṅ 嗡嘛呢叭咪吽)」によって罪悪を懺悔すれば，罪悪を取り除くことができるとする(42)。観世音菩薩の六字真言「オム・マニ・パド・メ・フン」は，チベット仏教の思想に起源するものであり，ダライ・ラマ三世によってモンゴルに伝えられた真言である。『アルタン=ハーン伝』(43)によれば，

ene jirgugan üsüg ün cinar/ yosun inu kemebesü..

erkin oṃ üsüg/ tengri ner ün omug tu torüküi üküküi/ ece tonilgayu..

erketü ma üsüg asuri/ nar un bayiralaldun temeceldüküi ece/ tonilgayu..

ele ṇi üsüg kumun ü/ dorden jobalang aca tonilgayu..

jibqi;amg/ tu pad adugusun u kelegei/ mungqarjobang aca tonilgayu..

jibqulang/ tu pad üsüg adugusun u kelegei / mungqarjobang aca tonilgayu..

jici me/ üsüg birid un olüsküi umdagasqui / jobalang aca tonilgayu..

jirgalang tu/ qung üsüg tamu yin küiten qalagun/ jobalang aca tonilgayu..

jirgugan üsüg ün/ cinar togulasi ügei caglasi ügei/ ülisi ügei boluyu::

六字の本性を言うならば，
尊い「オム」字は，諸天の驕慢な生死から解脱させる。
力ある「マニ」字は，阿修羅たちの闘争から解脱させる。
威光ある「パド」字は，畜生の無明の苦から解脱させる。
また「メ」字は，餓鬼の飢渇の苦から解脱させる。
安楽の「フン」字は，地獄の寒熱の苦から解脱させる。
六字の本性は，無数無量で推しはかることはできない。

チベット仏教とモンゴル仏教では，観世音菩薩の六字真言「オム・マニ・パド・メ・フン」は，一切諸仏の密意を一つにまとめた本質を表しているとされる。すなわち8万4,000の法蘊の根本を一つにまとめた真髄であり，一切の善業と功徳の源泉であり，一切の利楽や成就の根本であり，善趣と解脱の聖道であると考えられている。

したがって，モンゴル人の宗教意識の中では，この観世音菩薩の六字真言「オム・マニ・パド・メ・フン」を一生涯唱え続ければ，罪悪を懺悔し，苦しみを取り除くことができるとされる。また，一生涯に一度だけでも，モンゴル人が天国，すなわち仏国として信仰するチベットのラサや，青海省のグブン寺（sku ḥbum byams pa gliṅ 塔爾寺，万身の意味），山西省の五台山のいずれかに巡礼参拝して，過去の罪悪を懺悔すれば，来世には必ず成仏できると信じられている。

「輪廻」は，サンスクリット語でサンサーラ「saṃsāra」といい，チベット語ではコルワ「ḥkhor ba」，モンゴル語ではオルチラン「orcilang」という。輪廻とは，仏教でいう生あるものが生死を繰り返すことである。衆生が迷いの世界に生まれ変わり死に変わって，車輪がめぐるようにとどまることのないことである。つまり，果てしなく巡りさまようことは，仏教では，欲界・色界・無色界の三界に，あるいは地獄・餓鬼・畜生・阿修羅・人・天の六道に生死を繰り返すことをいう。

「すぐれた業によってすぐれた人となり，悪しき業によって悪しき人となる」といわれているように，業の原型は「善因善果・悪因悪果」である。韓国仏教徒はよく「自業自得」というが，チベット仏教では，輪廻の根本は無明（パーリ語 avijjā，チベット語 ma rig pa，モンゴル語 mongqag）であると教えられている[44]。

3　輪廻観の基底をなす意識「母なる一切衆生」

チベット仏教ゲルク派の開祖ツォンカパの輪廻の教えは，『菩提道次第広論』（*Byaṅ chub lam rim che ba*）に説き示されている[45]。修行者の段階は，下士・中士・上士の「三士道」に分けられる。下士に道徳一般の教えが，中士に小乗の教えが，上士に大乗の教えが説かれている。下士は，幸せな来世に生まれるために修行実践をする人であり，中士は，苦しみを離れ，自分の幸せを得るために修行実践する人であり，上士は，自分一人が苦しみを抜け出して幸せを得るだけでなく，「母である一切の衆生」を苦しみから抜け出させるために，修行実践をする人である。

『菩提道次第広論』は，七種類の修行方法を説いている。第一の「仏」は菩提心より生じ，第二の「菩提心」は大悲より生じ，第三の「大悲」は悲愍より生じ，第四の「悲愍」は慈愛より生じ，第五の「慈愛」は報恩より生じ，第六の「報恩」は知恩より生じ，第七の「知恩」は母を思う心より生じるというものである。

菩提心を起こすためには，「母を思う心」が不可欠であるとした。「母を思う心」とは何であろうか。それは，一切の衆生は，かつて母であったと思うことである。

永遠に生死が繰り返されるという輪廻転生の考えでは，この種の肉体を得たことがないとか，この方角に生まれたことがないなどということはあり得ない。一切の衆生が，かつて私の「母」であったことがあるはずだととらえるのである。したがって，菩提心を起こすためには，最初に母を思う心が必要である。「母を思う心」とは，一切の衆生は，かつて私の母であったと思うことである。現在の中国人にも日本人にも馴染みの薄い考えを，ツォンカパはこのように説いている。

『瑜伽師地論』には，「長期にわたって汝が生まれたことがなく，行ったことがなく，死んだことのない場所を，私は見つけることができない。長期にわたって汝の父親あるいは母親，兄弟あるいは姉妹，教師あるいは師匠，師あるいは師代理にならなかったような衆生を，私は見つけることができない」と説かれている。

また，かつて母親となったことがあるだけでなく，これから私の母親となる可能性もある。このように考えて，一切の衆生が自分の母親になったことがあると確信しなければならない。このように信じることができれば，母なるものへの知恩の心が生じやすくなる。逆に，信じることができなければ，母なるもの，母なるものに対する知恩の心の基盤ができない。最初に今生の母を思い出すことができれば，一切の衆生を母と考える「知恩」の念が生じやすい。

初めも終わりもない輪廻転生の中では，一切の衆生は数限りなく私の母になるものである。一切の衆生が私の母になったときは，母はあらゆる危害から私を護り，あらゆる利益を与えてくれる。とりわけ今生においては，まず母胎で久しく育み，生まれる及んでは，黄色い産毛にくるまれた赤子の私を温かい身体で包み込み，十の指で揺らしながらあやし，母乳を与え，噛み砕いた食べ物を口移しで食べさせてくれたりする。空腹のときは飲み物や食べ物を，寒いときは着る物を与えてくれる。これらの物も容易に得られたものではなくて，苦労に苦労を重ねて手に入れてくれたものである。母は，私が病気になったとき，私の代わりに病気になりたいと思い，私が死ぬような危険にさらされるときには，身代わりに死のうと思い，私が苦しむときは，母は私に代わって苦しむことを選び取るものである。このように考えると，単なる言葉だけに終わらない知恩の気持ちが生じるはずである。

次に，父などの他の親族や友人も母なるものとし，母と同様に考えることができる。利害関係の薄い人たちも母なるものと受け取ることができれば，人々に対して親族や友人のような気持ちが生じてくる。こうして，十方の一切衆生を母と思う心が生じてくる。報恩の考えについては，『菩提道次第広論』は，「近親者が輪廻転生の大海のただ中に漂って，大波に飲み込まれようとしている。彼らを打ち捨てて，自分一人だけ救われようとするならば，これ以上の恥ずかしいことはない」と説いている。また，「何もできない生まれたばかりの赤子が，母の慈愛によって与えられた母乳を飲むことができるのは，母の苦労のおかげであり，慈愛のおかげである。その母がたとえ卑賤の身であるとしても，誰が打ち捨てておくことができるであろうか。母の胎内から出て現在を得，母の悲愍の心による世話を受けてきたのに，煩悩に苦しみ，加護のない母を打ち捨てておくことが，どうしてできるであろうか」と説いている。

永遠に繰り返す輪廻転生の連鎖の中では，無数の衆生と親子関係を持つことができる。上記は，永遠に繰り返す母子関係の中で，自分が子供になり，衆生が母になった場合を中心とした記述となっている。こうして，今生の母に対するのと同様に，かつて母になったことがあるはずである一切衆生に対しても，母であることに感謝し恩に報いなければならないというツォンカパの教えは，現代に生きる人々が忘れている大切なことを教えてくれる。

ツォンカパが説いた母なる一切衆生の修行法は，原始仏教の時代から存在したが，仏教の諸宗諸派が発展し展開する過程で，等閑視されていった。原初の母なる一切衆生の教えを受け継いだのは，チベット仏教ゲルク派の開祖ツォンカパだけであったと考えられる。

amma Jīvāti vanamhi kandasi attanaṃ adhigaccha Ubbiri./
cūḷāsītisahassāni sabbā jīvasanāmikā/
etamh' āḷāhane daḍḍhā tāsaṃ kam anusocasi.//
「娘，ジーヴァーよ」と言って，
そなたは，森の中を，泣き叫んでいる。
ウッビリーよ，自己に思いいたれ。
ジーヴァーと名づけられた人たち，
すべて八万四千人，
この焼場で，焼かれたが，
そのうち誰をば，そなたは，悼んでいるのか。

古代インド，釈尊の時代のことである。ウッビリーという名前の女性が，最愛の娘ジーヴァーを失った。泣く泣く野辺の送りをすることになる。火葬をする焼き場は，村のはずれ，森の近くにあったであろう。この母親は悲しみに堪え，葬列について行った。火葬は，おそらく野天で薪を積み上げ，その上に布で包んだ亡きがらをのせ，火をつけて焼いたものと思われる。亡きがらの処置は，近親者によってなされたのであろう。悲しみをこらえて，自分たちの手で火をつけたものと思われる。母親はおそらくそれまで，懸命にこらえて見守っていたであろうが，目の前で，わが娘の焼かれる姿を見て，もはや自制することができなかったのであろう。その場にいたたまれず，我知らず泣きながら森の中へとさまよい込んで行った。わが娘ジーヴァーの名を呼びながら，気も狂わんばかりに歩いて行ったと思われる。

たまたま，その森の中で釈尊が一人静かに瞑想しておられた。当時の修行者は，淋しい森の中や，焼き場や墓場の近くで瞑想して精神統一をする修行を好んでいた。釈尊もおそらく静かに坐っておられたであろう。母親のウッビリーが，泣きながらおそばを通りかかるのをごらんになり，声をかけられた。

おそらく，ジーヴァーという名前は当時のインドに数多くある，ごく普通の女性の名前であったであろう。釈尊から「ジーヴァーという名の娘は，八万四千人もこの同じ焼場で焼かれたぞ」と言われ，母親も感ずるところがあったであろう。人間生まれた以上，死を避けることはできない。愛別離別は，人間が避け得ることができない悲しい定めであると気づき，我とわが身をかえりみる目を得たに違いない。そこを釈尊は，「自己に思いいたれ」と注意されたのである。これが機縁となってこの母親は，釈尊の前にひれ伏して弟子となるに至ったと，感謝のこころで述懐しているのである。

この詩を読むと，こんな情景が目に浮かぶと，前田惠學教授は，著書『釈尊』の中で活写しておられる。

原文はパーリ語で書かれており，それを前田惠學教授が翻訳されたのが前の偈である。ジーヴァーという死んだ娘を探すのは，過去の八万四千の死んだ娘のジーヴァーを探すことと同じだと説く。娘を探す物語の内容からは，原始仏教の釈尊の時代から，すでに母なる一切衆生を瞑想する，慈悲の思想が行われていたに違いないと考えられる(46)。

残念なことに日本では平成７年，考えられないような宗教に関わる事件が起きた。麻原代表（当時）をはじめとするオウム真理教の信者が，真の仏教者であり，一切衆生を今生の「母」であると考えることができたならば，

sabbapāpassa akaraṇaṃ, kusalassa upasampadā,
sacittapariyodanaṃ, etam *Buddhāna* sāsanam.[(47)]

諸悪莫作，衆善奉行，自浄其意，是諸仏教。

すべての悪をなさず，善を行い，自己の心を浄めること，これが諸仏の教えである。

という，仏教の根本を逸脱することがなかったと考えられる。そうしていれば，サリン事件のような悲惨な事態は起こらなかったと考えられる。

すべての人が広大無辺の菩提心をもって，互いを利益することができるように仏の教えを実践することができるならば，文明の発達が遅れている地域の人々の状態も改善されることになるであろう。世界から戦争がなくなることも決して夢ではないと考えられる。

要は，大乗仏教の教えの実践にある。

大乗とは，「慈（mettā）・悲（karuṇā）・喜（muditā）・捨（upekkhā）」[(48)]の精神であり，愛知学院大学の建学の精神の「行学一体・報恩感謝」に通じる。自分一人だけが彼岸の幸せの世界に行き着こうとするのではなくて，まず他の人を先に彼岸の世界に渡すということである。すなわち「自未得度，先度他」である。大乗仏教の真の菩薩は，一切の衆生を救うという誓願を起こし，「自未得度，先度他」の利他行を実践する人である。

中国の格言に，「愚公は山を移す」という言葉がある。どんな困難にあっても粘り強く努力を続ければ，必ず大きな目的を達成することができる。チベット仏教の経典の中にも「精進勇於善」とある。

誰でも一生懸命に心を込めて精進すれば，よく善業を成就することができるという教えである。研究だけでなく，実践が必要とされる所以である。

第４節　本章の結語

モンゴル人は，自分たちの祖先を天の子孫であると信じている。

モンゴル遊牧民は，モンゴルに生きる人間だけでなく，草原の牛・馬・羊

なども含めて，生きとし生けるものはすべて，天の子孫であると信じている。モンゴル人は，歌を歌うことも「天」に喜びを捧げることであるとする。とくに，正月の天の礼拝の習慣は，今日に受け継がれる大切な習慣となっている。モンゴル人にとっては，チンギス・ハーンはすなわち天である。

モンゴル人は，歴史を成立させる根拠は「天意」にあるとする。最初は，「天意」をもって人間世界を維持し，その「天意」の上に母なる一切衆生の恩を知り，その恩に報いなければならないという「報恩」を加えた。「天意」と「報恩」が，モンゴル仏教の歴史意識の基盤となっている。

漢人は，歴史を成立させる根拠は「道」にあるとする。それは，「道」を基本的な思想基盤として，弁証法的歴史を考えた意識の上に，人間世界を維持するための基本的な「礼」を，原理として付け加えた。「道」と「礼」が，中国の宗教の歴史意識の基盤となっている。

モンゴル人は「天意」と「報恩」に，漢人は「道」と「礼」に宗教を見る歴史意識の基底があると考えられる。ここに，二つの民族の歴史意識の根本的な相違が認められる。

モンゴル人の宗教意識では，今の世で造った罪悪を消滅しなければ，往生し，成仏することができないという。だからモンゴル人が，五体投地で観世音菩薩の「オム・マニ・パド・メ・フン」の六字真言を称えながら，仏教の聖地まで巡礼する光景が，今日でも随所に見られる。

漢人の宗教意識では，この世で造った罪悪を消滅することができなくても，「業」をもったまま極楽浄土に往生することができると考えられている。この「帯業往生」が，現代の中国仏教徒に特徴的な主張である。

日本では，「悪人正機」という浄土真宗の宗教意識の影響で，善人でも悪人でも，人は誰でも死ねば西天の極楽浄土に成仏できると考えられている。人は誰でも救われ，成仏できるとするのが，死者を「ほとけ」と呼ぶ日本人にとって，ごく普通の宗教意識であると考えられる。

注

（1）　賀希格陶克陶『蒙古族古典文学研究新論』（Za hesigtogtau, *MongGol-*

un erten nu udga jokiyal-un sine ügülel）中国内蒙古文化出版社，1998年，306頁。また〔波斯〕拉施特主編・余大鈞訳『史集』（中国商務印書館，1983年）127～128頁によれば，モンゴルという民族の名称が，歴史上に初めて現れたのは９世紀であった。その頃「蒙兀」「蒙瓦」といい，また，「蒙古」（mugül）という言葉は，最初は「萌古」（münkü）という。「孱弱」と「淳朴」の意味である。満州の西北，ハイラル（海拉爾）の付近や黒龍江や，黄河上流に住んでいた室韋という部族があった。彼らは狩猟と漁撈をしていたが，付近のトルコ系の民族に圧迫され，９世紀末から10世紀にかけて，西のほう，黄河の上流，バイカル湖の南，オノン，ケルレン，それにトーラの三河の源に移動し，ブルカン・カルドン山の付近に遊牧していた。

（２）　小沢重男『元朝秘史』（岩波書店，1994年）11頁。また蒙古族古典文学叢書編委会『蒙古秘史』（*MongGol-un niguca tobca'ān*）中国内蒙古人民出版社，1993年，３頁。また『元朝秘史』によれば，相当する箇所は次の通りである。

当初元朝的人祖。是天生一箇蒼色的狼。与一箇惨白色的鹿相配了。同渡過騰吉思名字的水来。到於斡難名字的河源頭。不児罕名字的山前往。着産了一箇人名字喚作巴塔赤罕。

（３）　小林高四郎は『ジンギスカン』の中で（岩波新書，1960年，48頁），チンギス・ハーンの「チンギス」という言葉の由来について次のように述べている。

モンゴル人のサガン・セチェン著『蒙古源流』とその系統の史書には，テムジンが1206年の即位のとき，五色の瑞鳥が飛んで来て，「チンギス，チンギス」と鳴いたから，これに因んで「チンギス」という名号を捧げたとある。

また，15～16世紀の頃に，チャガタイ語で書かれた『チンギス・ナーメ』という写本にも，「一羽の鳥来たる。チンギス，チンギスと鳴きたり」と，『蒙古源流』と同じ記述が見える。宋朝の趙の『蒙韃備録』という旅行記にも，「成吉思（チンギス）というは，訳言天賜の両字なり」と記していることから，チンギスという名前は天から賜ったと考えられる。チンギスは，このように鳥の啼き声や天から賜った名であるとされるが，一般には，チンギスは「強大」の意味であると解されている。最も新しく真に近い解釈とされるのは，天の化身を信仰するボゲインシャシンで，最高の信仰の対象である精霊ハジル・チンギス・テンゲリ（qajir cinggis tenggeri）に由来するとする説である。

テムジン，すなわちチンギス・ハーンの第一回の即位にはボゲインシャシンのウスン老人が，1206年の第二回の即位にはボゲインシャシンのケクチュが，それぞれ天命を伝えている。それは，テムジンがハーンに即位するとき，ボゲインシャシンの力を借りて，自分の即位が天の化身を信仰するボゲインシャシンの天意によることを示していると考えられる。

（4）　吉田順一・賀希格陶克陶訳注『アルタン=ハーン伝』（Altan Qagan u Tugūji）風間書房，平成10年，111～112頁にも，次のように記述されている。

deger-e tngri yin jayag-a/ bar torügsen..
degedü torü yosun i/ tulguraca bayigulugsan..
delekei yirtincü/ takin i erke dür iyen orugulugsan..
temüjin suu tu cinggis qagan kemen/ aldarsigsan::
tabun ongge ulus i erke/ türiyen orugulju
tangsug a yirtincü/ yin torü yosun i tübsidkeju
degedü saskiy-a yin küngga sningbo/
blam-a yi jalaju.. terigün burqan u/
šasin i delgeregülüsen ajigu::（8）（モンゴル語表記）

上天の命によって生まれ，尊い政道を初めて打ち建て，
全世間を支配下に入れたテムジンは，
天恵をもつチンギス・ハーンとして名を馳せた。
五色のオルスを支配下に入れて，
見事に世間の政道を平らにし，
尊いサキャのクンガーニンポ=ラマ（サキャ・クンガーニンポをいう）
をお招きした，
最初に仏の教えを広めたのである。

（5）　吉田順一・賀希格陶克陶訳注『アルタン=ハーン伝』（*Altan Qagan u Tuguji*）風間書房，平成10年，10頁。

tngri yin kobegün ciggis qagan u/ altan urug..
degedü burqan nugud/ qubilgan secen qagan u barigsan altan/ qarsi..
temdegtei e bodistv nar uqagatu/ qagan u degere
tngri yin jayagan bar/ aldagsan ucir teyimü buluge::

天の子であるチンギス・ハーンの黄金の一族が，
尊い諸仏の化身セチェン・ハーンの打ち建てた黄金の宮殿を，
明らかに諸菩薩の化身であるオハート・ハーンが，
上天の命によって失った次第はこのようであった。

（6）　吉田順一・賀希格陶克陶訳注『アルタン=ハーン伝』（Altan Qagan u Tugūji）風間書房，平成10年，153頁。

（7）　賀希格陶克陶『蒙古族古典文学研究新論』（Za hesigtogtau, *MongGol-un erten nu udga jokiyal-un sine ügülel*）中国内蒙古文化出版社，1998年，306頁によれば，モンゴルの地のボゲイン・シャシンは，16―17世紀までは非常に盛んに信仰されていたという。また額爾登泰等著『蒙古秘史』

（中国内蒙古人民出版社，詞匯選訳，1980年）226頁参照。そして散普拉諾日布編著『蒙古風俗』（bSam phel nor bo, *Monggol un jang agali yin toyimu*）中国遼寧民族出版社，1990年，1～12頁には天の供養を詳述している。

（8）　小林高四郎『ジンギスカン』（岩波新書，1960年）133～134頁。

（9）　飯田利行『大モンゴル禅人宰相耶律楚材』（柏美術出版社,1994年）31頁。

（10）　飯田利行『大モンゴル禅人宰相耶律楚材』（柏美術出版社,1994年）42頁。

（11）　飯田利行『大モンゴル禅人宰相耶律楚材』（柏美術出版社，1994年）172頁。

（12）　飯田利行『大モンゴル禅人宰相耶律楚材』（柏美術出版社,1994年）9頁。

（13）　小林高四郎『ジンギスカン』（岩波新書，1960年）135頁。

（14）　窪徳忠『モンゴル朝の道教と仏教』（平河出版社，1992年）102頁。

（15）　小林高四郎『ジンギスカン』（岩波新書，1960年）184頁。また都固爾扎布,巴図吉嘎拉合訳〔法〕布魯丁〔俄〕伊万寧著『大統帥成吉思汗兵略』（中国内蒙古人民出版社，1989年）194頁によれば，長春真人は，チンギス・ハーンについて，

　我遮山野道人来到遮里，是因為有陛下的命令。遮矢是天的意志。

と記している。

（16）　窪徳忠『モンゴル朝の道教と仏教』（平河出版社，1992年）86頁。

（17）　吉田順一・賀希格陶克陶訳注『アルタン=ハーン伝』（*Altan Qagan u Tuguji*）風間書房，平成10年，150～151頁には，

　遠い昔，あなたの前生パクパ・ラマを，わが前生である力ある聖者にして，天恵をもつセチェン・ハーン（フビライ・ハーン）がお招きして来て，尊五色のオルス（国）に仏の教えを広めたのにならって，力ある活仏ダライ・ラマを，望む心の門からお招きする。

と記されている。

（18）　『塞外風景線』（中国内蒙古人民出版社，1997年）68頁。

　賀希格陶克陶『蒙古族古典文学研究新論』（Za hesigtogtau, *MongGol-un erten nu udga jokiyal-un sine ugulel*）中国内蒙古文化出版社，1998年，207頁によれば，「チンギス・ハーン実録（Cigisqagan-u altan tobci nere dü cedeg）」は『モンゴル秘史』より以前書かれたと考えられている。『モンゴル秘史』の完成は，1336年と考えている。

（19）　賀希格陶克陶『蒙古族古典文学研究』（Za hesigtogtau, *MongGol-un erten nu udga jokiyal-un sodulul*）中国内蒙古文化出版社，1988年，139頁。

（20）　賀希格陶克陶『蒙古族古典文学研究新論』（Za hesigtogtau, *MongGol-un erten nu udga jokiyal-un sine ügülel*）中国内蒙古文化出版社，1998年，207頁。

(21)　小沢重男『元朝秘史』（岩波書店，1994年）74頁。
　同上163～166頁。また『モンゴル秘宝展――チンギス・ハーンと草原の記憶』（日本経済新聞社，1996年）129頁。『モンゴル秘史』はモンゴル人にとっては，日本人にとっての『日本書記』にもなぞらえられるものである。

(22)　小沢重男『元朝秘史』（岩波書店，1994年）237～238頁には，モンゴル語の最も古い文献は，1224～1225年のチンギス・ハーン碑文であるという。

(23)　蒙古族古典文学叢書編委会『蒙古秘史』（*MongGol-un niguca tobca'ān*）中国内蒙古人民出版社，1993年，185頁。岩村忍『元朝秘史――チンギス=ハン実録』（中公新書18，昭和38年）187頁参照。また『元朝秘史』によれば，相当する箇所は次の通りである。

　　太祖皇帝第二次征進着，種名百姓行，窮絶着，来着　猪児年
　太祖皇帝　天行　上去了。

(24)　川勝義雄『中国人の歴史意識』（平凡社，1993年）41頁。

(25)　武内義雄『老子と荘子』（角川書店，昭和53年）。

(26)　李舞陽主編「蔵伝仏教礼讃祈願文」（『蔵伝仏教文化叢書』，*rGyun ḥdon bstod smon phyogs bsgrigs*）中国民族音像出版社，1997年，９～14頁。

　dgaḥ ldan lha brgyaḥi mgon gyi thugs ka nas,
rab dkar sho gsar spuṅs ḥdraḥi chu ḥdsin rtser,
chos kyi ryal po kun mkhyen blo bzaṅ grags,
sras daṅ bcas pa gnas ḥdir gśegs su gsol.
　兜率天の多くの仏・菩薩の心から，
新しい酪白や雲が湧き出るように
一切に精通した法王ツォンカパは，
弟子と共にここに降臨したまう。

また中国語に相当する箇所は，次の通りである。

　　兜率天衆怙主心，湧如新酪白雲端；
　遍智法王賢慧称，願同弟子降臨此。

　ṅa yi bla ma blo bzaṅ grags pa de,
dgaḥ ldan gnas daṅ bde ba can la sogs,
dag paḥi shiṅ khams gaṅ na bshugs kyaṅ ruṅ,
bdag sogs ḥkhor bcas thog ma skye bar śog.
　我が上師ツォンカパは，
兜率天や極楽浄土など，
私たち眷属すべてを最初に
彼の仏国土に生まれさせるように願いたてまつる。

また中国語に相当する箇所は，次の通りである。

　　我之上師賢慧称，兜率天与極楽天；

祈願我等眷属衆，皆先往生彼佛境。
(27)　岸本英夫『世界の宗教』（大明堂，昭和40年）176～178頁。
(28)　前田惠學『仏教要説―インドと中国―』（山喜房佛書林，昭和43年）77～82頁。
岸本英夫『世界の宗教』（大明堂，昭和40年）187頁。
(29)　川勝義雄『中国人の歴史意識』（平凡社，1993年）74頁。
(30)　前田惠學『現代スリランカの上座仏教』（山喜房仏書林，昭和61年）1～5頁。
(31)　川勝義雄『中国人の歴史意識』（平凡社，1993年）81頁。
(32)　川勝義雄『中国人の歴史意識』（平凡社，1993年）89頁。
(33)　窪徳忠『モンゴル朝の道教と仏教』（平河出版社，1992年）42～46頁。また川勝義雄『中国人の歴史意識』（平凡社，1993年）128頁参照。
(34)　小口偉一・堀一郎『宗教学辞典』459～526頁。
(35)　散普拉諾日布編著『蒙古風俗』（bSam phel nor bo, *Monggol un jang agali yin toyimu*）中国遼寧民族出版社，1990年，28～43頁。
(36)　法王周加巷『至尊宗喀巴大師傳』（中国青海人民出版社，1988年）123～124頁。
(37)　前田惠學「北京・河北念仏打七を訪ねて」（『中外日報』）平成11年９月16日・18日に，中国における「念仏打七」の実態について詳細に報告されている。
(38)　宗喀巴（rJe tsoṅ kha pa, *Byaṅ chub lam rim che ba*，中国青海民族出版社，1985年）103～105頁。また宗喀巴著 法尊法師中国語訳『菩提道次第広論』（台湾仏陀教育基金会）84頁参照。
(39)　金子武蔵編『倫理学事典』。
(40)　窪徳忠『モンゴル朝の道教と仏教』（平河出版社，1992年）18頁。
(41)　前田惠學『現代スリランカの上座仏教』（山喜房佛書林，昭和61年）６頁。
貪・瞋・癡の三毒をチベット語では，sdig pa gsum, ḥdod chags she sdaṅ gti mugといい，モンゴル語では，gurban qor, taciyanggui ora mongqagという。
(42)　胡雪峰・嘉木揚凱朝編訳『蔵漢蒙佛教日頌』（Hu Xue Feng, *Tübed kitadmonggol qabsurgagsan qandon nom*）中国民族出版社，2000年，224～257頁に掲載の『聖十一面観世音速疾趣入加持修習常課』（チベット語で ḥphags pa spyan ras gzigs bcu gcig shal gyi sgrub thabs rgyu khyer byin rabs myur ḥjug ces bya ba bshugs so，モンゴル語でqutugtu arban nigen nigurtu ariyabalu borqan ki bütügeku arga gi ürgülji abqu obadis adislan dürgen orugci kemegdekü orusibai）参照。
(43)　吉田順一・賀希格陶克陶訳注『アルタン=ハーン伝』（*Altan Qagan u Tuguji*）風間書房，平成10年，144～141頁。
(44)　NHK放送世論調査所編『日本人の宗教意識』（NHK出版，昭和59年）15

～16頁によれば,「因果応報」(hetu-phala) については, 大橋保夫氏は「私たち日本人のほとんど全部が,『…悪いことをすれば, いつか必ず報いがあるものだ』と思っているのは, 少なからず仏教の影響によるものであろう。因果応報は, 必ずしも仏教の専売特許ではない。似たようなものは, 他の宗教にもあるはずである。だとすれば, これは, 特定の宗教の影響というよりは, むしろ, 宗教とか宗派とかを越えた, 宗教心そのものと結びついているのではないか。日本人全体として見る限り,「因果応報」は, 90%に近い人々がもっている感覚であり, 日本人の国民的な常識, と考えてよい。」と述べている。

(45) 宗喀巴『菩提道次第広論』(rJe tsoṅ kha pa, *Byaṅ chub lam rim che ba*) 中国青海民族出版社, 1985年, 296～304頁。また宗喀巴著, 法尊法師中国語訳『菩提道次第広論』210～222頁。

(46) 前田惠學『釈尊』(山喜房仏書林, 昭和47年) 9～15頁。パーリ『長老尼の詩・テーリーガーター』(Therīgāthā) 51偈。

(47) 前田惠學『釈尊』(山喜房仏書林, 昭和47年) 56頁によれば, パーリ『法句経』183偈。「七仏通誡偈」にも見られるという。

(48) 前田惠學『現代スリランカの上座仏教』(山喜房佛書林, 昭和61年) 13～15頁には, チベット語で, 慈・悲・喜・舎の四無量を, byams pa, sñiṅ rje, dgaḥ ba, btaṅ sñoms tshad med bshiといい, モンゴル語で, asaranggui, enerenggüi, bayasgulang, tegsiという。

結　論　研究の成果と残された課題

上来，私は，モンゴル仏教の成立過程とその文化における根本的な問題を，三編に分けて考察してきた。

第一編においては，「モンゴル仏教の黎明期（元朝初期）」と題し，文献的な研究を基に，モンゴル仏教の伝来とその歴史的背景の諸問題を解明した。

第二編においては，「モンゴル仏教の形成期（元朝中後期）」と題し，主として元朝のモンゴル仏教伝来の様相と形成の経緯を明らかにした。

第三編では，「モンゴル仏教興隆期（明・清朝～現代）」と題し，その様相を追究し，この間の変遷の経緯を具体的に論究した。

各編の各章にはそれぞれ結語を付しておいたので，ここで総括していえば，第一編では，モンゴル帝国太祖チンギス・ハーンの孫ゴダン・ハーン（1206―1251）とチベット仏教サキャ派の第四祖サキャ・パンディタ（1182―1251）との両者が交わした2通の親書を基にして，モンゴルに仏教が伝来した年代を明らかにすることができた。それは，従来のチンギス・ハーンの時代の，チベット仏教サキャ派のサキャ・クンガーニンポによる仏教伝来説と，中国清朝時代のモンゴルのアルタン・ハーンによる仏教伝来説とは異なる年代となった。

また，モンゴルへの仏教伝来の事情を明らかにした。

第二編では，モンゴル帝国世祖フビライ・ハーン（1260―1294）と，その帝師であるチベット仏教サキャ派の第五祖パクパ（1239―1280）との特別の関係によって，モンゴルの地に仏教が徐々に定着していった経緯を解明した。

その他，モンゴル文字の由来と活仏の制度の由来を明らかにした。

第三編では，モンゴルのアルタン・ハーン（1507―1582）とチベット仏教ゲルク派のダライ・ラマ四世ユンテンギャムツォ（1589―1616）とが，共にモンゴル出身であった関係によって，モンゴル仏教が大転換したこと，従来のサキャ派の仏教は衰微し，それに代わってゲルク派が台頭し，今日に至っている栄枯盛衰の経緯とモンゴル文化の諸相を解明した。

その他，モンゴル語『大蔵経』の翻訳年代を解明すると共に，文化大革命終結後，現代モンゴル仏教が回復している様態を明らかにした。

この論文では一貫して，モンゴル人の歴史意識と宗教意識が一体どこにあるのか，あるいはモンゴルの歴史を貫流する民族意識と宗教意識の特色は，如何なるものであるかを解明するよう留意した。

第一編・第二編・第三編を通して，私が当初に企図したモンゴル仏教の伝来とその文化の体系を，ある程度解き明かすことができたのではないかと考えているが，無論これとても，モンゴル仏教のすべてを網羅したわけではない。これまでに取り上げた問題には，さらに深く検討を要する点があるであろうし，またこれ以外にも取り上げなければならない課題が多く残されている。しかし，この論文では，ひとまず以上をもって締め括りとすることとする。

ここに取り上げ得なかった，モンゴル仏教に関するいくつかの課題については，さらに精究し，展望を拡げ，今後の研究を進めるための足がかりにしたいと思う。

今後の主な研究課題としての第一は，主にモンゴルの地で古くから信仰されてきた阿弥陀仏の信仰について，なお考究すべき点が少なからず残っていると考える。たとえば，モンゴル民族の中に今日残っている信仰は，阿弥陀仏信仰をはじめ，ほとんど研究されていない領域に属するからである。

モンゴルでは，一般の民衆が阿弥陀仏を信仰し供養するのは，中国仏教や日本仏教におけるように，阿弥陀仏を信仰し，念仏することによって，死後，阿弥陀仏の極楽世界に往生をしようという動機だけではない。阿弥陀仏は，モンゴルの民衆にとって，人々の寿命を延ばすことができる功験を有する仏であると，強く信じられているところにある。この理由から，モンゴル仏教では，とくに一般の民衆は，阿弥陀仏をモンゴル語でナスンノボルハン（Nasun-un Burqan 長寿仏）と呼んでいる。

モンゴルの民衆には，毎年，僧侶を自家に招き，自分の父母や祖父母のために，密教の『阿弥陀仏灌頂』（tShe chog ḥdod ḥjo dbaṅ gi rgyal po shes bya ba bshugs so）という経典による法要を行う習慣が，いまだに根強く残っている。民衆に支持され続けてきた『阿弥陀仏灌頂』の内容と儀式の在り方を，解明しなければならないと思う。そして，チベット仏教サキャ派の高僧サキャ・パンディタを著した，モンゴルに伝えられた阿弥陀仏の修行法である『阿弥陀仏修行法』（sNaṅ mthaḥ yas bsgom don bshugs）についても，さらに検討を加える必要がある。

インドにおいては，阿弥陀仏の信仰は種々の思想と融合し，これがチベットに伝わって顕教と密教に吸収されていったが，モンゴルの地では，阿弥陀仏の信仰が永く残り，栄え，そして民衆化していった。第一に，このような阿弥陀仏信仰の変容の過程を踏まえることによって，モンゴルにおける阿弥陀仏の信仰の全容が解明されるのではないかと考える。

第二に，モンゴル仏教における仏像・菩薩像などの開眼の方法には，特殊な儀式がある。北京雍和宮（モンゴル仏教寺院）の弥勒仏の開眼儀式を事例として取り上げ，開眼儀式の由来なども，今後明らかにすることが必要であると思う。

第三に，モンゴル仏教にしても，中国仏教にしても，日本仏教にしても，あるいは，世界中のどの宗教でも，宗教教育を通して真の人間を育成することが必要とされる時代に入ると考えられる。仏教の研究者も指導者も，真の人間を育成する教育者としての役割を果たすべく，精力的に活躍することが要請される時代が必ずやってくるものと思う。これからは，教義仏教（Doctrinal Buddhism）と民衆仏教（Popular Buddhism）の両面から研究を進めていかなければならないと考える。

私は，今後の研究において，モンゴル仏教の教育方法について十分考究し，提案を試み，実践を通して真に実りのある成果を上げるよう，努力しなければならないと考えている。

附　説　サキャ派の歴代の祖師

モンゴルの地に伝わった最初の仏教は，チベット仏教のサキャ派であった。以下，サキャ派の歴代の祖師について述べたいと思う。

サキャ派の五祖は，以下の通りである。

- 第一祖…サキャ・クンガーニンポ（Sa skya kungañinbo 薩欽袞嘎凝波 1092—1158）。
- 第二祖…ロッポン・ソナムツェモ（Bsod nms rtse mo 索南孜摩，福頂 1142—1182）。
- 第三祖…ジャムソ・タクパゲルツェン（Grags pa rgyal mtshan 扎巴堅贊，称幢 1147—1216）。
- 第四祖…サキャ・クンガーゲルツェン（薩班袞嘎堅讃 Sa skya kun dgaḥ rgyal mtshan 1182—1251）。通称はサキャ・パンディタ（Sa skya Paṇḍita）。
- 第五祖…パクパ・ロレイゲルツェン（八思巴洛追堅讃 ḥPhags pa blo gros rgyal mtshan 1235—1280）。通称はパクパ(1)。

1．サキャ派の創始者コン・コンチョクゲルポ

サキャ派は，カギュ派など他の多くの教派と同じく氏族集団の一であるが，成立はやや古く，政治的のみならず教学史の上でも重要な役割を果たした。派の名は，チベットの吐蕃王国時代からの名家コン氏の末裔コン・コンチョクゲルポ（ḥKhon dkon mchog rgyal po 款・官却杰布 1034—1102 宝王），1073年，中央チベットのツァン地方サキャに，タントラ道場を建てたのに由来している。

コン・コンチョクゲルポの家系は，光浄天（Od gsal lha）の天神が，チベットのコン・ルイワンポソン（ ḥKhon kluḥI dbaṅ po sruṅ ba 款・魯伊旺布松，

龍王護）に伝えたといわれる。コン・ルイワンポソンは，大阿闍梨であるシワンツォ（Shi ba ḥtsho 喜瓦措，静命の意味）[2]が，チベットで初めて七名（七覚士）のチベット人に授戒した中の一人であり，智慧第一と称され，インド出身のパドマサンバヴァ（Pad masambhava，チベット語で Pad ma ḥbyuṅ gnas 蓮花生大師，8世紀）から種々の仏典を教授された。コン・ルイワンポソンからコンロ・シラブツルリム（ḥKhon rog śes rab tshul khrim 款若喜饒楚臣，慧戒の意味）までは，コン・コンチョクゲルポの家系の人々が，旧密教を修学してきたと考えられる。コンロ・シラブツルリムに一人の弟がいた。これがコン・ゴンチョクギェルポである。コン・コンチョクゲルポは，顕教と密教の修行に精通した人として有名である[3]。

ある日，コン・コンチョクゲルポは，市場で多くの密教の呪師が，二十八尊といわれる勇士女（dpā bo ma）の仮面をかぶって踊っているのを見た。家に戻って，兄のコンロ・シラブツルリムに尋ねた。兄は，次のように言った。

> Da ni gsaṅ sṅags ḥchol ba tses paḥi dus byuṅ ba yin, da phyin chad bod sṅags rñiṅ ma la brten nas grub thob tshad ldan mi ḥoṅ, raṅ re la yod pa rnams gter du sbed, da ni rgas khyod gtson pas mu gu luṅ na ḥbrog mi lo tsā ba śākya ye śes bya ba śin tu mkhas pa tsig yod ḥdug pas, der soṅ la gsaṅ sṅags gsar ḥgyur slobs śig gsuṅs.[4]
>
> 今日は，密教が衰頽した時代である。今後，チベットに残る古い密教の修行を行っても，大きな成果を上げることはできない。私たちが持っている経典は，伏蔵に埋めたほうがよい。私は，もう年を取ったし，お前はまだ幼い。今，ムグルン（mu gu luṅ 莫古隆，チベットのサキャから南へ1キロメートルの距離の芒喀というところ）の地方に，ボルッミロサバ・シャカエイシ（ḥbrog mi lo tsā ba śākya ye seś 卓彌釈迦耶協 994—1078）という大訳師がおられる。この大訳師は，学識に優れている。お前はその大訳師を訪ね，新訳密呪法を学びなさい。

この因縁があってコン・コンチョクゲルポは，ボルッミロサバ・シャカエイシ大訳師から新密教を修学し，ボルッミロサバ・シャカエイシ大訳師の第一の弟子となった。コン・コンチョクゲルポは，ボルッミロサバ・シャカエイシ大訳師の外にも，ケ・クッパラセ（ḥGos khug pa lhas btsas 桂枯巴拉則）という高僧から新密教の諸法を修学した。コン・コンチョクゲルポが40歳（1073年）のときに，北チベットの後蔵にサキャ寺を建立した。サキャ寺はシャル，ナルタン，タシルンポよりはるか西南に位置する。サキャは，チベット語では「薄い灰色の土地」の意味である。コン・コンチョクゲルポはサキャ派の創始者であるが，サキャ五祖には数えられない。それ以後「道果法」（lam ḥbras ヴイルーパ）(5)を受け入れた仏教の流れが，チベットではサキャ派と呼ばれている。

2．サキャ派の第一祖サキャ・クンガーニンポ

コン・コンチョクゲルポの長男が，サキャ・クンガーニンポ（Sa skya Kun dgaḥ sñying po 薩欽袞嘎凝波 1092—1158）である。サキャ・クンガーニンポはコン・コンチョクゲルポの第二夫人の子であり，陽水猴年（1092年）に生まれたサキャ五祖の第一祖である。サキャ・クンガーニンポは，幼いときから聡明であり，父より『喜金剛灌頂』を受け，11歳のとき父親の意を受けて，インドからバリロツァーワ（Ba ri lo tsā ba 八日訳師 1040—1111）を招請した(6)。

サキャ・クンガーニンポは，バリロツァーワ師から，

> 仏子よ，お前は法を修学しなければならない。知識をもたなければならない。智慧の本尊である五字文殊菩薩について修行しなければならない(7)。

と言われた。

サキャ・クンガーニンポは，バリロツァーワ師について6カ月修行し，文殊菩薩の姿を見て加持され，般若学の教えを体得した。

サキャ・クンガーニンポは，チベットのグンタン（Gun thaṅ 貢塘）地方のラマ・マラロツァーワ（Bla ma mal lo tsā ba 墨訳師）という上師に18両の黄金を贈って，教法を求める意義を尋ねた。ラマ・マラロサバ師は，たいへん喜んで，

bLa ma mñes te snod ldan dam thsig yod par ḥdug pas, Da ṅa rgas riṅ bo mi thub pas, Man ṅag len pa la khyed myur bor śog gsuṅs nas.(8)

お前は根器を有する者であり，きっと修行を成就することができる。私は年を取っているので，長く生きられない。お前が経呪を修学したいならば，なるべく早く私の許に来なさい。

と答えた。

このような因縁があってサキャ・クンガーニンポはラマ・バリロツァーワ師からの教法の一切を伝受された。とくに密教の面では，勝楽金剛（bda mchog サンスクリット語で he ru ka）と納若空行（nā ro mkha spyod ma）のすべての教誡を受け，本尊の灌頂も授けられ，修行法と経呪を体得する共に，四面吉祥怙主（dpal mgon shal bshi bai sgrub thabs）を自分の護法神とした。したがってサキャ派の大小護法神は，サキャ・クンガーニンポの時代に伝来したと考えられる。彼がサキャ派の法座を管掌したとき，仏法の興隆と衆生の利益に尽力した。彼が44歳のとき，インドの大成就者のビルワパ（毘魯哇巴，上座吉祥護法，チベット語で Gnas brtan dpal ldan chos skyoṅ）(9)が，サキャ寺に招請された。サキャ・クンガーニンポは，ビルワパから七十二部密教（rgyud sde bdun cu don gñIs kyi man ṅag）の経呪を授けられた。とりわけ，特別の十四部深密教法（lcags ri mi ḥda bai zab chos bcu bshi）(10)の密法甘露を，親しく授けられたといわれる。

ところが，弟子の一部が密教の上師であるこの阿闍梨に，邪見をもっていた。サキャ・クンガーニンポは，

gSaṅ sṅags paḥI rdo rje slob dpon la log lta byed pa śin tu ḥkhrul ba yin gsuṅs te(11)。

密教の金剛阿闍梨に対して邪見を起こすことは，大いなる間違いである。

と言ったという。

こうして，自分の両足の裏を弟子たちに見せた。両足の裏には，喜金剛と勝楽金剛のマンダラ（Maṇḍala, dKyil ḥkhor 壇城）があった。描いた画よりもはっきりしていた。師はまさに，観世音菩薩（spyan ras gzigs）の化身で

あると世人は称えた。

サキャ・クンガーニンポの３人の弟子が，殊勝（cho mchog，世第一法）の果位を成就し，７人の弟子が忍（bzod pa，忍法）の果位を成就し，80人の弟子が証悟（rtog ldan）の果位を成就したといわれる。

サキャ・クンガーニンポの３人の弟子が，殊勝（cho mchog，世第一法）の果位を成就し，７人の弟子が忍（bzod pa，忍法）の果位を成就し，80人の弟子が証悟（rtog ldan）の果位を成就したといわれる。

サキャ・クンガーニンポは48年間サキャ寺を住持し，67歳で示寂した。彼は化身となって，極楽世界（bde ba can=sukhāvatī），布達拉（po tā la），鄔堅那（urgyan）北方世界の香抜拉国（byaṅ gser mdog can）で，今日もなお衆生を利益していると信じられている。サキャ・クンガーニンポには４人の息子がいた。長男はクンガーバル（Kun dga ḥbar 貢噶抜，慶喜燃，生没年不詳），二男はソナムツェモ（Bsod nms rtse mo 索南孜摩，福頂 1142—1182），三男はタクパゲルツェン（Grags pa rgyal mtshan 扎巴堅賛，称幢 1147—1216），四男はペルチェンオポ（Dpal che od po 貝欽沃布，大吉祥光 1150—1203）である。長男のクンガーバルはインドで修行し，マガダ（ma ga dha 摩掲陀）国で没したという。

３．サキャ派の第二祖ソナムツェモ

第一祖サキャ・クンガーニンボの次男ソナムツェモは，サキャ五祖のうちの第二祖である。1142年に生まれ，当時のインドの金剛座（rdo rje gdan）の門楣（まぐさ，上がり框）に，空行母（mkha ḥgro ma）が書いた文字は次のようである。

ḥJam dpal gyi sprul pa mkhan po bsod nams rtse mo rdo rje theg pa mthaḥ dag gi dban phyug dam pa sa skyar skyes so tshes mkhaḥ ḥgro ma rnams kyis yi ger bris pa[12]。

文殊菩薩の化身である金剛乗の自由自在の大阿闍梨の姿で生まれてきたソナムツェモが，すでにチベットのサキャ地方におられるというのである。

この事実を，ゴサマ（kośamabhi 蜂閃彌）地方の智者，デイバマデイ（Paṅḍita de va ma ti 班智達提婆瑪迪）という修行者が各方面に宣伝し，門楣の言葉の中のサキャ「薩迦」はチベットのサキャを指していると取った。ソナムツェモが生まれたときは，両足が金剛跏趺で坐っている形をしていた。生まれると同時に，２回繰り返して，「我已超出児童們的行径」（bdag ni byis oaḥi spyod pa las ḥdas paḥo，私はすでに子供の世界を超えている）と言ったという。ソナムツェモは，３歳で文殊菩薩・喜金剛・ダラハ（度母）を親見したといい，『勝楽根本』（bDe mchog rtsa rgyud），『集論』（Kun las btus pa）などの経典を解釈することができた。16歳までチベット密教の四続部と経呪を修学し，やがて金剛大阿闍梨（rdo rje slob dpon chen po）を達成した。後に南チベット（前蔵）に趣き，チャバ・チョジセンゲ（Phya ba chos kyi seṅ ge 恰芭却吉僧格）阿闍梨の許で『般若経』（Phar chen），『因明』（tshad ma）などの顕教（mTshan ñid）を学んだ。18歳でサキャ寺の法座になり，その後，「講・弁・論・著」（ḥchad rtsod rtsom）という説法の方法で，仏陀の教えを伝え広げた。28歳で『道果法』を説法していたとき，同時に３種の身相を現したという。その時，彼の実弟であるタクパゲルツェン（Grags pa rgyal mtshan 扎巴堅賛，称幢）は文殊菩薩を見，ジョセラジャッドル（Jo sras lcags rdor 覚色甲多）大日如来（sNaṅ ba mthaḥ yas）を見，他の大勢の人は観世音菩薩を見たといわれる。

ソナムツェモは『入法論』（Chos la ḥjug pai sgo）などの多数の書を著した。彼は全部の教法をタクパゲルツェンに伝授したが，『蒙古仏教源流』によれば，ソナムツェモが44歳のとき，説法しながら，法座（chos gsuṅ ḥphro la chos khri yi steṅ nas bde ba can du gśegs so）から阿弥陀仏の極楽浄土に往生したと説かれている[13]。

４．サキャ派の第三祖タクパゲルツェン

サキャ派の第三祖であるタクパゲルツェン（扎巴堅賛，称幢 Grags pa rgyal mtshan 1147—1216）は，８歳でジャンスムダワゲルツェン（Byaṅ sems zla ba rgyal mtshan 絳森達瓦堅賛，菩薩月幢）という阿闍梨から居士戒

(Tshaṅs spyod dge bsñen gyi sdom pa) を受けた[14]。タクパゲルツェンは一生涯肉類を口にせず，酒を飲まなかったという。修行に努め，10歳のとき，『律儀二十頌』(sDom pa ñi śu ba) および『蓮花修行法』(sGrub thabs mtsho skyes) などを授けられた。11歳のときには夢で三蔵（三続経典）を見，醒めて諸法の実相を頓悟し，経典の内容すべてを理解したという。そして，ソウジ阿闍梨が著した『海生』(mTsho skyes)『喜金剛』を説法したが，これを聞いた人々は皆驚き，経典の要点をよく理解したという。12歳のとき，父のサキャ・クンガーニンポから『勝楽金剛』『時論金剛』『大威徳金剛』『鈴杵金剛』『那若空行』などの密教の教えを学んだ。13歳でサキャ寺の法座になり，自由自在に顕教と密教を説示し，大勢の賢者たちから賞賛された。諸方の上師（阿闍梨）を尋ねて，「顕密経論」および呪語を学び，勝れた智者になった。文殊菩薩を親見し，七生前のことを回想することができたという。56歳とき，亡くなった父サキャ・クンガーニンポが，タクパゲルツェンのために智慧の身を現して，『道果論』の内容を詳しく説明し，そして父サキャ・クンガーニンポは来世は極楽世界に往生し，北方の金色刹土で転輪王になり，名前はユンテンタヤエ (Yo tan mthaḥ yas 功徳無辺) といい，殊勝成就に到達するといった。

昔インドで，ある修行者が大威徳金剛について修行したという。修行者は，大威徳金剛の「キェーリム」(brked rim 生起次第)[15]に達しただけで，大威徳金剛の「ツァクリム」(tshogs rim 円満次第) には達することができなかった。修行者が亡くなった後，魔神に生まれ変わってチベットに来至した。誰もこの魔神を降伏させることができなかった。しかし，タクパゲルツェンが駆逐手印 (bskrad pai dmigs pa) を結ぶと，そのインドの魔神は中国の地方に逃れ去ったといわれる[16]。

タクパゲルツェンが61歳のとき，極楽世界から何度も使節が派遣され彼を迎えにきたが，チベットの衆生を利益する法を完成していないので，極楽世界には行かなかったという。70歳のとき，タクパゲルツェンがサキャ・パンディタと一緒にいたとき，2人は共に極楽世界を見た。タクパゲルツェンはサキャ・パンディタに向かって言った。

kho bo re shig bde ba can du ḥgro, der rgyun mi riṅ ba shog bsdad nas deḥi rjes gser mdog can du ḥkhor bsgyur gyi cha byad kyis shiṅ skyoṅ bar byed, de nas skye ba gsum pa de la lus ma spaṅs par phyag rgya chen po mchog gi dṅos grub thob tu re ba yin gsuṅs te bde ba can du gśegs so.[17]。

私はやがて極楽世界に行く。そちらにしばらく留まって，その後，北方世界のシャンバラ国（byaṅ śam bha la 香抜拉）に行き，転輪王の衣装を着てシャンバラ国を護る。話し終わってしばらくして，タクパゲルツェンは極楽浄土に往生した。

と記述されている。

チベット仏教では，香抜拉国は理想の国であり，優れた種族が住む世界であると考えられている。南贍部洲を五つに分けた，その一番北の国が香抜拉国であるとされる。それから三代の間「不舎肉身」の成就を目指して修行し，大手印（phyag rgya chen po）を体得したといわれる。

タクパゲルツェンが心を許した最高の弟子，いわゆる心伝弟子はサキャ・パンディタであり，チベット仏教でいう「文殊三化身（ḥJam dbyaṅs rnam gsum）」[18]の１人である。サキャ・パンディタのほかに，優れた弟子が８名いた。その中で，『帳厳経』（Gur rgyan）という『本続経典』を学んだ弟子が４名おり，戒律を体得した弟子が４名いた。タクパゲルツェンには多くの弟子がいたといわれる[19]。

５．結　語

チベットのサキャ派は11世紀の中頃，コン・コンチョゲルポに始まる。コン・ゴンチョジャルブは，チベットで初めてインド僧から授戒した七名（七覚士）の一人であった。コン・コンチョゲルポが40歳（1073年）のときに，サキャ寺を建立した。サキャ派の創始者ではあるが，サキャ五祖には数えられていない。それ以後「道果法」を受け入れた仏教の流れが，チベットではサキャ派と呼ばれる。

サキャ派の五祖の中でサキャ・クンガーニンボ，ソナムツェモ，タクパゲルツェンは，相継いでサキャ派の主座を勤めたが，彼らは正式な出家者ではなかった。サキャ・クンガーニンポとソナムツェモの二人は，授戒を受けたことがなかった。タクパゲルツェンは居士戒を受けたが，正式な仏教の僧侶とはいえないので，「白衣三祖」と称された。コン・コンチョゲルポの時期はサキャ派創建の時期であったが，その後50年から60年を経て，サキャ・クンガーニンポ，ソナムツェモ，タクパゲルツェンンの三人が生きた時期は，サキャ派が大いに発展していた時期であった。

注

（1） 陳慶英『元朝帝師八思巴』（中国蔵学出版社，1992年）14～17頁。また山口瑞鳳『チベット』（東洋叢書４，1988年，下）71～72頁参照。

サキャ派，カギュ派の多くと同じ氏族教団であるが，成立はやや古く，政治的のみならず教学史の上でも重要な役割を果たした。派の名は，吐蕃王国時代からの名家コン氏の末裔コンチョクゲルポ（1034―1102）が，中央チベットのツァン地方サキャに，1073年にタントラ道場を建てたのに由来している。「サ」は土を，「キャ」は灰白色をいう。代々親子が相続したので，別にいうニンマ派と相続形態は同じになるが，それは本家のみのことで，後述する新サキャ派ではカダム派的な派と師資相継ぐかたちになり，後には活仏も登場した。

サキャ派は元来，古いタントラ仏教の修道をする在家教団であって，マルパにサンスクリット語を教えたドクミ訳経僧（993―1074）とも接触して，彼から新しい傾向のタントラ仏教を取り入れ，開祖の子サチェン・クンガ・ニンポ（1092―1158）のときから後段に説明するような「道果説」を唱え，『呼金剛タントラ』を最も重視した。

（2） 張怡蓀主編『蔵漢大辞典』下巻（Kraṅ dbyi sun, *Bod rgya tshig mdsod chen mo*）中国民族出版社，1986年，2385～2386頁。

シワンツォ（Shi ba ḥtsho 喜瓦措，サンスクリット語で Śantarakṣita 静命）古インドのバングラデシュ出身であり，８世紀中頃，チベットのチソンデツェン王（Khri sroṅ lde btsan 赤松徳賛 742―797）の要請によってチベットに来た。サムイェ寺（bSam yas gtsug lag khaṅ 桑耶永固天成大寺という。略称サムイェ寺）を建て，チベットの７人の出家志望者に試問を行った。初めてサンガ制度を作った。律学と中観を教えた。パドァサンバヴァ（Padmasambhaba 蓮花生大師，８世紀のインドの出身）・チソンデツェン王・シワンツァ大師３人を，チベット吐蕃王朝時代の「師君三尊」といった。シワンツァはその中の軌範師である。

（3） 図官洛桑却吉尼瑪著，劉立千訳注『土観宗派源流――講述一切宗派源流和教義善説晶鏡史――』（中国西蔵民族出版社，中国語，1984年）96頁。

（4） 図官洛桑却吉尼瑪『宗教源流史』（Thuḥu bkban blo bzaṅ chos kyi ñi ma, *Thuḥu bkban grub mthaṅ*）中国甘粛民族出版社，チベット語，1984年）177頁。また劉立千『蔵伝仏教各派教義及密宗漫談』（中国民族出版社，1997年）96頁によれば，相当する箇所は次の通りである。

今乃密乗衰頽之時，以後若仍依蔵地旧密修学，則不可能得到很典範的成就了。我們有的法要，又埋蔵在伏蔵之中。我已年邁，你年尚幼，現莫古隆有卓彌・釈迦耶協大訳師，此人学識十分淵博，你可應到他那里去学習新訳密呪法。

（5） 劉立千『蔵伝仏教各派教義及密宗漫談』（中国民族出版社，1997年）71～81頁。

サキャ派の基本的な教義はほとんど『道果法』（Lam ḥbras）に含まれている。道果とは，如何なる道によって何れの果位を獲得するかについて，修行段階を論じたものである。または『道果法門』『甚深親口語教宝』と呼んでいる。これはインドの大成就者ヴィルーパの著した『喜金剛続』を底本として『道果金剛偈句』『続経解略義』と『道果教言』などの著作によって確立し，この修行法をサキャ派が継承した。また，この修行法の起源は，吉祥怙主龍樹菩薩（Nāgārjuna）の弟子シャカシニン（Śākya bśes gnen 釈迦善友）は熾燃主（ḥbar bi gtso bo）に伝え，熾燃主はヴィルーパに伝え，ヴィルーパは卓毘黒魯迦（ḍo mbhi he ru ka）に伝え，卓毘黒魯迦は無敵月（Mi thub zla baまたは，般若因陀羅流支 Pra dsnā aindra ru tsi）に伝えた。インドの大成就者ヴィルーパ（毘魯哇巴，上座吉祥護法，チベット語でGnas brtan dpal ldan chos skyoṅ）が，チベットのサキャ寺に来たのは，『道果法』を伝えるためである。すべて伝えた経典は十三種続部要門であり，別に十四種の寺院の中だけ伝えた，いわゆる「金法」の密教の修行法を教えた。または立川武蔵「―トゥカン『一切宗義』サキャ派の章―」（『西蔵仏教宗義研究』東洋文庫，1974年）参照。

（6） 図官洛桑却吉尼瑪著，劉立千訳注『土観宗派源流――講述一切宗派源流和教義善説晶鏡史――』（中国西蔵民族出版社，中国語，1984年）71頁。

バリロツァーワ（Ba ri lo tshā ba 八日訳師 1040―1111）はカギュ派ミラレーバと同時代の人であり，若いときにインドで遊学した。顕教に精通し，サキャ・クンガーニンポの師匠であった。サキャ・クンガーニンポが幼いときには，サキャ寺の住職（座主）を担任したことがある。

（7） 久明柔白多杰『蒙古仏教源流』（ḥJigs med rig paḥi rdo rje, *Hor gyi chos hbyuṅ*）中国青海民族出版社，チベット語，1993年），85頁。

（8） 久明柔白多杰『蒙古仏教源流』（ḥJigs med rig paḥi rdo rje, *Hor gyi chos hbyuṅ*）中国青海民族出版社，チベット語，1993年，86頁。また固始噶居巴洛桑沢培著，陳慶英・烏力吉訳著『蒙古仏教史』37頁によれば，相当する箇所は次の通りである。

你是一個有根器的人，現在我已年老，活不了多久，你要学経呪，就尽快前來。

（9） 劉立千『蔵伝仏教各派教義及密宗漫談』出版社不詳，71頁。

インドの大成就者ヴィルーパ（毘魯哇巴，上座吉祥護法，チベット語でGnas brtan dpal ldan chos skyoṅ）は，王族の出身であり，インドのナーランダ寺（śri nā len dra 那蘭陀）で出家し，後に同寺の住持となったことがあった。また，チベットのサキャ寺に来至したのは，『道果法』を伝えるためである。伝えた経典は全体で十三種続部要門であり，別に十四種の寺院の中だけに伝えられたいわゆる「金法」の密教の修行法を教えたと考える。

（10） 図官洛桑却吉尼瑪『宗教源流史』（Thuḥu bkban blo bzaṅ chos kyi ñi ma, *Thuḥu bkban grub mthaṅ*）中国甘粛民族出版社，チベット語，1984年，178頁。

（11） 久明柔白多杰『蒙古仏教源流』（ḥJigs med rig paḥi rdo rje, *Hor gyi chos hbyuṅ*）中国青海民族出版社，チベット語，1993年，87頁。また『蒙古仏教史』37頁によれば，相当する箇所は次の通りである。

対密宗的金剛阿闍梨産生邪見是十分錯誤的。

（12） 久明柔白多杰『蒙古仏教源流』（ḥJigs med rig paḥi rdo rje, *Hor gyi chos hbyuṅ*）中国青海民族出版社，チベット語，1993年，88頁。また『蒙古仏教史』38頁によれば，相当する箇所は次の通りである。

文殊菩薩的化身金剛乘的大自在者阿闍梨索南孜摩已在薩迦出生。

（13） 久明柔白多杰『蒙古仏教源流』（ḥJigs med rig paḥi rdo rje, *Hor gyi chos hbyuṅ*）中国青海民族出版社，チベット語，1993年，89頁。また『蒙古仏教史』38頁では，ただ説法しながら示寂したと記述している。

（14） 固始噶居巴洛桑沢培著，陳慶英・烏力吉訳著『蒙古仏教史』（中国天津古籍出版社，1991年）38頁。

（15） 田中公明『チベット密教』（春秋社，1993年）。

「生起次第」（brked rim キューリム，utpattikrama）は，チベット密教を特徴づける無上瑜伽タントラの実践階梯，二次第の第一である。生起次第は，これまでのインド密教で徐々に形成されてきたマンダラの生起（生成過程の観想法）が発展したもので，日本密教の本尊瑜伽や曼荼羅の観想法とも共通する点が多いと思われる。チベットの密教では，現生で成仏するためには，「究竟次第」の実修が不可欠と考えられていた。これに対して生起次第（rdZogs rim，utpattikrama nispannakrama）の意義を認め，その実修の必要性を説かれたのがツォンカパである。生起次第の修行方法は，タントラにより，宗派や法脈により，また指導に当たる阿闍梨によっても，かなりの相違が認められる。生起次第を修行するかツォンカパは，まず何のために生起次第を修行するか，という問題を設定し，それは「四生習気」（skye gnas rnam bshi ḥ bag chags 凡常の慢）を退治するためであると考える。われわれは日常生活において，さまざまの世間的事物が実在すると考えている。ここうした私たちが日常経験している世界は，「凡常の現れ」であり，これらを五蘊・四大十二処などの概念に整理し，それぞれを仏・仏母・菩薩の顕現として学ぶのが生起次第の特徴である。地水火風からなる物質世界は仏・菩薩の集会する曼荼羅の楼閣であり，六道に輪廻する衆生は曼荼羅を構成する聖衆に他ならないと観想することで，日常的な世界観を打ち破り，それに執着する四生習気を退治するのが，生起次第の目的とされている。

そして「殊勝な（マンダラの）ヴィジョンにより，意識の上に出現する「凡常の現れ」を排除する能力が得られれば，それによって目的を達することができる。実際には成仏していなくても，仏菩薩になったと真実の自信が生じるだけで，四生習気」を退治したあという。目的を達することができる。

「究竟次第」（tShogs rim）は，チベット密教を特徴づける無上瑜伽タントラの実践階梯，二次第の第二である。究竟次第は無上瑜伽タントラ独自の修行体系であり，仏教の一般通念では理解できない点が多い。

(16)　久明柔白多杰『蒙古仏教源流』（ḥigs med rig paḥ rdo rje, *Hor gyi chos hbyuṅ*）中国青海民族出版社，チベット語，1993年，91頁。

(17)　久明柔白多杰『蒙古仏教源流』（ḥigs med rig paḥ rdo rje, *Hor gyi chos hbyuṅ*）中国青海民族出版社，チベット語，1993年，89頁。また『蒙古仏教史』39頁によれば，相当する箇所は次の通りである。

> 我快要到極楽世界去了，在那里停留一段，然後到香抜拉，着轉輪王的服装護持彼方，此後的三生中有可能獲得不舍肉身証得大手印成就。

(18)　図官洛桑却吉尼瑪『宗教源流史』（Thuḥu bkban blo bzaṅ chos kyi ñi ma, *Thuḥu bkban grub mthaṅ*）中国甘粛民族出版社，チベット語，1984年，180頁。また張怡蓀主編『蔵漢大辞典』中巻（Kraṅ dbyi sun, *Bod rgya tshig mdsod chen mo*）中国民族出版社，1986年，1846頁によれば，チベット仏教の３名の仏教大師を，文殊菩薩の化身であると称している。(ａ)は，サキャ派の第四祖サキャ・パンディタ（Sa skya Paṇḍita 薩迦班智達 1182—1251）である。(ｂ)は，ニンマ派の一祖師クンチェン ロンヂンラッジャパ（Kun mkhen kloṅ chen rab ḥbyams pa 隆欽饒絳直墨兀色 1308—1363，証悟広大）であり，彼が『隆欽七蔵』『精義四支』『三安息』『三自解脱』など，仏教に関する書籍を200点以上著した。(ｃ)は，ゲルク派（黄帽派）の開祖であるツォンカパ（Tsoṅ kha pa blo bzaṅ grags pa 宗喀巴・洛桑札巴 1357—1419，善慧称の意味）である。ツォンカパの著した『菩提道次第広論』と『密宗道次第広論』は世界的に有名であり，ダライ・

ラマとパンチェン・ラマが二大弟子である。

(19) 図官洛桑却吉尼瑪『宗教源流史』(Thuḥu bkban blo bzaṅ chos kyi ñi ma, *Thuḥu bkban grub mthaṅ*) 中国甘粛民族出版社，チベット語，1984年，180頁。

あとがきに代えて

1993年10月、私は日本の優れた仏教研究の方法論を探求するために来日しました。

それまでの12年間は、中国北京市にあるモンゴル仏教の大寺院雍和宮で、モンゴル仏教・チベット仏教・中国仏教などを学び、その間、中国藏語系高級佛学院（チベット仏教大学）を卒業後、雍和宮で後継者を育成するために教師として勤め、同時に住持の通訳などもしてきました。雍和宮は、北京で最大の仏教寺院であるため、参拝や観光のために訪れる人が、一日平均３千人を超えます。訪れる人の中でも特に日本人や米国人が目立ったことから、私はどうしても日本語か英語かのどちらか一つを身に付けたいと考えました。そして、縁あって台湾大学の葉阿月教授の推薦を受け、横浜善光寺の留学僧育英会（黒田武志理事長）のお世話になり、愛知学院大学大学院に聴講生として留学することとなりました。

最初は、同大学の下宿・グリーンハウスに３か月間住みました。しかし折角、日本に留学したからには、日本の寺院に住みながら研究と修行をしたいと考えました。先輩の釈智観師（韓国）に相談して、名古屋市の相生山徳林寺にお世話になることになりました。こうして同寺で本格的に坐禅をし、お経を読誦する修行などをはじめました。住職の高岡秀暢師は、私のために『インド仏教史』を大きく拡大コピーして教えて下さいました。同寺の信者・伊藤美智子様が、私に日常の日本語を教えて下さいました。こうして寺院での修学および大学での研究の両方に励みました。

1994年10月に愛知学院大学大学院文学研究科修士課程に合格し、前田惠學教授の許で研究。「中国・日本・チベットとモンゴルの阿弥陀仏信仰の比較研究」と題する修士論文によって、修士号を取得しました。その２年間、甚目寺観音の岡部快晃師（故）のご紹介で、国際ロータリー米山記念奨学会の奨学生になり、大須ロータリークラブのお世話になりました。大須観音の岡部快圓貫主は私のカウンセラーになって頂き、その後も同貫主から色々な面でお世話になっております。前田教授のご紹介で、殆ど毎年のように西川不二子様から多額の奨学金をいただいてきました。台湾の林江富美先生には大学院入学以前から長年に物心にわたる援助をいただき、また駒澤女子大学前学長・東隆眞先生には、日本に留学して以来、様々な面でお世話になりました。東先生のご推薦で、東京にある成願寺の「小笹会」の奨学金を頂きました。とりわけ、事務局長の田中達実先生はわざわざ名古屋に面接に来てくださいました。

後期博士課程では、引き続いて前田惠學教授のご指導の許で、主にモンゴル仏教について研究をしました。日本留学でもっともやりたかった研究は、日本語でモンゴル仏教について論文を纏めて、日本に記念として残すことでした。モンゴル仏教を紹介するために、宗教と仏教関係のいろいろな学会で研究発表をしました。勿論、前田教授の許で、モンゴル仏教以外の、原始仏教や現代仏教の存在形態やパーリ語なども勉強しました。その他、大学院の担当教授について専門的知識を身に付け、中でも、大野栄人教授の「摩訶止観」、竹内道雄教授の「道元禅師」などについても勉強しました。講義のレポートや学会での学術論文の日本語はたまたま愛知学院大学で研究しておられた伊藤光壽先生が、丁寧に見て下さいました。同先生には、生活の面でも色々とご相談したり、お世話になったりしました。前田教授のご推薦で大学から、後期博士課程の学費を全額減免されたお蔭で、研究を順調に進めることができました。生活面では、川口高風教授の慧光院に住むことになり、無償で受け入れて下さいましたので、落ち着いて研究することができました。

さて、後期博士課程の短い在学年限のことを考えて、無我夢中でモンゴル仏教の論文を纏めました。前田教授にお目通しをお願いした時は、すでに相当の分量になっていました。論文としては、なお未熟で、欠点の多いものでした。学位論文として完成するには、やはり専門の教授のご指導を仰がなければなりませんでした。前田教授は、まず学内で中国に詳しい長谷部幽蹊教授に論文を指導して頂くようお願いされました。同教授は、学位論文としての可能性を見出され、さらに東京外国語大学のモンゴル史の大家・二木博史教授に点検を依頼されました。同教授の点検は真に親切で、ありがたい励ましになりました。この頃、長谷部教授のお世話で、学内で中国語に詳しい勝股高志教授にも点検して頂きました。前田教授は学内で、さらにインド・チベットに造詣の深い立川武蔵教授の点検を受けるよう指示されました。同教授のご指摘は誠に厳しいものでしたが、本論文の完成にはこの上なく力強いものでありました。学内の仏教学研究としては森祖道教授のご指導を受けることもできました。学会発表の原稿も前田教授はじめ、森教授、立川教授が懇切丁寧にご指導下さいました。

学位論文を執筆中、資料収集やモンゴル仏教に関する情報収集は、北京雍和宮の住持の嘉木楊図布丹法師、副住持の胡雪峰法師、達木曲嘉魯讃師、李立祥先生、チベット仏教大学の丹迴冉納班雑活仏、曹自強副学長、承徳市普寧寺の格々塔日吉徳活仏、布額桑氏、中央民族大学の賀希格陶克陶教授・散普拉諾日布（故）教授・烏力吉教授・楚論教授・蔡風林教授、遼寧省教育庁民族處の郭岩副處長、遼寧省教育学院の佟立助教授、中国仏教協会教務部主任の妙華法師などのご理解とご協力を得ました。論文作成のためのパソコンに関しては、友人の菅原桂介氏にたいへん面倒をおかけしました。

こうして学位論文の審査に当っては、主査前田教授、副査長谷部教授・森教授・立川教授のお世話になりました。2001年7月、論文「モンゴル仏教の成立過程とその文化」によって博士（文学）の学位を取得。さらに翌年１月に至り、前田教授はじめ、チベット仏教大学の丹迴冉納班雑活仏と曹自強副学長、中央民族大学の烏力吉教授などのご推薦とご尽力により、計らずも中国社会科学院世界宗教研究所に帰国博士として採用されました。

今、私はようやく研究の入口に立った段階にあると思います。これは、ひとえに恩師の諸先生をはじめ、先輩や知友各位のご指導・ご鞭撻の賜物であると確信しております。愛知学院大学では上記先生方のほかに、鎌田茂雄・赤池憲昭・鈴木哲雄・中祖一誠・水野明・田邊和子・引田弘道・林淳・河村孝道の諸教授のご指導を得ました。また同大学関係の友人にもたいへん恵まれました。ゼミで席を同じくし、お世話になった各位に心から感謝を申し上げます。在学中は、文学同窓会の奨学金と文部省自費留学生学習奨励金を頂いたこともありました。

同朋大学の中村薫教授には、日本に留学して以来、色々な便宜を図って頂いてきました。前田教授のご推薦で、中村薫教授との共同研究の形で、日本学術振興会外国人特別研究員に採用され、同教授と「日本とモンゴル仏教における浄土思想の比較研究」と題として共同研究ができたことも、私にとって学問の一層の進展を図るよい機会となりました。2002年10月に、中村教授のお蔭で、卓新平所長を始めとする９名の「中国社会科学院訪日文化交流団」の訪日を実現することができ、講演会や交流会を行なうことができました。また、先生のご尽力で、中国内モンゴル出身の留学生を同朋大学に受け入れてもらうことができました。このようなご縁があって、私は同大学仏教文化研究所の客員研究員・客員所員となって、日本で研究を続ける場を得ることができました。同研究所所長の小島惠昭教授・玉井威教授・畝部俊英教授・槻木瑞生教授、さらに室長の渡辺信和教授や同研究所の服部佐久子様らから色々お世話を頂いております。

私は来日以来、寺院関係で多くの方々にお世話になり、お寺で講演をさせていただきました。その中には、愛知県仏教会前会長の岩田文有師にも色々とお世話になりました。愛知県仏教会の想念寺（渡辺観立住職）からは、毎年お米をはじめ色々な面で援助して頂きました。副住職の渡辺観永師のご協力で、３回、中国北京・内モンゴルに現地調査を行なって、日本印度学仏教学会やパーリ学仏教文化学会で発表することができました。更に師の協力で、モンゴル仏教の活仏２人が来日し、仏教会や大学などで記念講演会や交流会などを実施することができました。また同師のご尽力で、愛知県仏教会の主催で、43人の仏教会員と壇信徒とが、岩田文有会長を団長として北京雍和宮・チベット仏教大学・内モンゴル自治区の首府にある仏教寺院を訪問し、さらに承徳市普寧寺でモンゴル仏教僧と日本仏教僧との共同法要を開催することができました。これは、モンゴル仏教と日本仏教とにとって歴史上初めてのことでした。また民間との友好交流を行なってきました。弘法屋社長・片岡正明、清水孝行、川崎嘉子、谷口義勝、谷口妙子、田中澄子、森依子さんなどをはじめ多くの方々のご厚情を頂きました。

私が日本に留学して以来、多くの日本の方々をはじめ、多くの国の方々のお蔭で有意義な研究生活を送ることができ、10年が経ちました。私の学位論文「モンゴル仏教の成立過程とその文化」をこの度、『モンゴル仏教の研究』と題して出版することができましたのも、皆様のご理解と物心にわたるご支援の賜物です。特に出版にあたっては、長谷部教授は「刊行の辞」を書いて下さいました。さらに法蔵館社長・西村七兵衛氏、同編集長・上別府茂氏、担当の田中夕子氏のほか、編集者・池田顕雄氏に厄介になりました。心から感謝申し上げます。

最後に、私事で恐縮ですが、結婚して以来、妻・張英の協力があって今日を迎えることができました。義父・張白銀倉と義母・姜玉花は、長男・呉藏朝、二男・呉慧銘、三男呉京峰の３人の子供を長年にわたって世話してくれました。日本で研究生活を続けることができましたのは、家族の支えのお陰です。学位論文を執筆中、2000年７月には実母･霊月が、同年９月には実父･白銀道宝があい前後して他界しました。痛恨の極みでした。故郷佛寺村にとどまって、長年両親を介護してくれた実弟・呉宝龍に対しては、感謝の言葉もありません。

2004年２月19日

名古屋市内・慧光院にて

嘉木揚凱朝　識

モンゴル仏教地域概念図

備考：召は、チベット語で寺の意味
菩薩頂は、文殊菩薩の道場の五台山にあるモンゴル仏教寺院

モンゴル仏教歴史年表

838年　（開成３年）　ランダルマ（gLaṅ dar ma 朗達瑪 836—842）殺害。
1034年　（景祐１年）　コン・コンチョクゲルポ（ḥKhon dkon mchog rgyal po 款 官却杰布 1034—1102，宝王）誕生。
1040年　（慶暦１年）　ミラレーパ（Mi la ras pa 米拉熱巴 1040—1123）誕生。
1092年　（元祐７年）　サキャ・クンガーニンポ（Sa skya Kundgaḥ sñing po 薩迦 袞嘎凝波 1092—1158）誕生。
1142年　（紹興12年）　タクパゲルツェン（Grags pa rgyal mtshan 扎巴堅贇，称幢 1147—1216）誕生。
1162年　（南宋紹興32年）　チンギス・ハーン（Chingis Han 成吉思汗 1162—1227）誕生。
1182年　（淳熙９年）　サキャ・パンディタ（Sa skya Paṇḍita 薩迦班智達 1182—1251）誕生。
1189年　（淳熙16年）　耶律楚材（1189—1244）誕生。
1201年　（嘉泰１年）　バリローツァーワ（Ba ri lo tshā ba 八日訳師 1040—1111）インドからチベットに招請。
1206年　（開禧２年）　チンギス・ハーン即位，モンゴル帝国創建。
〃　（開禧２年）　ゴダン・ハーン（Gudan Han 闊瑞汗 1206—1251）誕生。
1207年　（開禧３年）　チベットの首長，チンギス・ハーンに帰順。
1214年　（嘉定７年）　チョジオドセル（Chos kyi od zer 却吉畏賽 1214—1292,法光）誕生。
1218年　（嘉定11年）　チンギス・ハーンは耶律楚材生と会う。
1222年　（元光１年）　チンギス・ハーンは長春真人と会う。
1229年　（紹定２年）　元太宗オゴデイ・ハーン（Ogodei Han 窩闊台汗 1229—1241）誕生。
1235年　（端平２年）　パクパ（ḥPhags pa blo gros rgyal mtshan 八思巴・洛追堅讃 1235—1280）誕生。
1239年　（嘉熙３年）　チャクナドルジェ（Phyag na rdo rje 茶那道爾吉 1239—1267）誕生。
1244年　（淳祐４年）　ゴダン・ハーン，ダルハンの太子ドルタノボ（多達那波 rDo rta nor bo）に親書を与えて使節とし，チベットに派遣。
1247年　（淳祐７年）　サキャ・パンディタ，65歳で来蒙。ゴダン・ハーンと会談。世にいう「涼州会談」。
1251年　（淳祐11年）　サキャ・パンディタ，モンゴル文字を創出。
1252年　（淳祐12年）　カシミールから那摩が来蒙，国師に就任。
1253年　（寶祐１年）　パクパからの灌頂伝授の礼品として，フビライ・ハーン，チベットの13万戸（Khri skor bcu gsum）を奉献。中国の人間を河に埋める犠牲・人柱の制度廃止。

1254年 （寶祐２年） フビライ・ハーン，パクパに「優礼僧人詔書」贈呈。

1255年 （寶祐３年） チベット仏教カルマ派第二祖カルマ・バクシ（Karma bagsi 嘎瑪拔希 1204—1283）モンゴルに招請。モンケ・ハーン，カルマ・バクシに金の縁取の黒色僧帽とモンゴル語で先生を意味する「バクシ」という聖号を贈呈。活仏の制度開端。

1257年 （寶祐５年） パクパ（23歳），文殊菩薩の道場五台山巡礼。

1258年 （寶祐６年） 仏教徒と道教道士が，開平府の宮殿で『老子化胡経』の真偽を対論。

1260年 （蒙古中統元年） 元世祖フビライ・ハーン即位。パクパ国師号と「玉印」を受く。

〃 （中統元年） 上都（開平府，現在の内モンゴル正藍旗五一牧場）に，167の仏教寺院が存在。

1267年 （至元４年） フビライ・ハーンの命，「蒙古新字」の創出開始。

1269年 （至元６年） 世祖フビライ・ハーン，全土に「蒙古新字」使用を命令。

1270年 （至元７年） フビライ・ハーン，パクパに帝師・大宝法王の尊号を贈呈。「皇天之下，一人之上宣文輔治大聖至徳普覚真智佑国如意大宝法王西天佛子大元帝師」の尊号を贈呈。チベットの13万戸を統領。

1271年 （至元８年） 大都（北京）に護国仁王寺建立。釈迦牟尼仏舎利を迎請。

1272年 （至元９年） 大聖壽万安寺建立。

1274年 （至元11年） 大護国仁王寺と昭応宮を建立。

1276年 （至元13年） パクパ，北京からチベットのサキャ寺（薩迦寺）に帰り，薩迦法王となる。「政教合一」の発端。

1277年 （至元14年） チンゲム皇太子（世祖フビライ・ハーンの長男，rGyal bu chiṅ gem 皇太子真金），パクパの施主。パクパを阿闍梨とし，７万人の僧侶，数千人の講経・説法ゲシェー（dge baḥi bśes gñen 格西，kalyāṇamitra，善知識）総数10万人を集めて大法要を挙行。７万人の僧侶各々に黄金一銭を布施。

1280年 （至元17年） パクパ示寂。

1290年頃（至元27年） チョジオドセル（1214—1292），モンゴルに招請。サキャ・パンディタ（1182—1251）が創ったモンゴル文字の上に，多くの文字を加え，モンゴル語で仏典翻訳。

1297年 （大徳元年） モンゴル帝国元朝大徳年間チベット語『大蔵経』『カンジュール』（dKaḥ ḥgyur 甘珠爾），『タンジュール』（bsTan ḥgyur 丹珠爾）をモンゴル語に翻訳開始。

1307年 （大徳11年） 元武宗ハイサンフルク・ハーン（Haḥi san Külüg 海山庫魯克 1307—1311年在位），五カ所に訳経院を建立。チベット大蔵経『カンジュール』（bKaḥ ḥgyur 甘珠爾），『タンジュール』（bsTan ḥgyur 丹珠爾）のモンゴル語訳の作業を行った。

1331年　（至順２年）　元文宗ジヤガトゥ・ハーン（Jiyayatu 扎牙篤 1329―1332年在位），チベットに使節を派遣。カルマカギュ派第三代活仏ランジュンドルジェ（Raṅ byuṅ rdo rje 攘迴多吉 1284―1339）をモンゴル帝国大都（北京）に招請。

1333年　（元統元年）　元順帝トゴンテムル・ハーン（Togon temür Han 妥懽帖睦爾 1333―1368年在位），活仏ランジュンドルジェに「圓通佛法性空噶瑪巴」の封号と国師玉印を贈呈。

1357年　（至正17年）　チベット仏教ゲルク派創立者ツォンカパ・ロポサンタクパ（tSoṅ kha pa blo po bzaṅ grags pa 宗喀巴 1357―1419，善慧称）誕生。

1368年　（明洪武元年）　モンゴル帝国最後の皇帝・元順帝トゴンテムル・ハーン（Togon temür Han 妥懽帖睦爾 1333―1368年在位，1370年死亡）大都を逃れる。モンゴル帝国元朝終結。

〃　（明洪武元年）　中国明朝明太祖朱元璋，南京でモンゴル帝国の元朝を倒し，明朝を建立。

1409年　（永楽７年）　チベット暦正月１日～15日，ゲルク派の開祖ツォンカパ，ラサ大昭寺に釈迦牟尼仏神変伏魔を記念し，大願祈禱法会を始める。

1414年　（永楽12年）　ジャンジャ・ホトクト十世，明朝成祖に招請さる。ツォンカパ大師の使節として北京訪問。

1415年　（永楽13年）　ジャンジャ・ホトクト十世，大国師に封ぜられ金印を受く。

1577年　（万暦５年）　第２回翻訳作業開始。チベット語『カンジュール』モンゴル語訳。

1578年　（万暦６年）　アルタン・ハーン，ダライ・ラマ三世ソナムギャムツォ（bSod nams rgya mtsho 索南嘉措 1543―1588，福徳海）と，青海省青海湖周辺の仰華寺で会見。ソナムギャムツォに「聖識一切瓦齐爾達頼喇嘛」の尊号贈呈。

1585年　（万暦13年）　外モンゴルのエルデニジョー（Erdeni Juu 額爾徳尼召）創立。ゲルク派のモンゴル伝来，定着，教線拡大。

1588年　（万暦18年）　ダライ・ラマ三世，明の萬暦帝から北京へ招請。灌頂大国師の称号を受く。

1589年　（万暦19年）　ダライ・ラマ四世ユンテンギャムツォ（Yon tan rgya mtsho 雲丹嘉措 1589―1616，功徳海）誕生。アルタン・ハーンの曾孫に転生。モンゴルにゲルク派弘通。

1608年　（万暦36年）　ターラナータ（Tāranātha 多羅那它 1575―1634）『印度仏教史』刊行。

1615年　（万暦43年）　北チベット後蔵にダクダン・プンツォクリン寺（Dal ldan phun tshogs gliṅ 達丹彭錯林寺）建立。モンゴルのトシエト・ハン・アバタイ・ハーン（Abad Han 阿巴岱汗 1534—1586）招請によりターラナータ来蒙。

1616年 （万暦44年）（チベット暦火龍年）3月，万暦皇帝，ダライ・ラマ四世ユンテンギャムツォに「金剛持仏」称号を贈呈。

1629年 （清崇禎2年） 第3回の翻訳刻印作業，チャハルのレクデン・ハーン，チベット語『カンジュール』全巻をモンゴル語訳，金字刻印。

1635年 （天聡9年） ジェブツンダンバ・ホトクト一世（1635—1723）誕生。

1642年 （崇徳7年） 第十四世ガクワンロブサンチョルダン（1642—1715）誕生。

1645年 （順治2年） モンゴルのグーシ・ハーン（Gusi Han 固始汗 1582—1654），チベット全土を征服。ゲルク派代表者，グシ・ハーンに協力。ロサンチョジゲルツェン・ラマ（bLo bzaṅ chos kyi rgyal mtshan 羅桑却吉堅讃 1567—1662）に，「班禅博克多」（Pan chen bodda）の聖号贈呈。パンチェン・ラマ四世に認定。

1647年 （順治4年） ジェブツンダンバ・ホトクト一世，ダライ・ラマ五世ガワンロサンギャムツォ（Ṅag dbaṅ blo bzaṅ rgya mtsho 阿曜 羅桑加措 1617—1682）から「哲布尊丹巴呼図克図」の称号を受く。

1651年 （順治8年） ジェブツンダンバ・ホトクト一世，ダライ・ラマ五世とパンチェン・ラマ四世の勧めを受けて，チベットから多くの僧侶と技術者を招聘，モンゴルに寺院を多数建立。チベットのラサのデイブン寺（哲蚌寺）を模倣，ハルハに七仏教学院設立。

1652年 （順治9年） ダライ・ラマ五世，北京到着。西黄寺（現代のチベット仏教大学）を建立。パンチェン・ラマを加え清朝と密接な交渉。

1653年 （順治10年） ダライ・ラマ五世，清朝から「西天大善自在佛所領天下釈教普通瓦赤喇怛喇達頼喇嘛」の称号を受く。

1654年 （順治11年） グーシ・ハーンの没後，二人の王子が即位。後にチベット王国二分。兄タシ・バートルがココノール（青海省）領，チベットは弟ダヤンの所領。

1655年 （順治12年） ジェブツンダンバ・ホトクト一世の尽力で，外モンゴルのハルハ部諸ハーン，中国清朝と正式交流。

1680年 （康熙19年） 清朝，ダライ・ラマ五世のモンゴル人に対する権威を無視する態度明確化。

1683年 （康熙22年） 第4回翻訳刻印作業開始。モンゴル語『カンジュール』を校訂。108巻に分類，編纂，木刻印刷。完成は1720年。

1691年 （康熙30年） 内モンゴルで行った会議「多倫諾爾会盟」で，康熙皇帝，ジェブツンダンバ・ホトクト一世に「大喇嘛」の称号贈呈。

1693年 （康熙32年） 清朝政府，ジェブツンダンバ・ホトクト一世に，「大喇嘛」の聖号贈呈。活仏，外モンゴル仏教の代表者として承認。

1697年 （康熙36年） 内モンゴルの多倫諾爾（七湖の意）に彙宗寺を創建。チベット仏教のゲルク派の教え，内外モンゴルに流布。

1705年　(康熙44年)　康熙皇帝，ジャンジャ・ホトクト十四世に「灌頂普善廣慈大国師・呼図克図」の称号「八十八両八銭八分之金印」を贈呈。ジャンジャ・ホトクト十四世，内モンゴル仏教最大の活仏となる。

1711年　(康熙50年)　外モンゴルに庫倫寺（東寺）建立。

1713年　(康熙52年)　康熙皇帝，パンチェン・ラマ五世（1663—1737）に「班禅額爾徳尼」の聖号，「敕封班禅額爾徳尼之印」の金冊，金印を贈呈。

1723年　(雍正元年)　雍正皇帝，ジェブツンダンバ・ホトクト一世に「啓法哲布尊丹巴達喇嘛」の称号，「金冊金印」贈呈。ジェブツンダンバ·ホトクト一世，北京黄寺（現代のチベット仏教大学）を大規模拡充。ダライ・ラマ，パンチェン・ラマとゲルク派「三大法座」となる。モンゴル仏教におけるジェブツンダンバ・ホトクトの「転生系統」，清朝の冊封によって確立。

1731年　(雍正９年)　雍正皇帝，ジャンジャ・ホトクト十五世（1716—1786）のため，内モンゴルドローンノールに善因寺建立。通称ロルビドルジェ（Rol paḥi rdo rje 羅頼畢多爾吉)。

1735年　(雍正13年)　ジャンジャ・ホトクト十五世，清朝皇帝から「灌頂普善大国師」を受く。

1736年　(乾隆元年)　ジャンジャ・ホトクト十五世，高宗乾隆皇帝より北京のモンゴル仏教寺院管理の「札薩克達喇嘛」印を受く。

1738年　(乾隆３年)　乾隆皇帝，ジェブツンダンバ・ホトクト二世ロブサン・ダンジン・ツゥーミ（Blo bzaṅ bstan ḥdsin mthu mi 羅布桑丹彬多密）を正式認定。

1741年　(乾隆６年)　ジャンジャ・ホトクト十五世，チベット語『大蔵経』のモンゴル語訳のため，『智慧之源』(*Dag yig mkhas paḥi ḥbyuṅ gnas*) を刊行。

1743年　(乾隆８年)　ジャンジャ・ホトクト十五世，金龍の黄傘使用の権限と「振興黄教大慈大国師」の印を受く。

1744年　(乾隆９年)　チベット暦の木鼠年，乾隆皇帝の命を受け，雍和宮をモンゴル仏教寺院と改称。

1746年　(乾隆11年)　チベット暦の火虎年，雍和宮でモンランムチェンモ（sMon lam chen mo 黙朗欽摩)大願祈禱法会を挙行。乾隆皇帝来臨。ジャンジャ・ホトクト十五世とジェプツンダンバ・ホトクト二世が対論会を主催。

1749年　(乾隆14年)　第５回翻訳刻印作業。モンゴル語『カンジュール』108函，『タンジュール』225函。

1755年　(乾隆20年)　普寧寺金剛駆魔神舞の踊り開始。

1763年　(乾隆23年)　ジェブツンダンバ・ホトクト三世（1758—1773）イシー・ダンバニマ（Ye śes dam pa ñi ma 伊什丹巴尼瑪）が，承徳で乾隆皇帝と会見。

1790年　(乾隆55年)　ジェブツンダンバ・ホトクト四世（1775—1813）ロブサントゥブダンワンチュク（Blo bzaṅ thub bstan dbaṅ phyug 羅卜蔵図巴旺楚克),

外モンゴルの庫倫寺で，チベット仏教の医学，密教の真言学の陀羅尼，天文占星学等の研究学科を設立。

1791年 （乾隆56年） ジェブツンダンバ・ホトクト四世，承徳で乾隆皇帝と会見。

1819年 （嘉慶24年） ジャンジャ・ホトクト十六世ジャンジャ・エシダンビゲルツェン（Zang skya Ye śse bstan paḥi rgyal mtshan 章嘉 伊希丹畢堅讃 1787—1846），北京のモンゴル仏教寺院管理の「札薩克達喇嘛」印贈呈。

1828年 （道光８年） ジャンジャ・ホトクト十六世，「大国師印」を受く。

1834年 （道光14年） ジャンジャ・ホトクト十六世，金製の「大国師印」を受く。

1904年 （光緒30年） ジャンジャ・ホトクト十九世チョイン・エシドルジェ（Chos dbyiṅs Ye śes rdo rje 霻迎什錫道爾済 1891—1978），光緒皇帝から「灌頂普善広慈大国師」の聖号と勅書を受く。

1911年 （宣統３年） ジェブツンダンバ・ホトクト八世ジェブソンガクワンチョジニマダンジンワンチュク（rJe btsun ṅag dbaṅ chos kyi ñi ma bstan ḥdsin dbaṅ phyug 哲布尊阿旺曲済尼瑪丹彬旺曲克，聖尊語王法太陽持教自在 1874—1924），12月29日にモンゴル国王に即位。年号「共載」。

1912年 （中華民国元年） 国民党大統領，ジャンジャ・ホトクト十九世に「宏済光明大国師」の聖号を加封。

1916年 （中華民国５年） １月19日，国民党大統領よりジャンジャ・ホトクト十九世に「昭因闡化灌頂普善広慈宏済光明大国師」と「大総統府高等顧問」の聖号を加封。

1919年 （中華民国８年） 国民政府が南京に建都。南京に「蒙蔵委員会」を設立。ジャンジャ・ホトクト十九世を委員長に任命。

1921年 （中華民国10年） ７月11日，活仏ジェブツンダンバ・ホトクト八世を国王に革命政府樹立。

1924年 （中華民国13年） 活仏ジェブツンダンバ・ホトクト八世活仏示寂。

1929年 （中華民国18年） ジャンジャ・ホトクト十九世，北京に「大国師章嘉呼図克図駐京辦事處」を設立。

1930年 （中華民国19年）「喇嘛事務所」と改名。

1931年 （中華民国20年） 九一八事変（満州事変）勃発。

1932年 ４月７日，洛陽の広寒宮で「国難会議」開催，ジャンジャ・ホトクト十九世，名誉主席に選出。モンゴル語で講演。

1934年 （中華民国23年） ジャンジャ・ホトクト十九世，蒙旗宣化使として国民党を宣伝。モンゴル語と中国語で「民衆書」「喇嘛書」「青年書」「王公書」を作成。孫文総理の遺書の中のモンゴルに関する部分を抜粋し携えてモンゴルに赴任。

1936年 （中華民国25年） 満州国蒙政部の調査。内モンゴル662の寺院，２万8,985名の僧侶を確認。

1949年 （中華人民共和国１年） ジャンジャ・ホトクト十九世，国民党の将介石と共に台湾に移住。

1949年　中国の解放時点，内モンゴル1,366の寺院，６万名の僧侶。

1954年　世界仏教徒連合会，ビルマの首都ラングーンで，第３回会議開催。「世界仏陀日」（Buddhajayanti）を決議。

1961年　普寧寺を「中国全国重点文物保護単位」に指定。

1966年　中国の文化大革命の影響で，雍和宮の法会と修行生活禁止。中国全土で宗教信仰禁止。

1978年　第11期第３回中央委員会全体会議（中共十一届三中全会）において全国の宗教政策を発表。

1981年　雍和宮で法会，仏教活動を再開。

1987年　旧暦１月23日，雍和宮の大願祈禱法会再開。

〃　中国の宗教政策発表，普寧寺に承徳市仏教協会を結成。

〃　パンチェン・ラマ十世の唱導により，中国蔵語系高級佛学院（チベット仏教大学）創設。

1990年　趙樸初会長の唱導。中国仏教各寺院で，旧暦４月15日，釈尊の誕生･成道･涅槃の記念日祝典日と決定。

1991年　ソ連邦崩壊。いくつかの共和国が成立。

1992年　モンゴル人民共和国はモンゴル国と改称。モンゴル国は，資本主義化に傾斜，宗教信仰の自由回復。

1994年　普寧寺，国連の「ユネスコ世界文化遺産」に登録。

1998年　中国蔵語系高級仏学院の丹迥・冉納班雑活仏，承徳市普寧寺名誉住職，内モンゴル赤峰市梵宗寺寺主五世活仏，モンゴル仏教の活仏２名が訪日。

参考文献

《日本語》
（1） 有高巌「元代の僧侶と社会」（『斎藤先生古稀記念論集』）
（2） 『阿弥陀院悔過料資財帳』（大日本古文書）
（3） 赤松智城·秋葉隆『満蒙の民族と宗教』（アジア学叢書1，大空社，1996年）
（4） 東隆眞『日本文化研究』（駒沢女子大学，平成11年）
（5） 東隆眞『仏陀から道元への道』（国書刊行会，2000年）
（6） 石川喜三郎『西蔵蒙古秘密嘛喇教大観』（森江書店，大正6年）
（7） 稲葉正就・佐藤長共訳『フゥラン・テプテル―チベット年代記―』（法藏館，昭和39年）
（8） 岩井大慧「元初の帝室と禅宗との関係」（『東洋学報』11～4）
（9） エー・ヒシクトクトホ著，井上治訳「元代の仏僧チョイジオドセル（搠思吉斡節児の経歴再考）」（『内陸アジア史研究』10号，1995年3月）
（10） 井上光貞『日本浄土教成立史の研究』（山川出版社，1975年）
（11） 飯田利行『大モンゴル禅人宰相耶律楚材』（柏美術出版社，1994年）
（12） 岩村忍『元朝秘史　チンギス=ハン実録』（中公新書18，昭和38年）
（13） 梅原猛『歎異抄』入門（PHP文庫，1996年）
（14） 植村清二「元朝秘史小記」（『東方學』第十輯，昭和30年）
（15） 岡田英弘「蒙古資料に見える初期の蒙蔵関係」（『東方學』第二十三輯，昭和37年）
（16） 小沢重男『元朝秘史』（岩波書店，1994年）
（17） 大野栄人『天台止観成立史の研究』（法藏館，平成6年）
（18） 大野栄人「仏教における生死観」（『現代社会における―生と死―』愛知県仏教会　東海印度学仏教学会，平成9年）
（19） 愛宕松男・寺田隆信『モンゴルと大明帝国』（講談社，1998年）
（20） 金岡秀郎『モンゴルは面白い』（耕文社，1993年）
（21） 川勝義雄『中国人の歴史意識』（平凡社，1993年）
（22） 小林高四郎『ジンギスカン』（岩波新書，1960年）
（23） 香川孝雄『浄土教の成立史的研究』（山喜房，1993年）
（24） 窪徳忠『モンゴル朝の道教と仏教』（平河出版社，1992年）
（25） 佐藤哲英『叡山浄土教の研究』（百華苑，昭和54年）
（26） 佐藤長「第三代ダライ·ラマとアルタンハンの会見について」（『東洋史研究』第42巻，昭和58年）
（27） 「釈老伝」（『元史』202巻）
（28） 真宗総合研究所『研究所紀要』（第6号，大谷大学，1988年）
（29） D·スネルグローヴ／H·リチャードソン著，奥山直司訳『チベット文化史』

（春秋社，1989年）
(30) 立川武蔵編『曼荼羅と輪廻――その思想と美術』（佼成出版社，平成５年）
(31) 立川武蔵「―トゥカン『一切宗義』サキャ派の章―」（『西蔵仏教宗義研究』東洋文庫，1974年）
(32) 立川武蔵『チベット密教』（春秋社，1999年）
(33) 田中公明『チベット密教』（春秋社，1993年）
(34) 鈴木大拙『浄土系思想論』（法藏館，昭和53年）
(35) 寺本婉雅「蔵漢和三体合璧『仏説無量壽経』『仏説阿弥陀経』」（丙午出版社，昭和３年）
(36) 戸田義雄『宗教の世界』（大明堂，昭和50年）
(37) 中村元『東洋人の思惟方法』（第二部，みすず書房，1949年）
(38) 中村元『仏教語大辞典』（東京書籍，平成６年）
(39) 長尾雅人『蒙古学問寺』（中公文庫，1992年）
(40) 『日本仏教宗派のすべて』（大法輪選書，昭和56年）
(41) NHK放送世論調査所編『日本人の宗教意識』（日本放送出版協会，昭和59年）
(42) 二木博史・今泉博・岡田和行訳『モンゴル史』１，（モンゴル科学アカデミー歴史研究所，監修田中克彦，恒文社，1988年）
(43) 二木博史「ザナバザル研究国際会議について」（『日本モンゴル学会紀要』第26号，1995年）
(44) 二木博史「メルゲン=ゲゲーン作のツァガーン=ウブグン献香経について」（『日本モンゴル学会紀要』第28号，1997年）
(45) 西川一三『秘境西域八年の潜行』上巻（芙蓉書房，1977年）
(46) 野上俊静『中国浄土三祖伝』（文栄堂書店，昭和45年）
(47) 長谷部幽蹊「慶壽簡禅師とその周辺」（『印度学仏教学研究』17～１）
(48) 長谷部幽蹊「三峰派の隆替」（『一般教育研究』第32巻，第３号，愛知学院大学論叢，1985年）
(49) 長谷部幽蹊『明清佛教教團史研究』（同朋舍，1993年）
(50) 橋本光寶『蒙古の喇嘛教』（仏教公論社，昭和17年）
(51) 羽田野伯猷『チベット・インド学集成』，四巻（法藏館，昭和61年）
(52) 岸本英夫『世界の宗教』（大明堂，昭和40年）
(53) 仏陀跋陀羅訳『文殊師利発願経』（『大正蔵』10頁）
(54) 『仏事葬儀の常識と問題』（大法輪選書19，昭和57年）
(55) 不空訳『普賢行願讃』（『大正蔵』10頁）
(56) 星野元豊『親鸞と浄土』（三一書房，1984年）
(57) 前田惠學『仏教要説―インドと中国―』（山喜房佛書林，昭和43年）
(58) 前田惠學『釈尊』（山喜房佛書林，昭和47年）
(59) 前田惠學編『現代スリランカの上座仏教』（山喜房佛書林，昭和61年）
(60) 武内義雄『老子と荘子』（角川書店，昭和53年）

(61) 望月信亨『浄土教の起原及発達』(山喜房佛書林，昭和47年)
(62) 望月信亨『中国浄土教理史』(法藏館，昭和53年)
(63) 森博達『日本書記の謎を解く』(中公新書，1999年)
(64) 『モンゴル秘宝展——チンギス・ハーンと草原の記憶』(日本経済新聞社，1996年)
(65) 矢吹慶輝『阿弥陀佛の研究』(明治書院，明治44年)
(66) 山口瑞鳳・定方晟訳『チベットの文化』(R. A. スタン著，岩波書店，昭和46年)
(67) 山口瑞鳳「活仏について」(玉城康四郎博士還歴記念論集『佛の研究』，春秋社，昭和52年)
(68) 山口瑞鳳『チベット』(東洋叢書4下，1988年)
吉田順一・賀希格陶克陶訳注『アルタン=ハーン』(*Altan Qagan u Tuguǰi*)(風間書房，平成10年)
(69) ラマオレナイダル『心の本質について』(KDOL，チベット仏教センター)

《中国語》

(1) 阿旺貢索南著，陳慶英・高禾福・周潤年訳『薩迦世係史』(中国西藏人民出版社，1989年)
(2) 北京仏教協会編輯『北京仏教』(中国民族摂影芸術出版社，1990年)
(3) 〔波斯〕拉施特主編，余大鈞訳『史集』(中国商務印書館，1983年)
(4) 「重修真定府大龍興寺功徳記」(清朝道光二十二年沈涛『常山貞石志』巻15)
(5) 陳慶英『元朝帝師八思巴』(中国蔵学出版社，1992年)
(6) 陳乃雄『蒙古学漢文古籍書目提要』(中国内蒙古大学出版社，1998年)
(7) 陳慶英訳・達倉宗巴班覚桑布著『漢蔵史集』(中国西蔵人民出版社，1999年)
(8) 蔡美彪「八思巴字蒙文碑石訳存」(『蒙古学信息』1996年，第3期，総第64期)
(9) 段啓明・戴晨京・何虎生『中国仏寺道観』(中国中共中央党校出版社，1993年)
(10) 丹迴冉納班雑・李徳成『名刹双黄寺——清代達頼和班禅在京駐錫地』(中国宗教文化出版社，1997年)
(11) 徳勒格編著『内蒙古喇嘛教史』(中国内蒙古人民出版社，1998年)
(12) 丹珠昂奔『仏教與蔵族文学』(中国中央民族学院出版社，1988年)
(13) 額爾登泰等著『蒙古秘史』(中国内蒙古人民出版社，詞匯選訳，1980年)
(14) 鄂嫩吉雅泰『歴代蒙古族名人』(中国遼寧民族出版社，1997年)
(15) 『阜新蒙古族自治県概況』編寫組編寫『阜新蒙古族自治県概況』(中国遼寧民族出版社，1985年)
(16) 法王周加巷『至尊宗喀巴大師傳』(中国青海人民出版社，1988年)
(17) 都固爾扎布・巴図吉嘎拉合訳〔法〕布魯丁〔俄〕伊万寧著『大統帥成吉思汗兵略』(中国内蒙古人民出版社，1989年)
(18) 樊保良『蒙蔵関係史研究』(中国青海人民出版社，1992年)

(19) 固始噶居巴洛桑沢培著，陳慶英・烏力吉訳著『蒙古仏教史』（中国天津古籍出版社，1990年）
(20) H・賛巴拉蘇栄・白永壽訳「蒙古人的蔵語名」（『蒙古学資料與情報』，1988年，第3期）
(21) 海西希「関於蒙古人的“送鬼”儀式」（『蒙古学資料與情報』聯邦徳国〕，1989年第2期）
(22) 賀希格陶克陶「『甘珠爾蒙訳史略』」（『内蒙古社会科学』，内蒙古社会科学院雑誌社，1991年，第3期）
(23) 黄春和「元初那摩国師生平事遺考」（『法音』，中国仏教協会1994年，第9期）
(24) 黄念祖『大乗無量壽経白話解』（中国上海仏教学書局，1994年）
(25) 黄念祖『浄土資糧』（北京広化寺，1995年）
(26) 弘学『蔵伝仏教』（中国四川人民出版社，1996年）
(27) 浄慧主編『法音』（中国仏教協会編，1990年第7期）
(28) 金梁編纂『雍和宮志略』（『西蔵漢文文献叢書』第三輯之二，中国蔵学出版社，1994年）
(29) 『浄土五経』（全一冊，台湾仏教出版社）
(30) 劉立千訳注「講述一切宗派源流和教義善説晶鏡史」（図官洛桑却吉尼瑪『土観宗派源流』中国西蔵民族出版社，1984年）
(31) 蓮池『阿弥陀経疏鈔』（中国仏教経典叢刊，1994年，『浄土宗大典』第四冊）
(32) 劉立千『蔵伝仏教各派教義及密宗漫談』（中国民族出版社，1997年）
(33) 蓮華生著，徐進夫訳『西蔵度亡経』（中国宗教文化出版社，1995年）
(34) 拉施特主編，余大鈞訳『史集』（中国商務印書館，1983年）
(35) 李立祥「雍和宮的仏教節慶」（『中国南海雑誌』第141期）
(36) 李立祥「年近百歳樂善好施雍和宮」―記北京雍和宮老喇嘛烏達木卻―（『中国南海雑誌』第147期）
(37) 妙舟『蒙蔵仏教史』（中国全国図書館文献縮微復制中心出版，1993年）
(38) 「蒙古『甘珠爾』経総目録（續）」（『蒙古学信息』1993年，総第53期）
(39) 「蒙古『甘珠爾』経総目録（續）」（『蒙古学信息』1993年，総第53期）
(40) 「『蒙古黄金史』」（『蒙古学信息』1994年第1期，総第57期）
(41) 若松寛著，馬大正編訳『清代蒙古的歴史与宗教』（黒龍江教育出版社，1994年）
(42) 馬文学・呉金宝編著，海風奇訳『蒙古貞風俗』（中国遼寧民族出版社，1996年）
(43) 納楚克道爾吉「仏教伝入蒙古的歴史」（『蒙古学資料與情報』，1990年，総第42期）
(44) 乾隆「喇嘛説」（張羽新『清政府与喇嘛教』（中国西蔵人民出版社，1988年）
(45) 却西・曹自強「金瓶掣鑒――釈尊垂示之方便」（『法音』中国仏教協会，1995年，第8八期）
(46) 若松寛「『紅史』著作年次考」（『蒙古学資料與情報』，1989年，第3期）
(47) 冉光栄『中国蔵伝仏教寺院』（中国蔵学出版社，1994年）

(48) 薩襄徹辰著，道潤梯歩訳校『蒙古源流』(内蒙古人民出版社，1980年)
(49) 斯琴畢力格「蒙文『甘珠爾』簡介」(『内蒙古社会科学』，内蒙古社会科学院雑誌社，1991年，第3期)
(50) 索甲仁波切『西蔵生死之書』(中国社会科学出版社，1999年)
(51) T. 斯克雷尼科娃「十七世紀蒙古喇嘛教寺院組織中哲布丹巴呼図克図的作用」(『蒙古学資料與情報』1992年，第2期)
(52) 土登班瑪 趙暁梅編輯『密宗十三経』(中国国際文化出版公司，1993年)
(53) 蘇魯格・那本斯来『簡明内蒙古仏教史』(中国内蒙古文化出版社，1999年)
(54) 達倉宗巴班覚桑布著，陳慶英訳『漢蔵史集』(中国西蔵人民出版社，1999年)
(55) 王雲五主編『元史紀事本末・明史紀事本末』(台湾商務印書館，中華民国57年，1967年，国学基本叢書四百種)
(56) 王占君『東蔵魔影』(中国雲南人民出版社，1983年)
(57) 王輔仁・陳慶英編著『蒙蔵民族関係史略』(中国社会科学出版社，1985年)
(59) 王啓龍『八思巴評伝』(中国民族出版社，1998年)
(60) 無憂子訳・陳健民口述『佛教禅定』(中国宗教文化出版社，1997年)
(61) 魏磊『浄土宗教程』(中国宗教文化出版社，1998年)
(62) 夏蓮居『寶王三昧懺』(中国北京八大処霊光寺，1994年)
(63) 牙含章編著『班禅額爾徳尼伝』(中国西蔵人民出版社，1987年)
(64) [意] 図斉 [西徳] 海西希著『西蔵和蒙古的宗教』(天津古籍出版社，1989年)
Geoffrey Samuel (trans.) : The Religions of Mongolia
By Walther Heissig. Routledge & Kegan Paul, London , 1980.
(65) 雍正「善因寺碑文」(張羽新『清政府与喇嘛教』，中国西蔵人民出版社，1988年)
(66) 雍和宮管理処『雍和宮』(香港亜洲芸術出版社，2000年)
(67) 楊貴明『蔵伝仏教高僧伝略』(中国青海人民出版社，1992年)
(68) 楊時英・楊本芳『外八廟大観』(中国地質出版社，1992年)
(69) 楊曾文『日本仏教史』(中国浙江人民出版社，1995年)
(70) 袁一鋒等編撰『中国宗教名勝事典』(中国上海人民出版社，1996年)
(71) 智貢巴貢去呼丹巴繞布杰『安多政教史』(甘粛人民出版社，1982年)
(72) 周清淑「庫騰汗—蒙蔵関係最初的購通者」(『元史論集』人民出版社，1984年)
(73) 張羽新『清政府与喇嘛教』(中国西蔵人民出版社，1988年)
(74) 中央民族学院蔵学研究所編『蔵学研究』(中国天津古籍出版社，1990年)
(75) 中国仏教文化研究所山西省文物局編『山西仏教彩塑』(中国仏教協会，香港寶蓮禅寺，1991年)
(76) 中国蔵学研究中心・中国第二歴史档案館合編『九世班禅圓寂致祭話十世班禅転世坐床档案選編』(中国蔵学出版社，1991年)
(77) 周恒晶・楊本芳編『米拉査瑪』「普寧寺大型佛教舞蹈劇」(中国河北美術出版社，1992年)

(78) 宗喀巴著,法尊法師中国語訳『菩提道次第広論』(台湾佛陀教育基金會出版部,中華民国80年)
(79) 宗喀巴著，法尊法師中国語訳『密宗道次第広論』
(80) 中国仏教協会編『中国仏教協会成立四十周年記念文集』(中国仏教文化研究所,1993年)
(81) 周煒『活仏転世掲秘』(中国蔵学出版社，1994年)
(82) 中国仏教協会編『中国仏教寺院』(中国世界語出版社，1995年)
(83) 『中国的宗教信仰自由状況』(中華人民共和国国務院新聞弁公室，1997年)
(84) 朱曉明主偏『佛門盛事——第十一世班禅額爾徳尼尋訪認定坐床紀実』(中国蔵学出版社，1996年)
(85) 札奇斯欽『蒙古与西蔵歴史関係之研究』
(86) 張澄基訳注『密勒日巴大師全集』(歌集上，中国上海佛学書局)
(87) 張澄基訳注『密勒日巴大師全集』(〔伝記〕,中国上海佛教学書局出版,1994年)
(88) 『中国大百科全書』(宗教)
(89) 佐藤長「第三世達頼喇嘛和阿拉坦汗会見始末」(『蒙古学資料與情報』1987年,第 4 期)
(90) 中村淳「蒙古時代“道佛争論”的真像——忽必烈統治中国之道」(『蒙古学信息』1996年，第 3 期)

《チベット語》

(1) ༄༅། །མཁས་པའི་དགའ་སྟོན། །དཔའ་བོ་གཙུག་ལག་ཕྲེང་བ

dPaḥ bo gtsug lag phreṅ ba, *Dam pahi chos kyi hkhor lo bsgyur ba rnams kyi byun ba gsal bar byed pa mkhas paḥi dgaḥ ston*（巴俄祖拉陳瓦著『智者喜宴』,中国民族出版社，1986年）

(2) ༄༅། །རྒྱུན་འདོན་བསྟོད་སྨོན་ཕྱོགས་བསྒྲིགས། །

rGyun ḥdon bstod smon phyogs bsgrigs（李舞陽主編「蔵伝仏教礼讃祈願文」『蔵伝仏教文化叢書』，中国民族音像出版社，1997年）

(3) ༄༅། །སྔགས་རིམ་ཆེན་མོ། །རྗེ་ཙོང་ཁ་པ

rJe tsoṅ kha pa, *shags rim chen mo*（宗喀巴著『密宗道次第広論』，中国青海民族出版社，1985年）

(4) ༄༅། །ལྕང་སྐྱ་རོལ་པའི་རྡོ་རྗེ། །ཐུའུ་བཀྭན་བློ་བཟང་ཆོས་ཀྱི་ཉི་མ

Thuḥu bkban blo bzaṅ chos kyi ñi ma, *lCaṅ skya rol baḥi rdo rje*（土観洛桑却吉尼瑪『章嘉若必多吉伝』，チベットの夏瓊寺，木版）

(5) ༄༅། །འཆམ་གྱི་ལོ་རྒྱུས་སྔ་འགྱུར་སྔགས་འཆང་བཤད་པའི་ཟློས་གར། །
འཇམ་དབྱངས་ཐུབ་བསྟན

ḥJam dbyaṅs thub bstan, *hCham gyi lo rgyus sṅa hgyur sṅags hchaṅ bshad paḥi zlos gar shes bya ba bshugs so*（嘉木楊図布丹『金剛駆摩神舞縁起』，北京雍和宮内部資料）

(6) ༄༅། །ཐུའུ་བཀྭན་གྲུབ་མཐའ། ། ཐུའུ་བཀྭན་བློ་བཟང་ཆོས་ཀྱི་ཉི་མ

Thuḥu bkban blo bzaṅ chos kyi ñi ma, *Thuḥu bkban grub mthaṅ*（図官洛桑却吉尼瑪『宗教源流史』，中国甘粛民族出版社，1984年）

(7) ༄༅། །དེབ་ཐེར་དམར་པོ། ། ཚལ་པ་ཀུན་རྡོ་རྗེ

tShal pa kun rdo rje, *Deb ther dmar po*（蔡巴貢噶多吉『紅史』，東嘎洛桑赤列校注，中国西蔵人民出版社，1988年）

(8) ༄༅། །འཕགས་པ་བཟང་པོ་སྤྱོད་པའི་སྨོན་ལམ་གྱི་རྣམ་པར་བཤད་པ་ཀུན་ཏུ་
བཟང་པོའི་དགོངས་པ་གསལ་བྱེད་པའི་རྒྱན། ། ལྕང་སྐྱ་རོལ་པའི་རྡོ་རྗེ

lCaṅ skya Rol paḥi edo rje, *hPhags pa baṅ po spyod pahi smon lam gyi rnam par bśad pa kun tu bzaṅ bohi dgoṅs pa gsal bar byed pahi rgyan shes bya ba bshugs so*（ジャンジャホトクト十五世ロルビドルジェ『聖普賢菩薩行願善説荘厳経』，北京雍和宮内部資料）

(9) ༄༅། །འཕགས་པ་བཟང་པོ་སྤྱོད་པའི་སྨོན་ལམ་གྱི་རྒྱལ་པོ། །

ḥPhags pa bzang po spyod paḥi smon lam gyi rgyal po（「聖普賢菩薩行願王経」，『頌詞彙編』中国青海民族出版社，1989年）

(10) ༄༅། །བོད་ཀྱི་ཞལ་ཐང་མཐོང་བ་དོན་ལྡན

Bod kyi shal thaṅ mthoṅ ba don ldan（『仏教法像真言宝典』，中国民族出版社，1993年）

(11) ༄༅། །བྱང་ཆུབ་ལམ་རིམ་ཆེ་བ། ། རྗེ་ཙོང་ཁ་པ

rJe tsoṅ kha pa, *Byaṅ chub lam rim che ba*（宗喀巴『菩提道次第広論』，中国青海民族出版社，1985年）

(12) ༄༅། །བོད་རྒྱ་ཚིག་མཛོད་ཆེན་མོ། ། ཀྲང་དབྱི་སུན་གཙོ་འགན

Kraṅ dbyi sun, *Bod rgya tshig mdsod chen mo*（張怡蓀主編『蔵漢大辞典』下巻，

中国民族出版社，1986年）

(13) ༄༅། །ས་པཎ་ཀུན་དགའ་རྒྱལ་མཚན་གྱི་གསུང་འབུམ། ། ཆབ་སྤེལ་ཚེ་བརྟན་ཕུན་ཚོགས

Chab spel tshe brtan phun tshogs, *Sa pan kun dgah rgyal mtshan gsuṅ ḥbum*（恰貝次旦平措主編『薩班貢噶堅参全集』, 中国西藏蔵文書古籍出版社, 1992年）

(14) ༄༅། །ས་སྐྱ་ལེགས་བཤད། །ས་སྐྱ་ཀུན་དགའ་རྒྱལ་མཚན

Sa skya kun dgaḥ rgyal mtshan, *Sa skya legs bśad*（薩班貢堅参『薩迦格言』, 中国青海民族出版社，蔵文版，1981年）

(15) ༄༅། །ས་སྐྱའི་གདན་རབས་རིན་ཆེན་བང་མཛོད། ། བསོད་གྲགས་རྒྱལ་མཚན

bSod grags rgyal mtshan, *Sa skyaḥi gdan rabs rin chen baṅ mdsod*（『薩迦世系史』，中国西藏人民出版社，1989年）

(16) ༄༅། །ཧོར་གྱི་ཆོས་འབྱུང་བཞུགས་སོ། ། འཇིགས་མེད་རིག་པའི་རྡོ་རྗེ

ḥJigs med rig paḥi rdo rje, *Hor gyi chos hbyuṅ*（久明柔白多杰『蒙古仏教源流』, 中国青海民族出版社，1993年）

《モンゴル語》

(1) 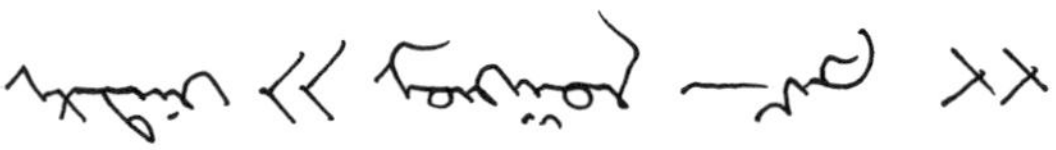

Erdeni, *Monggol cam*（額爾徳尼『蒙古査碼』，中国民族出版社，1997年）

(2) 

Wu yue, *šasin-uo ner-e tomiy-a*（五月編『宗教名詞術語』，中国内蒙古教育出版社，漢蒙対照名詞術語叢書，1996年）

(3) 

U naranbatu, ǰalsan, p-Rasinim-a, Oyunbatu *Monggol buddha yin soyol*（烏那仁巴図『蒙古仏教文化』中国内蒙古文化出版社，1997年）

(4) 

Kesigbatu, *Erten ba edugehi yin erdeni yin tobci*（賀希格巴図『古今宝史綱』，中国内蒙古文化出版社，1997年）

(5) 

Bai jin gang, *Yapun monggol sin-e toli*（白金剛編『新編日蒙詞典』，中国内蒙古文化出版社，1997年）

(6) 

Qugjiku, *Monggol onisug-a yin bürin sang*（胡格吉夫編『蒙古謎語大全』，中国遼寧民族出版社，1993年）

(7) 

Galdan, *Erdeni yin erike*（噶爾丹『宝貝念珠』，ウランバートル蒙文版，1960年）

(8) 

sKal sang qogjilto Batubayar, *Monggol undusuten üo süm-e keid*（嘎拉増呼格吉楽図『昭烏達寺院』，中国内蒙古文化出版社，1994年）

(9) 

Sagang secen, *Erdeni yin tobci*（薩囊徹辰『蒙古源流』，中国内蒙古人民出版社，1980年）

(10) 

Togtongga, *Gayiqamsig jokiragulugci süm-e*（陶克通嘎等編『瑞應寺』，中国内蒙古文化出版社，1984年）

(11) 

Danzan, *Manggol bicig-un teugen sorbolji*（丹森『蒙古文字淵源』，中国内蒙古人民出版社，1999年）

(12) 《ᠳᠤᠮᠳᠠᠳᠤ ᠤᠯᠤᠰ ᠤᠨ ᠡᠷᠲᠡᠨ ᠦ ᠮᠣᠩᠭᠣᠯ ᠨᠣᠮ ᠪᠢᠴᠢᠭ ᠦᠨ ᠶᠡᠷᠦᠩᠬᠡᠢ ᠭᠠᠷᠴᠠᠭ》

Domdadu ulus un erden nu Manggol nom bicig nu yerüngki garcag（中国蒙古文古籍総目編委会編『中国蒙古文古籍総目』，中国北京図書館出版社，1999年）

(13) ᠰᠠᠷᠠᠨ 《ᠳᠤᠮᠳᠠᠳᠤ ᠤᠯᠤᠰ ᠤᠨ ᠮᠣᠩᠭᠣᠯ ᠨᠣᠮ ᠪᠢᠴᠢᠭ ᠦᠨ ᠶᠡᠷᠦᠩᠬᠡᠢ ᠭᠠᠷᠴᠠᠭ》

Saran, *Domdadu ulus un Manggol nom bicig nu yerüngki garcag*（薩仁『中国蒙古文綜録』，中国内蒙古大学出版社，1999年）

(14) ᠵᠠ . ᠬᠡᠰᠢᠭᠲᠣᠭᠲᠠᠬᠤ 《ᠮᠣᠩᠭᠣᠯ ᠤᠨ ᠡᠷᠲᠡᠨ ᠦ ᠤᠳᠬ᠎ᠠ ᠵᠣᠬᠢᠶᠠᠯ ᠤᠨ ᠰᠤᠳᠤᠯᠤᠯ》

Za kesigtogtau, *MongGol-un erten nu udga jokiyal-un sodulul*（賀希格陶克陶『蒙古族古典文学研究』，中国内蒙古文化出版社，1988年）

(15) ᠵᠠ . ᠬᠡᠰᠢᠭᠲᠣᠭᠲᠠᠬᠤ 《ᠭᠠᠨᠵᠤᠤᠷ ᠤᠨ ᠮᠣᠩᠭᠣᠯ ᠣᠷᠴᠢᠭᠤᠯᠭ᠎ᠠ ᠶᠢᠨ ᠲᠡᠦᠬᠡᠨ ᠲᠣᠢᠮ》

Za kesigtogtau, *Ganjur n-un monggol orcigulga-yin teüken toimo*（賀希格陶克陶「甘珠爾蒙訳史略」『内蒙古社会科学』，中国内蒙古社会科学院雑誌社，1991年，第 3 期）

(16) ᠵᠠ . ᠬᠡᠰᠢᠭᠲᠣᠭᠲᠠᠬᠤ 《ᠮᠣᠩᠭᠣᠯ ᠤᠨ ᠡᠷᠲᠡᠨ ᠦ ᠤᠳᠬ᠎ᠠ ᠵᠣᠬᠢᠶᠠᠯ ᠤᠨ ᠰᠢᠨ᠎ᠡ ᠦᠭᠦᠯᠡᠯ》

Za kesigtogtau, *MongGol-un erten nu udga jokiyal-un sine ügülel*（賀希格陶克陶『蒙古族古典文学研究新論』，中国内蒙古文化出版社，1998年）

(17) 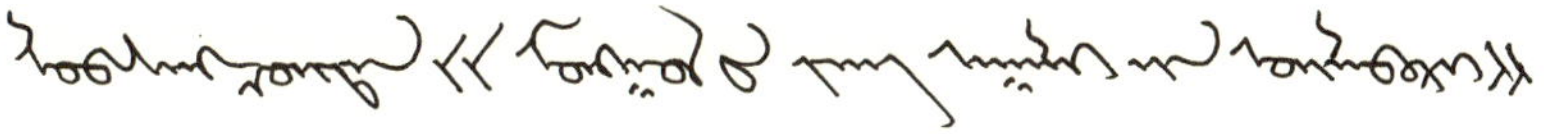

Lo b bzang choyidan, *Monggol -un jang agali-yin oyilaburi*（羅卜桑曲丹『蒙古風俗鑒』，中国内蒙古人民出版社，1981年）

(18) 

Monggol kele tursurqu singggegelte-yin ǰigaqu materinr bicig（包捷編『蒙古語会話録音教材』，中国内蒙古教育出版社，1983年）

(19) 

MongGol-un niguca tobca'ān（蒙古族古典文学叢書編委会『蒙古秘史』，中国内蒙古人民出版，1993年）

(20) 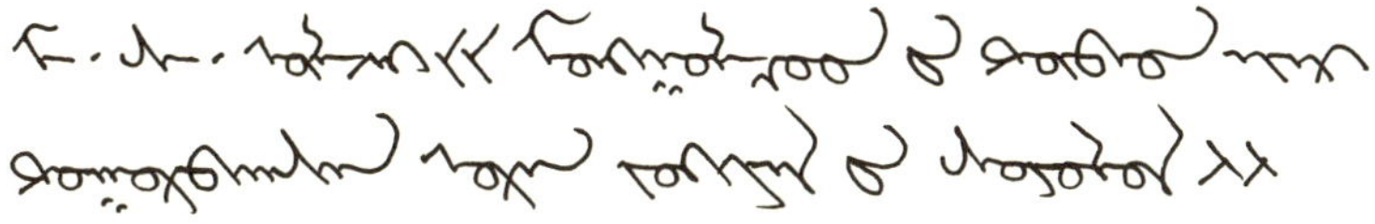

Ma sa olǰei, *Monggolcud-un tŏbed iyer tugurbigsan uran ǰohiyal nun sudulul*（孟斯烏力吉『蒙古族蔵文文学研究』，中国民族出版社，1996年）

(21) 

Janggiya yisidanbirome, *Merged garqu yin orun*（章嘉益喜丹必若美著，嘉木楊図布丹・卓日格図校注『智慧之源』，中国民族出版社，1988年）

(22) 

bSam phel nor bo, *Monggol un jang agali yin toyimu*（散普拉諾日布編著『蒙古風俗』，中国遼寧民族出版社，1990年）

(23) 

Monggol üge sotürgen surqn bicig（塔暁華・包相和編『速成蒙語会話入門』，中国遼寧民族出版社，1993年）

(24) 

Ba Mongke, *Mergen gegen blo bzangbstan baḥi rgyal mtshan*（巴孟和『梅日更葛根羅桑丹畢堅讃研究』，中国内蒙古文化出版社，1995年）

(25) 

bḥPrin las bsam prel, *Monggol ündüsüten-ü qobcasu ǰasal un soyol*（普日莱桑布編著『蒙古族服飾文化』，中国遼寧民族出版社，1997年）

(26) 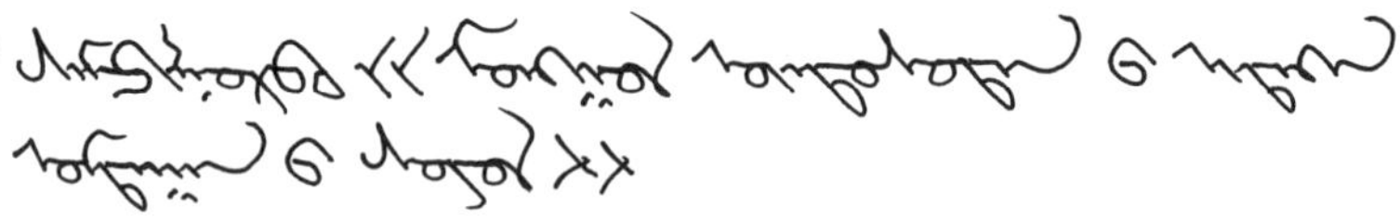

bSam phel norob, *Monggol ündüsüten idegen umdagan-u soyol*（散普拉諾日布編著『蒙古族飲食文化』，中国遼寧民族出版社，1997年）

(27) 

Sodobilig, *Śasin-u toli*（曹都編『宗教詞典』，中国内蒙古教育出版社，1996年）

(28) 

Yondog yondangombu, *Anagahu uhagan-u dorban ündüsü*（玉妥元旦貢布等著，邢鶴林編訳，嘉木楊図布丹・卓日格図校定『四部医典』，中国民族出版社，チベット語，モンゴル語，対照，1991年）

(29) 

Disrid saṅs rgyas rgya mtsho, *Ubadis un ündüsun-arq-a*（第司桑杰嘉措著，邢鶴林編訳『蘭塔布』，中国民族出版社，チベット語，モンゴル語，対照，1992年）

表1　中国承徳外八廟対照表（1998年1月18日～2月18日　調査）

寺名		建造年代		総面積	特徴（模倣原型）
正称	俗称	清朝	西暦	(平方メートル)	
溥仁寺	前寺	康熙52年	1713年	37,600	漢民族寺院にチベット芸術が加味されている
溥善寺（廃寺）	後寺	康熙52年	1713年	11,800	漢民族寺院にチベット芸術が加味されている
普寧寺	大仏寺	乾隆20年	1755年	33,000	チベットの桑耶寺（bsa yas gtsug lag khang）
普佑寺		乾隆25年	1760年	普寧寺に隣接	漢民族寺院とチベット仏像
安遠廟（金頂寺）	伊梨廟方亭子	乾隆29年	1764年	26,000	新疆　伊梨固爾札廟（yi li gu er zha miao）
普樂寺	方亭子	乾隆25年	1760年	24,000	純粋漢民族風寺院
普陀宗乗之廟	ポタラ宮	乾隆32年	1767年	222,000	チベット　ポタラ宮
広安寺（廃寺）	戒台	乾隆37年	1772年	不明	チベット寺院内の戒台（受戒台）
殊像寺		乾隆39年	1774年	23,000	西山省　五台山　殊像寺
羅漢堂（廃寺）		乾隆39年	1774年	12,000	浙江省海寧安国寺
須彌福壽之廟	行宮	乾隆45年	1780年	37,900	チベット　札什倫布寺（bkra sis lhun po）
広縁寺	不明	不明	不明	不明	資料散失

《注》中国の解放以前は，僧侶数948名。現在，普寧寺のみで，80名ほどの僧侶が仏教活動実践。（実際12寺院があった。）

表2　モンゴル仏教の寺院比較（1997年6月～2000年8月　調査）

	フフホト市		瀋陽市	承徳市	北京市	遼寧省
	席力格図召（シレート・ジョー）	大召寺	實勝寺	普寧寺	雍和宮	瑞應寺
成立年	1590年	1579年	1636年	1755年	1694年	1669年
現住職名	ジャムーソー	チャガーンゲゲーン	イエシダンシン	ハーモーア	ジャムヤン・トゥブタン	イシガンガ
現副住職名				ターリージドン	ロフサンサムタン	
僧侶数	20	20	20	40	100	35
長老	9		3		40	17
小僧	11		17		60	18
信者数	毎日500名参拝	毎日500名参拝	毎日200名参拝	毎日2000名参拝	毎日5000名参拝	1000名程度
文革後復興	1980年	1980年	1981年	1983年	1981年	1982年
特色	日本人僧侶橋本師滞在	発願者 アルタン・ハーン	発願者 皇帝の妻（皇后）	皇帝避暑地の寺(召)	清朝皇帝の寺	東のチベット (東蔵)
毎朝の行事時間	朝6時～7時	朝6時～7時	朝7時～8時	朝6時～10時	朝6時～8時	朝5時～7時
毎月の行事	2日・8日・15日・25日	2日・8日・15日・25日	1日・8日・15日・30日	1日・8日・15日・30日	1日・2日・8日・15日・30日	1日・8日・25日
年中行事	1/8～15　大願祈禱会 4/8～15　釈尊会 6/8～15　大蔵経誦会 8/14～16　マニ会（瞑想念仏） 10/25　ツォンカパ涅槃記念日		年中行事は未確定	1/13　大願祈禱会 4/8～15　釈尊会 6/4　初転法輪会 6/15～8/1　安居 7/15　盂蘭盆会 9/22　天降節 10/25　ツォンカパ涅槃記念日	1/24～2/1　大願祈禱会 4/13～16　釈尊会 6/4　初転法輪会 7/15　盂蘭盆会 9/22　天降節 10/25　ツォンカパ涅槃記念日	4/1～15　安居 7/7～15　千供法要 8/4　ゲルグ派供養

《注》モンゴル仏教の法要は，すべて旧暦で行われる。

偈　頌

སངས་རྒྱས་ཐུབ་པ་ལ་ཕྱག་འཚལ། །ཟབ་དང་རྒྱ་ཆེ་ཐར་བའི་ལམ། །
གང་དང་གང་འདུལ་འགྲོ་བའི་དོན། །ཆོས་འཁོར་དང་པོ་རྒྱ་གར་དུ། །

頂禮能仁釋迦佛、深廣無邊解脱道；
対機説法度衆生，初轉法輪於印度。

深く広大無辺の解脱の道を示し、
一切衆生の素質能力に合わせて説法し、
一切衆生を救済する仏教を、
初めてインドの地に開いた釈迦牟尼仏に、
私は頂礼し奉る。

མིང་རྡི་ལོ་བཅུ་གསེར་མི་རྨི། །བང་ཆེན་བཀྱེ་བ་རྒྱ་གར་ལ། །
ལྒོ་ཡོ་རུ་དཀར་དགོན་པ་ལ། །ཆོས་གྲ་སྒྲོལ་གདོད་བསྟན་པ་དར། །

東漢明帝梦金人、始建洛陽白馬寺；
傳譯聖典佛法興、頂禮能仁釋迦尊。

中国永平十年（67年）、
後漢の明帝が夢に金人を見て、
使節をインドに派遣した。
洛陽に白馬寺を建立し、
訳経道場を設けて、
仏の教えは中国に伝来した。

ཐུ་མི་རྒྱ་གར་བོད་ཡིག་བྱས། །པདྨ་འབྱུང་གནས་བསམ་ཡས་བཀོད། །
མདོ་སྔགས་ཟུང་དུ་དར་རྒྱས་པ། །ཙོང་ཁ་ཨ་ཏི་ཤ་ལ་འདུད། །

吐彌赴竺造藏文、蓮華生立桑耶寺；

顯密教法遍興隆、我禮宗喀阿底峡。

チベットのソンサンガンポ王のとき、
大臣ツミサムボラをインドに派し、
サンスクリット語を学び、チベット語を創り、
インドの蓮華生大師をチベットに招請し、
桑耶寺を建立した。
顕教と密教を伝来したバングラデシュのアティーシャと、
チベット仏教のツォンカパ大師に、
私は頂礼し奉る。

ཚངས་པ་ཆོས་རྒྱལ་ཆིང་གི་སེ། །གོ་ཏན་ལང་གྲུའུ་པཎ་ཆེན་འཛལ། །
ཧུ་པི་ལི་དང་འཕགས་པ་ནི། ། རྒྱལ་པོ་བླ་མའི་ཞབས་ལ་འདུད། །

成吉思汗轉輪王、闊端涼州會薩班；

忽必烈與八思巴、皇帝帝師前敬禮。

梵天法王元太祖チンギス・ハーンの孫ゴダン王は、
チベット仏教のサキャ・パディタと、
涼州で会談した。
元世祖フビライ・ハーンと、帝師となったパクパ
これらの皇帝と上師らに、
私は頂礼し奉る。

写 真 資 料

1987年にパンチェン・ラマ十世と前中国仏教教会会長趙樸初とによって創設された，チベット仏教・モンゴル仏教専攻の仏教大学（中国藏語系高級佛学院）

チベット大学にあるパンチェン・ラマ六世の清浄化城塔。漢白玉で建立され，漢白玉塔としては北京で一番高い

三角形の木盤の中に置かれた諸悪魔の依り代トルソル

鹿面神と牛面神の踊り。二神は，閻摩護法の眷属であり，怨魔を追い払うために狂舞しながら，魔場の木盤の上で，悪魔の依り代トルソルを屍体の原形をとどめないほど砕き，余すところなく捨て去る。

モンゴル仏教総本山に相当する雍和宮では，旧暦の正月23日から２月１日の間，大願祈禱法会が行われる。その際，法会に参加する高僧たち。左はチベット仏教大学副学長チョウシ活佛，中は雍和宮持主嘉木楊図布丹法師，右チベット仏教大学教育処処長及び内モンゴル梵宗寺持主丹迴冉納班雑活佛及び僧侶たち

大願祈禱法会に法座として嘉木楊図布丹法師を迎える様子

法輪殿（大本堂）で法座に迎えられた嘉木楊図布丹法師

法会に使う法具

バターで作られた仏像と供養物の花など

法輪殿で大願祈禱法会を行なっているモンゴル仏教の僧侶たち

4人のアサルの踊り

モンゴル仏教総本山・北京雍和宮山門にある碑楼

信仰自由の政策によって1982年４月13～16日，雍和宮で文化大革命後初めて老少僧侶52名（現在100名）が揃って，釈尊の誕生・成道・涅槃の法要を厳修

雍和宮の大雄殿前とその前にある須彌山

モンゴル仏教の夏仲活佛(チベット大学において)

ツォンカパの霊塔

パンチェン・ラマ四世（モンゴル人出身）の霊塔

ダライ・ラマ一世の霊塔

六道輪廻図

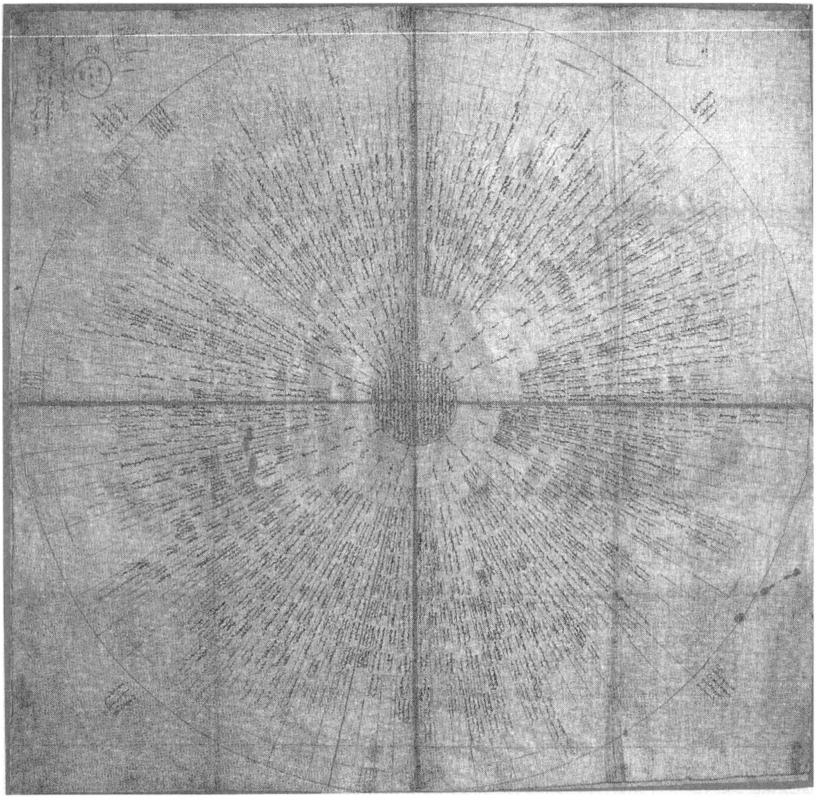

モンゴル国立図書館に現存するチンギス･ハーンの家系図

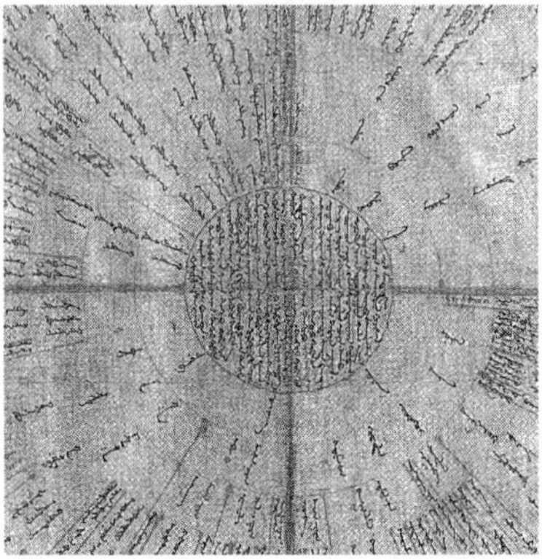

隊列を組んで法器を演奏しながら，踊りの舞台に向かう樂隊の僧侶たち

寶祐三年（1255年）チベット仏教カルマ派第二祖カルマ·バクシをモンゴルに招請し，モンケ·ハーンがカルマ・バクシに贈呈した金の縁取の黒色僧帽と聖号バクシ，活仏の制度開端

モンゴル仏教承徳普寧寺に名誉持主に迎えられる丹迥冉納班雑活佛

チョエゲルの踊り

1988年５月，パンチェン・ラマ十世が，チベット仏教大学において，チベットとモンゴルの活仏に大威徳怖畏金剛十三尊の灌頂を挙行

1955年，春。左から４人目がパンチェン・ラマ十世，５人目が周恩来，６人目が毛沢東

パンチェン・ラマ九世

パンチェン・ラマ十世と毛沢東の会談の挨拶

清朝高宗がパンチェン・ラマ六世に贈った皇帝自身の絵像

清朝の聖祖康熙皇帝が，パンチェン・ラマ五世に贈ったチベット語・満州語・中国語の聖号「班禅額爾徳尼」と「敕封班禅額爾徳尼之印」の金冊，金印。清朝政府が正式にパンチェン・ラマを冊封した始まり

内モンゴル自治区呼和浩特市にある五塔寺（金剛座舎利宝上塔）。1732年に建立され，合計1,563の仏像彫り込まれている

モンゴル語で書かれた大召寺の寺名

大召寺の本堂と境内

五塔寺にサンスクリット語・チベット語・モンゴル語で書かれた経典

大召寺の本堂内の荘厳

モンゴル語と中国語で書かれた「普度慈航」の額

内モンゴル自治区呼和浩特市にある席力図召の本堂

席力図召にある石に彫刻された十二支と図

モンゴル語・満洲語・中国語で書かれた延壽寺（席力図召の別名）の額

席力図召本堂のモンゴル僧と前田惠學先生

席力図召の境内壁に描かれた六道輪廻図

曼荼羅供養

文化大革命後に残された席力図召の建物の一部

内モンゴル自治区呼和浩特市郊外の草原

文化大革命後の1993年，包天虎氏によって建立された，内モンゴル自治区通遼市にある吉祥密乗大樂林寺の長壽塔

吉祥密乗大樂林寺の境内

吉祥密乗大樂林寺の本堂大雄宝殿

吉祥密乗大樂林寺の本堂内の荘厳

吉祥密乘大樂林寺にある四佛塔の一つ

長壽塔の上部

阜新蒙古族自治県佛寺鎮にある瑞應寺に復興された僧舎と小僧

モンゴル式の土葬の墓

遼寧省瀋陽にある實勝寺の山門

實勝寺の若いモンゴル人僧侶たちと嘉木揚凱朝

2002年10月中国社会科学院·チベット仏教大学·北京雍和宮の９名，名古屋大須観音を表敬訪問

1998年４月，モンゴル仏教の活仏２名来日，愛知学院大学を表敬訪問。右から前田惠學先生，小出忠孝学長，丹迴冉納班雑活佛，ゲグン・タリジット活佛，嘉木揚凱朝

韓国において，モンゴル国ガンダン寺の僧侶によって挙行されたモンゴル仏教式の護摩法会

索　引

頁数が多数連続する時は最初の頁のみ採用した。また（　）内の漢字は、モンゴル語やチベット語などの中国語表記を示す。

あ———

阿育王　110
蒼い狼（孛児帖赤那）　393
悪人正機　353, 383
アコン（阿袞）　140
アサル（阿雑拉）　339
阿闍梨　37, 67, 197, 332
阿闍梨の護無畏　197
阿闍梨の金剛鈴　197
阿閦仏（不動仏）　107
アストクサインバンデイ（阿斯多克塞音班第）　247
アストクワジルトンミサンガスバ（阿斯多克瓦斉爾托邁桑斯巴）　247
アティーシャ（阿底峡）　74, 197, 242
阿尼哥　270
アバガテムチョ（阿巴噶徳木楚克）　276
阿婆語（商夏文）　63
アバタイ・ハーン（阿巴岱汗）　199, 276
「阿弥陀仏修行法」　11, 429
阿弥陀仏（無量壽・無量光）　11, 107, 109, 168, 196, 314, 352, 378, 383, 405
阿弥陀仏灌頂　352, 429
『阿弥陀仏呪文』　293
阿弥陀仏信仰　352, 379
アムド（安多）　63, 248
アヤガ・タヒリク（比丘）　1
アユシグシ（阿憂喜固什）　276
阿羅漢迦葉　197
阿羅漢の須菩提　197
アリク・ラマ（阿哩克喇嘛）　248
阿里の三部　19
アリブゲ（阿里不哥）　168
アルタン・オルギー（金の揺籃）　290
アルタンサンジン　247
アルタン・ハーン（阿勒坦汗）　8, 193, 241, 246, 254, 265, 275
『アルタン＝ハーン伝』（阿勒坦汗伝）　3, 12, 18, 391, 412, 421, 451
『安多政教史』　248
安定門　202

い———

イェシソンパ（耶協孜巴）　69
イェスンテムル・ハーン（也孫鉄木児汗）　75
イェセリンチェン（意希仁欽）　108, 131
医学院　9, 225
彙宗寺　215
為人処世　19
イスラム教　7, 69, 254
インド仏教　11
『因明』　11
『因明度論』　18

う———

ウイグル文字　5, 52, 76, 153
有金能如所願　45
「烏思蔵三路軍民万戸」　139
ウジャンリンポチン（烏堅仁波且）　37
内モンゴル赤峰市の博物館　277
ウポーサタ（布薩儀軌）　307
ウームクディ・シトゥゲン（女居士）　1
烏拉特旗　25
ウランバートル　198, 300
ウルギェンパ（鄔堅巴）　171
ウルジィト・ハーン　54
ウルディ・シトゥゲン（男居士）　1
ウンドゥル・ゲゲーン（温都爾格根）　198

え———

衛蔵　45, 47
永保護法　336
『益世格言』　19
驛站（連絡所）　48, 135
「廻向続」　308
エルデニジョー（額爾徳尼召）　201, 244
燕京（北京）　180
延年益壽　173

閻魔王　28
閻摩護法　336

お――

翁牛特旗　324
応供喇嘛　37
『黄金史』　63
王室　45
往生　289, 296, 317, 354, 411
『往生極楽浄土願』　293, 306
オゴデイ・ハーン（窩闊台汗）　12, 76, 174, 449
オジャンリンポチェー（烏堅仁波且）　45
オノン河　393
オボー（祭敖包）　287
オム・ア・フン（嗡啊吽）　45
オム・マ・ニ・パド・メ・フン（嗡嘛呢叭咪吽）　248, 281, 289, 313, 380, 412
オルジェイトウ・ハーン（鉄穆耳汗）　7, 144, 275
オルス　421
オルドス（鄂爾多斯）　243
オンゴド（翁公）　251, 266

か――

海雲寺　180
海雲法師　6, 13, 104, 110, 180
改革者　242
開花現仏　109
『開啓宝庫的鑰匙』　25
開元寺　181, 270
『海生』　12
開平府　181, 269
戒律　88, 242, 312
『戒律行経』　277
可汗　25, 51, 76
覚臥仏像　89
『格言大宝蔵』　22
『学者入門経』　18
角端　396
『ガクリムチム』（『密宗道次第広論』）　242
郭隆寺（佑寧寺、格倫寺）　213, 215
嘉慶　9
『嘉言宝蔵論』　18
加持　123, 191, 330
カシミール（迦湿彌羅）　173
火葬　10, 269, 291
カーダム派　74
カチェパンチェン（釈迦室利跋陀羅）　30, 69, 145
活仏　7, 166, 173, 185, 254, 320
活仏皇帝　208
「活仏転世」　167, 183
羯磨阿闍梨　171
カラコルム（哈拉和林）　168, 296
ガルダ（大鵬金翅鳥）　341
カルダンイェシセンゲ（格丹・耶協僧格）　69
カルマカギュ（嘎瑪噶挙）派　7, 38, 69, 166, 186
カルマ・バクシ（嘎瑪拔希）　7, 69, 116, 166
カルマパ十七世　232
関羽　222
韓国仏教　2
『カンジュール』（甘珠爾）　7, 144, 269, 275
甘粛省　64, 127, 168, 261
灌頂　6, 90, 100, 167, 312
灌頂大国師　254, 451
「灌頂普善廣慈大国師」　222
「灌頂普善廣慈大国師呼図克図」　216, 230
「灌頂普善大国師」　19
観世音菩薩　9, 26, 74, 37, 84, 125, 168, 189, 248, 278, 289, 314, 378, 413, 433
『観世音菩薩呪文』　293, 306
観世音菩薩像　207, 251
ガンダン寺　205, 300
漢伝仏教　309
観音洞（棲賢寺）　137
「灌佛儀式」　312
漢明帝　335
管理人（ベルチ別乞）　46
甘露の法門　342

き――

九十九の神々　287
「キューリム」（生起次第）　12, 61
『帰依・発心儀』　280, 306
帰化城（フフホト市, 呼和浩特市）　244, 256, 265
『祈願如来発大悲心』　18
『喜金剛灌頂』　8, 9, 34, 43, 118, 252, 432
『喜金剛経』　90

『喜金剛壇城』　29
小五明　63
北チベットの北蔵　37, 123, 199, 432
吉祥天母　2
軌範師　7, 96, 171, 328
宮廷寺院　270
宮廷仏教　265
宮殿　58
九一八事変（満州事変）　223
行学一体・報恩感謝　418
『経義嘉言論』　18
教授師　65
教派　24
キリスト教　7, 255
キリスト教徒（也里可温教徒）　168
近圓　67
金王朝　154
金字・銀字の使節　48
金塔　74, 410
金瓶掣籤　192, 220

く――

空行母　28, 434
グシ・ハーン（固始汗）　195, 229, 257, 260
具足戒　67, 171
駆逐手印　12
グブン寺　262, 413
久明柔白多杰　11
グユグ・ハーン（貴由汗）　12, 51, 76
供養　6
供養舞　10, 328, 335
クルゲドルジェ・ハーン（古魯格多爾済汗）　19
クンガオスル訳師　257, 276
クンガゲルツェンパルサンポ　132, 172
クンガゲルポ　276
クンガールクパイーチュネゲルツェンパルサンポ　132
クンガロルゲルツェンパルサンポ　132
グンタン（貢塘）　84, 732
クンダンラェパ（丹熱巴派）　69
クンタンラマ（貢塘喇嘛）　38
クンチンロンヂンラバジャムパ（隆欽饒絳・直墨兀色）　63
グンビリクメルゲンジノン（衮必里克墨爾根）　247

け――

慶安寺　270
敬天愛民　412
ケ・ククバラセ（桂・枯巴拉則）　7
ゲゲ・ハーン（格堅汗）　75
ゲゲーン（覚者）　190
『華厳経』　277, 379
華厳寺　270
ゲシェー（格西善知識）　315
ゲシサンソバ　27
化身　5, 45, 119, 189, 353, 433
ゲスル（沙弥）　1
ゲスルマ（沙弥尼）　1
解脱　88, 123, 341
ゲーテールゲ・モトゥン（揉皮搔木）　49
月光訳師　55
ゲル（蒙古包、家）　200, 293, 392
ゲルク派　8, 195, 241, 257, 311, 333, 363
顕教　75, 194, 242, 355
「顕教性相」　87
顕教殿　225, 303
顕化寺　168
幻化寺　51
乾元寺　270
元好問　107
『元史』　9, 52, 120, 125, 148, 174, 269, 399
『元史・釈老伝』　86, 104
原始仏教　3, 199, 416
玄奘　44
元宵節　334
乾達婆王　36
元朝　9, 104
元朝帝師　130
顕通寺　110
元定宗　34
元寧宗　75
「献沐浴誦」　316
「兼容並包」　104, 110
乾隆　9, 269, 276

こ――

コアイ・マラル　393
ゴイロツァーワ・グガパラセ（枯巴拉則）　432

興安西省（現在の内モンゴル自治区興安盟）　271
興安南省（現在の内モンゴル自治区興安盟）　271
紅衛兵　301
紅衣二祖　125
康熙　55, 201, 276, 382
皇后トレイゲナ（脱列哥那）　76
皇后ハイミシ（海迷失）　76
孔子　125, 406
『紅史』　3, 170
黄寺　263
コウシ活仏　262
高爾基図書館　24
広修供養　359, 365
恒順衆生　362, 372
弘正寺　270
光浄天　6, 430
降神詢問　192
高全寿　301
皇帝　108, 119, 172, 185, 260
黄梅寺　270
香抜拉国　434
黄廟　137
紅面　1, 17, 24
『虚空の如意宝珠』　49, 150
国師　5, 104, 115, 161, 166, 174, 400
「国字」　121
黒色僧帽　7, 166, 186
「国難会議」　223
極楽浄土　11, 13, 352, 423
極楽世界　10, 13, 52, 197, 295, 314, 353, 379, 405, 434
極楽殿　252
国立列寧格勒（レニングラード）　24
ココノール地域　261
古今東西　65
呉三桂　264
居士戒　67, 435
五姉妹　321
怙主　40, 318
『五十上師頌』　90
五色のオルス　22, 27
『御制善因寺碑』　217
五台山　6, 104, 107, 136, 172, 204, 220, 231, 270, 272, 278, 284, 356, 413
五体投地　85, 356
ゴダン・ハーン（闊瑞汗）　28, 39, 43, 48, 51, 58, 174, 246, 449
国家重要文化財　301
五当召　301
五仏冠　191
五部仏　107, 168
護法神　317, 328
五明　29
『語門摂要』　18
庫倫　198, 204
庫倫寺（東寺）　201
金剛界　107
金剛駆魔神舞　10, 302, 316, 328, 341
金剛座寺　191
金剛持五体本尊像　201
金剛持仏　257
金剛手秘密主　278
金剛手菩薩　124
金剛杵　124, 337
金剛乗　10, 328
金剛帳舞　336
金剛菩薩　94
金剛鈴　124
コン・コンチョクゲルポ（款・官却杰布）　430
ゴンポ（永保護法）　339
ゴンポラム（永保護法）　336
根本道場　243
コン・ルイワンポソン（款・魯伊旺布松）　430
コンロ・シラブツルリム（款若・喜饒楚臣）　430

さ――

罪悪　410
サガルチャム（地舞）　336
査干・阿古拉寺院　25
サガン＝セチェン（薩襄徹辰）　18
『薩迦格言』　31, 68
サキャ・クンガーゲルツェン（薩迦・貢嘎堅讃）　28, 430
サキャ・クンガーニンポ（薩欽・袞嘎寧布）　4, 17, 20, 430, 434
サキャ五祖　434
サキャ寺（薩迦寺）　39, 117, 174, 434

サキャ・チャガローザワアナンダゲルビ（薩嘉察克羅雑幹阿難達噶爾貝）　19
サキャ派（薩迦派）　4, 17, 83, 147, 166, 241, 259, 346, 400, 430
サキャ・パンディタ（薩迦班智達）　4, 28, 49, 57, 104, 144, 174, 246, 387, 400, 449
『薩迦班智達致蕃人書』　5, 28, 54, 77
サキャ・ポンチェン（薩迦本欽）　139
サチュリ（灌奠の礼）　396
札木延巴呼寺　201
察哈爾　25
「扎薩克大喇嘛」　109, 219, 220
『薩班貢噶堅讃全集』　11
サマ（蟀閃彌）　10
サムイェー寺（桑耶寺、桑耶永固天成大寺）257, 305, 330
三界大国師　101
サンギエーパル（桑結貝）　131
「三期同一慶」　313
『三議律差別論』　33
懺悔会　308
懺悔業障　360, 367
三師　171, 280
サンジェー・ギャンツォ（桑結嘉錯）　264
サンジェジタンパ　1
『三十五仏懺悔経』　308
三殊勝　190
三身　11
三世仏　252
『三世仏母聖般若波羅蜜多経』　17
三大法座　201, 453
サンニット・ラサン（法相学部）　347
サンパヅンクルパ（蔵巴東庫哇）　38
三佛寺　272
三宝　21, 61, 128, 279, 307, 319
三宝寺　272
三路　140

し――

ジェブツンダンバ・ホトクト（哲布尊丹巴呼図克図）　8, 85, 185, 198, 229, 259, 405
ジェブツンダンバ・ホトクト十六世　200
ジェブツンダンバ・ホトクト十七世　202
ジェブツンダンバ・ホトクト十八世　202
ジェブツンダンバ・ホトクト十九世　203
ジェブツンダンバ・ホトクト二十世　204
ジェブツンダンバ・ホトクト二十一世　205
ジェブツンダンバ・ホトクト二十二世　205
ジェブツンダンバ・ホトクト二十三世　206
四季天女　337
「師君三尊」　328
ジグンソンリスンゲ（吉貢・楚赤僧格）　69
自業自得　413
『獅子吼法』　43, 174
獅子座　107
示寂　124, 264
示寂日　6, 208
「四衆弟子」　1, 311
四十八願　352
四手観音　250
「熾盛佛宝国師」　132
四摂法　65
「至心廻向」　384
『史籍』　89, 111
四川省　119
自然葬　10, 269
四大語旨教授　68
七覚士　6, 14, 249
七尊　124
慈悲　383
資福院　272
四分五裂　63
四宝「上師・仏・法・僧」　2, 287
四面吉祥怙主　433
シャーマニズム　7, 395, 409
釈迦牟尼仏　252, 270
『釈迦牟尼仏讃』　18, 306, 308
シャカリンチェン（釈迦仁欽）　46
釈尊　1, 74, 110, 174, 197, 209, 229, 252, 284, 308, 315, 352, 386, 404, 416
釈尊像　89, 168, 297
釈尊誕生会　308
綽浦寺　67
ジヤトゥ・ハーン（扎牙篤汗）　76
娑婆世界　115, 195, 301, 386
舎利　270
舎利塔　110, 125
シャル寺（夏魯寺）　146
ジャンジャ・ホトクト（章嘉呼図克図）　8, 85, 198, 209, 224, 229, 302
ジャンジャ・ホトクト一世ラチョムスンダ（森陀）　209

ジャンジャ・ホトクト二世シャッジャセニン　209
ジャンジャ・ホトクト三世ダルバン・アサリヤ　210
ジャンジャ・ホトクト四世カワバルツエク（革那巴拉森）　210
ジャンジャ・ホトクト五世サンダク・ドブクパ（蔵達庫騒坡苦巴）　210
ジャンジャ・ホトクト六世シシリバ（司塞龍瓦）　210
ジャンジャ・ホトクト七世ランリタンパ（朗足通瓦）　210
ジャンジャ・ホトクト八世パクパ・ロレイゲルツェン（八思巴・洛追堅讃）　210
ジャンジャ・ホトクト九世ソナムゲルツェン（索南牟嘉讃）　212
ジャンジャ・ホトクト十世チャムチンチョルジ・シャッジャイェシ（甲木曲吉・釈迦意希）　212
ジャンジャ・ホトクト十一世セラジッスン・チョジゲルツェン（色拉吉尊・求基迦勒薩）　212
ジャンジャ・ホトクト十二世コンドン・パルジョルルンルブ（坤敦・巴粒迦托爾珠）　213
ジャンジャ・ホトクト十三世ジャンジャ・ラクパオツセル（章嘉・禅克巴朗塞粒）　213
ジャンジャ・ホトクト十四世ジャンジャ・ガクワンロブサンガチョルダン（章嘉・阿旺羅布桑却拉丹）　214
ジャンジャ・ホトクト十五世ジャンジャ・ロルビドルジェシトツベソトナムパルサンポ（章嘉・羅頼畢多爾吉耶喜忒皮嚕納曼伯拉森波）　217, 363
ジャンジャ・ホトクト十六世ジャンジャ・エシダンビゲルツェン（章嘉・伊希丹畢堅讃）　219
ジャンジャ・ホトクト十七世ジャンジャ・エシダンビニマ（章嘉・什熙丹壁尼瑪）　220
ジャンジャ・ホトクト十八世ロプサンダンスンギャンツォ（羅蔵丹森嘉索）　221
シャンバラ（香抜拉）　189, 197
壽安寺　270
周恩来　301
什器　191
宗教意識　11, 352, 391
宗教信仰　304
宗教政策　324
十三遮難　65
十三万戸　101, 118, 140
『修身論智慧宝樹』　19
「十善法」　329
十大願　354, 356, 364
十大願の功徳　375
「十年動乱」　10, 224
「十八界法」　329
十八羅漢　109
『十法行』　18
十万人法要　122
十四部深密教法　433
ジュゲリ　396
朱元璋　241
『頌蔵』　19
殊象寺　272, 278
ジュットパ・ラサン（密教学部）　347
十方堂（広仁寺）　109
壽寧寺　108
須彌山　83, 89, 106, 323, 341
ジュンガル（準噶爾）　343
蒋介石　224
勝楽金剛　433
乗願再来　409
『勝教宝灯』　227
聖号　7, 220, 274
上座仏教　3, 408
称讃如来　358, 365, 369
上師　4, 8, 29, 40, 57, 87, 128, 171, 225, 319, 409
『上師供養法』　306
浄住寺　272
清浄化城（西黄寺）　272
清浄光仏　196
成所作智　108
『障所知論』　177
精進料理　307
常随仏学　361, 371
焼施　252
請転法輪　360
上都　39, 256
浄土　107, 314, 409

掌堂師（維那）　126
承徳市仏教協会　304, 324
『浄土五経』　11, 353
浄土真宗　353
『聖普賢菩薩行願王経』　11, 352
『聖普賢菩薩行願善説荘厳経』　11, 353
成仏　10, 285
請仏住世　361, 370
女真人　394
女性文字　156
『諸般若経』　277
『諸品経』　277
ションヌゲシェー（西納格西）　39
ションヌペル　145
シリートグシチョルジ（錫勒図固什却爾済）　276
シリムジ河（錫里木済）　247
白い牝鹿　393
『詩論学者口飾』　18
『時論金剛』　436
シワンツォ（喜瓦措, 静命）　6, 58, 329, 431, 438
辛亥革命　206
親教師　67, 96, 171
身語意・身口意　321
「振興黄教大慈大国師」　219
信者　5
シンシャバ・オウンソナムゲルツェン（辛厦巴彭錯杰）　257
親書　5, 17, 28, 54, 57, 260
シンスム寺（新蘇莫寺）　324
神通力　5, 83, 107, 116, 320
親鸞聖人　383

す

瑞応寺　382
随喜功徳　360, 368
『水晶数珠』　51
水葬　10, 269, 294
嵩祝寺　215, 222, 272
崇福寺　272
枢密院　134
頭陀　173
ストゥーパ　125
スリランカ仏教　2

せ

西夏　38, 48, 59
「青海会見」　248
青海湖　250, 410
青海省　22, 214, 260
政教合一　4, 17, 134, 274, 380
西黄寺　244, 276
『青史』　145, 401
聖者　115, 267, 409
「聖識一切瓦斉爾達頼喇嘛」　193
西蔵　34, 35
聖俗の意識　409
聖地　119, 259
「西天大善自在佛所領天下釈教普通瓦赤喇恒喇達頼喇嘛」　263, 452
青塘古拉山　329
西寧府　221, 262
「青年書」　223, 454
青廟　137
声明殿　303
清涼山　109, 136
「世界仏陀日」(Buddhajayanti)　311, 455
施主　4, 45, 53, 57, 87, 229, 247, 250
世尊　321
セマサンモ（美賢王妃・察必皇后）　87, 92, 116
セラ（色拉寺）寺　243
セラシ（侍喇喜）　276
善因寺（西廟）　217, 272
「千供法会」　311
「先顕後密」　75, 265
前弘期・滅法期・後弘期　344
善財童子　355, 372
千手千眼観世音菩薩　305, 313
禅師ラマ　247
善逝仏陀　113
『善説宝蔵』　22
善知識　29, 57, 363
闡福寺　272
贍部洲　89

そ

蔵王　345
「蔵漢対照本」　24
草原の祈り　327

草原のシンボル・寺院　284
『総懺悔経』　308
『藻飾詞論蔵』　18
総制院（宣政院）　133
象鼻天　36
葬法　10, 269, 288, 290
『桑耶寺賛』　18
僧侶の育成機関　300
即身成仏　242, 336
ソクポ人（蒙古人）　72
ソナムタクパ（索南扎巴）　24
ソナムツェモ（索南孜摩）　434
ソナムワンチュク（索南旺楚）　259
ソーニース（霊魂）　289
存在形態　9, 300
『尊勝仏母呪文』　293, 306
ソンツェンガンポ（松賛干布）　135, 191
孫文　206, 223

た

ダァルハン　30
『第二般若経』　277
『第三般若経』　277
『大威徳金剛祈願文』　316
『大威徳金剛』　200, 307, 336, 436
大覚海寺　271
大願祈禱送鬼　316
大願祈禱法会　226, 303, 315, 333, 453
対機説法　116
帯業往生　353, 385
大元帝師　133
大興教寺　270
「大国師章嘉呼図克図駐京辨事處」　223
大護国仁王寺　270
大昭寺　86, 191, 221, 257, 315, 333, 344
大聖壽萬安寺　270
大承天護聖寺　270
『大乗集菩薩学論』　75
大聖壽万安寺　149, 270
『大乗荘厳経論』　75
『大乗道論概要』　18
大乗之閣（大仏殿）　305
大乗仏教　242, 418
大乗法輪寺　251
大臣（必闍赤）　59
大崇恩福元寺　270
「大総統府高等顧問」　223
大日如来　107, 197, 353
大天源延聖寺　270
大都　116, 133, 172, 270
『大唐代西遊記』　44
『大般若経』　277
タイ仏教　2
『大宝積経』　277
『大方仏解華厳経普賢菩薩行願品』　11
大宝法王　118
『大発心経論』　18
大雄宝殿　305
大龍翔集慶寺　271
対論　111, 315
台湾仏教　2
打鬼　343
タクパオセル（扎巴俄色）　131
タクパスンゲ　27
タクパゲルツェン（扎巴堅讃）　19, 29, 435
タクメドドルジェ（達美多吉）　146
タシドンルバ　85
タシ・バートル　261
タシラダン　246
タシルンポ寺　200, 243
多神教　9, 265
タタトンガ（塔塔統阿）　52, 153
ダヤン　261
タヤン・ハーン（塔陽汗）　153
タラー（度母）　37
ターラー菩薩　68
ダライ（達頼）　245
ダライ・ボグダ　246
ダライ・ラマ　137, 185, 193, 245
ダライ・ラマ一世ゲンヅンルッパ（根敦主巴）　194
ダライ・ラマ二世ゲンヅンギャンツォ（根敦嘉措）　194, 315
ダライ・ラマ三世ソナムギャンツォ（索南嘉措）　8, 188, 241, 254, 412
ダライ・ラマ四世ユンテンギャンツォ（雲丹嘉措）　8, 194, 241, 254, 257
ダライ・ラマ五世ガワンロサンギャンツォ（阿曜・羅桑加措）　188, 194, 199, 243, 257, 263, 315
ダライ・ラマ六世ツァンヤンギャンツォ（倉央嘉措）　194

ダライ・ラマ七世ケルザンギャンツォ（格桑嘉措）　194, 302
ダライ・ラマ八世ジャムバルギャンツォ（隆朶嘉措）　194
ダライ・ラマ九世ルンドクギャンツォ（強白嘉措）　194
ダライ・ラマ十世ツルティムギャンツォ（楚臣嘉措）　194
ダライ・ラマ十一世ケケドゥプギャンツォ（克主嘉措）　194
ダライ・ラマ十二世ティレーギャンツォ（成烈嘉措）　194
ダライ・ラマ十三世トゥプテンギャンツォ（土登嘉措）　194
ダライ・ラマ十四世テンジンギャンツォ（丹増嘉措）　185, 194
ターラナータ（多羅那它）　199, 259
『陀羅尼』　159
ダラムサラ　189
「多倫会盟」　271
多倫諾爾　202, 209, 215
「多倫諾爾会盟」　201, 452
ダル・ハーン　40
ダルハン・ラマ　247
ダルマパラ（達瑪巴拉）　131
ダルマラマ（達爾瑪喇嘛）　167
タンカ　252
タンガ（唐卡）　97, 252, 282
丹迥・冉納班雑活仏　327
『タンジュール』（丹珠爾）　7, 144, 269
壇城儀式　10
「誕生日・成道日・涅槃日」　313
タンスンチョデル（丹僧却徳爾）　277
男性文字　156
タントラ　62, 76
タンバ師（胆巴）　108
トンミサンボータ　384

ち――――

チェコスロバキア　24
『智慧之源』　145, 219, 227
「知恩・報恩」　414
『竹路懇桃』　42, 50
『智者喜宴』　45, 186
チソンデツェン王（赤松徳賛）　329, 346
チベット語系の仏教徒　309
チベット仏教　2, 9, 104, 191, 241, 255
チベット仏教医学　34
チャクナドルジェ　43, 86
チャム（跳恰穆）　335
中央政府　105
中央チベット　205, 251
中央民族大学　97
中観　58, 243
中共十一届三中全会　226, 304, 324
中国蔵語系高級佛学院（チベット仏教大学）　262, 300, 325
中国仏教　9, 104
中国仏教協会　308
中書省　134, 149
中性文字　156
中有　189
チュエジワンチュ（却季曜秋）　330
チュエ・ラサン（顕教学部）　347
チョインビリドルジェ（却音丕勒多爾済）　276
跳鬼　335
長寿　352
長春真人　110, 137, 398
張商英　106
長浄三続　308
長生天（永遠の天）　41
長生天気力里、大福蔭護助里　40
長泰寺　272
長老会議（クリルタイ）　57
チョエゲル（閻摩護法）　340
チョーナン派　199
『勅修百丈清規』　6, 77, 104, 125
チョジオドセル（却吉畏賽）　54, 144, 162, 270
チョムダンリクピラルリ（覚丹熱智）　115
鎮海寺・台麓寺・慈福寺・善財洞　137, 272
チンギス・ハーン（成吉思汗）　4, 17, 19, 22, 25, 37, 39, 51, 52, 76, 104, 110, 119, 153, 244, 393, 396, 420, 449
チンゲム皇太子　123

つ――――

ツォンカパ（宗喀巴・洛桑札巴）　75, 191, 214, 242, 278, 333, 340, 404, 410, 414
ツルプ寺（楚普寺）　167

て――――

ディクンパ（止貢派） 139
帝師 5, 108, 111, 133, 163, 162, 400
帝師涅槃 125, 133
デプン寺（哲蚌寺） 200, 243, 261
テムジン（鉄木真） 25, 393, 420
デムチク（勝樂金剛） 336, 340
天 391, 404
天意 12, 406
テンギス湖 393
天恵 22, 394, 421
天竺 406
転生霊童 188, 191, 200, 233, 257
転生活仏 8, 183, 185, 198
転生制度 193, 195
伝召法会 333
転世活仏 325
転世真者 218, 257
「天・道」 11, 391
天皇 25, 394
天命 396
転輪王 13
テンリン・ジヤガ（天命） 12, 405
転輪聖王（転輪大王） 27, 371

と――――

道歌 336
道果法 66, 432
トゥカンダルマバサル（土観・達瑪班雑） 175
道教 7, 112, 137, 177, 408
道士 110
ドゥスムチェンパ（都松欽巴） 38, 166, 186
灯節 334
東蔵 382
『道徳経』 112
東北三省 192, 231
灯明 279
トゥメット（土黙特）部 241
徳輝 6, 104, 125
トゴンテムル（妥懽帖睦爾汗） 51, 172
土葬 10, 269, 293
土俗信仰 9, 251, 265, 409
兜率天 187, 404, 423
吐蕃 10, 47, 73
吐蕃王朝 66, 252, 328
トルソル（送祟） 328, 337, 341
トルダ（多爾斯衮） 32
ドルダ（多達） 37, 39
ドルタノルブ（多達那波） 40
ドンコル・ラサン（時輪学部） 347

な――――

内供 45
ナイマン（愛曼門）部 52, 153
『内無上乗経』 329
ナスンノボルハン（長寿仏） 352, 379, 428
ナタンリクラル（納塘日比熱直） 159
七十七の神々 287
七十二部密教 433
『那若空行』 436
那摩国師 6, 13, 104, 111, 166, 173
ナムゲルパルサンポ 132
ナーランダ寺 69
南京 39, 241
南贍部洲 30
南伝パーリ語系の上座仏教徒 309
南伝仏教 2

に――――

「二合三合四合而成字」 122
『二十一尊聖救緑度母礼讃』 306
尼僧寺院 311, 411
二大活仏 198, 405
ニタンパタクパセンゲ（聶塘巴・扎巴僧格） 96
如来 318
ニルグ（尼魯呼） 19
ニンマ（寧瑪）派 257, 329

ね――――

熱河 271
熱河離宮 201
熱振（寺） 37, 73
ネパール（人） 68, 119, 270
涅槃 404
涅槃日 6, 24, 124, 308, 385
念青唐拉 36
年中法会 301
念仏打七 411

の――

納塘寺　115
『能仁教理明釈』　18
ノモンハン（諾門罕）　216

は――

ハーン　57
ハイサンフルク・ハーン（海山庫魯克）　76
拝天思想　401
白梵天神　26, 35
バクシ（師）　7
パクチュカギュ（帕竹噶挙派）派　70
パクチュパ（帕木竹巴）派　70
白塔大寺　270
『白度母』　306
パクパオド（聖なる光明）　146
パクパ寺（八思巴寺）　177, 270
パクパ文字　116
パクパ・ロレイゲルツェン（八思巴・洛追堅讃）　5, 43, 52, 57, 83, 95, 104, 115, 131, 144, 147, 170, 217, 246, 400, 449
「八思巴文字」　23, 24, 120
「八関齊戒」　329
「八十八両八銭八分之金印」　216, 453
八瑞相　335
八大菩薩　317
八万四千人　416
八旗老人　343
八聖道　386
パドマサンバヴァ（蓮花生大師）　328
花祭り　312
母なる一切衆生　410, 414, 417
ハラトベット（哈拉図伯特）　248
『パルチン』（般若波羅蜜多経）　71, 215
ハルハ（喀爾喀）　199, 205, 229, 264
班禅　195
班禅額爾徳尼　196
班禅仁布切　196
班禅大師　196, 325
班禅博克多　195, 452
パンチェン・ラマ　11, 193, 195, 325, 353
パンチェン・ラマ一世ケドゥプ・ケルク・パルサン（克主・格雷貝桑）　195
パンチェン・ラマ二世エンサ・ソダナムチョクラン（恩薩・索朗却朗）　195
パンチェン・ラマ三世エンサ・ロサンドゥルブ（恩薩・羅桑頓珠）　195
パンチェン・ラマ四世ロサンチョジゲルツェン（羅桑却吉堅讃）　195, 200
パンチェン・ラマ五世ロサンイェシ（羅桑意希）　25, 196
パンチェン・ラマ六世ロサンベンデンイェシ（羅桑貝丹意希）　27, 196
パンチェン・ラマ七世テンペニマ（丹白尼瑪）　196, 204
パンチェン・ラマ八世タンビワンチョゲ（丹白旺秋）　196
パンチェン・ラマ九世チョジニマ（却吉尼瑪）　196
パンチェン・ラマ十世チョジゲルツェン（却吉堅讃）　196
パンチェン・ラマ十一世チョウジゲルポ（確吉杰布）　196
『般若心経』　306

ひ――

東ヨーロッパ　51
『悲願誦』　278
比丘　67, 243
比丘戒　17, 27, 30, 167
比丘学処　66
比丘尼学処　66
批準継位　192
避暑山荘　304
ビブン寺　225
ヒマラヤ（喜馬拉亜山）　174
ビムブサーラ王（頻毘婆羅）　112, 137
白衣三祖　67, 438
『百句頌』　19
『百智論』　19
「廟会」　10, 274
ビリグンダレイ（畢力昆達頼）　277

ふ――

普安寺　273
風葬　10, 269, 294
普皆廻向　361, 375
不空成就仏　107
『普賢菩薩行願』　293
普賢菩薩　329, 353, 364, 378
布薩儀軌　307

普陀山　284
プチュンバ（普穹瓦）　74
佛吉祥日（吉祥祝日）　309
仏教居士会　223
仏教の宇宙観　391
仏祖　133
『仏像量度論』　18
仏陀　87, 115, 119, 286, 321
佛誕生　133
佛涅槃　133
不動尊　73
ブトン・リンポチェ（布敦仁欽竹）　145, 329
普寧寺　10, 272, 300, 313, 315, 300
フビライ・ハーン（忽必烈汗）　5, 52, 83, 95, 104, 111, 117, 131, 170, 246, 395, 400, 451
ブリヤド（布里亜特）　2
ブルグ（化身）　190
ブルムトンパ　74
文化遺産　135
文化大革命　4, 10, 224, 277, 300, 324, 349
文成公主　191
プンソクサムリン（彭措讃林）　225
ブンパ　314

へ――

閉関　222
北京　25, 117, 272
北京故宮　202
北京雍和宮　220, 300
ペルチェンオポ（貝欽沃布、大吉祥光）　28

ほ――

法王　24, 246
報恩　13, 419
宝生仏　107
法要　6, 124, 306
『法理通用学者入門』　18
法臘　67
博克多　195
法源寺　311
ボクダ・ゲゲーン　198
ボグダ・チンギス・ハーン（博克達・成吉思汗）　17
ボグダ・ハーン（活仏皇帝）　207
北伝仏教　2
ボゲインシャシン（薩満教）　251, 266, 287, 395
菩薩　53
『菩薩地』　75
菩薩頂　109
菩薩の化身　42, 58, 185, 395
『菩薩本性鬘論』　75
ホシュート（克什克騰旗）　241, 264
『菩提行経』　75
菩提樹　1
『菩提道次第広論』　242, 411
菩提道場　378
『菩提道灯』　75
ポダラ宮（布達拉宮）　203, 264
法身の大日如来　353
布袋和尚　331
ホトクト（呼図克図）　198, 204, 274, 409
ポトバ（博多瓦）　74
ホビルガン（呼畢勒罕）　182, 292, 324
ボヤントウ・ハーン（普顔篤汗）　76, 270
法螺　87
ボルカンノシャシン　1
ボルテ・チノ（孛児帖赤那、蒼色狼）　393
ボルハンノシャビ（仏弟子）　279
梵香寺　272
梵宗寺　327
『本続経典』　13
本尊　29, 287, 313, 345
ポンチェンシャッキャザンポ（本欽釈迦尚波）　117, 139
翻訳刻印作業（第 1 回）　275
翻訳刻印作業（第 2 回）　275
翻訳刻印作業（第 3 回）　276
翻訳刻印作業（第 4 回）　276
翻訳刻印作業（第 5 回）　276

ま――

マイダリ・ジョー（彌勒寺）　244
嘛哈噶喇寺　272
マサンシラクバスンゲ（瑪倉・喜饒僧格）　70
マシン・バクシ（瑪森抜希）　250
マニウリル　313
マニ・エグルグ　289
マニ法要（瞑想念仏）　313
マーヤー（摩耶）　404
万戸　102, 143

満州語『大蔵経』　275, 277
満州族　260
邁達理　199
マンダラ（壇城）　93, 323, 336, 433
マンバ・ラサン（医学部）　347

み———

ミクスマ（宗喀巴大師讃）　278
密教　242, 328, 355
密教三部　125
密教師　96
密教殿　225, 303
密呪師　248
「密呪續部大海之舞蹈」　328
「密乗密呪」　87
南チベット（前蔵）　11, 84
明空無執　331
ミラチャム（米拉査瑪）　336
ミラレーパ（米拉日巴）　171, 336
弥勒仏　199, 302
弥勒菩薩　168, 378, 405
民衆宗教　287
民俗宗教　269

む———

『無垢天女請問経』　17
無上瑜伽　62
無雪無雨　168
無量光仏　354
無量壽仏　220
ムンケ・テンゲリ（長生天）　396

め———

瞑想　5, 49, 53, 93, 264, 417
メルゲン・ゲゲーン（莫爾根・格根羅桑丹畢堅賛）　35

も———

「蒙旗宣化使」　223
『蒙古源流』　3, 18, 62
『蒙古貞風俗』　10
『蒙古秘史』　3
『蒙古風俗』　10
『蒙古仏教源流』　3
『蒙古仏教史』　3, 18
『蒙古文啓蒙』　160
『蒙古文字淵源』　49
「蒙蔵委員会」　223, 454
『蒙蔵民族関係史略』　3
毛沢東　407
モンケ・ハーン（蒙哥汗）　7, 110, 166, 174, 185, 210
モンゴル王室　87
モンゴル国　25
モンゴル語『大蔵経』　275
モンゴル人の歴史意識　11
モンゴル帝国　4, 61, 104, 116, 166, 269
『モンゴルの隠れたる要録』　393
『モンゴル秘史』（『忙中豁侖・紐察・脱卜察安』）　12, 24, 392, 401
モンゴル仏学院　301
モンゴル仏教　2, 104, 166, 241, 255
モンゴル仏教寺院　269, 272, 306, 347
モンゴル文字　5, 49, 52, 144, 155, 280
文殊三化身　437
文殊菩薩　29, 45, 57, 124, 144, 278, 340, 378, 432
『文殊菩薩堅固法輪』　105
文殊菩薩の道場　105
『文殊菩薩名号賛』　105
モンランムチェンモ（大願祈禱法会）　226, 333

や———

薬師仏　168
役人（庫吏）　46
ヤスタイマハ　282
ヤマンダカ（大威徳金剛）　222
耶律楚材　12, 396, 449

ゆ———

佑寧寺　55
遊牧民　72, 392
「優礼僧人詔書」　6, 104, 127

よ———

雍正皇帝　217, 302
雍和宮　10, 224, 278, 315
ヨーガ呪師　339
「浴佛法会」　311
四大活仏　226
四名の屍陀林主　337

ら――――

羅睺寺　109
ラサ（拉薩）　203, 204, 225, 243, 261, 315, 344, 410
ラチンソナムロレ（喇欽索南洛追）　132
ラブラン寺（拉卜楞寺）　261
ラマ（喇嘛）　193, 316
「喇嘛事務所」　223, 454
「喇嘛書」　223, 454
喇嘛塔　271
喇嘛爺　8, 185
『ラムリム』（『菩提道次第広論』）　242
ラモ（吉祥天母）　336
ラルギン・ラマ（勒爾根喇嘛）　247
ラルンパルドルジェ（吉祥金剛）　315, 334, 344
ランジュンドルジェ（攘迴多吉）　171, 173, 187
ランダルマ王（朗達瑪）　315, 344
ランボチイセ（象鼻天）　83

り――――

李安全　27
リザイゲルポ（乾達婆王）　45
竜樹菩薩　88, 168, 197
涼州　23, 50
涼州会談　5, 43, 54, 127, 400, 449
臨終問題　288, 411
リンチェンゲルツェン　131
リンチンパク・ハーン　172
リンチンラセ（仁欽扎西）　132
輪廻　410, 413

れ――――

礼敬諸仏　357, 364
歴史意識　391, 403
レクデン・ハーン（林丹汗）　242, 276
『蓮花修行法』　85, 436

ろ――――

『老子化胡経』　111
「老仏下神日」　335
老佛爺　8, 185
「老佛爺駕崩」　286
六手仏　251
六道輪廻　380
六盤山　403

わ――――

ワンチュクゲルツェン（旺出児監蔵）　132

嘉木揚 凱朝（ジャムヤン カイチョウ）（JIAMUYANG KAICHAO）
1963年中国内モンゴルに生まれる。90年中国蔵語系高級仏学院卒業、90年北京雍和宮仏学教師、93年愛知学院大学大学院聴講生、97年同大学大学院修士学位取得、2001年同朋大学仏教文化研究所客員研究員、同年愛知学院大学院博士（文学）学位取得。02年中国社会科学院世界宗教研究所勤務、日本学術振興会外国人特別研究員（04年3月まで）、同朋大学仏教文化研究所客員所員（現在に至る）。
著書・論文は、1994年『釈尊本生伝記』（翻訳、中国国立民族出版社）、2000年『蔵漢蒙仏教日頌』（編著、同）、「中国における『念仏打七』信仰の復興と現状」（『同朋大学仏教文化研究所紀要』第20号）、03年「モンゴル語訳『聖阿弥陀経の大乗経』について」（同22号）、「モンゴルにおける浄土思想」（『パーリ学仏教文化学』第17号）、その他。

モンゴル仏教の研究

2004年3月10日　初版第1刷発行

著　者　嘉木揚　凱　朝
発行者　西　村　七兵衛
発行所　株式会社　法　藏　館
〒600-8153
京都市下京区正面通烏丸東
電　話　075(343)0030(編集)
075(343)5656(営業)

印刷 立生株式会社　製本 新日本製本株式会社

ISBN 4-8318-7429-9 C3015　*Printed in Japan*